Marcus Flemisch

Bahavioral Finance und Market Making

Marcus Flemisch

Behavioral Finance und Market Making

Verhaltenswissenschaftliche Erklärungsansätze für die Preisbildung an Wertpapiermärkten

Deutscher Wissenschafts-Verlag (D W V)
Baden-Baden

Cover-Gestaltung: Birgitta Karle

Bibliografische Information Der Deutschen Nationalbibliothek
Die Deutsche Nationalbibliothek verzeichnet diese Publikation in der Deutschen Nationalbibliografie; detaillierte bibliografische Daten sind im Internet über http://dnb.ddb.de abrufbar.

Bibliographic information published by Die Deutsche Nationalbibliothek
Die Deutsche Nationalbibliothek lists this publication in the Deutsche Nationalbibliografie; detailed bibliographic data are available in the Internet at http://dnb.ddb.de.

Information bibliographique de Die Deutsche Nationalbibliothek
Die Deutsche Nationalbibliothek a répertorié cette publication dans la Deutsche Nationalbibliografie; les données bibliographiques détaillées peuvent être consultées sur Internet à l'adresse http://dnb.ddb.de.

Dissertation Universität Witten/Herdecke, 2006, u.d.T.: Marcus Flemisch, „Verhaltenswissenschaftliche Erklärungsansätze für die Preisbildung an Terminmärkten unter besonderer Berücksichtigung der Market Maker-Funktion“.

1. Auflage
Gedruckt auf alterungsbeständigem, chlorfrei gebleichtem Papier

Deutscher Wissenschafts-Verlag (DWV)®
Postfach 11 01 35
D–76487 Baden-Baden

www.dwv-net.de

ISBN-13: 978-3-935176-62-0
ISBN-10: 3-935176-62-7

Geleitwort

An zahlreichen Wertpapiermärkten, an denen Aktien und Optionen gehandelt werden, sind professionelle Händler damit beauftragt, permanent verbindliche Kauf- und Verkaufsangebote an potentielle Nachfrager zu geben, um für alle interessierten Marktteilnehmer einen jederzeitigen sofortigen Handelsabschluss zu ermöglichen. Die Aufgabe dieser Market Maker erscheint komplex und das tägliche Arbeitsumfeld volatil. Dabei erwarten die Aufsichtsorgane der jeweiligen Börsen wie auch die Marktteilnehmer eine möglichst enge Spanne zwischen gebotenem Kauf- und Verkaufsgebot (Geld-Brief-Spanne), während ein Market Maker selbst diese Spanne eher breiter stellen möchte, um sich gegen verschiedene Risiken des Aktienhandels zu schützen und einen möglichst großen Handelsgewinn zu realisieren.

Die vorliegende Dissertationsschrift befasst sich mit dem Aufgabenfeld der Market Maker vor dem Hintergrund der deutschen Aktien- und Optionsmärkte und konzentriert sich auf die Beantwortung einer bislang überraschenderweise kaum gestellten Frage: Inwieweit agieren Market Maker bei der Erfüllung ihrer Aufgaben rational im Sinne der neo-klassischen Finanzierungstheorie und wo können verhaltenswissenschaftlich motivierte Erklärungsansätze eine überlegene Abbildung der real beobachtbaren Handlungsweisen dieser Kapitalmarktakteure bieten? Bedenkt man die möglichen Konsequenzen für die Stabilität und Handlungsfähigkeit der Finanzmärkte, die auftreten können, wenn selbst die in fast allen Transaktionen an Wertpapierbörsen involvierten Market Maker in ihrem Agieren irrationalen Verzerrungen unterliegen, zeigt sich der Fragenkomplex der vorliegenden Arbeit als unmittelbar interessant und untersuchungswürdig.

In mehreren empirischen, auch experimentellen Untersuchungen wird ein detailliertes Bild der Risikowahrnehmung von professionellen deutschen Marktteilnehmern dokumentiert. Damit wird ein objektiver Kenntnisstand erreicht, auf dessen Basis sich fundierte Handlungsempfehlungen bspw. auch für die Gestaltung von Market Maker-Teams in Großbanken ableiten lassen, die wiederum zu einem besser reflektierten Risikomanagement in deutschen Kreditinstituten führen sollten.

Herr Flemisch kann die selbst gesetzten Ziele in seiner Dissertationsschrift bestens erfüllen. Die Arbeit enthält zahlreiche spannende Resultate und ist so geschrieben, dass es den Lesern sicherlich Freude machen wird, sie bis zum Ende zu lesen. Ich wünsche der Arbeit eine ihr gebührende weite Verbreitung!

Witten, im Juni 2006 Professor Dr. Dirk Schiereck

Vorwort

In den vergangenen knapp vier Jahren habe ich mich intensiv mit der Risikowahrnehmung professioneller Marktteilnehmer und den möglichen Auswirkungen auf die Preisbildung am Kapitalmarkt beschäftigt. Dabei wurde auch die eigene Wahrnehmung von Risiken, insbesondere die einer berufsbegleitend angefertigten Dissertation, nachhaltig geschärft. Dass am Ende doch die Chance als ein Teilaspekt des Risikos die Oberhand behielt und diese Arbeit im Dezember 2005 von der Wirtschaftsfakultät der Private Universität Witten/Herdecke als Dissertation angenommen wurde, ist der Unterstützung mehrerer Personen zu verdanken.

Dem Mentor dieser Arbeit, Herrn Prof. Dr. Dirk Schiereck, danke ich sehr herzlich für die von mir als stets zielführend empfundene Betreuung. Er hatte immer ein offenes Ohr für meine diversen Anliegen und unterstützte mein Dissertationsprojekt durch vielfältige Anregungen und kritisches Hinterfragen. Meinen eigenen Ideen hat er von Zeit zu Zeit die erforderlichen Impulse verliehen, damit das Gesamtprojekt in den intendierten Bahnen blieb und letztlich auf ein sehr gutes Ende zusteuern konnte.

Herr Prof. Dr. Rudolf Wimmer hat sich trotz einer Vielzahl bereits vorliegender Anfragen zur Übernahme des Zweitgutachtens bereit erklärt, wofür ich ihm sehr dankbar bin.

Zu danken ist auch Herrn Prof. Dr. Andreas Hackethal, European Business School, für die zügige Erstellung des erforderlichen Drittgutachtens.

Meinem Vorgesetzten bei Dresdner Kleinwort, Dipl.-Kfm. Michael Pfaff, Managing Director, bin ich zu großem Dank verpflichtet für die nachhaltige Unterstützung bei der Durchführung der ersten experimentellen Studie zur verhaltenswissenschaftlichen Erklärung der Risikowahrnehmung professioneller Kapitalmarktteilnehmer. Ohne sein Engagement hätte sich die Umsetzung dieses Experimentdesigns weitaus schwieriger gestaltet.

In Dipl.-Kfm. Markus Guthier vom Lehrstuhl für Betriebswirtschaftslehre, insbesondere Marketing, Johann Wolfgang Goethe-Universität Frankfurt/Main, fand ich einen kompetenten Diskussionspartner, der mir besonders im empirischen Teil der Arbeit manch fruchtbare Anregung gab und mich bei der Auswertung und Analyse der empirischen Daten unterstützte.

Mein guter Freund Hans-Joachim Allgaier, M. A., hat mit seiner aus einem Studium der Kommunikationswissenschaften erworbenen Sprachkompetenz das Manuskript konstruktiv-kritisch durchleuchtet und mir wertvolle stilistische Hinweise gegeben.

Doch was wäre ein berufsbegleitendes Dissertationsprojekt ohne Unterstützung aus dem familiären Umfeld? Eine solche durfte ich von meiner Familie in außerordentlich hohem Maße erfahren! Meine liebe Frau Verena, Psychologin M. A., machte mich nicht nur auf interessante Erkenntnisse sowie wichtige Konzepte der Psychologie, die für meine Arbeit von hoher Bedeutung waren, aufmerksam, sondern unterzog sich außerdem der Mühe, das gesamte Manuskript gründlich zu lesen und mit hilfreichen Anmerkungen zu versehen. Darüber hinaus war sie in kritischen Momenten immer wieder mein Motivator und hielt mir den Rücken frei.

Auch unsere beiden Töchter Milena und Linda haben auf vielfältige Weise ihren Papa unterstützt, als er „an seinem Buch schrieb". Während dieser Zeit stand ihnen ihr Vater vielleicht nicht immer so zur Verfügung, wie sie sich dies eventuell manchmal gewünscht hätten. Daher sei dieses Buch unseren beiden Kindern gewidmet!

Neu-Anspach, im Juli 2006 Marcus Flemisch

Inhaltsverzeichnis

Abbildungsverzeichnis

Tabellenverzeichnis

Abkürzungsverzeichnis

AMEX	American Stock Exchange
APT	Arbitrage Pricing Theory
CAC	Compagnie des Agents de Change (französischer Aktienindex)
CAPM	Capital Asset Pricing Model
CBOE	Chicago Board Options Exchange
CEV	Constant Elasticity of Variance
CME	Chicago Mercantile Exchange
DAX	Deutscher Aktienindex
DTB	Deutsche Terminbörse
EUREX	European Exchange
EUWAX	European Warrant Exchange
FSKN	Frankfurter Selbstkonzeptskalen
FWB	Frankfurter Wertpapierbörse
IBIS	Integriertes Börsenhandels- und Informationssystem
LIFFE	London International Financial Futures and Options Exchange
LSE	London Stock Exchange
MMI	Major Market Index
MSCI	Morgan Stanley Capital International Index
NASDAQ	National Association of Securities Dealers Automated Quotation System
NYSE	New York Stock Exchange
OEX	Kurzbezeichnung für den S&P 100 Index
PHLX	Philadelphia Stock Exchange
PSE	Pacific Stock Exchange
S&P	Standard & Poors
VDAX	DAX-Volatilitätsindex
VIX	Volatility Index
XETRA	Exchange Electronic Trading

1. Einleitung

"People in standard finance are rational.
People in behavioral finance are normal."[1]

1.1 Motivation zur Berücksichtigung verhaltenswissenschaftlicher Aspekte in der Kapitalmarktforschung

An zahlreichen Wertpapiermärkten, an denen Aktien und Optionen gehandelt werden, sind professionelle Händler beauftragt, kontinuierlich verbindliche Kauf- und Verkaufsangebote an potentielle Nachfrager zu geben, um für alle interessierten Marktteilnehmer jederzeit einen sofortigen Handelsabschluss zu ermöglichen. Die Aufgabe dieser so genannten Market Maker erscheint sehr komplex und das tägliche Arbeitsumfeld volatil. Dabei erwarten die Aufsichtsorgane der jeweiligen Börse wie auch die Marktteilnehmer eine möglichst enge Spanne zwischen dem gebotenen Kauf- und Verkaufspreis (Geld-Brief-Spanne), während ein Market Maker selbst diese Spanne eher breiter stellen möchte, um sich gegen verschiedene Risiken des Handels zu schützen und einen möglichst großen Handelsgewinn zu erzielen.

Die vorliegende Dissertationsschrift befasst sich mit dem Aufgabenfeld solcher Market Maker vor dem Hintergrund einer überraschenderweise bislang kaum gestellten Frage: Inwieweit agieren Market Maker bei der Erfüllung ihrer Aufgaben rational im Sinne der neo-klassischen Finanzierungstheorie, postuliert durch das Idealbild des homo oeconomicus mit der Annahme strenger Rationalität als Handlungsmotiv, und wo können verhaltenswissenschaftlich motivierte Erklärungsansätze eine überlegene Abbildung der real beobachtbaren Handlungsweisen dieser Kapitalmarktakteure bieten?

Das Erfordernis einer Berücksichtigung verhaltenswissenschaftlicher Aspekte in der Kapitalmarktforschung entspringt dabei einer kritischen Analyse der unrealistischen, weil praxisfernen Annahmen der ökonomischen Modelle über das Verhalten von Individuen. Wenngleich Roll (1994) als einer der führenden Vertreter der neo-klassischen Finanzierungstheorie zu der Erkenntnis gelangt,

---

[1] S. Statman (1995) S. 15.

dass „we should all pay more attention to psychological research results“[2] und Simon (1986) die Metapher „(e)conomics without psychological and sociological research … is a one-bladed scissors“[3] in die ökonomische Diskussion einbringt, herrscht dennoch weitgehend die Meinung vor, dass irrationale, d. h. von der Rationalitätsprämisse abweichende Verhaltensweisen der Kapitalmarktteilnehmer nicht systematisch auftreten und außerdem durch die normative Kraft des Marktes eliminiert werden.[4]

Gegen diese Ansicht sprechen allerdings sowohl theoretische Argumente als auch Ergebnisse von empirischen, auf der mikroökonomischen Ebene durchgeführten Experimenten, die zeigen, dass Marktteilnehmer systematisch die Rationalitätspostulate der Erwartungsnutzentheorie verletzen.[5]

Geprägt wird dieser Wissenschaftsdiskurs von zwei Extrempositionen. Zum einen wird argumentiert, dass sich die empirisch festgestellten Kursanomalien letztlich doch innerhalb des traditionellen Paradigmas erklären lassen, sie demnach konform sind mit der Markteffizienzhypothese und einem Modell der Asset-Pricing-Theorie. Vertreter der zu dieser Haltung konträren Position argumentieren, dass die Anomalien das Ergebnis eines irrationalen Marktprozesses sind, in welchem sich die Kurse aufgrund von Stimmungen und Wahrnehmungsverzerrungen der Marktteilnehmer mehr oder weniger weit von ihrem Fundamentalwert entfernen können. Die letztgenannte Überlegung entspricht der Konzeption der Behavioral Finance, einer noch vergleichsweise jungen Forschungsrichtung, in der deskriptive Ansätze zur Modellierung des Verhaltens von Kapitalmarktteilnehmern entwickelt werden.

Die vorliegende Arbeit kann zu diesem Forschungszweig gezählt werden, da sie sich aus deskriptiver Perspektive mit der Wahrnehmung von Kursrisiken und ihren möglichen Auswirkungen auf die Preisbildung an Wertpapiermärkten befasst.

Während die klassische Entscheidungstheorie postuliert, dass rational handelnde Kapitalmarktteilnehmer ihre Entscheidungen über die Struktur ihres Portfolios ausschließlich auf Basis ihrer persönlichen Risikoeinstellung und des objektiven (Kurs-)Risikos treffen, zeigen Experimente auf, dass diese Differenzierung nicht hinreichend ist, um das Entscheidungsverhalten vollständig zu beschreiben.[6] Eine wichtige Rolle scheint der Risiko*wahrnehmung* zuzukommen, die an die Stelle des objektiven Risikos tritt. Die Risikowahrnehmung gibt Aufschluss darüber,

---

[2] S. Roll (1994) S. 72.
[3] S. Simon (1986) S. S223f.
[4] Vgl. Merton (1987) S. 96.
[5] Vgl. Kahneman/Tversky (1979).
[6] Vgl. Highhouse/Yüce (1996).

wie Marktteilnehmer das (Kurs-)Risiko einschätzen und subjektiv beurteilen. Hierbei scheint die Art der Risikopräsentation einen entscheidenden Einfluss zu besitzen.[7]

Wiewohl von einem Zusammenwirken von Risikoeinstellung und Risikowahrnehmung ausgegangen werden kann, sind diese beiden Faktoren nicht voneinander unabhängig. Über den zwischen ihnen vermuteten Zusammenhang erscheint die Annahme plausibel, dass die Risikoeinstellung auf die Risikowahrnehmung einwirkt.[8] Unser (1999) referiert in diesem Zusammenhang die Vermutung stützende Studien, dass die Berücksichtigung des wahrgenommenen Risikos eine bessere Erklärung und Prognose des Risikoverhaltens gestattet als die alleinige Beachtung der Risikoeinstellung.[9] Dies führt zu der Überlegung, dass sich das ungleiche Verhalten zweier Personen mit identischer Risikoeinstellung in der gleichen Entscheidungssituation auf interindividuelle Unterschiede in der Risikowahrnehmung zurückführen lässt. Zahlreiche Forschungsarbeiten zur Risikowahrnehmung von Kapitalmarktakteuren gehen allerdings davon aus, dass alle Menschen gleich sind. Persönlichkeitsfaktoren finden keine hinreichende Beachtung.[10] Für eine Positionierungsentscheidung am Kapitalmarkt ist aus verhaltenswissenschaftlicher Perspektive jedoch nicht das *objektive* Risiko einer Kapitalanlage entscheidend, sondern das *subjektive Risikoempfinden* des Marktteilnehmers. Diese subjektive Risikowahrnehmung kann allerdings deutlich von den abstrakten, formal-statistischen Risikomaßen differieren. Der Risikogehalt einer Kapitalanlage in der Dimension des empfundenen Risikos (*perceived risk*) hängt somit von nicht formal quantifizierbaren Variablen ab.

Die vorliegende Arbeit versucht einen Beitrag zu leisten zu der Fragestellung, ob und inwieweit psychologische Einflussfaktoren die Wahrnehmung von Kursrisiken beeinflussen und damit einen Erklärungsansatz bieten für die Preisbildung an Wertpapiermärkten. Bedenkt man die möglichen Konsequenzen für die Stabilität und Handlungsfähigkeit der Finanzmärkte, die auftreten können, wenn selbst die in fast allen Transaktionen involvierten Market Maker in ihrem Agieren irrationalen Verzerrungen unterliegen, erscheint der Fragenkomplex der vorliegenden Arbeit unmittelbar untersuchungswürdig.

1.2 Gang der Untersuchung

Mit Blick auf das Erkenntnisziel der vorliegenden Arbeit, unter besonderer Berücksichtigung der Market-Maker-Funktion verhaltenswissenschaftliche

---

[7] Vgl. Siebenmorgen/Weber (1999) S. 5.

[8] Vgl. Sitkin/Pablo (1992) S. 15; Sitkin/Weingart (1995) S. 1574.

[9] Vgl. Unser (1999) S. 45f.

[10] Vgl. Cohen (2001) S. 163.

Erklärungsansätze für die Preisbildung an Wertpapiermärkten zu finden, bildet in **Kapitel 2** die Analyse von Market-Maker-Modellen den inhaltlichen Ausgangspunkt der Überlegungen. Hierzu werden aus der Marktmikrostruktur-Theorie stammende Modelle zur Beschreibung von Market Maker-Märkten expliziert. Die diskutierten Ansätze bilden die modelltheoretische Fundierung der Market-Maker-Tätigkeit.

Anknüpfend an die historischen Entwicklungslinien der Organisation von Kapitalmärkten werden zunächst die beiden klassischen Marktformen Auktionsmarkt und Market Maker-Markt in allgemeiner Form erläutert. Anschließend werden ausgewählte Modelle zur Deskription von Market Maker-Märkten diskutiert. Das Erkenntnisziel der Arbeit berücksichtigend, erfolgt die Klassifizierung der Modelle nach den beiden Kriterien ‚Risikoneigung des Market Makers' und den hieraus deduzierbaren Implikationen für das Quotierungsverhalten an Market Maker-Märkten sowie ‚Informationsverteilung unter den Marktteilnehmern' und den damit nektierten Preisbildungsmechanismen. Das Kapitel schließt mit einer Diskussion der Ergebnisse selektiver empirischer Studien zu Market Maker-Märkten, systematisiert nach den Kriterien Vergleich mit anderen Marktformen, Analyse der Geld-Brief-Spanne, Untersuchungen zur Informationseffizienz sowie Analyse von Preisanpassungsprozessen an Market Maker-Märkten.

In **Kapitel 3** werden die für die Bewertung von Optionen relevanten Grundlagen diskutiert. Die Diskussion der Ergebnisse empirischer Forschung bildet einen Schwerpunkt dieses Kapitels. Dies geschieht zur Überprüfung der in der Theorie aufgestellten Postulate. Die Empirie fungiert somit als Korrektiv der Theorie.

Die Analyse der Modellierung von Kursprozessen stellt den inhaltlichen Ausgangspunkt der nachfolgenden Ausführungen dar. Der klassischen Optionspreistheorie folgend, wird hierbei der Kursverlauf als das Resultat eines stochastischen Prozesses verstanden, der sowohl als zeitkontinuierliche als auch zeitdiskrete Variante untersucht wird. Die Diskussion der Ergebnisse empirischer Forschung zum Verhalten von Kursen zeigt das Erfordernis auf, bei der Bewertung von Optionen ein Maß für deren Schwankungsintensität zu generieren. Insofern wird die Bedeutung der Volatilität als eine solche Kennziffer zur Messung der Kursschwankungsintensität des Basiswertes im nächstfolgenden Abschnitt herausgearbeitet. Neben der Darstellung diverser Volatilitätsarten erfolgt die Analyse der Volatilitätseigenschaften sowie eine Diskussion der Möglichkeiten zur Volatilitätsschätzung. Bei der Darstellung von Ergebnissen empirischer Studien im Kontext der Volatilitätsschätzung wird als ein wesentliches Ergebnis extrahiert, dass personale Einflussfaktoren der Risikowahrnehmung in der klassischen Literatur zur Optionstheorie bislang tendenziell vernachlässigt wurden und der nur bedingten Rationalität der Marktteilnehmer die ihr gebührende Berücksichtigung bei der Analyse des Marktgeschehens nicht zugebilligt wird.

Aus der Vielfalt der Literaturbeiträge zu Optionsbewertungsansätzen wird das für die Optionsbewertung als Durchbruch zu sehende Black/Scholes-Modell kurz diskutiert. Die Analyse weiterer Optionspreismodelle würde den Rahmen dieser Arbeit überdehnen und von deren eigentlichem Ziel wegführen. Die Grenzen des Black/Scholes-Ansatzes werden jedoch ebenso diskutiert wie empirische Studien, deren wesentliches Erkenntnisziel sich um die Frage dreht, ob und inwieweit die gehandelten Optionspreise konsistent sind mit dem Kursverhalten des Basispreises im Zeitverlauf. Insbesondere die durch das Black/Scholes-Modell implizierten Fehlbewertungen von bestimmten Optionen könnten darauf zurückzuführen sein, dass die Risikowahrnehmung der Markteilnehmer von Faktoren abhängt, die in einem mathematischen Modell nicht hinreichend exakt quantifiziert werden können. Solche nicht marktimmanenten Einflüsse könnten vielmehr in der Persönlichkeitsstruktur der Marktteilnehmer zu suchen sein. Wenn sich Parameter finden lassen, die den Grad und die Intensität der Risikowahrnehmung der Marktteilnehmer beschreiben, kann deren Analyse dazu beitragen, die Bedeutung der Risikowahrnehmung für die Preisfindung von Optionen transparent zu machen.

Diese Überlegungen münden in den letzten Abschnitt dieses Kapitels, in dem die reale implizite Volatilität mit dem von Optionsbewertungsansätzen unterstellten Volatilitätsverlauf verglichen wird. Es wird versucht, Erklärungsansätze für die beiden systematischen Abweichungen der theoretischen impliziten Volatilität von der empirisch feststellbaren Volatilität in Form des Volatilitätssmile (*volatility smile*) und der Volatilitätsfristenstruktur (*term structure of volatility*) zu erarbeiten. Ferner wird gezeigt, dass neben der modell- und marktstrukturbasierten Begründung die Psychologie der Marktteilnehmer – und hier insbesondere personale Einflussfaktoren des Risikoverhaltens – das Niveau und die Ausformung des Volatilitätssmile nachhaltig determinieren.

Gegenstand von **Kapitel 4** ist die Analyse von personalen Einflussfaktoren auf die Wahrnehmung von (Kurs-)Risiken. In den beiden ersten Abschnitten erfolgt zunächst eine semantische Analyse und Eingrenzung der beiden Begriffe Risiko sowie Wahrnehmung. Dabei werden Wahrscheinlichkeitskonzepte zur Evaluation des Risikos und hieraus ableitbare Risikomaße ebenso berücksichtigt wie Entscheidungen unter Risiko.

Beim Begriff der Wahrnehmung werden unter Rückgriff auf Erkenntnisse der Psychologie die verschiedenen Stufen des menschlichen Wahrnehmungsprozesses referiert sowie psychologische Erklärungsansätze für die Wahrnehmung aufgezeigt.

Die Konzeptualisierung der Risikowahrnehmung ist Gegenstand des darauffolgenden Abschnitts. Hier werden zwei Ansätze diskutiert, die auch bei der Wahrnehmung von Finanzrisiken einen hohen Erklärungswert besitzen und geeignet sind, das hypothetische Konstrukt Risikowahrnehmung empirisch zu testen.

Thematischer Schwerpunkt dieses Kapitels ist die Systematisierung und Analyse von personalen Einflussfaktoren auf die Wahrnehmung von Risiken. Gestützt auf die Ergebnisse empirischer Studien werden als die die Risikowahrnehmung von Menschen beeinflussenden Faktoren der Persönlichkeitsdisposition untersucht:

- die menschliche Informationswahrnehmungs- und –verarbeitungskapazität,
- die als Ergebnis von Lernprozessen gesammelten (Berufs-)Erfahrungen,
- situative Stimmungen und Emotionen,
- die Leistungsmotivation,
- die Einstellungen des Markteilnehmers zur eigenen Person (*Selbstkonzept*).

Die in dem jeweiligen Abschnitt identifizierten potentiellen Zusammenhänge zwischen der analysierten Persönlichkeitsvariable und der Risikowahrnehmung dienen der Ableitung von Hypothesen, die im Rahmen zweier Studien untersucht wurden.

Kapitel 5 beinhaltet nach einer kurzen methodologischen Einordnung der ersten Studie deren Beschreibung sowie die Präsentation und Analyse der Ergebnisse. Basierend auf der in der Arbeit entwickelten Schlussfolgerung, dass die Art der Risikopräsentation, die Kompetenz sowie das Selbstbild des Marktteilnehmers seine Wahrnehmung von Kursrisiken beeinflusst, wurde im Rahmen der ersten Studie mit professionellen Kapitalmarktteilnehmern ein vergleichendes Individualexperiment zur Wahrnehmung von Kursrisiken durchgeführt. Die Probanden wurden mit mehreren Treatments konfrontiert, um die Wirkung unterschiedlicher Darstellungsarten von Kursrisiken auf die individuelle Wahrnehmung von Kursrisiken zu testen.

Motivation für dieses Experimentdesign ist die Tatsache, dass die Mehrheit der bisherigen Studien auf diesem Gebiet mit Studenten durchgeführt wurde. Das Ergebnis dieser Experimente und die Analyse des Verhaltens der Probanden wird sodann auf professionelle Marktteilnehmer transformiert. In dieser Vorgehensweise liegt jedoch ein methodisches Problem, denn sie setzt voraus, dass Studenten die gleiche Kompetenz und eine ähnliche (Berufs-)Erfahrung besitzen sowie vergleichbare Verhaltensweisen im Umgang mit Kursrisiken zeigen wie professionelle Marktteilnehmer. Das Design dieser Studie versucht diese methodischen Probleme zu überwinden und analysiert direkt am Erkenntnisobjekt der Behavioral Finance, dem professionellen Kapitalmarktakteur. Die im Rahmen dieser Untersuchung analysierten Aspekte der Wahrnehmung von Kursrisiken betreffen grundlegende Fragestellungen, von denen nachfolgend einige exemplarisch aufgelistet sind.

- In welcher Weise hängt die Wahrnehmung des Kursrisikos von der Art der Informationspräsentation über Kurse und Kursrisiken ab?
- Nimmt das Wissen bezüglich verschiedener Risikomaße Einfluss auf die Risikowahrnehmung?
- Welche Rolle spielen Kompetenz und Erfahrung mit der Prognose von Kursen bei der Wahrnehmung und Quantifizierung von Kursrisiken?

- Existiert eine Interdependenz zwischen der selbsteingeschätzten Kompetenz, der Erfahrung mit der Prognose von Kursen sowie der empfundenen Unsicherheit, auf Basis gegebener Kurs- und Volatilitätsinformationen eine Kursprognose abzugeben?
- Übt die Tätigkeitsdauer als Händler und die mit ihr verknüpfte Berufserfahrung einen Einfluss auf die Wahrnehmung von Kursrisiken aus?
- Besitzt das Lebensalter einen Einfluss auf die Wahrnehmung von Kursrisiken?
- Spielt die Geschlechtszugehörigkeit eine Rolle bei der Risikowahrnehmung?
- Üben die mehr oder weniger überdauernden Einstellungen eines Individuums in Form von Kognitionen und Emotionen gegenüber der eigenen Person einen Einfluss auf die Wahrnehmung von Kursrisiken aus?

Die zweite Studie beschäftigt sich mit dem möglichen Einfluss des Wetters auf die Dimensionierung der Geld-Brief-Spanne am deutschen Kapitalmarkt. Basierend auf den für den amerikanischen Kapitalmarkt herausgearbeiteten Ergebnissen wird überprüft, ob sich auch am deutschen Kapitalmarkt das Wetter als eine die Stimmung von Market Makern und damit die Geld-Brief-Spanne beeinflussende Variable isolieren lässt.

Die Arbeit schließt mit einer Zusammenfassung der wichtigsten Ergebnisse in **Kapitel 6** und einem Ausblick auf mögliche zukünftige Forschungsansätze.

2. Die Modellierung des Marktgeschehens in Market Maker-Märkten

In diesem Literaturkapitel werden grundlegende, aus der Marktmikrostruktur-Theorie stammende Modelle zur Beschreibung der Funktion von Market Maker-Märkten expliziert. Basierend auf der von O'Hara (1999) gegebenen Definition, die Marktmikrostruktur-Theorie „is the study of the process and outcomes of exchanging assets under explicit trading rules",[1] erscheint es zielführend, die Forschungsergebnisse auf diesem Gebiet als inhaltlichen Ausgangspunkt für den Preisbildungsprozess an Market-Maker-Märkten heranzuziehen. Untersuchungsgegenstand dieses Theoriezweiges ist der potentielle Einfluss der Marktorganisation auf das Marktergebnis. Die diskutierten Ansätze bilden somit die modelltheoretische Fundierung der Market-Maker-Tätigkeit.

Anknüpfend an die historischen Entwicklungslinien der Organisation von Kapitalmärkten werden zunächst die beiden klassischen Marktformen Auktionsmarkt und Market Maker-Markt in allgemeiner Form erläutert. Anschließend werden ausgewählte Modelle zur Deskription von Market Maker-Märkten diskutiert. Das Erkenntnisziel der Arbeit berücksichtigend, erfolgt die Klassifizierung der Modelle nach den beiden Kriterien ‚Risikoneigung des Market Makers' und den hieraus deduzierbaren Implikationen für das Quotierungsverhalten an Market Maker-Märkten sowie ‚Informationsverteilung unter den Marktteilnehmern' und den damit nektierten Preisbildungsmechanismen. Das Kapitel schließt mit einer Diskussion der Ergebnisse selektiver empirischer Studien zu Market Maker-Märkten, systematisiert nach den Kriterien Vergleich mit anderen Marktformen, Analyse der Geld-Brief-Spanne, Untersuchungen zur Informationseffizienz sowie Analyse von Preisanpassungsprozessen an Market Maker-Märkten.

2.1 Organisationsformen des Börsenhandels

In einer allgemein gefassten Definition können Börsen als Institutionen definiert werden, an denen Käufer und Verkäufer aufeinander treffen und zu Preisen Güter austauschen, die Angebot und Nachfrage zum Ausgleich bringen.[2] Börsen sind hochorganisierte Institutionen eines Kapitalmarktes und übernehmen wichtige

---

[1] S. O'Hara (1999) S. 1.

[2] Vgl. Glosten/Milgrom (1985) S. 71.

volkswirtschaftliche Aufgaben.[3] Zu nennen sind in diesem Zusammenhang die Finanzierungsfunktion durch die Bereitstellung von Finanzierungsmitteln für Investitionen, die Allokationsfunktion in Form der Lenkung des Kapitals in die jeweils renditestärkste Investitionsalternative sowie die Transformationsfunktion. Die letztgenannte Aufgabe einer Börse beinhaltet u. a. die Möglichkeit einer grundsätzlich jederzeitigen Wiederveräußerung von erworbenen Wirtschaftsgütern und damit eine Reallokation von Preis- und Wertrisiken auf jene Investoren, die diese zu übernehmen bereit sind.

Börsen schaffen eine hohe Markttransparenz, indem für die gehandelten Güter Kurse ermittelt werden, die für Investoren Signalfunktion besitzen. Von diesen Kursen zu unterscheiden ist der Wert eines Wirtschaftsgutes, ausgedrückt als Beschaffungspreisobergrenze des potentiellen Käufers bzw. Abgabepreisuntergrenze des potentiellen Verkäufers.[4] Dieser Wert wird bestimmt durch das Ziel, das der Marktteilnehmer mit dem betreffenden Wirtschaftsgut verfolgt, durch das situative Entscheidungsumfeld des Marktakteurs sowie die konkreten Eigenschaften des betreffenden Wirtschaftsgutes. Hieraus folgt, dass der Wahrnehmung des Marktteilnehmers bei der Wertbeimessung eines Wirtschaftsgutes eine wichtige Funktion zukommt. Der Wert eines Wirtschaftsgutes ist demnach das Ergebnis eines Alternativkalküls der Marktteilnehmer. Aus dem auf der Individualebene ermittelten Wert des Wirtschaftsgutes resultieren auf der Marktebene die Aggregate Angebot und Nachfrage.[5]

Die Organisationsform des Börsenhandels, Handelsregeln sowie Prozessabläufe besitzen einen nachhaltigen Einfluss auf den Preisbildungsprozess eines Kapitalmarktes und determinieren seinen Effizienzgrad. In der Marktmikrostruktur-Theorie sind daher die Entscheidungs- und Handlungsprozesse der Marktteilnehmer an Börsen auf der Individualebene das Forschungsobjekt. Erkenntnisziel sind hieraus abgeleitete Implikationen auf die Abläufe und Ergebnisse des Marktprozesses wie beispielsweise das Entstehen und die Verbreitung von den Kurs des gehandelten Wertpapiers beeinflussenden Informationen, die Gründe für das Aufkommen von Orders am Markt sowie den Transformationsprozess von Orders in Handelsgeschäfte.[6]

Aus den historischen Entwicklungslinien der Marktorganisation lassen sich zwei kardinale Organisationsformen des Börsenhandels deduzieren[7]:

1. Der Auktionsmarkt
2. Der Market Maker-Markt.

---

[3] Vgl. Rosen (2001) S. 356 f.

[4] Vgl. Stützel (1976) S. 4407.

[5] Vgl. Schmidt/Prigge (2001) S. 393.

[6] Vgl. Cohen et al. (1986) S. 3. Einen umfangreichen Überblick über die wesentlichen in der Literatur diskutierten Ansätze liefert O'Hara (1999).

[7] Vgl. Whitcomb (1985); Behr (2000) S. 41; Hirth (2000) S. 9.

Obgleich die Analyse des Market Maker-Marktes im Fokus dieses Kapitels steht, soll nachfolgend zur Verdeutlichung der essentiellen Unterschiede die Wesenheit des Auktionsmarktes kurz skizziert werden.

2.1.1 Der Auktionsmarkt

Ziel des Auktionsmarkts ist es, sich so weit wie möglich dem Ideal eines walrasianischen Gleichgewichtsmarktes zu nähern.[8] Bei diesem auf Léon Walras (1834-1910) zurückgehenden Idealmodell eines Marktes wird der Gleichgewichtspreis durch Zuruf (*prix crié par hazard*) gesucht. Erst wenn dieser bekannt ist, erfolgt der Güteraustausch und es kommt zu einer Markträumung.[9] Angebot und Nachfrage werden bei diesem Marktmodell aggregiert und durch einen markträumenden Gleichgewichtspreis zum Ausgleich gebracht. Charakteristisch für diesen Idealmarkt nach Walras ist das unmittelbare und direkte Aufeinandertreffen der Kauf- und Verkaufstransaktionen ohne Einschaltung eines Intermediärs.[10]

An realen Auktionsmärkten wird entweder kontinuierlich oder periodisch gehandelt.[11] Hierzu werden die Transaktionswünsche der Marktteilnehmer häufig in einem Orderbuch gebündelt und anschließend durch einen Auktionator nach dem Meistausführungsprinzip zum Ausgleich gebracht.[12] Der Auktionator fungiert dabei als Intermediär, der sich auf die reine Preisermittlung beschränkt.[13] Das ihn kennzeichnende Charakteristikum ist folglich die Unterstützung der beiden originären Handelspartner bei der Preisfindung.

In Abhängigkeit von der Häufigkeit der Preisfeststellung werden bei Auktionsmärkten die kontinuierliche Auktion sowie die periodische Auktion, häufig auch Gesamtkursermittlung genannt, unterschieden.

Bei der kontinuierlichen Auktion (*continuous auction*) können die Marktteilnehmer jederzeit während der Handelszeit Orders erteilen und von anderen Marktteilnehmern erteilte Aufträge akzeptieren. Dabei ist jeder Marktteilnehmer darauf angewiesen, selbst einen Transaktionspartner zu finden; grundsätzlich agiert kein Marktteilnehmer als Intermediär.[14]

Ein Marktteilnehmer dokumentiert sein Transaktionsinteresse durch die Erteilung einer Kauf- oder Verkaufsorder mit dazugehörender Stückzahl. Wird die Or-

---

[8] Vgl. O'Hara (1999) S. 4-7. Die Autorin erläutert die Funktion des Walrasianischen Auktionators am Beispiel des Gold-Fixings an der Londoner Edelmetallbörse.

[9] Vgl. Grossman/Miller (1988) S. 617; Domowitz (1990) S. 182-186, O'Hara (1999) S. 4.

[10] Vgl. Gerke/Rapp (1994) S. 7.

[11] Vgl. O'Hara/Oldfield (1986) S. 362f.; Stoll (1992) S. 76f.

[12] Vgl. Kempf (1997) S. 641.

[13] Vgl. Breuer (1993) S. 10.

[14] Vgl. hierzu Cohen et al. (1986), Kap. 4 u. 5.

der durch die Angabe eines Höchstpreises (bei einer Kauforder) oder durch Nennung eines Mindestpreises (bei einem Verkaufsauftrag) spezifiziert, spricht man von einer Limitorder. Fehlen diese Preisspezifizierungen, handelt es sich um eine Marketorder.

Eine Transaktion findet nur statt, wenn entweder eine Marketorder auf eine Limitorder der anderen Marktseite trifft oder wenn zwei Limitorders mit sich entsprechenden Preisen aufeinandertreffen. Hieraus ist ersichtlich, dass Transaktionen immer nur auf Basis zuvor erteilter Aufträge zustande kommen. Daher wird die kontinuierliche Auktion auch als *order-driven market* bezeichnet, die sich ergebenden Preise als Einzelkurse.[15]

Diejenigen Limitorders, die nicht unmittelbar zur Ausführung gelangen, werden in einem Orderbuch nach festgelegten, von allen Marktteilnehmern anerkannten Normalien gesammelt. Diese Regeln bestimmen die Reihenfolge, in der die gesammelten Limitorders ausgeführt werden. Oberste Priorität besitzt die Preisgrenze der Limitorder. Danach folgen der Ordereingabezeitpunkt sowie teilweise auch das Ordervolumen.[16] Da das Limit die oberste Priorität besitzt, ist die Kauforder mit dem höchsten und die Verkaufsorder mit dem niedrigsten Limit an der ranghöchsten Stelle im Orderbuch positioniert. Die Differenz zwischen der jeweils ranghöchsten Order auf der Kauf- und Verkaufseite im Orderbuch bildet die Geld-Brief-Spanne (*bid-ask spread*).

An einigen Börsen wird die Marktorganisationsform der kontinuierlichen Auktion verknüpft mit Elementen des Market Maker-Marktes. In diesem Fall erteilen Marktteilnehmer auf freiwilliger Basis Limitorders sowohl zum Kauf als auch zum Verkauf des gehandelten Wertpapiers. Dadurch tragen sie zu einer Erhöhung der Ausführungswahrscheinlichkeit der im Orderbuch befindlichen Aufträge bei. Damit verhalten sich diese Marktteilnehmer wie Market Maker. Der Unterschied zum reinen Market Maker-Markt besteht darin, dass diese Marktteilnehmer keine Verpflichtung übernehmen, jederzeit verbindliche Kauf- und Verkaufskurse zu stellen.

Beispiele für die kontinuierliche Auktion sind in Deutschland der fortlaufende Handel zu Einzelkursen sowohl an den Parkettbörsen als auch im elektronischen Börsenhandelssystem XETRA sowie der Futureshandel an der EUREX.

Im Gegensatz zur kontinuierlichen Auktion ist die periodische Auktion (Gesamtkursermittlung, *call auction, call market*) ein Marktmodell, bei dem nur zu diskreten Zeitpunkten Preise festgestellt und Transaktionen ermöglicht werden. Hierfür werden alle Orders über einen Zeitraum hinweg bei einer zentralen Stelle – einem Auktionator oder einem Computer – gesammelt und zu einer Angebots- und Nachfragefunktion komprimiert. Dann wird derjenige Kurs ermittelt, zu dem

[15] Vgl. Madhavan (1992) S. 608f.; Schmidt/Prigge (2001) S. 396.
[16] Vgl. Domowitz (1993)

der größtmögliche Umsatz stattfinden kann (*Meistausführungsprinzip*). Da die sich ergebenden Transaktionen zu einem Kurs ausgeführt werden, spricht man vom Einheits- oder Gesamtkurs.[17] Genau wie bei der kontinuierlichen Auktion bestimmen auch bei der periodischen Auktion die zuvor erteilten Kauf- und Verkaufsorders die Transaktionsmöglichkeiten. Folgerichtig wird diese Marktform ebenfalls als *order-driven market* bezeichnet.

Durch die Sammlung der Orders bei einer zentralen Stelle nimmt die Wahrscheinlichkeit zu, dass ein einzelner Auftrag zur Ausführung gelangt. Diesem Vorteil steht als Nachteil gegenüber, dass in dem Zeitraum zwischen zwei Preisfeststellungen kein Geschäftsabschluss möglich ist. Des Weiteren kommt hinzu, dass zum Zeitpunkt der Ordererteilung der resultierende Marktpreis noch unbekannt ist und somit für Limitorders ein Ausführungsrisiko existiert.

Bei Marketorders ist das Ausführungsrisiko gering, da sie üblicherweise bei der Einheitskursermittlung oberste Priorität besitzen. Diese relative Ausführungssicherheit wird jedoch mit einem Preisrisiko erkauft. Durch die Erteilung einer Marketorder signalisiert der Marktteilnehmer seine Bereitschaft, das Wertpapier auf jeden Fall, das heißt auch zu jedem sich ergebenden Marktpreis, zu handeln.[18]

Es ist nicht gewährleistet, dass der Einheitskurs markträumenden Charakter besitzt. Es kann sich die Situation ergeben, dass bei dem Kurs, zu dem der größtmögliche Umsatz erfolgt, ein Angebots- oder Nachfrageüberhang verbleibt. Daher müssen Regeln aufgestellt werden, wie der Marktpreis im Falle der Indeterminiertheit festgestellt wird. Teilweise wird versucht, Marktteilnehmer zur Erteilung weiterer Orders zu animieren, um dadurch den Überhang abzubauen. Verbleibt danach immer noch ein Rest nicht ausgeführter Orders, kann der Auktionator selbst durch Markteintritt den Überhang reduzieren oder ganz abbauen. Eine andere Alternative besteht in der Rationierung der Orders. Dabei werden nach einem festgelegten, für alle Marktteilnehmer transparenten Algorithmus diejenigen Orders bestimmt, die nicht oder nur teilweise zur Ausführung gelangen.[19]

Beispiele für eine Gesamtkursermittlung sind die Feststellung des Eröffnungs- und Schlusskurses in XETRA. Aber auch an zahlreichen anderen großen Börsen wird dieser Mechanismus der Kursermittlung zur Handelseröffnung eingesetzt. Denn im Vergleich zu einer kontinuierlichen Auktion sind bei der periodischen Auktion viele Marktteilnehmer mit Orders vertreten. Da die Erteilung einer Order die einzige Möglichkeit ist, der eigenen Markterwartung Ausdruck zu verleihen, schreibt man dem durch eine Gesamtkursermittlung festgestellten Kurs eine überdurchschnittliche Qualität hinsichtlich der Informationsaggregation des Gesamt-

[17] Vgl. Schiereck (1997) S. 367.
[18] Vgl. Theissen (1998) S. 13f.
[19] Vgl. Theissen (1998) S. 24-31.

marktes zu. Daher wird beispielsweise in XETRA nach einer Handelsunterbrechung der Handel mit einer Gesamtkursermittlung wieder aufgenommen.[20]

Schiereck (1997) überprüft im Rahmen von Kapitalmarktexperimenten die Vorteilhaftigkeit der Gesamtkursermittlung und bestätigt die vermutete Überlegenheit des Call-Marktes gegenüber der Double Auction hinsichtlich seiner Fähigkeit zur Informationsaggregation.[21]

2.1.2 Der Market Maker-Markt

In einem Market Maker-Markt fungiert mindestens ein Marktteilnehmer als Market Maker, der – so Garman (1976) – "make a living by trading on the ‚temporary fluctuations' of supply and demand."[22] Der Market Maker geht die Verpflichtung ein, jederzeit während der Handelszeit zu von ihm im voraus festgelegten Preisen eine konkrete Menge Wertpapiere sowohl von anderen Marktteilnehmern zu kaufen als auch an andere Marktteilnehmer zu verkaufen.[23] Damit übernimmt der Market Maker die klassische Rolle eines Intermediärs, der den Prozess des Güteraustauschs zwischen zwei Marktteilnehmern dahingehend moderiert, dass er die Wertpapiere von einem Marktteilnehmer ankauft und diese ohne jeglichen Transformationsprozess wieder an einen anderen Marktteilnehmer verkauft.[24] Grossman/Miller (1988) interpretieren die Intermediär-Funktion des Market Makers so, dass er die Lücke füllt, die aufgrund einer asynchronen Ankunft der Kauf- und Verkaufsorders am Markt entsteht.[25] O'Hara (1999) formuliert pointiert die Funktion eines Market Makers am Beispiel des Specialist an der New York Stock Exchange (NYSE) wie folgt: „All trading on the exchange must go through the specialist, although the specialist may not be a participant in every trade."[26]

Der Preis, zu dem der Market Maker sein Kaufinteresse signalisiert, wird Geldkurs genannt, sein Verkaufspreis als Briefkurs bezeichnet. Die Differenz zwischen beiden Preisen determiniert die Geld-Brief-Spanne (*bid-ask spread*). Geld- und Briefkurs zusammen werden *Quote* genannt.

Die kontinuierliche Bereitschaft des Market Makers, mit anderen Marktteilnehmern Geschäftsabschlüsse zu tätigen, löst für diese das Problem, bei Handelsinteresse einen Transaktionspartner suchen zu müssen. Damit besteht in einem Market Maker-Markt im Vergleich zum Auktionsmarkt ein geringeres Ausführungsrisiko. Der Market Maker signalisiert durch seinen Quote einerseits Han-

[20] Vgl. Schmidt/Prigge (2001) S. 397.
[21] Vgl. Schiereck (1997) S. 387.
[22] Vgl. Garman (1976) S. 258.
[23] Vgl. hierzu z. B. Gerke/Rapp (1994) S. 7; Hirth (1995) S. 421; Kempf (1997) S. 641.
[24] Vgl. Breuer (1993) S. 12.
[25] Vgl. Grossman/Miller (1988) S. 617.
[26] S. O'Hara (1999) S. 9.

delsbereitschaft und gibt andererseits mit der Nennung seines Geld- und Briefkurses den übrigen Marktteilnehmern eine wichtige Information bezüglich des aktuellen Wertes des gehandelten Wertpapiers. Aufgrund dieses Informationsimpulses des Market Makers werden Market Maker-Märkte auch als *quote-driven* bezeichnet.[27]

Die wesentliche Leistung eines Market Makers besteht folglich darin, anderen Marktteilnehmern das Ausführungsrisiko abzunehmen. Durch die Nennung eines Geld- und Briefkurses gewährleistet der Market Maker ferner, dass andere Markteilnehmer zu bekannten Preisen einen Geschäftsabschluss tätigen können. Verbunden mit einer permanenten Handelsbereitschaft reduziert er somit die Transaktionsunsicherheit sowie die Bestandshaltekosten der übrigen Marktteilnehmer. In der Literatur werden diese Leistungen zusammengenommen als Sofortigkeitsservice (*immediacy*) des Market Makers bezeichnet.[28]

Stoll (1985) führt in diesem Zusammenhang aus, dass die Geld-Brief-Spanne nur in dem Fall genau die Rendite des Market Makers für die Bereitstellung von Sofortigkeitsservice misst, wenn es diesem gelingt, simultan zu seinem Geldkurs zu kaufen und zum Briefkurs zu verkaufen. In aller Regel werden jedoch Kauf- und Verkaufsorders den Market Maker nicht zeitgleich erreichen. Die Ankunft der Orders am Markt kann daher präziser als Zufallsvariable modelliert werden und bewirkt, dass der Market Maker teilweise weniger, teilweise mehr als die Geld-Brief-Spanne als Gewinn realisieren kann.

Für die Erbringung der vorgenannten Leistungen entstehen dem Market Maker diverse Kosten. Diese können zunächst unterteilt werden in fixe und variable Kosten der Geschäftsabwicklung wie Büromiete, Telekommunikationskosten, Gebühren und Steuern. Aber auch Opportunitätskosten für Humankapital sind zu berücksichtigen. Daneben fallen kalkulatorische Kosten an in Form von Bestandshaltekosten (*inventory costs*) für übernommene Risiken. Denn die jederzeitige Handelsbereitschaft bedingt, dass der Market Maker temporär eine Marktposition besitzt, die nicht mit dem intendierten Risikogehalt seines Portfolios positiv korreliert. Bei steigenden Kursen tritt der Market Maker als Verkäufer auf, während er im fallenden Markt Käufe tätigen muss. Besitzt der Market Maker die gleiche Markterwartung wie die Mehrheit der Marktteilnehmer, bedeutet die Ausübung seiner Funktion, ein diametral zu seiner eigenen Meinung zusammengesetztes Portfolio halten zu müssen. Für die hierdurch entstehenden Kosten fordert der Market Maker eine Kompensation in Form der Geld-Brief-Spanne.[29]

Weicht die aktuelle Portfoliostruktur von der vom Market Maker präferierten ab, kann er durch Adjustierung seines Geld- und Briefkurses sowie durch eine et-

---

[27] Vgl. Hirth (2000) S. 11; Schmidt/Prigge (2001) S. 398.

[28] Vgl. Demsetz (1968) S. 35f.; Stoll (1985).

[29] Zum bestandsabhängigen Quotierungsverhalten von Market Makern vgl. beispielweise Garman (1976), Stoll (1978), Amihud/Mendelson (1980), Ho/Stoll (1981, 1983).

waige Veränderung der Geld-Brief-Spanne anderen Marktteilnehmern einen Anreiz stiften, mit ihm zu handeln. Dadurch kann es ihm gelingen, sich der Zielstruktur seines Portfolios wieder anzunähern. So wird er regelmäßig seinen Geldkurs erhöhen, wenn er beabsichtigt, zusätzliche Wertpapiere zu kaufen. Umgekehrt wird er dem Markt durch die Nennung eines gegenüber seinem vorherigen Kurs niedrigeren Briefkurses Verkaufsbereitschaft signalisieren. Durch eine Verringerung der Geld-Brief-Spanne dokumentiert der Market Maker sein gegenüber seinem vorherigen Quote gestiegenes Handelsinteresse.[30]

Die Risikoneigung des Market Makers sowie sein Bestreben, ein im Sinne der Portfoliotheorie effizientes Portfolio zu halten, sind demnach wichtige Bestimmungsfaktoren seiner Quotierungsstrategie.[31]

Je größer die Geld-Brief-Spanne, desto höher ist ceteris paribus die Kompensation des Market Makers für die ihm entstandenen Bestandshaltekosten und damit auch sein Gewinn. Dem steht jedoch ein Umsatzrückgang bei einer sich ausweitenden Geld-Brief-Spanne gegenüber, da sich der Handel mit dem Market Maker für die übrigen Marktteilnehmer verteuert. Mit sinkendem Umsatz erhöhen sich gleichzeitig die Bestandshaltekosten des Market Makers pro Stück, da der Zeitraum länger wird, in dem er eine eventuell unerwünschte Position halten muss. Der Market Maker steht somit vor der Aufgabe, ein gewinnmaximierendes Gleichgewicht zwischen Stückumsatz und Stückgewinn zu finden. Dies sollte ihm für den Fall, dass er eine Monopolstellung besitzt (monopolistischer Market Maker) vergleichsweise leicht fallen, da alle Marktteilnehmer ausschließlich über ihn handeln müssen. Der monopolistische Market Maker besitzt somit ein Transaktionsprivileg. Im konkurrierenden Market Maker-Markt hingegen sorgt die Wettbewerbssituation für eine im Zeitverlauf variierende Geld-Brief-Spanne. Diese Entwicklung führt im Vergleich zum monopolistischen Market Maker-Markt nicht nur zu einem Rückgang der impliziten Transaktionskosten, sondern auch ceteris paribus zu einem Abschmelzen des Market Maker-Gewinns.[32]

Bezüglich des Quotierungsverhaltens im Market Maker-Markt zeigt sich, dass der monopolistische Market Maker nach einer Transaktion versucht, eine Anpassung seiner Quotierung zu umgehen.

Hirth (1995) bezeichnet die Verpflichtung des Market Makers, verbindliche Kurse zu stellen, als „first-mover-disadvantage".[33] Da der Market Maker oftmals die erste Kursindikation im Markt stellt und damit den anderen Marktteilnehmern ein Informationssignal bezüglich seiner Erwartung den Fundamentalwert des gehandelten Wertpapiers betreffend sendet, können ihm hieraus informationsinduzierte Nachteile entstehen.

---

[30] Vgl. Stoll (1978) S. 1142-1144.

[31] Vgl. Hirth (1995) S. 421.

[32] Vgl. Ho/Stoll (1983) S. 1070f.; Bloomfield (1996) S. 1797f.; Gerke/Arneth/Bosch (2000) S. 177; Bosch (2001) S. 15.

[33] Vgl. Hirth (1995) S. 421.

Unter der Voraussetzung, dass Informationen bezüglich des Fundamentalwertes des Wertpapiers zwischen den Marktteilnehmern heterogen verteilt sind - was bedeutet, dass Marktteilnehmer existieren, die den fairen Wert des Wertpapiers kennen, so genannte Insider - kann die Kursstellung des Market Makers anderen Marktteilnehmern als Entscheidungsgrundlage für ihre Dispositionen dienen. Die übrigen Marktteilnehmer können aus der Kursstellung des Market Makers Rückschlüsse auf sein Informationsniveau ziehen. Kombinieren sie das aus der Kursstellung des Market Makers resultierende Informationssignal mit ihrer eigenen Informationslage, besitzen sie einen Informationsvorteil gegenüber dem Market Maker. Je präziser die Schätzung des Market Makers bezüglich des Fundamentalwertes des Finanztitels und je geringer seine Geld-Brief-Spanne ausfällt, desto eher werden Marktteilnehmer mit einer privilegierten Informationsausstattung bereit sein, mit ihm zu handeln. Da sie annahmegemäß den fairen Wert des Wertpapiers kennen, besitzen sie bei entsprechender Kursstellung des Market Makers ein hohes Transaktionsinteresse.[34]

Die besser informierten Marktteilnehmer benötigen nicht zwingend die Kursstellung des Market Makers als Informationssignal. Denn aufgrund ihres Informationsstandes werden sie nur genau dann eine Transaktion durchführen, wenn diese für sie profitabel ist. Daher erleidet der Market Maker aus Transaktionen mit Insidern systematisch einen Verlust. Diesen kann er nur durch eine Ausweitung der Geld-Brief-Spanne kompensieren, sodass die Verluste aus Transaktionen mit Insidern durch Gewinne aus Transaktionen mit den übrigen Marktteilnehmern – sie werden als Liquiditätshändler (*liquidity trader*) bezeichnet – ausgeglichen werden.[35]

Weitet der Market Maker seine Geld-Brief-Spanne zu stark aus, reduziert dies seinen Umsatz mit den Liquiditätshändlern, da deren Handelsinteresse bei einer breiten Geld-Brief-Spanne nachlässt. Unter Umständen kann eine Negativauslese (*adverse selection*) der Marktteilnehmer dann eintreten, wenn bei einer zu großen Geld-Brief-Spanne ausschließlich Insider Transaktionsbereitschaft signalisieren. Wird die Geld-Brief-Spanne prohibitiv hoch, finden keine Transaktionen mehr statt, der Markt bricht zusammen. Analog den Bestandshaltekosten steht der Market Maker auch bei den Kosten adverser Selektion vor der Lösung eines Optimierungskalküls. Er wird seinen Quote so setzen, dass die zu erwartenden Verluste aus Transaktionen mit Insidern in einem von ihm intendierten Verhältnis stehen mit den realisierbaren Gewinnen aus Geschäften mit Liquiditätshändlern.

Die wesentlichen Unterschiede zwischen einem Auktionsmarkt und einem Market Maker-Markt liegen in der Transaktionsgeschwindigkeit und der Höhe der Transaktionskosten. Der Sofortigkeitsservice eines Market Makers generiert eine

---

[34] Vgl. Jaffe/Winkler (1976) S. 52.

[35] Vgl. Bagehot (1971) S. 13 sowie die Arbeiten von Copeland/Galai (1983), Glosten/Milgrom (1985), Easley/O'Hara (1987), Admati/Pfleiderer (1988) sowie die Ausführungen zu den informationsinduzierten Market Maker-Modellen in Kapitel 2.2.3

stetige Transaktionsbereitschaft und reduziert die Transaktionsunsicherheit sowie die Bestandshaltekosten der Marktteilnehmer. Dies wird insbesondere von institutionellen Investoren geschätzt. In einem Auktionsmarkt hingegen kann eine Transaktion nur dann durchgeführt werden, wenn am Markt eine entsprechende Gegenposition vorhanden ist. Da an einem Auktionsmarkt grundsätzlich kein Sofortigkeitsservice angeboten wird, besteht eine gegenüber dem Markt Maker-Markt erhöhte Transaktionsunsicherheit.[36]

Der Sofortigkeitsservice des Market Maker-Marktes verbunden mit einer hohen Transaktionsgeschwindigkeit wird im Vergleich zum Auktionsmarkt mit höheren Transaktionskosten erkauft.[37] Diese zeigen sich in der Geld-Brief-Spanne des Market Makers und reflektieren sein Bedürfnis, eine adäquate Verzinsung des zur Erbringung seiner Dienstleistung eingesetzten Kapitals zu erhalten.[38]

Hirth (2000) kann keine Überlegenheit des einen Marktmodells gegenüber dem anderen feststellen.[39] Beide besitzen sowohl Vor- als auch Nachteile gegenüber der jeweils anderen Marktform. Insoweit kann bei der Forschung nach dem besten Marktmodell nur versucht werden, die Vorteile der jeweiligen Marktform herauszuarbeiten und mit denen des jeweils anderen Marktmodells zu verknüpfen.

Die drei in diesem Abschnitt behandelten Organisationsformen des Börsenhandels sind in der nachfolgenden Übersicht anhand ausgewählter Kriterien synoptisch aufgelistet.

---

[36] Vgl. Ho/Schwartz/Whitcomb (1985) S. 32-38.
[37] Vgl. Cohen et al. (1986) S. 93-111.
[38] Vgl. Roll (1984) S. 1128.
[39] Vgl. Hirth (2000) S. 134.

	Market Maker-Markt	Kontinuierliche Auktion	Gesamtkursermittlung
Preisfeststellung durch	Market Maker	Interaktion aller Marktteilnehmer	Interaktion aller Marktteilnehmer
Gewährleistung der Handelsmöglichkeit	durch Quotierungsverpflichtung der Market Maker gegeben.	durch freiwilliges Erteilen von Limitorders, daher nicht immer gegebenen.	an fest definierten Zeitpunkten durch Zusammenführung aller Orders wahrscheinlich.
Ausführungsrisiko	Nicht vorhanden	Bei Limitorder: Ja; bei Marketorder: nein, sofern Limitorders auf der anderen Marktseite vorliegen.	Bei Limitorder: Ja; bei Marketorder gering durch bevorzugte Ausführung.
Preisrisiko	Nicht existent	Nicht existent	Bei Limitorder einseitig begrenzt, bei Marketorder vorhanden

Abb. 2.1. Überblick über Organisationsformen des Börsenhandels[40]

2.2 Ausgestaltungsformen von Market Maker-Märkten

2.2.1 Grundlagen

Die in der Literatur vorhandenen Arbeiten zur Modellierung von Market Maker-Märkten lassen sich grob einteilen in solche, die einen monopolistischen Market Maker unterstellen und diejenigen, bei denen ein Market Maker unter Konkurrenz steht. Eine Konkurrenzsituation existiert für einen Market Maker dann, wenn andere Market Maker im gleichen Wertpapier oder für andere Finanztitel, die als Substitut für dieses Wertpapier gelten, ebenfalls verbindliche Quotes stellen oder wenn andere Market Maker über eine Marktzugangsberechtigung verfügen.

Die vorgenannte Systematisierung der Market Maker-Modelle kann in einer zweiten Dimension erweitert werden um die bestandsabhängigen Modelle, bei denen das Quotierungsverhalten des Market Makers durch seine Risikoneigung beeinflusst wird, und solche, bei denen eine heterogene Informationsverteilung bei

[40] In Anlehnung an Theissen (1998) S. 16.

den Marktteilnehmern subsumiert wird, die im Ergebnis zu asymmetrisch verteilten Transaktionserfolgen führt.[41]

Die aus den beiden genannten Systematisierungsansätzen entstehende und im Folgenden dargestellte Matrix kann – ohne den Anspruch auf Vollständigkeit zu erheben – als Grundlage für die Einordnung von Market Maker-Modellen herangezogen werden.[42] Anhand der aufgezeigten Literaturauswahl wird deutlich, wie sich im Zeitverlauf das Forschungsinteresse verlagert. In den 70er Jahren steht – basierend auf der Arbeit von Garman (1976) – der monopolistische Market Maker im Fokus der Analyse. In der darauffolgenden Dekade verlagert sich der Forschungsschwerpunkt auf konkurrierende Market Maker-Systeme. Dabei stehen Untersuchungen zur Verteilung von Informationen unter den Marktteilnehmern im Vordergrund. Während sich seit der Mitte der 90er Jahre so gut wie keine Arbeit mehr dem monopolistischen Market Maker widmet, stellen die Studien zum konkurrierenden Market Maker-Markt die eindeutige Mehrheit. Diese Bild spiegelt die Realität an den Kapitalmärkten wider, wo Konkurrenz und Wettbewerb das Agieren der Market Maker bestimmen.

	Monopolsituation	Konkurrenzsituation
Risikoinduziert	Garman (1976)	Ho/Stoll (1983)
	Stoll (1978)	Ho/Macris (1985)
	Amihud/Mendelson (1980)	Peck (1990)
	Ho/Stoll (1981)	Gehrig/Jackson (1998)
	Mildenstein/Schleef (1983)	
	O'Hara/Oldfield (1986)	
Informationsinduziert	Copeland/Galai (1983)	Glosten/Milgrom (1985)
	Kyle (1985)	Kyle (1985)
	Roll (1984)	Diamond/Verrecchia (1987)
	Glosten (1989)	Admati/Pfleiderer (1988)
	Hagerty (1991)	Grossman/Miller (1988)
	Subrahmanyam (1991)	Glosten (1989)
	Leach/Madhavan (1992)	Stoll (1989)
	Spiegel/Subrahmanyam (1992)	Easley/O'Hara (1992)
	Foster/Viswanathan (1996)	Madhavan (1992)
	Brunnermeier (2005)	Pagano/Röell (1992)
		Dennert (1993)
		Sarkar (1995)
		Bernhardt/Hughson (1996)
		Easley/Kiefer/O'Hara/Paperman (1996)
		Dutta/Madhavan (1997)
		Bagnoli/Watts (1998)
		Wang (1998)
		Hirth (2000)

[41] Vgl. Leach/Madhavan (1992) S. 208; Gehrig/Jackson (1998) S. 92.

[42] Hier wird dem Systematisierungsansatz von O'Hara (1999) gefolgt.

	Bondarenko (2001) Baruch (2002) Levine/Smith (2003)

Abb. 2.2. Systematisierung der Market Maker-Modelle

Das Erkenntnisziel dieser Arbeit berücksichtigend, werden in den folgenden beiden Abschnitten die Struktur und die Kernaussagen ausgewählter risikoinduzierter sowie informationsinduzierter Market Maker-Modelle diskutiert. Beschrieben wird sowohl das grundlegende Modell aus den vier Feldern der Abbildung 2.2 als auch dasjenige Modell, das mit Blick auf die Themenstellung dieser Arbeit einen signifikanten Erkenntniszugewinn generiert. Die verwendete Notation orientiert sich weitgehend am jeweiligen Originalaufsatz.

Basis der in der Literatur dargestellten Market Maker-Modelle ist die Arbeit von Demsetz (1968). Sie stellt das erste formale Modell dar, in dem die Existenz einer Geld-Brief-Spanne an Market Maker-Märkten explizit analysiert wird.[43] Alle nachfolgenden Modelle bauen auf der in dieser Arbeit gelegten Grundlage auf und bieten Verfeinerungen ausgewählter Aspekte.

Demsetz (1968) analysiert in seiner Arbeit die Rolle des monopolistischen Market Makers am Beispiel des Specialist an der New York Stock Exchange (NYSE), bei dem alle Kauf- und Verkaufsorders der Marktteilnehmer zusammengeführt werden und der alleine autorisiert ist, Quotes zu stellen. Er generiert seine Einkünfte durch die Zusammenführung von Kauf- und Verkaufsorders der Marktteilnehmer sowie durch die Übernahme von Risiko durch Selbsteintritt im Fall eines Angebots- oder Nachfrageüberhangs. Dem Marktteilnehmer entstehen somit aus der Nutzung der Börse zwei Arten von Transaktionskosten: Die Brokergebühren sowie die Geld-Brief-Spanne des Market Makers. Demsetz (1968) konkretisiert die Funktion der Geld-Brief-Spanne als „the markup that is paid for predictable immediacy of exchange in organized markets."[44] Dieser Kernsatz des Demsetz-Modells kann mit Hilfe der folgenden Grafik illustriert werden.

[43] Vgl. Cohen et al. (1986) S. 2-10.

[44] S. Demsetz (1968) S. 35f.

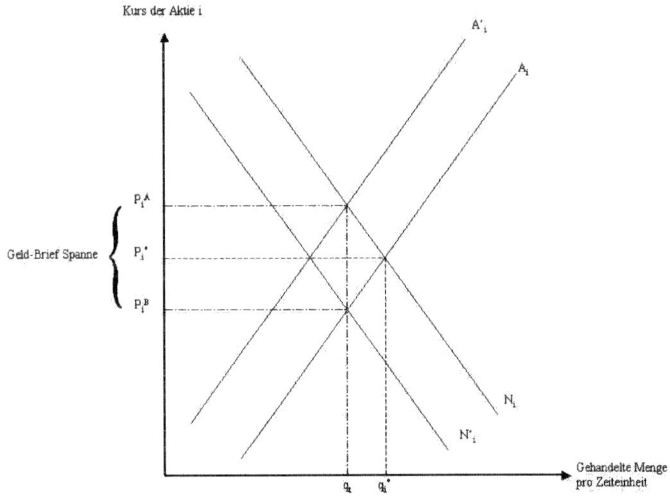

Abb. 2.3 Angebot und Nachfrage mit und ohne Sofortigkeitsservice im Demsetz-Modell

Bei einem walrasianischen Auktionator ergäbe sich für das Wertpapier i der Gleichgewichtspreis p_i^*. Zu diesem Kurs wären Käufer – dargestellt durch die Nachfragekurve N_i – und Verkäufer – abgebildet mit der Angebotskurve A_i – bereit, die Menge q_i^* des Wertpapiers i zu handeln. Diese Handelsbereitschaft würde sofort, ohne Setzung weiterer Anreizmechanismen durch den Auktionator entstehen.

Ein Problem tritt auf, wenn die Transaktionswünsche der Marktteilnehmer nicht synchron, sondern zeitversetzt am Markt eintreffen. In diesem Fall sinkt die Ausführungswahrscheinlichkeit einer neu am Markt eintreffenden Order, sofern nicht zeitgleich eine passende Order auf der anderen Marktseite vorhanden ist. Der betreffende Marktteilnehmer muss in diesem Fall auf die Ausführung seiner Order warten.

Die Angebotskurve A_i drückt das Interesse von Marktteilnehmern aus, das Wertpapier i *sofort* zu verkaufen. Analog dokumentiert die Nachfragekurve N_i das Interesse der Marktteilnehmer nach einem *sofortigen* Kauf des Wertpapiers i. Wenn ein Marktteilnehmer bereit ist, seine Verkäufe zunächst zurück zu stellen, oder wenn er vorerst auf die Ausführung seiner Verkaufsorder warten kann, muss er für diese aus der Wartezeit entstehenden Kosten Kompensation erhalten. Daher wird seine Angebotskurve über A_i liegen. Die Kurve A'_i dokumentiert die Verkaufspreise eines solchen Marktteilnehmers. Die Kurve N_i spiegelt die sofort erfüllbare Nachfrage nach Wertpapier i wider. Der Schnittpunkt beider Kurven ergibt den Gleichgewichtspreis P_i^A.

Die Kurve N'_i beschreibt das Kaufinteresse desjenigen Markteilnehmers, der bereit ist, auf die Ausführung seiner Kauforder am Markt zu warten und beinhaltet die erforderliche Kompensation für diese Wartezeit. Zusammen mit der Angebotsfunktion der übrigen Marktteilnehmer mit sofortigem Verkaufswunsch ergibt sich der Gleichgewichtspreis P_i^B.

Es sei nun angenommen, dass ein Marktteilnehmer – der Market Maker – mit der Bereitschaft zum jederzeitigen Handeln existiert. Damit bietet er Sofortigkeitsservice für die übrigen Marktteilnehmer an und überbrückt deren Wartezeit zwischen ihren asynchron am Markt eintreffenden Orders. Für diese Dienstleistung verlangt der Market Maker eine Kompensation. In Abbildung 2.3 drückt sich diese Kompensation des Market Makers durch einen Verschiebung seiner Angebotskurve A_i nach A'_i sowie seiner Nachfragekurve von N_i nach N'_i aus.

Als Konsequenz ergeben sich jeweils zwei Angebots- und zwei Nachfragefunktionen: die Angebots- und Nachfragefunktion des Market Makers (A'_i, N'_i), der bereit ist zu warten, sowie die Angebots- und Nachfragekurve der übrigen Marktteilnehmer (A_i, N_i), die eine sofortige Ausführung ihrer Orders wünschen. Aus diesen vier Funktionen resultieren zwei Gleichgewichtspreise. Aus dem Schnittpunkt der Angebotskurve des Market Makers A'_i mit der Nachfragekurve N_i der übrigen Marktteilnehmer resultiert der Verkaufspreis P_i^A des Market Makers (Briefkurs). Der Schnittpunkt seiner Nachfragefunktion N'_i mit der Angebotsfunktion A_i des Marktes generiert den Kaufpreis P_i^B des Market Makers (Geldkurs). Die Differenz zwischen den Kursen P_i^A und P_i^B ist die vom Market Maker geforderte Geld-Brief-Spanne.

Demsetz (1968) hat mit seinem Ansatz, die Existenz der Geld-Brief-Spanne mit der Bereitstellung von Sofortigkeitsservice zu begründen, die Basis für die Marktmikrostruktur-Theorie gelegt. Das Erkenntnisziel der nachfolgenden Modelle fokussiert sich auf die Bestimmung des konkreten Wertes von Sofortigkeitsservice, die Determinierung der hieraus dem Market Maker entstehenden Kosten sowie die Ableitung einer für ihn optimalen Positionierungsstrategie am Kapitalmarkt.

2.2.2 Risikoinduzierte Market Maker-Modelle

Die in der Realität zu beobachtende zeitliche Diskrepanz zwischen der Ankunft von Kauf- und Verkaufsorders am Markt sowie die Verpflichtung, eine kontinuierliche Handelsmöglichkeit zu gewährleisten, zwingen den Market Maker, Wertpapierbestände zu halten. Hieraus entstehen ihm Zinskosten, im Wesentlichen in Form eines Opportunitätszinses, den das eingesetzte Kapital bei einer Alternativinvestition generieren würde. In den nachfolgend dargelegten Modellen wird die Überlegung des Opportunitätszinses als Entstehungsgrund für die Geld-Brief-Spanne verknüpft mit der Idee, die Höhe der Verzinsung in Korrelation zu sehen mit dem vom Market Maker eingegangenen Risiko in Abhängigkeit seiner Risikoneigung. Da unterstellt werden kann, dass der Market Maker – wie jeder andere Marktteilnehmer auch – daran interessiert ist, ein effizientes Portfolio zu halten, dessen Struktur seiner Risikoneigung entspricht, wird er im Fall einer Abweichung der tatsächlichen Portfoliostruktur von seiner intendierten versuchen, durch sein Quotierungsverhalten die präferierte Portfoliozusammensetzung wieder zu realisieren. Dies kann er erreichen, indem er seinen Quote so um den von ihm vermuteten wahren Wert des Wertpapiers herum stellt, dass Transaktionen auf der von ihm intendierten Marktseite eine höhere Ausführungswahrscheinlichkeit besitzen als Transaktionen auf der anderen, von ihm nicht gewünschten Marktseite.[45]

2.2.2.1 Modell von Garman

Garman (1976) präsentiert als erster ein Marktmodell mit einem monopolistischen Market Maker, dessen Quotierungsstrategie von seinem Portfoliobestand abhängt. Die Handelsaktivitäten der Marktteilnehmer werden durch einen stochastischen Orderfluss beschrieben, der für den Market Maker eine exogene Größe darstellt.

Die mögliche zeitliche Diskrepanz zwischen der Ankunft von Kauf- und Verkaufsorders am Markt und die Verpflichtung, den Handel aufrecht zu erhalten, zwingen den Market Maker, Wertpapierbestände zu halten. Garman (1976) untersucht in seinem Modell die Auswirkungen der bestandsabhängigen Quotierungsstrategie des Market Makers und zeigt, dass seine Kurssetzung zum Ziel haben muss, den Gewinn zu maximieren und gleichzeitig eine mögliche Insolvenz zu vermeiden. Der Insolvenzfall tritt annahmegemäß ein, wenn entweder der Wertpapierbestand des Market Makers oder seine liquiden Mittel unter null sinken.

Annahmen des Modells[46]:

1. Die Ankunft von Orders am Markt ist poissonverteilt mit den Preisfunktionen $\lambda_B(p)$ und $\lambda_S(p)$. Die Ordergröße q wird mit einer Einheit des gehandelten Wertpapiers angenommen.
2. Alle Transaktionen müssen über den einzigen, zentralen Market Maker ausgeführt werden. Geschäftsabschlüsse unter den übrigen Marktteilnehmern sind annahmegemäß nicht möglich.
3. Der Market Maker setzt seinen Geldkurs p_S und seinen Briefkurs p_B, aus denen sich dann am Markt die Orderraten $\lambda_S(p_S)$ und $\lambda_B(p_B)$ der übrigen Marktteilnehmer generieren.

[45] Roll (1984) unterstellt, dass bei einem symmetrischen Spread um den Gleichgewichtskurs des Wertpapiers die Transaktionswahrscheinlichkeit auf *beiden* Marktseiten *gleich* hoch ist.

[46] Vgl. Garman (1976) S. 263.

4. Zum Zeitpunkt t_0 besitzt der Market Maker einen Anfangsbestand an Wertpapieren in Höhe von $I_S(0)$ und an liquiden Mitteln in Höhe von $I_C(0)$.
5. Der Market Maker verhält sich zur Vermeidung einer Insolvenz gewinnmaximierend.
6. Für den Market Maker existieren keine Transaktionskosten.

Die Aufgabe des Market Makers besteht in der Festlegung seines Geld- und Briefkurses. Beide Kurse stellt er einmalig vor Beginn des Handels. Sein Risiko liegt in der Unsicherheit über den Zeitpunkt des Eintreffens von Orders am Markt. Die unterstellte Poissonverteilung der Orderankunftszeit impliziert eine exponentielle Verteilung der Wartezeit zwischen zwei aufeinander folgenden Orders.

Als hinreichende Bedingungen für die als Poissonprozess modellierte Orderankunftszeit wird genannt:

1. Es existiert eine hohe Anzahl von Marktteilnehmern.
2. Die Marktteilnehmer agieren hinsichtlich ihrer Ordererteilung unabhängig voneinander.
3. Kein Marktteilnehmer ist in der Lage, die Generierung von Orders zu lenken, beispielsweise aufgrund von Insiderinformationen.
4. Kein Marktteilnehmer kann innerhalb eines begrenzten Zeitraums eine unendliche Anzahl von Orders erzeugen.

Die Modellierung der Orderankunftszeit als Poissonprozess führt im Ergebnis zu dem in Abbildung 2.4 dargestellten Gleichgewichtspunkt (p^*, λ^*). Dieser repräsentiert ein *stochastisches* Gleichgewicht. Die Kurse und das Handelsvolumen schwanken unter Berücksichtigung des stochastischen Orderflusses zufällig um den Gleichgewichtspunkt (p^*, λ^*).

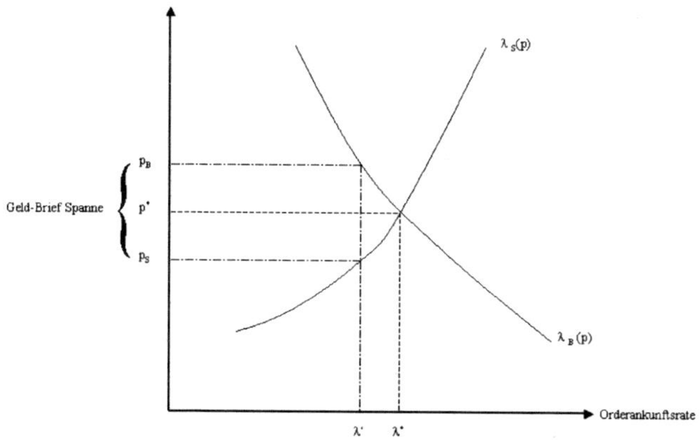

Abb. 2.4. Marktgleichgewicht bei stochastischem Orderfluss im Garman-Modell

Annahmegemäß besitzt der Market Maker zum Zeitpunkt t_0 einen Anfangsbestand an Wertpapieren in Höhe von $I_S(0)$ und liquide Mittel in Höhe von $I_C(0)$. Zum Zeitpunkt t hält er einen Wertpapierbestand in Höhe von $I_S(t)$ und Liquidität in Höhe von $I_C(t)$.

Mit $N_B(t)$ sei die kumulierte Anzahl von Wertpapieren beschrieben, die der Market Maker bis zum Zeitpunkt t gekauft hat, $N_S(t)$ sei dementsprechend die Menge an Wertpapieren, die der Market Maker bis zum Zeitpunkt t verkauft hat.

Zum Zeitpunkt t besitzt der Market Maker einen Bestand an liquiden Mitteln in Höhe von

$$I_C(t) = I_C(0) + p_B \cdot N_B(t) - p_S \cdot N_S(t). \qquad (2.1)$$

Der Wertpapierbestand des Market Makers zum Zeitpunkt t ergibt sich aus

$$I_S(t) = I_S(0) + N_S(t) - N_B(t). \qquad (2.2)$$

Aus diesem Zusammenhang leitet Garman (1976) eine Differentialgleichung her, die mit $Q_k(t)$ die Wahrscheinlichkeit angibt, dass der Market Maker zum Zeitpunkt t über liquide Mittel in Höhe von $I_C(t) = k$ verfügt. Die Wahrscheinlichkeit für einen Wertpapierbestand des Market Makers zum Zeitpunkt t in Höhe von $I_S(t) = k$ sei $R_k(t)$.

Aus der Differentialgleichung werden die Bedingungen für einen möglichen Insolvenzfall des Market Makers abgeleitet, der annahmegemäß dann eintritt, wenn er entweder über keine liquiden Mittel mehr verfügt oder keinen Wertpapierbestand hält. Formal wird der Insolvenzfall dargestellt durch Setzen von $k = 0$ und einer Grenzwertbetrachtung für $t \rightarrow \infty$.

Die Grenzwertbetrachtung für den Insolvenzfall aufgrund fehlender liquider Mittel ergibt

$$\lim_{t\to\infty} Q_0(t) \approx \left(\frac{p_S \cdot \lambda_S(p_S)}{p_B \cdot \lambda_B(p_B)} \right)^{\frac{I_C(0)}{\bar{p}}} \quad \text{falls } p_B \cdot \lambda_B(p_B) > p_S \cdot \lambda_S(p_S)$$
$$= 1 \quad \text{sonst.} \qquad (2.3)$$

Für $\bar{p}$ gilt: $p_B > \bar{p} > p_S$.

Insolvenz des Market Makers wegen eines nicht mehr vorhandenen Wertpapierbestandes tritt ein im Fall

$$\lim_{t\to\infty} R_0(t) \approx \left(\frac{\lambda_B(p_B)}{\lambda_S(p_S)}\right)^{I_S(0)} \quad \text{falls } \lambda_B(p_B) < \lambda_S(p_S)$$

$$= 1 \quad \text{sonst.} \tag{2.4}$$

Aus den Gleichungen 2.3 und 2.4 kann abgeleitet werden, dass der Market Maker zur Vermeidung einer Insolvenz seinen Geld- und Briefkurs so setzen muss, dass die beiden Bedingungen

$$p_B \cdot \lambda_B(p_B) > p_S \cdot \lambda_S(p_S)$$

und (2.5)

$$\lambda_S(p_S) > \lambda_B(p_B)$$

gleichzeitig erfüllt sind. Dies ist dann der Fall, wenn mit $p_B > p_S$ eine positive Geld-Brief-Spanne existiert.

Die beiden unter 2.5 genannten Bedingungen implizieren, dass sowohl der Wertpapierbestand des Market Makers als auch seine liquiden Mittel auf Sicht eine steigende Tendenz aufweisen.

Es ist nicht zwingend erforderlich, dass der Quote des Market Makers symmetrisch um den Gleichgewichtspreis p^* verteilt ist. Wenn der Market Maker seinen Wertpapierbestand gezielt aufbauen möchte, wird er seinen Quote so setzen, dass die Preisbeziehung $p_B > p_S > p^*$ gilt. Läge sein Geld- und Briefkurs jedoch permanent unter dem Gleichgewichtskurs ($p^* > p_B > p_S$), würde dies den anderen Marktteilnehmer einen attraktiven Kaufpreis für das Wertpapier signalisieren und zu sprunghaft ansteigenden Verkäufen des Market Makers führen. Dies hätte – da sein Wertpapierbestand unter null sinken würde – langfristig seine Insolvenz zur Folge.

Der gewinnmaximierende Market Maker setzt demzufolge seinen Geldkurs p_S und seinen Briefkurs p_B genau so, dass die mit diesen Kursen verbundenen Umsätze $\lambda_S(p_S)$ und $\lambda_B(p_B)$ identisch und gleich λ' sind (vgl. Abbildung 2.4). Zu beachten ist, dass der aus der Quotierung des Market Makers resultierende Umsatz λ' unter dem Umsatz λ^* liegt, der sich ergäbe, wenn der stochastische Gleichgewichtspreis p^* existierte. Hieraus kann abgeleitet werden, dass das Vorhandensein einer Geld-Brief-Spanne des Market Makers eine umsatzverringernde Wirkung in der Größenordnung (λ^* -λ') besitzt.[47]

2.2.2.2 Modell von Stoll

Stoll (1978) basiert seine Überlegungen auf den Erkenntnissen der Portfoliotheorie und nimmt an, dass der Market Maker gleich den übrigen Marktteilnehmern daran interessiert ist, eine seiner Risikoneigung entsprechende Portfoliostruktur aufzubauen. Durch das Angebot von Sofortigkeitsservice und die damit verbundenen Transaktionen wird jedoch die wirkliche Portfoliostruktur regelmäßig von seiner präferierten abweichen.

Annahmen des Modells:[48]

1. Der Market Maker tätigt seine Geldaufnahme und –anlage zum risikolosen Zinssatz R_f.
2. Der risikoaverse Market Maker kennt seine Nutzenfunktion bezüglich des Endvermögens.
3. Der Market Maker schätzt den Gleichgewichtspreis des gehandelten Wertpapiers und kennt dessen Performance. Transaktionskosten finden keine Berücksichtigung.
4. Der Market Maker tätigt eine Transaktion pro Handelsperiode. Der Kurs des Wertpapiers ändert sich annahmegemäß nur zwischen zwei Handelsperioden. Zum Ende der zweiten Handelsperiode wird der Bestand des Market Makers zum Gleichgewichtskurs glattgestellt.

Abbildung 2.5 zeigt die portfoliotheoretisch motivierten Überlegungen des nutzenmaximierenden Market Makers. Er wird ein Portfolio aufbauen und halten, das auf der Kapitalmarktlinie liegt. Diese beginnt im Punkt R_f und repräsentiert alle Linearkombinationen aus risikolosem Zinssatz und dem Marktportfolio M. Das Marktportfolio beinhaltet sämtliche risikobehafteten Anlagealternativen des Kapitalmarktes. Das investoroptimale Portfolio N des Market Makers ergibt sich als Tangentialpunkt seiner Indifferenzkurve U_0 mit der Kapitalmarktlinie.

[47] Vgl. Garman (1976) S. 265.
[48] Vgl. Stoll (1978) S. 1135f.

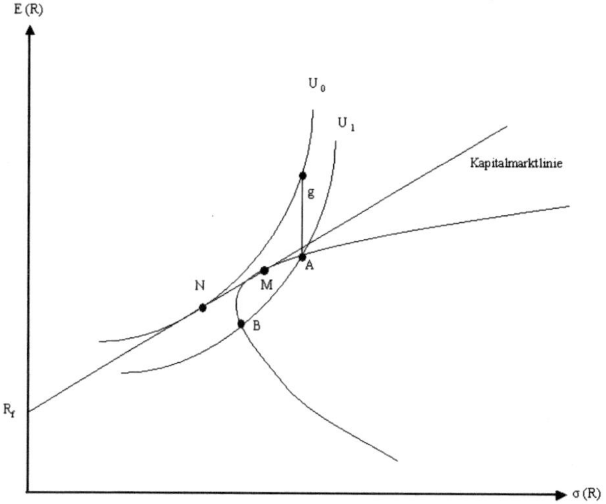

Abb. 2.5 Ertrag-Risiko Relationen des Market Maker-Portfolios im Stoll-Modell

Das Angebot von Sofortigkeitsservice führt dazu, dass der Market Maker Transaktionen tätigt, die im Ergebnis ein für ihn nur noch suboptimal diversifiziertes Portfolio in Relation zu seinem investoroptimalen Portfolio bedeuten. Im Fall eines Wertpapierkaufs resultiert hieraus beispielsweise das Portfolio A, im Fall eines Verkaufs das Portfolio B, die beide dem Market Maker ein gegenüber der Ausgangslage niedrigeres Nutzenniveau U_1 bieten. Die Differenz g zwischen dem Nutzenniveau U_0 und dem Nutzenniveau U_1 reflektiert die Bestandshaltekosten des neuen Portfolios A. Der Market Maker wird bemüht sein, sich diese zusätzlichen Bestandshaltekosten von den anderen Marktteilnehmern erstatten zu lassen. Dies kann er durch eine zielgerichtete Quotierungsstrategie erreichen.[49]

Der Market Maker setzt seinen Geld- und Briefkurs so, dass der erwartete Nutzen des Endvermögens aus dem neuen, für ihn nur noch suboptimalen Portfolio mindestens dem erwarteten Nutzen des Endvermögens aus dem ursprünglichen, investoroptimalen Portfolio entspricht.

Formal bedeutet dies:

$$E\left[U(W_0(1+\tilde{R}^*))\right] = E\left[U(\tilde{W})\right] \qquad (2.6)$$

[49] Vgl. Stoll (1978) S. 1137-1140.

W_0 entspricht dem Anfangsvermögen des Market Makers und damit dem Wert seines investoroptimalen Portfolios. $\tilde{R}^*$ stellt die unsichere Rendite dieses Portfolios dar und $\tilde{W}$ den Wert des neuen Portfolios nach der getätigten Transaktion.

Der unsichere Wert des neuen Portfolios $\tilde{W}$ nach Abschluss der Transaktion ergibt sich aus

$$\tilde{W} = W_0(1+\tilde{R}^*) + (1+\tilde{R}_i)Q_i - (1+R_f)(Q_i - C_i). \qquad (2.7)$$

Q_i entspricht dem Kurswert der getätigten Transaktion in Aktie i, $\tilde{R}_i$ der Rendite der Aktie i sowie C_i den mit der Transaktion verbundenen Kosten.

Der Wert des neuen Portfolios setzt sich folglich zusammen aus dem aufgezinsten Anfangsvermögen des Market Makers und dem aufgezinsten Wert der aufgrund des Angebots von Sofortigkeitsservice getätigten Transaktion. Hiervon wird die aufgezinste Differenz zwischen dem Kurswert der getätigten Transaktion und der mit ihr verbundenen Kosten subtrahiert.

Stoll (1978) leitet über eine Differentialgleichung die relativen Bestandshaltekosten her, die sich als Funktion des Anfangsvermögens W_0, der Risikoeinstellung z des Market Makers, seines ursprünglichen Handelsbestandes Q_N, des Kurswertes der getätigten Transaktion Q_i, der Kovarianz σ_{iN} zwischen Aktie i und dem investoroptimalen Ausgangsportfolio N sowie der Varianz der Aktienrendite σ^2_i ergeben:[50]

$$\frac{C_i}{Q_i} = c_i = \frac{z}{W_0} \cdot \sigma_{i,N} \cdot Q_N \cdot Q_i + \frac{1}{2}\frac{z}{W_0} \cdot \sigma_i^2 \cdot Q_i^2. \qquad (2.8)$$

Der Parameter zur Deskription der Risikoneigung z entspricht dem Pratt-Index der relativen Risikoaversion und ist definiert als $z = - U''(W) \cdot W_0/U'(W)$.[51]

Die Symmetrieeigenschaft dieser Bestandshaltekostenfunktion impliziert, dass dem Market Maker ein Verkauf die gleichen Bestandshaltekosten verursacht wie ein Kauf der Aktie. Angenommen, das investoroptimale Portfolio N des Market Makers in Abbildung 2.5 enthielte keinen Bestand, würde dies bedeuten, dass sowohl das aus einem Kauf resultierende neue Portfolio A als auch das aus einem

[50] Vgl. Stoll (1978) S. 1140f.

[51] Vgl. Stoll (1978) S. 1139. Der Pratt-Index gilt als lokale Maßzahl für die absolute Risikoaversion und wurde von Pratt (1964) entwickelt. Vgl. Engelhardt (1981) S. 110 sowie die dort angegebene Literatur, darüber hinaus auch Sinn (1980) S. 157f.; Laux (1998) S. 196f.; Bamberg (2001) S. 1843.

Verkauf hervorgehende Portfolio B auf der gleichen Indifferenzkurve liegen müssen.

Der Market Maker berücksichtigt die Bestandshaltekosten durch eine gezielte Quotierungsstrategie, indem er zum Geldkurs p_i^B, der unter dem fairen Wert p_i^* der Aktie i liegt, die Menge Q_i^B zu kaufen bereit ist und zum Briefkurs p_i^A, der über dem Fundamentalwert der Aktie liegt, Q_i^A Stücke verkauft.

Der Preis für die Erbringung von Sofortigkeitsservice im Fall eines Verkaufs von Wertpapieren an den Market Maker beträgt

$$c_i(Q_i^B) = \frac{p_i^* - p_i^B}{p_i^*}, \tag{2.9}$$

sowie für den Fall eines Kaufs vom Market Maker

$$c_i(Q_i^A) = \frac{p_i^* - p_i^A}{p_i^*}. \tag{2.9}$$

Tritt ein Verkäufer am Markt auf, wird der Market Maker seinen neuen Briefkurs für die zweite und annahmegemäß letzte Handelsperiode so setzen, dass er seinen Bestand wieder veräußern kann. Umgekehrt wird er im Fall eines Verkaufs seinen neuen Geldkurs so wählen, dass er seine Short-Position wieder eindecken kann. Hieraus lässt sich ableiten, dass der Market Maker nach einer getätigten Transaktion seinen Quote immer so setzt, dass die von ihm intendierte gegenläufige Transaktion zur Vermeidung von unerwünschten Bestandshaltekosten mit hoher Wahrscheinlichkeit zustande kommt.

Unter der Annahme, dass das vom Market Maker offerierte Handelsvolumen auf beiden Marktseiten den gleichen Umfang besitzt, definiert Stoll (1978) die prozentuale Geld-Brief-Spanne des Market Makers als

$$s_i = \frac{p_i^A - p_i^B}{p_i^*} = c_i(Q_i^B) - c_i(Q_i^A) = \frac{z}{W_0} \cdot \sigma_i^2 \cdot Q_i \,. \tag{2.10}$$

Diese Gleichung beinhaltet keine Kovarianz σ_{iN} zwischen Aktie i und dem investoroptimalen Ausgangsportfolio N. Sofern demnach der Market Maker seinen Quote so setzt, dass lediglich seine Transaktionskosten gedeckt werden, beeinflusst die Struktur seines Ausgangsportfolios die Geld-Brief-Spanne nicht.[52]

[52] Vgl. Stoll (1978) S. 1142-1144.

2.2.2.3 Modell von Amihud/Mendelson

In dem Modell von Garman (1976) stellt der Market Maker nur einmal seinen Quote vor Beginn des Handels. Auf Basis seiner Quotierung erfolgen dann Transaktionen, die seinen Wertpapierbestand verändern. Sofern hieraus eine von ihm unerwünschte Portfoliostruktur resultiert, sind im Modell von Garman (1976) Anpassungen in Abhängigkeit der Veränderung seines Wertpapierbestandes nicht vorgesehen. Diese Problematik des Garman-Modells greifen Amihud/Mendelson (1980) auf und modellieren die Quotierungsstrategie des Market Makers als Funktion der von ihm intendierten Zielstruktur seines Portfolios. Amihud/Mendelson (1980) zeigen, dass der vom Market Maker gestellte Geld- und Briefkurs eine monoton fallende Funktion seines Wertpapierbestandes darstellt. Sie zeigen ferner, dass die Quotierungsstrategie des Market Makers die Existenz einer von ihm präferierten individuellen Risikostruktur des Wertpapierportfolios beinhaltet. In Abhängigkeit von der Struktur seines Portfolios verschiebt der Market Maker seinen Geld-/Briefkurs und steuert hierüber die Ankunftsraten potentieller Kauf- und Verkaufsorders am Markt. In diesem Modell existiert die Möglichkeit, durch eine nachhaltige Verschiebung des Geld-/Briefkurses die Orderankunftsrate auf einer Marktseite sogar auf null zu senken. Eine potentielle Insolvenz des Market Makers wird hier allerdings – im Gegensatz zu Garman (1976) – ausgeschlossen.

Annahmen des Modells:[53]

1. Alle Transaktionen werden über den einzigen, zentralen Market Maker ausgeführt.
2. Der Market Maker setzt seinen Geldkurs p_B sowie den Briefkurs p_A, zu dem die übrigen Marktteilnehmer ihre Orders ausführen können.
3. Die Ankunft von Kauf- und Verkaufsorders am Markt wird modelliert durch zwei voneinander unabhängige Poissonprozesse mit den Ankunftsraten $D(p_A)$ und $S(p_B)$. Die Nachfragefunktion des Marktes $D(p_A)$ wird in Abhängigkeit des Kurses als monoton fallend, die Angebotsfunktion $S(p_B)$ als monoton steigend unterstellt.
4. Der Market Maker ist Gewinnmaximierer. Sein Gewinn ist definiert als der Netto-Cashflow pro Periode.
5. Für den Market Maker existieren keine Transaktionskosten.

[53] Vgl. Amihud/Mendelson (1980) S. 34f.

Aus der Nachfrage- und Angebotsfunktion des Marktes leiten Amihud/Mendelson (1980) die Umsatzfunktion R und Kostenfunktion C des Market Makers her, für die gilt:

$$R(\mu) = \mu \cdot p_A(\mu) = \mu \cdot D^{-1}(\mu) \tag{2.11}$$

und

$$C(\lambda) = \lambda \cdot p_B(\lambda) = \lambda \cdot S^{-1}(\lambda)\,. \tag{2.12}$$

$R(\mu)$ stellt den erwarteten Umsatz des Market Makers pro Periode in Abhängigkeit von der Marktnachfrage μ dar, $C(\lambda)$ analog den erwarteten Liquiditätsabfluss pro Periode in Abhängigkeit des Angebots λ, hervorgerufen durch Ersatzkäufe des Market Makers zur Wiederauffüllung seines Wertpapierbestandes aufgrund vorheriger Verkäufe.

Die zu der Angebots- bzw. Nachfragerate (λ, μ) des Marktes korrespondierende Geld-Brief-Spanne des Market Makers ergibt sich als

$$\Delta(\lambda,\mu) = p_A(\mu) - p_B(\lambda)\,. \tag{2.13}$$

Durch eine Differentialanalyse leiten Amihud/Mendelson (1980) hieraus ab, dass die Geld-Brief-Spane des Market Makers in der Nähe der Zielstruktur seines Portfolios minimal ist und sich umso stärker ausweitet, je weiter er sich durch die getätigten Transaktionen von dieser entfernt. Dieser Zusammenhang ist in der nachfolgenden Abbildung 2.6 illustriert.

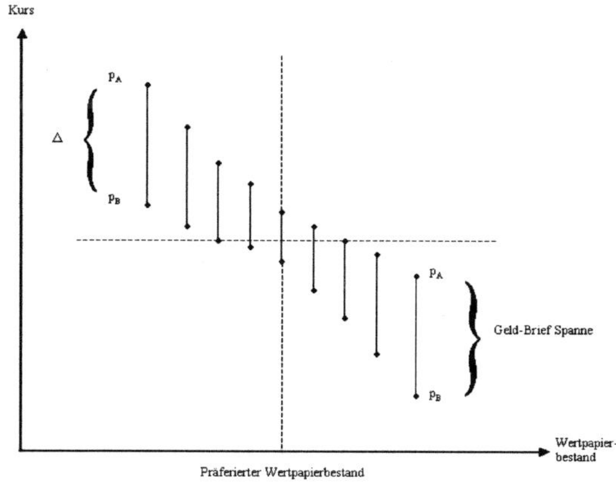

Abb. 2.6 Die Dimensionierung der Geld-Brief-Spanne in Abhängigkeit des Wertpapierbestandes im Amihud/Mendelson-Modell

Aus dem Modell von Amihud/Mendelson (1980) lassen sich vier Hauptergebnisse extrahieren:[54]

1. Der optimale Geld- und Briefkurs des Market Makers stellt eine monoton fallende Funktion seines Wertpapierbestandes dar. Erhöht sich sein Bestand und weicht damit nach oben von dem von ihm präferierten Bestand ab, senkt er seinen Quote. Entsprechend erhöht er ihn, wenn der aktuelle Bestand unter der Zielstruktur seines Portfolios liegt.
2. Die Geld-Brief-Spanne ist immer eine positive Zahl.
3. Der gewinnmaximierende Market Maker besitzt ein permanentes Handelsinteresse, da steigende Umsätze ceteris paribus zu einer Zunahme seines Gewinns führen.
4. Der Market Maker verfolgt eine Preispolitik, die ihn immer wieder an die von ihm präferierte Zielstruktur seines Portfolios heranführt. Bei einer Abweichung der aktuellen Portfoliostruktur von seiner intendierten wird er seinen Quote so setzen, dass die Ausführungswahrscheinlichkeit von Orders auf der von ihm gewünschten Marktseite zunimmt.

Amihud/Mendelson (1980) zeigen in ihrem Modell die Interdependenz zwischen der Quotierungsstrategie des Market Makers und seinem Wertpapierbestand und kaprizieren sich bei ihrer Analyse auf liquiditätsmotivierte Transaktionen. Die Modellierung des Handelsinteresses von Marktteilnehmern mit privilegierter Information (*Insider*) bleibt in diesem Modell unberücksichtigt.

2.2.2.4 Modell von O'Hara/Oldfield

In dem Modell von O'Hara/Oldfield (1986) existiert ein risikoaverser Market Maker, der zu Beginn jeder Handelsperiode ein Orderbuch mit limitierten Aufträgen vorfindet. Auf Basis dieser Orderlage setzt er seinen Quote für alle Limit- sowie Marketorders. Die aggregierten Marketorders einer Handelsperiode sind zufallsverteilt und besitzen eine preisabhängige und eine preisunabhängige Komponente.

In Abgrenzung zu Garman (1976) und Amihud/Mendelson (1980) wird in diesem Modell kein stochastischer Orderfluss unterstellt. Im Gegensatz zu Ho/Stoll (1981) ist es nicht erforderlich, dass der Market Maker den zukünftigen Wert der gehandelten Aktie kennt. Stattdessen werden seine Erwartungen bezüglich des zukünftigen Aktienkurses in seiner Nutzenfunktion entsprechend berücksichtigt.

Annahmen des Modells:[55]

[54] Vgl. Amihud/Mendelson (1980) S. 39-44.
[55] Vgl. O'Hara/Oldfield (1986) S. 363.

1. Hybrides Marktmodell, in dem sowohl Elemente einer kontinuierlichen Auktion als auch Bestandteile der Gesamtkursermittlung vorhanden sind.
2. Der Market Maker stellt zu Beginn der Handelsperiode seinen Quote, zu dem an deren Ende die Geschäfte abgeschlossen werden.
3. Jeder Handelstag besteht aus n Handelsperioden.
4. Der Market Maker verhält sich risikoavers und nutzenmaximierend.

Der Market Maker wird in einem solchen Marktumfeld bemüht sein, den mit seinem Handelserfolg verknüpften erwarteten Nutzen über einen unbegrenzten Zeithorizont hinweg zu maximieren. In einer Formel ausgedrückt bedeutet dies

$$\max E\left(\sum_{j=0}^{\infty} \alpha^{j} \cdot U\left(\sum_{t=1}^{n} (\tilde{\pi}_{j,t})\right)\right). \tag{2.14}$$

U ist eine von Neumann/Morgenstern-Nutzenfunktion[56], α der Diskontfaktor und $\pi_{j,t}$ der Gewinn des Market Makers am Tag j der Handelsperiode t. Mögliche andere exogene nutzenstiftende Faktoren besitzen annahmegemäß keine Korrelation mit den Handelsaktivitäten des Market Makers und bleiben unberücksichtigt.

Zu Beginn einer Handelsperiode kennt der Market Maker die Struktur (Art, Stückzahl und Limit) aller vorliegender Limitorders. Darüber hinaus besitzt er Erwartungen bezüglich der in dieser Handelsperiode eingehenden Marketorders. Auf Basis dieser Informationslage setzt er seinen Geld- und Briefkurs, zu dem alle passenden Limitorders sowie die in dieser Handelsperiode eingehenden Marketorders zur Ausführung gelangen. Die durch den Market Maker auszuführenden Transaktionen setzen sich somit aus preisabhängigen (Limit-)Orders sowie liquiditätsinduzierten (Market-)Orders zusammen. Am Ende der Handelsperiode wird das aus den Handelsaktivitäten resultierende Market Maker-Portfolio bewertet.

Als Resultat seiner Handelsaktivitäten ergibt sich für den Market Maker am Ende der Handelsperiode entweder eine Long- oder eine Short-Position, die er in die nächste Handelsperiode übernimmt. Die Portfoliostruktur der aktuellen Handelsperiode besitzt somit Einfluss auf die zukünftige Quotierungsstrategie des Market Makers und stellt die erklärende Variable seines Quotierungsverhalten dar.

Das in Gleichung 2.14 formalisierte Nutzenmaximierungs-Kalkül des Market Makers kann unter Einbeziehung seiner Portfoliostruktur modifiziert werden zu

$$\max E\left(U\left(\sum_{t=1}^{n} (\tilde{\pi}_{t})\right) + V(\tilde{I}_{n})\right). \tag{2.15}$$

[56] Vgl. hierzu von Neumann/Morgenstern (1947).

Die Variable I_n bezeichnet den Portfoliobestand des Market Makers am Ende der n-ten Handelsperiode, V repräsentiert den mit diesem Portfoliobestand verbundenen, Nutzen stiftenden Vermögenswert.

Der Market Maker ist bei seiner Quotierungsstrategie dem simultanen Einfluss von zwei unbekannten Variablen ausgesetzt: Der Verteilung der Marketorders und der Unsicherheit bezüglich des Wertes seines Portfolios am Periodenende. Die Interdependenz beider Variablen besitzt Auswirkungen sowohl auf die Bereitstellung als auch die Höhe seiner Geld-Brief-Spanne.

Die Geld-Brief-Spanne des Market Makers setzt sich daher immer aus den vier nachfolgend genannten Komponenten zusammen:[57]

1. Der Verteilung der bekannten Limitorders.
2. Einer risikoneutralen Komponente für zu erwartende Marketorders.
3. Einer Risikoprämie für die Streuung der Marketorders.
4. Einer Risikoprämie für die Streuung des Market Maker-Portfoliowertes am Ende der Handelsperiode.

Wäre die Angebots- und Nachfragefunktion des Marktes für den Market Maker transparent, könnte er seinen Quote in Anlehnung an das Modell von Demsetz (1968) setzen. Da jedoch bezüglich der eintreffenden Marketorders Unsicherheit besteht, ist dem Market Maker die komplette Angebots- und Nachfragefunktion des Marktes nicht transparent. Als Folge kalkuliert er bei der Setzung seines Quote hierfür eine Risikoprämie ein.

Als risikoaverser Marktteilnehmer wird der Market Maker ferner eine Risikoprämie für die Preisvariabilität des gehandelten Wertpapiers bei seiner Quotierung berücksichtigen. Je volatiler der Kurs des Wertpapiers ist, desto höher ist die Streuung der möglichen Werte seines Market Maker-Portfolios am Periodenende. Infolgedessen wird er seinen Geld-/Briefkurs so adjustieren, dass er über seinen Quote eine Kompensation für die in der Zukunft liegenden, möglichen Kursausschläge des Wertpapiers erhält.

2.2.2.5 Modell von Ho/Stoll

Ho/Stoll (1983) entwickeln ein auf Stoll (1978) und Ho/Stoll (1981) aufbauendes Marktgleichgewichtsmodell mit konkurrierenden Market Makern, in dem deren Verhalten und Interaktionen im Mittelpunkt der Analyse stehen. Konkurrenzsituation der Market Maker bedeutet, dass der Erfolg des einzelnen von den Transaktionen der anderen Market Maker beeinflusst wird. Daher wird jeder von ihnen bemüht sein, seinen Quote so zu setzen, dass sein erwartetes Endvermögen maximiert wird.

---

[57] Vgl. O'Hara/Oldfield (1986) S. 368-373.

Annahmen des Modells:[58]

1. Zwei Market Maker A, B stellen den Markt in zwei Aktien M, N dar.
2. Die Aktien generieren einen stochastischen Ertrag.
3. Die Market Maker besitzen homogene Erwartungen bezüglich des Fundamentalwertes der Aktien.
4. Die Market Maker tätigen ihre Geldaufnahme und –anlage zum risikolosen Zinssatz r.
5. Die Market Maker agieren risikoavers und verhalten sich nutzenmaximierend.
6. Market Maker können untereinander handeln (*Inter-Dealer Trading*).
7. Der Zeithorizont beträgt eine Periode.
8. Alle Bestände der Market Maker werden in der darauffolgenden Handelsperiode zum Gleichgewichtskurs der Aktie glattgestellt.

Jeder Market Maker berücksichtigt bei seiner Quotierung eine von Ho/Stoll (1983) so genannte *Reservation Fee* b_i für den Kauf der Aktie i = M, N sowie a_i für deren Verkauf. Der Geldkurs des Market Makers ergibt sich als $p \cdot (1 - b_i)$, sein Briefkurs errechnet sich aus $p \cdot (1 + a_i)$. Die Variable p bezeichnet den vom Market Maker erwarteten Fundamentalwert der Aktie i. Die Reservation Fee kann als ein Aufschlag auf den vom Market Maker erwarteten zukünftigen Fundamentalwert der Aktie interpretiert werden, der exakt seine Kosten deckt. Transaktionen zu den so gesetzten Kursen führen im Ergebnis zwar zu einer neuen Portfoliostruktur des Market Makers, aber nicht zu einem für ihn niedrigeren Nutzenniveau.

Die Market Maker müssen bei ihrer Quotierungsstrategie nicht nur das stochastische Auftreten von Orders am Markt korrekt antizipieren, sondern auch das Marktverhalten ihrer Market Maker-Konkurrenten exakt prognostizieren. Da Transaktionen zum Reservation Quote annahmegemäß nur die Kosten des Market Makers decken, muss er bemüht sein, Geschäfte zu solchen Preisen abzuschließen, die den Reservation Quote übersteigen. Bei der Verfolgung dieses Ziels muss er jedoch gleichzeitig die Aktivitäten der konkurrierenden Market Maker beobachten.

In der einperiodigen Betrachtung definieren Ho/Stoll (1983) die Reservation Fee eines Market Makers, der sowohl in Aktie M als auch in Aktie N Bestände hält, für den Kauf der Aktie M als

$$b_M = \tfrac{1}{2}\sigma_M^2 \cdot R \cdot (Q + 2 \cdot I_M) \qquad (2.16)$$

und für deren Verkauf als

---

[58] Vgl. Ho/Stoll (1983) S. 1054-1056.

$$a_M = \frac{1}{2}\sigma_M^2 \cdot R \cdot (Q - 2 \cdot I_M). \tag{2.17}$$

σ^2_M Varianz der Renditen der Aktie M

R diskontierter Koeffizient der absoluten Risikoaversion, definiert als

$$R = \frac{-U''(W)}{(1+r)U'(W)}$$

Q Transaktionswert

I_M Gesamtwert des Market Maker-Portfolios, definiert als

$I_M = M + \frac{\sigma_{M,N}}{\sigma_M^2} \cdot N = M + \beta_{M,N} \cdot N$ mit $\sigma_{M,N}$ = Kovarianz der Renditen zwischen Aktie M und N sowie $\beta_{M,N}$ = Beta-Faktor.

Der Gesamtwert des Market Maker-Portfolios ergibt sich demnach als Summe aus dem Kurswert von Wertpapier M und den mit dem Beta-Faktor $\beta_{N,M}$ gewichteten Kurswert des Wertpapiers N.

Die Geld-Brief-Spanne des Market Makers in Aktie M ergibt sich aus der Summe der beiden Reservation Fees b_M und a_M in Höhe von

$$s_M = \sigma_M^2 \cdot R \cdot Q. \tag{2.18}$$

Ein etwaiger Bestand des Market Makers in Aktie M besitzt somit zwar Einfluss auf das Niveau der Reservation Fee, nicht jedoch auf die Dimensionierung der Geld-Brief-Spanne.

Eine Long-Position im Market Maker-Portfolio führt ceteris paribus zu einem Anstieg der Reservation Fee für den Kauf der Aktie und reduziert sie im gleichen Ausmaß für den Verkauf. Dies führt zu einem gegenüber der Ausgangslage niedrigeren Geld-/Briefkurs. Die Weite der Geld-Brief-Spanne bleibt dabei – wie Formel 2.18 zeigt – unverändert. Ho/Stoll (1983) schließen hieraus, dass der Diversifikationsgrad des Market Maker-Portfolios keine Auswirkung auf die Weite der Geld-Brief-Spanne besitzt. Die Geld-Brief-Spanne reflektiert nur die aus einer möglichen Transaktion am Markt resultierende *zusätzliche* Übernahme von Risiko. Hat der Market Maker seine Reservation Fee korrekt kalkuliert, ist er indifferent bezüglich der Art der nächsten Transaktion. Sowohl ein Kauf als auch ein Verkauf stiften ihm in diesem Fall den gleichen Nutzen.

Auf der Marktebene treffen die Reservation Quotes der Market Maker aufeinander. Die Konkurrenzsituation verringert die potentiellen Gewinnchancen des einzelnen Market Makers gegenüber einer Monopolsituation, veranlasst ihn aber nicht, zwingend seine Reservation Fee bei der Quotierung exakt zu berücksichtigen. Vielmehr besitzt jeder Market Maker gegenüber dem anderen aufgrund seiner aktuellen Portfoliostruktur und/oder seiner Risikoneigung einen kurzfristigen Vorteil, der es ihm ermöglicht, eine temporäre Produzentenrente abzuschöpfen. Insofern hängt die Frage, welcher Market Maker die nächste Transaktion durchführen wird und welche Spanne über der jeweiligen Reservation Fee am Markt erzielbar ist, von der relativen Position der Market Maker zueinander ab.

Der Market Maker mit der geringsten Reservation Fee besitzt keinen Anreiz, den damit verknüpften Kurs am Markt zu zeigen. Er wird dem Markt vielmehr denjenigen Kurs offerieren, der marginal unter (über) dem Reservation Fee-Kurs seines Konkurrenten liegt. Dies bedeutet, dass die Geld-Brief-Spanne auf Marktebene von dem jeweils zweitbesten Market Maker bestimmt wird (*second best pricing rule*). Insofern muss jeder Market Maker die Entwicklung des Portfoliobestandes seines Konkurrenten kennen und etwaige Änderungen in dessen Risikoneigung beobachten, da beide Faktoren den Reservation Quote des Konkurrenten beeinflussen.

Die nachfolgende Grafik verdeutlicht diese Überlegungen. Die beiden Market Maker A und B setzen in Abhängigkeit ihrer Portfoliostruktur und ihrer Risikoneigung ihren jeweiligen Reservation Quote um den erwarteten Gleichgewichtskurs p der Aktie. Die Geld-Brief-Spanne des Marktes ergibt sich aus dem höchsten Geldkurs, den Market Maker B bietet, und dem niedrigsten Briefkurs, der von Market Maker A stammt. Beide Market Maker werden ihren jeweiligen Reservation Quote nun so lange austarieren und in Abhängigkeit der Aktionen des jeweils anderen Market Makers verändern, bis der jeweils beste Kurs marginal über bzw. unter dem jeweils zweitbesten Kurs liegt.[59]

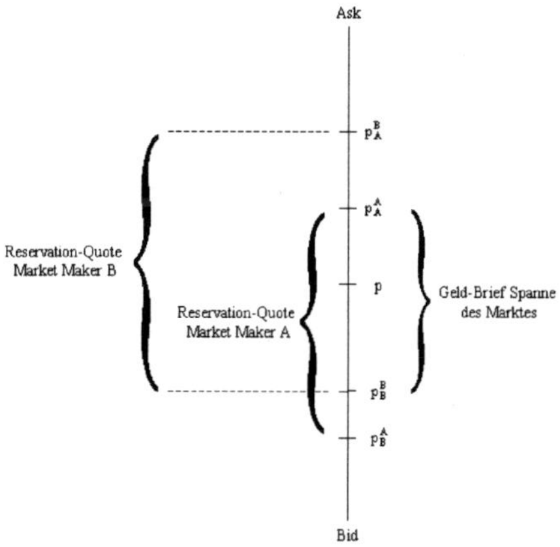

Abb. 2.7 Geld-Brief-Spanne am Markt im Ho/Stoll-Modell

[59] Vgl. Ho/Stoll (1983) S. 1059-1065.

Ho/Stoll (1983) führen diesen Gedanken weiter und zeigen, dass sich die Geld-Brief-Spanne s am Markt unter der Annahme homogener Präferenzen und Erwartungen mit zunehmender Anzahl an Market Makern wie folgt verringert:[60]

Bei zwei Market Makern	$s \geq \sigma^2 \cdot R \cdot Q$,
Bei drei Market Makern	$s = \sigma^2 \cdot R \cdot Q$,
Bei mehr als drei Market Makern	$0 \leq s \leq \sigma^2 \cdot R \cdot Q$.

2.2.2.6 Modell von Gehrig/Jackson

Gehrig/Jackson (1998) analysieren in ihrer Arbeit eine Kapitalmarktstruktur, in der Market Maker zwar eine Monopolstellung für die Quotierung von Preisen in dem von ihnen betreuten Wert besitzen, aber in *indirekter* Konkurrenz stehen zu anderen Market Makern, deren zu betreuende Finanztitel eine hohe Korrelation zu dem eigenen Wert aufweisen. Je nach Ausprägung der Korrelation können solche Finanztitel als Substitut oder Komplement des eigenen Wertes fungieren. Vor diesem Hintergrund untersuchen die Autoren, ob ein so definierter indirekter Wettbewerb eine die Geld-Brief-Spanne verringernde Wirkung besitzt und von wie vielen Market Makern substitutive bzw. komplementäre Wertpapiere betreut werden sollen.

Die Art der Korrelation zwischen Finanztiteln bestimmt den Grad ihrer Substituierbarkeit. Wertpapiere mit einer positiven Korrelation können als Substitute eingesetzt werden, solche mit einer negativen Korrelation grundsätzlich als Komplement Verwendung finden. Hieraus könnte abgeleitet werden, dass die Korrelationsstruktur der Finanztitel eine erklärende Variable für die Marktmacht eines Market Makers darstellt. Gehrig/Jackson (1998) zeigen, dass die Verteilung der Betreuermandate für die einzelnen Finanztitel sowie die Korrelation der Wertpapiere zueinander die Art des Handels – substitutiv oder komplementär – determiniert.

Können zwei Werte komplementär genutzt werden, wird die Geld-Brief-Spanne beider Titel für den Fall, dass sie von nur einem Market Maker betreut werden, enger ausfallen, als wenn beide Titel von verschiedenen Market Makern betreut werden. Der einzelne Market Maker kann durch die Stellung einer engen Geld-Brief-Spanne für den einen Titel die Aufmerksamkeit der Investoren auch auf das andere von ihm betreute, komplementäre Wertpapier lenken und dadurch die Marktnachfrage nach dem anderen Titel stimulieren. Würden beide Finanztitel von konkurrierenden Market Makern betreut, käme dieses gesamtwirtschaftlich sinnvolle Verhalten aufgrund des Konkurrenzverhaltens nicht zustande.[61]

---

[60] Vgl. Ho/Stoll (1983) S. 1065.

[61] Vgl. Gehrig/Jackson (1998) S. 90f.

Annahmen des Modells:[62]

1. Zwei Handelszeitpunkte, wobei lediglich zum ersten Zeitpunkt ein Handel erfolgt und am zweiten Termin die eingegangenen Positionen glattgestellt wird.
2. Ein risikoloser Finanztitel mit deterministischer und n risikobehaftete Werte mit zufälliger Auszahlungsstruktur zum Zeitpunkt der Glattstellung.
3. In jedem risikobehafteten Finanztitel wird durch einen Market Maker ein liquider Handel gewährleistet. Es gibt $k \leq n$ Market Maker. Hieraus folgt, dass ein Market Maker für mehrere Wertpapiere Quotes stellt.
4. Market Maker agieren ertragsmaximierend, sind risikoavers und besitzen die Aufgabe, einen markträumenden Quote zu stellen, ohne dabei selbst eine Handelsposition einzugehen.
5. Es gibt risikoaverse Investoren, die sich am Kapitalmarkt nutzenmaximierend verhalten. Sie besitzen unterschiedlich strukturierte, ineffiziente Portfolios.

Die Richtung der Handelsaktivitäten am Markt wird von der Zielstruktur der Investorenportfolios bestimmt. Es findet kein Handel statt, wenn die von den Investoren intendierte Portfoliostruktur mit dem Gefüge ihres Ausgangsportfolios übereinstimmt. Da neben der Portfoliostruktur noch die Korrelation der Wertpapiere zueinander sowie die Gleichgewichtspreise der Finanztitel den Ausschlag geben, welche Investoren als Käufer bzw. Verkäufer agieren, ist eine ex ante Bestimmung der Geld- und Briefkurse nicht möglich.[63]

Gehrig/Jackson (1998) leiten hieraus drei Eigenschaften der Geld-Brief-Spanne ab:[64]

1. Geld- und Briefkurs sind symmetrisch um den Gleichgewichtspreis des Wertpapiers verteilt.
2. Die Weite der Geld-Brief-Spanne nimmt mit steigender Risikoaversion der Market Maker zu.
3. Die Veränderung der Geld-Brief-Spanne wird durch die Anfangsausstattung der Investorenportfolios sowie die Korrelation der Auszahlungsstruktur der risikobehafteten Finanztitel bestimmt.

Steigt die Korrelation zweier Finanztitel gemessen durch den Korrelationskoeffizient ($\rho \rightarrow 1$) an, nimmt die Konkurrenz der diese Werte betreuenden Market Maker zu und die Geld-Brief-Spanne verringert sich ceteris paribus. Die Geld-Brief-Spanne zweier Finanztitel mit einem Korrelationskoeffizient $\rho < 0$ ist größer als für zwei Wertpapiere, die einen positiven Korrelationskoeffizient gleichen Ausmaßes besitzen. Hierin spiegelt sich die komplementäre Eigenschaft negativ

[62] Vgl. Gehrig/Jackson (1998) S. 94f.
[63] Vgl. Gehrig/Jackson (1998) S. 96f.
[64] Vgl. Gehrig/Jackson (1998) S. 97f.

korrelierter Wertpapiere und der substitutive Charakter positiv korrelierter Titel wider.[65]

Sofern zwei Finanztitel komplementär nachgefragt werden, ist es einzel- und gesamtwirtschaftlich vorteilhaft, sie von nur einem Market Maker betreuen zu lassen. Bei Wertpapieren mit substitutiver Eigenschaft hingegen ist es gesamtwirtschaftlich sinnvoll, dass verschiedene Market Maker den Handel in diesen Titeln gewährleisten.[66]

2.2.3 Informationsinduzierte Market Maker-Modelle

Informationen stellen an einem Kapitalmarkt ein wichtiges Gut dar, denn sie sind Auslöser von Kurserwartungen, Kursänderungen und Transaktionen. Die an einem Kapitalmarkt vorhandenen Informationen sind jedoch unter den Marktteilnehmern nicht symmetrisch verteilt. Einerseits wird die den Marktteilnehmern zur Verfügung stehende Information in ihrer *Güte* differieren (asymmetrische Informationsverteilung), und es kann zwischen Markteilnehmern mit einem privilegierten Informationsstand (*Insider*) und so genannten Liquiditätshändlern unterschieden werden. Andererseits ist davon auszugehen, dass die am Markt vorhandene *Menge* an Informationen unter den Marktakteuren nicht gleichverteilt ist (heterogene Informationsverteilung). Dies bedeutet, dass beispielsweise Insider über wenige, aber kursbeeinflussende Informationen verfügen, während Liquiditätshändler viele Informationen besitzen, denen allerdings keine kursrelevante Implikation zukommt.

Diese divergierende Informationsverteilung zwingt den Market Maker, die Informationslage der übrigen Marktteilnehmer nach Möglichkeit zu antizipieren, mindestens aber deren Informationssignale in Form von Kauf- und Verkaufsorders korrekt zu interpretieren.[67] Diese Aufgabe versucht der Market Maker dadurch zu lösen, dass sein Geld- und Briefkurs nur für ein bestimmtes Transaktionsvolumen Gültigkeit besitzt.

Bagehot (1971) definiert neben dem Market Maker zwei weitere Typen von Marktteilnehmern und zieht als Kategorisierungskriterium den Grad ihrer Informiertheit heran. Neben Marktteilnehmern mit Insiderwissen treten liquiditätsmotivierte Händler ohne Insiderinformationen.[68] Kyle (1985) bezeichnet die letztgenannte Gruppe als *Noise Trader*.[69] Die Informationsdominanz der Insider führt dazu, dass ihr Zusammenwirken mit dem Market Maker einem „heads I win, tails

---

[65] Vgl. Gehrig/Jackson (1998) S. 99-101.
[66] Vgl. Gehrig/Jackson (1998) S. 110f.
[67] Vgl. Leach/Madhavan (1992) S. 208; Hirth (1995) S. 421f.
[68] Vgl. Bagehot (1971) S. 13.
[69] Vgl. Kyle (1985) S. 1315.

you lose"-Spiel ähnelt.[70] Zur Kompensation von systematischen Verlusten im Handel mit Insidern muss der Market Maker seine Geld-Brief-Spanne daher so dimensionieren, dass er durch Transaktionen mit den übrigen Marktteilnehmern, den Noise Tradern bzw. Liquiditätshändlern, die durch den Handel mit Insidern erlittenen Verluste überkompensieren kann.

Falls die uninformierten Marktteilnehmer ausschließlich aus spekulativen Motiven handeln, zeigen Milgrom/Stokey (1982), dass diese rational handeln, wenn sie auf die Durchführung von Transaktionen verzichten als aus Handelsgeschäften mit Insidern einen systematischen Verlust hinzunehmen (*No-Trade Theorem*).[71]

Insider haben – da sie annahmegemäß öffentlich nicht verfügbare Informationen besitzen – ein permanent hohes Handelsinteresse und versuchen dadurch ihren Gewinn zu maximieren. Dieser Absicht begegnet der Market Maker durch eine Repartierung seines Geld-/Briefkurses. In diesem Zusammenhang arbeiten Easley/O'Hara (1987) heraus, dass die Wahrscheinlichkeit, mit einem Insider zu handeln, positiv korreliert ist mit dem Volumen einer den Markt erreichenden Order und leiten hieraus ab, dass in die Quotierungsstrategie des Market Makers neben der Wertentwicklung des Finanztitels auch das nachgefragte Handelsvolumen der Marktteilnehmer einfließen sollte.[72] Da der Market Maker bei einer großvolumigen Order einen Insider als Auftraggeber vermutet, wird er diese neue Information in seiner Quotierung berücksichtigen und den Preis entsprechend adjustieren.[73] Gelangt der Market Maker nach Analyse der Orderlage zu dem Ergebnis, dass informationsinduziertes Handelsinteresse vorliegt, wird er seine Geld-Brief-Spanne präventiv ausweiten, um systematische Verluste mit Insidern zu minimieren. Hieraus kann geschlossen werden, dass Orders mit großem Volumen nicht zu kompetitiven Marktpreisen ausgeführt werden.

Der Grad der Informationsverteilung am Kapitalmarkt sowie die Art der Informationsnutzung durch die Marktteilnehmer stehen im Mittelpunkt der Analyse der nachfolgend diskutierten Market Maker-Modelle.

2.2.3.1 Modell von Copeland/Galai

Copeland/Galai (1983) formalisieren als erste den Zusammenhang zwischen erwarteten Verlusten des Market Makers aus dem Handel mit Insidern und erwarte-

[70] S. Bagehot (1971) S. 13.

[71] Vgl. Milgrom/Stokey (1982) S. 19-24; O'Hara (1999) S. 59.

[72] Vgl. Easley/O'Hara (1987) S. 70.

[73] Easley/O'Hara unterstellen, dass beim Auftreten eines neuen Informationssignals am Markt nicht alle Marktteilnehmer den wahren Wert dieses Signals erkennen und nehmen an, dass sowohl Market Maker als auch Noise Trader das Informationssignal nicht beobachten.

ten Gewinnen aus Transaktionen mit Liquiditätshändlern als Determinanten der Geld-Brief-Spanne.

Annahmen des Modells:[74]

1. Es existieren keine Leerverkaufsbeschränkungen und Steuern. Der Zeithorizont beträgt eine Periode.
2. Es existiert ein risikoloser, konstanter Zinssatz $r_f \geq 0$, zu dem sowohl Anlage- als auch Kreditgeschäfte abgeschlossen werden können. Der Fundamentalwert des Wertpapiers S folgt einem stochastischen Prozess, der ex ante allen Marktteilnehmern bekannt ist. S ist der Gleichgewichtspreis, der sich einstellen würde, wenn keine Nachfrage nach Sofortigkeitsservice bestünde und wenn alle Marktteilnehmer das identische Informationsniveau besäßen.
3. Kursverändernde Informationen werden durch exogene Ereignisse generiert und von informierten Marktteilnehmern (Insider) an den Markt transportiert. Market Maker und Liquiditätshändler realisieren den fairen Wert des Finanztitels erst, nachdem die Insider ihre Transaktionen getätigt haben.
4. p_I ist die Wahrscheinlichkeit, dass die nächste Quotierungsanfrage von einem informierten Marktteilnehmer stammt und $p_L = 1 - p_I$ die Gegenwahrscheinlichkeit, dass ein Liquiditätshändler einen Kurs anfragt.
5. Der Market Maker kann Handelsaktivitäten der Insider nicht von denen der Liquiditätshändler unterscheiden.
6. Der Quote des Market Makers ist nur gültig für eine Anzahl von n Stücken des Wertpapiers.
7. Der Market Maker ist risikoneutral und verhält sich gewinnmaximierend.
8. Die Nachfragefunktion sowohl der Insider wie auch der Liquiditätshändler ist preiselastisch.

Ziel des Market Makers ist es, seine Geld-Brief-Spanne so zu gestalten, dass sein Gewinn maximiert wird. Dabei muss er berücksichtigen, dass eine weite Geld-Brief-Spanne einen Rückgang des Handelsinteresses der Marktteilnehmer und damit schrumpfende Ertragschancen für ihn selbst bedeutet. Eine enge Geld-Brief-Spanne kann einerseits Auslöser für ein hohes Handelsvolumen und damit verbunden potentielle Gewinnmöglichkeiten für den Market Maker sein. Andererseits nimmt aber auch die Wahrscheinlichkeit zu, dass Insider durch eine attraktive Geld-Brief-Spanne zum Handeln motiviert werden und aus diesen Transaktionen dem Market Maker systematisch Verluste entstehen. Ziel des Market Makers muss es somit sein, die Geld-Brief-Spanne so zu dimensionieren, dass sich ein für ihn positiver Saldo zwischen Gewinnen aus Geschäften mit Liquiditätshändlern und Verlusten aus Transaktionen mit informierten Marktteilnehmern ergibt.[75]

[74] Vgl. Copeland/Galai (1983) S. 1458f.
[75] Vgl. Copeland/Galai (1983) S. 1459f.

Copeland/Galai (1983) formalisieren die Zielfunktion des Market Makers, seinen Gewinn zu maximieren, indem sie seinen erwarteten Verlust aus Geschäften mit Insidern definieren als[76]

$$p_I \left\{ \int_{K_A}^{\infty} (S - K_A) f(S) dS + \int_{0}^{K_B} (K_A - S) f(S) dS \right\}. \qquad (2.19)$$

K_A ist der Briefkurs, K_B der Geldkurs des Market Makers, f(S) die Funktion, die den stochastischen Kursprozess hinreichend beschreibt.

Der erwartete Gewinn des Market Makers aus Transaktionen mit Liquiditätshändlern ergibt sich als[77]

$$(1 - p_I)\{p_{BL}(K_A - S) + p_{SL}(S - K_A) + p_{NL} \cdot 0\}. \qquad (2.20)$$

p_{BL} ist die Wahrscheinlichkeit für einen Kauf durch einen Liquiditätshändler, p_{SL} die Wahrscheinlichkeit eines Verkaufs und p_{NL} die Wahrscheinlichkeit, dass keine Transaktion mit einem Liquiditätshändler zustande kommt.

Die Summe der beiden vorgenannten Formeln determiniert die Zielfunktion des Market Makers zur Maximierung seines Gewinns:

$$\max_{K_A, K_B} \left\{ \begin{aligned} &(p_{BL}(K_A - S) + p_{SL}(S - K_A)) - \\ &p_I \left(\int_{K_A}^{\infty} (S - K_A) f(S) dS + \int_{0}^{K_B} (K_A - S) f(S) dS \right) \end{aligned} \right\} \geq 0. \qquad (2.21)$$

Aus dem Modell von Copeland/Galai (1983) lassen sich drei Hauptergebnisse ableiten:[78]

1. Obgleich der Market Maker annahmegemäß risikoneutral agiert, existiert eine positive Geld-Brief-Spanne, solange es informierte Marktteilnehmer gibt. Risikoaversion ist demnach keine hinreichende Begründung für die Existenz einer Geld-Brief-Spanne.
2. Wird die Varianz der Wertpapierrenditen größer, steigen ceteris paribus die Verluste des Market Makers aus Geschäften mit informierten Marktteilnehmern.

[76] Vgl. Copeland/Galai (1983) S. 1460.
[77] Vgl. Copeland/Galai (1983) S. 1462.
[78] Vgl. Copeland/Galai (1983) S. 1463.

3. Eine Zunahme des Anteils der Insider an der Gesamtzahl der Marktakteure ist Auslöser für eine Ausweitung der Geld-Brief-Spanne.

2.2.3.2 Modell von Foster/Viswanathan

Foster/Viswanathan (1996) entwickeln ein Marktmodell, in dem – ähnlich wie bei Leach/Madhavan (1992) – Marktteilnehmer aus der Beobachtung des Orderflusses heraus versuchen, die Erwartungen anderer Marktakteure zu prognostizieren. Während Leach/Madhavan (1992) zeigen, dass Market Maker einen Anreiz besitzen, an einem aufwendigen Preisfindungsprozess aktiv mitzuwirken, indem sie gezielt mit möglichen zukünftigen Kursen experimentieren („*testing the waters*")[79], konzentrieren sich Foster/Viswanathan (1996) auf den Lernprozess von Marktteilnehmern mit privilegierter Information, den Insidern.

Annahmen des Modells:[80]

1. Es gibt einen risikoneutralen Market Maker, M informierte Marktteilnehmer (Insider) sowie zahlreiche Liquiditätshändler.
2. Gehandelt wird ein einziges Wertpapier über N Perioden.
3. Der Fundamentalwert des Finanztitels v ist normalverteilt mit Mittelwert p_0 und Varianz σ_v^2.
4. Sämtliche Verteilungsannahmen sind allen Marktteilnehmern bekannt.
5. Die Geschäfte der Liquiditätshändler sind unabhängig von den übrigen Zufallsvariablen. Dies bedeutet, dass aus der Analyse der von diesen Marktteilnehmern gelegten Orders kein Rückschluss auf den Fundamentalwert des Wertpapiers gezogen werden kann.
6. Am Ende der letzten Handelsrunde wird der Liquidationswert des Wertpapiers veröffentlicht und alle Marktteilnehmer stellen zu diesem Kurs ihre Positionen glatt.

Der Handelsprozess wird in der Weise modelliert,[81] dass der i-te Insider jeweils vor Beginn einer Handelsrunde n ein privates Signal s_{i0} erhält, auf dessen Basis er seine Order beim Market Maker platziert. Der Informationsvektor $(s_{10}, s_{20}, ..., s_{M0})$ aller Insider wird aus einer multivariaten Normalverteilung mit Mittelwert null und einer Varianz-Kovarianz Matrix ψ_0 gezogen. Die Varianz der einzelnen Signale s_{i0} ist definiert als Λ_0, die Kovarianz zwischen zwei Informationssignalen s_{i0} und s_{j0} als Ω_0. Da den Insidern annahmegemäß keine sonstige Informationsquelle zur Verfügung steht, bildet das erhaltene Informationssignal gemeinsam mit den Ergebnissen aus der Beobachtung des aggregierten Orderflusses am Markt die alleinige Basis ihrer Transaktionsentscheidung.

---

[79] Vgl. Leach/Madhavan (1992) S. 208.
[80] Vgl. Foster/Viswanathan (1996) S. 1441f.
[81] Vgl. Foster/Viswanathan (1996) S. 1441-1447.

Die Transaktionen der Liquiditätshändler in Periode n werden mittels der normalverteilten Variable u_n modelliert mit Mittelwert null und Varianz σ_u^2.

Der Market Maker registriert pro Handelsperiode n lediglich den gesamten Orderfluss y_n, der sich aus den Aufträgen der Insider x_{in}, i = 1, ..., M, sowie den Orders der Liquiditätshändler u_n zusammensetzt. Eine einzelne Order kann er nicht ihrem Auftraggeber zuordnen. Der Market Maker setzt den Kurs des Wertpapiers in Handelsrunde n auf Basis der erhaltenen Orders in der Historie sowie derjenigen der aktuellen Handelsperiode so, dass er dem erwarteten Fundamentalwert des Finanztitels entspricht:

$$p_n = E(v|y_1,...,y_n)\,. \tag{2.22}$$

Aus diesen Modellannahmen leiten Foster/Viswanathan (1996) für den erwarteten Fundamentalwert des Wertpapiers in Abhängigkeit von dem Informationsvektor (s_{10}, s_{20}, ..., s_{M0}) ab

$$E(v-p_0|s_{10},...,s_{M0}) = \Delta_0'(\psi_0)^{-1}\begin{pmatrix} s_{10} \\ . \\ . \\ . \\ s_{M0} \end{pmatrix}. \tag{2.23}$$

Die Annahme der symmetrischen Verteilung von privilegierten Informationen unter den Insidern bedingt, dass der Vektor $\Delta_0'(\psi_0)^{-1}$ gleich lautende Elemente enthält. Dies bedeutet, dass der Durchschnitt aller Informationssignale eine statistisch hinreichende Größe bezüglich des Fundamentalwertes des Wertpapers für alle Insider darstellt. Für diese Markteilnehmergruppe sowie für den Market Maker besteht folglich die Herausforderung in der korrekten Evaluation des aus dem Orderfluss entstehenden durchschnittlichen Signalwertes.

Während n Handelsrunden kann der Market Maker die Orderströme y_1 bis y_n beobachten und analysieren und aktualisiert auf dieser Basis seine Einschätzung bezüglich der den Insidern vorliegenden Informationen. Hieraus ist ersichtlich, dass die Aktualisierung der Einschätzungen des Markets Makers bezüglich des Fundamentalwertes des Wertpapiers abhängt von der Aktualisierung seiner Einschätzung hinsichtlich der den Insidern zur Verfügung stehenden Informationen.

Der i-te Insider hingegen besitzt Kenntnis bezüglich des gesamten Orderflusses y_n einer Handelsrunde n sowie hinsichtlich seiner eigenen Order x_{in}. Somit kann er die Residualgröße $z_{in} = y_n - x_{in}$, definiert als von ihm nicht generierter Orderfluss in Handelsrunde n, bestimmen und nutzt diese Information, um Rückschlüsse auf den Fundamentalwert des Wertpapiers zu ziehen. Da der Market Maker über keine privilegierten Informationen verfügt, wird es ihm nicht gelingen, die gleichen Schlüsse aus den ihn in Form von Orders erreichenden Informationssignalen der übrigen Marktteilnehmer zu ziehen wie der i-te Insider. Daher wird seine Folgerung bezüglich des Fundamentalwertes des Wertpapiers weniger präzise ausfallen als die des i-ten Insiders.

Nach n – 1 Handelsrunden besteht die Informationsmenge des Insiders i aus dem bis zu diesem Zeitpunkt am Markt abgewickelten Orderfluss (y_1, ..., y_{n-1}), seiner persönlichen Insiderinformation s_{i0} zu Handelsbeginn sowie den von ihm nicht erteilten Orders ($z_{i1}, ..., z_{i\,n-1}$) und dem hieraus für ihn resultierenden Lernerfolg hinsichtlich des Fundamentalwertes des Wertpapiers.

Wenn

$$x_{in} = X_{in}(s_{io}; z_{i1}, ..., z_{in-1}; y_1, ..., y_{n-1}) \tag{2.24}$$

die optimale Orderstrategie des Insiders i darstellt,

$$p_n = P_n(y_1, ..., y_n) \tag{2.25}$$

die Kurssetzungsstrategie des Market Makers beschreibt und die beiden Vektoren $X_i = (X_{i1}, ..., X_{iN})$ für Insider i und $P = (P_1, ..., P_N)$ für den Market Maker die Funktion der jeweiligen Strategie repräsentieren, dann setzt sich der Gewinn von Insider i ab Handelsperiode n zusammen aus

$$\pi_n = (X_1, ..., X_i, ...X_M, P) = \sum_{k=n}^{N} (v - p_k) \cdot x_{ik} \; . \tag{2.26}$$

Insider i verhält sich demnach dann rational und gewinnmaximierend, wenn er in jeder Handelsrunde seine optimale Orderstrategie umsetzt, unabhängig von der zuvor verfolgten Strategie.

2.2.3.3 Modell von Glosten/Milgrom

Glosten/Milgrom (1985) analysieren erstmalig die Problematik asymmetrisch verteilter Informationen aus Sicht eines Market Makers. Die von ihnen präsentierten Resultate stellen eine Bestätigung und Verallgemeinerung der von Copeland/Galai (1983) erarbeiteten Ergebnisse dar. Während Copeland/Galai (1983) in ihrem Modell annehmen, dass sich die Information des Insiders bezüglich des Fundamentalwertes des gehandelten Wertpapiers *unmittelbar* im Anschluss an die von ihm getätigten Geschäfte im Kurs widerspiegeln, gehen Glosten/Milgrom (1985) einen

Schritt weiter und lassen zusätzliche Transaktionen zu, bevor sich das Informationsgefälle zwischen Insider und den übrigen Marktteilnehmern nivelliert.[82]

Glosten/Milgrom (1985) zeigen, dass unter plausiblen Annahmen Informationsasymmetrien hinreichend sind, eine Geld-Brief-Spanne zu verursachen. Ein Market Maker dimensioniert seine Geld-Brief-Spanne genau so, dass er aus Geschäften mit Insidern keine systematischen Vermögensverluste durch Informationsnachteile erleidet.

Annahmen des Modells:[83]

1. Alle Marktteilnehmer – ein Market Maker sowie mehrere Insider und Liquiditätshändler – sind risikoneutral und stehen in Konkurrenz zueinander.
2. Der gehandelte Finanztitel besitzt einen zukünftigen Liquidationswert V, der in T realisiert wird und lediglich den Insidern bereits vor Erreichen dieses Zeitpunkts bekannt ist.
3. Von Transaktionskosten wird ebenso abstrahiert wie von Bestandshaltekosten und Kosten für Short-Positionen.
4. Market Maker setzen ihren Geld- und Briefkurs für eine Einheit des Wertpapiers so, dass sie im Durchschnitt einen erwarteten Nullgewinn pro Transaktion erzielen.
5. Alle Transaktionswünsche der Marktteilnehmer münden in die Platzierung von Marketorders.

Der Market Maker bildet, obgleich er nicht im Besitz von Informationen bezüglich des Fundamentalwertes des Finanztitels ist, bedingte Erwartungen durch Beobachtung des Orderflusses. Diese marktinduzierte Information kann vom Market Maker interpretiert werden. Eine vorliegende Kauforder signalisiert ihm, dass der faire Preis des Wertpapiers derzeit über seinem Briefkurs liegen könnte. Da er jedoch nicht weiß, ob diese Order von einem Insider oder einem Liquiditätshändler aufgegeben wurde, ist dieses Signal nicht eindeutig interpretierbar (*noise signal*). Trotzdem existiert für den Market Maker über die Bildung rationaler Erwartungen eine Strategie, die verfügbaren Informationen bestmöglich auszunutzen. Formal geschieht dies über die Bildung bedingter Erwartungen nach dem Bayes-Theorem.[84]

Zunächst wird das Informationsproblem des Market Makers analysiert.[85] Hierzu sei angenommen, dass der Market Maker das Verhältnis zwischen den informierten (Insidern) und den nicht informierten Marktteilnehmern (Liquiditätshänd-

[82] Vgl. Glosten/Milgrom (1985) S. 72.

[83] Vgl. Glosten/Milgrom (1985) S. 72f.

[84] Zur Herleitung und Darstellung des Theorems von Bayes vgl. insbesondere Bücker (1972) S. 5ff.; Schäfer (1976) S. 28ff.; aber auch Laux (1998) S. 336-341; O'Hara (1999) S. 78-82.

[85] Die weiteren Ausführungen orientieren sich an O'Hara (1999) S. 58-66.

lern) kennt. λ sei der Anteil der Insider, $(1 - \lambda)$ beschreibe den Anteil der Liquiditätshändler. Des Weiteren betrage die a priori Wahrscheinlichkeit, dass positive bzw. negative, die Kurserwartung des gehandelten Wertpapiers beeinflussende Nachrichten vorliegen $\pi\,(V^+) = \pi$ bzw. $\pi\,(V^-) = (1 - \pi)$. Positive Nachrichten korrespondieren mit dem Fundamentalwert des Finanztitels in Höhe von V^+, negative mit dem Wert V^-.

Der Insider tätigt bei Vorliegen von positiven Nachrichten immer Käufe und tritt bei Mitteilungen, die den Wert des Finanztitels negativ beeinflussen, allzeit als Verkäufer auf. Liquiditätshändler dagegen sind mit einer Wahrscheinlichkeit Φ als Käufer und mit der Gegenwahrscheinlichkeit $(1 - \Phi)$ als Verkäufer tätig. Auf Basis dieser Datenlage können die bedingten Wahrscheinlichkeiten errechnet werden, die zur Auslösung einer Kauforder B bzw. einer Verkaufsorder S führen.

Liegt eine positive Nachricht vor, treten annahmegemäß Insider mit einer Wahrscheinlichkeit von 100% als Käufer auf, die Liquiditätshändler mit einer Wahrscheinlichkeit in Höhe von Φ. Wird zusätzlich die Verteilung von Insidern und Liquiditätshändlern, ausgedrückt durch λ berücksichtigt, ergibt sich die bedingte Wahrscheinlichkeit für das Aufkommen einer Kauforder im Fall einer positiven Nachricht als

$$\pi(B|V^+) = \frac{\pi(B, V^+)}{\pi(V^+)} = \frac{\pi(V^+)\lambda + \pi(V^+)(1-\lambda)\Phi}{\pi(V^+)}. \tag{2.27}$$

Analog lassen sich die bedingten Wahrscheinlichkeiten für das Aufkommen einer Verkaufsorder bei Vorlage einer positiven Nachricht sowie für das Zustandekommen einer Kauf- bzw. Verkaufsorder bei Existenz einer negativen Nachricht errechnen.

Die nachfolgende Grafik illustriert das Aufkommen von Kauf- bzw. Verkaufsorders in Abhängigkeit von der Art der neuen Nachricht und der Verteilung der Marktteilnehmer.

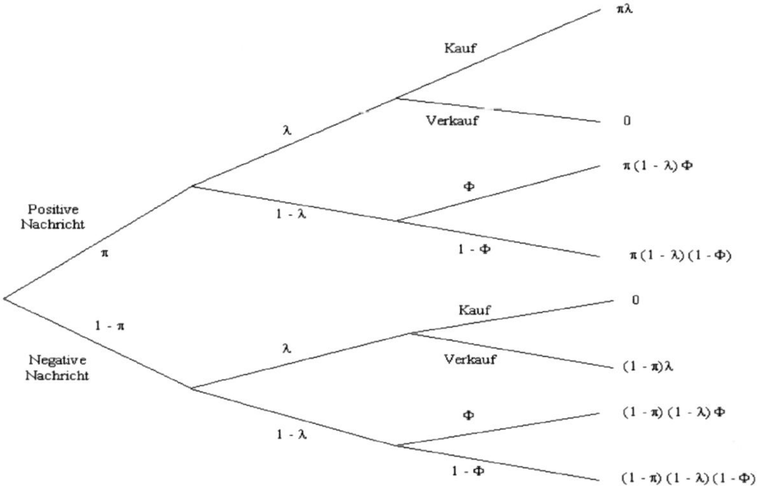

Abb. 2.8 Wahrscheinlichkeitsverteilung für Kauf- und Verkaufsorders im Glosten/Milgrom Modell

Unter der Nebenbedingung eines kompetitiven Marktes wird der Market Maker seinen Geldkurs b und seinen Briefkurs a so setzen, dass er der bedingten Erwartung über den Fundamentalwert des Wertpapiers entspricht.

Der Geldkurs b kann berechnet werden als

$$b = E\left[V \middle| S\right] = V^{+} \cdot \pi(V^{+}|S) + V^{-} \cdot \pi(V^{-}|S)\,. \tag{2.28}$$

Für den Briefkurs a gilt:

$$a = E\left[V \middle| B\right] = V^{+} \cdot \pi(V^{+}|B) + V^{-} \cdot \pi(V^{-}|B)\,. \tag{2.29}$$

Zur Berechnung des Geld- und Briefkurses sind die bedingten Wahrscheinlichkeiten für die Art der aufkommenden Information unter der Bedingung einer Order zu bestimmen. Nach dem Bayes-Theorem erhält man beispielsweise für die Wahrscheinlichkeit einer positiven Information unter der Bedingung, dass eine Kauforder vorliegt

$$\pi(V^{+}|B) = \frac{\pi(V^{+}) \cdot \pi(B|V^{+})}{\pi(V^{+}) \cdot \pi(B|V^{+}) + \pi(V^{-}) \cdot \pi(B|V^{-})}\,. \tag{2.30}$$

Analog lassen sich die bedingten Wahrscheinlichkeiten für eine positive Information bei Vorliegen einer Verkaufsorder und für eine negative Information bei Vorliegen einer Kauf- bzw. Verkaufsorder bestimmen.

Jede aufkommende Order beinhaltet somit für den Market Maker ein Informationssignal, das ihn zu einer Überprüfung seiner Wahrscheinlichkeitsschätzung bezüglich des Fundamentalwertes des gehandelten Wertpapiers veranlasst.

Entscheidendes Charakteristikum der so berechneten Geld- und Briefkurse ist, dass sie explizit von der Wahrscheinlichkeit von Kauf- und Verkaufsorders abhängen. Dies unterscheidet das Glosten/Milgrom-Modell von anderen Marktmodellen und vielen empirischen Studien, in denen das Aufkommen von Kauf- und Verkaufsorders als gleich wahrscheinlich unterstellt wird.[86]

Der Market Maker dimensioniert die Weite seiner Geld-Brief-Spanne in Abhängigkeit des Anteils der Insider λ an der Gesamtzahl der Marktteilnehmer. Falls $\lambda = 0$, sind keine Insider im Markt. Das Risiko des Market Makers, aus Transaktionen mit ihnen systematisch Vermögensverluste zu erleiden, ist in diesem Fall nicht existent, was sich in einer Geld-Brief-Spanne von null dokumentiert.

Bekunden ausschließlich Insider Handelsinteresse, d. h. ist $\lambda = 1$, bildet die erste am Markt erscheinende Order einen perfekten Schätzer für den korrekten Fundamentalwert des gehandelten Wertpapiers. In diesem Fall setzt der Market Maker die Geld-Brief-Spanne maximal, um sich auf diese Weise vor systematischen Verlusten aus Geschäften mit Insidern zu schützen. Da jedoch ein Insider indifferent ist zwischen Handel zur vorherrschenden Geld-Brief-Spanne und Handelsabstinenz, wird in diesem Fall kein Handel zustande kommen.

Variiert der Anteil der Insider an der Gesamtzahl der Marktteilnehmer im Zeitverlauf, d. h. $0 \leq \lambda \leq 1$, wird der Market Maker seine Geld-Brief-Spanne entsprechend des erwarteten Anteils der Insider adjustieren. Dies setzt jedoch voraus, dass er immer in der Lage ist, den Anteil der am Markt agierenden Insider ohne systematische Verzerrung korrekt schätzen zu können.

Aus dem Modell von Glosten/Milgrom (1985) lassen sich fünf Ergebnisse extrahieren:[87]

1. Der Market Maker wird seinen Geld- und Briefkurs um denjenigen Kurs herum stellen, der sich ergäbe, wenn sich alle Marktteilnehmer auf einem identischen Informationsniveau befänden.

---

[86] Vgl. O'Hara (1999) S. 61f.

[87] Vgl. Glosten/Milgrom (1985) S. 73f.

2. Die Transaktionskurse V_t beschreiben auf der Basis des Informationsstandes I_t des Market Makers ein Martingal. Für den Preisprozess des Wertpapiers gilt $E(V_{t+1}|I_t) = V_t$.
3. Es besteht eine inverse Relation zwischen dem gehandelten Durchschnittsvolumen und der durchschnittlichen Geld-Brief-Spanne. Je höher das Handelsvolumen, desto niedriger ist ceteris paribus die Geld-Brief-Spanne.
4. Im Zeitverlauf konvergieren die Erwartungen aller Marktteilnehmer bezüglich des Fundamentalwertes des gehandelten Wertpapiers. Alle privilegierten Informationen der Insider sind in T vollkommen in den Kursen enthalten.
5. Die Geld-Brief-Spanne des Market Makers ist um so größer, je präziser die privilegierten Informationen der Insider sind, je höher ihre Quote an der Gesamtzahl der Marktakteure und je höher die Preiselastizität der Liquiditätshändler ist.

2.2.3.4 Modell von Kyle

Kyle (1985) analysiert in seinem grundlegenden Mikrostrukturmodell die asymmetrische Informationsverteilung der Marktteilnehmer und die hieraus ableitbaren Implikationen für den Erfolg des Market Makers. Er betrachtet eine Modellumgebung mit drei Klassen von Marktteilnehmern, die einen risikobehafteten Vermögensgegenstand handeln: einen einzelnen risikoneutralen Investor mit Zugang zu privater Information, im folgenden Insider genannt. Sein Ziel der Gewinnmaximierung erreicht er durch die gezielte Wahl seiner Ordergröße und durch die geschickte Platzierung seiner Orders im Zeitablauf. Die zweite Gruppe von Marktteilnehmern sind uninformierte Liquiditätshändler (*noise trader*) sowie als dritte Gruppe eine Vielzahl konkurrierender Market Maker, die den Marktpreis auf der Basis von Informationen, die sie ausschließlich aus dem Orderfluss generieren, effizient setzen.[88]

Annahmen des Modells:[89]

1. Die Market Maker agieren in einem kompetitiven Umfeld und legen den Preis des risikobehafteten Vermögensgegenstandes so fest, dass sie im Durchschnitt einen erwarteten Nullgewinn erzielen.[90]
2. Die Market Maker können Handelsaktivitäten des Insiders nicht von denen der Liquiditätshändler unterscheiden. Letztere tragen durch ihre Transaktionen zu

[88] Vgl. Kyle (1985) S. 1315.

[89] Vgl. Kyle (1985) S. 1315f.

[90] Kyle (1985) S. 1318 erwähnt als Alternative die Annahme mehrerer, in einem Bertrand-Wettbewerb stehender Market Maker. Da für die weitere Darstellung des Modells von nachgeordneter Bedeutung ist, in welcher Art Konkurrenzsituation die Market Maker zueinander stehen, wird im Folgenden die Existenz eines Market Makers und einer exogenen Nullgewinn-Bedingung unterstellt.

einer Verschleierung des aus dem Orderfluss resultierenden Informationsniveaus bei und ermöglichen es dadurch dem Insider, systematisch Gewinne zu ihren Lasten zu erzielen.

3. Der Insider besitzt eine Monopolstellung, da nur er annahmegemäß im Besitz von Informationen bezüglich des Liquidationswertes des risikobehafteten Vermögensgegenstandes ist. Als Gewinnmaximierer versucht er, diesen Informationsvorsprung umzusetzen. Der Insider gewinnt im Durchschnitt zu Lasten der Liquiditätshändler.
4. Die Nachfrage der Liquiditätshändler ist exogen vorgegeben und wird als Zufallsvariable modelliert.
5. Keiner der Marktteilnehmer unterliegt einer Leerverkaufsbeschränkung.

Kyle (1985) diskutiert in seiner Arbeit drei Modellversionen des Handels: eine einperiodige Formulierung mit einer einmaligen Auktion, ein sequentielles Modell mit diskreten Handelszeitpunkten und eine Ausprägung mit kontinuierlichem Handel. Da die grundlegenden Erkenntnisse bereits aus der einperiodigen Formulierung extrahiert werden können, soll diese im Zentrum der nachfolgenden Ausführungen stehen.[91]

Der stochastische Liquidationswert des risikobehafteten Vermögensgegenstandes $\tilde{v}$ sei normalverteilt mit dem Erwartungswert p_0 und der Varianz σ. Das aggregierte Handelsvolumen der Liquiditätshändler wird durch eine unlimierte Order der stochastischen Größe $\tilde{u}$ modelliert, die ebenfalls als normalverteilt angenommen wird mit einem Erwartungswert von null und einer Varianz σ_u^2. Die beiden Zufallsvariablen sind unabhängig voneinander. Der Insider erteilt eine Order in Höhe von $\tilde{x} = X(\tilde{v})$; der Kurs des risikobehafteten Vermögensgegenstandes wird mit $\tilde{p}$ bezeichnet.

Der Insider beobachtet die Realisation von $\tilde{v}$ und wählt in Abhängigkeit dieser Realisation seine Ordergröße $\tilde{x}$ so, dass sein Gewinn maximal wird. Zum Zeitpunkt seiner Ordererteilung kennt er lediglich die Realisation der Zufallsvariable $\tilde{v}$, nicht die von $\tilde{u}$. Da die Transaktionen aufgrund seiner Informationslage für ihn risikolos sind, würde er bei gegebenem Kurs des risikobehafteten Vermögensgegenstandes eine beliebig große Menge handeln wollen. Im Marktgleichgewicht hängt jedoch der Kurs des risikobehafteten Vermögensgegenstandes stochastisch von seiner Ordergröße ab. Daher wird diese begrenzt und zugleich eine monotone Funktion der beobachteten Realisation von $\tilde{v}$ sein.

Der Market Maker kennt die Verteilung, nicht aber die Realisation von $\tilde{v}$. Wäre das Ordervolumen $\tilde{x}$ des Insiders eine für ihn isoliert zu beobachtende Größe, könnte er aus ihr induktiv auf den Liquidationswert des risikobehafteten Vermögensgegenstandes schließen. Tatsachlich kann er jedoch nur das aggregierte

[91] Vgl. Kyle (1985) S. 1317-1320.

Ordervolumen $(\tilde{x}+\tilde{u})$ beobachten. Resultiert aus dem in Transaktionen am Markt mündenden aggregierten Ordervolumen ein Nettokauf, könnte hieraus abgeleitet werden, dass der Insider als Käufer des risikobehafteten Vermögensgegenstandes aufgetreten ist und daher die Realisation von $\tilde{v}$ entsprechend hoch ist. Diese Schlussfolgerung verkennt jedoch, dass auch die Realisation von $\tilde{u}$ – das Ordervolumen der Liquiditätshändler – dazu beigetragen haben könnte, dass aus den ausgeführten Transaktionen am Markt ein Nettokauf resultierte. Weil somit das aggregierte Ordervolumen $(\tilde{x}+\tilde{u})$ keine eindeutigen Rückschlüsse auf $\tilde{v}$ zulässt, wird es auch als verrauschtes Signal (*noise signal*) bezeichnet. Der Market Maker berücksichtigt dieses Signal bei seiner Preissetzung. Je größer das für ihn erkennbare gesamte Ordervolumen ist, desto höher setzt er den Kurs des risikobehafteten Vermögensgegenstandes. Die Sensitivität des Kurses in Abhängigkeit des aggregierten Ordervolumens $(\tilde{x}+\tilde{u})$ hängt somit von der Präzision des verrauschten Signals ab. Auf Basis des aggregierten Ordervolumens $(\tilde{x}+\tilde{u})$ setzt der Market Maker den Kurs für den risikobehafteten Vermögensgegenstand, d. h. $\tilde{p}=P(\tilde{x}+\tilde{u})$.

Das Marktgleichgewicht ist eine Kombination aus dem konkreten Ordervolumen des Insiders X und dem realisierten Kurs P des risikobehafteten Vermögensgegenstandes, bei der die beiden folgenden Bedingungen erfüllt sein müssen:

1. Gewinnmaximierung: Für jede alternative Handelsstrategie $\tilde{x}'$ des Insiders bei gegebenem v muss gelten:

$$E\left[(\tilde{v}-\tilde{p})\tilde{x}\,\middle|\,\tilde{v}=v\right]\geq E\left[(\tilde{v}-\tilde{p})\tilde{x}'\,\middle|\,\tilde{v}=v\right]. \qquad (2.31)$$

2. Markteffizienz: Die Zufallsvariable $\tilde{p}$ erfüllt die Gleichung

$$\tilde{p}(X,P)=E\left[\tilde{v}\,\middle|\,\tilde{x}+\tilde{u}\right]. \qquad (2.32)$$

Aufgrund der Annahme, dass die Zufallsvariablen normalverteilt sind, ergibt sich eine analytische Lösung für ein Marktgleichgewicht, in dem die Parameter X und P lineare Funktionen darstellen. Das nachfolgende Theorem gibt die explizite Lösung.[92]

Theorem: Es existiert ein eindeutiges Gleichgewicht, in dem X und P lineare Funktionen sind mit

[92] Der Beweis findet sich in Kyle (1985) S. 1319.

$$X(\tilde{v}) = \beta \cdot (\tilde{v} - p_0)$$

und (2.33)

$$P(\tilde{x} + \tilde{u}) = p_0 + \lambda \cdot (\tilde{x} + \tilde{u}).$$

Die beiden Konstanten β und λ sind definiert als:

$$\beta = \left(\frac{\sigma_u^2}{\sigma_0^2}\right)^{\frac{1}{2}} \quad \text{und} \quad \lambda = \frac{1}{2}\left(\frac{\sigma_u^2}{\sigma_0^2}\right)^{-\frac{1}{2}}.$$ [93]

Das konkrete Ordervolumen des Insiders X stellt damit eine lineare Funktion der Differenz zwischen der Realisation des Wertes des risikobehafteten Vermögensgegenstandes $\tilde{v}$ und seinem Erwartungswert p_0 dar. Die Preisfunktion des Market Makers ist eine lineare Funktion des aggregierten Ordervolumens.

Der Kehrwert des Parameters λ, der die Sensitivität des Kurses des risikobehafteten Vermögensgegenstandes bezüglich des aggregierten Ordervolumens misst, wird von Kyle als Markttiefe (*depth*) bezeichnet.[94] Die Menge 1/λ ist ein geeignetes Liquiditätsmaß zur Quantifizierung des zusätzlichen Orderflusses, der erforderlich ist, eine Kursänderung des risikobehafteten Vermögensgegenstandes um eine Einheit auszulösen.

Das Marktergebnis kann durch zwei Größen charakterisiert werden: Die Transaktionskosten der Liquiditätshändler und den Informationsgehalt der Kurse. Die Transaktionskosten der Liquiditätshändler sind die Kosten der adversen Selektion, die durch die Aktivitäten des Insiders ausgelöst werden. Da der Market Maker annahmegemäß im Durchschnitt einen Nullgewinn erzielt, entsprechen die Kosten der Liquiditätshändler dem Gewinn des Insiders.

Kyle zeigt, dass der erwartete Gewinn des Insiders eine inverse Funktion der Kurssensitivitätskennziffer λ darstellt. Je höher diese Preissensitivität, desto niedriger fällt ceteris paribus sein erwarteter Gewinn aus. Eine Zunahme der Handelsaktivitäten der Liquiditätshändler bewirkt ein aggressiveres Handeln des Insiders, ohne dass sich der Informationsgehalt des Kurses ändert. Die Aggressivität des Insiderhandels wird durch den Parameter β beschrieben. Kyle zeigt, dass im Marktgleichgewicht dieser Aggressivitätsparameter exakt die Hälfte der Markttiefe beträgt, $\beta = 1/(2\lambda)$.[95]

---

[93] In Kyle (1985) S. 1319 wird der Parameter λ definiert als $\lambda = 2(\sigma_u^2 / \sigma_0^2)^{-1/2}$, was einen Druckfehler vermuten lässt. Vgl. diesbezüglich auch O'Hara (1999) S. 93.

[94] Vgl. Kyle (1985) S. 1319.

[95] Vgl. Kyle (1985) S. 1330.

Der erwartete Gewinn des Insiders entspricht – aufgrund der Nullgewinnerwartung des Market Makers – exakt den erwarteten Handelskosten der Liquiditätshändler. Diese wiederum sind negativ korreliert mit dem Parameter für die Markttiefe $1/\lambda$: Je höher die Markttiefe, desto geringer fallen die Handelskosten der Liquiditätshändler bei gegebener ‚Menge' an privater Information aus. Mit zunehmender Markttiefe verringert sich somit der erwartete Gewinn des Insiders.

Zusammenfassend lassen sich für das Einperiodenmodell folgende Ergebnisse festhalten:[96]

1. Der Informationsgehalt der Preise ist unabhängig vom Umfang des Liquiditätshandels.
2. Bei gegebenem Umfang des Liquiditätshandels steigt der erwartete Gewinn des Insiders, wenn die Markttiefe sinkt und damit seine Insiderinformationen wertvoller werden.
3. Bei gegebener Realisation des Wertes des risikobehafteten Vermögensgegenstandes steigt der Gewinn des Insiders mit der Markttiefe.

In einem sequentiellen Handelsmodell mit diskreten Handelszeitpunkten sowie in einer Ausprägung mit kontinuierlichem Handel verändern sich die genannten grundlegenden Ergebnisse nicht. Allerdings werden in diesem Fall die Informationen schrittweise vom Insider in den Preis eingearbeitet, da er seine Informationsmonopolstellung im Zeitverlauf für sich optimal ausnutzt.

Der wesentliche Erkenntnisfortschritt des Kyle-Modells liegt in der Formalisierung des Liquiditätsmaßes, da hierüber die Verbindung zwischen rationalen Erwartungsmodellen und Marktstrukturmodellen hergestellt wird.[97]

2.2.3.5 Modell von Levine/Smith

In den informationsinduzierten Market Maker-Modellen wird implizit unterstellt, dass der Insider seine privilegierte Information exklusiv für sich nutzt. Levine/Smith (2003) berücksichtigen in ihrem Marktmodell die Möglichkeit der selektiven Offenlegung von kursbeeinflussenden Daten durch Unternehmensinsider an ausgewählte Dritte wie institutionelle Investoren oder Analysten.[98] Diese Marktteilnehmer besitzen damit einen bedeutenden Vorteil gegenüber den Liquiditätshändlern und Market Makern.

---

[96] Vgl. Kyle (1985) S. 1319f.

[97] Vgl. O'Hara (1999) S. 113-117.

[98] Vgl. Levine/Smith (2003) S. 23f.

Annahmen des Modells:[99]

1. Es existiert ein Insider sowie N_I informierte Marktpartner des Insiders (*associates*). Daneben gibt es N_L Liquiditätshändler sowie zwei im Wettbewerb zueinander stehende Market Maker.
2. Die Liquiditätshändler sind bezüglich der Kosten des Handels sensitiv und nicht gewillt, unbegrenzt Verluste hinzunehmen.
3. Gehandelt wird ein risikobehaftetes Wertpapier über die Perioden 1,2, ..., ∞, dessen Wert über den funktionalen Zusammenhang $\tilde{D}_\infty = \overline{D} + \sum_{t=1}^{\infty} \delta_t$ bestimmt wird.
4. Die Insidertatsache $\tilde{\delta}_t \in [\underline{\delta}, \overline{\delta}]$ ist unabhängig verteilt.

Das Entstehen eines Marktgleichgewichts hängt von der Ausgewogenheit der Anzahl Liquiditätshändler und der informierten Marktpartner des Insiders zueinander sowie von der Exaktheit der vom Insider übermittelten Information ab. Ist die Anzahl der informierten Marktpartner des Insiders relativ zu den am Markt agierenden Liquiditätshändlern gering, wird das Marktgeschehen auch dann lediglich peripher tangiert, wenn der Insider die privilegierte Information exakt weitergegeben hat. Wurde hingegen die Insidertatsache einer hohen Zahl von Marktpartnern zugänglich gemacht, führt dies für die Market Maker zu einem signifikanten Anstieg der Kosten adverser Selektion und in Folge zu einem möglichen Zusammenbrechen des Marktes. Aufgabe des Insiders ist es daher, die Informationsasymmetrie gezielt zu reduzieren, nicht aber zwingend zu eliminieren. Dies kann er einerseits erreichen, indem er die privilegierte Information selektiv streut und nur ausgewählten Marktpartnern vollumfänglich zur Verfügung stellt. Oder er kann andererseits die Insidertatsache im Zeitverlauf portioniert verbreiten, sie dabei aber einer großen Anzahl von Marktpartnern zukommen lassen.[100]

In diesem Zusammenhang verweisen Levine/Smith (2003) auf Erkenntnisse der Psychologie. Das Wissen, im Besitz einer privilegierten Information zu sein, stärkt das Selbstbewusstsein ihres Besitzers und erhöht den Wert der eigenen Persönlichkeit vor sich selbst. Die Weitergabe einer Insiderinformation an ausgewählte Partner lässt die Reputation des Informanten bei den Empfängern wachsen. Da ein Anstieg des eigenen Ansehens in dieser Logik verknüpft ist mit der Anzahl der Informationsempfänger, wird der Insider immer bestrebt sein, die Insidertatsache möglichst vielen Marktpartnern zur Verfügung zu stellen.[101]

[99] Vgl. Levine/Smith (2003) S. 24.
[100] Vgl. Levine/Smith (2003) S. 24f.
[101] Vgl. Levine/Smith (2003) S. 25f.

Die Autoren definieren die Kosten für den Kauf des Wertpapiers (*ask commission*) als die den Briefkurs A_t^j des Market Makers j übersteigende Größe, für die gilt:[102]

$$a_t^j \equiv A_t^j - D_t \,. \tag{2.34}$$

Analog ergeben sich die Verkaufskosten (*bid commission*) als

$$b_t^j \equiv D_t - B_t^j \,. \tag{2.35}$$

Der Käufer muss für eine Einheit des Finanztitels demzufolge einen Betrag in Höhe von $D_t + a_t^j$ an Market Maker j entrichten; der Verkäufer erhält von Market Maker j lediglich einen Betrag in Höhe von D_t - b_t^j ausgezahlt. Die Größen a_t^j und b_t^j können somit als Kosten der Liquiditätshändler interpretiert werden, die ihnen aus dem Handel mit Market Maker j in Periode t entstehen.

Jeder Liquiditätshändler besitzt einen so genannten ‚Vormerkkurs' für das risikobehaftete Wertpapier $r \in [\underline{r}, \overline{r}]$, für den gilt,[103]

- falls $a_t^j < r$, legt der Liquiditätshändler eine Kauforder an den Markt und
- falls $b_t^j < r$, ist er bereit, den Finanztitel zu verkaufen.

Sind die mit dem Handel verbundenen Kosten für die Liquiditätshändler prohibitiv hoch ($a_t^j > r$ oder $b_t^j > r$), bleiben sie dem Markt fern.

Für den Fall einer Kaufprovision in Höhe von a_t^j in Periode t tätigen Liquiditätshändler mit der Wahrscheinlichkeit $p(a_t < r)$ einen Kauf. Falls die Verkaufsprovision der Handelsrunde t in der Größenordnung b_t^j festgelegt wird, sind Liquiditätshändler bereit, das Wertpapier mit der Wahrscheinlichkeit $p(b_t < r)$ zu verkaufen. Hieraus leiten sich die erwarteten Gewinne der Market Maker aus kontrahierten Geschäften mit Liquiditätshändlern ab, und zwar

- $L(a_t) = a_t \cdot p(a_t < r)$ für Käufe sowie
- $L(b_t) = b_t \cdot p(b_t < r)$ für Verkäufe.

---

102 Vgl. Levine/Smith (2003) S. 27.

103 Vgl. Levine/Smith (2003) S. 27f.

Der Insider strebt die Maximierung seiner nachfolgenden Zielfunktion an:[104]

$$\sum_{t=1}^{\infty} \beta^{t-1} H(N_I, I(a, k^A) + I(b, -k^B)) . \tag{2.36}$$

$I(a, k^A)$ und $I(b, -k^B)$ sind Funktionen, die den erwarteten Gewinn der Marktpartner des Insiders beschreiben, H deren Ableitung sowie β der Diskontfaktor. N_I beschreibt die Anzahl der informierten Marktpartner des Insiders.

Wenn der Insider seinen Marktpartnern den wahren Wert der Insidertatsache δ_{t+1} übermittelt, ergibt sich für diese als Funktion ihres erwarteten Gewinns aus getätigten Käufen die Gleichung[105]

$$\begin{aligned} I(a_t) &= p(\delta_{t+1} > a_t)(E[\delta_{t+1} | \delta_{t+1} > a_t] - a_t) \\ &= \int_{a_t}^{\delta} (\delta - a_t) f(\delta) d\delta \end{aligned} \tag{2.37}$$

sowie für Verkäufe

$$\begin{aligned} I(b_t) &= p(\delta_{t+1} < -b_t)(-b_t - E[\delta_{t+1} | \delta_{t+1} < -b_t]) \\ &= \int_{b_t}^{\delta} (\delta - b_t) f(\delta) d\delta. \end{aligned} \tag{2.38}$$

Der Ausdruck $p(\delta_{t+1} > a_t)$ beschreibt die Wahrscheinlichkeit einer Kauftransaktion des Marktpartners im Fall einer Kaufprovision a_t und analog für einen Verkauf bei Existenz der Verkaufkommission b_t.

Der Term $(E[\delta_{t+1} \mid \delta_{t+1} > a_t] - a_t)$ drückt den erwarteten Gewinn des Marktpartners in Abhängigkeit der Kaufprovision a_t aus. Umgekehrt dokumentiert der Term $(-b_t - E[\delta_{t+1} \mid \delta_{t+1} < - b_t])$ seinen Erwartungsgewinn als Verkäufer des Wertpapiers.

Der erwartete Totalgewinn der Market Maker aus Verkäufen setzt sich zusammen aus

$$\prod_t^A (a_t) = N_L L(a_t) - N_I I(a_t) . \tag{2.39}$$

[104] Vgl. Levine/Smith (2003) S. 28f.

[105] Vgl. Levine/Smith (2003) S. 30.

Ihr gesamter Erwartungsgewinn aus Käufen ist definiert als

$$\prod_t^B(b_t) = N_L L(b_t) - N_I I(b_t). \tag{2.40}$$

Die Variablen N_L und N_I beschreiben die Anzahl der Liquiditätshändler respektive der informierten Marktpartner des Insiders.

Annahmegemäß stellen die beiden Market Maker ihren Quote simultan. Der hierdurch entstehende Bertrand-Wettbewerb führt zu einem erwarteten Nullgewinn dieser Marktteilnehmergruppe. Die informierten, ihren Gewinn maximierenden Marktpartner des Insiders besitzen genau dann ein Handelsinteresse, wenn der vorherrschende Kurs des Wertpapiers nicht übereinstimmt mit dem unter Berücksichtigung ihrer privilegierten Information ermittelten Fundamentalwert.[106]

Die Nullgewinnhypothese zusammen mit den beiden Gewinngleichungen der Market Maker implizieren deren systematischen Verlust aus Geschäften mit den informierten Marktpartnern des Insiders, die durch entsprechende Gewinne aus Transaktionen mit Liquiditätshändlern kompensiert werden müssen. Die Market Maker werden aus Selbstschutzüberlegungen deshalb ihre Handelsprovision a_t^j und b_t^j ausweiten, was wiederum zu einem Rückgang des Handelsbereitschaft auf Seiten der Liquiditätshändler führt. Werden die Handelsprovisionen prohibitiv hoch, konvergiert die Transaktionsbereitschaft sämtlicher Marktteilnehmer gegen null und der Handel kommt zum Erliegen. Aufgrund dieser Implikation muss der Insider abwägen zwischen einer vollumfänglichen Offenlegung der Insidertatsache gegenüber seinen Marktpartnern oder einer lediglich repartierten Bekanntmachung der privilegierten Information.[107]

Viele der das Quotierungsverhalten des Market Makers beeinflussenden Determinanten sind in den diskutierten Market Maker-Modellen unmittelbar plausibel. Hierzu zählen die Risikoneigung des Market Makers, die Kosten der Geschäftsabwicklung, etwaige Leerverkaufsrestriktionen für Market Maker und/oder die übrigen Marktakteure, die mögliche Existenz von Marktteilnehmern mit Insiderinformationen und das Ausmaß ihres Informationsvorteils sowie die Preiselastizität von Angebot und Nachfrage.

Von Interesse sind Ergebnisse, die eine Relation zwischen Handelsvolumen und Geld-Brief-Spanne aufzeigen. Bereits Garman (1976) arbeitet heraus, dass die Existenz einer Geld-Brief-Spanne eine potentiell umsatzverringernde Wirkung besitzt. Amihud/Mendelson (1980) stützen diese These durch ihr Ergebnis, dass der

[106] Vgl. Levine/Smith (2003) S. 30f.

[107] Die Bedingungen für ein Marktgleichgewicht sowie deren Beweis bei völliger Offenlegung der Insiderinformation gegenüber den Marktpartnern finden sich in Levine/Smith (2003) S. 31f., diejenigen für den Fall einer partiellen Bekanntmachung der privilegierten Information auf den Seiten 33-37.

Market Maker eine Quotierungsstrategie verfolgt, die ihn immer wieder an die von ihm aufgrund seiner Risikoneigung präferierte Zielstruktur seines Portfolios heranführt. Bei einer Abweichung der aktuellen Portfoliostruktur von seiner intendierten wird er seinen Quote so setzen, dass die Ausführungswahrscheinlichkeit von Orders auf der von ihm gewünschten Marktseite zunimmt. Glosten/Milgrom (1985) extrahieren aus ihrem Modell die Erkenntnis einer inversen Relation zwischen gehandeltem Durchschnittsvolumen und durchschnittlicher Geld-Brief-Spanne.

Bezüglich der Konkurrenzsituation zwischen Market Makern kommen Leach/Madhavan (1992) zu dem Ergebnis, dass ein monopolistischer Market Maker seine Quotierungsstrategie auch im Fall einer extremen Informationsasymmetrie unter den Marktteilnehmern aufrechterhalten kann, da er durch aktives Lernen anfängliche informationsbedingte Verluste mit späteren Gewinnen kompensieren kann.[108] Gehrig/Jackson (1998) zeigen auf, dass es bei zwei Wertpapieren, die komplementär nachgefragt werden, einzel- und gesamtwirtschaftlich vorteilhaft ist, sie von nur einem Market Maker betreuen zu lassen.

2.3 Ergebnisse empirischer Studien zu Market Maker-Märkten

In diesem Abschnitt werden Ergebnisse empirischer Studien diskutiert, deren Erkenntnisziel die Analyse von Market Maker-Märkten beinhaltet. Eine Systematisierung erfolgt nach den Kriterien Vergleich von Market Maker-Märkten mit anderen Marktformen, Analyse der Geld-Brief-Spanne, Untersuchungen zur Informationseffizienz sowie Analyse von Preisanpassungs-Prozessen.

In der Literatur findet sich ein umfangreicher Fundus empirischer Studien zu Market Maker-Märkten. Um den Rahmen dieser Arbeit nicht zu sprengen, ist eine Eingrenzung erforderlich. Als Selektionskriterium dient die Aktualität der Studien. Diskutiert werden nur solche Ergebnisse, die ab der zweiten Hälfte der 90er Jahre publiziert wurden. Um dennoch interessanten Forschungsresultaten früherer Jahre ihren Stellenwert einzuräumen, sind jeweils zu Beginn der nachfolgenden Abschnitte ausgewählte ältere Studien als Fußnote aufgelistet.

---

[108] Linn/Stanhouse (2003) entwickeln ein Marktmodell, in dem nicht nur Händler, sondern auch die Emittenten von Wertpapieren aus historischen Kursen „lernen" und auf ihnen basierend ihre Erwartungen bezüglich zukünftiger Kurse aktualisieren.

2.3.1 Vergleich mit anderen Marktformen

Die nachfolgenden Studien untersuchen die Vorteilhaftigkeit verschiedener Marktformen. Dieses Vorgehen erfordert eine getrennte Analyse unterschiedlicher Marktsegmente. Seppi (1997) beispielsweise vergleicht in einer theoretischen Analyse den Specialist Markt der New York Stock Exchange (NYSE) mit einem reinen Auktionsmarkt und kommt zu dem Ergebnis, dass „a hybrid specialist/limit order market (like the NYSE) provides better liquidity to small retail and institutional trades, but a pure limit order market (like the Paris Bourse) may offer better liquidity on mid-size orders“.[109] Zu einem ähnlichen Resultat gelangen Pagano/Röell (1992) und betonen, dass sich ein Market Maker-Markt insbesondere für den institutionellen Handel und ein Auktionssystem eher für den privaten Handel eignet.[110] Diese vorangestellten Aussagen mögen verdeutlichen, dass der Vergleich von Marktformen anhand realer Börsendaten eine Herausforderung darstellt, deren Bewältigung in letzter Konsequenz nicht vollumfänglich gelingen kann.[111]

Einen Ausweg aus dieser Problematik bietet die experimentelle Kapitalmarktforschung, wo unter Laborbedingungen aufgrund eines kontrollierbaren Umfeldes detaillierte Untersuchungen unter weitgehender Einhaltung der ceteris paribus-Bedingung an Experimentalbörsen durchgeführt werden.[112] Daher werden nachfolgend zunächst die Ergebnisse ausgewählter Kapitalmarktexperimente in chronologischer Reihenfolge diskutiert und anschließend die Resultate empirischer Studien referiert.

Lamoureux/Schnitzlein (1997) untersuchen experimentell die sich ergebenden Auswirkungen der Existenz eines bilateralen Suchmarktes parallel zu einem organisierten Market Maker-Markt. In diesem Experiment sind die Teilnehmer autorisiert, ihre Transaktionen entweder an den Market Maker-Markt zu leiten oder alternativ untereinander in einem sich dann ergebenden bilateralen Suchmarkt zu handeln. Die Autoren finden heraus, dass die Gewinne der Market Maker hoch sind, wenn es ihnen gelingt, das gesamte Handelsvolumen auf sich zu vereinigen („*...when the dealer industry is the only game in town...*“).[113] Werden hingegen zunehmend Transaktionen via bilateralem Suchmarkt ausgeführt, konvergiert der Gewinn des Market Makers gegen null. Trotzdem liegen die so ermittelten Kurse näher an dem Fundamentalwert des Wertpapiers als die Preise im Market Maker-

[109] S. Seppi (1997) S. 103.

[110] Vgl. Pagano/Röell (1992) S. 615-621.

[111] Ältere Analysen zu dieser Thematik finden sich in Amihud/Mendelson (1987), Mendelson (1987), Vijh (1990), Madhavan (1992), Biais (1993), Leach/Madhavan (1993).

[112] Eine umfassende Diskussion der experimentellen Methodik findet sich in Syha (1999). Einen Überblick über Möglichkeiten und Grenzen der experimentellen Kapitalmarktforschung bieten Gerke/Bienert (1991) sowie Arneth/Bienert (2001).

[113] Vgl.. Lamoureux/Schnitzlein (1997) S. 685.

Markt. Demzufolge weist die Profitabilität der Market Maker und die Markteffizienz in diesem Experiment eine inverse Korrelation auf.[114]

Flood et al. (1999) analysieren in einem ähnlichen Laborexperiment die Auswirkungen von zwei Marktstrukturen auf die Kursbildung und die Handelsstrategie von Market Makern. Die betrachteten Märkte unterscheiden sich nur hinsichtlich der Verbreitung der Quotes. Im transparenten Markt werden alle Quotierungen unmittelbar und für alle Marktteilnehmer zugänglich publiziert. Der konträre, intransparente Markt – man könnte ihn als Suchmarkt bezeichnen – ist dadurch gekennzeichnet, dass keine Quotierung veröffentlicht wird. Die Market Maker sind darauf angewiesen, durch gegenseitigen Informationsaustausch Quotes zu erfragen.[115] Als Ergebnis halten die Autoren fest, dass die Möglichkeit des Informationsaustauschs vor Geschäftsabschluss die Unsicherheit der Marktteilnehmer mindert und das Zustandekommen von Transaktionen erleichtert. Die Marktliquidität, gemessen durch die Geld-Brief-Spanne und das Handelsvolumen, ist in dem transparenten Markt signifikant höher. Der Suchmarkt hingegen zeichnet sich durch eine gegenüber dem transparenten Markt höhere Informationseffizienz aus.[116]

In einem Laborexperiment untersuchen Gerke/Arneth/Bosch (2000) die Auswirkungen der Vergabe von Handelsprivilegien an Market Maker auf die Markteffizienz und Liquiditätssituation. In ihrem Experiment besitzen ausschließlich Market Maker das Recht, limitierte Orders in den Markt zu stellen (*price setting privilege*). Folglich können die übrigen Marktteilnehmer nur mit den Market Makern kontrahieren (*transaction privilege*). Als Gegenleistung für die Einräumung solcher Privilegien stellen die Market Maker Sofortigkeitsservice zur Verfügung[117]. Das Ergebnis der Untersuchung zeigt, dass die nichtprivilegierten Marktteilnehmer durch die Aktivitäten der Market Maker keinen Vorteil gegenüber einer Marktorganisation ohne Sonderrechte erlangen. Es kann weder eine Erhöhung der Informationseffizienz noch eine Verbesserung der Handelsbedingungen in Bezug auf die Volatilität des Kurses und die Liquiditätssituation des Marktes beobachtet werden. Gleichzeitig gelingt es sowohl einem monopolistischen als auch konkurrierenden Market Makern, überdurchschnittliche Erträge zu erwirtschaften. Als Schlussfolgerung sprechen sich die Autoren daher gegen die Gewährung von Handelsprivilegien an Market Maker aus.[118]

Die experimentelle Untersuchung von Bosch (2001) hat zum Ziel, die Vor- und Nachteile eines monopolistischen, eines konkurrierenden Market Maker-Systems und einer fortlaufenden Auktion gegeneinander abzuwägen und Implikationen im

---

[114] Vgl. Lamoureux/Schnitzlein (1997) S. 709-711.
[115] Vgl. Flood/Huisman/Koedijk/Mahieu (1999) S. 40.
[116] Vgl. Flood/Huisman/Koedijk/Mahieu (1999) S. 57.
[117] Vgl. Gerke/Arneth/Bosch (2000) S. 173f.
[118] Vgl. Gerke/Arneth/Bosch (2000) S. 185-197.

Hinblick auf mögliche hybride Marktsysteme herauszuarbeiten.[119] Bezüglich des Quotierungsverhaltens im Market Maker-Markt zeigt sich, dass der monopolistische Market Maker nach einer Transaktion versucht, eine Anpassung seiner Quotierung zu umgehen. Im konkurrierenden Market Maker-Markt sorgt die Wettbewerbssituation für eine im Zeitverlauf abnehmende Geld-Brief-Spanne. Diese Entwicklung führt im Vergleich zum monopolistischen Market Maker-Markt nicht nur zu einem Rückgang der impliziten Transaktionskosten, sondern auch zu einem Abschmelzen des Market Maker-Gewinns. Der Auktionsmarkt zeichnet sich, verglichen zu den beiden Market Maker-Systemen, durch eine hohe Liquidität aus.

Die Bewertungseffizienz, gemessen als Abweichung der gehandelten Kurse vom Fundamentalwert des Wertpapiers, ist im konkurrierenden Market Maker-Markt am höchsten, gefolgt von dem Auktionsmarkt und dem Market Maker-System mit Monopol. Aus diesen Ergebnissen leitet der Autor als Empfehlung für die Struktur eines erfolgversprechenden hybriden Marktsystems die Kombination aus Market Maker-Markt und Auktionssystem ab.

Erkenntnisziel zahlreicher empirischer Studien beim Vergleich verschiedener Marktformen sind die impliziten Transaktionskosten in Form der Geld-Brief-Spanne. So kommen Huang/Stoll (1996), Bessembinder/Kaufman (1997a, 1997b), Chan/Lakonishok (1997) und Chung/Van Ness/Van Ness (2002) zu dem einheitlichen Ergebnis, dass sowohl die quotierte als auch die effektive Geld-Brief-Spanne an der NASDAQ (National Association of Securities Dealers Automated Quotation System) – organisiert als Market Maker-Markt – höher ausfällt als an der New York Stock Exchange (NYSE), einem Auktionsmarkt. Huang/Stoll (2001) bestätigen diesen grundsätzlichen Zusammenhang hinsichtlich der Geld-Brief-Spanne zwischen Market Maker-System und Auktionsmarkt ebenfalls für englische Aktientitel, die sowohl an der London Stock Exchange (LSE), einem Market Maker-Markt, als auch an der NYSE gehandelt werden.[120] Chan/Lakonishok (1997) stellen hingegen fest, dass die Transaktionskosten für Aktien von Unternehmen mit niedriger Börsenkapitalisierung an der NASDAQ geringer ausfallen als an der NYSE.[121] Chung/Van Ness/Van Ness (2002) ermitteln darüber hinaus, dass das mit dem Quote verknüpfte Handelsvolumen bei den Market Makern der NASDAQ signifikant niedriger ist als bei den Specialists der NYSE.[122]

Pagano/Röell (1996) vergleichen modellbasiert die Marktliquidität an einem Auktions- und einem Market Maker-Markt in Abhängigkeit vom Transparenzniveau. Sie stellen die Hypothese auf, dass konkurrierenden Market Makern zur Verfügung stehende Informationen bezüglich des Orderflusses eine wichtigere, die impliziten Transaktionskosten beeinflussende Komponente darstellen als die Zugriffsmöglichkeiten der übrigen Marktteilnehmer auf Informationen bezüglich

---

[119] Vgl. Bosch (2001) S. 81-107.

[120] Vgl. Huang/Stoll (2001) S. 509-513.

[121] Vgl. Chan/Lakonishok (1997) S. 718-727.

[122] Vgl. Chung/Van Ness/Van Ness (2002) S. 488-493.

der Orderlage.[123] In ihrem Modell sind die potentiellen Geschäftspartner dem Market Maker unbekannt. Er kann demnach nicht zwischen der von einem Insider oder einem Liquiditätshändler aufgegebenen Order unterscheiden. Analog dem Marktmodell von Foster/Viswanathan (1996)[124] kann der Market Maker lediglich aus der Beobachtung des gesamten Orderflusses Schlüsse ziehen. Im Unterschied hierzu sind im Auktionsmarkt annahmegemäß sämtliche Orders allen Marktteilnehmern bekannt.

Pagano/Röell (1996) kommen zu dem Ergebnis, dass die impliziten Transaktionskosten für Liquiditätshändler in einem Auktionsmarkt geringer sind als in einem Market Maker-System ohne sofortige Veröffentlichung der abgeschlossenen Geschäfte. Bei beiden Marktsystemen besteht zwischen der Marktliquidität und dem Transparenzniveau bezüglich der Orderlage eine positive Korrelation: Je transparenter die Marktsituation, desto mehr wissen diejenigen, die Kurse stellen, über den Orderfluss und desto besser können sie sich gegen systematische Verluste aus Geschäften mit Insidern schützen. Dies führt in transparenten Auktionsmärkten zu einer gegenüber wenig transparenten Market Maker-Märkten engeren Geld-Brief-Spanne.[125] Hieraus leiten die Autoren als Empfehlung zur Gestaltung realer Märkte ab, dass einerseits getätigte Transaktionen unmittelbar nach Abschluss veröffentlicht werden sollten – was durch elektronische Orderausführungs-Systeme gewährleistet werden kann – und andererseits der Markt als zentrale Börse oder zumindest als integriertes Börsennetzwerk organisiert sein sollte.[126]

Die vorgenannten Empfehlungen werden im Rahmen einer Befragung institutioneller Investoren bezüglich ihrer Präferenzen für die Börsenplatzentscheidung durch Schiereck/Weber (1996) gestützt. Zweck dieser Studie ist, anhand von mehreren Zielkriterien die Bewertung der Börsenplätze IBIS (Integriertes Börsenhandels- und Informationssystem), FWB (Frankfurter Wertpapierbörse) sowie SEAQ International der London Stock Exchange (LSE) für den Handel in deutschen Standardaktien zu quantifizieren. Es zeigt sich, dass das computerisierte Handelssystem IBIS (in der Zwischenzeit aufgegangen in dem ebenfalls computerisierten XETRA-Handelssystem) von den befragten Marktteilnehmern sowohl hinsichtlich ihrer Einschätzung zu den Transaktionskosten wie auch bezüglich der fairen Preissetzung und einem hohen Handelskomfort gegenüber den beiden übrigen Handelsplätzen priorisiert wird.[127] Schiereck/Weber (1996) folgern hieraus, dass der computerisierte Handel das Börsensystem der Zukunft darstellt.[128]

In einer empirischen Studie validiert Bosch (2001) die von ihm zuvor experimentell gewonnenen und weiter oben beschriebenen Ergebnisse anhand einer

---

[123] Vgl. Pagano/Röell (1996) S. 580f.
[124] Vgl. Foster/Viswanathan (1996) S. 1439.
[125] Vgl. Pagano/Röell (1996) S. 584-597.
[126] Vgl. Pagano/Röell (1996) S. 598.
[127] Vgl. Schiereck/Weber (1996) S. 654-657.
[128] Vgl. Schiereck/Weber (1996) S. 658.

Untersuchung des Designated Sponsor-Konzepts der Deutsche Börse AG. Er stellt fest, dass die Designated Sponsors selbst dem Markt ein hohes Ordervolumen zur Verfügung stellen, diese Orders aber selten zu Transaktionen führen.[129] Trotzdem arbeitet er eine positive Korrelation zwischen Anzahl der Designated Sponsors pro Titel und der in diesem Wertpapier vorhandenen Liquidität heraus.[130]

Ellis/Michaely/O'Hara (2002) analysieren in ihrer Studie die Struktur und Entwicklung von Kapitalmärkten am Beispiel von NASDAQ und NYSE und untersuchen, inwieweit die Konzentration des Handelsvolumens auf wenige Market Maker die Ertragslage aller Market Maker tangiert bzw. welchen Einfluss das Ausscheiden und der Neueintritt von Market Makern auf den Marktprozess besitzt. Für 313 zufällig selektierte NASDAQ-Titel ermitteln sie folgende Ergebnisse:[131]

1. Trotz erheblicher Unterschiede in der Marktkapitalisierung der per Zufallsstichprobe selektierten Werte zeigt sich, dass an jedem beliebigen Handelstag ein Market Maker den Handel dominiert und ungefähr die Hälfte des Handelsvolumens auf sich vereinigt. Die drei umsatzstärksten Market Maker allokieren bereits annähernd 75% des Gesamtumsatzes auf sich.
2. Die Geld-Brief-Spanne weitet sich, wenn der Anteil des das Marktgeschehen dominierenden Market Makers steigt. Dabei ist unerheblich, ob in diesem Wertpapier neue Market Maker den Handel aufnehmen oder bestehende Market Maker ihre Aktivitäten einstellen. Die Autoren zeigen, dass es neuen Market Makern nicht gelingt, nennenswerte Anteile des Handelsvolumens auf sich zu vereinigen. Hieraus leiten sie ab, dass ein freier Marktzugang für Händler die Konkurrenzsituation der Market Maker nicht nachhaltig ändert, solange ein Market Maker das Handelsgeschehen dominiert.
3. Für neu in den Handel eingeführte Aktien bildet der Markt hinsichtlich der Anzahl der Market Maker, dem Handelsvolumen sowie der Konzentration des Handels auf relativ wenige Market Maker innerhalb kurzer Zeit ein konsistentes Gleichgewicht heraus.
4. Dem Market Maker mit dem größten Anteil am Gesamtumsatz eines Wertes gelingt es, einen höheren Ertrag zu erwirtschaften als alle übrigen Market Maker zusammen.

Die Autoren gelangen zu dem Resultat, „that the dealer market is best viewed as a market in which many dealers participate, but only a few really matter."[132]

---

[129] Vgl. Bosch (2001) S. 160-163.
[130] Vgl. Bosch (2001) S. 191-196.
[131] Vgl. Ellis/Michaely/O'Hara (2002) S. 2291f.
[132] S. Ellis/Michaely/O'Hara (2002) S. 2315.

2.3.2 Analyse der Geld-Brief-Spanne

Die Geld-Brief-Spanne (*Spread*) stellt den ausschlaggebenden Faktor für die Liquidität eines Wertpapiermarktes dar und ist Erkenntnisziel zahlreicher experimenteller und empirischer Studien.[133]

In der Literatur finden sich mehrere Ansätze zur Zerlegung der Geld-Brief-Spanne.[134] Allen gemeinsam ist die zuerst von Demsetz (1968) herausgearbeitete Feststellung, dass die Geld-Brief-Spanne den Anbietern von Sofortigkeitsservice deren Kosten für die Bearbeitung und Abwicklung von Orders abdecken muss. Garman (1976), Stoll (1978), Amihud/Mendelson (1980) und auch Ho/Stoll (1981, 1983) heben in ihrem jeweiligen Marktmodell die Bedeutung der Bestandshaltekosten für die Dimensionierung der Geld-Brief-Spanne hervor.

Zunächst Bagehot (1971) und später Copeland/Galai (1983), Glosten/Milgrom (1985) und Easley/O'Hara (1987) richten den Fokus stärker auf die dem Market Maker entstehenden Kosten adverser Selektion als wesentlichen Bestimmungsfaktor der Geld-Brief-Spanne aufgrund der Existenz von Marktteilnehmern mit privilegierter Information (Insider).

Glosten/Milgrom (1985) und Glosten/Harris (1988) nennen als weitere Komponente der Geld-Brief-Spanne eine Gewinnmarge, die bei ungenügendem Wettbewerb auftreten kann. McInish/Wood (1992) erwähnen darüber hinaus auf Basis einer empirischen Untersuchung die Intensität der Handelsaktivität und die Konkurrenzsituation der Market Maker als weitere, die Geld-Brief-Spanne bestimmende Faktoren. Ferner existieren verschiedene statistische Modelle, in denen die Komponenten der Geld-Brief-Spanne empirisch ermittelt werden.[135]

Bloomfield (1996) analysiert in einer experimentellen Untersuchung die an realen Kapitalmärkten isoliert nicht beobachtbare Informationsasymmetrie zwischen Market Makern und den übrigen Marktteilnehmern. Das Ergebnis des Tests zeigt, dass sich Market Maker bei ihrer Quotierungsstrategie im Einklang mit den Erkenntnissen von Garman (1976), Amihud/Mendelson (1980) sowie Ho/Stoll (1983) zunächst von der Struktur ihres Portfolios leiten lassen. Der Autor zeigt

---

[133] Ältere Studien zu dieser Thematik stammen von Tinic/West (1972), Benston/Hagerman (1974), Stoll (1978), Ho/Macris (1984), Roll (1984), Silber (1984), Keim (1989), Brock/Kleidon (1992), Lüdecke/Schlag (1992), Leach/Madhavan (1993), Madhavan/ Smidt (1993), Schmidt/Iversen (1993), Affleck-Graves/Hedge/Miller (1994), Peterson/ Fialkowski (1994), Sheikh/Ronn (1994), Biais/Hillion/Spatt (1995), Chan/Christie/ Schultz (1995), Chan/Chung/Johnson (1995), Laux (1995), Lin/Sanger/Booth (1995) und ausführlich Treske (1996).

[134] Vgl. Coughenour/Shastri (1999) S. 2-5.

[135] Ausführungen zu statistischen Spreadkomponentenmodellen finden sich in Roll (1984), Choi/Salandro/Shastri (1988), Glosten/Harris (1988), Hasbrouck (1988, 1991), Stoll (1989), George/Kaul/Nimalendran (1991) sowie Madhavan/Richardson/Roomans (1997).

ferner, dass sich die Geld-Brief-Spanne umso schneller verringert, je breiter sie ursprünglich war.[136] Dies geht konform mit der Ansicht, dass die Weite der Geld-Brief-Spanne als Indikator dient für den aus getätigten Transaktionen entstehenden Informationsgehalt von Kursen. Dieser wiederum bestimmt das Ausmaß der Reduktion einer Informationsasymmetrie zwischen den Marktteilnehmern.

Eine inhaltlich ähnliche empirische Studie führen Easley et al. (1996) für eine Stichprobe von 90 an der NYSE gehandelte Aktien durch und untersuchen den Zusammenhang zwischen der Liquiditätssituation des Marktes in Abhängigkeit von asymmetrisch verteilten Informationen. Bei liquide gehandelten Werten stellen sie neben einem hohen, von Liquiditätshändlern generierten Handelsvolumen einen erheblichen Anteil an Handelsaktivitäten informierter Marktteilnehmer fest, der jedoch nicht zu einer Ausweitung der Geld-Brief-Spanne seitens der Market Maker in Folge steigender Kosten der adversen Selektion führt. Bei weniger liquiden Werten hingegen führt die Existenz von informationsinduziertem Handel zu einer Vergrößerung der Geld-Brief-Spanne.[137] Die Autoren schließen hieraus, dass bei liquide gehandelten Aktien die Auswirkungen des Insiderhandels durch den hohen Anteil der liquiditätsmotivierten Handelsaktivitäten nivelliert werden. Nyholm (2002) bestätigt den vorgenannten Zusammenhang in einer empirischen Untersuchung mit ebenfalls an der NYSE gehandelten Aktien.[138]

Ein bezogen auf den deutschen Aktienmarkt vergleichbares Erkenntnisziel besitzt die empirische Arbeit von Grammig/Schiereck/Theissen (2001). Die Autoren prüfen die These, ob der Anonymitätsgrad des Marktes mit der Wahrscheinlichkeit für das Vorliegen informationsinduzierter Transaktionen gekoppelt ist. Hierzu untersuchen sie Aktien, die sowohl an der Frankfurter Wertpapierbörse (FWB) im Parketthandel als auch gleichzeitig elektronisch auf XETRA gehandelt werden. Sie erhalten als Ergebnis, dass die Wahrscheinlichkeit für informationsinduzierte Wertpapiergeschäfte an der Frankfurter Wertpapierbörse signifikant geringer ist als in dem anonymen XETRA-Handelssystem. Sie arbeiten ferner heraus, dass die Weite der Geld-Brief-Spanne und insbesondere der Anteil der Kosten adverser Selektion an der Geld-Brief-Spanne positiv korreliert mit der Wahrscheinlichkeit für informationsinduzierten Handel.[139]

Im Rahmen eines Laborexperiments gehen Bloomfield/O'Hara (1998) der Frage nach, in welchem Ausmaß Absprachen über die bevorzugte Ordererteilung an ausgewählte Market Maker den Wettbewerb und die Markteffizienz beinträchtigen. Dieses an der NASDAQ gebräuchliche Verfahren missachtet das Prinzip der Zeitpriorität bei der Orderaufgabe, das besagt, dass Orders von demjenigen Market Maker kontrahiert werden, der zuerst den besten Kurs stellt. Orderabsprachen führen dazu, dass bestimmte Market Maker ihre Handelsbereitschaft lediglich zu

---

[136] Vgl. Bloomfield (1996) S. 1797f.
[137] Vgl. Easley/Kiefer/O'Hara/Paperman (1996) S. 1417-1421.
[138] Vgl. Nyholm (2002) S. 487 u. 499f.
[139] Vgl. Grammig/Schiereck/Theissen (2001) S. 398-407.

den aktuell quotierten Kursen signalisieren. Ein Anreiz zur Verringerung der Geld-Brief-Spanne entfällt. Solche Praktiken können, wie von Dutta/Madhavan (1997) untersucht, zu betrügerischem Verhalten (*collusive behavior*) führen.[140] Bloomfield/O'Hara (1998) kommen zu dem Ergebnis, dass mit einer Zunahme der Orderabsprachen eine Ausweitung der Geld-Brief-Spanne einhergeht, verbunden mit einer rückläufigen Informationseffizienz und einem Anstieg der Market Maker Gewinne zu Lasten sowohl der informierten wie auch der Liquiditätshändler. Diese unwillkommenen Effekte treten im Experiment jedoch genau dann nicht ein, wenn mehr als ein Market Maker von der bevorzugten Ordererteilung exkludiert wird. Die Autoren schließen hieraus, dass Konkurrenz zwischen Market Makern ein hinreichendes Korrektiv darstellt, die unerwünschten Auswirkungen von Orderabsprachen zu neutralisieren.[141]

In Anlehnung an die Laboruntersuchung von Bloomfield/O'Hara (1998) testen Klock/McCormick (1999) auf Basis von NASDAQ-Daten ihre Hypothese, dass Konkurrenz unter Market Makern eine die Geld-Brief-Spanne verringernde Wirkung besitzt. Das Ergebnis der Analyse bestätigt ihre These, wobei allerdings der letzte in den Markt eintretende Market Maker einen nicht linearen, abnehmenden Grenzeinfluss auf die Reduktion der Geld-Brief-Spanne besitzt. Dies bedeutet, dass der Markteintritt des Market Makers n+1 eine geringere, die Geld-Brief-Spanne reduzierende Wirkung besitzt als der Markteintritt des Market Makers n zuvor.[142]

Die empirische Studie von Wahal (1997) verfolgt ein vergleichbares Erkenntnisziel. Der Autor analysiert die Wirkung des Ausscheidens bzw. Neueintritts von Market Makern an der NASDAQ auf die Dimensionierung der Geld-Brief-Spanne. Er zeigt, dass das Handelsvolumen, die Volatilität sowie die Geld-Brief-Spanne einer gehandelten Aktie eine Funktion der Anzahl der in dieser Aktie tätigen Händler ist.[143] Je höher die Anzahl der Market Maker pro Wert, desto geringer fällt die quotierte Geld-Brief-Spanne aus. Neu in den Markt eintretende Market Maker tragen bei Aktien mit einem hohen Handelsvolumen zu einer Verringerung der Geld-Brief-Spanne bei.

In engem Zusammenhang mit der Arbeit von Wahal (1997) steht die Untersuchung von Goldstein/Nelling (1999). Sie erforschen mittels NASDAQ-Daten den Zusammenhang zwischen der Anzahl der Market Maker pro Aktie, der Handelsintensität und den Transaktionskosten in Form der Geld-Brief-Spanne. Sie finden heraus, dass in einem Titel mit hohem Handelsvolumen viele Market Maker Kurse stellen. Des Weiteren arbeiten sie eine negative Korrelation zwischen Anzahl der Market Maker und quotierter Geld-Brief-Spanne heraus: Je mehr Market Maker

---

140 Vgl. Dutta/Madhavan (1997) S. 247.

141 Vgl. Easley/Kiefer/O'Hara/Paperman (1996) S. 1428f.

142 Vgl. Klock/McCormick (1999) S. 61-69.

143 Vgl. Wahal (1997) S. 876-882.

Kurse stellen, desto geringer fällt die Geld-Brief-Spanne aus.[144] Dieses Ergebnis bestätigt die von Grossman/Miller (1988) aufgestellte Hypothese, dass das Liquiditätsgleichgewicht eines Marktes durch die Anzahl der Market Maker determiniert wird.[145]

Hansch/Naik/Viswanathan (1998) analysieren in ihrer Arbeit das bestandsabhängige Quotierungsverhalten von Market Makern der London Stock Exchange unter Berücksichtigung von Direktgeschäften zwischen Händlern (*interdealer trading*) und kommen zu folgenden Ergebnissen:[146]

1. Market Maker, die konkurrenzfähige Kurse stellen, tätigen einen bedeutend höheren Anteil aller Geschäfte als solche mit nicht wettbewerbsfähigen Kursen.
2. Der Portfoliobestand eines Market Makers bestimmt ausschlaggebend seine Leistungsfähigkeit, große Orders ausführen zu können.
3. Es besteht eine Korrelation zwischen Änderungen im Portfoliobestand und Änderungen im Quotierungsverhalten eines Market Makers.

Lamoureux/Schnitzlein (2004) kreieren in einem Laborexperiment zwei unterschiedliche Marktstrukturen. Im ersten Markt stellen drei im Wettbewerb zueinander stehende Market Maker in einem einzigen Wertpapier Kurse (direkter Wettbewerb), in der zweiten Marktform existieren drei Wertpapiere mit jeweils einem monopolistischen Market Maker (indirekter Wettbewerb). Die Autoren gelangen zu dem Ergebnis, dass in der erstgenannten Marktstruktur die Geld-Brief-Spanne breiter ausfällt, sich die Kurse bezüglich des Orderflusses weniger reagibel verhalten und die Gewinne der Market Maker pro Transaktion höher ausfallen als in der zweiten Marktform.[147]

Huang/Stoll (1997) entwickeln und testen ein Modell zur simultanen Bestimmung der Geschäftsabwicklungskosten, der Bestandshaltekosten sowie der Kosten der adversen Selektion als Komponenten der Geld-Brief-Spanne. Die empirische Validation des Modells erfolgt mittels der 20 an der New York Stock Exhange (NYSE) gehandelten Aktien des Major Market Index (MMI) und erbringt als Resultat, dass die Kosten für Orderbearbeitung und -abwicklung knapp 62 Prozent der Geld-Brief-Spanne ausmachen, die Bestandshaltekosten einen Anteil von ca. 10 Prozent besitzen und die Kosten der adversen Selektion zu ca. 28 Prozent die Weite der Geld-Brief-Spanne determinieren.

Die Autoren leiten aus ihrem erweiterten Spreadkomponenten-Modell ferner ab:[148]

---

[144] Vgl. Goldstein/Nelling (1999) S. 33-37.
[145] Vgl. Grossman/Miller (1988) S. 629f.
[146] Vgl. Hansch/Naik/Viswanathan (1998) S. 1625f.
[147] Vgl. Lamoureux/Schnitzlein (2004) S. 117ff.
[148] Vgl. Huang/Stoll (1997) S. 1029f.

1. Die Adjustierung eines Quotes fällt umso höher aus, je größer die abgeschlossene Transaktion ist.
2. Die Weite der Geld-Brief-Spanne nimmt mit zunehmender Größe einer Transaktion zu.
3. Die Kosten der adversen Selektion als Bestandteil der Geld-Brief-Spanne sind bei großen Orders geringer als bei kleinen und mittleren.
4. In Abhängigkeit von den getätigten Transaktionen verändert sich die Intensität der die Geld-Brief-Spanne determinierenden Spreadkomponenten.

In Anlehnung an die Arbeit von Huang/Stoll (1997) entwickeln Madhavan/Richardson/Roomans (1997) ein Modell zur Analyse der Geld-Brief-Spanne im Tagesverlauf und testen es mit an der New York Stock Exchange (NYSE) gehandelten Aktien. Sie gelangen zu dem Resultat, dass die Informationsasymmetrie zwischen den Marktteilnehmern im Verlauf eines Handelstages abnimmt und damit die Kosten adverser Selektion für den Market Maker zurückgehen, seine Bestandshaltekosten jedoch aufgrund der Handelsaktivitäten im Tagesverlauf steigen.[149] Die Untersuchung verdeutlicht, dass sich die Höhe der die Geld-Brief-Spanne determinierenden Komponenten im Tagesverlauf ändert. Die Gegenläufigkeit der beiden aufgezeigten Effekte führt im Ergebnis zu einem U-förmigen Muster der Geld-Brief-Spanne im Tagesverlauf.[150]

McInish/Van Ness (2002) bestätigen die von Madhavan/Richardson/Roomans (1997) erarbeiteten Ergebnisse in einer Untersuchung der 30 im Dow Jones Industrial Average Index erfassten Aktien. Sie erhalten als Ergebnis eine positive Korrelation zwischen den Kosten adverser Selektion und dem Preisrisiko der Aktie (Volatilität) sowie dem Auftreten eines den Kurs bestimmenden Informationsereignisses und eine negative Korrelation zur Intensität des Wettbewerbs unter Market Makern. Bezüglich der Geschäftsabwicklungskosten ergibt sich ein differenziertes Bild. Auf Basis des Spreadkomponentenmodells von George/Kaul/Nimalendran (1991) können die Autoren ihre Hypothese einer negativen Korrelation zwischen den Geschäftsabwicklungskosten und der Wettbewerbsintensität unter den Market Makern bestätigen. Bei Zugrundelegung des Spreadkomponentenmodells von Madhavan/Richardson/Roomans (1997) hingegen wird die vorgenannte Hypothese verworfen.[151]

Eine empirische Validation des Spreadkomponentenmodells von Stoll (1989) findet sich in Menyah/Paudyal (2000). Die Autoren bestätigen die bereits genannten drei Bestandteile der Geld-Brief-Spanne für an der London Stock Exchange (LSE) gehandelte Aktien und stellen einen in Abhängigkeit der Liquidität schwankenden Einfluss der die Geld-Brief-Spane determinierenden Komponenten fest.[152]

---

[149] Vgl. Madhavan/Richardson/Roomans (1997) S. 1043-1047.

[150] Vgl. Madhavan/Richardson/Roomans (1997) S. 1061f.

[151] Vgl. McInish/Van Ness (2002) S. 519-523.

[152] Vgl. Menyah/Paudyal (2000) S. 1777-1781.

Nyholm (2002) fügt diesem Zusammenhang die Erkenntnis hinzu, dass die Weite der quotierten Geld-Brief-Spanne zu Beginn eines Handelstages positiv korreliert mit der Wahrscheinlichkeit für informationsinduzierte Handelsaktivitäten. Nach einiger Zeit verringert sich die Geld-Brief-Spanne, was mit einer rückläufigen Wahrscheinlichkeit für Insiderhandel begründet wird.[153]

Chung/Li (2003) testen in ihrer Arbeit die Spreadkomponentenmodelle von Glosten/Harris (1988) sowie Lin/Sanger/Booth (1995) und überprüfen empirisch das von Easley/Kiefer/O'Hara (1997) entwickelte Maß für informationsinduzierten Handel. Die Autoren erhalten als Ergebnis eine positive und statistisch signifikante Korrelation zwischen der Wahrscheinlichkeit eines informationsinduzierten Handels und den aus den Spreadkomponentenmodellen resultierenden Anteilen der Kosten der adversen Selektion an der Geld-Brief-Spanne.[154] Dieses Resultat stützt die Validität der getesteten Spreadkomponentenmodelle hinsichtlich ihrer Erklärungsfähigkeit für informationsinduzierten Handel.[155]

Chung/Van Ness/Van Ness (2004) schätzen die Komponenten der Geld-Brief-Spanne zum einen auf Basis von Quotierungen der Specialists an der NYSE und zum anderen anhand von Limitorders, die zu einer synthetischen Geld-Brief-Spanne (*Limitorder-Quotierung*) verdichtet werden. Die Autoren gelangen zu dem Ergebnis, dass die Kosten adverser Selektion als Bestandteil der Geld-Brief-Spanne bei den Quotierungen der Specialists signifikant geringer ausfallen als bei den Limitorder-Quotierungen und führen dies auf das Verhalten der Specialists zurück, Limitorders beliebig einzusetzen.

Dem Spreadkomponenten-Modell von Huang/Stoll (1997) zeitlich vorgelagert präsentieren Schmidt/Treske (1996) in einer empirischen Studie eine Berechnung zur Zerlegung der Geld-Brief-Spanne der 30 im Integrierten Börsenhandels- und Informationssystem (IBIS) gehandelten Aktien des Deutschen Aktienindex (DAX) in die Bestandteile Geschäftsabwicklungskosten, Bestandshaltekosten und Informationsrisikokosten. Sie erhalten für die einzelnen Kostenarten folgende umsatzgewichteten Anteile an der in IBIS quotierten Geld-Brief-Spanne:[156]

Geschäftsabwicklungskosten	23 Prozent
Bestandshaltekosten	55 Prozent
Informationsrisikokosten	22 Prozent.

[153] Vgl. Nyholm (2002) S. 494-502.

[154] Van Ness/Van Ness/Warr (2001) beurteilen die Leistung von fünf Spreadkomponenten-Modellen zur Erklärung der Geld-Brief-Spanne und gelangen zu dem Ergebnis, dass der Bestandteil der Kosten adverser Selektion an der Geld-Brief-Spanne positiv korreliert mit der Volatilität der Aktienrendite.

[155] Vgl. Chung/Li (2003), S. 263-270.

[156] Vgl. Schmidt/Treske (1996) S. 1050-1053.

Bollerslev/Domowitz/Wang (1997) untersuchen in ihrer Studie die Entwicklung der Weite der Geld-Brief-Spanne im bildschirmbasierten Interbanken-Devisenhandel. Entgegen der herrschenden Meinung in der Literatur, dass das absolute Kursniveau die Geld-Brief-Spanne nicht beeinflusst, stellen die Autoren für das Währungspaar USD/DEM einen signifikanten Einfluss des Kursniveaus auf die Verteilung der Geld-Brief-Spanne fest.[157]

Während vielen Experimenten und Studien der (Aktien-)Kassamarkt als Erkenntnisobjekt dient, beziehen einige Autoren auch den Terminmarkt in ihre Untersuchung ein. Untersuchungsgegenstand sind – analog dem Kassamarkt – die auf die Geld-Brief-Spanne einwirkenden Determinanten im Futures- und Optionshandel.

Gwilym/Buckle (1997) analysieren die Entwicklung der Geld-Brief-Spanne von Indexoptionen im Tagesverlauf an der London International Financial Futures and Options Exchange (LIFFE). Sie registrieren unmittelbar nach Handelsbeginn eine große Geld-Brief-Spanne, was die Unsicherheit der Market Maker reflektiert. Im Verlauf des Tages nimmt die Geld-Brief-Spanne ab.[158] Dieses Resultat steht im Gegensatz zu dem Untersuchungsergebnis von Madhavan/Richardson/Roomans (1997), die einen U-förmigen Verlauf der Geld-Brief-Spanne innerhalb des Handelstages finden. Erklärbar ist diese Divergenz mit differierenden Marktstrukturen und Handelsusancen zwischen Kassa- und Terminmarkt.[159]

Kumar/Sarin/Shastri (1998) untersuchen empirisch über den Zeitraum 1983 bis 1989 für Aktien, die entweder an der American Stock Exchange (AMEX), der New York Stock Exchange (NYSE), der Pacific Stock Exchange (PSE) oder der Philadelphia Stock Exchange (PHLX) gehandelt werden, die Auswirkungen auf die Marktqualität, die sich aus der Aufnahme des Optionshandels auf diese Werte ergeben. Sie stellen fest, dass die Aufnahme des Optionshandels die Geld-Brief-Spanne dieser Titel im Kassamarkt verringert. Die Autoren beobachten als weiteren Effekt, dass die Market Maker bzw. Specialists für ihren Quote ein höheres Handelsvolumen anbieten. Eine schrumpfende Geld-Brief-Spanne verknüpft mit einem Anstieg der Markttiefe führt zu einer signifikanten Ausweitung der Marktliquidität und legen den Schluss nahe, dass nach Aufnahme des Optionshandels in dem betreffenden Basiswert größere Orders zu niedrigeren Transaktionskosten ausgeführt werden können als vorher. Die Autoren weisen des Weiteren einen sinkenden Anteil der Kosten adverser Selektion an der Geld-Brief-Spanne nach dem Start des Optionshandels nach.[160]

---

[157] Vgl. Bollerslev/Domowitz/Wang (1997) S. 1488f.

[158] Vgl. Gwilym/Buckle (1997) S. 20f.

[159] Diese Begründung gibt auch Daigler (1997). Weitere Studien, die einen U-förmigen Verlauf der Geld-Brief-Spanne am Terminmarkt testieren, finden sich bei Jordan et al. (1988), Ekman (1992), Lee/Linn (1994).

[160] Vgl. Kumar/Sarin/Shastri (1998) S. 720-730.

Eine ähnliche Untersuchung führen Sarkar/Tripathy (2002) durch und gehen der Frage nach, ob die Aufnahme des Handels in Aktienindexfutures die Geld-Brief-Spanne von NASDAQ-Aktien beeinflusst hat. Hierzu vergleichen sie einen 10-Jahres-Zeitraum vor Einführung solcher Terminkontrakte mit der gleichen Zeitspanne danach. Sie gelangen zu dem Ergebnis, dass sich seit der Einführung von Aktienindexfutures in den Handel die Geld-Brief-Spanne der in dem untersuchten Index enthaltenen Aktien am Kassamarkt – der NASDAQ – verringert hat.[161]

Im Zentrum der empirischen Studie von Behr (2000) steht die Zerlegung der Geld-Brief-Spanne von Index- und Aktienoptionen an der Deutschen Terminbörse (DTB), jetzt EUREX.[162] Auf Basis des Spreadkomponentenmodells von George/Kaul/Nimalendran (1991) überprüft sie die beiden Fragestellungen, ob der Anteil der Informationsrisikokosten an der Geld-Brief-Spanne von Optionen auf den Deutschen Aktienindex (DAX) null ist und ob der Anteil der Informationsrisikokosten an der Geld-Brief-Spanne von Aktienoptionen aus dem Geld höher ausfällt als bei solchen, die sich im Geld befinden. Die Autorin kommt zu dem Ergebnis, dass beide Hypothesen zu verwerfen sind. Bei Aktienoptionen zeigt sich sogar ein konträrer Zusammenhang: Die Kosten adverser Selektion sinken monoton mit dem Basispreis der Option.

Mayhew (2002) untersucht in seiner empirischen Studie die Auswirkungen von Wettbewerb auf die Weite der Geld-Brief-Spanne für an der Chicago Board Options Exchange (CBOE) gehandelte Aktienoptionen. Er vergleicht Aktienoptionen, die nur an einer Terminbörse gehandelt werden mit solchen, die an mehreren Terminbörsen in den Handel eingeführt sind. Um Konsistenz in den Ergebnissen sicherzustellen, vergleicht Mayhew (2002) nur solche Optionen miteinander, deren Optionsprämie ein vergleichbares Niveau aufweisen und deren Basiswert eine ähnliche Volatilität besitzt. Der Autor findet heraus, dass Optionen, die an mehreren Börsen gehandelt werden, eine enger quotierte Geld-Brief-Spanne besitzen als solche, die nur an einer Terminbörse gehandelt werden. Ferner arbeitet er eine positive Korrelation zwischen Geld-Brief-Spanne und Höhe des Optionspreises sowie eine negative Beziehung zwischen Geld-Brief-Spanne und Handelsvolumen heraus.[163]

Bollen/Smith/Whaley (2004) entwickeln und testen mit NASDAQ-Daten ein Modell zur Bestimmung der Geld-Brief Spanne, das sowohl Order- und Bestandshaltekosten als auch Kosten adverser Selektion gleichermaßen berücksichtigt. Die beiden letztgenannten Bestandteile der Geld-Brief Spanne werden in diesem Ansatz als Option mit stochastischem Verfallstag modelliert. Mithilfe ihres Modells isolieren die Autoren als wesentliche Determinanten der Geld-Brief Spanne die Minimumpreisänderung (*minimum tick size*), das Handelsvolumen, die Konkur-

161 Vgl. Sarkar/Tripathy (2002) S. 6-11.
162 Vgl. Behr (2000) S. 133-175.
163 Vgl. Mayhew (2002) S. 944-945.

renzsituation zwischen den Market Makern sowie die erwarteten Bestandshaltekosten.[164]

Cheng/Fung/Tse (2005) analysieren die Auswirkung eines Übergangs vom Präsenzhandel auf eine elektronische Handelsplattform hinsichtlich der Entwicklung der Geld-Brief Spanne anhand von Daten des Terminmarktes in Hongkong. Sie stellen beim elektronischen Handel sowohl für den Options- als auch den Futuresmarkt eine gegenüber dem Präsenzhandel signifikant geringere Geld-Brief Spanne fest. Die Autoren schließen hieraus, dass Market Maker im computerisierten Handel gegenüber dem klassischen Präsenzhandel in einem größeren Wettbewerb zueinander stehen.[165]

2.3.3 Untersuchungen zur Informationseffizienz

Nach Fama (1970) reflektieren Marktpreise in einem informationseffizienten Markt alle verfügbaren Informationen. Je nach Art der im Marktpreis verarbeiteten Informationsmenge unterscheidet Fama zwischen schwacher, mittelstrenger und strenger Informationseffizienz.[166] Fama (1998) verteidigt seine Informationseffizienzhypothese gegen die Argumentation, dass sich neue Informationen nur langsam in Kursen widerspiegeln und daher lange Zeitreihen analysiert werden müssten, um eine etwaige Marktineffizienz hinreichend genau begründen zu können. Er konzediert, dass in einem informationseffizienten Markt eine Überreaktion auf neue, kursrelevante Informationen grundsätzlich ähnlich häufig festzustellen sind wie Unterreaktionen. Solange diese Besonderheiten allerdings *zufällig* auftreten, sind sie konform mit der Markteffizienzhypothese.[167]

Eine große Anzahl empirischer Arbeiten testet die verschiedenen Formen der Informationseffizienz an Kapitalmärkten mit Hilfe von Kursreihen und – allerdings seltener – Beobachtungen.[168] Die für die Gestaltung von Börsenmärkten wichtige Frage, welche Organisationsform eher geeignet ist, einen informationseffizienten Markt zu gewährleisten, ist bisher nur im Rahmen experimenteller Untersuchungen analysiert worden. Die Ergebnisse der Untersuchungen weisen nicht

[164] Vgl. Bollen/Smith/Whaley (2004) S. 105-111.

[165] Vgl. Cheng/Fung/Tse (2005) S. 385-388. Zu einem vergleichbaren Ergebnis waren bereits zu einem früheren Zeitpunkt Ross (1976), Detemple/Jorion (1990) sowie Detemple/Selden (1991) gelangt.

[166] In Anlehnung an die Informationseffizienzhypothese von Fama (1970) analysiert Grossman (1995) die Auswirkung von Handelsgeschäften auf die Informationseffizienz eines Marktes und vertritt die These, dass Kursänderungen ein Rauschen (*noise*) im Informationsgewinnungsprozess darstellen, das zu einer Beeinträchtigung der Informationseffizienz führt.

[167] Vgl. Fama (1998) S. 284.

[168] Ein Überblick hierzu findet sich in Fama (1991).

in die gleiche Richtung und sind inkonsistent. Eine abschließende Beurteilung kann daher bislang nicht getroffen werden.

Basierend auf den Arbeiten von Glosten/Milgrom (1985) und Kyle (1985) untersucht Schnitzlein (1996) experimentell das Verhalten konkurrierender Market Marker in einem Handelsumfeld mit periodischer und kontinuierlicher Auktion und analysiert die Frage, ob aus den gehandelten Kursen Unterschiede hinsichtlich der Informationseffizienz erkennbar sind. Marktakteure sind ein Insider, drei Market Maker sowie Liquiditätshändler.[169] Aus Sicht der letztgenannten Marktteilnehmergruppe bietet die periodische Auktion den größten Schutz vor den Folgen einer vorherrschenden Informationsasymmetrie. Aufgrund einer hohen Liquidität erleiden Liquiditätshändler bei dieser Marktform geringere systematische Verluste als bei einer kontinuierlichen Auktion. Obgleich der Insider bei der kontinuierlichen Auktion einen höheren Wertpapierbestand aufbaut, sind die gehandelten Kurse bei dieser Marktorganisation im Vergleich zur periodischen Auktion nicht informationseffizienter. Vielmehr führen die Handelsaktivitäten des Insiders in beiden Marktformen zu einem Anstieg der Informationseffizienz.[170]

Die Kapitalmarktexperimente von Theissen (2000) sind mit denen von Schnitzlein (1996) vergleichbar. Aus seinen Untersuchungen erhält er als Charakteristikum der periodischen Auktion deren Tendenz zur Unterreaktion auf neue Informationen. Im Einklang mit dem Ergebnis empirischer Studien stellt der Autor trotzdem fest, dass der im Wege einer Gesamtkursermittlung festgestellte Eröffnungskurs näher am Fundamentalwert des gehandelten Finanztitels liegt als der erste Kurs einer kontinuierlichen Auktion.[171] Der Unterschied hinsichtlich der Informationsgüte des Eröffnungskurses zwischen kontinuierlicher Auktion und Market Maker-Markt ist gering, wohingegen er zwischen periodischer Auktion und Market Maker-Markt signifikant ist. Ursache für den Unterschied zwischen Auktions- und Market Maker-Markt ist die Geld-Brief-Spanne an Market Maker-Märkten.[172]

Krahnen/Weber (1999) untersuchen in einer experimentellen Studie, inwieweit die Marktstruktur die Informationseffizienz determiniert. Hierzu stellen sie einem Auktionsmarkt verschiedene Formen des Market Maker-Systems gegenüber. Im Gegensatz zu den Resultaten der beiden vorgenannten Kapitalmarktexperimente erhalten die Autoren als Ergebnis, dass die getesteten Market Maker-Systeme hinsichtlich ihrer Fähigkeit zur Informationsaggregation dem Auktionssystem ebenbürtig sind, wobei die Güte der Informationsaggregation von der Ausgestaltung des Market Maker-Systems abhängt. Ein Marktmodell mit uninformierten, in Konkurrenz zueinander stehenden Market Makern ist effizienter als ein System

---

[169] Vgl. Schnitzlein (1996) S. 616.
[170] Vgl. Schnitzlein (1996) S. 624-634.
[171] Vgl. Theissen (2000) S. 360.
[172] Vgl. Theissen (2000) S. 335.

mit informierten, konkurrierenden Market Makern und dieses wiederum ist einem Markt mit monopolistischem Market Maker überlegen.[173]

Bloomfield/O'Hara (1999) analysieren experimentell die Auswirkungen von Transparenz auf die Informationseffizienz und gehen der Frage nach, inwieweit die Beobachtbarkeit von Quotes und Transaktionen das Marktgleichgewicht beeinflusst. Markteilnehmer sind zwei Market Maker, Liquiditäts- sowie informierte Händler. Die Autoren testen drei Szenarien:[174] Eine vollkommen transparente Marktstruktur, in der sämtliche Quotes sowie alle getätigten Transaktionen veröffentlicht werden, eine semitransparente Marktform, wo lediglich die Quotierung der Market Maker offen gelegt wird, sowie einen intransparenten Markt ohne jegliche Veröffentlichung von Handelsdaten. Aus dem Experiment ergeben sich vier Ergebnisse:[175]

1. Die Offenlegung von abgeschlossenen Transaktionen verbessert die Informationseffizienz eines Marktes signifikant. Das arithmetische Mittel der Geld-Brief-Spanne konvergiert hier zügiger gegen den Fundamentalwert des Wertpapiers als in einem intransparenten Markt.
2. Die Offenlegung von getätigten Geschäften verursacht eine nachhaltige Ausweitung der Geld-Brief-Spanne nicht nur zu Beginn, sondern auch im Verlauf des Handels. Dies lässt sich mit der gesunkenen Notwendigkeit von Market Makern begründen, in einem transparenten Markt mit einer engen Geld-Brief-Spanne um den Orderfluss zu konkurrieren, um auf diesem Weg Informationen bezüglich des Fundamentalwertes des Wertpapiers – die annahmegemäß lediglich der Insider besitzt - zu erhalten.
3. Durch die Offenlegung von abgeschlossenen Transaktionen gelingt es Market Makern, eine weite Geld-Brief-Spanne zu setzen und dadurch zu Lasten der übrigen Marktteilnehmer systematisch Gewinne zu erzielen.
4. Die Veröffentlichung von Quotes besitzt hingegen einen vernachlässigbaren Einfluss auf die Informationseffizienz.

Diese Resultate implizieren, dass der Markt durch eine Veröffentlichung von Transaktionen ein Informationssignal erhält, das durch eine Offenlegung von Quotes nicht generiert werden kann. Allerdings wird die gesteigerte Informationseffizienz eines transparenten Marktes erkauft durch eine steigende Transaktionsineffizienz in Form einer sich ausweitenden Geld-Brief-Spanne.[176]

Die Informationsasymmetrie der Marktteilnehmer ist Gegenstand der empirischen Arbeit von Fishe/Robe (2004). Sie analysieren das Verhalten von Market Makern, die Orders von Markteilnehmern erhalten, denen eine Vorab-Kopie der Aktien-Kolumne in der Zeitschrift *Business Week* vorliegt. Die Market Maker

[173] Vgl. Krahnen/Weber (1999) S. 7-12.
[174] Vgl. Bloomfield/O'Hara (1999) S. 7.
[175] Vgl. Bloomfield/O'Hara (1999) S. 7f.
[176] Vgl. Bloomfield/O'Hara (1999) S. 29.

reagieren sowohl mit einer Ausweitung der Geld-Brief Spanne als auch mit einer Verringerung des handelbaren Volumens (der Markttiefe). Somit besitzt diese Form des Insiderhandels eine negative Auswirkung auf die Marktliquidität und damit den Informationsgehalt der Kurse.[177]

Manzano (2002) testet in ihrem Kapitalmarktexperiment die Auswirkungen von verschiedenen Marktstrukturen auf die Informationseffizienz von Kursen. Sie stellt einer zentralisierten Marktform, in der sämtliche Orders für alle gehandelten Wertpapiere an einer Stelle gebündelt werden, einen fragmentierten Markt gegenüber, in dem die Wertpapierorders an verschiedenen Orten gesammelt werden. Der Unterschied zwischen beiden Marktsystemen besteht in der Informationsmenge, die den Market Makern zur Verfügung steht. Die Autorin zeigt, dass der sich einstellende Gleichgewichtspreis im fragmentierten Markt informationseffizienter ist als in der zentralisierten Marktform und begründet dies mit dem Verhalten der informierten Marktakteure, die in einem transparenten Markt weniger offensiv agieren können als in einem intransparenten System, um ihre privilegierte Information so lange wie möglich nutzen zu können.[178]

Ackert/Church/Zhang (2002) führen in Kanada, den USA und der Volksrepublik China eine länderübergreifende Studie durch, um kulturelle Unterschiede im Verhalten der Marktteilnehmer aufzudecken. Alle Teilnehmer erhalten divergierende, unvollkommene Informationen über die Art und Höhe ihrer Auszahlungen nach dem Experiment. Unterschieden wird zwischen gut informierten und weniger gut informierten Teilnehmern. Die Güte der Information wird hinsichtlich ihrer Eintrittswahrscheinlichkeit klassifiziert.[179] Die Autoren prüfen die Hypothese, inwieweit die Marktergebnisse die Informationssituation der gut informierten Teilnehmer reflektieren und diejenige der weniger gut informierten Teilnehmer ignorieren. Das Resultat ihrer Untersuchung bestätigt die Hypothese: Die den gut informierten Teilnehmern zur Verfügung stehende Information fließt in allen drei Ländern weitgehend, jedoch nicht vollumfänglich in die Kurse ein. Länderübergreifende Unterschiede existieren bezüglich dem Grad der Informationsverbreitung und hängen ab von der Korrektheit der Eintrittswahrscheinlichkeit der erhaltenen Information. Ein weiteres Resultat dieses Experiments ist die Erkenntnis, dass es Insidern gelingt, ihren Informationsvorteil länderübergreifend zu verwerten.[180]

Barclay/Hendershott (2003) suchen in ihrer empirischen Arbeit eine Antwort auf die Frage, ob die Existenz eines vor- und nachbörslichen Handels die Informationseffizienz von Aktienkursen beeinflusst. Datenbasis ihrer Analyse sind alle abgeschlossenen Geschäfte sowie sämtliche Quotes von an der NASDAQ gelisteten Aktien im Zeitraum März bis Dezember 2000. Sie finden heraus, dass die

[177] Vgl. Fishe/Robe (2004) S. 479-481.
[178] Vgl. Manzano (2002) S. 213.
[179] Vgl. Ackert/Church/Zhang (2002) S. 436.
[180] Vgl. Ackert/Church/Zhang (2002) S. 442-448.

nachbörslichen Kurse weniger informationseffizient sind als die während der Haupthandelszeit zustande gekommenen Preise. Die in der nachbörslichen Handelsphase abgeschlossenen Geschäfte verursachen aufgrund einer geringen Liquidität kurzzeitige, irrationale Kursveränderungen, die eine Tendenz zur Umkehr aufweisen. Solche Kursverläufe bezeichnen die Autoren als ineffizient.[181]

Im Fokus der Studie von Chakravarty/Gulen/Mayhew (2004) steht der Beitrag des Optionsmarktes zur Preisfindung am Aktienmarkt. Demgemäß trägt der Optionsmarkt fast zu einem Fünftel zur Preisfindung am Kassamarkt bei und besitzt Auswirkungen sowohl auf das Handelsvolumen, die Geld-Brief Spanne als auch die Volatilität von Aktien. Die Ergebnisse stützen die These, dass informierte Marktteilnehmer sowohl am Kassa- wie auch am Terminmarkt agieren, um ihr privilegiertes Wissen zu nutzen.[182]

Die Analyse von Faff/Hillier (2005) besitzt ein ähnliches Erkenntnisziel wie die vorgenannte Arbeit. Die Autoren stellen fest, dass die Aufnahme des Handels mit Optionen auf einen Finanztitel zu einem gegenüber dem Status quo ante höheren Anteil der Handelsaktivitäten von Marktteilnehmern mit privilegierter Information führt. Neben dem Kassamarkt agieren die Insider auch am Terminmarkt und sind damit letztlich Auslöser für Kursübertreibungen des Basiswertes der Option.[183]

2.3.4 Analyse von Preisanpassungsprozessen

Allen im vorherigen Abschnitt diskutierten Experimenten ist gemein, dass die Geschwindigkeit der Preisanpassung an eine neue Informationssituation höchstens am Rande erwähnt wird, aber nicht im Zentrum der Analyse steht. Der offensichtliche Grund liegt in der kurzen Handelsdauer sowie der vergleichsweise geringen Teilnehmerzahl bei Experimenten und der damit verbundenen, für eine tiefgehende Analyse überschaubaren Datenmenge.

Die Analyse von Preisanpassungsprozessen im Anschluss an die Veröffentlichung neuer kursrelevanter Informationen hingegen bietet eine Gelegenheit zur empirischen Untersuchung der Informationseffizienz eines Kapitalmarktes.[184]

Krinsky/Lee (1996) analysieren in einer empirischen Arbeit die Zusammensetzung der Geld-Brief-Spanne vor und nach Dividendenankündigungen. Informierte

---

[181] Vgl. Barclay/Hendershott (2003) S. 1067-1069.

[182] Vgl. Chakravarty/Gulen/Mayhew (2004) S. 1246-1251.

[183] Vgl. Faff/Hillier (2005) S. 1369-1372.

[184] Ältere Untersuchungen hierzu finden sich bei Morse/Ushman (1983), Venkatesh/Chiang (1986), Admati/Pfleiderer (1988), Easley/O'Hara (1991), Ederington/Lee (1993), Foster/Viswanathan (1993), Hasbrouck/Sofianos (1993), Kuserk/Locke (1993), Lee/Mucklow/Ready (1993) Kim/Verrecchia (1994) sowie Kuserk/Locke (1994).

Marktteilnehmer sind aufgrund ihres Zugangs zu privilegierten Informationen vor einem solchen Informationsereignis in der Lage, die zukünftigen Ertragsperspektiven des Unternehmens korrekt zu antizipieren. Diese Informationsasymmetrie führt vor und unmittelbar nach Dividendenankündigungsterminen zu einem signifikanten Anstieg der Kosten adverser Selektion als Bestandteil der Geld-Brief-Spanne.[185] Die Autoren messen jedoch gleichzeitig einen Rückgang der Bestandshaltekosten und erklären dies mit dem für Market Maker gesunkenen Risiko, angesichts des hohen Handelsvolumens in dieser Zeitspanne unerwünscht große Bestände eingehen und halten zu müssen. Vielmehr können sie eingegangene Positionen zeitnah wieder glattstellen. Ferner arbeiten die Autoren rückläufige Geschäftsabwicklungskosten heraus. Hieraus kann abgeleitet werden, dass Gewinnankündigungen zwar die Zusammensetzung der Geld-Brief-Spanne ändern, eine etwaige Modifikation der Geld-Brief-Spanne jedoch abhängig ist vom relativen Ausmaß dieser Änderungen.[186]

In Anlehnung an das Modell von Glosten/Milgrom (1985) und auf Basis des Modells von Easley/O'Hara (1992) präsentieren Easley/Kiefer/O'Hara (1997) ein Modell zur Schätzung von Market Maker-Erwartungen aus Handelsdaten. Die Kalibrierung des Modells erfolgt anhand der Wahrscheinlichkeit für das Auftreten eines Informationsereignisses über Nacht und der Wahrscheinlichkeit, dass mit diesem Informationsereignis für den Kurs des Wertpapiers positive Nachrichten verknüpft sind.[187] Bei der von den Autoren untersuchten Aktie erwarten die Market Maker mit einer Wahrscheinlichkeit von 75 Prozent den Eintritt eines Informationsereignisses. Die Art der Information – positive oder negative Nachricht – schätzen die Market Maker gleich wahrscheinlich ein. Easley et al. (1997) kommen zu dem Ergebnis, dass an Handelstagen mit einem Informationsereignis knapp 40 Prozent der Geschäfte informationsinduziert sind. Sofern ein hohes Handelsvolumen ein Indiz für verstärkte Insiderhandelsaktivitäten darstellt, kann aus dieser Untersuchung abgeleitet werden, dass Preisbewegungen gerade nicht durch das Handelsvolumen, sondern primär durch die Anzahl der Transaktionen bestimmt sind.[188]

Vergleichbar der Studie von Easley/Kiefer/O'Hara (1997) analysieren Barron/Karpoff (2004) in ihrer Arbeit den Zusammenhang zwischen dem Auftreten von Informationsereignissen und dem hiermit verknüpften Handelsvolumen in Abhängigkeit von Transaktionskosten. Präzise Veröffentlichungen von Informationen – so die Autoren – stärken das Vertrauen der Investoren in die eigene Fähigkeit, den Wert eines Finanztitels korrekt zu evaluieren. In einem transaktionsneutralen Handelssystem ist dieser Effekt ceteris paribus Auslöser für einen Anstieg ihrer Handelsbereitschaft. Die Existenz von Transaktionskosten hingegen führt zwar auch zu einer Homogenisierung der Erwartungen der Investoren im

[185] Vgl. Krinsky/Lee (1996) S. 1525-1527.
[186] Vgl. Krinsky/Lee (1996) S. 1531-1534.
[187] Vgl. Easley/Kiefer/O'Hara (1997) S. 805-807.
[188] Vgl. Easley/Kiefer/O'Hara (1997) S. 832f.

Gefolge von Informationsereignissen. Transaktionskosten können aber im Ergebnis potentielle Gewinne der Marktteilnehmer wieder aufwiegen, sodass im Extremfall ein Handelsabschluss unterbleibt.[189]

Gegenstand der empirischen Untersuchung von Chae (2005) ist der Zusammenhang zwischen der Informationsasymmetrie unter den Marktteilnehmern vor der Bekanntgabe wichtiger kursbeeinflussender Informationen und dem Handelsvolumen. Auf Basis von Daten der NYSE und AMEX aus den Jahren 1986-2000 bestätigt der Autor die folgenden vier von ihm aufgestellten Hypothesen:[190]

1. Das Handelsvolumen ist vor einer angekündigten Veröffentlichung wichtiger Informationen rückläufig.
2. Das Handelsvolumen korreliert mit dem Ausmaß der Informationsasymmetrie unter den Marktteilnehmern.
3. Die Informationsasymmetrie ist vor angekündigten Veröffentlichungen positiv korreliert mit einem ungewöhnlich hohen Handelsvolumen nach Bekanntgabe der Informationen.
4. Die Preissensitivität der Market Maker erhöht sich vor angekündigten Veröffentlichungen, um sich gegen mögliche Transaktionen von Marktteilnehmern mit privilegierter Information zu schützen.

Die letztgenannte Beobachtung kann der Autor aber auch bei unangekündigten Veröffentlichungen von bedeutenden Informationen feststellen. Hieraus leitet er die Fähigkeit von Market Makern ab, auf Basis der vorliegenden Aufträge in ihrem Orderbuch informationsbasierte Limitorders von Insidern zu dekuvrieren und durch eine geschickte Veränderung der Geld-Brief Spanne einen Selbstschutz vor unerwünschten Transaktionen aufzubauen.[191]

Die Informationsasymmetrie unter den Marktteilnehmern ist ebenfalls Gegenstand der empirischen Studie von Harris/Panchapagesan (2005). Die Autoren zeigen auf, dass die Specialists an der NYSE durch ihr Recht auf Einsichtnahme in das Limitorder-Buch gegenüber allen übrigen Marktteilnehmern einen Informationsvorsprung besitzen. Ein vorhandener (Kauf- oder Verkaufs-)Orderüberhang könnte auf die Anwesenheit von Marktteilnehmern mit privilegierter Information hindeuten und die Richtung der nachfolgenden Kurse aufzeigen. Das Wissen um diese Orderlage könnte – so die Hypothese der Autoren – von den Specialists durch eine entsprechende Positionierung (*to trade in front*) gewinnbringend ausgenutzt werden. Harris/Panchapagesan (2005) beweisen mithilfe von Handels-, Order- und Quotierungsdaten der NYSE, dass Specialists ihren Informations-

[189] Vgl. Barron/Karpoff (2004) S. 1214-1217.
[190] Vgl. Chae (2005) S. 420-436.
[191] Vgl. Chae (2005) S. 437f.

vorsprung durch das Wissen um die Struktur des Limitorder-Buches in ihre Kursfindung von Marketorders einfließen lassen.[192]

Zu ähnlichen Ergebnissen gelangen Chung/Li/McInish (2005) in ihrer empirischen Studie mit Handelsdaten der NYSE. Die Autoren finden eine negative Korrelation zwischen der Intensität des Handels in einem Wert und der Wahrscheinlichkeit für Insiderhandel (*information-based trading*) heraus. Des Weiteren stellen sie fest, dass bei Aktien mit niedrigem Kursniveau die Wahrscheinlichkeit für das Vorhandensein von Insiderhandel höher ist als bei Titeln mit höheren Kursen.[193]

Manaster/Mann (1996) untersuchen in ihrer empirischen Studie den Zusammenhang zwischen dem Quotierungsverhalten von Market Makern in Abhängigkeit ihres Wertpapierbestandes am Beispiel von Futuresgeschäften an der Chicago Mercantile Exchange (CME).[194] In Übereinstimmung mit den risikoinduzierten Market Maker-Modellen finden sie heraus, dass die von Market Makern intendierte Marktseite negativ korreliert mit ihrem Wertpapierbestand. Bei einem positiven Wertpapierbestand werden sie zu Netto-Verkäufern, besitzen sie eine Short-Position, sind sie daran interessiert, diese wieder einzudecken. Die Autoren stellen des Weiteren fest, dass Market Maker für positionsreduzierende Transaktionen attraktivere Kurse stellen als für bestandserhöhende Geschäfte. Aus ihren Ergebnissen folgern sie, dass Market Maker – entgegen der Annahme in einigen theoretischen Modellen[195] – keine passive Rolle bei der Orderausführung übernehmen, sondern im Gegenteil als gewinnmaximierende Marktteilnehmer mit divergierendem Informationsniveau und heterogener händlerischer Qualifikation anzusehen sind.[196]

Die empirische Analyse von Madhavan/Sofianos (1998) weist in die gleiche Richtung wie die Arbeit von Manaster/Mann (1996), allerdings bezogen auf das Quotierungsverhalten der Specialists an der New York Stock Exchange (NYSE) und erweitert um die Fragestellung, in welchem Ausmaß die Ordergröße und die

---

[192] Vgl. Harris/Panchapagesan (2005) S. 44-62. Zum gegenteiligen Ergebnis gelangen Freihube/Kehr/Krahnen (1999) sowie Kehr/Krahnen/Theissen (2001) in ihren empirischen Studien zum Liquiditätsbeitrag der amtlichen Kursmakler an der Frankfurter Wertpapierbörse. Der aus ihrer exklusiven Orderbucheinsicht erzielte Gewinn wird durch die Kosten adverser Selektion überkompensiert. Die Autoren finden daher keinen Anhaltspunkt für die Nutzung dieses Informationsvorsprungs der Kursmakler zu profitablen Eigengeschäften. Madhavan/Panchapagesan (2000) kommen in ihrer Untersuchung bezüglich der Gewinne aus Transaktionen der Specialists an der NYSE zu einem ähnlichen Resultat und charakterisieren diese als "relatively modest" (S. 655).

[193] Vgl. Chung/Li/McInish (2005) S. 1653-1656.

[194] Vgl. Manaster/Mann (1996) S. 956.

[195] Vgl. die Nullgewinnhypothese bei Glosten/Milgrom (1985), Kyle (1985) oder auch Admati/Pfleiderer (1988).

[196] Vgl. Manaster/Mann (1996) S. 973.

Geld-Brief-Spanne das Marktverhalten des Specialist beeinflusst.[197] Die Autoren kommen zu dem Ergebnis, dass die Specialists ihren Portfoliobestand eher über die Wahl des Zeitpunkts ihrer Quotierung (*timing*) steuern als durch eine Adjustierung ihres Quotes. Die Verfasser finden ferner heraus, dass die Specialists einerseits dem Markt im Fall einer weiten Geld-Brief-Spanne eine hohe Liquidität zur Verfügung stellen, sie jedoch andererseits bei großvolumigen Orders ihre Handelsbereitschaft zurücknehmen. Letzteres wird mit der grundsätzlichen Risikoaversion der Specialists begründet.[198]

Ausgehend von der Tatsache, dass die Specialists in 90 Prozent aller Quoteadjustierungen auch das mit ihrem Quote offerierte Handelsvolumen ändern und sie in 50 Prozent aller Quoteänderungen die Kurse konstant lassen und lediglich die Markttiefe adjustieren, untersucht Kavajecz (1999) in seiner Studie empirisch die Frage, ob die Specialists das mit ihrem Quote verknüpfte Handelsvolumen aktiv zur Steuerung ihres Portfolios insbesondere vor dem Auftreten eines kursbeeinflussenden Informationsereignisses einsetzen. Der Autor zeigt, dass der Specialist in seiner Quotierung die Erwartung bezüglich informationsinduziertem Handel berücksichtigt und durch eine Reduzierung der Markttiefe verbunden mit einer Ausweitung der Geld-Brief-Spanne eine Senkung der Kosten adverser Selektion anstrebt.[199]

Die Arbeit von Anshuman/Kalay (1998) untersucht die Auswirkungen diskreter Preisänderungen auf das Quotierungsverhalten und die Ertragschancen von Market Makern. Hintergrund der Analyse ist die Vorgabe einer Minimumpreisänderung (*minimum tick size*) an den meisten amerikanischen Börsen, die bis Juni 1997 auf 1/8 US-Dollar festgelegt war und seitdem 1/16 US-Dollar beträgt.[200] Die Autoren arbeiten heraus, dass die optimale Minimumpreisänderung mit einem Anstieg der Marktliquidität ebenfalls ausgeweitet werden kann. Motivation dieser Aussage ist die Erkenntnis, dass Liquiditätshändler als Liquiditätsspender in Form von
Orders den Markt verlassen, wenn die Minimumpreisänderung steigt. Ist allerdings ausreichend Liquidität am Markt vorhanden – was gleichzusetzen ist mit einem hohen Ordervolumen oder niedrigen Kosten adverser Selektion –, dann besitzt eine steigende Minimumpreisänderung keine signifikante Auswirkung auf das Verhalten der Liquiditätshändler.[201]

Die erwarteten Gewinne der Market Maker – die ceteris paribus von einer größer werdenden Mindestpreisänderung der Kurse profitieren – werden in einem hochliquiden Markt weniger von der Nachfrageelastizität der Liquiditätshändler tangiert. Wenn hingegen die Kosten adverser Selektion steigen, sollte die Mini-

[197] Vgl. Madhavan/Sofianos (1998) S. 190.
[198] Vgl. Madhavan/Sofianos (1998) S. 197-208.
[199] Vgl. Kavajecz (1999) S. 747f.
[200] Vgl. Chung/Chuwonganant (2002) S. 392.
[201] Vgl. Anshuman/Kalay (1998) S. 96-98.

mumpreisänderung sinken, da die Bedeutung impliziter Transaktionskosten für Liquiditätshändler zunimmt.[202]

Chung/Chuwonganant (2002) analysieren in einer vergleichbaren empirischen Studie die Auswirkungen der Minimumpreisänderung auf das Quotierungsverhalten der NYSE-Specialists sowie die möglichen Auswirkungen einer Umstellung der Quotierung auf das Dezimalsystem. Bezüglich ihres ersten Erkenntnisziels finden die Autoren heraus, dass die Anzahl der Quote-Korrekturen in den ersten Handelsstunden als Folge einer Reduzierung der Minimumpreisänderung im Jahr 1997 insbesondere bei Werten mit niedrigem Kursniveau und einem hohen Handelsvolumen signifikant gestiegen ist. Sie interpretieren dieses Ergebnis dahingehend, dass die Regeln bezüglich Minimumpreisänderungen für Market Maker verbindliche Zwänge bedeuten.[203] Hinsichtlich ihres zweiten Erkenntnisziels erwarten sie daher von einer Umstellung der Quotierung auf das Dezimalsystem eine weitere Reduktion der Kursträgheit verbunden mit einem erwünschten Anstieg des Preiswettbewerbs unter den Market Makern.[204]

2.4 Zusammenfassung

In diesem einführenden Literaturkapitel wurden basierend auf den historischen Entwicklungslinien der Marktorganisation die beiden grundlegenden Organisationsformen von Börsen, der Auktions- sowie der Market Maker-Markt, diskutiert. Dem Erkenntnisziel dieser Arbeit folgend, stand die Analyse des Market Maker-Marktes im Fokus der Ausführungen. Konstitutives Element dieser als *quote driven* bezeichneten Marktform ist der von Market Makern angebotene Sofortigkeitsservice (*immediacy*). Für die mit der Erbringung dieser Leistung verknüpften Kosten muss der Market Maker eine Kompensation erhalten in Form der Geld-Brief-Spanne.

Die Dekomposition der Market Maker-Kosten in die Elemente Bestandshaltekosten und Kosten adverser Selektion verbunden mit der Stellung des Market Makers im Markt – entweder als Monopolist oder in Konkurrenz zu anderen Market Makern stehend – führte zur Systematisierung der in der Literatur diskutierten Market Maker-Modelle. Auf Basis dieser Systematik wurde sowohl das grundle-

---

202 Anshuman/Kalay (1998) zeigen in einem Modell auf, dass die Existenz von diskreten Minimumpreisänderungen per se zu einem Zusammenbruch des Marktes führen kann. Eine solche Friktion träte im Fall einer stetigen oder zumindest von dem Kursniveau der Aktie determinierten Minimumpreisänderung – wofür sich die Autoren im Kern aussprechen – nicht auf.

203 Vgl. Chung/Chuwonganant (2002) S. 398-404.

204 Vgl. Chung/Chuwonganant (2002) S. 408f.

gende Marktmodell als auch dasjenige Modell diskutiert, das mit Blick auf die Themenstellung dieser Arbeit einen signifikanten Erkenntniszugewinn generiert.

Basis der risikoinduzierten Market Maker-Modelle ist die Überlegung, dass ein Market Maker genau wie jeder andere Marktteilnehmer bestrebt ist, ein im Sinne der Portfoliotheorie effizientes Portfolio zu halten, dessen Struktur durch seine Risikoneigung determiniert wird. Existiert eine Diskrepanz zwischen tatsächlicher und intendierter Portfoliostruktur, wird der Market Maker über eine zielgerichtete Quotierungsstrategie versuchen, die präferierte Portfoliozusammensetzung wieder zu realisieren. Dies kann er erreichen, indem er seinen Quote so um den von ihm vermuteten Fundamentalwert des gehandelten Wertpapiers herum stellt, dass Transaktionen auf der von ihm intendierten Marktseite eine höhere Ausführungswahrscheinlichkeit besitzen als Transaktionen auf der anderen, von ihm nicht gewünschten Marktseite.

Grundgedanke der informationsinduzierten Market Maker-Modelle ist die Heterogenität der Informationsdispersion an Kapitalmärkten. Sofern Marktteilnehmer mit Zugang zu privilegierten Informationen (*Insider*) existieren, ist die Chance zur Erzielung eines Gewinns unter den Marktakteuren nicht gleich verteilt. Insider sind bestrebt nur dann eine Transaktion durchzuführen, wenn diese für sie eine vermögenserhöhende Implikation besitzt. Daher wird der Market Maker aus Geschäften mit dieser Gruppe systematisch Verluste erleiden.

Bei der zweiten Gruppe von Markteilnehmern – den so genannten Liquiditätshändlern – stellen liquiditätsmotivierte Überlegungen den Anreiz ihres Agierens am Kapitalmarkt dar. Zur Vermeidung von systematischen Verlusten aus dem Handel mit Insidern muss der Market Maker seine Geld-Brief-Spanne so dimensionieren, dass er durch Transaktionen mit Liquiditätshändlern die durch den Handel mit Insidern erlittenen Verluste überkompensieren kann.

Als bedeutender Extrakt aus den Ergebnissen der empirischen Studien kann die Überlegenheit eines konkurrierenden Market Maker-Systems gegenüber einem monopolistischen Market Maker-Markt hinsichtlich der Fähigkeit zur Informationsaggregation hervorgehoben werden. Der Vergleich zwischen Auktions- und Market Maker-Markt bezüglich der Eignung, einen informationseffizienten Markt zu gewährleisten, kann abschließend jedoch nicht beurteilt werden. In diese Richtung weist auch die Aussage von Leach/Madhavan (1993), die feststellen, „that there may not be a form of market organization that provides both low bid-ask spreads and robustness to extreme problems of asymmetric information."[205] Dennoch lassen sich aus den diskutierten Ergebnissen Grundelemente einer erfolgversprechenden Börsenform der Zukunft deduzieren. Eine solche Börse könnte aus einem – wie von Bosch (2001) angeregt – hybriden Marktsystem in Form einer Kombination aus Market Maker-Markt mit Elementen des Auktionsmarktes, wie beispielweise einem offenen (Limit-)Orderbuch, bestehen, an der die Finanztitel

---

[205] S. Leach/Madhavan (1993) S. 392.

– wie von Schiereck/Weber (1996) herausgearbeitet – elektronisch gehandelt werden. Es wird sich zeigen, ob es gelingt, reale Börsen an dieses Ziel einer idealen Börsenstruktur heranzuführen.

3. Die Preisbildung am Optionsmarkt

Im zweiten Literaturkapitel dieser Arbeit werden die für die Bewertung von Optionen relevanten Grundlagen diskutiert. Es sei angemerkt, dass dieses Kapitel im Gesamtkontext der Arbeit und deren Problemstellung zu sehen ist. Insofern wird von der Analyse so genannter symmetrischer Termingeschäfte (*Futures bzw. Forwards*) abstrahiert. Bezüglich dieser Derivate wird auf die einschlägige Literatur verwiesen.[1] Ferner bildet die Diskussion der Ergebnisse empirischer Forschung einen Schwerpunkt dieses Kapitels. Dies geschieht zur Überprüfung der in der Theorie aufgestellten Postulate. Die Empirie fungiert somit als Korrektiv der Theorie.

Die Analyse der Modellierung von Kursprozessen stellt den inhaltlichen Ausgangspunkt der nachfolgenden Ausführungen dar. Der klassischen Optionspreistheorie folgend, wird hierbei der Kursverlauf als das Resultat eines stochastischen Prozesses verstanden, der sowohl als zeitkontinuierliche als auch zeitdiskrete Variante untersucht wird. Die Diskussion der Ergebnisse empirischer Forschung zum Verhalten von Kursen zeigt das Erfordernis auf, bei der Bewertung von Optionen ein Maß für deren Schwankungsintensität zu generieren. Insofern wird die Bedeutung der Volatilität als eine solche Kennziffer zur Messung der Kursschwankungsintensität des Basiswertes im nächstfolgenden Abschnitt herausgearbeitet. Neben der Darstellung diverser Volatilitätsarten erfolgt die Analyse der Volatilitätseigenschaften sowie eine Diskussion der Möglichkeiten zur Volatilitätsschätzung. Bei der Darstellung von Ergebnissen empirischer Studien im Kontext der Volatilitätsschätzung wird als ein wesentliches Ergebnis extrahiert, dass personale Einflussfaktoren der Risikowahrnehmung in der klassischen Literatur zur Optionstheorie bislang tendenziell vernachlässigt wurden und der nur bedingten Rationalität der Marktteilnehmer die ihr gebührende Berücksichtigung bei der Analyse des Marktgeschehens nicht zugebilligt wird.

Aus der Vielfalt der Literaturbeiträge zu Optionsbewertungsansätzen wird das für die Optionsbewertung als Durchbruch zu sehende Black/Scholes-Modell kurz

---

[1] Ausführungen zu Futures respektive Forwards finden sich bspw. in Figlewski (1986), Cordero (1987), Duffie (1989), Göppl/Bühler/Rosen (1990), Stoll/Whaley (1990), Dubofsky (1992), Ekman (1992), Albrecht/Dahmen (1994), Meyer (1994), Winstone (1995), Hielscher (1996), Antoniou/Holmes/Priestley (1998), Sharpe/Alexander/Bailey (1999) [Kap. 20], Hull (2001), Albrecht/Maurer (2002) [Kap. 10]; Faff/McKenzie (2002), Müller-Möhl (2002), Rendleman (2002).

diskutiert Die Analyse weiterer Optionspreismodelle würde den Rahmen dieser Arbeit überdehnen und von deren eigentlichem Ziel wegführen. Die Grenzen des Black/Scholes-Ansatzes werden ebenso referiert wie empirische Studien, deren wesentliches Erkenntnisziel sich um die Frage dreht, ob und inwieweit die gehandelten Optionspreise konsistent sind mit dem Kursverhalten des Basispreises im Zeitverlauf. Insbesondere die durch das Black/Scholes-Modell implizierten Fehlbewertungen von bestimmten Optionen könnten darauf zurückzuführen sein, dass die Risikowahrnehmung der Markteilnehmer von Faktoren abhängt, die in einem mathematischen Modell nicht hinreichend exakt quantifiziert werden können. Solche nicht marktimmanenten Einflüsse könnten vielmehr in der Persönlichkeitsstruktur der Marktteilnehmer zu suchen sein. Wenn sich Parameter finden lassen, die den Grad und die Intensität der Risikowahrnehmung der Marktteilnehmer beschreiben, kann deren Analyse dazu beitragen, die Bedeutung der Risikowahrnehmung für die Preisfindung von Optionen transparent zu machen.

Diese Überlegungen münden in den letzten Abschnitt dieses Kapitels, in dem die reale implizite Volatilität mit dem von Optionsbewertungsansätzen unterstellten Volatilitätsverlauf verglichen wird. Es wird versucht, Erklärungsansätze für die beiden systematischen Abweichungen der theoretischen impliziten Volatilität von der empirisch feststellbaren Volatilität in Form des Volatilitätssmile (*volatility smile*) und der Volatilitätsfristenstruktur (*term structure of volatility*) zu erarbeiten. Ferner wird gezeigt, dass neben der modell- und marktstrukturbasierten Begründung die Psychologie der Marktteilnehmer – und hier insbesondere personale Einflussfaktoren des Risikoverhaltens – das Niveau und die Ausformung des Volatilitätssmile nachhaltig determinieren.

3.1 Die Modellierung von Kursprozessen

Der Wert einer Option wird nicht nur von dem aktuellen Kurs des Basiswertes, sondern insbesondere durch dessen Kursentwicklung während der Optionslaufzeit nachhaltig beeinflusst.[2] Dabei ist nicht der historische Kursverlauf des Basiswertes ausschlaggebend, sondern – da es sich bei einer Option um ein in der Zukunft zu erfüllendes Geschäft handelt – dessen zukünftiger. Um somit den aktuellen Wert einer Option korrekt bestimmen zu können, ist es erforderlich, den zukünftigen Kursverlauf des Basiswertes hinreichend exakt zu modellieren.

Bei der Modellierung von Kursprozessen wird versucht, den Kurs des Basiswertes zu einem beliebigen zukünftigen Zeitpunkt unter der Bedingung zu prognostizieren, dass als bekannte Größen sowohl der aktuelle Kurs wie auch die

[2] Zum Begriff der Option sowie zu Optionsarten vgl. z. B. Cox/Rubinstein (1985) S. 1f.; DTB (1989) S. 7-10, Hielscher (1996) S. 104-106; Wilkens (2000) S. 307f.; Steiner/Bruns (2002) S. 317f.; Garz/Günther/Moriabadi (2002) S. 244.

historischen Preise verfügbar sind.[3] Vor diesem Hintergrund werden in diesem Unterkapitel Methoden zur Abbildung von Kursprozessen analysiert. Damit ist eine für die Optionsbewertung wichtige Basis gelegt. Mit Blick auf das Erkenntnisziel dieser Arbeit wird zu prüfen sein, ob die in der Empirie feststellbaren so genannten Kursanomalien eine Auswirkung auf die Modellierung von Kursprozessen im Rahmen der Optionsbewertung besitzen und damit Auslöser für systematische Fehler bei der Preisbildung dieser Derivate sein könnten.

In der Praxis existieren zur Prognose zukünftiger Kurse zwei Methoden mit langer Tradition: Die Fundamentalanalyse sowie die Technische Analyse.[4] Beide Analysemethoden basieren auf der Annahme, aus Vergangenheitswerten Kursprognosen ableiten zu können.[5] Diese Linearitätsprämisse zwischen Vergangenheit, Gegenwart und Zukunft setzt implizit die Existenz von statischen Rahmenbedingungen voraus. Da jedoch die Realität von dynamischen Prozessen geprägt wird, ist dieses Axiom kritisch zu hinterfragen.

Eine Kausalität zwischen Vergangenheit und Zukunft wird bei den nachfolgend diskutierten Ansätzen nicht unterstellt. Vielmehr bestimmt der Zufall das Zustandekommen zukünftiger Kurse. Dies impliziert eine mehr oder minder ausgeprägte Unabhängigkeit zwischen Historie und Zukunft. Statistisch bedeutet dieser Sachverhalt, dass keine serielle Korrelation zwischen Kursen existiert. Zeitlich aufeinanderfolgende Kurse sind vollkommen unabhängig voneinander. In der Folge soll daher der zukünftige Kurs eines Wertpapiers als das Ergebnis eines stochastischen Prozesses verstanden werden.

3.1.1 Stochastische Prozesse

Ausgangspunkt der Überlegungen ist die Random-Walk-Hypothese.[6] Sie steht in engem Zusammenhang mit der Theorie effizienter Kapitalmärkte.[7] Es wird angenommen, dass Aktienkurse um ihren fundamentalen Wert schwanken. Liegt strenge Markteffizienz vor, sind aktueller Kurs und innerer Wert der Aktie stets kongruent. Eine Kursänderung ergibt sich nur, wenn neue, kursbeeinflussende

[3] Vgl. Köpf (1987) S. 47.

[4] Für eine Vertiefung dieser Analysemethoden sei auf die einschlägige Literatur verwiesen, z. B. Schmidt (1976), Bauer (1992), Vieker (1993), Welcker (1994), Hielscher (1996), Murphy (1997, 1999, 2002), Schwager (1997), Dornbusch (1999), Montassér (2000), Eller/Dreesbach (2001), Heidorn/Weier (2001), Kahn (2001), Steiner/Bruns (2002), Denzin (2003).

[5] Vgl. Ernst (1974) S. 4.

[6] Zur Darstellung der Random-Walk-Hypothese vgl. z. B. Fama (1965) S. 35ff.; Granger/Morgenstern (1970) S. 71ff.; Ernst (1974) S. 7ff.; Reiß (1974) S. 28ff.; Schmidt (1976) S. 229ff.; Loistl (1991) S. 114ff.; Schäfer (1995) S. 99ff.

[7] Vgl. Fama (1970, 1991).

Informationen aufkommen. Diese können eine Veränderung des inneren Wertes der Aktie auslösen und damit Anlass für eine Kurskorrektur sein. Hieraus ist ersichtlich, dass allein *zukünftige* Informationen den inneren Wert einer Aktie determinieren; die Informations*historie* ist irrelevant. Das Aufkommen zukünftiger Informationen ist allerdings ex ante eine unbekannte Größe und daher nicht prognostizierbar.

Wenn den inneren Wert einer Aktie nun ausschließlich zukünftige Informationen bestimmen, diese aber nicht vorhersehbar sind, dann kann heute keine zuverlässige Kursprognose getätigt werden. Denn heute ist nicht eindeutig bestimmbar, ob in der Zukunft neue, den Kurs beeinflussende Informationen überhaupt aufkommen und wie sich die zukünftigen Informationen auf den Verlauf des Aktienkurses auswirken werden.

Auf Basis dieser Argumentation kann die These aufgestellt werden, dass Aktienkurse einem Zufallspfad (*random walk*) folgen. Die Random-Walk-Hypothese besagt nicht, dass ein Zufallsmechanismus die Kursänderungen erzeugt. Sie bringt lediglich zum Ausdruck, dass die Kursänderungen auf eine Weise ausfallen, als ob sie durch einen Zufallsmechanismus erzeugt würden. Die Random-Walk-Hypothese gibt keinen Hinweis auf Faktoren, die den Zufallspfad der Kurse bestimmen.[8]

Die Random-Walk-Hypothese kann wie folgt modelliert werden: Es sei S_t der aktuelle Aktienkurs und S_{t+dt} der zukünftige und damit heute unbekannte Preis der Aktie. Die Random-Walk-Hypothese behauptet, dass gilt:

$$S_{t+dt} = S_t + Z_t \,. \tag{3.1}$$

In Worten formuliert besagt die Random-Walk-Hypothese, dass sich der zukünftige Aktienkurs S_{t+dt} zusammensetzt aus dem heutigen Kurs S_t sowie der noch konkreter zu fassenden Residualgröße Z_t. Die Größe Z_t ist eine Zufallsvariable, die unterschiedlich verteilt sein kann. Die Art ihrer Verteilung bestimmt letztlich die Verteilung der zukünftigen Aktienkurse S_{t+dt}. Damit ist noch keine Aussage über die Verteilungsfunktion des Aktienkurses per se getroffen, sondern nur über den bedingten Erwartungswert des zukünftigen Kurses unter der Voraussetzung, dass der aktuelle Kurs den Wert S_t angenommen hat.[9]

Unter der Annahme, dass Z_t normalverteilt sei mit einem Erwartungswert von null, würde sich ein Zufallspfad der zukünftigen Aktienkurse ergeben und in den meisten Fällen bestünde keine Differenz zwischen zwei zeitlich aufeinanderfolgenden Preisen. Der Erwartungswert von null besagt, dass sich die Abweichungen Z_t von dem erwarteten, zukünftigen Kurs tendenziell ausgleichen. Der heutige

[8] Vgl. Schmidt (1976) S. 229-232; Schäfer (1995) S. 99; Steiner/Bruns (2002) S. 227.
[9] Vgl. Loistl (1991) S. 115.

Kurs wäre somit der präziseste Schätzer für den zukünftigen Preis der Aktie.[10] Dies gilt unabhängig davon, wie sich der aktuelle Kurs ergeben hat und warum er sich einstellte. Kursänderungen können somit aus historischen Preisen nicht abgeleitet werden; die Kenntnis der Kurs*historie* besitzt demnach keine Relevanz für die Kurs*prognose*.

Da die Art der Verteilung der Zufallsvariable Z_t den Kursbildungsprozess determiniert, lassen sich folgende differenzierte Annahmen treffen: [11]

1. Existiert zwischen S_t und Z_t keine Korrelation, dann ist der Kursprozess S_{t+dt} ein Martingal zweiter Ordnung, d. h. ein Random-Walk ohne einen systematischen Trend (Abweichung).
2. Sind S_t und Z_t unabhängig, dann folgt S_{t+dt} einem Random-Walk im orthodoxen, engeren Sinn.
3. Sind S_t und Z_t unabhängig und Z_t normalverteilt, dann ist S_{t+dt} ein Wiener Prozess („arithmetischer" [12] Brownscher Prozess).

Gemäß dem zentralen Grenzwertsatz[13] können die zukünftigen Kurse S_{t+dt}, sofern die Zufallsvariable Z_t asymptotisch standardnormalverteilt ist, binomial, gleich, normal oder logarithmisch verteilt sein.[14]

Bereits Bachelier (1900) erkannte, dass Kursänderungen während eines Zeitintervalls um den Mittelwert null normalverteilt sind. Ist die Wahrscheinlichkeitsverteilung in angrenzenden Zeitintervallen unabhängig und identisch, dann steigt die Standardabweichung der Kursänderungen bei zunehmender Größe der Zeitintervalle lediglich unterproportional. Dies bedeutet, dass die Wahrscheinlichkeit einer absoluten Kursänderung unabhängig vom Niveau des derzeitigen Aktienkurses ist. Damit sind positive Eintrittswahrscheinlichkeiten für negative Aktienkurse nicht auszuschließen. Und genau hierin liegt der Nachteil des „arithmetischen" Brownschen Prozesses. Denn negative Aktienkurse sind mit der begrenzten Haftung von Aktionären unvereinbar und ergeben ökonomisch keinen Sinn.[15]

Osborne (1959) weicht in seiner Arbeit von der Verteilung der absoluten Preisdifferenzen ab und analysiert die Verteilung von zeitlich aufeinander folgenden Preis*quotienten*, was zur Betrachtung *relativer* Kursänderungen führt. Adaptiert auf Aktienkurse bedeutet dieser geometrische Brownsche Prozess, dass die relati-

[10] Vgl. Granger/Morgenstern (1970) S. 71.
[11] Vgl. Granger/Morgenstern (1970) S. 73; Loistl (1991) S. 116.
[12] Der Begriff *arithmetisch* ist hier lediglich gewählt, um eine semantische Differenzierung zum nachfolgend diskutierten *geometrischen* Brownschen Prozess herbeizuführen.
[13] Vgl. Loistl (1991) S. 107f.
[14] Vgl. Ernst (1974) S. 12f.
[15] Vgl. Ernst (1974) S. 18-20; Schmidt (1976) S. 251f.; Smith (1976) S. 15; Bös (1991) S. 40; Loistl (1991) S. 116.

ven Kursänderungen infinitesimal kleiner Zeitintervalle eine unabhängige, normalverteilte Zufallsvariable sind, deren Erwartungswert – bei Vorliegen eines deterministischen Trends – und deren Varianz proportional sind zur Länge des analysierten Zeitintervalls. Bei Vorliegen dieser Annahmen sind dann die zukünftigen Aktienkurse eine logarithmisch normalverteilte Zufallsvariable.[16]

Bei dem geometrischen Brownschen Prozess kann die Kursänderung einer Aktie innerhalb eines infinitesimal kleinen Zeitraums mittels der folgenden stochastischen Differentialgleichung beschrieben werden:[17]

$$\frac{dS_t}{S_t} = \mu \cdot dt + \sigma \cdot dz. \qquad (3.2)$$

μ Erwartungswert der Aktienrendite.

σ Standardabweichung der Aktienrendite (Volatilität) in einem infinitesimal kleinen Zeitintervall.

dz Zustandsänderung des Brownschen Prozesses innerhalb eines infinitesimal kleinen Zeitintervalls der Länge dt mit $E(dZ) = 0$ und $Var(dZ) = dt$.

Der erste Summand von Gleichung 3.2 beschreibt den nicht stochastischen Teil, die Driftkomponente, der zweite Summand die zufällige Komponente der Aktienkursänderung.[18] Sowohl die Aktienkurse selbst wie auch die relativen Kursänderungen (dS_t/S_t) folgen einem kontinuierlichen Zufallspfad und sind am Ende eines beliebigen Zeitintervalls [t, t + dt] logarithmisch normalverteilt. Die Aktienrenditen sind somit vom Kursniveau unabhängig und im Zeitverlauf konstant. Die Varianz der Aktienrenditen ändert sich während des analysierten Zeitintervalls nicht.[19]

Bei diesem auch als Diffusionsprozess bezeichneten Kursverlauf existieren somit nur kontinuierliche Preisänderungen.[20] Abrupte Kurssprünge zwischen zwei aufeinanderfolgenden Kursen sind nicht existent, der Kursverlauf ist stetig. Natenberg (1994) bringt das Wesen eines Diffusionsprozesses metaphorisch auf den Punkt, indem er schreibt „if one were to draw a graph of price changes under a diffusion process, one would never lift the pencil from the paper“.[21] Zur Realisierung von Diffusionsprozessen wird als operationale Voraussetzung ein kontinuierlicher Handel – 24 Stunden täglich an sieben Tagen in der Woche – unterstellt.[22]

---

[16] Vgl. Ernst (1974) S. 20-32; Reiß (1974) S. 30-34; Schmidt (1976) S. 267-275, Köpf (1987) S. 146f.

[17] Vgl. Hull (2001) S. 321.

[18] Vgl. Cox/Ross (1976b) S. 146.

[19] Vgl. Trautmann (1986) S. 5-21; Schäfer (1995) S. 101.

[20] Details zu Diffusionsprozessen vgl. z. B. Loistl (1991) S. 147-151.

[21] S. Natenberg (1994) S. 394.

[22] Vgl. Natenberg (1994) S. 394.

Diverse Ansätze zur Bewertung von Optionen – unter anderem das Black/ Scholes-Modell – unterstellen diesen Prozesstyp der Kursverteilung. Bereits an dieser Stelle kann jedoch aufgrund der realitätsfernen Handelsvoraussetzungen für einen Diffusionsprozess festgehalten werden, dass die Qualität der Ergebnisse solcher Optionspreismodelle optimierbar erscheint.

Neben dem Diffusionsprozess existieren weitere stochastische Prozesse als gängiges Medium für die Analyse von Aktienkursen.[23] Sie sind in der folgenden Übersicht aufbereitet.[24]

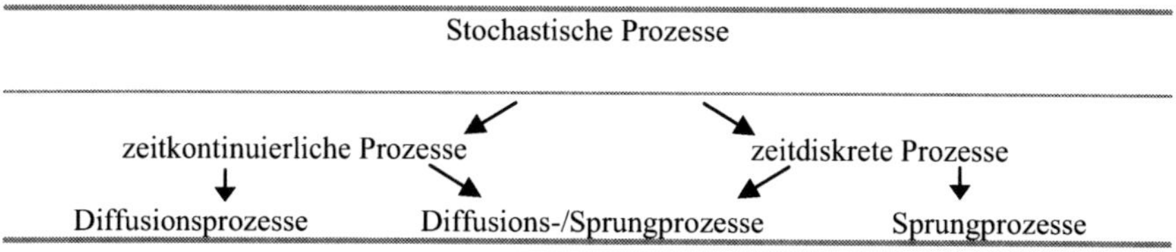

Abb. 3.1 Systematisierung stochastischer Prozesse[25]

Konstitutives Merkmal eines Sprungprozesses sind diskontinuierliche Kursänderungen. Bei einem strengen Sprungprozess bleibt der Kurs für eine bestimmte Zeitperiode konstant, springt aufgrund exogener Veränderungen der Rahmenbedingungen auf ein neues Kursniveau und verharrt dort wiederum eine Zeit lang. Die Visualisierung der Zinspolitik von Notenbanken in einem Diagramm ist ein prägnantes Beispiel für einen Sprungprozess.[26]

Diffusions-/Sprungprozesse stellen eine Synthese aus einem Diffusions- und einem Sprungprozess dar. Da in der Realität einerseits kein zeitkontinuierlicher Handel besteht, andererseits die Empirie zeigt, dass Kursänderungen von Aktien in der Regel mehr Dynamik beinhalten als die Zinspolitik von Notenbanken, scheinen Diffusions-/Sprungprozesse geeignet, reale Kursänderungen hinreichend exakt abzubilden.[27] Optionsbewertungsansätze, die diesen Kursprozess unterstellen, sollten demnach im Vergleich zu solchen, die einen reinen Diffusionsprozess oder einen strengen Sprungprozess subsumieren, exaktere Ergebnisse liefern.

---

[23] Vgl. Loistl (1991) S. 155.

[24] Eine strukturierte Darstellung stochastischer Prozesse findet sich z. B. in Arnold (1973) sowie Fahrmeir/Kaufmann/Ost (1981).

[25] In Anlehnung an Köpf (1987) S. 167.

[26] Zur formalen Darstellung von Sprungprozessen vgl. Cox/Ross (1976a) S. 389f.; Cox/Ross (1976b) S. 146-151. Bzgl. des Binomialprozesses als spezielle Ausformung von Sprungprozessen vgl. z. B. Cox/Ross/Rubinstein (1979) S. 232; Cox/Rubinstein (1983) S. 5; Cox/Rubinstein (1985) S. 171; Hauck (1991) S. 196; Hull (2001) S. 288-298 u. 551-555; Steiner/Bruns (2002) S. 330f.

[27] Vgl. Natenberg (1994) S. 394-397.

Bei einem Diffusions-/Sprungprozess werden zwei Komponenten der Kursbewegung unterschieden: Zum einen ein stetiger Diffusionsteil, der die üblichen täglichen Preisschwankungen reflektiert, die durch ein Ungleichgewicht zwischen Angebot und Nachfrage, durch Änderungen im wirtschaftlichen Ausblick oder durch neue, Kursänderungen generierende Informationen hervorgerufen werden. Diese Kursänderungskomponente wird durch einen geometrischen Brownschen Prozess mit konstanter Varianz modelliert. Die zweite Komponente beinhaltet einen nicht stetigen Sprungteil, der geeignet ist, große Kursänderungen als Folge des Aufkommens wichtiger neuer, den Kurs nachhaltig beeinflussender Informationen zu beschreiben. Solche bedeutenden Ereignisse werden sich nie kontinuierlich, sondern immer diskret einstellen. Das Aufkommen dieser Informationen wird daher als stochastisch unterstellt.[28]

Zusammenfassend lässt sich festhalten, dass die Random-Walk-Hypothese in ihrer strengen Form in allen gleich großen Zeitintervallen eine Normalverteilung der (absoluten, relativen und logarithmierten) Kursänderungen mit dem Mittelwert null postuliert. Dies impliziert die Unabhängigkeit von Kursänderungen und damit verknüpft die Unmöglichkeit der Kursprognose auf Basis von Kurshistorien.[29] Bringt man diesen Gedanken zu Ende, führt er zu einem Informationsparadoxon.[30] Wenn es keinen Nutzen bringt, Fundamentalanalyse und Technische Analyse zu betreiben, da gemäß Random-Walk-Hypothese zukünftige Kursänderungen nicht prognostizierbar sind, werden sich Kurse nicht mehr in Richtung ihres inneren Wertes bewegen. Dann ist aber auch der Kapitalmarkt nicht mehr effizient. Damit wäre das grundlegende Axiom der Random-Walk-Hypothese hinfällig und als Folge die Hypothese selbst. Daher wird in der Literatur die These vertreten, dass zumindest Fundamentalanalyse erforderlich sei, um Rahmenbedingungen für die Random-Walk-Hypothese zu schaffen.[31]

Shiller (1989) bringt eines der wesentlichen Argumente gegen die Validität der Random-Walk-Hypothese in die Diskussion, indem er darauf hinweist, dass die Schwankungsintensität der Kurse – die Volatilität – signifikant höher ist als dies die fundamentalen Informationen rechtfertigen (*excess volatility*).[32] Daher ist zu prüfen, ob Ergebnisse empirischer Forschung die Random-Walk-Hypothese stützen oder verwerfen.[33]

---

[28] Vgl. Merton (1976a) S. 126-128; Beckers (1981a) S. 127-129. Zur formalen Darstellung von Diffusions-/Sprungprozessen vgl. Merton (1976a) S. 128f., Ball/Torous (1985) S. 156.

[29] Vgl. Schmidt (1976) S. 349.

[30] Vgl. Fuhrmann (1988) S. 548.

[31] Vgl. Steiner/Bruns (2002) S. 228.

[32] Vgl. Shiller (1989) S. 36-38 u. 77ff. Carey (1996) S. 8 übersetzt den Begriff 'excess volatility' treffend mit ‚übermäßige Volatilität'.

[33] Zu neueren Methoden der Modellierung von Kursprozessen mittels neuronalen Netzen oder der Chaostheorie vgl. Schöneburg/Gantert/Reinert (1989), Rehkugler/Poddig (1990), Ginter (1991), Loistl (1992), Loistl/Betz (1993), Zimmermann (1994), Rehkugler

3.1.2 Ergebnisse empirischer Forschung

Die Entwicklung von Kursen im Zeitverlauf ist Gegenstand einer Vielzahl von empirischen Forschungen. Bereits in den dreißiger Jahren des vorigen Jahrhunderts war die Analyse von Kursverläufen das Erkenntnisziel zahlreicher Arbeiten.[34] Motivation dieser Studien ist der Versuch, einen Beitrag zu der Frage zu leisten, ob ein Paradigmenwechsel in der Finanzierungstheorie erforderlich ist. Denn seit der „Entdeckung" des Size-Effekts am amerikanischen Aktienmarkt zu Beginn der achtziger Jahre spielen die unter dem Begriff Kursanomalien gebündelten Kurseffekte eine wesentliche Rolle innerhalb des wissenschaftlichen Diskurses um die Verifikation oder Falsifikation der neo-klassischen Paradigmen der Finanzierungstheorie.[35]

Geprägt wird dieser Wissenschaftsstreit von zwei Extrempositionen. Zum einen wird argumentiert, dass sich die empirisch festgestellten Kursanomalien letztlich doch innerhalb des traditionellen Paradigmas erklären lassen, sie demnach konform sind mit der Markteffizienzhypothese und einem Modell der Asset-Pricing-Theorie (CAPM, APT usw.). Vertreter der zu dieser Haltung konträren Position argumentieren, dass die Anomalien das Ergebnis eines irrationalen Marktprozesses sind, in welchem sich die Kurse aufgrund von Stimmungen und Wahrnehmungsverzerrungen der Marktteilnehmer mehr oder weniger weit von ihrem Fundamentalwert entfernen können.

Kritisch ist bei den meisten empirischen Untersuchungen zu sehen, dass sie die Anomalienfrage nur aus einer Perspektive und daher monokausal analysieren. So wird beispielsweise getestet, ob sich die verschiedenen Kurseffekte aufgrund der Existenz von Steuern erklären lassen[36] oder ob es sich um methodenmotivierte Artefakte handelt[37] oder ob sie auf bisher noch nicht erkannten Risikofaktoren beruhen[38] oder ob sie sich auf das irrationale Verhalten der Marktteilnehmer zurückführen lassen[39]. Eine auf mehreren potentiellen Einflussfaktoren basierende

(1995). Mandelbrot/Hudson (2005) analysieren mit einem multifraktalen Modell, das auf begrifflichen und mathematischen Basiselementen der Physik beruht, die Kursschwankungen am Kapitalmarkt und begehen damit neue Wege der Forschung.

[34] Für einen historischen Literaturüberblick vgl. z. B. Schwert (1983), DeBondt/Thaler (1989), Akgiray/Booth/Loistl (1989), Garz (2000).

[35] Einen neuen Ansatz zur Erklärung von Kursanomalien wählt die Behavioral Finance. Hier stehen in der Psychologie der Marktteilnehmer liegende Gründe im Fokus der Analyse. Ein Literaturüberblick über verhaltenswissenschaftlich motivierte Kursanomalien findet sich im Appendix A bei Kent/Hirshleifer/Subrahmanyam (1998) S. 1867-1869. Rubinstein (2001) gibt einen Kurzüberblick über verhaltenswissenschaftliche Erklärungsansätze für Marktanomalien.

[36] Vgl. z. B. Gultekin/Gultekin (1983), Keim (1983), Brown/Kleidon/Marsh (1983), Roll (1983), Reinganum (1983).

[37] Vgl. z. B. Roll (1983), Ritter (1988), Kim/Nelson/Startz (1991).

[38] Vgl. z. B. Reinganum (1981).

[39] Vgl. z. B. DeBondt/Thaler (1987, 1989).

verbundene Analyse könnte zu neuen Erkenntnissen und einer möglichen Weichenstellung in dem erwähnten Wissenschaftsdiskurs führen.

Ausgangspunkt der empirischen Studien zu Kursverläufen ist die von Osborne (1959) aufgestellte Hypothese, dass die Entwicklung der Aktienrenditen einem Diffusionsprozess folgen.[40] Ergebnis vieler Untersuchungen ist jedoch die Feststellung, dass die wirkliche Verteilung von Aktienrenditen gegenüber der Normalverteilung um den Erwartungswert gestaucht ist, d. h. spitzer verläuft, und zugleich eine Schiefe aufweist.[41] Auf Basis dieser Erkenntnis wurden in der Folgezeit Diffusions-/Sprungprozesse empirisch getestet, so von Kon (1984), Ball/Torous (1985) und Akgiray/Booth (1987). Letztere bestätigen für amerikanische Aktien die gute Eignung dieses Prozesstyps zur hinreichend exakten Beschreibung empirischer Kursverläufe. Jorion (1988) findet in seiner Untersuchung des Devisenmarktes die Existenz von Sprungprozessen heraus, die sich an diesem Kapitalmarktsegment in weitaus stärkerem Maß ausformen als am Aktienmarkt.[42]

Die Überprüfung der Markteffizienzhypothese begann Mitte der sechziger Jahre mit den Arbeiten von Fama (1965), Samuelson (1965) sowie Mandelbrot (1966), gefolgt von zahlreichen weiteren Studien. Fama (1965) beginnt seine wegweisende Arbeit mit der Frage „To what extent can the past history of a common stock's price be used to make meaningful predictions concerning the future price of the stock?"[43] und gelangt an deren Ende zu der Feststellung „that this paper has presented strong and voluminous evidence in favor of the random-walk hypothesis."[44] Der gleiche Autor beginnt zusammen mit French Jahre später seine Arbeit mit der Aussage „There is much evidence that stock returns are predictable."[45] Diese beiden Zitate mögen die Vielfalt und zum Teil Diametralität der Ergebnisse empirischer Forschung zum Kursverhalten dokumentieren.

Eine umfassende Diskussion sämtlicher, im Rahmen empirischer Untersuchungen herausgearbeiteter Kursanomalien könnte Thema einer weiteren wissenschaftlichen Ausarbeitung sein und würde daher den Rahmen dieser Arbeit weit überdehnen.[46] Aus diesem Grund werden im Folgenden lediglich die drei Kursanomalien Mean Reversion-Eigenschaft, Size-Effekt sowie Kalendereffekte unter Berücksichtigung der wesentlichen Literaturquellen diskutiert.[47]

---

[40] Vgl. Osborne (1959) S. 100ff.

[41] Vgl. Fama (1965) S. 45-60.

[42] Vgl. Jorion (1988) S. 432-439.

[43] S. Fama (1965) S. 34.

[44] S. Fama (1965) S. 98.

[45] S. Fama/French (1988) S. 1.

[46] Einen guten Überblick über Kursanomalien mit Literaturhinweisen bietet z. B. LeRoy (1989) S. 1608ff. S. hierzu auch Bolek (1999) S. 56-62.

[47] In der Literatur wird als eine weitere Kursanomalie der „Freitag der dreizehnte-Effekt" – allerdings kontrovers – diskutiert, wie die Studien von Kolb/Rodriguez (1987), Dyl/Maberly (1988) sowie Chamberlain/Cheung/Chang (1991) belegen.

3.1.2.1 Mean Reversion-Eigenschaft

Unter dem Begriff Mean Reversion wird die Existenz eines temporären Marktungleichgewichts aufgrund einer Differenz zwischen Marktwert und Fundamentalwert einer Aktie verstanden, das durch einsetzende Arbitrageaktivitäten eine Tendenz zum Wiederausgleich zum Gleichgewichtswert aufweist.[48]

Die Ergebnisse der Untersuchungen von Fama (1965), die ihn zu dem Schluss kommen lassen, dass Aktienkurse nicht prognostizierbar sind, leiden an dem für empirische Studien vergleichsweise kurzen Zeitraum von lediglich fünf Jahren. French/Roll (1986) wiederholen den Test von Fama (1965) und analysieren ebenfalls die serielle Korrelation der täglichen Renditeänderungen der 30 im Dow Jones Industrial Average-Index vertretenen Aktien, allerdings über einen Zeitraum von knapp zwanzig Jahren. Sie erkennen signifikant negative serielle Korrelationen der Tagesrenditen.

Fama/French (1988) regressieren die Rendite von Aktienindizes über identisch lange Zeiträume. Soll die Random-Walk-Hypothese bestätigt werden, muss die Steigung der Regressionsgeraden null sein. Besteht hingegen eine Mean Reversion-Eigenschaft der Kurse, besitzt die Steigung ein negatives Vorzeichen. Die Autoren erhalten für alle getesteten Zeiträume sowohl für gleichgewichtete als auch für marktkapitalisierungsgewichtete Indizes eine negative Steigung der Regressionskurve, womit die Mean Reversion-Eigenschaft von Kursen bestätigt wird. Dieses Ergebnis impliziert, dass Kurse grundsätzlich prognostizierbar sind.[49]

Poterba/Summers (1988) erweitern die Untersuchungen von Fama/French (1988) um einen Varianz-Verhältnistest.[50] Unter der Annahme, dass Aktienkurse einem Zufallsprozess folgen, sollte diese Testmethode als Ergebnis eine Proportionalität zwischen Varianz der Aktienrendite und dem Untersuchungszeitraum zeigen. Die Varianz von Monatrenditen sollte demnach 1/12 der Varianz der Jahresrendite betragen. Als Resultat erhalten die Autoren eine positive serielle Korrelation (*Autokorrelation*) über kurze Zeiträume und eine negative über lange Perioden, was bedeutet, dass die Varianz der Rendite unterproportional zur Zeit ansteigt. Demzufolge kann die Random-Walk-Hypothese auf den üblichen statistischen Signifikanzniveaus nicht verworfen werden.[51]

Zum gegenteiligen Ergebnis gelangen Lo/MacKinlay (1988) in ihrer Studie, die für den Zeitraum 1962-1985 die Random-Walk-Hypothese für Wochenrenditen insbesondere von niedrig kapitalisierten Unternehmen verwerfen. Sie sehen das Modell von Fama/French (1988) sowie Poterba/Summers (1988) zur Analyse der

---

[48] Vgl. Poterba/Summers (1988) S. 27; Garz/Günther/Moriabadi (2002) S. 199.

[49] Vgl. Fama/French (1988) S. 253-264.

[50] Nähere Ausführungen zu dieser Testmethodik vgl. z. B. Kim/Nelson/Startz (1991), S. 516ff.

[51] Vgl. Poterba/Summers (1988) S. 36-45.

Mean Reversion-Eigenschaft von Kursen kritisch und halten es nicht für geeignet, die Abweichungen der Wochenrenditen von einem reinen Zufallspfad zu erklären.[52] Die Ergebnisse dieser frühen Arbeiten werden in jüngerer Zeit insbesondere durch die Analysen von Campbell/Vicera (1999, 2002) erhärtet.

Kim/Nelson/Startz (1991) überprüfen ebenfalls die Mean Reversion-Eigenschaft von Kursen und erhalten ein differenziertes Bild. Für den Zeitraum vor dem 2. Weltkrieg bestätigen sie die Mean Reversion-Eigenschaft von Kursen, können sie jedoch für die Nachkriegszeit nicht mehr erkennen und sprechen in diesem Zusammenhang von einer Mean Aversion-Eigenschaft der Kurse.[53]

Balvers/Wu/Gilliland (2000) sehen als Grundproblem beim Test der Mean Reversion-Eigenschaft von Kursen das Fehlen verlässlich langer Zeitreihen. Sie vermuten, dass die Mean Reversion-Eigenschaft – sofern sie überhaupt existiert – das Ergebnis eines extrem langsam und über einen großen Zeitraum verlaufenden Prozesses darstellt. Allen Testmethoden – so die Behauptung der Autoren – fehlt die Fähigkeit, die Nullhypothese einer Random-Walk-Eigenschaft von Kursen gegen die Alternative Mean Reversion-Eigenschaft zurückzuweisen.[54] Aus diesem Grund verfolgen sie als Testdesign einen Feldansatz und analysieren über den Zeitraum 1969-1996 im Querschnittsvergleich die Entwicklung von 18 nationalen Aktienindizes aus dem Morgan Stanley Capital International (MSCI)-Index (16 OECD-Länder sowie Hongkong und Singapur). Die Autoren bestätigen die Mean Reversion-Eigenschaft der nationalen Indizes relativ zum Weltindex und sprechen in diesem Zusammenhang von einem stationären Prozess.[55] Aus ihren Ergebnissen leiten sie für die Reversion der Kurse eine „Geschwindigkeit" zwischen 18 und 20 Prozent pro Jahr ab. Dies bedeutet, dass es nach einem einmaligen Kursschock ungefähr einen Zeitraum von circa drei Jahren in Anspruch nimmt, bis die Kurse wieder zur Hälfte zu ihrem fundamental gerechtfertigten Niveau zurückgefunden haben.[56]

Während Balvers/Wu/Gilliland (2000) die Mean Reversion-Eigenschaft von hoch entwickelten Aktienmärkten testen, überprüfen Chaudhuri/Wu (2003) die Mean Reversion-Eigenschaft von 17 Emerging Markets. Sie können die These der Mean Reversion-Eigenschaft von Aktienkursen für 10 der untersuchten Länder auf dem 5%-Signifikanzniveau bestätigen.[57]

---

[52] Vgl. Lo/MacKinlay (1988) S. 60f.

[53] Vgl. Kim/Nelson/Startz (1991) S. 516-526.

[54] Vgl. Balvers/Wu/Gilliland (2000) S. 746.

[55] Vgl. Balvers/Wu/Gilliland (2000) S. 752-757.

[56] Bezüglich des Zeitraums der Wiederannäherung der Kurse an ihren fundamental gerechtfertigten Wert gelangt Gropp (2004) in seiner empirischen Studie im Gegensatz zu Balvers/Wu/Gilliland (2000) für den amerikanischen Aktienmarkt zu Ergebnissen von vier und acht Jahren.

[57] Vgl. Chaudhuri/Wu (2003) S. 582-587. Im Unterschied zu diesen Arbeiten, bei denen die Analysen ausschließlich auf der Kurs- bzw. Renditeebene erfolgen, wählen Albrecht/

Als Erklärungsansatz für dieses Kursverhalten werden von Poterba/Summers (1988) die Handelsaktivitäten von Liquiditätshändlern (*noise trader*) genannt, die zu einer transitorischen Disparität zwischen Markt- und Fundamentalwert der Aktie führen.[58]

Shiller (1981) begründet die Abweichungen der gehandelten Kurse von ihrem Fundamentalwert mit Änderungen in der Zinserwartung der Marktteilnehmer. Da der aktuelle Aktienkurs den Barwert aller zukünftigen Zahlungsströme aus dem Halten einer Aktie darstellt, können Abweichungen des Aktienkurses von seinem fundamental gerechtfertigen Wert zum einen in einer geänderten Erwartung der Marktteilnehmer bezüglich der zukünftigen Dividendenpolitik der Gesellschaft bestehen, zum andern aber auch in einer Adjustierung des Diskontierungszinssatzes. Shiller (1981) stellt fest, dass die realen Kursänderungen ein Niveau besitzen, das nicht mit geänderten Dividendenerwartungen begründet werden kann. Insofern ist als weiterer Faktor zur Auslösung von Kursänderungen die Zinserwartung der Marktteilnehmer zu berücksichtigen.[59]

DeBondt/Thaler (1989) führen verhaltenswissenschaftliche Argumente für die Existenz der Mean Reversion-Eigenschaft von Kursen an und verweisen auf Erkenntnisse angrenzender Wissenschaftsdisziplinen, in denen der Unterschied zwischen dem perzipierten und tatsächlichen Risiko Evidenz ist. Transformiert auf die Wesenheit des Kapitalmarktes könnte die Hypothese formuliert werden, dass die Risikowahrnehmung von so genannten Verliereraktien (*losers*) und Gewinneraktien (*winners*) nicht konsistent ist. Während Verliereraktien als risikointensives Investment angesehen werden, da ihr Konkursrisiko überschätzt wird, könnten Gewinnertitel ebenfalls als risikoreich eingestuft werden, da sie grundsätzlich aufgrund ihres erreichten Kursniveaus ein hohes Kurssenkungspotential besitzen. Wird ferner angenommen, dass Investoren eine Tendenz zur Überreaktion gegenüber jüngeren Ertragstrends von Unternehmen zeigen, kann ein nicht korrekt wahrgenommenes (Kurs-)Risiko gekoppelt mit einem unsachgemäßen Urteil bezüglich der Ertragsprognosen des analysierten Unternehmens die beobachtete Asymmetrie im Kursverhalten von Gewinner- und Verliereraktien möglicherweise erklären.[60]

Die Bedeutung dieses Kurseffekts für die Preisbildung von kurzlaufenden Optionen erscheint dann vernachlässigbar zu sein, sofern davon ausgegangen werden kann, dass der Mean Reversion-Effekt innerhalb der Restlaufzeit der Option nicht Auslöser ist für Änderungen im tatsächlichen Kursverlauf gegenüber dem bei der Optionspreisberechung unterstellten zukünftigen Kursprozess.

Kantar/Xiao (2005) den Weg einer Analyse auf Fundamentalebene in Termen der Entwicklung des Kurs/Gewinn-Verhältnisses. Doch auch diese Vorgehensweise bestätigt die Existenz einer Mean Reversion-Eigenschaft der Kurse.

[58] Vgl. Poterba/Summers (1988) S. 48f. u. 54.

[59] Vgl. Shiller (1981) S. 128f. Ähnliche Resultate erhalten auch LeRoy/Porter (1981)

[60] Vgl. DeBondt/Thaler (1989) S. 199.

Bei Optionen mit einer langen (Rest-)Laufzeit (> 1 Jahr) hingegen könnte es bei der Optionspreisberechung von Bedeutung sein zu erkennen, ob sich die aktuellen Kurse in der Nähe oder weiter entfernt von dem Mean Reversion-Kursniveau befinden. Die normative Wirkung dieses Kurseffekts könnte im letzteren Fall eine Kursbewegung in Richtung des Mean Reversion-Niveaus auslösen und bei einer nicht korrekten Antizipation der kursbeeinflussenden Auswirkungen dieser Kursanomalie zu systematischen Verzerrungen des Optionspreises führen.

3.1.2.2 Size-Effekt

Mit dem Begriff Size-Effekt wird die Erkenntnis empirischer Forschung umschrieben, dass bei niedrig kapitalisierten Aktiengesellschaften – den so genannten Small Caps – die realisierte Rendite im Vergleich zur Renditeprognose eines Asset-Pricing-Modells signifikant höher ausfällt. Die Intensität des Size-Effekts unterliegt temporären Schwankungen und ist eng verknüpft mit der Korrelation zwischen hoher Durchschnittsrendite von Aktien und einem niedrigen Kurs-Gewinn-Verhältnis (KGV).

Banz (1981) arbeitet als erster für den Zeitraum 1926-1975 eine negative Korrelation zwischen der durchschnittlichen Aktienrendite und dem Marktwert der Gesellschaften für an der New York Stock Exchange (NYSE) gehandelte Werte heraus.[61]

Das Ergebnis seiner Studie ist der Beginn für eine Reihe weiterer Analysen, deren Erkenntnisziel die Erforschung von vermuteten Zusammenhängen zwischen dem Size-Effekt und anderen Kursanomalien ist.[62] Reinganum (1981) kommt zu dem Ergebnis: „After controlling returns for any E/P effect, a strong firm size effect still emerged. But, after controlling returns for any market value effect, a separate E/P effect was not found."[63]

Die nach Banz (1981) und Reinganum (1981) zu dieser Thematik veröffentlichten Arbeiten lassen sich grob in drei Gruppen einteilen:

1. Arbeiten, die das Ergebnis der beiden vorgenannten Grundlagenwerke methodisch überprüfen und empirisch testen,
2. Arbeiten, die versuchen, den Size-Effekt detailliert zu charakterisieren,
3. Arbeiten, die nach Erklärungsansätzen für die Existenz des Size-Effekts forschen.

---

[61] Vgl. Banz (1981) S. 7-13.

[62] Hahn/O'Neill/Reyes (2004) bestätigen in einer neueren Studie die Existenz des Size-Effekts für an der NYSE, AMEX sowie NASDAQ gehandelte Aktien.

[63] S. Reinganum (1981) S. 45.

Zur ersten Gruppe zählt die Arbeit von Roll (1981), der darauf hinweist, dass die Handelsintensität von Aktien kleiner Unternehmen im Vergleich zu der großer Aktiengesellschaften, den Blue Chips, wesentlich geringer ist. Dadurch wird das aus Tagesrenditen geschätzte systematische Risiko kleiner Gesellschaften nach unten verzerrt. Der Size-Effekt ließe sich somit auf die Nicht-Stationarität von Risikomesszahlen zurückführen.[64]

Basu (1983) überprüft die Ergebnisse von Reinganum (1981) unter Verwendung einer anderen Stichprobenperiode und einer anderen Methode zur Erstellung von Portfolios, die sowohl nach der Größe als auch nach dem Kurs-Gewinn-Verhältnis der Aktien geordnet sind. Er findet für den Zeitraum 1963-1980 keine signifikanten risikoadjustierten Renditen, die mit dem Marktwert der analysierten Unternehmen in Verbindung gebracht werden könnten.[65] Dieses Resultat widerspricht somit der Folgerung von Reinganum (1981), dass der Size-Effekt den Kurs-Gewinn-Verhältnis-Effekt subsumiert.

Roll (1983a) sowie Blume/Stambaugh (1983) untersuchen den Effekt von verschiedenen Portfolio-Strategien unter Berücksichtigung alternativer Schätzer für risikoadjustierte Renditen von Nebenwerten. Sie folgern aus ihren Ergebnissen, dass das von Reinganum (1981) berechnete arithmetische Mittel der annualisierten risikoadjustierten Tagesrenditen ungefähr doppelt so hoch ausfällt als die risikoadjustierte Rendite eines Portfolios, das zu Jahresbeginn gekauft und für den Rest des Jahres gehalten wird.[66]

Berk (1997) überprüft nicht den Size-Effekt auf Basis der Marktkapitalisierung von Unternehmen, sondern wählt als Vergleichsgrundlage für die Kursentwicklung die Bilanzsumme und die Umsätze einer Gesellschaft. Er zeigt, dass sich bei dieser Vorgehensweise der Size-Effekt nicht beobachten lässt.[67]

Allen aufgeführten Arbeiten gemein ist das Fehlen einer methodisch korrekten Explikation des Size-Effekts. Dies gelingt auch DeBondt/Thaler (1985) nicht, die zwar einerseits die Ergebnisse von Reinganum (1981), Blume/Stambaugh (1983) sowie Keim (1983) durch ihre Studie bestätigen. Ihr Versuch jedoch, die Existenz des Size-Effekts mit dem irrationalen Verhalten von Marktteilnehmern zu begründen und jüngeren Informationen eine höhere Bedeutung beizumessen als älteren Daten (*Repräsentativitätsheuristik*), führt nicht zu einem befriedigenden Ergebnis.[68]

In die zweite Gruppe lassen sich die Arbeiten von Keim (1983) sowie Brown/Kleidon/Marsh (1983) einordnen. Keim (1983) stellt eine kalendarische

---

[64] Vgl. Roll (1981) S. 884-887.
[65] Vgl. Basu (1983) S. 137-140.
[66] Vgl. Roll (1983a) S. 377-384; Blume/Stambaugh (1983) S. 394-401.
[67] Vgl. Berk (1997) S. 13-16.
[68] Vgl. DeBondt/Thaler (1985) S. 799-804.

Häufung des Size-Effekts im Januar fest, nicht aber in den übrigen Monaten. Mehr als die Hälfte des Size-Effekts eines Jahres ereignet sich im Januar und circa ein Viertel des jährlichen Size-Effekts sogar in den ersten fünf Handelstagen eines Jahres. Der Autor leitet aus dieser Beobachtung eine Saisonalität des Size-Effekts ab.[69]

Brown/Kleidon/Marsh (1983) untersuchen die Entwicklung des Size-Effekts im Zeitverlauf. Für den Zeitraum 1967-1979 finden sie einen Zusammenhang zwischen den risikoadjustierten Durchschnittsrenditen von Portfolios, die nach Größe geordnet sind, und dem Logarithmus der Variable Portfoliogröße. Sowohl der absolute Betrag als auch das Vorzeichen dieser Verhältniszahl ist jedoch im Untersuchungszeitraum nicht konstant. Auf Basis ihrer Ergebnisse vermuten die Autoren die Existenz eines zeitveränderlichen Size-Effekts, finden aber hierfür keine hinreichende Erklärung, die sowohl die Erkenntnisse von Keim (1983) als auch die von ihnen selbst gefundenen gleichermaßen einschließt.[70]

DeBondt/Thaler (1987) arbeiten in ihrer Studie heraus, dass der Size-Effekt mit dem Verlierer-Effekt (*losing firm effect*) zusammenhängt. Trotzdem verbleibt ein Mehrertrag bei gering kapitalisierten Aktien, auch wenn der Verlierer-Effekt herausgerechnet wird.[71]

Die dritte Gruppe von Arbeiten beschäftigt sich mit Erklärungsansätzen des Size-Effekts. Auf Basis der Ergebnisse von Keim (1983) versuchen mehrere Autoren, den Jahresendeffekt bei Small Caps zu begründen. Eine in diesem Zusammenhang formulierte Hypothese besagt, dass Steuereffekte den Size-Effekt begründen könnten. Aktienpositionen, die einen negativen Marktwert besitzen, werden kurz vor Jahresende verkauft. Damit kommt es zur Realisierung des eingetretenen Buchverlusts mit den damit verknüpften steuerlichen Implikationen. Dieser Verkaufsdruck zum Jahresende lässt die Kurse sinken. Rückkäufe in demselben Wert zu Beginn des Folgejahres wären dann eine hinreichende Erklärung für den Size-Effekt im Januar.

Roll (1983b)[72] und Reinganum (1983)[73] zeigen, dass der Kursanstieg zu Jahresbeginn positiv korreliert ist mit Verlustpositionen, die zum Ende des Vorjahres glattgestellt worden sind. Beide Autoren vermuten, dass dieser Effekt bei Small Caps am größten ist, da die Aktie solcher Unternehmen häufig eine gegenüber großen Werten hohe Volatilität aufweist. Andererseits stellt Reinganum (1983) fest, dass die Rendite von Aktien, die im Vorjahr einen Kursgewinn verzeichneten, in den ersten Handelstagen des neuen Jahres ebenfalls eine hohe durchschnittliche Rendite aufweisen. Er findet ferner heraus, dass die durchschnittliche Rendi-

[69] Vgl. Keim (1983) S. 20-27.
[70] Vgl. Brown/Kleidon/Marsh (1983) S. 45-51.
[71] Vgl. DeBondt/Thaler (1987) S. 571-575.
[72] Vgl. Roll (1983b) S. 21-24.
[73] Vgl. Reinganum (1983) S. 92-103.

te von niedrig kapitalisierten Unternehmen im Vergleich zu der von Gesellschaften mit hoher Marktkapitalisierung im gesamten Monat Januar höher ist. Hieraus schließt Reinganum (1983), dass die Saisonalität des Size-Effekts nicht mit steuerlich motivierten Verkäufen (*tax loss selling*) begründet werden kann.[74]

Zur weiteren Überprüfung der Steuer-Hypothese als Begründung für die Existenz des Size-Effekts untersuchen Brown/Keim/Kleidon/Marsh (1983) den Renditeverlauf australischer Aktien, wo das Fiskaljahr zum 30. Juni endet.[75] Aber auch hier können temporär höhere Renditen festgestellt werden, und zwar in den Monaten Januar und Juli. Aufgrund der Art der Saisonalität der Rendite australischer Aktien, die bereits von Officer (1975) analysiert worden ist, kann der beobachtete Size-Effekt nicht ausschließlich mit steuerlich motivierten Transaktionen am Jahresende begründet werden.[76]

Fernholz (1997) begründet die Existenz des Size-Effekts mit dem Zusammenhang zwischen der relativ hohen Volatilität von Small Caps und ihrer vergleichsweise geringen Dividendenrendite. Er argumentiert, dass Investoren für die Übernahme eines hohen (Kurs-)Risikos bei solchen Werten und der vernachlässigbaren Dividendenrendite überdurchschnittliche Kurszuwächse erwarten. Hieraus könnte gefolgert werden, dass der Size-Effekt bei Small Caps eine Kompensation für Risiken darstellt.[77]

Garz (2000) überprüft in seiner Arbeit den Size-Effekt am deutschen Aktienmarkt und testiert eine signifikante Jahresbeginn-Saisonalität. Er schließt als Ursache für diese Kursanomalien steuerliche (*tax loss selling*) sowie bilanzielle Motivatoren (*window dressing*) nicht aus.[78]

Andere Arbeiten, die eine mögliche Beziehung zwischen Size-Effekt, steuerlich motivierten Verkäufen und der Saisonalität von Aktienrenditen untersuchen, stammen von Gultekin/Gultekin (1983) sowie Berges/McConnell/Schlarbaum (1984). Gultekin/Gultekin (1983) bieten eine Analyse der durchschnittlichen Monatsrenditen von Aktienportfolios in sechzehn Ländern. Sie finden für den Fall, dass Fiskaljahr und Kalenderjahr übereinstimmen, eine hohe durchschnittliche Januarrendite in fünfzehn der untersuchten Kapitalmärkte.[79] Der Verlauf der Monatsrenditen kanadischer Aktien vor und nach Einführung einer Kapitalertragsteuer im Jahr 1972 ist Gegenstand der Arbeit von Berges/McConnell/Schlarbaum (1984). Sowohl vor als auch nach diesem Datum finden die Autoren bei niedrig kapitalisierten Unternehmen eine höhere Durchschnittsrendite im

[74] Vgl. Reinganum (1983) S. 103f.
[75] Vgl. Brown/Keim/Kleidon/Marsh (1983) S. 109f.
[76] Vgl. Brown/Keim/Kleidon/Marsh (1983) S. 114-125.
[77] Vgl. Fernholz (1997) S. 74-76.
[78] Vgl. Garz (2000) S. 359ff.
[79] Vgl. Gultekin/Gultekin (1983) S. 476-480.

Januar als in den übrigen Monaten.[80] Insofern kann die Hypothese, dass steuerlich motivierte Transaktionen die Ursache für den Size-Effekt im Monat Januar sind, empirisch nicht bestätigt werden.

Schultz (1983) sowie Stoll/Whaley (1983) versuchen, den Size-Effekt mit der Höhe von Transaktionskosten zu begründen. Sie beobachten, dass der Kurs kleiner Unternehmen tendenziell niedrig ist, verbunden mit einer vergleichsweise großen Geld-Brief-Spanne. Beides zusammen genommen führt zu relativ hohen Transaktionskosten für diese Aktien. Die Autoren kommen jedoch zu dem Schluss, dass dieser Erklärungsansatz die hohen Renditen kleinerer Unternehmen nicht hinreichend begründen kann.[81]

Fama/French (1995) gehen der Frage nach, inwiefern der Aktienkurs die tatsächliche Ertragsentwicklung eines Unternehmens reflektiert. Hierzu untersuchen sie die Entwicklung des Buch-/Kurswert-Verhältnisses bei verschiedenen Gesellschaften. Ein hohes Buch-/Kurswert-Verhältnis – was gleichbedeutend ist mit einem niedrigen Aktienkurs im Verhältnis zum Buchwert je Aktie – signalisiert die Erwartung des Kapitalmarktes auf geringe Erträge je Aktie. Ein niedriges Buch-/Kurswert-Verhältnis ist kennzeichnend für Unternehmen mit hohen Gewinnerwartungen (*Growth Stocks*). Gesellschaften mit einem hohen Buch-/Kurswert-Verhältnis sind tendenziell unterbewertet, wohingegen von Unternehmen mit einem niedrigen Buch-/Kurswert-Verhältnis eine dauerhaft hohe Ertragskraft erwartet wird. Die Autoren finden heraus, dass Aktien mit einem niedrigen Buch-/Kurswert-Verhältnis ein lohnenderes Investment darstellen als solche mit einem hohen Buch-/Kurswert-Verhältnis, da sie im analysierten Zeitraum höhere Gewinne erwirtschafteten als Titel mit niedrigem Buch-/Kurswert-Verhältnis.[82]

Wie aufgezeigt, finden sich bislang in der Literatur keine hinreichend exakten Explikationen für die Existenz des Size-Effekts. Da diese Kursanomalie fast ausschließlich bei niedrig kapitalisierten Aktiengesellschaften vorzufinden ist, sollte der Size-Effekt bei der Preisbildung von Optionen auf solche Titel beachtet werden.

Aufgrund der empirisch testierten Saisonalität dieses Kurseffekts sollte dieser Kurseffekt bei der Optionspreiskalkulation auf Small Caps insbesondere dann Berücksichtigung finden, wenn die (Rest-)Laufzeit einer Option über den Jahresultimo hinausreicht. Dies könnte zum Beispiel durch einen entsprechenden temporären Aufschlag auf die implizite Volatilität erfolgen, um zu erwartende Kurssprünge zu antizipieren.

---

[80] Vgl. Berges/McConnell/Schlarbaum (1984) S. 188-191.
[81] Vgl. Schultz (1983) S. 82-86; Stoll/Whaley (1983) S. 68-76.
[82] Vgl. Fama/French (1995) S. 150-155.

3.1.2.3 Kalendereffekte

Bei den Kalendereffekten werden in der Literatur im Wesentlichen zwei Arten unterschieden: Der Monatseffekt, der sich in den meisten Kapitalmärkten auf einen Januareffekt (*January effect* oder auch *turn-of-the-year effect*) reduziert und der Wochentagseffekt, der üblicherweise als Montags- oder Wochenendeffekt (*weekend effect*) konkretisiert wird. Der erstgenannte Kurseffekt steht in enger Relation zu dem im vorherigen Abschnitt diskutierten Size-Effekt. Diese Kurseffekte treten verstärkt gemeinsam auf. Nachfolgend soll sowohl der Januareffekt als auch der Wochentagseffekt diskutiert werden.

Rozeff/Kinney (1976) dokumentieren als erste den Januareffekt. Methodisch ist ihr Vorgehen jedoch kritisch zu sehen, da ihre Ergebnisse stark von dem zugrunde gelegten Index abhängen. In ihrer Arbeit verwenden sie einen gleichgewichteten Aktienindex der New York Stock Exchange (NYSE). Wäre ein marktkapitalisierungsgewichteter Index selektiert worden, hätte keine Januar-Saisonalität der Kurse festgestellt werden können, da die Werte mit hoher Marktkapitalisierung in einem solchen Index dessen Verlauf prägen, wohingegen die Kursentwicklung von Small Caps einen vernachlässigbaren Einfluss auf den Indexverlauf besitzt. Wie im vorhergehenden Abschnitt erwähnt, ist der Size-Effekt zum Jahresbeginn vor allem bei Small Caps zu beobachten, weniger bei den Blue Chips. Insofern besitzt die Selektion des Indextyps einen nachhaltigen Einfluss auf das Ergebnis dieser Studie.

Die Autoren zeigen, dass im Analysezeitraum 1904-1974 die durchschnittliche Monatsrendite im Januar 3,5 Prozent beträgt gegenüber durchschnittlich 0,5 Prozent in den übrigen Monaten. Mehr als ein Drittel der jährlichen Gesamtrendite des Marktes wird im Monat Januar realisiert.[83]

Neben dem amerikanischen Aktienmarkt werden zahlreiche andere Kapitalmärkte auf die Existenz des Januareffekts hin getestet. Zu erwähnen sind in diesem Zusammenhang die Arbeiten von Berges/McConnell/Schlarbaum (1984) für Kanada, Officer (1975) sowie Brown/Keim/Kleidon/Marsh (1983) für Australien, Jaffe/Westerfield (1985a) und Kato/Schallheim (1985) für Japan, Santesmases (1986) für Spanien sowie Corhay/Hawawini/Michel (1987) für Großbritannien, Frankreich und Belgien. Alle Autoren berichten von einer Saisonalität der Kurse im Monat Januar. Lediglich in Großbritannien tritt neben den Januareffekt noch eine April-Saisonalität. Dieses auf den ersten Blick überraschende Ergebnis kann jedoch einfach begründet werden. Für natürliche Personen endet hier das Fiskaljahr im März, wohingegen juristische Personen ihre Bücher Ende Dezember schließen.[84]

---

[83] Vgl. Rozeff/Kinney (1976) S. 396-401.

[84] Vgl. Corhay/Hawawini/Michel (1987) S. 50.

In der Folgezeit erscheinen zahlreiche Arbeiten, die Erklärungsansätze für die Existenz des Januareffekts aufzeigen. Insbesondere die Hypothese der steuerlich motivierten Transaktionen (*tax loss selling*) am Jahresende rückt in den Fokus der Analyse.[85] Neben dem amerikanischen Aktienmarkt wird diese Behauptung auch an anderen Kapitalmärkten überprüft.

Roll (1983b) sieht diese Hypothese als Begründung für die Existenz des Januareffekts kritisch und merkt an „we are obliged to test every theory, even one so patently absurd as this, by the empirical strength of its predictions and not by its assumptions or even by its external logic."[86] Er argumentiert, dass bei Gültigkeit dieser Hypothese gegen Ende eines Jahres Arbitragetransaktionen einsetzen müssten, um den antizipierten Mehrertrag im Januar des Folgejahres gewinnbringend zu nutzen.

Chan (1986) sowie DeBondt/Thaler (1985, 1987) sehen diese Hypothese ähnlich differenziert. Chan (1986) lässt das Fiskalargument nur für den Fall gelten, dass der Barwert der im Zusammenhang mit realisierten Kursverlusten zu erwartenden Steuererstattung die beim Verkauf und (Rück-)Kauf der Wertpapiere anfallenden Transaktionskosten übersteigt. Dies dürfte zu Beginn eines Jahres regelmäßig nicht der Fall sein, da die Steuererstattung erst im Folgejahr liquiditätswirksam wird. Hieraus leitet er ab, dass die Bereitschaft, steuerlich motivierte Transaktionen zu tätigen, im Jahresverlauf zunimmt, gegen Jahresende maximal wird, um dann abrupt zu Beginn des neuen Jahres zu enden.[87]

DeBondt/Thaler (1985, 1987) stellen fest, dass Aktien nach einem markanten Kursrückgang am Jahresende nicht nur im darauffolgenden Januar einen großen Kursanstieg verzeichnen. Vielmehr erstreckt sich dieses Kursmuster über die nächsten fünf Jahre. Ein solcher Kursverlauf ist mit fiskalischen Überlegungen nicht zu begründen.[88] Die Ergebnisse der beiden Autoren werden in einer späteren Studie von Chopra/Lakonishok/Ritter (1992) bestätigt.[89]

In Anlehnung an die Hypothese der steuerlich motivierten Transaktionen gibt Ritter (1988) eine weitere Erklärungsmöglichkeit für den Januareffekt und nennt sie die Parken-der-Erlöse-Hypothese (*parking-the-proceeds*). Die Erlöse aus den fiskalisch motivierten Verkäufen am Jahresende werden zunächst kurzfristig am Geldmarkt angelegt („geparkt"). Unter der Annahme einer normalen Zinskurve mit vergleichsweise niedrigen Geldmarktrenditen investieren die gewinn-

[85] Vgl. zu dieser Diskussion neben den im Folgenden referierten älteren Arbeiten auch die Ausarbeitungen von Poterba/Weisbenner (2001) sowie Chen/Singal (2003a, 2004), die die Tax Loss Selling-Hypothese bestätigen.

[86] S. Roll (1983b) S. 20.

[87] Vgl. Chan (1986), S 1116f.

[88] Vgl. DeBondt/Thaler (1985) S. 804; DeBondt/Thaler (1987) S. 577-579.

[89] Vgl. Chopra/Lakonishok/Ritter (1992) S. 239-252.

maximierenden Anleger ihre Erlöse zu Beginn des neuen Jahres erneut am Aktienmarkt und lösen damit den markanten Kursanstieg im Januar aus.[90]

Ein weiterer Erklärungsansatz für den Januareffekt ist die Informationshypothese. Bereits Rozeff/Kinney (1976) merken an, dass „January marks the beginning and ending of several potentially important financial and informational events".[91] Mit dem ersten Monat eines Jahres beginnt gleichzeitig für viele Unternehmen ein neues Fiskal- und Wirtschaftsjahr. Im Januar werden auch häufig erste Ankündigungen zu den erwirtschafteten Erträgen des abgelaufenen Wirtschaftsjahres veröffentlicht. Damit ist der erste Monat eines Jahres gekennzeichnet von einer hohen Unsicherheit der Marktteilnehmer bezüglich dem Zeitpunkt der Veröffentlichung und dem Inhalt der erwarteten Unternehmenszahlen. Keim (1983) weist darauf hin, dass eine solche Situation insbesondere bei Small Caps der geeignete Nährboden darstellt für irrationales Markteilnehmerverhalten.[92]

Seyhun (1988) sieht die Informationshypothese kritisch. Er untersucht in seiner Studie die möglichen Auswirkungen von Insiderhandel auf den Kursverlauf von Small Caps um den Jahreswechsel und stellt fest, dass Insidertransaktionen im Monat Januar nicht signifikant häufiger vorkommen als in den übrigen Monaten des Jahres. Insofern ist für einen Liquiditätshändler die Wahrscheinlichkeit, zu Jahresbeginn mit einem informierten Marktteilnehmer Geschäfte abzuschließen und hieraus, aufgrund der privilegierten Informationslage des Vertragspartners, systematisch einen Verlust zu erleiden, nicht höher als in den anderen Monaten.[93]

Einen anderen Ansatz zur Überprüfung der Informationshypothese wählt Peterson (1990). Er erforscht für den Zeitraum 1980-1986 eine mögliche Korrelation zwischen der Veröffentlichung von Ertragszahlen amerikanischer Aktiengesellschaften und Kurssaisonalitäten. Wenn ein solcher Zusammenhang bestünde, müsste ein Performanceindex, der ausschließlich Aktiengesellschaften beinhaltet, die alle zu einem bestimmten Zeitpunkt ihre Ertragszahlen veröffentlichen, eine stärkere Kurssaisonalität aufweisen als ein Performanceindex, dessen Gesellschaften zu verschiedenen Zeitpunkten die Öffentlichkeit informieren. Für den analysierten Zeitraum kann der Autor eine solche Korrelation nicht erkennen und leitet hieraus ab, dass die Informationspolitik der Unternehmen keine hinreichende Erklärung für den Januareffekt darstellt.[94]

Zu einem vergleichbaren Ergebnis gelangen Cutler/Poterba/Summers (1993), die bei ihrer Analyse der Monatsrenditen amerikanischer Aktien für den Zeitraum

[90] Vgl. Ritter (1988) S. 705.

[91] S. Rozeff/Kinney (1976) S. 393.

[92] Vgl. Keim (1983) S. 14.

[93] Vgl. Seyhun (1988) S. 130f.

[94] Vgl. Peterson (1990) S. 188 u. 192-200.

1926-1985 keinen signifikanten Einfluss von neuen politischen und makroökonomischen Nachrichten und Informationen auf den Kursverlauf erkennen können.[95]

Keim (1983) erwähnt in seiner Arbeit als weitere mögliche Erklärungen für die Existenz des Januareffekts die Aufnahme und die Beendigung von Kursnotierungen (*listing/delisting*) an Börsen sowie Fehler im analysierten Datenbestand, beispielsweise in Form von nicht korrekt gespeicherten Kursen.[96]

Szakmary/Kiefer (2004) bestätigen in ihrer empirischen Studie den Kalendereffekt am amerikanischen Aktienmarkt für den Zeitraum bis 1993. Danach lassen sich keine außergewöhnlichen Renditen mehr um den Jahreswechsel feststellen.[97] Diese Tatsache führen die Autoren auf die Einführung von neuen Indexfutures zurück und interpretieren diese Kursanomalie als „a real phenomenon, albeit one that is in the process of being eliminated by market participants with the aid of (..) new futures contracts well suited to this purpose.“[98]

Dass der Januareffekt keine Besonderheit des Aktienmarktes darstellt, zeigen Cooper/Shulman (1994) für den Junk-Bond-Markt sowie Maxwell (1998) für den Markt für Unternehmensanleihen (*Corporate Bonds*).

Eine Replik auf die Existenz des Januareffekts bieten Haugen/Jorion (1996), die persiflierend anmerken, dass diese Kursanomalie trotz intensiver Erforschung immer noch besteht. Dies mag, wie Thaler (1987b) belegt, in der Tatsache begründet liegen, dass unter Berücksichtigung von Transaktionskosten diese Kursanomalie nicht gewinnbringend ausgenutzt werden kann.[99] Eher methodisch motiviert argumentieren DeBondt/Thaler (1987) mit ihrer Feststellung „we have no satisfactory explanation for the January effects, rational or otherwise."[100] Eine vergleichbare Äußerung findet sich bei Ziemba (1988): „Hence it will be hard for any one model to be the sole explanation of the effect.“[101]

Bei der Analyse von täglichen Renditen kann – non liquet – eine Gleichverteilung des Erwartungswertes der Rendite an allen Handelstagen unterstellt werden.[102] Es bleibt die Frage zu klären, ob der Renditeprozess durch handelsfreie Tage wie Wochenenden oder Feiertage unterbrochen wird oder sich als zeitkontinuierlicher Prozess auch bei geschlossenem Kapitalmarkt fortsetzt.

---

95 Vgl. Cutler/Poterba/Summers (1989) S. 143-148.
96 Vgl. Keim (1983) S. 31.
97 Vgl. Szakmary/Kiefer (2004) S. 774-781.
98 S. Szakmary/Kiefer (2004) S. 761.
99 Vgl. Thaler (1987b) S. 200.
100 S. DeBondt/Thaler (1987) S. 579.
101 S. Ziemba (1988) S. 719.
102 Vgl. French (1984) S. 547f.

Wird die Rendite ausschließlich an Handelstagen generiert, sollten die beobachteten täglichen Renditen im Durchschnitt ein identisches Niveau besitzen (*Trading-Time-Hypothese*). Für den Fall einer zeitkontinuierlichen Entstehung der Rendite hingegen sollte die beobachtete Rendite von Freitag bis Montag, die so genannte Montagsrendite, das Dreifache der Rendite der übrigen Handelstage betragen (*Calendar-Time-Hypothese*).[103]

Cross (1973) analysiert die Renditen des Standard & Poors 500-Indexes für den Zeitraum 1953-1970. Seine Ergebnisse widerlegen die Trading-Time-Hypothese, denn der Index steigt an 62 Prozent der untersuchten Freitage, aber nur an knapp 40 Prozent der Montage. Die Durchschnittsrendite des letzten Wochentages ist im Untersuchungszeitraum positiv, die des ersten Tages einer Woche negativ.[104]

Zum gleichen Ergebnis gelangt French (1980), der die Renditen auf den gleichen Aktienindex für den Zeitraum 1953-1977 untersucht und das Ergebnis von Cross (1973) bestätigt.[105] Auf Basis der Ergebnisse ihrer Studien verwerfen Cross (1973) und French (1980) sowohl die Trading-Time-Hypothese als auch die Calendar-Time-Hypothese.

Beide Autoren messen die Montagsrendite als Differenz zwischen dem Schlusskurs am Freitag und dem Schlusskurs des darauffolgenden Montags. Offen bleibt, ob die Kurse während des Handels am ersten Wochentag oder bereits zwischen dem Schlusskurs am Freitag und dem Eröffnungskurs am darauffolgenden Montag sinken. Diese Fragestellung untersucht Rogalski (1984) für Werte des Dow Jones Industrial Average Index im Zeitraum 1974-1984 und gelangt zu dem Ergebnis, dass die Kurse im Verlauf des Montags steigen.[106] Hieraus lässt sich ableiten, dass die negative Wochenendrendite zwischen dem Schlusskurs am Freitag und dem Eröffnungskurs am darauffolgenden Montag aufgebaut wird. Daher spricht Rogalski (1984) von einem Wochenendeffekt (*non-trading weekend effect*) und nicht von einem Montagseffekt.[107] Zum gegenteiligen Ergebnis gelangen Draper/Paudyal (2002) für den englischen Aktienmarkt. Dort generiert sich die negative Montagsrendite im Verlauf des ersten Wochentages.[108]

In der Literatur werden verschiedene Erklärungsansätze für die Existenz des Montagseffekts genannt. Denn von Interesse ist, ob diese Kursanomalie ökonomisch erklärbar ist und ob sie eine Verletzung der Markteffizienzhypothese dar-

---

[103] Vgl. French (1980) S. 55f.

[104] Vgl. Cross (1973) S. 68f.

[105] Vgl. French (1980) S. 55f.

[106] Vgl. Rogalski (1984) S. 1603f. u. 1614.

[107] Vgl. Rogalski (1984) S. 1603.

[108] Vgl. Draper/Paudyal (2002) S. 514. Weitere Studien zum Wochenendeffekt stammen von Gibbons/Hess (1981), McFarland/Pettit/Sung (1982), Keim/Stambaugh (1984), Roll (1984), Franzmann (1987), Jaffe/Westerfield (1985b), Harris (1986), Wang/Li/Erickson (1997), Fortune (1999), Tong (2000).

stellt. Thaler (1987b) merkt zu den verschiedenen Argumenten an, dass keines in der Lage sei, die Existenz dieser Kursanomalie hinreichend zu begründen.[109] Trotzdem sollen nachfolgend die wesentlichen Hypothesen diskutiert werden.

French (1980) prüft die Hypothese, ob der Montagseffekt ein spezifisches Phänomen dieses Wochentages darstellt, oder sich auch einstellt, wenn zwischen zwei Handelstagen z. B. feiertagsbedingt ein oder mehrere handelsfreie Tage liegen (*Closed-Market-Hypothese*). Zur Überprüfung dieser Annahme testet French (1980) für den amerikanischen Aktienmarkt Stichproben von „Feiertagsrenditen“ und verwirft diese Hypothese. Hieraus ist abzuleiten, dass die negativen Montagsrenditen einen Wochenendeffekt reflektieren und nicht einen allgemeinen Closed-Market-Effekt.[110]

Ein weiterer Erklärungsansatz sind Unterschiede im Einfluss der verwendeten Kurse. Zur Kalkulation von Tangesrenditen können Eröffnungskurse, Einheitskurse – wie bei Franzmann (1987) –, variable Kurse oder auch Schlusskurse – wie in den meisten amerikanischen Studien – verwendet werden. Werden Schlusskurse verwendet, so besteht die Montagsrendite aus zwei Komponenten: Einer „reinen“ Wochenendrendite (*Friday close to Monday open*) und einer „reinen“ Montagsrendite (*Monday open to Monday close*). Rogalski (1984) stellt fest, dass der Montagseffekt fast vollständig durch eine negative Wochenendrendite induziert ist und es sich bei dem Montagseffekt um einen reinen Wochenendeffekt handelt.[111]

Dieses Ergebnis ist konsistent mit einem von Oldfield/Rogalski (1980) vorgeschlagenen Mehrkomponenten-Sprungprozess zur Erklärung von Renditeentwicklungen. Dieser Prozess besteht aus einem Diffusionsprozess und mehreren Sprungprozessen. Der Diffusionsprozess ist geeignet, das Kursverhalten sowohl während der Handelszeit als auch außerhalb derselben zu beschreiben. Sprungprozesse hingegen laufen einerseits während der Handelszeit ab, sind andererseits aber gut geeignet, das Kursverhalten über Nacht, über das Wochenende und über Feiertage abzubilden.[112]

Der Einfluss der Erfüllungsfrist für Handelsgeschäfte (*settlement period*) wird von Gibbons/Hess (1981), Lakonishok/Levi (1982), Keim/Stambaugh (1984) und Franzmann (1987) als Begründung für die Existenz des Montagseffekts geprüft. Unter der Annahme einer zweitägigen Erfüllungsfrist für Aktiengeschäfte gehen bei Transaktionen von Montag bis Mittwoch zwei Zinstage in die Preiskalkulation ein, während es bei am Donnerstag und Freitag kontrahierten Geschäften vier Zinstage sind. Franzmann (1987) sieht als einziger in der mehrtägigen Erfüllungsfrist eine der Ursachen für den Montagseffekt,[113] die übrigen Autoren lehnen diese

[109] Vgl. Thaler (1987b) S. 174.
[110] Vgl. French (1980) S. 61-63.
[111] Vgl. Rogalski (1984) S. 1603.
[112] Vgl. Oldfield/Rogalski (1980) S. 729 u. 736-751.
[113] Vgl. Franzmann (1987) S. 626.

Hypothese als singulären Erklärungsansatz für die Existenz des Montagseffekts für den amerikanischen Aktienmarkt ab.[114]

Sias/Starks (1995) sehen – ähnlich wie Seyhun (1988) bei dem Januareffekt – eine Asymmetrie in der Informationsverteilung unter den Marktteilnehmern als hinreichende Begründung für die Existenz des Montagseffekts. Sie argumentieren, dass Liquiditätshändler es vermeiden, montags Handelsgeschäfte abzuschließen, da sie davon ausgehen müssen, gegenüber Marktteilnehmern mit Zugang zu privilegierter Information über das Wochenende einen Informationsnachteil zu erleiden und daher aus möglichen Transaktionen mit diesen systematisch einen Verlust hinnehmen zu müssen. Aufgrund des Fernbleibens der Liquiditätshändler vom Markt besitzen die informierten Marktteilnehmer bei verminderter Marktliquidität am Montag einen höheren Einfluss auf die Kursbildung als an den übrigen Handelstagen.[115] Draper/Paudyal (2002) vertreten ebenfalls diese Ansicht.[116]

Chang/Pinegar/Schachter (1997) testen die Informationshypothese mit Hilfe von Aktienindex- (S&P 500), Zins- (T-Bonds) und Commodity-Futures (Gold, Mais und Sojabohnen) und stellen fest, dass der Anteil des spekulativ motivierten Handelsvolumens am Montag signifikant höher ist als an den übrigen Handelstagen, was gegen das Ergebnis von Sias/Starks (1995) spricht.[117]

Chang/Pinegar/Ravichandran (1998) dagegen stützen die Informationshypothese mit dem Argument, dass Unternehmen bemüht sind, bedeutende Nachrichten mit nachhaltiger Auswirkung auf Dividende und Kurs nach Handelsschluss am Freitag zu veröffentlichen. Der Kapitalmarkt kann diese neuen Informationen erst am darauffolgenden Montag in die Kursbildung einfließen lassen. Die Möglichkeit, kursrelevante Daten nur zeitverzögert berücksichtigen zu können, ist nach Ansicht der Autoren ein Argument für die Existenz des Montagseffekts.[118]

Thaler (1987a) merkt zu den Erklärungsansätzen kritisch an, dass diese Kursanomalie auch in Experimentalmärkten festgestellt wird,[119] einer Umgebung, in der die Einwirkungsmöglichkeiten der vorgenannten Hypothesen nicht existent oder zumindest gezielt steuerbar sind. Diese Überlegung leitet über zu psychologisch motivierten Begründungen von Kursanomalien. Stimmungsschwankungen (Hochstimmung am Freitag und vor Feiertagen, das Gegenteil zu Beginn einer

[114] Vgl. Gibbons/Hess (1981) S. 588-591; Lakonishok/Levi (1982) S. 887-889; Keim/Stambaugh (1984) S. 825.

[115] Vgl. Sias/Starks (1995) S. 59f.

[116] Vgl. Draper/Paudyal (2002) S. 517f.

[117] Vgl. Chang/Pinegar/Schachter (1997) S. 798f.

[118] Vgl. Chang/Pinegar/Ravichandran (1998) S. 514f. Weitere Erklärungsansätze für den Montagseffekt finden sich in Lakonishok/Maberly (1990), Abraham/Ikenberry (1994), Draper/Paudyal (2002), Chen/Singal (2003a), Chan/Leung/Wang (2004).

[119] Vgl. Thaler (1987a) S. 175.

Arbeitswoche), Wahrnehmungsverzerrungen sowie eine sich hieraus generierende Selbstüberschätzung der eigenen, händlerischen Fähigkeiten könnten psychologische Faktoren sein, die die Existenz von Kursanomalien verhaltenswissenschaftlich erklären.[120] Die Notwendigkeit, zur Analyse dieser Zusammenhänge neue Denkwege einzuschlagen, bekundet bereits Thaler (1987a): „The challenge, then, is really to all economists to try to understand why the seasonal price movements occur, and how they can persist for at least 90 years, and for at least 50 years after their existence has been published.“[121] Falls Kursanomalien in der Psyche der Marktteilnehmer begründet liegen, werden sie auch zukünftig fortbestehen, da die Rationalität des Menschen begrenzt ist. Insofern ist der Aussage von Chen/Singal (2003b) zuzustimmen, die feststellen, „on the whole, however, the weekend effect remains largely an unresolved issue.“[122]

Hinsichtlich der Auswirkungen dieser Kursanomalie auf die Preisbildung von Optionen führt French (1984) aus, „that many other factors in addition to the weekend effect and time to expiration influence option pricing.“[123] Dies wird auch von King/Wadhwani (1990) bestätigt, die in ihrer Studie einen Kurssprung am Londoner Aktienmarkt feststellen, wenn die Börse in New York öffnet. Der Informationsgehalt der amerikanischen Eröffnungskurse wird somit zu Börsen in anderen Zeitzonen transferiert. Die Autoren sprechen in diesem Zusammenhang von einem *contagion effect*, der auf einer hohen Korrelation zwischen verschiedenen Kapitalmärkten basiert.[124]

Die referierten Erklärungsansätze für diese Kalendereffekte sind vielfältig und weisen in mehrere Richtungen. Insofern kann nicht von einer monokausalen Explikation dieser Kursanomalie gesprochen werden. Im Zusammenhang mit der Preisbildung von Optionen scheint der Montagseffekt aufgrund seiner permanenten Wiederkehr verbunden mit einer gewissen Möglichkeit der Antizipation vernachlässigbar zu sein, es sei denn, die Fälligkeit einer Option liegt auf einem Montag. In diesem Fall könnte es dazu kommen, dass durch diesen Kurseffekt induzierte Preisbewegungen der Aktie die Werthaltigkeit der Option nachhaltig beeinflussen. Aus einer aus-dem-Geld Option kann hierdurch eine ausübungswürdige Option entstehen mit den entsprechenden, eventuell unerwünschten Konsequenzen für den Stillhalter (Liefer- bzw. Abnahmeverpflichtung).

Mit Blick auf das Erkenntnisziel dieser Arbeit ist eine Analyse der Argumentationslinie von Thaler (1987a) von Interesse. Es ist folgerichtig zu prüfen, welche nicht marktimmanenten Faktoren als Auslöser solcher Kursbewegungen in Frage kommen. Diese Einflussparameter könnten psychologischer Provenienz sein. Im Rahmen dieser Arbeit wird daher versucht, solche verhaltenswissenschaftlichen

---

120 Vgl. auch Kiehling (2001) S. 126-128.

121 S. Thaler (1987a) S. 176.

122 S. Chen/Singal (2003b) S. 686.

123 S. French (1984) S. 556.

124 Vgl. King/Wadhwani (1990) S. 17-19.

Einflussfaktoren auf die Preisbildung am Kapitalmarkt noch tiefergehend zu analysieren und auch zu testen.

3.2 Die Bedeutung der Volatilität für die Optionspreisbestimmung

Die Diskussion der verschiedenen Studien zur Modellierung von Kursprozessen zeigt, dass der Kursverlauf an Kapitalmärkten von unerwarteten Ereignissen und nicht prognostizierbaren Veränderungen der Rahmenbedingungen geprägt wird. Da der Wert einer Option neben anderen Faktoren nachhaltig von dem zukünftigen Kursverlauf des Basiswertes determiniert wird, ist folgerichtig dessen Kursschwankungsintensität bei der Bestimmung des Optionspreises zu berücksichtigen. Die Schwankungsintensität von Kursen wird in einem Parameter – der Volatilität – ausgedrückt. Die Volatilität ist keine direkt am Markt beobachtbare Größe, sondern sie wird errechnet bzw. geschätzt.[125] Obwohl in mehreren Optionspreismodellen eine zeitliche Konstanz der Volatilität und eine Normalverteilung der Kursänderungen unterstellt wird,[126] zeigt die Empirie das Gegenteil. Beckers (1981b) kommentiert dies wie folgt: "In effect, if the assumption of a lognormal distribution with a stationary variance holds exactly, highly accurate predictions of the future variance can be obtained by computing the past variance of return over a sufficiently long period."[127]

Einen Erklärungsansatz für die Existenz der Volatilität arbeitet Skinner (1989) heraus, der Abweichungen des gehandelten Kurses vom Fundamentalwert des Wertpapiers mit Handelsaktivitäten der Liquiditätshändler (*noise trader*) sowie mit Marktineffizienzen begründet. Er stellt fest, dass die Streuung der beobachteten Aktienrenditen – die Volatilität – positiv korreliert mit den Transaktionskosten, insbesondere der Geld-Brief-Spanne.[128]

In diesem Abschnitt werden verschiedene Volatilitätsarten aufgezeigt, Eigenschaften der Volatilität dargestellt, Methoden zur Volatilitätsschätzung diskutiert sowie abschließend Ergebnisse empirischer Forschung zur Volatilität referiert.

---

[125] Vgl. Chiras/Manaster (1978) S. 214; Wilmott (1998) S. 287.
[126] So bspw. bei Black/Scholes (1973).
[127] Vgl. Beckers (1981b) S. 363.
[128] Vgl. Skinner (1989) S. 72-76.

3.2.1 Volatilitätsarten

Die Volatilität ist ein Risikomaß für die Kursschwankungsintensität von Wertpapieren.[129] Sie basiert auf der statistischen Kennzahl der Standardabweichung, die sich als Quadratwurzel aus der Varianz ergibt.[130]

Aufbauend auf der Erkenntnis von Schwert (1989) definieren Hwang/Satchell (2000) die (Gesamt-)Volatilität eines Wertpapiers als die Summe von temporären, vorübergehenden Kursschwankungen, hervorgerufen durch Transaktionen der Liquiditätshändler, und einer nicht unmittelbar beobachtbaren Fundamentalvolatilität, verursacht durch das stochastische Auftreten neuer, den Kurs des Wertpapiers determinierender Informationen. Die Fundamentalvolatilität stellt somit eine Zufallsvariable dar, die neben neu aufkommenden Informationen auch durch die Struktur verbundener Märkte (Kassamarkt → Terminmarkt), durch Transaktionskosten sowie andere Faktoren beeinflusst wird.[131]

In filigraner Semantik differenziert Natenberg (1994) als bedeutendste Volatilitätsart die zukünftige Volatilität und versteht hierunter die bestmögliche Beschreibung der zukünftigen Kursverteilung in einer Kennzahl.[132] Jeder Marktteilnehmer sucht die zukünftige Volatilität eines Wertpapiers, denn ihre Kenntnis versetzt ihn in die Lage, den fairen Wert (*fair value*) einer Option exakt berechnen zu können. Da jedoch – unter Ausgrenzung von Insiderwissen – die zukünftigen Kurse eine zum heutigen Zeitpunkt unbekannte Größe darstellen, können sich die Marktteilnehmer lediglich auf heute bekannte und damit quantifizierbare Daten stützen. Eine solche eindeutig berechenbare Größe ist die historische Volatilität.

Die historische Volatilität basiert auf Kursen der Vergangenheit. Im Hinblick auf die Preisbildung von Optionen ist hierbei die Festlegung des richtigen oder – einschränkend formuliert – eines geeigneten Beobachtungszeitraums der Kurse von kritischer Bedeutung. Einerseits soll die statistisch ermittelte Schwankungsbreite der Kurse möglichst aktuell bestimmt werden, was für die Verwendung zeitnaher Kurshistorien spricht; andererseits ist für die Qualität der statistischen Aussagekraft eine hinreichend große Datenmenge erforderlich, was mit steigender Stichprobenanzahl automatisch die Berücksichtigung zeitferner Kurse nach sich zieht. Eine allgemeingültige Lösung dieses Zielkonflikts existiert nicht.[133]

Durch die grundsätzlich gleichgewichtete Beachtung aller Stichprobenwerte werden sowohl die zeitfernen als auch die Kurse der jüngeren Vergangenheit in identischer Weise berücksichtigt. Aufgrund der im vorhergehenden Abschnitt dis-

---

[129] Für einen Überblick über verschiedene Risikomaße vgl. z. B. Unser (1999) S. 43-102; Unser (2000); Steiner/Bruns (2002) S. 58-75 sowie Abschnitt 4.1.3 dieser Arbeit.

[130] Vgl. Hull (2001) S. 344-348; Steiner/Bruns (2002) S. 59f.

[131] Vgl. Hwang/Satchell (2000) S. 760f.

[132] Vgl. Natenberg (1994) S. 69.

[133] Vgl. Hauck (1991) S. 265f.; Natenberg (1994) S. 280.

kutierten Kursanomalien kann das Gesamtergebnis hierdurch entscheidend verfälscht sein, da die Schwankungsbreite auf Basis der berechneten Werte extrapoliert wird.[134] Um dies zu vermeiden, können die historischen Kurse beispielsweise mittels der exponentiellen Glättung (*exponential smoothing*) gewichtet werden.[135] Hierbei erhält die jüngere Kurshistorie ein stärkeres Gewicht als die älteren Kurse und geht infolgedessen mit einer höheren Gewichtung in die Volatilitätsberechnung ein.[136] Die Aktualität der so errechneten Volatilitätskennziffer steigt. Wohl aus diesem Grund bezeichnet Natenberg (1994) die historische Volatilität lediglich als „a starting point" für die Auslotung der zukünftigen Schwankungsintensität des Kurses.[137]

Die historische Volatilität besitzt, wenn sie für prognostische Zwecke eingesetzt werden soll, einige entscheidende Schwachpunkte. Der eine ist systemimmanent: Da zur Errechnung ausschließlich historische Kurse verwendet werden, obgleich bei der Preisfindung von Optionen eine Aussage über die *zukünftige* Schwankungsbreite der Kurse und das damit verknüpfte Kursrisiko des Basiswertes gegeben werden soll, beinhaltet das Ergebnis zwangsläufig eine Zeitverzögerung (*time lag*).[138] Das zur Steigerung der Aktualität erwähnte Gewichtungsverfahren erhöht zwar grundsätzlich die Zeitnähe dieser Risikokennziffer, kurzfristige große Kursänderungen können jedoch auch bei dieser Vorgehensweise nicht adäquat berücksichtigt werden, da der gesamte Rechenalgorithmus auf Durchschnittswerten basiert. Diese Erkenntnis wird durch empirische Untersuchungen gestützt.[139]

Ein weiterer Mangel des Risikoparameters historische Volatilität ist die ausschließlich lineare Fortschreibung des Kursrisikos. Es kann nicht davon ausgegangen werden, dass die tatsächliche Schwankungsintensität hierdurch hinreichend exakt widergespiegelt wird.[140] Diese Schwäche soll mit der impliziten Volatilität relativiert werden.

Die implizite Volatilität, auch als gehandelte Volatilität bezeichnet, wird rekursiv aus am Markt gehandelten Optionspreisen errechnet.[141] Sind die entsprechenden Determinanten zur Berechnung eines Optionspreises Inputfaktoren für ein Optionsbewertungsmodell und die Optionsprämie das Ergebnis des Berechnungsprozesses, dienen bei der Ermittlung der impliziten Volatilität der am Markt vorhandene Optionspreis sowie weitere optionspreisbestimmende Determinanten

---

[134] Vgl. Figlewski (1990) S. 96.

[135] Vgl. Hull (2001) S. 524-527; Garz/Günther/Moriabadi (2002) S. 201f. sowie allgemein zu Gewichtungsmethoden Sharpe/Alexander/Bailey (1999) S. 626f.

[136] Vgl. Brown (1990) S. 522f.; Hauck (1991) S. 274-277.

[137] S. Natenberg (1994) S. 70; vgl. hierzu auch Hauck (1991) S. 277ff.

[138] Vgl. Figlewski (1990) S. 99; Hielscher (1996) S. 131.

[139] Vgl. Wiggins (1987) S. 363-366.

[140] Vgl. Hauck (1991) S. 282.

[141] Vgl. Steiner/Bruns (2002) S. 62.

als Dateninput. Zielgröße ist die dem gehandelten Optionspreis zugrunde liegende Volatilität. Das Ergebnis dieser Suche ist der Marktkonsensus bezüglich der aktuellen Schwankungsintensität des Basiswertes[142] und – wie es Natenberg (1994) formuliert – „a reflection of each option's price."[143]

Die implizite Volatilität stellt somit eine aktuelle Kennziffer bezüglich des Kursrisikos dar. Dieses Risikomaß ist allerdings nur dann mit der tatsächlichen zukünftigen Schwankungsintensität der Kurse identisch, wenn die in dem Optionsbewertungsmodell unterstellte theoretische Wahrscheinlichkeitsverteilung der Kurse mit der realen zukünftigen Kursverteilung übereinstimmt. Da hiervon regelmäßig nicht ausgegangen werden kann, wird die implizite Volatilität von der wahren Schwankungsintensität des Kurses abweichen und sollte daher lediglich als Vergleichsmaßstab zu anderen Volatilitätsarten herangezogen werden.[144]

Bei der Ermittlung der impliziten Volatilität können Messfehler auftreten, wenn bereits in das Optionspreismodell ungeeignete Werte für den risikolosen Zinssatz oder die erwartete Dividende eingegeben werden. Der nicht immer parallele Handel von Optionen und Aktien, der Effekt von Geld-Brief-Spannen sowie sonstige Friktionen zwischen Kassa- und Terminmarkt sind weitere Ursachen für Differenzen zwischen der impliziten Volatilität und der tatsächlichen zukünftigen Schwankungsintensität des Kurses.[145]

Die mathematische Ermittlung der impliziten Volatilität ist nach Umstellung der Optionspreisformel nach der Volatilität als Zielgröße nicht mehr analytisch lösbar. Hilfsweise können Iterationsverfahren wie das Newton-Raphson-Verfahren oder das Pegasus-Verfahren eingesetzt werden, die das Ergebnis numerisch an die exakte Lösung annähern.[146] Bei dieser Methode wird mit einem geschätzten Startwert der theoretische Optionspreis nach dem Black/Scholes-Modell berechnet und anschließend mit dem Marktpreis verglichen. Anhand der Iterationsformel wird dann schrittweise ein neuer Wert für die Volatilität ermittelt, bis das Ergebnis hinreichend exakt ist.[147]

---

[142] Vgl. Isakov/Pérignon (2001) S. 1772f.

[143] S. Natenberg (1994) S. 75.

[144] Vgl. Hauck (1991) S. 283; Hielscher (1996) S. 132.

[145] Vgl. Figlewski (1990) S. 97f.; Hwang/Satchell (2000) S. 762.

[146] Vgl. zu Iterationsverfahren allgemein Bronstein et al. (1997) S. 821ff. sowie konkret zur Bestimmung der impliziten Volatilität von Optionen Manaster/Koehler (1982), Brenner/Subrahmanyam (1988) und Brown (1990) S. 528ff.

[147] Bei amerikanischen und exotischen Optionen führt das Newton-Raphson-Verfahren nicht immer zu einer Lösung. In diesen Fällen kann die Methode der Bisektion eingesetzt werden. Vgl. Werner (1997) S. 342, Fußnote 5. Zur Darstellung der impliziten Volatilitäten mit unterschiedlichen Basispreisen und verschiedenen Laufzeiten in einem dreidimensionalen Koordinatensystem (*volatility surface*) vgl. Dupire (1994) S. 18-20; Willmott (1998) S. 291f. Einen fundamentalanalytischen Ansatz zur impliziten Volatilität geben Hwang/Satchell (2000) S. 761-764.

Natenberg (1994) erwähnt als weitere Volatilitätsart die saisonale Volatilität. Sie spielt insbesondere am Warenterminmarkt eine bedeutende Rolle und wird häufig durch Wetterschwankungen ausgelöst. Trockenheit im Sommer beispielsweise kann einen Teil der Ernte zerstören und – aufgrund einer gesunkenen Verfügbarkeit des angebauten Produkts – zu erheblichen Preisschwankungen führen. Daher ist bei Kornpreisen im Sommer oftmals ein Anstieg der Volatilität zu beobachten.[148]

3.2.2 Eigenschaften der Volatilität

In Optionspreismodellen wird häufig von einer kontinuierlichen Preisveränderung des Basiswertes (*continuously compounded volatility*) ausgegangen.[149] Bei unterstellter Normalverteilung der Renditen führt die Kontinuitätsprämisse zu einer logarithmischen Normalverteilung der Renditen. Die grafische Visualisierung der Lognormalverteilung weist gegenüber der Normalverteilung eine Rechtsschiefe auf. Diese mathematische Eigenschaft der Verteilung liegt in den Grenzwerteigenschaften der nur für $x > 0$ definierten Logarithmusfunktion begründet:

$$\lim_{x \to \infty} \ln x = \infty \quad \text{und} \quad \lim_{x \to 0} \ln x = -\infty \tag{3.3}$$

Diese beiden Grenzwertergebnisse der Logarithmusfunktion reflektieren in der Ökonomie sowohl die Möglichkeit von nach oben unbegrenzt steigenden Kursen als auch die Tatsache, dass ein Kursrückgang unter Null nicht möglich ist. Somit kann die Lognormalverteilung als gutes Spiegelbild empirischer Kursverläufe interpretiert werden.[150]

Ganz allgemein ist unter der Schiefe (*skewness*) einer Verteilung, die anhand des dritten Momentums des Mittelwertes errechnet wird, eine asymmetrische Verteilung der Renditeausprägungen um den Mittelwert zu verstehen.[151] Es wird zwischen einer rechts- und linksschiefen Verteilung unterschieden. Bei einer rechtsschiefen Verteilung (*positive skewness*) treten extrem positive Renditen wesentlich häufiger auf als dies die Normalverteilung impliziert. Bei einer linksschiefen Verteilung (*negative skewness*) gilt diese Aussage entsprechend für negative Renditen.[152]

---

[148] Vgl. Natenberg (1994) S. 76-78.

[149] So z. B. Black/Scholes (1973).

[150] Vgl. Loistl (1991) S. 120-123; Natenberg (1994) S. 64f.; Sautter (1996) S. 6f.; Garz/Günther/Moriabadi (2002) S. 27.

[151] Vgl. Loistl (1991) S. 101f.; Haug (1997) S. 176.

[152] Vgl. Natenberg (1994) S. 402-404.

Eine weitere Eigenschaft der Volatilität kann durch die Kurtosis als Maß für die Wölbung einer Verteilung gezeigt werden. Diese berechnet sich nach dem vierten Moment des Mittelwertes.[153] Die Normalverteilung besitzt eine neutrale Kurtosis (*mesokurtisch*) mit dem Wert drei. Verteilungen mit einer Kurtosis größer als drei werden als leptokurtisch bezeichnet, solche mit einem Wert kleiner drei als platykurtisch.[154]

Die Leptokurtosis entspricht einer eher geringen Volatilität, während die Platykurtosis eine tendenziell hohe Volatilität widerspiegelt. Dies bedeutet, dass bei vor allem im Aktienmarkt auftretenden, leptokurtisch gewölbten Renditeverteilungen tägliche Renditen um den Mittelwert wesentlich häufiger sind als bei der Annahme einer Normalverteilung. Gleichzeitig sind aber auch wesentlich häufiger extreme Kursausschläge sowohl im positiven (Hausse) als auch im negativen Bereich (Crash) – so genannte *fat tails* – zu beobachten.[155]

Da die historische Volatilität den Kursverlauf von Finanztiteln und damit auch ihre Schwankungsintensität in einer Maßzahl ausdrückt, reflektiert sie die Wesenheit der Kursentwicklung, insbesondere auch die bereits diskutierten Kursanomalien. Insofern ist auch bei der Volatilität eine Mean Reversion-Eigenschaft zu konstatieren.[156]

Als weitere Eigenschaft der Volatilität ist die serielle Korrelation von aufeinanderfolgenden Volatilitätsperioden gleicher Länge zu erwähnen. Dabei kann das Volatilitätsniveau der vorhergehenden Periode eine gute Orientierung darstellen zur Prognose der Volatilität in der darauffolgenden Zeiteinheit.[157] Des Weiteren wird eine inverse Relation zwischen der Höhe des Kursniveaus und der Volatilität der Renditen beobachtet.[158]

Der Zusammenhang zwischen Zeit und Volatilität ist ein fundamentales Prinzip bei der Preisbestimmung von Optionen. Je länger die Restlaufzeit einer Option, desto nachhaltiger kann sich die Volatilität in Form von Kursänderungen auf die Werthaltigkeit einer Option auswirken. Aus diesem Grund reagiert ceteris paribus eine Option mit langer Restlaufzeit erheblich sensitiver auf Volatilitätsänderungen als eine Option mit kurzer Restlaufzeit. Diese Empfindlichkeit des Optionspreises in Abhängigkeit einer Volatilitätsänderung wird mit der Optionspreissensitivitäts-Kennziffer Vega quantifiziert. Das Vega einer Option gibt an, wie sich deren Wert bei einer Variation der Volatilität des Basiswertes um einen Prozentpunkt verän-

---

[153] Vgl. Loistl (1991) S. 101f.; Haug (1997) S. 176.
[154] Vgl. Natenberg (1994) S. 404.
[155] Vgl. Loistl (1991) S. 102f.; Garz/Günther/Moriabadi (2002) S. 27f.; Steiner/Bruns (2002) S. 600-602.
[156] Vgl. Beckers (1981b) S. 372; Natenberg (1994) S. 275-280.
[157] Vgl. Natenberg (1994) S. 280.
[158] Vgl. Beckers (1981b) S. 372; Natenberg (1994) S. 290-295.

dert. Vega schwankt in Abhängigkeit der Werthaltigkeit (*moneyness*)[159] der Option. Das Vega von Optionen am-Geld (aktueller Kurs = Basispreis) ist absolut am größten und nimmt bei im-Geld Optionen (aktueller Kurs > Basispreis bei Calls bzw. Basispreis > aktueller Kurs bei Puts) und aus-dem-Geld Optionen (aktueller Kurs < Basispreis bei Calls bzw. Basispreis < aktueller Kurs bei Puts) ab.[160]

3.2.3 Volatilitätsschätzungen

Einer möglichst korrekten Volatilitätsschätzung des Aktienkursverlaufs kommt aus zwei Gründen eine hohe Bedeutung bei der Optionspreisbestimmung zu: Zum einen kann die Volatilität nicht unmittelbar am Kapitalmarkt beobachtet werden und zum anderen muss – wie vorlaufend bereits ausgeführt – der hohen Sensitivität des Optionspreises hinsichtlich Volatilitätsschwankungen dadurch Rechnung getragen werden, dass bei der Optionspreisbestimmung diese Größe so exakt wie möglich quantifiziert wird. Dies insbesondere dann, wenn die Prämie von Optionen mit langer Restlaufzeit bestimmt wird. Im Folgenden werden daher verschiedene Methoden der Volatilitätsgewinnung diskutiert.[161]

Volatilitätsschätzer aus historischen Kursen

Eine einfache und in der Praxis häufig angewendete Methode zur Schätzung der Volatilität ist ihre Ermittlung aus historischen Kursen. Dabei wird – was kritisch zu sehen ist – implizit eine Linearität zwischen den historischen und zukünftigen Kursänderungen unterstellt.[162]

Wird der Annahme logarithmisch normalverteilter Kursrelationen gefolgt, so bilden die logarithmierten Kursänderungen unabhängige Stichproben der Grundgesamtheit. Diese Stichprobenvarianz strebt mit zunehmender Anzahl berücksichtigter Kurse gegen die tatsächliche Varianz der Grundgesamtheit.[163]

---

[159] Weitere Erläuterungen zum Begriff Moneyness finden sich in Neumann/Wolfen (2003) S. 632.

[160] Vgl. Sautter (1996) S. 10-13; Hull (2001) S. 462-465; Garz/Günther/Moriabadi (2002) S. 261; Steiner/Bruns (2002) S. 369f.

[161] Einen fundierten Überblick über verschiedene Methoden der Volatilitätsschätzung bieten Poon/Granger (2003), insbesondere die tabellarisch aufbereitete Übersicht von 93 Arbeiten zur Volatilitätsschätzung über den Zeitraum 1976-2002 auf den Seiten 508-534, sowie Andersen et al. (2005). Zur Schätzung der Volatilität vgl. auch Heidorn (2002) S. 213-216 sowie allgemein zu ökonomischen Prognosen aus vorhandenen Daten s. Clemen (1989).

[162] Vgl. Brenner/Galai (1984) S. 403.

[163] Ein Algorithmus zur Berechnung der historischen Volatilität findet sich bspw. in Figlewski (1990) S. 96f.; Canina/Figlewski (1993) S. 661; Hull (2001) S. 345-347 u. 522f.

Die Berücksichtigung einer langen Kurshistorie bei der Ermittlung des Volatilitätsschätzers aus Vergangenheitsdaten verringert zwar einerseits die Verzerrung des Schätzers, unterstellt andererseits aber eine Stationarität der Verteilung. Da sich jedoch die Volatilität im Zeitablauf ändert, sind für die Ermittlung der zukünftigen Kursschwankungsintensität weit in die Vergangenheit zurückreichende Kursdaten weniger geeignet.[164]

Klassische Volatilitätsschätzer auf Basis historischer Daten werden üblicherweise auf Basis von täglichen Schlusskursen errechnet.[165] Ein solcher Volatilitätsschätzer berücksichtigt jedoch nicht andere, leicht zugängliche Informationen, die seine Effizienz steigern könnten. Als Alternative bietet sich an, den täglichen Höchst- und Tiefstkurs als weitere Kursinformation in die Berechnung des Volatilitätsschätzers einzubeziehen. Mit dieser so genannten Extremwert-Methode kann, wie Parkinson (1980) zeigt, die Effizienz des Volatilitätsschätzers um ein Vielfaches gesteigert werden.[166] Wird darüber hinaus noch der Eröffnungskurs in die Berechnung eingebunden, steigt – so Garman/Klass (1980) – nochmals die Effizienz dieses Volatilitätsschätzers im Vergleich zu der Effizienz des als Benchmark gesetzten Volatilitätsschätzers aus Schlusskursen.[167]

Alle Schätzer setzen voraus, dass der Kursverlauf kontinuierlich beobachtbar ist. Ist diese Bedingung nicht erfüllt, sind die Volatilitätsschätzer verzerrt, da die für die Berechnung berücksichtigten Kurse den korrekten Volatilitätswert über- oder unterschätzen.[168]

Die aufgezeigte Problematik bei der Volatilitätsschätzung aus historischen Kursen veranlasst viele Praktiker, einen anderen Ansatz zur Schätzung der zukünftigen Volatilität zu verfolgen. Bei dieser Methode wird die den gehandelten Optionspreisen zugrunde liegende Volatilität extrahiert und als Schätzer für die zukünftige Kursschwankungsintensität des Basiswertes herangezogen.[169]

Volatilitätsschätzer aus gehandelten Optionspreisen

Die implizite Volatilität einer Option ist dann ein guter Schätzer für die Volatilität des Basiswertes über den identischen Zeitraum wie die Restlaufzeit der Option, wenn Aktien- und Optionsmarkt vollkommen effizient sind, für die Preisbestimmung der Option ein korrektes Bewertungsmodell zum Einsatz kommt und die Preisfeststellung am Kassa- und Terminmarkt synchron erfolgt, was bedeutet, dass sämtliche verfügbaren Information zeitgleich in die Preise an *beiden* Märkten diffundieren können. In diesem Fall sollten die impliziten Volatilitäten von

---

[164] Vgl. Bös (1991) S. 119.
[165] Vgl. Garman/Klass (1980) S. 70.
[166] Vgl. Parkinson (1980) S. 62f.; Beckers (1983) S. 102; Brown (1990) S. 525f.
[167] Vgl. Garman/Klass (1980) S. 71f.; Beckers (1983) S. 97f.
[168] Vgl. Beckers (1983) S. 98.
[169] Vgl. Brown (1990) S. 526f.

Optionen mit gleicher Restlaufzeit aber unterschiedlichen Basispreisen identisch sein. Ferner sollte es in diesem Fall gleichgültig sein, ob die implizite Volatilität aus Calls oder Puts errechnet wird.[170] Ist jedoch nur eine der genannten Bedingungen nicht erfüllt, könnte der aus diesen Daten extrahierte Schätzer systematischen Verzerrungen unterliegen.[171]

Die Empirie zeigt, dass die implizite Volatilität von Optionen mit gleicher Laufzeit aber unterschiedlichen Basispreisen voneinander abweicht. Hierzu trägt die unterschiedliche Sensitivität von Optionen auf Änderungen der Volatilität in Abhängigkeit ihrer Werthaltigkeit (*moneyness*) ebenso bei wie Marktunvollkommenheiten. Unter letzteren werden asynchrone Handelszeiten am Kassa- und Terminmarkt, Geld-Brief-Spannen sowie – insbesondere bei Indexoptionen – ein nur temporärer Handel selektiver Titel des Indexes verstanden.[172]

Soll die implizite Volatilität als Volatilitätsschätzer herangezogen werden, ist zu entscheiden, welche der impliziten Volatilitäten als geeigneter Schätzer dienen kann. Zur Objektivierung dieses Entscheidungsprozesses werden die impliziten Volatilitäten der einzelnen Optionsserien zu einer gewichteten impliziten Volatilität verdichtet. Hierzu finden sich in der Literatur verschiedene Vorgehensweisen.[173]

Latane/Rendleman (1976) benutzen als Gewichtungsfaktor die absolute Sensitivität der Option hinsichtlich einer Volatilitätsänderung, das Vega.[174] Hieraus folgt, dass Optionen am-Geld ein höheres Gewicht erhalten als im-Geld und aus-dem-Geld Optionen.

Kritisch ist bei diesem Volatilitätsschätzer anzumerken, dass es sich nicht um ein Durchschnittskonzept handelt, da sich die Gewichte nicht zu eins summieren. Turvey (1990) schlägt daher eine Modifikation des Latane/Rendleman-Schätzers vor, bei der sich ein gewichteter Durchschnitt ergibt.[175]

Chiras/Manaster (1978) regen eine Gewichtung mit der relativen Sensitivität der Option in Bezug auf Volatilitätsänderungen an.[176] Aus-dem-Geld Optionen er-

---

[170] Vgl. Schäfer (1995) S. 110f.; Ederington/Guan (2002a) S. 812.

[171] Vgl. Brenner/Galai (1984) S. 404.

[172] Vgl. Brown (1990) S. 532f.; Harvey/Whaley (1991) S. 1553-1555.

[173] Für einen kurzen, prägnanten Überblick s. Whaley (1982) S. 33f.; Bates (1996b) S. 587-591.

[174] Vgl. Latane/Rendleman (1976) S. 371.

[175] Vgl. Turvey (1990) S. 354.

[176] Vgl. Chiras/Manaster (1978) S. 218.

halten bei dieser Methode ein relativ hohes Gewicht, am-Geld Optionen ein geringes Gewicht und im-Geld Optionen finden kaum Berücksichtigung.[177]

Beckers (1981b) und Whaley (1982) entwickeln Gewichtungsfaktoren, die am-Geld Optionen das größte Gewicht verleihen,[178] wohingegen Schmalensee/Trippi (1978) und Patell/Wolfson (1979) einen gleichgewichteten Durchschnitt verwenden.[179]

Manaster/Rendleman (1982) entwickeln einen Volatilitätsschätzer durch Minimierung der Summe der quadrierten Abweichungen zwischen dem beobachteten und dem berechneten Optionspreis.[180]

Black (1976)[181] entwickelt ein Verfahren zur Volatilitätsschätzung, das die folgenden drei Eigenschaften der Volatilität gleichzeitig berücksichtigt:

1. Die Volatilität verschiedener Titel weist eine gleichgerichtete Veränderung auf.
2. Die Volatilität tendiert nach einer markanten Veränderung wieder zu einem Durchschnittswert hin (Mean Reversion-Eigenschaft).
3. Zwischen Kurs- und Volatilitätsänderung besteht eine inverse Relation: Steigt der Kurs, sinkt die implizite Volatilität und vice versa.

Nach Cox/Rubinstein (1985) weist Blacks Volatilitätsschätzer gute Ergebnisse auf.[182] Brown (1990) bezeichnet Blacks Vorschlag als „a promising approach worthy of further study."[183]

Wiewohl sich die Fähigkeit der erwähnten Volatilitätsschätzer zur hinreichend exakten Prognose der zukünftigen Volatilität unterscheidet, ist allen gemein, dass sie ein nach oben verzerrtes Maß der erwarteten Volatilität darstellen. Da diese Verzerrung aber zeitstabil ist, können ex post Werte der impliziten Volatilität für eine unverzerrte Volatilitätsprognose herangezogen werden.[184]

[177] Diese Eigenschaft des Gewichtungsschemas veranlassen Day/Lewis (1988) zu der Kritik, dass hierdurch eine mögliche Verzerrung des Optionspreises wegen der Geld-Brief-Spanne noch verschärft wird. Vgl. Day/Lewis (1988) S. 109.

[178] Vgl. Beckers (1981) S. 369f.; Whaley (1982) S. 39f.

[179] Vgl. Schmalensee/Trippi (1978 S. 132; Patell/Wolfson (1979) S. 120-123.

[180] Vgl. Manaster/Rendleman (1982) S. 1047.

[181] Vgl. Cox/Rubinstein (1985) S. 280ff.

[182] Vgl. Cox/Rubinstein (1985) S. 283.

[183] S. Brown (1990) S. 535. Xu/Taylor (1994) entwickeln einen weiteren Volatilitätsschätzer, der speziell die Laufzeitstruktur (*term structure*) der Volatilität bei der Volatilitätsprognose berücksichtigt.

[184] Vgl. Ederington/Guan (2002a) S. 811f.

Volatilitätsschätzer als Ergebnis einer Volatilitätsfunktion

Eine deterministische Volatilitätsfunktion interpretiert die am Terminmarkt gehandelten Optionsprämien als Datum und generiert hieraus einen impliziten Binomial- oder Trinomialbaum.[185] Rubinstein (1994) entwickelt einen impliziten Binomialbaum, der an jedem gegebenen Handelstag konsistent ist mit den gehandelten Optionsserien eines Finanztitels mit unterschiedlichen Basispreisen aber gleicher Restlaufzeit. Derman/Kani (1994) und Dupire (1994) verallgemeinern den Ansatz von Rubinstein (1994) durch die Generierung von Binomialbäumen, die an jedem beliebigen Handelstag im Einklang stehen mit allen gehandelten Optionen eines Basiswertes, d. h. mit unterschiedlichen Basispreisen und verschiedenen Restlaufzeiten.[186]

Die Grundidee der deterministischen Volatilitätsfunktion zielt somit darauf ab, die Volatilität der Aktie als eine deterministische Funktion der Zeit wie auch des Aktienkurses zu interpretieren. Die Existenz einer Gleichung, die die Entwicklung des Wertes einer Kaufoption als Funktion der Laufzeit und des Basispreises beschreibt, ermöglicht es, die unbekannte Volatilitätsfunktion unmittelbar in Abhängigkeit bekannter Optionspreise zu formulieren.[187]

Volatilitätsschätzer basierend auf ökonometrischen Ansätzen

Ein einfacher Ansatz zur ökonometrischen Volatilitätsprognose besteht in der Modellierung des zeitabhängigen Verhaltens der Volatilität mittels einer Zwei-Stufen-Methode. French/Schwert/Stambaugh (1987) ermitteln unter Verwendung täglicher Renditen zunächst einen Schätzer für die Monatsvolatilität. Dieser Schätzer wird dann in einem zweiten Schritt unter Verwendung eines univariaten ARIMA-Modells (*Auto Regressive Integrated Moving Average*) in eine prognostizierbare und eine nicht voraussagbare Komponente zerlegt.[188] Dieser Ansatz impliziert allerdings, dass die Volatilität innerhalb kurzer Zeiträume konstant bleibt und erst über längere Perioden hinweg Schwankungen unterworfen ist.

Andere statistische Modelle zur Volatilitätsprognose tragen der empirischen Erfahrung Rechnung, dass Kurse und Kursänderungen zeitvariable Varianzen aufweisen. Ruhige Phasen mit geringen Kursausschlägen werden abgelöst von Zeiträumen mit gehäuft auftretenden, starken Kursbewegungen. Bei diesen Modellen

[185] Für einen komprimierten Literaturüberblick zu dieser Thematik s. Jackwerth (1999).

[186] Ähnlich Derman/Kani/Chriss (1996), die aus gehandelten Optionspreisen einen impliziten Trinomialbaum zur Prognose der zukünftigen Volatilität ableiten.

[187] Vgl. Andersen/Andreasen (2000) S. 232; Brandt/Wu (2002) S. 527. Weitere Ausführungen zur deterministischen Volatilitätsfunktion finden sich in Barle/Cakici (1995), Jackwerth/Rubinstein (1996), Chriss (1996), Ait-Sahalia/Lo (1998), Buraschi/Jackwerth (1998). Rosenberg (2000) S. 53f. erwähnt in diesem Zusammenhang eine dynamische implizite Volatilitätsfunktion zur Prognose der zukünftigen Volatilität.

[188] Vgl. French/Schwert/Stambaugh (1987) S. 13-16.

wird daher versucht, die Entwicklung der Volatilität im Zeitablauf durch autoregressive stochastische Prozesse zu beschreiben.[189]

Das von Engle (1982) entwickelte ARCH-Modell (*Auto Regressive Conditional Heteroskedasticity*) bildet die Grundlage für die statistischen Volatilitätsschätzer.[190] ARCH-Modelle bestehen im Grundsatz aus einer Niveau- und einer Varianzgleichung. In dem von Engle (1982) entwickelten Basismodell wird der dynamische Prozess der Volatilität in Form eines linearen Ansatzes spezifiziert:[191]

$$r_t = \mu + \varepsilon_t \,. \tag{3.4}$$

Es wird unterstellt, dass die zu erklärende Variable – hier die Rendite r – unsystematisch um den im Zeitablauf konstanten Erwartungswert μ schwankt. Das Residuum ε_t kann als unerwarteter Kursausschlag zum Zeitpunkt t interpretiert werden und wird als normalverteilt mit Erwartungswert null und bedingter Varianz σ_t angenommen.[192]

Volatilitätsschätzer auf Basis von Volatilitätsindizes

Ein Volatilitätsindex spiegelt die in einer Maßzahl komprimierte Markterwartung bezüglich der zukünftigen Volatilität eines Aktienindexes über einen spezifizierten Zeitraum wieder. Basis der Indexberechnung sind üblicherweise die impli-

---

[189] Vgl. Garz (2000) S. 194ff.; Garz/Günter/Moriabadi (2002) S. 202f.; Steiner/Bruns (2002) S. 62.

[190] Ein Überblick zu Einsatzmöglichkeiten von (G)ARCH-Modellen in der Finanzwirtschaft findet sich in Bollerslev/Chou/Kroner (1992), Hentschel (1995), Palm (1996), Campbell/Lo/MacKinlay (1997), Kap. 12.

[191] Vgl. Engle (1982) S. 987-990.

[192] Eine Weiterentwicklung des Basismodells von Engle (1982) bietet Bollerslev (1986) mit seinem Generalized-ARCH-Modell (GARCH-Modell).
Zu einer weiteren Modellkategorie zählen die so genannten stochastischen Volatilitätsschätzer. Sie modellieren die Entwicklung der Volatilität als einen stochastischen Prozess und interpretieren die Varianz des Basiswertes als ein eigenständiges, handelbares Wertpapier. Diese Vorgehensweise lässt die stochastischen Volatilitätsmodelle komplex werden und erschwert daher ihre Operationalisierung. Zu stochastischen Volatilitätsschätzern vgl. Hull/White (1987) S. 281-283; Scott (1987) S. 421f.; Wiggins (1987) S. 361f.; Miccichè et al. (2002) S. 757.
Brandt/Kang (2004) modellieren die Volatilität als einen latenten VAR-Prozess und leiten hieraus Volatilitätsschätzer ab.
Ederington/Guan (2005a) entwickeln und testen ein von ihnen so genanntes *nonlinear least squares model* auf Basis historischer Renditen, das angabegemäß allen übrigen ökonometrischen Ansätzen zur Volatilitätsschätzung überlegen ist.

ziten Volatilitäten von am-Geld Optionen, aus denen Subindizes über unterschiedlich lange Zeitperioden gebildet werden.[193]

Volatilitätsschätzer auf Basis von Technischer Analyse

Abschließend sei der Vollständigkeit halber erwähnt, dass eine Volatilitätsschätzung auch mit Hilfe der Technischen Analyse erfolgen kann. Insbesondere die in der Praxis bewährten Instrumente Gleitender Durchschnitt, Momentum und Oszillatoren scheinen geeignet, aus Volatilitätscharts Prognosen über die zukünftige Schwankungsintensität der Kurse abzuleiten.[194]

3.2.4 Ergebnisse empirischer Forschung

Die Analyse der Volatilität ist Untersuchungsgegenstand zahlreicher empirischer Arbeiten. Die einschlägige Literatur hierzu aufzubereiten, könnte Gegenstand einer separaten wissenschaftlichen Ausarbeitung sein und würde den Rahmen dieser Arbeit weit überspannen. Daher wird im Folgenden eine Auswahl an Arbeiten diskutiert, die wesentliche Aussagen zur Volatilität beinhalten.[195]

Zur Wahrung einer guten Übersichtlichkeit und zur besseren Lesbarkeit sind die erwähnten Studien tabellarisch aufbereitet nach Autor(en), Untersuchungsgegenstand sowie (Haupt-)Ergebnis(se) im Hinblick auf das Thema Volatilität.

Die Arbeiten sind nach folgenden Themengebieten geordnet:

1. Eigenschaften der Volatilität,
2. Analyse der historischen Volatilität,
3. Untersuchungen zur impliziten Volatilität,
4. Studien zu Volatilitätsfunktionen und –indizes sowie
5. Arbeiten zur ökonometrischen Schätzung der Volatilität.

---

[193] Zur Konstruktion und Berechnung von Volatilitätsindizes am Bsp. des VIX vgl. Whaley (1993); Fleming/Ostdiek/Whaley (1995) S. 267-271.

[194] Vgl. hierzu Hauck (1991) S. 288-300; Natenberg (1994) S. 275-279; Bates (1996b) S. 593-595.

[195] Weitere Studien zur Volatilität finden sich bspw. in West (1988a) S. 640-644; Jarrow (1998) S. 141-192 (Kap. II) sowie S. 263-314 (Kap. IV) und sind in Bekaert/Wu (2000) S. 3 sowie Andersen/Bollerslev/Diebold/Ebens (2001) S. 44 aufgelistet.

Ad 1.: Eigenschaften der Volatilität

Autor(en)	Thema	(Haupt-)Ergebnis(se)
French/Roll (1986)	Struktur der Volatilität in Abhängigkeit von der Handelszeit.	Kurse sind während der Handelszeit volatiler als außerhalb der Börsenöffnungszeit. Begründung: 1. Die Volatilität wird durch öffentlich verfügbare Informationen gesteuert, die mit einer höheren Wahrscheinlichkeit während der Handelszeit publiziert werden als außerhalb derselben. 2. Die Volatilität wird durch Transaktionen informierter Marktteilnehmer beeinflusst. 3. Die Volatilität wird durch falsch zustande gekommene Preise verursacht. Von den genannten Argumenten besitzt das Verhalten der Insider den größten Einfluss auf die Volatilitätsentwicklung während der Handelszeit. Volatilität wird demnach durch Ungleichgewichte im Orderstrom generiert, die durch Transaktionen informierter Marktteilnehmer als Folge neuer, bewertungsrelevanter Informationen ausgelöst werden. Volatilität stellt somit das Ergebnis von Informationsverarbeitungsprozessen am Kapitalmarkt dar.[196]
Poterba/Summers (1986)	Implikationen von plötzlichen Volatilitätsänderungen („Volatilitätsschocks") auf Kurse.	Volatilitätsschocks besitzen über einen kurzen Zeitraum betrachtet einen vergleichsweise geringen Einfluss auf Volatilitätsprognosen.[197]

[196] Vgl. French/Roll (1986) S. 11-23.
[197] Vgl. Poterba/Summers (1986) S. 1142-1145.

Schwert (1990)	Entwicklung der Volatilität während und nach dem Crash im Oktober 1987.	Die Volatilität steigt am 19. Oktober 1987 – dem Tag des Crashs – exorbitant an, verharrt für einen gewissen Zeitraum auf einem hohen Niveau, um sich dann jedoch – im Vergleich zu vorherigen Crashs – unerwartet schnell wieder auf Normalniveau einzupendeln.[198]
Penttinen (2001)	Auswirkungen von Volatilitätssprüngen auf die Optionspreisbildung, analysiert anhand der Option auf den S&P 500 Index.	Je größer die Furcht vor Volatilitätssprüngen, desto größer ist die Differenz zwischen der impliziten und der nachfolgend realisierten Volatilität unter der Annahme, dass sich keine Volatilitätssprünge ereignet hätten.[199]
Cheung/Ng (1992)	Entwicklung der zukünftigen Volatilität in Abhängigkeit von der Unternehmensgröße auf Basis eines EGARCH-Modells.	Es besteht eine signifikant negative Relation zwischen der Unternehmensgröße und der zukünftigen Volatilität der Aktie. Dies kann als Bestätigung des Size-Effekts interpretiert werden.[200]
Gallant/Rossi/Tauchen (1992)	Bedeutung des Handelsvolumens für die Volatilität.	1. Großen Kursausschlägen folgt ein hohes Handelsvolumen. 2. Es besteht ein positive Korrelation zwischen Handelsvolumen und bedingter Volatilität.[201]
Bessembinder/Seguin (1993)	Analyse des Verhältnisses zwischen Handelsvolumen, Volatilität und Markttiefe in acht Futures-Märkten.	Bei Zerlegung des Handelsvolumens in einen erwarteten und einen nicht erwarteten Orderstrom besitzen plötzliche, große Veränderungen des nicht erwarteten Handelsvolumens größere Auswirkungen auf die Volatilität als Änderungen im erwarteten Orderstrom. Die Auswirkungen sind asymmetrisch: Positive unerwartete Verän-

[198] Vgl. Schwert (1990) S. 92-95.
[199] Vgl. Penttinen (2001) S. 22-24.
[200] Vgl. Cheung/Ng (1992) S. 1988-1992.
[201] Vgl. Gallant/Rossi/Tauchen (1992) S. 222-233.

		derungen des Handelsvolumens besitzen einen höheren Einfluss auf die Volatilität als negative Schocks.[202]
Simon (1997)	Asymmetrischer Zusammenhang zwischen Kurs- und Volatilitätsänderung im Zinsmarkt.	Die implizite Volatilität von T-Bond Futures ist sensitiver gegenüber einem Kursanstieg als gegenüber einem Kursrückgang des Futures.[203]
Bekaert/Wu (2000)	Überprüfung der Hypothese einer negativen Korrelation zwischen Marktrendite und Volatilität am japanischen Aktienmarkt.	Die Hypothese wird bestätigt. Ein markanter Anstieg der Rendite wird begleitet von einem Rückgang der impliziten Volatilität und vice versa.[204]
Davidson/Kim/Ors/Szakmary (2001)	Überprüfung der Hypothese einer negativen Korrelation zwischen Marktrendite und Volatilität am Beispiel von Optionen auf diverse Futures.	Die Hypothese wird für Optionen auf Futures am Aktien-, Währungs- und Zinsmarkt bestätigt, für Optionen auf Waren-, Energie- sowie Edelmetallterminkontrakte verworfen.[205]
Andersen/Bollerslev/Das (2001)	Volatilitätsverlauf innerhalb eines Handelstages (*intraday volatility*) am Tokioter-Devisenmarkt am Beispiel des Wechselkurses JPY/USD.	Die Volatilität steigt während der Mittagszeit (*lunch period*) an, zeigt jedoch außerhalb dieses Zeitraums keine erkennbaren Verlaufsmuster.[206]
Andersen/Bollerslev/Diebold/Ebens (2001)	Analyse der Eigenschaft von realisierten Tagesrenditen, extrahiert aus Transaktionspreisen innerhalb eines Handelstages.	Die Verteilung der realisierten Varianzen ist rechtsschief, während die logarithmierten realisierten Standardabweichungen annähernd normalverteilt sind.[207]
Lee/Jiang/Indro (2002)	Analyse des Zusammenhangs zwischen Volatilität, Rendite und Stimmung der Markteilnehmer am Beispiel von drei Aktienindizes.	Die Stimmung der Marktteilnehmer stellt einen bedeutenden Faktor zur Erklärung von Änderungen der Aktienrendite und der bedingten Volatilität dar. Die Ergebnisse zeigen, dass die Stimmung bei der Preisbildung eine erhebli-

202 Vgl. Bessembinder/Seguin (1993) S. 30-34.

203 Vgl. Simon (1997) S. 877-883.

204 Vgl. Bekaert/Wu (2000) S. 21-25.

205 Vgl. Davidson et al. (2001) S. 1258-1267.

206 Vgl. Andersen/Bollerslev/Das (2001) S. 316-321.

207 Vgl. Andersen et al. (2001) S. 51-55.

		che Rolle spielt. Der Renditeverlauf ist positiv korreliert mit Stimmungsänderungen. Das Umgekehrte gilt für den Zusammenhang zwischen Stimmung und (bedingter) Volatilität: Ein positiver Stimmungsumschwung (*bullish sentiment*) führt zu einem Rückgang der Volatilität der Rendite und vice versa.[208]
Patell/Wolfson (1979)	Untersuchung der Reaktion von Optionspreisen auf die Veröffentlichung von Unternehmensertragszahlen.	Die gehandelte Volatilität nimmt bis zur Veröffentlichung der Ertragszahlen zu und pendelt sich unmittelbar danach sehr schnell wieder auf ein langfristiges Niveau ein.[209]
Burghardt/Hanweck (1993)	Analyse der Effekte von Wirtschaftsdatenveröffentlichungen auf Futurespreise.	Währungs- bzw. Zinsterminkontrakte sind an Tagen, an denen bestimmte volkswirtschaftliche Kennziffern publiziert werden, annähernd doppelt so volatil wie an den übrigen Tagen.[210]
Donders/Vorst (1996)	Verlauf der impliziten Volatilität von Call-Optionen vor und nach einem Tag, an dem wichtige Wirtschaftsdaten veröffentlicht werden.	Vor dem Veröffentlichungstag steigt die implizite Volatilität signifikant an und erreicht an dessen Vorabend ihr Maximum. Nach der Veröffentlichung sinkt sie rasch wieder und pendelt sich auf einem langfristigen Mittel ein (Mean Reversion).[211]
Ederington/Lee (1996)	Überprüfung der Hypothese, ob sich der erwartete Inhalt von wichtigen zu veröffentlichenden Wirtschaftsdaten bereits ex ante in der impliziten Volatilität widerspiegelt.	Zur Überprüfung der Hypothese werden die Wirtschaftsdaten gesplittet, und zwar in solche, deren Veröffentlichungszeitpunkt ex ante feststeht und solche, deren Publikation unvorhergesehen erfolgt. Nur bei dem letztgenannten Datentyp ist ein merklicher

[208] Vgl. Lee/Jiang/Indro (2002) S. 2286-2296.
[209] Vgl. Patell/Wolfson (1979) S. 128-132
[210] Vgl. Burghardt/Hanweck (1993) S. 157.
[211] Vgl. Donders/Vorst (1996) S. 1455-1458.

		Anstieg der impliziten Volatilität zu konstatieren, während sie nach der Bekanntgabe planmäßiger Daten sinkt.[212]
Donders/Kouwenberg/Vorst (2000)	Erster Ansatz in der Literatur, der mittels Verknüpfung von impliziter Volatilität, Handelsvolumen, Open Interest und Liquidität am Optionsmarkt die Auswirkungen von Gewinnmeldungen auf die implizite Volatilität analysiert.	Jeweils zwei Tage vor und nach der Veröffentlichung von Unternehmensertragszahlen ist der Markt signifikant volatiler; am Veröffentlichungstag selbst liegt die implizite Volatilität um bis zu 30 Prozentpunkte höher als an normalen Handelstagen.[213]
Isakov/Pérignon (2001)	Theoretische und empirische Studie zum Verlauf der impliziten Volatilität an Tagen, an denen Unternehmensgewinne publiziert werden.	Am Veröffentlichungstag sinkt die implizite Volatilität und nimmt während der folgenden vier Tage weiter ab.[214]
Heuson/Su (2003)	Transaktionsdatenbasierte Analyse der Entwicklung von Optionspreisen vor und nach geplanten Veröffentlichungen volkswirtschaftlicher Kennzahlen zur Ermittlung der Reaktion der impliziten Volatilität auf prognostizierbare Friktionen der Kassamarktrendite.	Die implizite Volatilität steigt im Vorfeld von antizipierten kurzfristigen Verwerfungen der Kassamarktrendite stark an. Nach Veröffentlichung der Zahlen nimmt sie jedoch wieder rasch ab.[215]
Nofsinger/Prucyk (2003)	Untersuchung des Einflusses der Veröffentlichung von 21 makroökonomischen Kennziffern auf das Handelsvolumen und die implizite Volatilität von S&P 100 Indexoptionen.	Mit einer Zeitverzögerung von zwei Stunden nimmt das Handelsvolumen nach Veröffentlichung der Zahlen zu. Die gehandelte Volatilität hingegen reagiert unmittelbar nach der Publikation mit einem schnellen Anstieg, der sich erst nach mehreren Stunden wieder langsam auflöst. Der größte Anstieg sowohl beim Handelsvolumen als auch bei der gehandelten Volatilität ist dann zu beobach-

[212] Vgl. Ederington/Lee (1996) S. 522-526 u. 530-532.
[213] Vgl. Donders/Kouwenberg/Vorst (2000) S. 154-157.
[214] Vgl. Isakov/Pérignon (2001) S. 1780-1783.
[215] Vgl. Heuson/Su (2003) S. 168-173.

		ten, wenn die Marktteilnehmer schlechte Nachrichten erwarten. Übertrifft die veröffentlichte Zahl hingegen die Erwartungen positiv, generiert sie keine zusätzlichen Transaktionen und keinen Anstieg der impliziten Volatilität.[216]
Martens (2002)	Verbesserung der Methode zur Messung und Prognose der Aktienmarktvolatilität.	Ein Intraday GARCH-Modell, das sowohl die Renditeänderungen während eines Handelstages als auch während der Nicht-Handelszeit (*overnight*) berücksichtigt, führt zu den besten Ergebnissen hinsichtlich der Prognose von täglichen Volatilitäten.[217]

Ad 2: Analyse der historischen Volatilität

Autor(en)	Thema	(Haupt-)Ergebnis(se)
Shiller (1981)	Überprüfung der Hypothese, dass die Volatilität der effektiven Kurse geringer sein sollte als diejenige von ex post rationalen Kursen anhand der Daten des S&P Composite Stock Price Indexes für den Zeitraum 1871-1979 und realen Daten des Dow Jones Industrial Average Indexes für den Zeitraum 1928-1979.	Die beobachtete Volatilität des Aktienmarktes ist gegenüber den mit Hilfe des Barwert-Modells (aktueller Kurs entspricht den diskontierten zukünftigen Dividenden) prognostizierten Kursen fünf- bis neunzehnmal zu hoch, um nur durch neue Informationen über die Dividenden erklärt werden zu können.[218]
Mankiw/Romer/Shapiro (1985)	Verifikation des Tests von Shiller (1981) mit Daten des Zeitraums 1872-1983 zur Vermeidung der ‚Small Sample'-Problematik.	Bestätigung der Hypothese, dass die Volatilität des Aktienmarktes nicht mit dem Barwert-Modell erklärt werden kann.[219]

[216] Vgl. Nofsinger/Prucyk (2003) S. 330-342.

[217] Vgl. Martens (2002) S. 513-516.

[218] Vgl. Shiller (1981) S. 126-128.

[219] Vgl. Mankiw/Romer/Shapiro (1985) S. 684-686.

West (1988b)	Anhand der Werte des S&P 500-Indexes von 1871-1980 und der des Dow Jones Industrial Average Indexes von 1928-1978 Überprüfung der Hypothese, ob sich die Volatilität der Aktienkurse mit Hilfe des Barwertmodells erklären lässt.	Die Testergebnisse indizieren, dass die Volatilität der Kurse zu hoch ist, um mit dem Barwert-Modell begründet werden zu können. Eine Erklärung hierfür könnte die Existenz spekulativer Blasen sein.[220]
Schwert (1989)	Veränderlichkeit der Volatilität im Zeitraum 1857-1987.	Die Volatilität des Aktienmarktes besitzt keinen eindeutig bestimmbaren Trend, steigt jedoch in einer Rezessionsphase der Wirtschaft an.[221]
Jackwerth/Rubinstein (1996)	Rekursive Ermittlung von Kursverläufen des S&P 500 Indexes aus Optionen auf diesen Basiswert.	Vor dem Crash in 1987 ist die aus Optionen ermittelte implizite Wahrscheinlichkeitsverteilung der Kurse leicht linksschief und platykurtisch, danach stärker ausgeprägt linksschief und leptokurtisch.[222]
Campbell/Lettau/Malkiel (2001)	Überblick über die historische Volatilität des amerikanischen Aktienmarktes, unterschiedlicher Branchen und Einzelwerte.	Bestätigung der These von Schwert (1989), dass die Marktvolatilität im Zeitraum von 1926 bis 1997 keinen eindeutigen Trend aufweist. Die Markt- und Branchenvolatilität ist im Untersuchungszeitraum annähernd stabil, wohingegen die Volatilität der Einzelwerte stark zu- und die Korrelation der Titel untereinander abgenommen hat.[223]
Martens/Zein (2004)	Test verschiedener Modelle zur Prognose der zukünftigen Volatilität im Aktien-, Währungs- und Warenterminmarkt.	Auf historischen Innertages-Renditen (*intraday*) basierende Volatilitätsprognosen liefern valide Ergebnisse und übertreffen die Prognosequalität ökonometrischer Ansätze.[224]

[220] Vgl. West (1988b) S. 48-52.

[221] Vgl. Schwert (1989) S. 1116-1118.

[222] Vgl. Jackwerth/Rubinstein (1996) S. 1628f.

[223] Vgl. Campbell/Lettau/Malkiel (2001) S. 9-23.

[224] Vgl. Martens/Zein (2004) S. 1019-1026.

Ad 3: Untersuchungen zur impliziten Volatilität

Autor(en)	Thema	(Haupt-)Ergebnis(se)
Harvey/Whaley (1991)	Nutzung der impliziten Volatilität zur Prognose der zukünftigen Volatilität	Die implizite Volatilität von Aktienindexoptionen ist nur bedingt geeignet, um die zukünftige Volatilität zu prognostizieren. Begründung: Es besteht eine negative serielle Korrelation der Volatilitätsänderungen aufgrund einer asynchronen Beobachtung von Optionspreis und Indexstand und der Existenz einer Geld-Brief-Spanne.[225]
Harvey/Whaley (1992)	Am Beispiel der S&P 100 Indexoption Test der Hypothese, dass Änderungen der impliziten Volatilität nicht prognostizierbar sind.	Aus dem Blickwinkel der Statistik sind Änderungen der impliziten Volatilität prognostizierbar. Zur Untersuchung der ökonomischen Implikationen dieser Vorhersagbarkeit wird überprüft, ob sich durch auf solchen Prognosen basierende Arbitragestrategien systematisch Gewinne erzielen lassen. Es wird festgestellt, dass unter Berücksichtigung von Transaktionskosten solche möglichen Arbitragestrategien keinen Gewinn generieren. Dieses Ergebnis impliziert eine hohe Effizienz des S&P 100 Indexoptions-Marktes.[226]
Canina/Figlewski (1993)	Untersuchung über die Eignung der impliziten Volatilität als geeigneter Schätzer zur Prognose der zukünftigen Volatilität am Beispiel der S&P 100 Indexoption.	Die implizite Volatilität der S&P 100 Indexoption ist nicht zur Prognose der zukünftigen Volatilität geeignet, da sie im Untersuchungszeitraum keine Korrelation mit der zukünftigen Volatilität des Basiswertes besitzt.[227]

[225] Vgl. Harvey/Whaley (1991) S. 1553-1558.
[226] Vgl. Harvey/Whaley (1992) S. 58-71.
[227] Vgl. Canina/Figlewski (1993) S. 670-676.

Jorion (1995)	Studie zum Informationsgehalt und der Prognosekraft impliziter Volatilitäten berechnet von an der Chicago Mercantile Exchange (CME) gehandelten Optionen auf Währungsfutures.	Die implizite Volatilität besitzt einen substantiellen Informationsgehalt bezüglich der Wechselkursentwicklung am nächsten Handelstag, jedoch nicht darüber hinaus. Aufgrund der Existenz einer Geld-Brief-Spanne stellt die implizite Volatilität einen lediglich verzerrten Schätzer der zukünftigen Volatilität dar.[228]
Christensen/Prabhala (1998)	Vergleich zwischen historischer und impliziter Volatilität in Bezug auf ihre Eignung, die zukünftige Volatilität zu antizipieren.	Die historische Volatilität besitzt eine lediglich geringe Kraft, die zukünftige Volatilität korrekt zu antizipieren. Dies gelingt besser mithilfe der impliziten Volatilität, obwohl diese nur einen verzerrten Schätzer der zukünftigen Volatilität darstellt.[229]
Fleming (1998)	Studie zur Überprüfung der Prognosequalität impliziter Volatilitäten von Optionen auf den S&P 100 Index.	Die implizite Volatilität ist ein verzerrter Prognosewert der zukünftigen Volatilität, der die realisierte zukünftige Volatilität nach oben übertreibt.[230]
Navatte/Villa (2000)	Erweiterung des Ansatzes, zur Prognose der zukünftigen Volatilität lediglich die implizite Volatilität zu nutzen, um die Einbeziehung von höheren Momenten einer Verteilung (Schiefe, Kurtosis) und Überprüfung von deren Eignung als Volatilitätsschätzer am Beispiel der Option auf den französischen Aktienindex CAC 40.	Die implizite Volatilität von CAC 40 Optionen besitzt einen substanziellen Informationsgehalt hinsichtlich der zukünftigen Kursbewegungen des Basiswertes. Das gleiche gilt für die implizite Schiefe der Kursverteilung zur Prognose der zukünftigen Schiefe. Lediglich die implizite Kurtosis stellt einen weniger geeigneten Schätzer für die zukünftige Kurtosis der Kursverteilung des Index dar.[231]
Ederington/Guan (2002a)	Vergleich verschiedener Gewichtungsansätze der impliziten Volatilität zur Schät-	Die Frage nach dem besten Gewichtungsschema ist von sekundärer Bedeutung. Ent-

[228] Vgl. Jorion (1995) S. 515-526.
[229] Vgl. Christensen/Prabhala (1998) S. 133-140.
[230] Vgl. Fleming (1998) S. 327-336.
[231] Vgl. Navatte/Villa (2000) S. 49-51.

	zung der zukünftigen Volatilität.	scheidend ist die Tatsache, dass die implizite Volatilität ein nach oben verzerrtes Maß für die Schätzung der zukünftigen Volatilität darstellt. Da diese Verzerrung aber zeitstabil ist, können Vergangenheitswerte unter Herausrechnung der Verzerrung zur Erstellung unverzerrter Volatilitätsschätzer herangezogen werden.[232]
Simon (2002)	Untersuchung der Eignung der impliziten Volatilität als Schätzer der zukünftigen Volatilität am Beispiel von Optionen auf Warenterminkontrakte.	Die implizite Volatilität von Optionen auf Mais-, Sojabohnen- und Weizenfutures besitzt eine statistisch signifikante Fähigkeit zur Prognose der zukünftigen Volatilität, jedoch mit einer Tendenz zur leichten Übertreibung der in der nachfolgenden Periode realisierten Volatilität.[233]
Li (2002)	Analyse der Prognosekraft der historischen sowie impliziten Volatilität von Devisenoptionen.	Die historische Volatilität beinhaltet Informationen, die in der gehandelten Volatilität nicht zu finden sind. Sowohl die historische wie auch die implizite Volatilität auszuwerten verbessert die Güte von Volatilitätsschätzern insbesondere für lange Zeiträume.[234]
Szakmary/Ors/Kim/Davidson (2003)	Test der Eignung der impliziten Volatilität als Schätzer für die nachfolgend realisierte Volatilität am Beispiel von Optionen auf 35 verschiedene Futureskontrakte.	Die implizite Volatilität von Optionen auf Aktienindex-, Zins-, Währungs-, Energie-, Edelmetall- und Agrarfutures eignet sich gut als Schätzer der zukünftigen Volatilität des jeweiligen Basiswertes.

[232] Vgl. Ederington/Guan (2002a) S. 825-832.
[233] Vgl. Simon (2002) S. 970-973.
[234] Vgl. Li (2002) S. 13-22.

Ad 4: Studien zu Volatilitätsfunktionen und –indizes

Autor(en)	Thema	(Haupt-)Ergebnis(se)
Dumas/Fleming/Whaley (1998)	Test der deterministischen Volatilitätsfunktion hinsichtlich ihrer Fähigkeit zur Prognose der zukünftigen Volatilität am Beispiel der Option auf den S&P 500 Index. Hierfür wird überprüft, wie gut die geschätzte Volatilitätsfunktion an einem konkreten Wochentag in der Lage ist, den Wert der Option in der darauffolgenden Woche zu prognostizieren.	Trotz einer hohen Flexibilität zur Spezifizierung der Volatilitätsfunktion sprechen die Ergebnisse für die Verwendung eines eher sparsam ausgestatteten Volatilitätsmodells. Die deterministische Volatilitätsfunktion stellt kein besseres Prognosemodell dar als die implizite Volatilität.[235] Die Autoren kommen zu dem Ergebnis, „in sum, simpler is better."[236]
Fleming/Ostdiek/Whaley (1995)	Untersuchung des Chicago Board Options Exchange Market Volatilitäts-Index (VIX) auf seine Eignung zur Prognose der zukünftigen Volatilität.	Die Werte des Volatilitätsindex VIX weisen eine hohe Korrelation auf mit der zukünftig realisierten Volatilität des Aktienmarktes. Insofern kann dieser Volatilitätsindex als ein guter Schätzer der zukünftigen Volatilität angesehen werden.[237]

Ad 5: Arbeiten zur ökonometrischen Schätzung der Volatilität

Autor(en)	Thema	(Haupt-)Ergebnis(se)
Day/Lewis (1992)	Vergleich des Informationsgehalts der impliziten Volatilität von Calls auf den S&P 100 Index mit dem aus GARCH-Modellen extrahierten Wert der bedingten Volatilität.	Der aus GARCH-Modellen gewonnene Schätzer für die bedingte Volatilität besitzt gegenüber der impliziten Volatilität einen höheren Informationsgehalt.[238]
Engle/Ng (1993)	Vergleich verschiedener ARCH-Modelle hinsichtlich ihrer Fähigkeit zur Prognose der Tagesrenditen am japanischen Aktienmarkt.	Alle getesteten Modelle dokumentieren einen negativ korrelierten Zusammenhang zwischen Renditeentwicklung und Volatilitätsverlauf, wobei ein Kursrückgang zu einem größeren Volatilitäts-

[235] Vgl. Dumas/Fleming/Whaley (1998) S. 2080-2088.
[236] S. Dumas/Fleming/Whaley (1998) S. 2104.
[237] Vgl. Fleming/Ostdiek/Whaley (1995) S. 290-299.
[238] Vgl. Day/Lewis (1992) S. 275-285.

		anstieg führt als ein gleich hoher Kursanstieg zu einem Rückgang der Volatilität.[239]
Lamoureux/Lastrapes (1993)	Praxistest des stochastischen Optionspreismodells von Hull/White (1987) und dessen Annahme, dass der Markt indifferent sei gegenüber dem Volatilitätsrisiko. Wenn Optionsmärkte informationseffizient sind, dann kann mit Informationen, die zum Zeitpunkt der Optionspreisbildung vorhanden sind, keine bessere Volatilitätsprognose erstellt werden als durch die Nutzung der Informationen, die in Form der impliziten Volatilität vorhanden sind.	Die Ergebnisse der verschiedenen Tests stimmen nicht mit den Hypothesen des stochastischen Optionsbewertungsansatzes und der Informationseffizienzhypothese überein. Aus den Ergebnissen lässt sich ableiten, dass das Volatilitätsrisiko bei der Optionspreisfindung berücksichtigt wird. Die implizite Volatilität tendiert zu einer Unterschätzung der zukünftig realisierten Volatilität. Die historische Volatilität beinhaltet prädiktive Informationen, die nicht in der impliziten Volatilität gemäß den Annahmen des Modells von Hull/White (1987) enthalten sind. Damit ist eine wichtige Annahme des Modells von Hull/White (1987) verletzt.[240]
Glosten/Jaganathan/Runkle (1993)	Untersuchung der modellspezifischen Implikationen bei der Bestimmung der erwarteten Relation zwischen Rendite und Varianz mittels GARCH-Modellen.	Aus sieben verschiedenen GARCH-M(ean) Modellvarianten resultiert als Ergebnis eine negative und statistisch signifikante Relation zwischen bedingter erwarteter Rendite und bedingter Varianz.[241]
Mayhew/Stivers (2003)	Vergleich der Volatilitätsschätzung mit Hilfe der impliziten Volatilität und der bedingten Volatilität aus einem GARCH-Modell.	Bei aktiv gehandelten Optionen übertrifft die implizite Volatilität als Prognosewert qualitativ den Volatilitätsschätzer aus einem GARCH-Modell nachhaltig.[242]

[239] Vgl. Engle/Ng (1993) S. 1765-1769.

[240] Vgl. Lamoureux/Lastrapes (1993) S. 308-324.

[241] Vgl. Glosten/Jagannathan/Runkle (1993) S. 1790-1799.

[242] Vgl. Mayhew/Stivers (2003) S. 626-631.

Pong/Shackleton/Taylor/Xu (2004)	Test verschiedener ökonometrischer Volatilitätsschätzmethoden am Devisenmarkt für unterschiedliche Prognosezeiträume.	AR(FI)MA-Schätzer generieren einen kleineren mittleren quadratischen Fehler als GARCH-Modelle.[243]

Mit Blick auf den Fortgang der Arbeit kann dieser Literaturüberblick über Ergebnisse empirischer Forschung zur Volatilität wie folgt zusammengefasst werden:

1. Der Börsencrash von 1987 kann als Ursache für einen Paradigmenwechsel bei der Optionsbewertung angesehen werden: Der Wechsel von einer leicht linksschiefen, platykurtischen zu einer ausgeprägt linksschiefen, leptokurtischen Wahrscheinlichkeitsverteilung der Kurse. Damit einher geht die Existenz eines noch näher zu analysierenden Smile-Effekts. Ökonomisch interpretiert bedeutet diese Änderung eine zuvor unterschätzte Eintrittswahrscheinlichkeit eines Crashs.[244]
2. Über die Eignung der impliziten Volatilität als Schätzer der zukünftigen Volatilität existieren auf Basis von empirischen Studien divergierende Meinungen. Es kann nicht davon ausgegangen werden, dass ihre Verwendung in jedem Fall zu befriedigenden Ergebnissen führt.
3. Vor wichtigen, den Kursverlauf beeinflussenden Informationsereignissen ist ein signifikanter Anstieg der impliziten Volatilität zu konstatieren.
4. Je größer die Furcht vor unerwarteten Volatilitätssprüngen, desto markanter fällt der Anstieg der Volatilität aus.
5. Die Stimmung der Marktteilnehmer stellt einen bedeutenden Faktor zur Erklärung der bedingten Volatilität dar und findet Eingang in die Preisbildung von Optionen. Eine Korrelation zwischen Stimmung und Volatilität ist ostensiv.

Allen Studien gemein ist eine stark mechanistisch, technische Herangehensweise an die Untersuchungsthematik. Nur Lee/Jiang/Indro (2002) berücksichtigen psychologisch motivierte Faktoren der Volatilitätsentwicklung. Canina/Figlewski (1993) erwägen „we also tend to reject the conclusion that options traders are irrational. Although we cannot rule out irrationality entirely …".[245] Es scheint, dass dieser Typus von Verhaltensmotivatoren bislang in der Literatur tendenziell vernachlässigt wurde und der lediglich bedingten Rationalität der Marktteilnehmer die ihr gebührende Berücksichtigung bei der Analyse des Marktgeschehens bis dato in nicht ausreichendem Maße zukommt.

243 Vgl. Pong/Shackleton/Taylor/Xu (2004) S. 2553-2555.

244 Ähnlich auch Shefrin (2000) S. 304-306.

245 S. Canina/Figlewski (1993) S. 677.

Das Ausmaß einer Volatilitätsänderung, insbesondere im Kontext von bedeutenden Informationsereignissen, kann auch von der Wahrnehmung der Risikoadjustierung durch die Marktteilnehmer abhängen. Wird das Ergebnis der Veröffentlichung mit der Erwartung eines nachhaltigen Volatilitätsschocks in Verbindung gebracht, so ist dies eine andere Wahrnehmung des Risikos als wenn die Publikation von Wirtschaftsdaten als ein peripheres, den zukünftigen Kursverlauf marginal tangierendes Ereignis realisiert wird. Insofern ist die Risikowahrnehmung der Marktteilnehmer ein weiterer, wichtiger Bestandteil bei der Bestimmung der Volatilität.

Die Art und Intensität der Wahrnehmung des Risikos könnte zu sich selbst verstärkenden Effekten bei der Entwicklung der impliziten Volatilität führen. Auf diese Zusammenhänge wird später noch detaillierter einzugehen sein.

3.3 Optionsbewertung

In diesem Abschnitt werden zunächst die den Wert einer Option determinierenden Parameter kurz analysiert, wobei von länderspezifischen Usancen, Marktunvollkommenheiten sowie Steuern, Transaktionskosten und sonstigen Gebühren und Courtagen abstrahiert wird. Die aufgeführten Faktoren gelten sowohl für Kaufoptionen als auch für Verkaufsoptionen, wirken allerdings nicht immer in die gleiche Richtung.

Im Anschluss hieran wird das in der Praxis häufig eingesetzte Black/Scholes-Modell mit dem Ziel diskutiert, insbesondere aus den Modellannahmen Implikationen für eine verhaltenswissenschaftlich fundierte Analyse der Volatilität zu deduzieren. Darüber hinaus werden alternative Optionsbewertungsansätze kurz skizziert. Den Schluss dieses Unterkapitels bildet die Darstellung von Ergebnissen empirischer Forschung zu verschiedenen Optionsbewertungsmodellen.

Der Optionswert wird im Wesentlichen von sechs Einflussfaktoren bestimmt:[246]

1. Der aktuelle Kurs des Basiswertes

Da Optionen zu den derivativen Finanzinstrumenten gehören, bestimmt der Kurs des zugrunde liegenden, originären Wertpapiers – des Basiswertes – den Optionswert nachhaltig. Zwischen der Wertentwicklung des Basiswertes und Kauf-

[246] Vgl. z. B. Köpf (1987) S. 44-56; Schäfer (1995) S. 73-77; Wilkens (2000) S. 307-310; Hull (2001) S. 240-243; Garz/Günther/Moriabadi (2002) S. 253-256; Steiner/Bruns (2002) S. 321-323.

optionen besteht eine positive Korrelation, zwischen der des Basiswertes und Verkaufsoptionen eine negative Korrelation. Der Wert einer Kaufoption ist eine steigende, der Wert einer Verkaufsoption eine fallende Funktion des Basiswertkurses.

2. Der Basispreis der Option

Gemeinsam mit dem aktuellen Kurs des Basiswertes bestimmt der Basispreis die Profitabilität der Option bei Ausübung. Je niedriger der Basispreis, desto größer ist die Differenz zwischen aktuellem Kurs des Basiswertes und dem Basispreis und desto höher ist ceteris paribus der Wert einer Kaufoption bzw. desto niedriger fällt ceteris paribus der Wert einer Verkaufsoption aus. Eine Verringerung des Basispreises besitzt somit einen werterhöhenden Effekt auf eine Kaufoption und einen wertmindernden Einfluss auf eine Verkaufsoption et vice versa. Am Verfallstag reduziert sich die Wertbestimmung einer Option und damit die Analyse über die Vorteilhaftigkeit ihrer Ausübung ausschließlich auf die Betrachtung der beiden Einflussparameter Basispreis und Kurs des Basiswertes. Liegt der Kurs des Basiswertes am Verfallstag über dem Basispreis der Option, lohnt die Ausübung einer Kaufoption, nicht aber einer Verkaufsoption und umgekehrt.

3. Die Volatilität des Basiswertes

Die Bedeutung der Volatilität für die Optionspreisbestimmung ist Gegenstand des vorangegangenen Abschnitts. Daher sei auf diesen verwiesen und an dieser Stelle lediglich vermerkt, dass zwischen der Volatilität des Basiswertes und dem Wert einer Option eine gleichgerichtete Entwicklung existiert. Je höher die erwartete Volatilität des Basiswertes, desto höher fällt ceteris paribus der Wert einer Option aus.

4. Die (Rest-)Laufzeit der Option

Bei der Analyse des Einflussfaktors Laufzeit auf den Wert einer Option ist zwischen Kauf- und Verkaufsoptionen zu unterscheiden. Eine Verringerung der (Rest-)Laufzeit der Option vermindert die Chance, dass sich der Kurs des Basiswertes nachhaltig verändern kann. Dies bewirkt bei einer Kaufoption eine Wertminderung. Mit anderen Worten formuliert bedeutet dies, dass der Wert einer Kaufoption positiv mit der Laufzeit der Option korreliert ist.

Die Laufzeit besitzt des Weiteren einen Einfluss auf den Barwert des Basispreises. Durch eine Verkürzung der Laufzeit erhöht sich ceteris paribus der bei Ausübung zu zahlende Barwert des Basispreises einer Kaufoption, was zu einem Rückgang des Wertes einer Kaufoption führt.

Bei der Wertänderung einer Verkaufsoption hinsichtlich des Einflussparameters Laufzeit sind zwei gegenläufige Effekte zu unterscheiden. Zum einen bewirkt eine Verminderung der (Rest-)Laufzeit wie bereits oben bei Kaufoptionen beschrieben einen Rückgang der Möglichkeit, dass die Werthaltigkeit (*moneyness*) der Option und damit ihre Ausübungswürdigkeit steigt, was ceteris paribus zu einem Sinken des Optionswertes führt. Diesem Sachverhalt steht allerdings die Tatsache gegenüber, dass bei rückläufiger Restlaufzeit der Barwert des im Fall der Ausübung zu erhaltenden Basispreises steigt, was eine werterhöhende Implikation darstellt.

Cox/Rubinstein (1985) zeigen, dass bei amerikanischen Optionen die grundsätzliche Möglichkeit der vorzeitigen Ausübung einen Rückgang des Wertes einer Verkaufsoption bei steigender Laufzeit verhindert.[247] Wessels (1992) weist darauf hin, dass für europäische Verkaufsoptionen mit kurzer Restlaufzeit der durch den Anstieg des Barwertes des Basispreises ausgelöste werterhöhende Effekt ausschlaggebend ist.[248]

5. Der risikolose Zinssatz

Der Erwerb einer (Kauf-)Option kann als ein Substitut zu einem entsprechenden Direktengagement des Basiswertes interpretiert werden, da dessen möglicher Kauf in die Zukunft transferiert wird. Je höher der Zinssatz der für die Laufzeit des Optionsgeschäfts entsprechenden Fristigkeit ist, desto geringer fällt der im Falle der Ausübung zu entrichtende Barwert des Basispreises aus und desto größer ist ceteris paribus der Wert einer Kaufoption. Zwischen dem Zinsniveau und der Wertentwicklung von Kaufoptionen besteht somit eine Gleichläufigkeit. Für Verkaufsoptionen gilt das Umgekehrte.

6. Dividendenzahlung

Fällt während der Laufzeit von Optionen eine Dividendenzahlung an, beeinflusst deren erwartete Größenordnung den Wert der Option. Durch den zu erwartenden Dividendenabschlag am ex-Dividende Handelstag sinkt bei nicht auszahlungsgeschützten Optionen ceteris paribus der Wert einer Kaufoption und erhöht sich der Wert einer Verkaufsoption. Bei auszahlungsgeschützten Optionen hingegen besitzt eine Dividendenzahlung keine Implikation auf deren Wertentwicklung, da ihr Basispreis in Höhe der Dividende entsprechend angepasst wird.[249]

Die Wirkungsrichtung der vorgenannten Einflussparameter auf den Wert einer Option ist in der nachfolgenden Tabelle zusammengefasst dargestellt. Das Symbol $\uparrow$ bezeichnet dabei die Gleichläufigkeit, das Symbol $\downarrow$ die Gegenläufigkeit des Zusammenhangs.

---

247 Vgl. Cox/Rubinstein (1985) S. 127ff.

248 Vgl. Wessels (1992) S. 40ff.

249 Bei der Anwendung von Optionsbewertungsmodellen ist anhand der Kontraktspezifikation zu ermitteln, ob es sich um eine auszahlungsgeschützte Option handelt oder nicht. Die an der Eurex gehandelten Optionen bspw. besitzen keinen Auszahlungsschutz. Hier ist eine während der Optionslaufzeit anfallende Dividendenzahlung entsprechend zu berücksichtigen.

Tabelle 3.1 Einflussparameter auf den Wert einer Option

Einflussparameter	Wirkungsweise auf den Wert einer	
	Kaufoption	Verkaufsoption
Kurs des Basiswertes	↑	↓
Basispreis	↓	↑
Volatilität	↑	↑
Laufzeit	↓	↑↓
Zinssatz	↑	↓
Dividende	↓	↑

Es ist nunmehr der Frage nachzugehen, ob sich ein oder mehrere der vorgenannten wertbestimmenden Parameter einer Option nicht objektiv feststellen lassen und daher Grund für systematische Verzerrungen bei der Optionsbewertung sein könnte(n).

Zu einem gegebenen Zeitpunkt sind der aktuelle Kurs des Basiswertes, der Basispreis sowie die Laufzeit einer konkreten Option eindeutig bestimmbare Größen, über die bei den Marktteilnehmern kein Dissens aufkommen kann. Bezüglich des Zinssatzes für die einer bestimmten Option zugrunde liegenden Laufzeit sollte gleichfalls Konsens bestehen. Sofern es sich um eine so genannte glatte Laufzeit (1 Monat, 2 Monate etc.) handelt, wird üblicherweise der dieser Laufzeit entsprechende Geldmarktzinssatz (Euribor) Anwendung finden.

Eine etwaige Dividendenzahlung während der Laufzeit beeinflusst zwar – wie vorlaufend bereits ausgeführt – den Wert einer nicht auszahlungsgeschützten Option, doch sollte die Erwartung der Marktteilnehmer bezüglich der Höhe der Dividendenzahlung nicht stark divergieren. Dies lässt sich mit den im Wesentlichen von Wertpapieranalysten erarbeiteten Research-Studien begründen, die die Marktmeinung hinsichtlich der zu erwartenden Dividendenzahlung nachhaltig prägen und sich nicht wesentlich voneinander unterscheiden. Es kann somit davon ausgegangen werden, dass bezüglich der erwarteten Dividendenzahlung ein Marktkonsens existiert.

Der noch verbleibende Einflussparameter auf den Wert einer Option ist nicht nur der bedeutendste, sondern auch der am schwierigsten zu bestimmende. Wie bereits an anderer Stelle ausgeführt, lässt sich die Volatilität im Gegensatz zu den übrigen optionspreisbestimmenden Größen nicht unmittelbar am Kapitalmarkt beobachten. Sie muss vielmehr geschätzt werden. Da es sich bei der Option um ein in der Zukunft zu erfüllendes Geschäft handelt, sollte die historische Volatilität üblicherweise kein geeigneter Schätzer sein für die während der Optionslaufzeit zu erwartende Kursschwankungsintensität des Basiswertes. Zwar kann die historische Volatilität durchaus einen ersten Hinweis vermitteln bezüglich der möglichen zukünftigen Schwankungsbreite der Kurse und somit eine Orientierungsgröße für die abzugebende Schätzung der erwarteten Volatilität darstellen. Doch die Güte einer Optionsbewertung wird eindeutig durch die Qualität der Schätzung der zukünftigen Volatilität determiniert.

Bezüglich der zukünftigen Volatilität des Kurses dürfte unter den Marktteilnehmern eine breite Streuung der Erwartungen festzustellen sein. Der Zugriff auf aussagekräftige Informationen bestimmt neben anderen Faktoren die Chance, eine möglichst exakte Schätzung hinsichtlich der zukünftigen Schwankungsintensität des Kurses abgeben zu können. Da regelmäßig von einer heterogenen Informationsdispersion zwischen den Marktteilnehmern auszugehen ist, werden aufgrund der Unterschiedlichkeit des Inputfaktors zukünftige Volatilität in ein Optionsbewertungsmodell auch immer divergierende Optionspreise als Ergebnis der Berechnungen auftreten.

Mit Blick auf das Erkenntnisziel dieser Arbeit ist der Schätzung der zukünftigen Volatilität daher die ihr gebührende Aufmerksamkeit zu widmen. Es ist zu prüfen, ob sich verhaltenswissenschaftliche Erklärungsansätze finden lassen, um die Wahrnehmung zukünftiger Kursrisiken konkreter nachzeichnen zu können. Wenn in der Psychologie der Marktteilnehmer liegende Faktoren existieren, die die Wahrnehmung und Schätzung zukünftiger Kursrisiken explizieren, dann kann deren Analyse dazu beitragen, die Bewertung von Optionen unter Berücksichtigung der bedingten Rationalität der Marktteilnehmer realitätsnaher auszugestalten. Bevor diesen Gedankengang im nächsten Kapitel vertieft wird, soll nachfolgend zunächst der modelltheoretische Status quo der Optionsbewertung skizziert werden.

Aus der Vielfalt der Literaturbeiträge zur Preisbildung von Optionen wird an dieser Stelle die für die Optionsbewertung als Durchbruch zu sehende Arbeit von Black/Scholes (1973) kurz diskutiert.[250] Dies geschieht nicht mit dem Ziel, den zahlreichen Rezensionen dieses Modells eine weitere hinzuzufügen. Vielmehr wird mit Blick auf das Erkenntnisziel dieser Arbeit versucht, insbesondere aus den Annahmen des Modells Implikationen für eine verhaltenswissenschaftlich fundierte Analyse der Volatilität abzuleiten.

[250] Zur Typologisierung der Optionsbewertungsmodelle vgl. Ernst (1974) S. 77-79; Köpf (1987) S. 112-125; Bös (1991) S. 33f.; Schäfer (1995) S. 84f.; Hielscher (1996) S. 125f.; Unser (1999) S. 126-128; Steiner/Bruns (2002) S. 320f. Zur Wesenheit der *deskriptiven* Optionspreismodelle, die zutreffender als Options*beschreibungs*modelle zu bezeichnen sind und zu denen die Arbeiten von Hallingby (1947), Morrison (1957), Giquère (1958), Pease (1963), Shelton (1967) sowie Kassouf (1969) gezählt werden können, vgl. Bös (1991) S. 34-39. Zu den *partiellen* Gleichgewichtsmodellen, die die ersten Optionsbewertungsansätze repräsentieren, da sie explizit Wahrscheinlichkeitsaussagen über zukünftige Kurse treffen, zählen die Arbeiten von Sprenkle (1961), Boness (1964), Samuelson (1965), Baumol/Malkiel/Quandt (1966), Samuelson/Merton (1969) sowie Chen (1970). Eine kurze Darstellung dieser Arbeiten findet sich bspw. in Smith (1976) S. 15-20; Köpf (1987) S. 126-129 sowie Bös (1991) S. 39-44.

3.3.1 Das Black/Scholes-Modell

Black/Scholes (1973)[251] gelingt der entscheidende Durchbruch in der analytischen Bewertung von Aktienoptionen durch die Analyse der Wertentwicklung eines so genannten Hedge-Portfolios, bestehend aus Kaufoptionen, dem Basiswert Aktie sowie einem risikolosen Investment. Letzteres dient zur Anlage von Liquiditätsüberschüssen bzw. zur Refinanzierung bei Liquiditätsbedarf. Ein solches Hedge-Portfolio lässt sich jedoch nur dann aufbauen, wenn zwischen den Erträgen aus dem Halten einer Option und dem der Option zugrunde liegenden Wertpapier innerhalb der Analyseperiode eine vollständige Korrelation existiert.[252] Wie das Ergebnis der Analyse zeigt, besteht zwischen dem Kursverlauf des Basiswertes und dem Wert der Option jedoch keine lineare Beziehung, sodass keine Möglichkeit besteht, über die gesamte Laufzeit der Option ein risikoloses Hedge-Portfolio zu halten. Dies ist lediglich über einen infinitesimal kleinen Zeitraum möglich.

Annahmen des Modells:

1. Der Zinssatz für kurze Laufzeiten ist bekannt und im Zeitverlauf konstant. Zu diesem können unbegrenzt Liquiditätsanlagen sowie –aufnahmen erfolgen.
2. Der Aktienkurs folgt einem geometrischen Brownschen Prozess.
3. Während der Laufzeit der Option erfolgen keine Dividendenzahlungen.
4. Es handelt sich um eine europäische Option.
5. Es handelt sich um einen vollkommenen Kapitalmarkt mit kontinuierlichem Handel; Transaktionskosten existieren nicht.
6. Leerverkäufe (*short selling*) sowohl der Aktie wie auch der Option sind für jeden Marktteilnehmer unbegrenzt möglich.

Köpf (1987)[253] und Wilkens (2000)[254] weisen auf zwei weitere, implizite Modellannahmen hin, und zwar die vollkommene Teilbarkeit der Finanztitel sowie bezüglich der Marktteilnehmer das Nichtsättigungs-Postulat.

Die Annahme eines geometrischen Brownschen Prozesses für den Kursverlauf führt über den zentralen Grenzwertsatz der Statistik zu einer Lognormalverteilung der möglichen zukünftigen Aktienkurse. Die zukünftigen kontinuierlichen Aktienrenditen sind somit normalverteilt mit Mittelwert μ und Standardabweichung σ.

Die Annahme eines kontinuierlichen Handels besitzt eine Implikation auf die Art der Verzinsung. Während bei einem diskreten Handelsmodell die Verzinsung pro Periode erfolgt, wird sie in einem kontinuierlichen Modell in infinitesimal

---

[251] Die nachfolgenden Ausführungen lehnen sich am Originalaufsatz an.
[252] Eine mathematische Herleitung der Idee des Hedge-Portfolios ist bspw. in Loistl (1991) S. 185-194 zu finden.
[253] Vgl. Köpf (1987) S. 146.
[254] Vgl. Wilkens (2000) S. 318.

kleinen Schritten, d. h. stetig, berechnet. Daher ist bei der Barwertberechnung der diskrete Diskontfaktor $(1 + r)^{-t}$ durch den kontinuierlichen Abzinsungsfaktor e^{-rt} zu substituieren.

Im Black/Scholes-Modell hängt der Wert einer Kaufoption von den bereits erwähnten fünf Parametern aktueller Aktienkurs S, Basispreis E, risikoloser Zinssatz r, Restlaufzeit der Option t und Volatilität der Aktie σ ab. Der Parameter $N(d_i)$ gibt den Flächeninhalt der Standardnormalverteilungsfunktion von $-\infty$ bis d_i an.

$$C = S \cdot N(d_1) - E \cdot e^{-rt} \cdot N(d_2) \tag{3.6}$$

mit $$d_1 = \frac{\ln\frac{S}{E} + (r + \frac{\sigma^2}{2}) \cdot t}{\sigma \cdot \sqrt{t}}$$

und $d_2 = d_1 - \sigma \cdot \sqrt{t}$.

Der Optionswert ist vollkommen unabhängig von der erwarteten Aktienrendite. Die erwartete Rendite der Option hingegen korreliert mit der erwarteten Aktienrendite. Je nachhaltiger der Kursanstieg der Aktie ausfällt, desto schneller wird aufgrund des in der vorgenannten Gleichung aufgezeigten funktionalen Zusammenhangs der Wert der Option steigen.

Inspiriert durch den zeitstetigen Bewertungsansatz von Black/Scholes (1973) orientiert sich in der Folgezeit die Mehrheit der Arbeiten zur Optionsbewertung innerhalb des Rahmens der von diesen beiden Autoren vorgegebenen infinitesimal kleinen Zeiteinheiten. Da jedoch die Realität keine kontinuierlichen Handelsmöglichkeiten bietet, sondern lediglich zu diskreten Zeitpunkten Handelsgeschäfte und damit erforderliche Modifikationen des Hedge-Portfolios durchgeführt werden können, limitiert dieses Axiom des Black/Scholes-Modells seine Fähigkeit zur Operationalisierung.[255]

Zeitdiskrete Ansätze zur Optionsbewertung können den Malus der zeitstetigen Modelle überwinden. Zu dieser Modellkategorie zählt das Binomialmodell von Cox/Ross/Rubinstein (1979), dessen Hauptvorteil in der eindeutigen Fokussierung auf die Haupteinflussparameter von Optionen liegt, ohne dabei auf komplexe mathematische Verfahren zurückgreifen zu müssen. Die Autoren zeigen, dass das Black/Scholes-Modell ein Spezialfall ihres Optionsbewertungsansatzes darstellt, da sich zeigen lässt, dass die Binomialverteilung in einer Grenzbetrachtung gegen

---

[255] Vgl. Merton (1973) S. 168f. sowie Merton (1976a) S. 125-127.

die im Black/Scholes-Modell unterstellte logarithmische Normalverteilung konvergiert.[256]

Die Limitierungen der Aktienkursverteilung in den Modellprämissen verringern jedoch die Operationalisierungschancen der zeitdiskreten Bewertungsmodelle. Erst Perrakis/Ryan (1984) gelingt der Entwurf eines allgemeinen diskreten Bewertungsansatzes, der unabhängig von Annahmen über die Kursverteilung den Wert einer Option bestimmt.

Fast zeitgleich mit Cox/Ross/Rubinstein (1979) veröffentlichen Rendleman/ Bartter (1979) ein mehrperiodiges Zwei-Zustands-Modell zur Optionsbewertung, das mit dem Binomialmodell vergleichbar ist.[257]

3.3.2 Alternative Bewertungsmodelle

Die in diesem Abschnitt diskutierten Bewertungsansätze können gegliedert werden in Modelle, die Aktienoptionen bewerten, aber einen alternativen Kursverlauf als den im Black/Scholes-Modell angenommenen unterstellen, und solche, die Optionen auf einen sonstigen Basiswert berechnen.[258]

In jedem Optionsbewertungsansatz muss eine grundlegende Annahme getroffen werden bezüglich des Prozesstyps, mit dessen Hilfe der Kurs- sowie der Zinsverlauf modelliert wird. Hierfür stehen zahlreiche Prozesstypen zur Verfügung: Zeitkontinuierliche oder zeitdiskrete Prozesse, Diffusions- oder (Poisson-)Sprung-

---

[256] Vgl. Cox/Ross/Rubinstein (1979) S. 250-254.

[257] Zur Berücksichtigung von Dividendenzahlungen bei der Bewertung von Optionen vgl. Merton (1973) S. 151-156; Black (1975) S. 36ff.; Roll (1977) S. 252f.; Whaley (1982) S. 30f.; Cox/Rubinstein (1985) S. 43f. für europäische Optionen sowie S. 150-154 für amerikanische Optionen; Barone-Adesi/Whaley (1986) S. 93f.; Köpf (1987) S. 69-72 u. 78-90; Bühler (1990) S. 74f.; Kim (1995) S. 351ff.; Chance/Kumar/Rich (2002) S. 41-43. Zur Bewertung amerikanischer Optionen vgl. als Übersicht Trautmann (1986) S. 5-42; Köpf (1987) S. 184-194 und 202-209, Broadie/Detemple (1996) S. 1221-1232, Leisen (1998), Heidorn (2002) S. 189-191 sowie Wiedemann (2004) S. 184-198. Zu den numerischen Lösungsverfahren zur Bewertung amerikanischer Optionen zählen die Arbeiten von Brennan/Schwartz (1977), Parkinson (1977) und Courtadon (1982), das Binomialmodell von Cox/Ross/Rubinstein (1979) sowie das Trinomialmodell von Figlewski/Gao (1999). Unter dem Begriff analytische Hedging-Modelle werden die Arbeiten von Roll (1977), Geske (1979a, 1979b), Whaley (1981), Bunch/Johnson (1983), Geske/Johnson (1984), Breen (1991), Huang/ Subrahmanyam/Yu (1996), Carr (1998) sowie Ju (1998) zusammengefasst. Zur Gruppe der Regressionsansätze zählen die Arbeiten von Johnson (1983) sowie Broadie/Detemple (1996) und zu den analytischen Approximationsverfahren lassen sich die Arbeiten von MacMillan (1986), Barone-Adesi/Whaley (1987), Ho/Stapleton/ Subrahmanyam (1994) sowie Ju/Zhong (1999) rechnen.

[258] Einen komprimierten Überblick über alternative Optionsbewertungsansätze bieten Cox/ Rubinstein (1983) sowie Cox/Rubinstein (1985) S. 360-371.

prozesse sowie eine Mischung aus Diffusions- und Sprungprozess mit oder ohne stochastischer Volatilität bzw. mit oder ohne zufälligen Sprüngen.[259] Aus dieser knappen Aufzählung ist erkennbar, „to make matters worse, the number of possible option pricing models is virtually infinite."[260] Bei jedem neuen Bewertungsansatz sollte daher kritisch geprüft werden, ob der etwaige Zugewinn an Ergebnisgenauigkeit in einer vertretbaren Relation steht zu dem zusätzlichen (Rechen-) Aufwand sowie der exponentiell steigenden Komplexität des Modells.

Die alternativen Ansätze zur Bewertung von Aktienoptionen können primär hinsichtlich der Modellierung des Kursverlaufs klassifiziert werden. Sie unterscheiden sich bezüglich der Merkmale

1. Stetigkeit bzw. Unstetigkeit von Kursänderungen und
2. Varianz der Kursänderungen.

Ad 1.: Stetigkeit bzw. Unstetigkeit von Kursänderungen

Diffusionsmodelle unterstellen im Zeitablauf stetige Kursänderungen. In der Realität sind jedoch häufig große und sprunghafte Kursänderungen innerhalb eines kleinen Zeitraums zu beobachten. Diese Feststellung motiviert die Beschreibung von zufälligen Kursänderungen mittels Sprungprozessen. In dem Sprungmodell von Cox/Ross (1976b) ist die Unstetigkeit der Kursänderungen deterministisch und im Zeitablauf konstant, d. h. die stochastisch auftretenden Kurssprünge besitzen immer das gleiche Ausmaß. Genau diese Annahmen des Cox/Ross-Modells – stochastische Kursänderungen in demselben Ausmaß – sind im Hinblick auf die Praxistauglichkeit dieses Ansatzes kritisch zu sehen und sprechen gegen seine Verwendung.

Merton (1976a) versucht den Nachteil des reinen Sprungmodells dadurch zu relativieren, dass er den Kursverlauf als eine Kombination aus Diffusions- und Sprungprozess modelliert. Im Gegensatz zum Sprungmodell von Cox/Ross (1976b) können hier sowohl stetige als auch stochastisch auftretende, unstetige Kursänderungen berücksichtigt werden. Die größere Realitätsnähe dieses Ansatzes wird allerdings durch einen anderen Nachteil erkauft. Die Optionsbewertung kann nicht mehr auf der Basis des Duplikationsprinzips erfolgen, da keine Strategie zur Absicherung gegenüber stochastischen Kurssprüngen mit zufälliger Höhe existiert.[261] Bates (1991) weitet den Grundgedanken von Merton (1976a) aus und entwickelt ein Modell zur Bewertung amerikanischer Optionen unter Berücksichtigung eines Diffusions-/Sprungprozesses mit systematischen Sprungrisiken.[262]

---

[259] Vgl. Bakshi/Cao/Chen (1997a) S. 2003f.

[260] S. Bakshi/Cao/Chen (1997) S. 2003.

[261] Vgl. Andersen/Andreasen (2000) S. 245.

[262] Vgl. Bates (1991) S. 1023-1027. Weitere Ausführungen zu Diffusions-/Sprungmodellen finden sich bei Jarrow/Rosenfeld (1984), Ball/Torous (1985), Bates (1991, 1996), Amin

Ad 2.: Varianz der Kursänderungen

Während im Black/Scholes-Modell eine konstante Varianz der Kursänderungen im Zeitablauf angenommen wird, berücksichtigen diese Optionsbewertungsmodelle die in der Realität häufig zu beobachtende Abhängigkeit der Varianz der Aktienrendite vom absoluten Niveau der Kurse in Form einer inversen Relation zwischen Aktienkurs und Varianz. Diese inverse Relation reflektiert den ökonomischen Mechanismus, dass bei rückläufigen Kursen der Marktwert des Eigenkapitals oft schneller sinkt als der Marktwert des Fremdkapitals. Dadurch steigt der Verschuldungsgrad des betreffenden Unternehmens und damit das Kursrisiko dieser Aktie infolge eines erhöhten Finanzierungsrisikos.

Bei diesen Optionsbewertungsansätzen kann unterschieden werden zwischen Modellen, die eine systematische Veränderung der Varianz unterstellen und solchen, bei denen eine unsystematische (stochastische) Varianzänderung angenommen wird.

Zur Gruppe der systematischen Varianzänderungsmodelle zählt das Diffusionsmodell mit konstanter Varianzelastizität (*constant elasticity of variance* → CEV-Modell) von Cox/Ross (1976b). Die Varianz der Aktienrendite hängt hier vom Kursniveau ab. Es gilt der Zusammenhang:

$$\sigma(S) = \hat{\sigma} \cdot S^{\rho-1} \qquad (3.7)$$

mit $0 \leq \rho < 1$. Die Parameter $\hat{\sigma}$ und ρ werden empirisch gewonnen. Diese Formulierung der Varianz impliziert $\partial\sigma / \partial S < 0$. Für $\rho < 1$ sinkt die Aktienrendite mit steigendem Kursniveau.[263]

Die Autoren entwickeln vereinfachte Bewertungsformeln für die beiden Spezialfälle $\rho = ½$ (*square root process*) und $\rho = 0$ (*absolute process*).[264] Falls $\rho = 1$, was gleichbedeutend ist mit einer vollkommen unelastischen Varianz der Aktienrendite, reduziert sich dieser Optionsbewertungsansatz auf das Black/Scholes-Modell.[265]

Nicht nur die Einführung des Parameters ρ führt im Vergleich zu dem Black/Scholes-Modell zu einem zusätzlichen Schätzproblem. Auch die Formulierung der komplexen Optionsbewertungsformel erschwert die praktische Anwendung dieses Modells.[266]

(1993), Das/Foresi (1996) sowie Eraker (2004), der diesen Optionspreismodell-Typ auch empirisch testet.

263 Vgl. Cox/Rubinstein (1983) S. 11f.

264 Vgl. Cox/Ross (1976b) S. 149-151.

265 Vgl. Cox/Rubinstein (1985) S. 363.

266 Vgl. Köpf (1987) S. 165f.

In die Gruppe der Optionsbewertungsansätze mit systematischer Varianzänderungsrate können auch die Arbeiten von Beckers (1980), Macbeth/Merville (1980), Emanuel/Macbeth (1982), Cox/Rubinstein (1985) sowie Schroder (1989) eingeordnet werden, die im Wesentlichen das CEV-Modell von Cox/Ross (1976b) verallgemeinern.

Das Modell von Geske (1979a) zur Bewertung von Compound-Optionen knüpft an die Idee des CEV-Modells an und offeriert eine ökonomische Rechtfertigung für die Prozessspezifikation $\rho < 1$. Dieser Ansatz stützt sich methodologisch auf die empirische Beobachtung, dass Änderungen der Varianz von Aktienrenditen durch eine Modifikation der Kapitalstruktur des Unternehmens induziert werden.

Die Bewertungsgleichung für eine Compound-Option verallgemeinert die Black/Scholes-Formel um die Implikation von Kapitalstrukturänderungen auf die Volatilität von Aktienkursen. Anstatt die Aktienvolatilität – wie im Black/Scholes-Ansatz – konstant anzusetzen, setzt dieses Modell eine Ebene tiefer an und unterstellt die Kapitalrentabilität des Unternehmens als konstant.[267]

Der Bewertungsansatz einer Compound-Option gestaltet sich jedoch vergleichsweise komplex, was eine einfache Anwendung dieses Modells in der Praxis erschwert.[268] Sie wird daher von Selby/Hodges (1987) durch Reduktion der zu berechnenden Integrale sowie von Buraschi/Dumas (2001) vereinfacht.

Die Grundlogik des Geske-Modells wird von Rubinstein (1983) in seinem Diffusionsmodell (*Displaced Diffusion Model*) aufgegriffen.[269] In diesem Bewertungsansatz besitzt ein Unternehmen lediglich zwei Aktiva: einen risikobehafteten Vermögensgegenstand, dessen Wert einem multiplikativen Binomialprozess folgt, und einen risikolosen Vermögensgegenstand, dessen Wert vom Niveau des risikolosen Zinssatzes r bestimmt wird.

Im Gegensatz zu dem CEV-Modell und dem Modell für Compound-Optionen bewegt sich in diesem Bewertungsansatz sowohl die Varianz als auch der Aktienkurs in die gleiche Richtung.[270]

Neuere Ansätze zur Bewertung von Optionen verwenden andere Methoden zur Modellierung des Kursverlaufs. Heston (1993b) beispielweise entwickelt einen Optionsbewertungsansatz unter Berücksichtigung einer logarithmierten Gamma-Verteilung der Kurse und verallgemeinert damit das Binomialmodell von Cox/Ross/Rubinstein (1979) und die Black/Scholes-Formel.[271] Heston/Nandi

---

[267] Vgl. Cox/Rubinstein (1983) S. 16.
[268] Vgl. Trautmann (1986) S. 5-34f.
[269] Für die folgenden Ausführungen vgl. Rubinstein (1983) S. 213-215.
[270] Vgl. Cox/Rubinstein (1983) S. 17.
[271] Vgl. Heston (1993b) S. 939-940.

(2000) schlagen eine geschlossene Lösung zur Optionspreisbildung auf Basis eines GARCH-Prozesses vor. Dieses Modell berücksichtigt die Korrelation zwischen der Volatilität und den Aktienrenditen.[272] Savickas (2002) wiederum erarbeitet eine Optionsformel auf Basis einer Weibull-Verteilung der Kurse.[273] Der Vorteil dieses Modells liegt zum einen in seiner einfachen mathematischen Handhabung und zum anderen in seiner Fähigkeit, die empirisch beobachtbare negative Schiefe von Optionspreisen zu berücksichtigen.[274]

Bei der Gruppe der Optionspreismodelle mit unsystematischer Varianzänderung werden zwei voneinander getrennte stochastische Prozesse unterschieden. Der eine stochastische Prozess modelliert den Kursverlauf des Basiswertes, der andere beschreibt die Varianz des Kursprozesses.[275] Diese Modelle interpretieren die Varianz des Basiswertes als eigenständiges, handelbares Wertpapier. Zu dieser Modellgruppe können die Arbeiten von Hull/White (1987), Johnson/Shanno (1987), Scott (1987), Wiggins (1987), Chesney/Scott (1989), Melino/Turnbull (1990), Hilliard/Madura/Tucker(1991), Stein/Stein (1991), Heston (1993a), Eisenberg/Jarrow (1994), Hilliard/Schwartz (1996) sowie Sabanis (2003) gezählt werden.

Bei einer weiteren Gruppe von Optionspreismodellen wird nicht nur wie bei den vorerwähnten Modellen der Kursverlauf sowie die Varianz des Kursprozesses als stochastische Variable modelliert, sondern darüber hinaus auch die Entwicklung des risikolosen Zinssatzes im Zeitablauf. Zu dieser Modellkategorie zählen die Arbeiten von Amin/Ng (1993) und Bakshi/Chen (1997a,b.)

Bakshi/Cao/Chen (1997) entwickeln ein Optionspreismodell, in dem nicht nur die Volatilität und der risikolose Zinssatz als stochastische Variable modelliert werden, sondern darüber hinaus auch noch der Sprungprozess dieser beiden optionspreisbestimmenden Determinanten stochastisch ist.[276]

Bates (2000) schließlich entwirft und testet einen Optionsbewertungsansatz, der Elemente des stochastischen Volatilitätsmodells mit dem Grundgedanken des Diffusions-/Sprungprozesses zu einem neuen Bewertungsmodell (*Stochastic Volatility/Jump-Diffusion Model*) synthetisiert. Tests dieses Optionspreismodells spiegeln dessen hohen Erklärungsgehalt von gehandelten Optionspreisen wider.[277]

---

[272] Vgl. Heston/Nandi (2000) S. 586.
[273] Vgl. Savickas (2002) S. 209-211.
[274] Vgl. Savickas (2002) S. 220f.
[275] Vgl. z. B. Johnson/Shanno (1987) S. 144f.
[276] Vgl. Bakshi/Cao/Chen (1997a) S. 2007-2011.
[277] Vgl. Bates (2000) S. 189-213. Einen ähnlichen Ansatz verfolgen Eraker/Johannes/Polson (2003), die in ihrem Optionspreismodell wahrscheinlichkeitsbasierte Parameterschätzungen für die Volatilität sowie den Zeitpunkt und das Ausmaß eines Volatilitätssprungs zugrunde legen.

Ein Problem bei der Operationalisierung von stochastischen Volatilitätsmodellen liegt in der Eliminierung der stochastischen Prozesse mithilfe eines Hedge-Portfolios, denn die Konstruktion eines risikofreien Hedges zur Bewertung der Option auf Basis des Duplikationsprinzips ist nicht mehr unmittelbar möglich. Die resultierenden Optionspreisformeln sind numerisch nicht lösbar und bedürfen zur Lösung einer Simulationsrechnung. Neben diesem zusätzlichen Rechenaufwand ist auch die Schätzung der additiven Parameter zur Beschreibung des stochastischen Varianzprozesses neben dem zusätzlichen Zeitaufwand mit weiteren theoretischen Problemen verknüpft.[278]

Der Vollständigkeit halber sei noch das Transaktionskostenmodell von Leland (1985) erwähnt. Da in der Realität Transaktionskosten zu berücksichtigen sind, ist der im Black/Scholes-Modell unterstellte kontinuierliche Anpassungsprozess des Absicherungsportfolios kritisch zu sehen. Der Autor schlägt in seinem Modell eine alternative Strategie vor, die die gesamten Transaktionskosten begrenzt und den Ertrag des Hedge-Portfolios unter Berücksichtigung aller Kosten abbildet.[279] Die Berücksichtigung von Transaktionskosten führt dabei zu einer veränderten Varianz der Aktienkurse, da die Briefkurse durch Gebühren und Spesen erhöht und die Geldkurse entsprechend reduziert werden.[280] Insofern sollte der Ansatz von Leland (1985) die Realität exakter abbilden können als das Black/Scholes-Modell. Die Idee der Berücksichtigung von Transaktionskosten bei der Bewertung von Optionen wird von Boyle/Vorst (1992), Edirsinghe/Naik/Uppal (1993) sowie Perrakis/Lefoll (2000) aufgegriffen und für amerikanische Kaufoptionen mit deterministischer Dividendenzahlung während der Optionslaufzeit ausgebaut.

Bei der Bewertung von Optionen auf einen anderen Basiswert als Aktien ist insbesondere die Hypothese der Kursverteilung des Black/Scholes-Modells kritisch zu hinterfragen. Bei verzinslichen Wertpapieren beispielweise, die nicht nur eine endliche Laufzeit besitzen, sondern deren Tilgungskurs darüber hinaus deterministisch ist, kann das Black/Scholes-Modell nicht ohne weiteres übertragen werden. Ferner kann in Abhängigkeit des Basiswertes der Option das Recht zur vorzeitigen Ausübung bei einer amerikanischen Kaufoption sehr wohl werthaltig sein und ist daher bei der Optionsbewertung entsprechend zu berücksichtigen.[281]

Aufgrund dieser Tatsache existieren in Abhängigkeit des Basiswertes unterschiedliche Ansätze zur Bewertung von Optionen auf Aktienindizes,[282] verzinsliche Wertpapiere (Rentenoptionen),[283] Währungen (Devisenoptionen),[284] Futu-

---

[278] Vgl. Scott (1987) S. 427-431; Ball/Roma (1994) S. 590; Andersen/Andreasen (2000) S. 232.

[279] Vgl. Leland (1985) S. 1288-1292.

[280] Vgl. Leland (1985) S. 1300f.

[281] Vgl. Bühler (1990) S. 77f.; Wilmott (1998) S. 77f.

[282] Vgl. z. B. Figlewski (1988); Bailey/Stulz (1989).

[283] Vgl. z. B. Rendleman/Bartter (1980); Bühler (1988); Christiansen/Strunk Hansen (2002).

res[285] oder Waren (Commodity Options[286]). Da eine Diskussion dieser Optionspreismodelle vom eigentlichen Thema dieser Arbeit wegführen würde, wird auf eine vertiefte Diskussion dieser Ansätze verzichtet.[287]

3.3.3 Modellkritik und Ergebnisse empirischer Forschung

Im folgenden Unterabschnitt wird das Black/Scholes-Modell einer kritischen Würdigung unterzogen, wobei die Modellannahmen im Mittelpunkt der Analyse stehen. Anschließend erfolgt die Diskussion ausgewählter Ergebnisse empirischer Forschung bezüglich der Validität des Black/Scholes-Ansatzes zur Bewertung von Aktienoptionen.[288]

3.3.3.1 Kritik der Modellannahmen

Ansatzpunkt der kritischen Würdigung eines jeden Kapitalmarktmodells sind seine Modellannahmen. Im Fokus der Analyse steht dabei deren operationale Validität. Je realitätsferner die gesetzten Hypothesen zu bewerten sind, desto eher könnte an eine Falsifizierung des Modells gedacht werden.

Rubinstein (1994) stellt fest, dass das Black/Scholes-Modell bei Vorliegen von einer der nachfolgend genannten Verletzungen der Annahmen seine Validität einbüßt:[289]

1. Die stationäre Volatilität des Basiswertes oder der risikofreie Zinssatz ist funktional korreliert mit dem Kurs des Basiswertes oder der Zeit.
2. Die stationäre Volatilität des Basiswertes oder der risikofreie Zinssatz steht in einem funktionalen Zusammenhang mit dem historischen Kursverlauf der Aktie.
3. Der Kurs des Basiswertes entwickelt sich zwischen zwei aufeinanderfolgenden Handelszeitpunkten diskontinuierlich. Dies bedeutet, dass der Kursverlauf nur mit einer Sprungfunktion hinreichend exakt beschrieben werden kann.

---

284 Vgl. z. B. Garman/Kohlhagen (1983); Hilliard/Madura/Tucker (1991); Choi/Marcozzi (2001).

285 Vgl. z. B. Park/Sears (1985); Ramaswamy/Sundaresan (1985).

286 Vgl. z. B. Black (1976).

287 Einen guten Überblick über die Bewertungsansätze von Optionen auf verschiedene Basiswerte bieten Welcker/Kloy (1988). Ein knapper Abriss zu dieser Thematik findet sich auch in Hull (2001) S. 390-423.

288 Vgl. als Überblick auch Fortune (1996).

289 Vgl. Rubinstein (1994) S. 778; s. hierzu auch Lo/MacKinley (1988) S. 61.

4. Es existieren Marktfriktionen in Form von Transaktionskosten, Steuern oder nicht kompetitiven Kursen, oder es bestehen Restriktionen hinsichtlich der Möglichkeit, Aktien leer zu verkaufen (*short selling*).

Da in der Realität mindestens eine der genannten Tatsachen immer vorliegt, könnte die Validität des Black/Scholes-Modells kritisch gesehen werden. Einer der Autoren selbst – Black – drückt sein Erstaunen über die Akzeptanz des von ihm mit entwickelten Bewertungsansatzes angesichts seiner realitätsfernen Prämissen wie folgt aus: „I sometimes wonder why people still use the Black-Scholes formula, since it is based on such simple assumptions – unrealistically simple assumptions.“[290] Dieser selbstkritischen Aussage hält Trautmann (1986) die Feststellung von Milton Friedman entgegen, dass die Gültigkeit und Qualität eines Modells nicht am Realitätsgehalt seiner Annahmen zu messen sei, sondern an seiner Fähigkeit, zukünftige Ereignisse prognostizieren zu können.[291]

Vor diesem Hintergrund werden nachfolgend die Axiome des Black/Scholes-Modells analysiert.[292]

1. Die unterstellte Konstanz des risikofreien Zinssatzes ist unkritisch zu sehen. In der Realität ändern sich Zinssätze üblicherweise in einem Ausmaß, das den Wert einer Option nicht nachhaltig schwanken lässt. Wird zudem die in der Praxis häufig anzutreffende kurze Laufzeit von Optionen berücksichtigt, müsste sich das Zinsniveau für risikolose Finanztransaktionen sehr stark ändern, um eine signifikante Implikation auf den Wert von Optionen zu besitzen. Die des Weiteren genannte Annahme, zum risikofreien Zinssatz unbegrenzt sowohl Liquiditätsanlagen als auch –aufnahmen tätigen zu können, hält einem Praxistest nicht stand, unterstellt sie doch eine unendliche Verfügbarkeit von Liquidität. Diesem Axiom stehen in der Realität sowohl die Notenbankpolitik mit ihrem Exklusivrecht zur Geldschöpfung als auch die Kreditwürdigkeit der Marktteilnehmer entgegen.
2. Die Annahme eines geometrischen Brownschen Prozesses zur Beschreibung des Kursverlaufs der Aktie ist eine der kritischen Annahmen des Black/Scholes-Modells. Ein solcher Diffusionsprozess setzt strenge Verteilungsannahmen voraus, die im Rahmen empirischer Studien nicht bestätigt werden konnten.[293] Das Argument der Nicht-Stationarität realer Kursprozesse wiegt umso schwerer, als der Wert einer Option sensibel auf Volatilitätsänderungen reagiert. Da die Optionspreisformel für stationäre Kursprozesse deduziert wird, dürfte sie

[290] S. Black (1990) S. 11.

[291] Vgl. Trautmann (1986) S. 7-52; ähnlich auch Köpf (1987) S. 153.

[292] Die nachfolgenden Ausführungen lehnen sich an Natenberg (1994) S. 385-402 an. Eine kritische Würdigung der Modellannahmen und der Modellableitung findet sich bspw. auch bei Köpf (1987) S. 148-159 sowie Loistl (1991) S. 193f.

[293] Vgl. hierzu auch Merton (1973) S. 168f. sowie die Ausführungen zu Ergebnissen empirischer Forschung in den Unterkapiteln 3.1.2 sowie 3.2.4.

infolgedessen bei dynamischen Kursprozessen keine uneingeschränkte Gültigkeit besitzen.

3. Die Annahme einer zeitkontinuierlichen Anpassung des Hedge-Portfolios setzt die Existenz eines Handels rund um die Uhr voraus. Wiewohl es bei dieser Voraussetzung nicht nur um die technischen Möglichkeiten des konkreten Handels geht, sind sie auch an einer computerisierten Börse nur schwer zu erfüllen. Die eigentliche Kritik dieser Annahme zielt auf die offene Frage, inwieweit die zeitkontinuierliche Betrachtungsweise tatsächlich Risikoneutralität bewirkt, oder ob sie andersartige Implikationen hinsichtlich der Risikoneigung der Marktteilnehmer lediglich verwischt.
4. Die als weitere Voraussetzung genannte Friktionslosigkeit der Kapitalmärkte gleicht mehr einer erwünschten Vision denn der Realität des Faktischen. Obwohl steuerliche Implikationen bei der Preisfindung von Optionen eine eher untergeordnete Rolle spielen, sind aufgrund der Tatsache, dass Börsen in aller Regel marktwirtschaftlich organisierte Institutionen sind, immer Transaktionskosten zu berücksichtigen. Für manche Marktteilnehmer stellen sie sogar eine prohibitive Barriere zur Ausnutzung von Kursinkonsistenzen zwischen dem Kassa- und Terminmarkt (*Arbitragegeschäfte*) dar. Die als weitere Annahme genannte Identität zwischen dem Zinssatz für Kapitalanlagen (*Habenzinssatz*) und dem Zinssatz für Kapitalaufnahmen (*Sollzinssatz*) mag als nachvollziehbarer Wunsch vieler Marktteilnehmer interpretiert werden, ist jedoch in einer Marktwirtschaft unvereinbar mit der Gewinnerzielungsabsicht von Finanzintermediären.

Ist vor dem Hintergrund dieser Ausführungen die Verwendung des Black/Scholes-Modells in der Praxis kritisch zu sehen? Eine Feststellung von Natenberg (1994) mag die Antwort hierauf geben: „With all these weaknesses, one might wonder whether theoretical pricing models have any practical value at all. In fact, most traders have found that pricing models, while clearly not perfect, are an invaluable tool for making decisions in the option market. While models don't always work perfectly, they have proven to be far better than any other method of evaluating options."[294] In die gleiche Richtung weist die Aussage von Bös (1991), der feststellt: „so kann mittlerweile das Black/Scholes-Modell als theoretisch befriedigendes und anwendungsfreundliches Bewertungsverfahren angesehen werden und gilt als ‚state-of-the-art' bei der Preisfindung von Optionen."[295]

Nichtsdestotrotz sollte der mithilfe des Black/Scholes-Modells berechnete Optionswert aufgrund der aufgezeigten kritischen Momente dieses Modells als eine Indikation verstanden werden, deren Validität durch einen Vergleich mit den am Terminmarkt gehandelten Optionspreisen zu überprüfen ist.[296]

---

[294] S. Natenberg (1994) S. 405.

[295] S. Bös (1991) S. 53.

[296] Vgl. Köpf (1987) S. 153.

3.3.3.2 Ergebnisse empirischer Forschung

Eines der wesentlichen Erkenntnisziele in der empirischen Forschung von Optionsbewertungsansätzen ist die Frage, ob und inwieweit die gehandelten Optionspreise konsistent sind mit dem Kursverhalten des Basispreises im Zeitverlauf. Dabei werden regelmäßig drei Aspekte der Konsistenz überprüft, und zwar erstens die Konsistenz der Optionspreise bezüglich des Niveaus der bedingten Volatilität des Basiswertes. Zweitens wird geprüft, ob die Volatilitätsfristenstruktur (*term structure of volatility*) konsistent ist mit den prognostizierbaren Volatilitätsänderungen und drittens wird der Frage nachgegangen, ob Optionspreise konsistent sind mit Momenten höherer Ordnung (Schiefe, Wölbung) des bedingten Kursprozesses des Basiswertes.[297]

Galai (1977) weist in diesem Zusammenhang darauf hin, dass beim Test von Optionspreismodellen gewöhnlich zwei Hypothesen simultan überprüft werden. Zum einen wird die Validität des Optionspreismodells selbst getestet, zum anderen damit aber auch implizit die Markteffizienz. Kein Modelltest ist in der Lage, zwischen diesen beiden Hypothesen trennscharf zu differenzieren.[298]

Die Güte eines Optionspreismodells lässt sich nie abstakt feststellen, sondern immer nur in Relation zu einem Vergleichsmaßstab, der die Benchmark bildet. Dieser Vergleichsmaßstab sind die am Terminmarkt gehandelten Optionspreise. Sie gelten als Benchmark eines jeden Optionspreismodells. Je exakter ein Modell in der Lage ist, die gehandelten Optionspreise abzubilden, desto höher ist seine Güte. Der Ansatz, den Optionsmarkt als Benchmark festzulegen, basiert auf der Logik, dass an einem effizienten Kapitalmarkt nur arbitragefreie Kurse gehandelt werden und temporär existierende Preisungleichgewichte durch unmittelbar einsetzende Arbitragetransaktionen unverzüglich eliminiert werden.

Im Fokus der nachfolgenden Analyse steht in Fortführung der Ausführungen des vorangegangenen Abschnitts das Black/Scholes-Modell.[299] Galai (1977) beispielsweise begründet die Selektion des Black/Scholes-Modells als Basis seiner Untersuchungen wie folgt: „This model was selected because of its attractiveness on theoretical grounds and its consistency with the well-known capital-asset-pricing model (CAPM) of Sharpe and Lintner.“[300]

---

[297] Vgl. Bates (1996) S. 567f.; Bakshi/Cao/Chen (1997) S. 2005f.

[298] Vgl. Galai (1977) S. 194f.

[299] Eine Zusammenstellung über die Ergebnisse verschiedener Tests zu diversen Optionsbewertungsansätzen bietet Bates (1996b). Tests zu anderen Optionsbewertungsansätzen finden sich bspw. in Macbeth/Merville (1980), Emanuel/Macbeth (1982), Whaley (1982), Galai (1983), Geske/Roll (1984), Ball/Torous (1985), Jorion (1988), Bates (1996a), Bakshi/Cao/Chen (1997), Das/Sundaram (1999), Brandt/Wu (2002). Zu weiteren Ausführungen bzgl. Tests des Black/Scholes-Modells vgl. Daube (1993) S. 188-194.

[300] S. Galai (1977) S. 167.

Das Hauptergebnis der zahlreichen Black/Scholes-Modelltests kann mit der Feststellung von Black (1975) zusammengefasst werden: „The actual prices on listed options tend to differ in systematic ways from the values given by the formula.“[301] Bei dieser Aussage sind zwei Sachverhalte von entscheidender Bedeutung. Zum einen bezieht sie sich auf Optionen, die an einer Terminbörse gehandelt werden (*listed options*) und stellt zum anderen fest, dass die beobachteten Abweichungen von dem modellbasierten Optionspreis eine Systematik aufweisen (*tend to differ in systematic ways*). Diese mögliche Kategorisierung der Optionstests ist inhaltliche Leitlinie der nachfolgenden Ausführungen.

Im Vorgriff auf die Veröffentlichung ihres bahnbrechenden Modells testen Black/Scholes (1972) ihre Formel anhand von Optionen am over-the-counter (OTC) Optionsmarkt für den Zeitraum 1966-1969. Gegenstand ihrer Studie ist ein Effizienztest dieses Marktsegments. Dabei vergleichen sie die mit ihrem Modell berechneten Preise mit den am Markt gehandelten und gruppieren diese in über- bzw. unterbewertete Optionen. Um die Effizienz des Marktes bzw. die Angemessenheit ihres Modells zu testen, leiten sie aus Abweichungen zwischen dem modellbasierten und dem gehandelten Optionspreis einen potentiellen Gewinn ab und versuchen diesen zu maximieren. Zwar gelingt es den Autoren, bei bestimmten Marktkonstellationen einen Ertrag zu generieren; dieser ist jedoch weder systematisch noch in seiner Größenordnung signifikant. Sie begründen dieses Ergebnis damit, dass ihr Modell Optionen auf Finanztitel mit hoher Volatilität tendenziell überschätzt, Händler den Wert solcher Optionen jedoch tendenziell unterschätzen. Umgekehrt unterschätzt ihr Modell tendenziell den Wert von Optionen auf einen Basiswert mit geringer Volatilität, während Marktteilnehmer den Wert solcher Optionen eher überschätzen.[302]

Geske/Roll/Shastri (1983) bestätigen in ihrer Untersuchung das Ergebnis von Black/Scholes (1972) und führen als Begründung dieser systematischen Verzerrungen den bereits von Merton (1973) erkannten fehlenden Auszahlungsschutz von OTC-Optionen im Fall einer Dividendenzahlung an.[303]

Galai (1977) repliziert und erweitert die Untersuchung von Black/Scholes (1972) mit an der Chicago Board Options Exchange (CBOE) gehandelten Optionen und gelangt ebenfalls zu dem Ergebnis, dass die Strategie, mithilfe des Black/Scholes-Ansatzes identifizierte unterbewertete Optionen zu kaufen und zugleich überbewertete zu verkaufen, unter Berücksichtigung von Transaktionskosten keine signifikante Überrendite abwirft.[304]

Bei den Tests des Black/Scholes-Modells an Terminbörsen ergibt sich ein differenziertes Bild. Black (1975) beobachtet eine vom Modell ausgelöste tendenziell

[301] S. Black (1975) S. 64.
[302] Vgl. Black/Scholes (1972) S. 402-409 u. 416f.
[303] Vgl. Geske/Roll/Shastri (1983) S. 1272-1275.
[304] Vgl. Galai (1977) S. 174-179.

zu niedrige Bewertung von Optionen im-Geld und aus-dem-Geld und solchen mit weniger als drei Monaten Restlaufzeit.[305] Macbeth/Merville (1979) können dieses Resultat nicht in Gänze bestätigen und gelangen im Rahmen ihrer Studie für den Zeitraum 1975-1976 zu dem Ergebnis, dass das Black/Scholes-Modell zwar Optionen im-Geld tendenziell unterbewertet, Optionen aus-dem-Geld hingegen eher überbewertet. Die Autoren stellen ferner fest, dass das Ausmaß, in dem das Black/Scholes-Modell Optionen im-Geld (aus-dem-Geld) zu niedrig (zu hoch) bewertet, zunimmt, je tiefer (weiter) eine Option sich ins Geld (aus-dem-Geld) bewegt und je kürzer die Restlaufzeit ist.[306]

Macbeth/Merville (1980) bestätigen in einer vergleichenden Studie des Black/ Scholes-Modells und des CEV-Modells die bereits zuvor herausgearbeiteten Abweichungen der mithilfe des erstgenannten Optionspreismodells ermittelten Preise von den gehandelten Kursen.[307] Emanuel/Macbeth (1982) hingegen finden Perioden, in denen das Black/Scholes-Modell Optionen im-Geld unterbewertet und Optionen aus-dem-Geld überbewertet als auch Zeiträume, in denen genau das Gegenteil zu testieren ist.[308]

Ein interessanter Punkt der Analyse stellt das Niveau und der Verlauf der impliziten Volatilität in Abhängigkeit des Basispreises und der Restlaufzeit einer Option dar. Da das Black/Scholes-Modell eine über die Laufzeit der Option konstante Volatilität unterstellt, müsste die implizite Volatilität aller Optionen identisch sein. Dies wird jedoch durch empirische Studien nicht bestätigt.

Black (1975) stellt fest, dass sich die implizite Volatilität von Optionen vergrößert, je weiter sie sich aus-dem-Geld befinden.[309] Macbeth/Merville (1979) finden genau das Gegenteil heraus, dass Optionen im-Geld mit kurzer Restlaufzeit eine höhere implizite Volatilität aufweisen als solche mit identischem Basispreis aber langer Laufzeit.[310] Rubinstein (1985) bestätigt in seiner Studie die von Macbeth/ Merville (1979) gegenüber Black (1975) herausgefundene Invertierung der Entwicklung der impliziten Volatilität für den Zeitraum 1976-1978 und erweitert diese um Optionen aus-dem-Geld, indem er feststellt, dass sowohl für diese als auch für Optionen im-Geld gilt, je kürzer die Restlaufzeit, desto höher die gehandelte Volatilität.[311] Eom/Hahn (2005) beobachten bei Optionen am-Geld mit näher rükkendem Verfallstag entgegen der Prognose des Black/Scholes-Modells eine Zunahme der impliziten Volatilität.[312]

---

[305] Vgl. Black (1975) S. 63-65.

[306] Vgl. Macbeth/Merville (1979) S. 1175-1185.

[307] Vgl. Macbeth/Merville (2980) S. 292-297.

[308] Vgl. Emanuel/Macbeth (1982) S. 542-544.

[309] Vgl. Black (1975) S. 61ff.

[310] Vgl. Macbeth/Merville (1979) S. 1175.

[311] Vgl. Rubinstein (1985) S. 466-477.

[312] Vgl. Eom/Hahn (2005) S. 129.

Black/Scholes (1972), Latane/Rendleman (1976) und auch Merton (1976b) gelangen zu dem Ergebnis, dass kurzlaufende Optionen auf Aktien mit einer niedrigen historischen Volatilität tendenziell eine Unterbewertung aufweisen. Merton (1976b) führt dieses Ergebnis auf den rückläufigen Einfluss der Sprungkomponente des Kursverlaufs zurück, der bei Optionen mit einer geringen Restlaufzeit einen nur noch einen peripheren Einfluss besitzt.[313] Karoly (1993) kommt in seiner Studie zu dem Schluss, dass Kaufoptionen auf Aktien mit einer hohen historischen Volatilität durch das Black/Scholes-Modell eher überbewertet, solche auf einen Wert mit einer geringen historischen Volatilität tendenziell unterbewertet werden.[314]

Bhattacharya (1980) untersucht den Einflussfaktor Restlaufzeit und stellt fest, dass das Black/Scholes-Modell Optionen am-Geld mit kurzer Restlaufzeit überbewertet. Optionen nahe am-Geld hingegen weisen tendenziell eine Unterbewertung auf.[315]

French (1984) sieht insbesondere bei Optionen mit kurzer Restlaufzeit als weiteren Grund für eine systematische Abweichung zwischen Modellpreis und gehandeltem Kurs den Wochenendeffekt bei Kursprozessen und die damit verbundene Fragestellung, ob die Kursrenditen ausschließlich an Handelstagen (*Trading-Time-Hypothese*) oder an Kalendertagen (*Calendar-Time-Hypothese*) entstehen.[316]

Long/Officer (1997) bilden zur Überprüfung der Güte des Black/Scholes-Modells eine Korrelation zwischen diesem und dem Handelsvolumen. Sie stellen fest, dass Optionen mit einem hohen Handelsvolumen effizient gepreist werden und eine geringere Abweichung von dem Modellpreis aufweisen als Optionen mit einem geringen Umsatz. An Tagen mit einem hohen Handelsvolumen fallen jedoch die durch das Black/Scholes-Modell ausgelösten Fehlbewertungen bei allen Optionen höher aus als an Tagen mit normalem Handelsvolumen. Die Autoren leiten hieraus ab, dass ein Anstieg des Handelsvolumens eine neue oder zumindest veränderte Informationssituation am Kapitalmarkt reflektiert, auf die sich insbesondere Market Maker neu einstellen müssen und die die Optionspreisfindung mithilfe des Black/Scholes-Modells weniger effizient ausfallen lässt.[317]

Trautmann (1990) untersucht den Frankfurter Optionsmarkt für den Zeitraum 1983-1987 und gelangt zu dem Ergebnis, dass die gehandelten Markpreise für Kaufoptionen nur rudimentär mithilfe des Black/Scholes-Modells erklärt werden können.[318] Dieses Ergebnis sollte jedoch nicht als Wertung des Modells fehlinter-

---

[313] Vgl. Black/Scholes (1972) S. 408f.; Latane/Rendleman (1976) S. 375-377; Merton (1976b) S. 345.

[314] Vgl. Karoly (1983) S. 589-592.

[315] Vgl. Bhattacharya (1980) S. 1090-1094.

[316] Vgl. French (1984) S. 556f.

[317] Vgl. Long/Officer (1997) S. 8-12.

[318] Vgl. Trautmann (1990) S. 93-99.

pretiert werden, sondern ist vielmehr vor dem Hintergrund der spezifischen Struktur dieses Marktsegments zu sehen, das seinerzeit von extremen Ineffizienzen geprägt war.

Zusammenfassend lässt sich konstatieren, dass das Black/Scholes-Modell in spezifischen Konstellationen marktferne Werte für Aktienoptionen generiert. Die markantesten Fehlbewertungen treten – unabhängig von ihrer Richtung, die im Zeitverlauf teilweise diametral ist – tendenziell bei Optionen im-Geld und aus-dem-Geld sowie bei solchen mit einer kurzen Restlaufzeit auf. Für Optionen am-Geld liefert das Modell dagegen marktnahe Preise. Der Vorteil dieses Optionsbewertungsansatzes jedoch liegt unbestritten in seiner – wie es Trautmann (1990) formuliert – „Einfachheit und Robustheit.“[319] Rubinstein (1994) stellt bezüglich der Güte des Black/Scholes-Modells fest, „while I showed that biases from the Black-Scholes predictions were *statistically* significant ..., there were no evidence that the biases were *economically* significant.”[320]

Die Anwendung der Black/Scholes-Formel erfordert – wie jeder andere Optionsbewertungsansatz auch – die Kenntnis der zukünftigen Volatilität des Basiswertes. Trautmann (1990) bringt es auf den Punkt, wenn er feststellt, „die Qualität der Optionsbewertung steht und fällt mit der Qualität der Volatilitätsschätzung.“[321]

Interessant ist, dass sich die Wahrnehmung der Volatilität und damit die Risikowahrnehmung der Marktteilnehmer – wie die Studien von Black (1975), Macbeth/Merville (1979) sowie Rubinstein (1985) belegen – im Zeitverlauf ändert. Insbesondere die durch das Black/Scholes-Modell implizierten Fehlbewertungen von Optionen aus-dem-Geld, deren Werthaltigkeit erst durch nachhaltige Kursänderungen beeinflusst wird, könnten darauf zurückzuführen sein, dass die Risikowahrnehmung der Markteilnehmer von Faktoren abhängt, die in einem mathematischen Modell nicht hinreichend exakt quantifiziert werden können. Solche nicht marktimmanenten Einflüsse könnten vielmehr in der Persönlichkeitsstruktur der Marktteilnehmer zu suchen sein. Wenn sich Parameter finden lassen, die den Grad und die Intensität der Risikowahrnehmung der Marktteilnehmer beschreiben können, dann kann deren Analyse dazu beitragen, die Bedeutung der Risikowahrnehmung für die Preisfindung von Optionen transparent zu machen. Diese Überlegungen führen unmittelbar zum folgenden Unterkapitel, in dem die Ausformung der impliziten Volatilität in Abhängigkeit von Basispreis und Restlaufzeit der Option als Maß für die Wahrnehmung der Volatilität durch die Marktakteure näher untersucht wird.

---

[319] S. Trautmann (1990) S. 93.

[320] S. Rubinstein (1994) S. 772f.

[321] S. Trautmann (1990) S. 93.

3.4 Der Volatilitätssmile

Wenn alle Marktteilnehmer den mithilfe des Black/Scholes-Modells kalkulierten fairen Optionspreis als Richtwert ansehen würden, müssten sämtliche Optionen unabhängig vom Basispreis und ihrer Restlaufzeit ceteris paribus die gleiche konstante implizite Volatilität aufweisen. Die reale implizite Volatilität jedoch zeigt signifikante Abweichungen hiervon auf, die zudem einem bestimmten Muster folgen. Zwei systematische Abweichungen von der modellintendiert horizontal verlaufenden Volatilitätslinie lassen sich in der Realität identifizieren:[322]

1. Der Volatilitätssmile (*volatility smile*): In Abhängigkeit vom Basispreis weist die implizite Volatilität bei konstanter Restlaufzeit der Option einen zumeist konvexen Verlauf auf. Optionen im-Geld und aus-dem-Geld werden gegenüber Optionen am-Geld mit einer höheren Volatilität gehandelt.[323] Je nach Ausprägung der Asymmetrie des Volatilitätssmile wird auch von einer Volatilitätsschiefe (*volatility skew*) oder einem Volatilitätsrunzeln (*volatility frown*) gesprochen.[324]
2. Die Volatilitätsfristenstruktur (*term structure of volatility*): In Abhängigkeit von der Restlaufzeit der Option weist die implizite Volatilität bei konstantem Basispreis einen zumeist ebenfalls konvexen Verlauf auf.

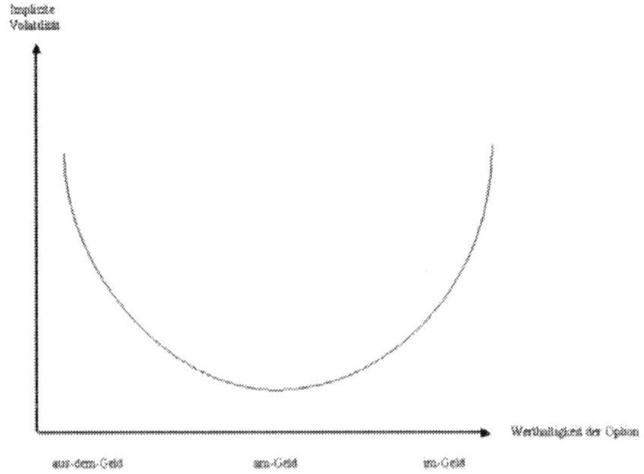

Abb. 3.2. Der Volatilitätssmile

[322] Vgl. z. B. Dupire (1994) S. 18; Natenberg (1994) S. 405ff.; Duan (1996) S. 55; Ghysels/Harvey/Renault (1996) S. 130ff.; Andersen/Andreasen (2000) S. 231; Rosenberg (2000) S. 52; Shefrin (2000) S. 303f.; Hull (2001) S. 620-623; Tompkins (2001) S. 44; Lehnert (2003) S. 28; Neumann/Wolfen (2003) S. 630.

[323] In Anlehnung an die Metapher der hochgezogenen Mundwinkel beim Lächeln wird dieser Effekt in der deutschsprachigen Literatur teilweise auch als Volatilitätslächeln bezeichnet.

[324] Vgl. Wilmott (1998) S. 290f.

Dass es sich bei diesem Phänomen um keine kurzfristige Marktanomalie handelt, zeigt die in zahlreichen Studien gefundene Persistenz dieses Effekts. Die Darstellung der Ergebnisse ausgewählter Volatilitätsstudien sowie mögliche Ansätze zur Erklärung dieses Volatilitätseffekts sind Inhalt der nachfolgenden Abschnitte. Sie schließen mit psychologischen Erklärungsansätzen dieses Phänomens, die direkt überleiten auf das nächstfolgende Kapitel.

3.4.1 Ergebnisse empirischer Forschung

In der Literatur finden sich zahlreiche Untersuchungen zum Volatilitätssmile. Sie lückenlos aufzubereiten kann nicht Ziel dieses Abschnitts sein. Insofern wird im Folgenden das Ergebnis einiger ausgewählter Studien aufbereitet, die die Existenz des Volatilitätssmile an verschiedenen Märkten und bei diversen Instrumenten aufzeigen.

Zur Wahrung einer guten Übersichtlichkeit und zur besseren Lesbarkeit sind die erwähnten Studien tabellarisch aufbereitet nach Autor(en), Untersuchungsgegenstand sowie (Haupt-)Ergebnis(se) im Hinblick auf den Volatilitätssmile respektive die Volatilitätsfristenstruktur.

Autor(en)	Untersuchungsgegenstand	(Haupt-)Ergebnis(se)
Canina/Figlewski (1993)	Verlauf der impliziten Volatilität bei OEX-Kaufoptionen für den Zeitraum 1983-1987.	Optionen tief-im-Geld besitzen eine signifikant höhere implizite Volatilität als Optionen am-Geld. Optionen tief-im-Geld sind insensitiv gegenüber Volatilitätsänderungen.[325]
Heynen/Kemna/Vorst (1994)	Konstruktion und Test von Modellen zur Messung der Relation zwischen kurz- und langfristiger impliziter Volatilität, basierend auf den folgenden drei Annahmen bezüglich der Volatilität der Aktienrenditen: ▪ Mean Reversion-Eigenschaft ▪ GARCH-Modell ▪ EGARCH-Modell	Das Niveau der unbedingten Volatilität stellt die Hauptdeterminante für die Ausprägung der Volatilitätsfristenstruktur dar.[326]

[325] Vgl. Canina/Figlewski (1993) S. 664-670.

[326] Vgl. Heynen/Kemna/Vorst (1994) S. 45-50.

Natenberg (1994)	Untersuchung des Volatilitätssmile von Optionen auf den BUND-Future an der London International Financial Futures and Options Exchange (LIFFE) im Jahr 1992.	Die Ausprägung des Volatilitätssmile ändert sich im Zeitverlauf. Ferner ändert sich das Niveau der impliziten Volatilität in Abhängigkeit von Kursänderungen des Basiswertes.[327]
Jackwerth/Rubinstein (1996)	Versuch einer Prognose des Volatilitätssmile von S&P 500 Indexoptionen.	Aufgrund der zahlreichen Ausformungen des Volatilitätssmile gelingt es den Autoren nicht, dessen Krümmung zu prognostizieren. Auch die Verwendung von Gewichtungsparametern verbessert die Prognosegüte nicht.[328]
Werner (1997)	Untersuchung des Volatilitätssmile und der Volatilitätsfristenstruktur bei DAX-Indexoptionen im Jahr 1997.	Die implizite Volatilität der DAX-Indexoptionen weist im Untersuchungszeitraum einen konvexen Verlauf auf. Je weiter der Basispreis unter dem aktuellen DAX-Indexstand liegt, desto höher ist die implizite Volatilität. Ursache hierfür sind die leptokurtisch verteilten DAX-Renditen. Die implizite Volatilität von DAX-Indexoptionen mit unterschiedlicher Laufzeit ist nicht identisch. Ursache hierfür könnte die Mean Reversion-Eigenschaft der Volatilität sein.[329]
Ait-Sahalia/Lo (1998)	Analyse des Volatilitätssmile von S&P 500 Indexoptionen im Jahr 1993.	In Abhängigkeit von der Restlaufzeit der Option ändert sich die Steilheit des Volatilitätssmile: Je länger die Restlaufzeit der Option, desto flacher fällt der Volatilitätssmile aus. Die implizite Volatilität von Optionen am-Geld ist leicht positiv korreliert mit der Restlaufzeit der Option. Die implizite Volatilität von

[327] Vgl. Natenberg (1994) S. 408-410.
[328] Vgl. Jackwerth/Rubinstein (1996) S. 1618f.
[329] Vgl. Werner (1997) S. 342f.

		Verkaufsoptionen (Kaufoptionen) fällt (steigt) in Abhängigkeit von ihrer Restlaufzeit.[330]
Bolck (1999)	Untersuchung des Volatilitätssmile bei DAX-Optionen im Jahr 1995.	Die implizite Volatilität sowohl bei Kauf- als auch bei Verkaufsoptionen weist einen u-förmigen Verlauf auf, dessen Minimum bei Kaufoptionen mit einer kurzen Restlaufzeit bei Optionen am-Geld liegt und bei solchen mit einer langen Restlaufzeit bei Optionen aus-dem-Geld. Bei Verkaufsoptionen liegt das Minimum der gehandelten Volatilität für kurze Restlaufzeiten bei Optionen am-Geld, bei Optionen mit einer langen Restlaufzeit hingegen im-Geld.[331]
Andersen/Andreasen (2000)	Entwicklung und Test einer partiellen Differenzengleichung zur Preisfindung von S&P 500 Kaufoptionen im Jahr 1999 in Abhängigkeit von Basispreis und Laufzeit.	Die Entwicklung des Volatilitätssmile in einem Modell mit deterministischer Volatilitätsfunktion führt – adaptiert auf die Daten des S&P 500 – zu einem nicht-stationären Resultat. Das Sprung-/Diffusionsmodell hingegen liefert eine annähernd perfekt stationäre Volatilitätsschiefe der S&P 500 Kaufoptionen.[332]
Ait-Sahalia/Wang/Yared (2001)	Untersuchung der Schiefe und Kurtosis bei S&P 500 Optionen für den Zeitraum 1986-1994.	Die aus Optionspreisen deduzierbare Schiefe und Kurtosis der Renditeverteilung translatiert in eine relative Preisdifferenz führt zu einer Vergrößerung derselben, wenn die Werthaltigkeit (*moneyness*) der Option sinkt.[333]

[330] Vgl. Ait-Sahalia/Lo (1998) S. 521-524.

[331] Vgl. Bolek (1999) S. 122-126.

[332] Vgl. Andersen/Andreasen (2000) S. 252-256.

[333] Vgl. Ait-Sahalia/Wang/Yared (2001) S. 97-99.

Guidolin/Timmermann (2003)	Analyse des Volatilitätssmile von S&P 500 Indexoptionen für den Zeitraum 1988-1993 unter der Annahme der Gültigkeit des Bayes-Theorems.	Bayes'sches Lernen generiert eine aufwärts geneigte Volatilitätsfristenstruktur von Optionen am-Geld und aus-dem-Geld, während diejenige von Optionen im-Geld zunächst abnimmt, um dann wieder anzusteigen.[334]
Lehnert (2003)	Untersuchung des Volatilitätssmile von DAX-Indexoptionen (ODAX) für den Zeitraum 2000-2001.	DAX-Indexoptionen weisen einen ausgeprägten Volatilitätssmile auf, der für Verkaufsoptionen mit kurzer Restlaufzeit dazu noch eine Schiefe aufweist. Bei DAX-Indexoptionen mit einer langen Restlaufzeit ist ein Volatilitätssmile so gut wie nicht mehr zu beobachten.[335]
Neumann/Wolfen (2003)	Analyse des Smile-Effekts von DAX-Indexoptionen im Jahr 2001.	Der Volatilitätssmile ist sowohl bei Kauf- als auch bei Verkaufsoptionen feststellbar, allerdings in unterschiedlicher Ausprägung: ▪ Kaufoptionen im-Geld sowie Verkaufsoptionen aus-dem-Geld besitzen eine signifikant höhere implizite Volatilität als Kaufoptionen aus-dem-Geld und Verkaufsoptionen im-Geld. ▪ Die Minima der Regressionsparabeln liegen bei Kaufoptionen aus-dem-Geld und bei Verkaufsoptionen im-Geld. ▪ Kurz vor dem Verfallstag besitzt der Volatilitätssmile eine stärkere Ausprägung.[336]

[334] Vgl. Guidolin/Timmermann (2003) S. 737f.

[335] Vgl. Lehnert (2003) S. 33-37.

[336] Vgl. Neumann/Wolfen (2003) S. 633.

Leschhorn/Eibl (2004)	Überprüfung der negativen Korrelation zwischen DAX und VDAX bei einer unterstellten unveränderlichen Volatilitätsstruktur.	In der Realität ändert sich die Volatilitätsstruktur. Fällt der DAX, rollt die Volatilität des VDAX auf dem Skew nach oben, was sich in einer Änderung der Steilheit des Skew manifestiert.[337]
Ederington/Guan (2005b)	Analyse des unterschiedlichen Informationsgehalts der impliziten Volatilität von Optionen auf den S&P 500 Future.	Bei Optionen mit einem niedrigen Basispreis – das sind Verkaufsoptionen aus-dem-Geld sowie Kaufoptionen im-Geld – ist die implizite Volatilität verzerrt und als Schätzer für die zukünftige Volatilität nicht geeignet. Bei Optionen mit einem hohen Basispreis – das sind Kaufoptionen aus-dem-Geld sowie Verkaufsoptionen im-Geld – ist die implizite Volatilität unverzerrt und stellt einen guten Schätzer für die zukünftige Volatilität dar. Der größte Informationsgehalt der impliziten Volatilität lässt sich aus Basispreisen nahe am Wendepunkt des Volatilitätssmile extrahieren. Da sich der Verlauf des Informationsgehalts der impliziten Volatilität mit dem des Volatilitätssmile deckt, sprechen die Autoren vom „Informationsrunzeln“ (*information frown*).[338]

Diese Zusammenstellung ausgewählter Literaturquellen zeigt, dass der Volatilitätssmile ein zeit- und produktunabhängiges Phänomen darstellt und an allen Optionsmärkten feststellbar ist. Differenzierte Analysemethoden führen dabei zu keinem abweichenden Ergebnis. Insofern kann der Smile-Effekt als ein persistentes Charakteristikum der Optionsmärkte betrachtet werden, für dessen Existenz Erklärungsansätze zu suchen sind. Diese sind Gegenstand des nachfolgenden Abschnitts.

---

337 Vgl. Leschhorn/Eibl (2004) S. 106f.

338 Vgl. Ederington/Guan (2005b) S. 1442-1445.

3.4.2 Erklärungsansätze

In der Literatur finden sich mehrere Erklärungsansätze für die Existenz des Volatilitätssmile.[339] Rubinstein (1994) begründet sein Vorhandensein mit systematischen Verletzungen der Annahmen des Black/Scholes-Modells und nennt einen diskontinuierlichen Kursverlauf des Basiswertes als einen möglichen Grund für die Existenz des Volatilitätssmile. Ein anderes von ihm genanntes Argument ist der beobachtbare funktionale Zusammenhang zwischen der stationären Volatilität des Basiswertes und dem historischen Kursverlauf der Aktie. Des Weiteren erwähnt er Marktunvollkommenheiten wie Transaktionskosten oder Leerverkaufsrestriktionen, die im Ergebnis zu dem Volatilitätssmile führen.[340]

Insbesondere die Annahme einer konstanten Volatilität über die Laufzeit der Option sowie die Annahme der geometrischen Brownschen Bewegung für den Kursverlauf des Basiswertes im Black/Scholes-Modell werden als hinreichende Begründung für die Existenz des Smile-Effekts angesehen.

Wenn die Existenz des Volatilitätssmile vollumfänglich mit fehlerhaften Annahmen des Black/Scholes-Modells begründet werden könnte und der nicht beobachtbare, „wahre“ Volatilitätssmile eine Gerade wäre, dürften die erwarteten Gewinne aus potentiellen Arbitragetransaktionen – wobei Optionen am oder in der Nähe des Volatilitätsminimums gekauft und solche an den oberen Enden des Smile delta-neutral verkauft werden – ohne Berücksichtigung von Transaktionskosten nicht von null verschieden sein. Ederington/Guan (2002b) weisen jedoch nach, dass solche Handelsgeschäfte unter Vernachlässigung von Transaktionskosten einen signifikanten Ertrag generieren.[341] Werden Transaktionskosten berücksichtigt, fällt das Ergebnis differenziert aus. Die vorgenannte Volatilitätsarbitrage generiert für Positionen, die eine Woche oder länger gehalten werden, auch nach Transaktionskosten noch einen positiven Ertrag. Trotz Delta-Neutralität beim Eingehen einer solchen Arbitrageposition bleibt diese im Zeitverlauf aufgrund von Kurs- und/oder Volatilitätsänderungen nicht delta-neutral und damit nicht risikolos. Der mögliche Ertrag einer Arbitragetransaktion variiert vielmehr aufgrund von Kursänderungen des Basiswertes.

Eine Arbitrageposition mit einer Haltedauer von lediglich einem Tag, die als annähernd risikolos klassifiziert werden kann, generiert unter Berücksichtigung von Transaktionskosten keinen Mehrertrag. Insofern – so die Conclusio der Autoren – lässt sich die Existenz des Volatilitätssmile nicht auf fehlerhafte Annahmen des Black/Scholes-Modells zurückführen.[342]

---

[339] Ein kurzer Überblick über die verschiedenen Erklärungsansätze findet sich in Mayhew (1995) sowie Bolek (1999) S. 126ff.

[340] Vgl. Rubinstein (1994) S. 778.

[341] Vgl. Ederington/Guan (2002b) S. 10f. Ähnlich auch Dumas/Flemming/Whaley (1998) S. 2063.

[342] Vgl. Ederington/Guan (2002) S. 15-23 u. 31f.

Liu/Pan/Wang (2005) entwickeln als Erklärungsansatz für den Volatilitätssmile ein Modell, das die Risikoprämie für Aktien in drei Bestandteile zerlegt: die übliche Prämie für Diffusions- und Sprungrisiken sowie eine Unsicherheitsprämie für so genannte seltene Ereignisse. Die Sensitivität von Optionen gegenüber diesen beiden Prämienarten ist unterschiedlich ausgeprägt. Verkaufsoptionen tief-aus-dem-Geld beispielsweise sind sehr sensitiv gegenüber einem Crash. Die Autoren zeigen anhand von S&P-500 Indexoptionen, dass die Sensitivität gegenüber seltenen Ereignissen ausgehend vom Basiswert der Option über am-Geld Optionen bis hin zu Verkaufsoptionen tief-aus-dem-Geld signifikant zunimmt. Ist die Aversion der Marktteilnehmer gegenüber seltenen, aber unwillkommenen Kursereignissen (*Crash*) stark ausgeprägt, wird die Unsicherheitsprämie für diese seltenen Ereignisse hoch sein und demzufolge die implizite Volatilität von aus-dem-Geld Verkaufsoptionen stark steigen.[343]

Ein eher deskriptiver Ansatz, die Genese des Volatilitätssmile zu erforschen, besteht darin, Optionsbewertungsansätze zu generieren, die die Ausformung des Volatilitätssmile hinreichend exakt widerspiegeln. Diese Erweiterungen des Black/Scholes-Ansatzes lassen sich in drei Gruppen gliedern:[344]

1. Modelle mit stochastischer Volatilität
2. Sprung-/Diffusionsmodelle sowie
3. Modelle mit deterministischer Volatilität.

Zu den Ansätzen mit stochastischer Volatilität zählt das stochastische Volatilitätsmodell von Hull/White (1987), Scott (1987), Wiggins (1987), Chesney/Scott (1989), Melino/Turnbull (1990, 1995), Stein/Stein (1991) und Heston (1993a). In diese Gruppe lässt sich auch das Modell von Merton (1973) und Amin/Jarrow (1991) mit stochastischem Zinssatz einordnen. Bei diesen Bewertungsansätzen wird die Volatilität der Aktie als ein Diffusionsprozess mit Mean Reversion-Eigenschaft modelliert, der typischerweise mit dem Kursprozess der Aktie korreliert ist.

Andersen/Andreasen (2000) arbeiten heraus, dass der Versuch, den Volatilitätssmile mithilfe von stochastischen Volatilitätsansätzen zu modellieren, eine unrealistisch hohe Korrelation zwischen Aktienkurs und Volatilität erfordert.[345] Bates (1996a) gelangt zu dem Schluss, dass Optionsbewertungsansätze mit einer zugrunde gelegten stochastischen Volatilität nicht in der Lage sind, die Existenz des Volatilitätssmile zu erklären.[346] Die hierzu diametrale Ansicht, dass dieser Modelltyp sowohl steigende als auch fallende und darüber hinaus auch nicht-

343 Vgl. Liu/Pan/Wang (2005) S. 146-153.

344 Vgl. Derman/Kani (1994) S. 32f.; Das/Sundaram (1999) S. 211f.; Andersen/Andreasen (2000) S. 231-233; Buraschi/Jackwerth (2001) S. 495f.

345 Vgl. Andersen/Andreasen (2000) S. 232.

346 Vgl. Bates (1996a) S. 91-96.

monoton verlaufende Volatilitätsmuster hinreichend exakt abbilden kann, vertreten hingegen Das/Sundaram (1999).[347]

Zu den Sprung-/Diffusionsmodellen können die Arbeiten von Merton (1976a), Jarrow/Rosenfeld (1984), Ball/Torous (1985), Bates (1991, 1996a), Amin (1993) sowie Das/Foresi (1996) gezählt werden.

Andersen/Andreasen (2000) stellen fest, dass mithilfe dieses Optionsbewertungsansatzes zahlreiche Ausprägungen des Volatilitätssmile modelliert werden können, verweisen aber gleichzeitig auf den hohen Aufwand, für diesen Modelltyp eine numerische Lösung zu generieren.[348] Bei der Analyse von Optionen mit kurzer Restlaufzeit teilen Das/Sundaram (1999) grundsätzlich die Meinung der vorerwähnten Autoren. Bei Optionen mit einer langen Restlaufzeit hingegen gelangen sie zu dem Ergebnis, dass Sprung-/Diffusionsmodelle den Volatilitätssmile nicht hinreichend exakt nachbilden können, da er bei solchen Optionen – entgegen der Realität – modellintendiert zu schnell abflacht. Sie kommen zu dem Schluss, dass „the jump-diffusion model appears ... to be an inadequate description of reality."[349]

Zu den Ansätzen mit deterministischer Volatilität gehört das Modell mit konstanter Varianzelastizität (*CEV-Modell*) von Cox/Ross (1976b), das implizite Binomialmodell von Rubinstein (1994), das deterministische Volatilitätsmodell von Dupire (1994) und Derman/Kani (1994) in seiner Grundversion sowie als erweiterter Ansatz von Chriss (1996), Jackwerth (1997), Lagnado/Osher (1997), Andersen/Brotherton-Ratcliffe (1998) und Brown/Toft (1999).

Die Eignung dieser Modellkategorie, die Ausformung des Volatilitätssmile hinreichend exakt abzubilden, wird in der Literatur kritisch gewürdigt. Die Art der Einbindung des Volatilitätssmile in das Modell wird als realitätsfern betrachtet, da nur wenige Marktteilnehmer die Existenz des Volatilitätssmile ausschließlich auf eine zeit- und kursabhängige Volatilität zurückführen.[350]

Kennzeichnend für die genannten Bewertungsansätze ist die Ableitung einer *einzigen* risikoneutralen Renditeverteilung aus dem beobachteten Volatilitätssmile. Sowohl Das/Sundaram (1999) wie auch Andersen/Andreasen (2000) gelangen zu dem Resultat, dass ein Optionspreismodell, das einerseits Sprung-/Diffusionsprozesse modelliert, anderseits aber auch stochastische Volatilitätselemente mit berücksichtigt, in der Lage sein sollte, den am Optionsmarkt beobachtbaren Volatilitätssmile hinreichend exakt nachzubilden.[351] Genau diesen Weg beschreiten

---

[347] Vgl. Das/Sundaram (1999) S. 228-231.

[348] Vgl. Andersen/Andreasen (2000) S. 232.

[349] Vgl. Das/Sundaram (1999) S. 226-228.

[350] Vgl. Andersen/Andreasen (2000) S. 233; ähnlich auch Ait-Sahalia/Wang/Yared (1998) sowie Dumas/Fleming/Whaley (1998).

[351] Vgl. Das/Sundaram (1999) S. 214f.; Andersen/Andreasen (2000) S. 233.

Masson/Perrakis (2000), indem sie aus dem Volatilitätssmile *zwei* Renditeverteilungen deduzieren, die eine obere und untere Wertgrenze für die Optionspreise bilden. Zwischen diesen beiden Grenzen sollte sich dann der wahre Optionspreis kalibrieren.[352]

Hentschel (2003) sieht dieses Vorgehen differenziert und verweist darauf, dass selbst bei Gültigkeit des Black/Scholes-Modells ein Volatilitätssmile zu beobachten sein kann. Er führt dies auf unvermeidbare Messfehler sowie die Tatsache zurück, dass die nicht lineare Ausweitung von Preisverzerrungen eine reziprok proportionale Wirkung besitzt: Kleine Preisverzerrungen bei beobachteten Optionspreisen führen zu großen Verzerrungen bei der mit diesen Preisen verknüpften impliziten Volatilität. Insofern – so sein Schluss – ist die Verwendung der impliziten Volatilität als Maßstab bei der Beurteilung der Leistung von Optionspreismodellen kritisch zu sehen.[353]

Nandi (1999) sieht in der Asymmetrie der Informationsverteilung unter den Marktteilnehmern die Gründe für die Existenz des Volatilitätssmile. Der Orderstrom am Optionsmarkt beinhaltet neben den Aufträgen der Liquiditätshändler auch die in Form von Orders ausgedrückte Erwartung der informierten Marktteilnehmer bezüglich der zukünftigen Volatilität des Basiswertes. Ein wachsender Orderstrom signalisiert dem Market Maker eine Zunahme der für die Zukunft erwarteten Volatilität. Der Market Maker wird daher versuchen, aus der Struktur des vorhandenen Orderstroms Rückschlüsse auf die erwartete Volatilität des Basiswertes bei Verfall der Option zu ziehen und durch eine Modifikation des von ihm verwendeten Volatilitätssmile seine Geld- und Briefkurse adjustieren. Eine leichte Verschiebung des Volatilitätssmile nach oben löst hierbei einen Anstieg seiner Geld- und Briefkurse für aus-dem-Geld Optionen aus und vice versa.

Ein nur ihnen bekannter Anstieg der zukünftigen Volatilität wird Insider motivieren, verstärkt Optionen zu handeln. Da der Market Maker versucht, dieses Insiderverhalten zu eskomptieren, wird am Optionsmarkt ceteris paribus eine positive Korrelation zu konstatieren sein zwischen dem Grad der Informationsasymmetrie bezüglich der zukünftigen Volatilität des Basiswertes unter den Marktteilnehmern und dem Niveau der impliziten Volatilität.[354]

Diesen eher modell- bzw. marktstrukturbasierten Ansätzen zur Erklärung der Existenz des Volatilitätssmile stehen Argumente gegenüber, die eine Begründung für seine Existenz in der Psychologie der Marktteilnehmer suchen. Die Beobachtung, dass Verkaufsoptionen aus-dem-Geld eine höhere implizite Volatilität auf-

---

[352] Vgl. Masson/Perrakis (2000) S. 40-46.

[353] Vgl. Hentschel (2003) S. 784-790.

[354] Vgl. Nandi (1999) S. 223-227. Weitere Marktmodelle zur Erklärung des Volatilitätssmile finden sich bei Detemple/Selden (1991), Back (1993), Biais/Hillion (1994), Brennan/Cao (1996), Cherian/Jarrow (1998), Easley/O'Hara/Srinivas (1998), Cherian/Weng (1999).

weisen als die entsprechenden Kaufoptionen, lässt nach Meinung von Neumann/ Wolfen (2003) die Interpretation zu, dass die Wahrscheinlichkeit von extremen Negativrenditen – beispielsweise ausgelöst durch einen Crash – von den Marktteilnehmern signifikant höher eingeschätzt wird als die Wahrscheinlichkeit des Eintretens sehr hoher positiver Renditen.[355] Pan (2002) begründet diesen Sachverhalt wie folgt: "Options (especially OTM put options) are priced with premia not only because of the likelihood and magnitude of such rare events, but also because of investors' aversion to such events."[356]

Shefrin (2000) vertritt in diesem Zusammenhang die These, dass die Marktteilnehmer die dem Black/Scholes-Modell zugrunde liegende Verteilungsannahme der Kurse nicht (mehr) akzeptieren und markiert den Wendepunkt in der Risikowahrnehmung mit dem Crash von 1987.[357] Gestützt wird diese Aussage durch Berechnungen von Jackwerth/Rubinstein (1996), die nachweisen, dass die implizit aus Optionen deduzierte Wahrscheinlichkeitsverteilung der Kurse vor dem Crash leicht linksschief und platykurtisch verläuft, danach jedoch eine stärker ausgeprägte linksschiefe Ausformung aufweist und leptokurtisch ist.[358]

Jackwerth (2000) rückt ebenfalls die Marktteilnehmer in den Fokus seiner Studie und leitet implizit aus gehandelten Optionspreisen und Renditen des S&P 500 Indexes für den Zeitraum 1986-1995 eine den Grad der Risikoneigung beschreibende Funktion ab. Diese Risikoneigungsfunktion der Marktakteure ändert um den Crash von 1987 herum signifikant ihre Form: Ist diese Funktion vor dem Crash monoton fallend und damit konsistent mit der üblichen Annahme eines risikoaversen Investors, so ändert sie ihr Aussehen nach dem Crash nachhaltig. Jackwerth (2000) konstatiert eine steigende Funktion, die Risikofreude signalisiert. Da ein solches Ergebnis unvereinbar ist mit klassischen Kapitalmarktmodellen und die Annahme, der Crash könnte Auslöser einer modifizierten Risikoeinstellung der Marktteilnehmer geworden sein, als Erklärung nicht hinreichend ist, kommt der Autor zu dem Schluss, dass bestimmte Optionen vom Markt nicht korrekt bewertet werden.[359]

Die nur begrenzte Rationalität der Marktteilnehmer steht bei Poteshman (2001) im Zentrum der Analyse. Er versucht, die Existenz des Volatilitätssmile mit Reaktionen der Markteilnehmer auf neue Informationen, enthalten in den täglichen Änderungen der Momentanvolatilität der Renditen, zu begründen und gelangt zu folgenden Ergebnissen:[360]

---

355 Vgl. Neumann/Wolfen (2003) S. 633.

356 S. Pan (2002) S. 6.

357 Vgl. Shefrin (2000) S. 306. Ähnlich auch Natenberg (1994) S. 407 und Hull (2001) S. 622.

358 Vgl. Jackwerth/Rubinstein (1996) S. 1628f.

359 Vgl. Jackwerth (2000) S. 441-446.

360 Vgl. Poteshman (2001) S. 862-867.

1. Marktteilnehmer unterreagieren selektiv auf tägliche Änderungen der aktuellen Volatilität.
2. Die gleichen Marktteilnehmer überreagieren in Zeiten sich stark verändernder Volatilitäten.
3. Marktteilnehmer neigen zu einer Unterreaktion (Überreaktion) auf Änderungen der Momentanvolatilität, wenn die vorausgegangene Volatilitätsänderung in die gleiche (entgegengesetzte) Richtung verläuft.

Diese Ergebnisse sind konsistent mit den auf den Kassamarkt bezogenen Modellen von Barberis/Shleifer/Vishny (1998), Daniel/Hirshleifer/Subrahmanyam (1998) sowie Hong/Stein (1999), die alle eine Unterreaktion auf kurzfristige Kursänderungen und eine Überreaktion auf langfristige Änderungen belegen. Barberis/Shleifer/Vishny (1998) begründen dieses Verhalten mit kognitiven Verzerrungen, basierend auf dem Konservatismus und der Repräsentativitätsheuristik, die für die Stimmung und Risikowahrnehmung der Investoren verantwortlich ist. Sie entwickeln die Repräsentativitätsheuristik weiter zu einer Theorie der selektiven Selbstüberschätzung (*overconfidence*) mit Rückkopplungseffekten durch Erwartungshaltungen. Das Wechselspiel zwischen Repräsentativitätsheuristik und konservativer Haltung bestimmt das Tempo des Ablaufs der spekulativen Rückkopplungsschleife.[361] Mit der Studie von Poteshman (2001) können diese Verhaltensweisen der Marktteilnehmer somit auch als für den Optionsmarkt gültig angesehen werden.

Die in diesem Abschnitt diskutierten Erklärungsansätze für die Existenz des Volatilitätssmile belegen, dass neben der preismodell- und marktstrukturbasierten Begründung die Psychologie der Marktteilnehmer – und hier insbesondere die Stimmung sowie die durch sie beeinflusste Risikowahrnehmung – das Niveau und die Ausformung des Volatilitätssmile nachhaltig determinieren. Diese unter dem Terminus personale Determinanten der Risikowahrnehmung subsumierbaren Parameter stehen daher im Zentrum der Analyse des nächsten Kapitels.

3.6 Zusammenfassung

In diesem Literaturkapitel wurde die Preisbildung von Optionen diskutiert. Ausgangspunkt der Analyse war die Modellierung von Kursprozessen. Hier wurde bei der Darstellung der Ergebnisse empirischer Forschung insbesondere der wissenschaftliche Diskurs um die Verifikation oder Falsifikation der neo-klasssischen Paradigmen der Finanzierungstheorie herausgearbeitet.

Geprägt wird dieser Wissenschaftsstreit von zwei Extrempositionen. Zum einen wird argumentiert, dass sich die empirisch nachweisbaren Kursanomalien letztlich

[361] Vgl. Barberis/Shleifer/Vishny (1998) S. 315ff.; s. a. Shiller (2000) S. 166-170.

doch innerhalb des traditionellen Paradigmas erklären lassen und demnach konform sind mit der Markteffizienzhypothese. Vertreter der zu dieser Haltung konträren Position argumentieren, dass die Anomalien das Ergebnis eines irrationalen Marktprozesses sind, in welchem sich die Kurse aufgrund von Stimmungen und Wahrnehmungsverzerrungen der Marktteilnehmer mehr oder weniger weit von ihrem Fundamentalwert entfernen können.

Die Ausführungen zu den drei Kursanomalien Mean Reversion-Eigenschaft, Size-Effekt sowie Kalendereffekte mündeten in der Feststellung, dass Stimmungsschwankungen und Wahrnehmungsverzerrungen psychologische Faktoren für eine verhaltenswissenschaftlich fundierte Explikation der Existenz von Kursanomalien sein könnten.

Mit Blick auf das Erkenntnisziel dieser Arbeit lässt sich als wichtiges Ergebnis bezüglich der Bedeutung der Volatilität für die Optionspreisbestimmung festhalten, dass die Stimmung der Marktteilnehmer einen bedeutenden Faktor zur Erklärung der bedingten Volatilität darstellt und daher folgerichtig Eingang in die Preisbildung von Optionen finden sollte.

Die Art und Intensität der Wahrnehmung des Risikos gekoppelt mit der jeweiligen Stimmungslage der Marktakteure könnten zu sich selbst verstärkenden Effekten bei der Entwicklung der impliziten Volatilität führen. Vor diesem Hintergrund ist die Annahme eines geometrischen Brownschen Prozesses zur Beschreibung des Kursverlaufs der Aktie im Black/Scholes-Modell kritisch zu sehen, da ein solcher Diffusionsprozess strenge Verteilungsannahmen voraussetzt, die im Rahmen empirischer Studien nicht bestätigt werden konnten.

Insbesondere die durch das Black/Scholes-Modell implizierten Fehlbewertungen von bestimmten Optionen könnten darauf zurückzuführen sein, dass die Risikowahrnehmung der Markteilnehmer von Faktoren abhängt, die in einem mathematischen Modell nicht hinreichend exakt quantifiziert werden können. Solche nicht marktimmanenten Einflüsse könnten vielmehr in der Persönlichkeitsstruktur der Marktteilnehmer zu suchen sein. Wenn sich Parameter finden lassen, die den Grad und die Intensität der Risikowahrnehmung der Marktteilnehmer beschreiben können, dann kann deren Analyse dazu beitragen, die Bedeutung der Risikowahrnehmung für die Preisfindung von Optionen transparent zu machen.

Diese Überlegungen mündeten in den letzten Abschnitt dieses Kapitels, in dem die reale implizite Volatilität mit dem von Optionsbewertungsmodellen unterstellten Volatilitätsverlauf verglichen und Erklärungsansätze für die systematischen Abweichungen zwischen der theoretischen impliziten Volatilität und der empirisch feststellbaren Volatilität in Form des Volatilitätssmile (*volatility smile*) und der Volatilitätsfristenstruktur (*term structure of volatility*) erarbeitet wurden. Ferner konnte gezeigt werden, dass neben den preismodell- und marktstrukturbasierten Argumenten die Psychologie der Marktteilnehmer das Niveau und die Ausformung des Volatilitätssmile nachhaltig determinieren. Natenberg (1994) bringt dies auf den Punkt, wenn er feststellt: „Successful option trading is at least as much as a science, and a trader must know where science leaves off, and other intangible assets, whether intuition or market feel or experience, begin."[362] Insofern besteht das Erfordernis, die personalen Einflussfaktoren der Risikowahrnehmung zu analysieren und ihre Rolle bei der Preisfindung von Optionen nachzuzeichnen. Dies ist Gegenstand des folgenden Kapitels.

[362] S. Natenberg (1994) S. 418.

4. Verhaltenwissenschaftliche Erklärungsansätze für die Risikowahrnehmung

Gegenstand dieses Kapitels ist die Analyse von personalen Einflussfaktoren auf die Wahrnehmung von (Kurs-)Risiken. Als Ausgangspunkt dient die von Simon (1986) in die ökonomische Diskussion eingebrachte Metapher, dass „(e)conomics without psychological and sociological research ... is a one-bladed scissors."[1] Wiewohl von einem Zusammenwirken von Risikoeinstellung und Risikowahrnehmung ausgegangen werden kann, sind diese beiden Faktoren nicht voneinander unabhängig. Über den zwischen ihnen vermuteten Zusammenhang erscheint die Annahme plausibel, dass die Risikoeinstellung auf die Risikowahrnehmung einwirkt.[2] Unser (1999) referiert in diesem Zusammenhang die Vermutung stützende Studien, dass die Berücksichtigung des wahrgenommenen Risikos eine bessere Erklärung und Prognose des Risikoverhaltens gestattet als die alleinige Beachtung der Risikoeinstellung.[3] Dies führt zu der Überlegung, dass sich das ungleiche Verhalten zweier Personen mit identischer Risikoeinstellung in der gleichen Entscheidungssituation auf interindividuelle Unterschiede in der Risikowahrnehmung zurückführen lässt. Zahlreiche Forschungsarbeiten zur Risikowahrnehmung von Kapitalmarktakteuren gehen allerdings davon aus, dass alle Menschen gleich sind. Persönlichkeitsfaktoren finden keine hinreichende Beachtung.[4] Für eine Positionierungsentscheidung am Kapitalmarkt ist aus verhaltenswissenschaftlicher Perspektive hingegen nicht das *objektive* Risiko eines Investments entscheidend, sondern das *subjektive Risikoempfinden* des Marktteilnehmers. Diese subjektive Risikowahrnehmung kann von den abstrakten, formal-statistischen Risikomaßen deutlich differieren. Der Risikogehalt einer Kapitalanlage in der Dimension des empfundenen Risikos (*perceived risk*) hängt somit von nicht formal quantifizierbaren Variablen ab. Diese sind Gegenstand der Analyse im vorliegenden Kapitel.

In den beiden ersten Abschnitten erfolgt zunächst eine semantische Analyse und Eingrenzung der beiden Begriffe Risiko sowie Wahrnehmung. Dabei werden Wahrscheinlichkeitskonzepte zur Evaluation des Risikos und hieraus ableitbare Risikomaße ebenso berücksichtigt wie Entscheidungen unter Risiko.

---

[1] S. Simon (1986) S. S223f.

[2] Vgl. Sitkin/Pablo (1992) S. 15; Sitkin/Weingart (1995) S. 1574.

[3] Vgl. Unser (1999) S. 45f.

[4] Vgl. Cohen (2001) S. 163.

Beim Begriff der Wahrnehmung werden unter Rückgriff auf Erkenntnisse der Psychologie die verschiedenen Stufen des menschlichen Wahrnehmungsprozesses referiert sowie psychologische Erklärungsansätze für die Wahrnehmung aufgezeigt.

Die Konzeptualisierung der Risikowahrnehmung ist Gegenstand des darauffolgenden Abschnitts. Hier werden zwei Ansätze diskutiert, die auch bei der Wahrnehmung von Finanzrisiken einen hohen Erklärungswert besitzen und geeignet sind, das hypothetische Konstrukt Risikowahrnehmung empirisch zu testen.

Thematischer Schwerpunkt dieses Kapitels ist die Systematisierung und Analyse von personalen Einflussfaktoren auf die Wahrnehmung von Risiken. Gestützt auf die Ergebnisse empirischer Studien werden folgende, die Risikowahrnehmung von Menschen beeinflussende Faktoren der Persönlichkeitsdisposition untersucht:

- Die menschliche Informationswahrnehmungs- und -verarbeitungskapazität,
- Die als Ergebnis von Lernprozessen gesammelten (Berufs-)Erfahrungen,
- Situative Stimmungen und Emotionen,
- Die Leistungsmotivation,
- Die Einstellungen des Markteilnehmers zur eigenen Person (*Selbstkonzept*).

Die in dem jeweiligen Abschnitt identifizierten potenziellen Zusammenhänge zwischen der analysierten Persönlichkeitsvariable und der Risikowahrnehmung dienen der Ableitung von Hypothesen im Rahmen der im folgenden Kapitel referierten empirischen Studien.

4.1 Zum Risikobegriff

Die Problematik einer eindeutigen Bestimmung des Begriffs Risiko zeigt Drottz-Sjöberg (1991) auf, wenn sie als Konklusion ihrer zahlreichen Studien zu dem Ergebnis gelangt, dass unter ihren Testpersonen eine breitgefächerte Vielfalt von Risikodefinitionen existiert.[5] Bechmann (1997b) konstatiert sogar, dass es der Risikoforschung trotz aller Bemühungen nicht gelungen sei, weder einen einheitlichen Risikobegriff noch eine in sich geschlossene Risikotheorie zu entwickeln.[6]

[5] Vgl. Drottz-Sjöberg (1991) S. 207.

[6] Vgl. Bechmann (1994b) S. IX. Karten (1972) S. 147 beklagt ebenfalls, dass dem Begriff ‚Risiko' in der Betriebswirtschaftslehre im Allgemeinen und in der Versicherungsbetriebslehre im Besonderen „eine schillernde Vielfalt der Begriffsinhalte" beigemessen werde.

Um sich jedoch einer möglichen Konkretisierung des Risikobegriffs anzunähern, könnte Risiko in einer ersten Definition als nicht reales Objekt, sondern als *Merkmal* von Objekten, Aktivitäten und Situationen aufgrund von Wahrnehmungs-, Lern- und Denkprozessen verstanden werden. Risiko ist damit aus der sozialwissenschaftlichen Perspektive ein Konstrukt.[7] Je nachdem, aus welcher Perspektive – technischer, ökonomischer, psychologischer, soziologischer – und mit welchem (Erkenntnis-)Ziel dieser Ausdruck analysiert wird, erschließen sich mehrere Denotationen.[8] Mit dem Begriff Risiko werden vielfältige Bereiche assoziiert, in denen Menschen mit Gefahren konfrontiert werden. Hierzu zählen die Mobilität (Straßen-, Schienen- und Luftverkehr), die Gesundheit, die Wirtschaft und die Kapitalmärkte, die Technik sowie der Bereich Freizeit und Sport. In der psychologischen Literatur findet sich ein vierdimensionaler Risikobegriff, der zwischen finanziellen, physischen, sozialen sowie ethischen Risiken im Sinne der Übertretung von Normen und Gesetzen differenziert.[9] In der Umgangssprache steht Risiko grundsätzlich für Gefahren, die mit bestimmten Aktivitäten bzw. Situationen verbunden sind.[10]

Über dieses Verständnis des Risikobegriffs hinaus existiert ein Konnotationskontinuum, das im Folgenden diskutiert wird. Dass dabei nicht alle Aspekte abschließend behandelt werden können, liegt in der Notwendigkeit begründet, sich nicht vom eigentlichen Erkenntnisziel der Arbeit zu entfernen.[11]

In vielen Sprachen beinhaltet der Begriff Risiko eine pejorative Komponente.[12] Das Duden-Fremdwörterbuch definiert Risiko als Wagnis, Gefahr bzw. Verlustmöglichkeit bei einer unsicheren Unternehmung. Im Oxford English Dictionary findet sich als Beschreibung des Begriffs Risiko „a chance of injury or loss“.[13] Diese Begriffseingrenzung lässt jedoch die relative Verteilung der dieser Definition immanenten Komponenten des Risikobegriffs – das Ausmaß potenzieller Verluste und deren Eintrittswahrscheinlichkeit – offen.

---

[7] Für eine etymologische Analyse des Risikobegriffs vgl. z. B. Luhmann (1991) S. 16-23 sowie Helten (1994a) S. 1.

[8] Banse/Bechmann (1998) S. 29-70 geben einen detaillierten Überblick der unterschiedlichen Wissenschaftsdisziplinen über die verschiedenen Sichtweisen zum Risikobegriff und bieten mit der sich anschließenden umfangreichen Bibliografie vorwiegend deutschsprachiger Risikoliteratur eine fundierte Zusammenfassung zum Stand der Risikoforschung.

[9] Vgl. Jackson/Hourany/Vidmar (1972) S. 486; Schwenkmezger (1977) S. 24.

[10] Zur Semantik des Risikobegriffs im Alltag vgl. z. B. Renn (1989) S. 168-178; Holzheu/Wiedemann (1993) S. 9-11.

[11] Eine kurze Übersicht zu Inhalten, Theorien und Methoden der psychologischen Risikoforschung findet sich z. B. bei Rohrmann (1991).

[12] Vgl. Cowell/Schokkaert (2001) S. 945.

[13] Vgl. Weber/Milliman (1997) S. 128.

Intuitiv könnte demnach der Risikobegriff konkretisiert werden als möglicher Verlust oder als Wahrscheinlichkeit bzw. erwartete Häufigkeit einer bestimmten nachteiligen Konsequenz.[14] Helten (1991) kennzeichnet Risiko als Informationsdefizit über die finale Bestimmtheit, d. h. über das Erreichen gesteckter Ziele bzw. angestrebter finanzieller Zustände.[15] Urquhart (1988) hingegen differenziert beim Begriff Risiko zwischen *talking definitions* und *pricing definitions*. Bei der erstgenannten Begriffsbestimmung beinhaltet der Risikobegriff die Verknüpfung von Wahrscheinlichkeit und Ausmaß eines nachteiligen Ereignisses, wobei keine Antwort auf die Frage der Verknüpfung von Wahrscheinlichkeit und Ausmaß des Ereignisses gegeben wird, wohingegen bei der zweiten Auslegung Risiko als Eintrittswahrscheinlichkeit eines konkreten, definierten Schadens verstanden wird.[16]

Im ökonomischen Kontext können Entscheidungen unter Risiko in einer ersten Definition verstanden werden als Wahlakte von Wirtschaftssubjekten, bei denen die Konsequenzen der gegebenen Handlungsalternativen indeterminiert sind. Hierbei wird auf der modelltheoretischen Ebene unterstellt, dass der Entscheider über Informationen sowohl bezüglich der möglichen Handlungsalternativen als auch über deren Eintrittswahrscheinlichkeiten verfügt.[17]

Diese kurzen Ausführungen mögen das Erfordernis dokumentieren, im nächsten Abschnitt eine semantische Demarkation des Risikobegriffs auf einer breiteren Basis vorzunehmen. Dies umso mehr, als der Risikobegriff im vorangegangenen Kapitel ausschließlich im Kapitalmarktkontext in Form der Volatilität Verwendung fand und bei Einbeziehung von personalen Determinanten der Risikowahrnehmung Erkenntnisse der Psychologie mit zu berücksichtigen sind.[18]

4.1.1 Semantische Demarkation des Risikobegriffs

Anknüpfend an die Duden-Erklärung kann die materielle Definition des Begriffs Risiko gleichgesetzt werden mit Verlustgefahr. Die Teilausdrücke ‚Verlust' und ‚Gefahr' spiegeln den materiellen Risikobegriff in seiner Quantitäts- und Intensitätsdimension wider. Die quantitative Komponente des Risikos bezieht sich dabei auf die Art und Höhe des Verlusts, während die Intensitätsdimension das Ausmaß und die Stärke eines potenziellen Verlusts ausdrückt.[19]

---

[14] Vgl. Kemp (1993) S. 112; ähnlich auch Helten (1994b) S. 21.

[15] Vgl. Helten (1991) S. 129ff. Die wahrscheinlich erste in der Literatur erwähnte Definition des Begriffs Risiko als Informationsmangel findet sich bei Fisher (1906) S. 265-269, der Risiko und Ungewissheit synonym als Ausdruck des Nichtwissens über die Zukunft interpretiert.

[16] Vgl. Urquhart (1988) S. 13f.

[17] Vgl. Albrecht/Maurer/Möller (1998) S. 252.

[18] Zur Kritik typischer Risikobegriffe vgl. z. B. Yates/Stone (1992).

[19] Vgl. Kupsch (1975) S. 153f.; Jungermann/Slovic (1997) S. 169.

Umfassender sind Risikodefinitionen, die nicht nur auf eine mögliche Wirkung des Risikophänomens rekurrieren, sondern das Risiko in einen Entscheidungskontext einbetten. So definiert beispielsweise Mühlhaupt (1980) Risiko als „die Gefahr einer negativen Abweichung des tatsächlichen vom erwarteten Wert eines Ereignisses."[20] Dieser Risikodefinition wird im weiteren Verlauf gefolgt, denn sie setzt implizit Erwartungen des Entscheiders sowie eine Entscheidung voraus. Risiko kann in diesem Kontext als ein Konzept aus subjektiven, quasi-quantitativen Abschätzungen und wahrgenommenen Merkmalen von Objekten, Aktivitäten und Situationen verstanden werden.[21] Mit Blick auf den empirischen Teil der Arbeit ist es erforderlich, (Kurs-)Risiken von Wertpapieren in einen Entscheidungskontext einzubetten und die Wahrnehmung solcher Risiken durch Finanzmarktakteure zu analysieren.

In der formalen Definition kann Risiko als messbare bzw. quantifizierte Unsicherheit umschrieben werden und ist Ausdruck der Unschärfe von Vorstellungen über die künftige Entwicklung einer interessierenden Größe. Im Unterschied zum eingetretenen, sicheren Ergebnis einer Handlung oder Entscheidung stellt Risiko somit ein ex ante-Konzept dar.[22]

Als Ergebnis der Risikoforschung können als weitere Facetten einer formalen Risikodefinition erwähnt werden:[23]

- Risiko als Eintrittswahrscheinlichkeit eines Schadens,
- Risiko als Ausmaß eines Schadens,
- Risiko als Funktion von Eintrittswahrscheinlichkeit und Ausmaß eines Schadens.

In der Literatur wird der Risikobegriff vor allem für zwei Bereiche konzeptualisiert: Für die Technik und für die Finanzmärkte.[24] Im erstgenannten Bereich dient er der inhaltlichen Kennzeichnung der Folgen von Gefahrenmomenten. Die Wahrscheinlichkeit des Eintretens eines Schadens wird mit der erwarteten Schadenhöhe gewichtet und bildet als Erwartungswert des Schadens die Basis für die versicherungsmathematische Kalkulation von Versicherungsprämien.[25]

---

[20] S. Mühlhaupt (1980) S. 188. Ähnlich auch Weber (1990) S. 54.

[21] Vgl. Renn (1989) S. 168; Jungermann/Slovic (1993) S. 171.

[22] Vgl. Kupsch (1975) S. 153; Holzheu (1993) S. 266; Saxinger (1998) S. 336.

[23] Vgl. Holzheu (1993) S. 265; Jungermann/Slovic (1993) S. 91; Jungermann/Slovic (1997) S. 169; Banse/Bechmann (1998) S. 24.

[24] Vgl. Brügger (1999) S. 121ff.

[25] Der technische Risikobegriff wird hier nur am Rande erwähnt, da eine weitere Analyse vom eigentlichen Gegenstand der Arbeit wegführen würde. Zum technischen Risikobegriff sei daher auf die einschlägige Literatur verwiesen, z. B. Helten (1994a), Cogoy (1997), Kaplan/Garrick (1997). Es ist auch nicht beabsichtigt, sämtliche in der Literatur verwendeten Risikodefinitionen zu diskutieren. Hierfür sei bspw. verwiesen auf Hiero-

In der Finanzmarkttheorie wird mit dem Risikobegriff üblicherweise die Ungewissheit über mögliche Kursänderungen im Zeitverlauf umschrieben bzw. die Möglichkeit verstanden, dass eine erwartete Rendite unterschritten oder ein gesetztes Anspruchsniveau nicht erreicht wird.[26]

In der psychologischen Entscheidungsforschung finden sich in jeder Risikodefinition Komponenten eines subjektiven Schadens, verknüpft mit der Unsicherheit über den Eintritt dieses negativen Ereignisses. Dabei steht die Wahrnehmung von Risiken in einem funktionalen Zusammenhang mit emotionalen sowie motivationalen Effekten und in einer interdependenten Relation zu den Bedingungen des sozialen, kulturellen und politischen Umfeldes.[27]

In einem zweiten Schritt kann der Risikobegriff zergliedert werden in das so genannte objektive Risiko und das subjektive Risiko. Nach Krelle (1957) sind objektive Risiken dadurch gekennzeichnet, dass relative Häufigkeiten bzw. objektive Wahrscheinlichkeiten für das Eintreten eines Schadens vorliegen. Prägnantes Merkmal subjektiver Risiken ist hingegen das Fehlen relativer Häufigkeiten bzw. objektiver Wahrscheinlichkeiten für den Schadensfall.[28]

Konstitutives Merkmal des Risikobegriffs ist demnach das Vorliegen von Wahrscheinlichkeiten bezüglich des Eintritts des ‚Risikofalls'. Sind solche Eintrittswahrscheinlichkeiten nicht verfügbar, spricht man in Abgrenzung zum Risiko von Ungewissheit.[29] Risiken können aufgrund ihrer Quantifizierbarkeit über Diversifikation, Versicherungen und Absicherungsstrategien gesteuert werden, für Ungewissheitssituationen hingegen existieren solche Möglichkeiten nicht.

Trotz aller Unterschiedlichkeit der diskutierten Risikodefinitionen besitzen diese immer zwei Grundelemente: Die Eintrittswahrscheinlichkeit eines konkreten Ereignisses sowie dessen Bedeutung für und dessen Einfluss auf den Entscheider. Beide Faktoren lassen sich letztlich stets nur aus der Sicht des Individuums beurteilen, sodass sich immer eine subjektiv gefärbte Risikodefinition ergibt.

---

nimus (1979) S. 101-110 sowie Unser (1999) S. 46-59 und die dort jeweils zitierte Literatur.

[26] Vgl. Bauer (1995) S. 1658; Brügger (1999) S. 122. Graham (1973) S. 60f. definiert Risiko mit Blick auf den Kapitalmarkt als einen „Wertverlust, der entweder durch einen Verkauf realisiert oder durch eine erhebliche Verschlechterung der Position der Gesellschaft verursacht wird." Keppler (1990) wählt für seine Ausarbeitung interessanterweise die Überschrift „Risiko ist nicht gleich Volatilität" und kritisiert an diesem finanzwirtschaftlichen Risikobegriff, dass er kein Maß darstellt für das, was der Börsenpraktiker *intuitiv* als Risiko empfindet.

[27] Vgl. Rohrmann (1991) S. 395; Jungermann/Slovic (1993) S. 92.

[28] Vgl. Krelle (1957) S. 633-635.

[29] Vgl. Knight (1921) S. 197ff.; Niehans (1948) S. 433f.; Menges (1976) S. 1516-1518; Lee (1977) S. 44f.; Sinn (1980) S. 22ff.; Helten (1994a) S. 3; Brügger (1999) S. 123f.; Bamberg (2001) S. 1836; Garz/Günther/Moriabadi (2002) S. 23.

Dem Erfordernis folgend, zur Bestimmung der Risikowirkung über Wahrscheinlichkeiten zu verfügen, werden im nächsten Abschnitt Wahrscheinlichkeitskonzepte zur Evaluation des Risikos referiert.

4.1.2 Wahrscheinlichkeitskonzepte zur Evaluation des Risikos

Die in der Literatur diskutierten Wahrscheinlichkeitskonzepte lassen sich kategorisieren in logische, objektive und subjektive Konzeptionen.[30]

Folgt die Ableitung der Wahrscheinlichkeit aus vorhandenen Informationen ausschließlich den Regeln der induktiven Logik, handelt es sich um eine logische Wahrscheinlichkeit. Gelangen mehrere Entscheider, die minutiös den Regeln der induktiven Logik folgen, zu unterschiedlichen Wahrscheinlichkeitsaussagen, wäre ein solches Ergebnis ausschließlich auf eine heterogene Informationsbasis zurückzuführen. In Ermangelung von Regeln der induktiven Logik, die eine eindeutige Herleitung logischer Wahrscheinlichkeiten erlauben würde, ist diese Wahrscheinlichkeitsart nicht eindeutig ermittelbar.[31]

Aufbauend auf dem Prinzip des unzureichenden Grundes wird in der klassischen Wahrscheinlichkeitstheorie die Wahrscheinlichkeit eines Ereignisses definiert als Quotient aus der Anzahl der für dieses konkrete Ereignis günstigen Fälle und der Menge der insgesamt möglichen Fälle (klassische Wahrscheinlichkeitsinterpretation nach Laplace), wenn die Entscheidungssituation unter nicht unterscheidbaren Bedingungen kontinuierlich wiederholt wird (deduktive Methode) bzw. als Grenzwert relativer, a posteriori beobachteter Häufigkeiten (frequentistische Wahrscheinlichkeitsinterpretation nach von Mises (1951)[32]) oder auf Basis technischer bzw. physikalischer Zusammenhänge (induktive Methode).[33] Solche intersubjektiv überprüfbaren Wahrscheinlichkeiten werden als objektive Wahrscheinlichkeiten bezeichnet. Sie treten bei klassischen Glücksspielen wie Lotto, Roulette und dergleichen auf und können eindeutig deduziert werden.[34]

Im Kapitalmarktkontext hingegen ist eine solche eindeutige Deduktion von Eintrittswahrscheinlichkeiten nicht gegeben. Über das Zustandekommen bestimm-

---

[30] Um den Umfang dieser Arbeit nicht zu überdehnen, wird auf die Darstellung der Annahmen und Grundlagen der Wahrscheinlichkeitsrechnung verzichtet. Diesbezüglich sei auf die einschlägige Literatur verwiesen, z. B. Schneeweiß (1990), Basler (1994), Schwarze (1997), Bourier (1999), Heike/Târcolea (2000). Für verschiedene Interpretationen des Wahrscheinlichkeitsbegriffs vgl. z. B. Lee (1977) S. 70-78.

[31] Vgl. Hieronimus (1989) S. 47f.

[32] Vgl. v. Mises (1951) S. 34.

[33] Vgl. Hieronimus (1979) S. 45f.; Sinn (1980) S. 17; Pfohl/Braun (1981) S. 339f.; Bea (1995) S. 7f.; Bamberg (2001) S. 1836f.

[34] Vgl. Engelhardt (1981) S. 32f.; Bamberg (2001) S. 1838.

ter zukünftiger Kurse bestehen zwar bei den Marktteilnehmern üblicherweise Glaubwürdigkeitsvorstellungen. Es kann jedoch nicht davon ausgegangen werden, dass die zukünftigen Kurskonstellationen gleich verteilte Wahrscheinlichkeiten aufweisen.

Gegen die Interpretation der objektiven Wahrscheinlichkeit als Glaubwürdigkeitsmaß wendet Shackle (1952) ein, dass eine solche Wahrscheinlichkeit nur dann Entscheidungsrelevanz besitzt, wenn die gewählte Handlung mehrfach getätigt werden kann. Denn nur in diesem Fall kann die Wahrscheinlichkeit approximativ als relative Häufigkeit interpretiert werden, und die Wahl derjenigen Alternative, die in der Mehrheit der Fälle zum Erfolg führt, ist rechtfertigbar.[35]

Da mit Blick auf die Prognose zukünftiger Kurse am Kapitalmarkt das Postulat der mehrfachen Wiederholung der gewählten Handlung als konstitutives Element des objektiven Wahrscheinlichkeitskonzepts nicht gegeben ist, ist diese Konzeption zur Evaluation von Kursrisiken abzulehnen.

Das subjektive Wahrscheinlichkeitskonzept interpretiert Wahrscheinlichkeit nicht mehr als streng logische Relation zwischen Ergebnis und vorhandenen Informationen, sondern als subjektive Relation zwischen einem möglichen Wert der Variablen und der hierüber dem Entscheider zur Verfügung stehenden Informationen. Die Subjektivität dieses Wahrscheinlichkeitskonzepts resultiert demnach aus der Unterschiedlichkeit der verschiedenen Entscheidern zur Verfügung stehenden Informationen. Diese subjektive Relation misst die Glaubwürdigkeit, den Grad der Gewissheit oder auch das individuelle Vertrauen eines Entscheiders – die Introspektion – in den Wahrheitsgehalt einer Hypothese.[36] Savage (1954) ordnet diesen Vertrauensgraden Gewichte zu, die mehr oder weniger ausgeprägt den Regeln der (objektiven) Wahrscheinlichkeitsrechnung folgen, jedoch ohne Rückgriff auf objektive Wahrscheinlichkeiten inhaltlich interpretierbar sind.[37]

Der Prozess der Ermittlung subjektiver Wahrscheinlichkeiten hält demzufolge – im Gegensatz zum Zustandekommen von objektiven Wahrscheinlichkeiten – einer intersubjektiven Überprüfung nicht Stand und ist daher nicht objektivierbar. Er wird stets durch die nicht analysierbare Intuition des Entscheiders mit beeinflusst.[38] Eine subjektive Wahrscheinlichkeit kann daher interpretiert werden als Zahl, in der sich alle dem Entscheider zur Verfügung stehenden Informationen kulminieren. In ihr spiegeln sich die Einstellungen, Erfahrungen sowie Ansichten des Entscheiders und insofern seine Vermutungen über die Umwelt wider. Legitimerweise wird hierbei davon ausgegangen, dass zwei Entscheider demselben

---

[35] Vgl. Shackle (1952) S. 109-111.

[36] Vgl. Teichmann (1970) S. 49f. u. 52.f.; Laux (1975) S. 163f.; Menges (1976) S. 1526; Hieronimus (1979) 48f.; Engelhardt (1981) S. 41.

[37] Vgl. Savage (1954) S. 61ff.

[38] Vielleicht nennt Lee (1977) S. 62 aus diesem Grund die subjektive Wahrscheinlichkeit auch *psychologische* Wahrscheinlichkeit.

Ereignis verschiedene Wahrscheinlichkeiten zuordnen können. Diese möglichen interpersonalen Differenzen und die damit verbundene Nichtüberprüfbarkeit sind Bestandteile der Theorie der subjektiven Wahrscheinlichkeit und helfen, die Realität näher beschreiben zu können.[39]

Pratt/Raiffa/Schlaifer (1965) unterstellen, dass es dem Entscheider gelingen kann, subjektive Glaubwürdigkeitsgrade für den Eintritt eines konkreten Ereignisses in äquivalente objektive Wahrscheinlichkeiten dadurch zu transformieren, dass er versucht dasjenige Ereignis abzuschätzen, das bei einer vielfachen fiktiven Wiederholung der Entscheidungssituation einträte.[40]

Weitere Methoden zur Extraktion von subjektiven Wahrscheinlichkeiten ist zum einen die Befragung des Entscheiders nach seinen Wahrscheinlichkeitsvorstellungen bezüglich des Eintritts eines konkreten Ereignisses sowie zum anderen – als indirekte, verhaltensorientierte Methode – die Ableitung der subjektiven Wahrscheinlichkeit aus seinen getroffenen Entscheidungen.[41]

Die Qualität der Schätzung subjektiver Eintrittswahrscheinlichkeiten hängt wesentlich von der Expertise des Entscheiders bezüglich der spezifischen Schätzsituation sowie seiner Erfahrung in der Schätzung von (subjektiven) Wahrscheinlichkeiten ab. Der nicht zu kontrollierende Einfluss von intellektuellen und emotionalen Umständen auf das Zustandekommen subjektiver Wahrscheinlichkeiten in einer konkreten Entscheidungssituation, die mangelnde interpersonale Kommunizierbarkeit von subjektiven Wahrscheinlichkeiten sowie die fehlende Objektivierbarkeit ihres Zustandekommens könnte als Argument gegen die Verwendung solcher Schätzer ins Feld geführt werden. Vertreter des Wahrscheinlichkeitssubjektivismus halten dem jedoch entgegen, dass die Auffindbarkeit und Bestimmbarkeit von Wahrscheinlichkeiten in der Realität – insbesondere bei Entscheidungen am Kapitalmarkt – einen generell nicht objektivierbaren Prozess darstellt und es gerade als Vorteil der subjektiven Wahrscheinlichkeiten angesehen werden kann, dass die Expertise und die Erfahrungen des Entscheiders in ihr Zustandekommen mit einfließen.[42]

Empirische Studien bestätigen, dass die Erwünschtheit eines Ereignisses den Prozess der subjektiven Wahrscheinlichkeitsfindung nachhaltig beeinflusst.[43] Hierin manifestiert sich das Wunschdenken von Entscheidern und möglicherweise der Glauben an die Steuerbarkeit des Eintritts eines konkreten Ereignisses.

---

[39] Vgl. Hieronimus (1979) S. 55; Sinn (1980) S. 14.

[40] Vgl. Pratt/Raiffa/Schlaifer (1965) Kap. 2 u. 3 sowie Laux (1988) S. 123f.

[41] Vgl. hierzu z. B. Lee (1977) Kap. 2.3; Laux (1988) Kap. X.

[42] Vgl. Menges (1976) S. 1527; Hieronimus (1979) S. 52f.; Laux (1988) S. 124; Bea (1995) S. 21.

[43] Für einen Kurzüberblick über empirische Studien zu Auswirkungen der Erwünschtheit eines Ereignisses auf Wahrscheinlichkeitsschätzungen vgl. z. B. Schneider (1991) S. 131-133.

Die individuelle Verzerrung von Eintrittswahrscheinlichkeiten in Richtung eines erwünschten Ereignisses bietet eine ideale Basis, die Konsistenz des eigenen Denkens aufrecht zu erhalten und intrapersonale Spannungen zu minimieren. Dieser scheinbar unlogische und widersprüchliche Vorgang ist jedoch aus Sicht des Entscheiders zweckrational, können doch auf diese Weise unangenehme Empfindungen und den Selbstwert des Individuums mindernde Emotionen gezielt gesteuert werden.

Obwohl das subjektive Wahrscheinlichkeitskonzept methodologische Angriffsflächen bietet, hat sich in der Literatur die Überzeugung durchgesetzt, dass es sich als in der Realität tragfähig erweist, wenn Entscheider aufgrund gemeinsamer Erfahrungen einem konkreten Ereignis die gleiche subjektive Eintrittswahrscheinlichkeit zuordnen können.[44]

Vor dem Hintergrund der Würdigung der einzelnen Wahrscheinlichkeitskonzepte liegt es auf der Hand, bei Entscheidungen am Kapitalmarkt in Ermangelung des Vorliegens logischer und objektiver Wahrscheinlichkeiten mit dem subjektiven Wahrscheinlichkeitskonzept zu arbeiten. Im empirischen Teil dieser Arbeit wird zu zeigen sein, wie personale Determinanten diese subjektiven Wahrscheinlichkeiten in Form der Kursprognose und damit die Wahrnehmung des (Kurs-) Risikos beeinflussen.

Nach der Diskussion der Methoden zur Evaluation des Risikos werden im nächsten Abschnitt verschiedene Risikomaße diskutiert. Dabei wird zu zeigen sein, dass das im vorherigen Kapital im Fokus der Analyse stehende Risikomaß ‚Volatilität' nur eines von vielen Konzepten zur Quantifizierung des (Kurs-) Risikos darstellt.

4.1.3 Risikomaße

Bei Gesundheitsrisiken dient häufig die Sterberate – also ein Häufigkeits- bzw. Wahrscheinlichkeitsausdruck – als Risikomaß,[45] bei Umweltrisiken wird meist auf die Schadenserwartung zurückgegriffen, die sich aus der Summe der mit den Eintrittswahrscheinlichkeiten gewichteten potenziellen Schadenshöhe ergibt.[46]

Im Kapitalmarktkontext bzw. im Bereich der Finanzanalyse wird üblicherweise das Risiko einer mittels Wahrscheinlichkeitsverteilung skizzierten Alternative

[44] Vgl. Karten (1972) S. 159; Bea (1995) S. 8; Schneider (1995) S. 69.
[45] Vgl. z. B. Slovic/Fischhoff/Lichtenstein (1984).
[46] Vgl. z. B. Rowe (1979).

durch Streuungsmaße beschrieben, die Abweichungen von einer Zielgröße sowie deren Eintrittswahrscheinlichkeiten in einer Ziffer zusammenfassen.[47]

Wird Risiko im Sinne einer Verlustgefahr interpretiert, genügt es, sich auf das Downside-Risiko[48] bzw. – bei Festlegung einer Zielgröße und der Analyse der negativen Abweichungen hiervon – auf das Shortfall-Maß (*Lower Partial Moments*) zu kaprizieren. Diesem Gedankengang liegen auch die Safety-First-Überlegungen zugrunde, auf die Kaduff/Spremann (1996) mit zahlreichen Literaturhinweisen eingehen.[49]

Als ein symmetrisches Risikomaß erfasst die Varianz und Standardabweichung sowohl negative als auch positive Abweichungen vom Erwartungswert einer Zielgröße als Risiko. Für eine stetig verteilte Rendite mit dem Erwartungswert μ und der dazugehörenden Dichtefunktion f(r) lässt sich die Varianz formulieren als[50]

$$\sigma^2 = \int_{-\infty}^{\infty} (r-\mu)^2 f(r) dr. \tag{4.1}$$

Die Standardabweichung ergibt sich dann als Quadratwurzel aus der Varianz und misst die mittlere Schwankungsbreite von Renditen um ihren Erwartungswert.[51] Bei Vorliegen normalverteilter Renditen kann das Gesamtrisiko mit Hilfe der beiden ersten Momente Erwartungswert und Standardabweichung vollumfänglich beschrieben werden. Lässt sich der Verlauf von Renditen nicht hinreichend exakt mit der Normalverteilung darstellen, sind unter Umständen weitere Momente zur Beschreibung der Verteilung erforderlich. Hierzu wird üblicherweise auf die Schiefe als drittes und die Kurtosis als viertes Moment einer Verteilung zurückgegriffen.[52]

Empirische Überprüfungen lassen jedoch Zweifel aufkommen, dass der Verlauf von realen Renditen normalverteilt ist.[53] Als weiteres Argument gegen die Verwendung der Varianz bzw. Standardabweichung als Risikomaß spricht der zunehmende Einsatz von Optionen im Risikomanagement von Wertpapieren. Aufgrund der asymmetrischen Risiko-/Ertrags-Struktur dieser Instrumente kann die

[47] Für einen Überblick und eine formale Darstellung verteilungsbasierter Risikomaße vgl. Albrecht/Maurer (2002) S. 106-117.

[48] Vgl. Sortino/van der Meer (1991), Sortino/Forsey (1996).

[49] Für einen breiten Überblick über Ansätze zur Generierung von Risiko- und Präferenzordnungen vgl. Unser (1999) S. 59-102.

[50] Vgl. z. B. Pfingsten/Homölle/Riesco (2001) S. 1871.

[51] Vgl. Bauer (1995) S. 1660.

[52] Vgl. Saxinger (1998) S. 343; Pfingsten/Homölle/Riesco (2001) S. 1871.

[53] Vgl. Saxinger (1998) S. 339f.; Garz/Günther/Moriabadi (2002) S. 26-28 bzw. Kap. 3.1.2 dieser Arbeit.

Standardabweichung zur Messung ihres Risikogehalts nicht herangezogen werden.[54]

Siebenthal (1992) kritisiert die Nutzung der Standardabweichung als Risikomaß, „weil sie sich einem intuitiven Verständnis weitgehend entzieht.“[55] Es kann nicht davon ausgegangen werden, dass es jedem Marktteilnehmer gelingt, aus einem gegebenen Wert der Standardabweichung das ihm immanente Risiko abzuleiten bzw. diesen Wert mit eigenen Risikoerfahrungen zu verknüpfen. Es fehlt ein korrektes Empfinden für die Bedeutung von Werten und damit die Fähigkeit, das eigene Risikoempfinden wieder zu erkennen. Positive Abweichungen vom Erwartungswert werden außerdem im Allgemeinen nicht als Risiko, sondern als Chance empfunden.

Als Alternative zur Varianz bzw. Standardabweichung finden neuere Risikomaße Verwendung, die explizit das Downside-Risiko einer Verteilung in den Fokus der Analyse rücken.

Ausgehend von der Varianz lassen sich Downside-Risikomaße leicht dadurch ermitteln, dass nur solche Renditen berücksichtigt werden, die den Erwartungswert der Rendite unterschreiten. Die Semivarianz als ein Downside-Risikomaß ergibt sich als Erwartungswert der quadrierten negativen Differenzen vom Erwartungswert μ und lässt sich für eine stetige Dichtefunktion f(r) formulieren als[56]

$$\sigma^2 = \int_{-\infty}^{\mu} (r-\mu)^2 f(r)dr \,. \tag{4.2}$$

Bei einer symmetrischen Renditeverteilung entspricht die Semivarianz exakt der Hälfte der Varianz. Bei schiefen Renditeverteilungen hingegen kann nicht deduktiv von der Varianz auf den möglichen Ausfall geschlossen werden. Eine positive (negative) Schiefe der Verteilung bedeutet, dass die Summe der positiven (negativen) Differenzen vom Erwartungswert größer ist als die Summe der negativen (positiven) Abweichungen.

Bei der Semivarianz muss kritisch gesehen werden, dass sie von allen Renditewerten oberhalb des Erwartungswertes der Verteilung abstrahiert. Darin liegt die Gefahr, für eine Entscheidung relevante Informationen unberücksichtigt zu lassen.

Dem intuitiven Risikobegriff der Verlustgefahr folgend kann mit Hilfe eines Shortfall-Maßes (*Lower Partial Moments*) die Wahrscheinlichkeit für eine Unterschreitung einer geforderten Mindestrendite gemessen werden. Shortfall-Maße

[54] Vgl. Zenger (1992) S. 108; Albrecht/Maurer/Möller (1998) S. 250.

[55] S. Siebenthal (1992) S. 442.

[56] Vgl. Siebenthal (1992) S. 442f.; Bauer (1995) S. 1661; Saxinger (1998) S. 343f.; Pfingsten/Homölle/Riesco (2001) S. 1872.

überwinden den Nachteil symmetrischer Risikomaße und kaprizieren sich ausschließlich auf negative Abweichungen von einer Zielrendite. Das Ausfallrisiko gibt dabei die Wahrscheinlichkeit an, die vorgegebene Rendite nicht zu erreichen. Somit drückt dieses Risikomaß ein potenzielles Verlustpotenzial aus.[57]

Shortfall-Maße konzentrieren sich nur auf die von einer Zielrendite t – dem Target – negativ abweichenden Merkmalsausprägungen. Der Referenzwert t lässt sich individuell in Abhängigkeit der Risikoneigung des Entscheiders und situationsbezogen festlegen. Positive Abweichungen von der Zielrendite werden als wünschenswert angesehen und besitzen daher keinen Einfluss auf den Risikogehalt der Entscheidung.

In Abhängigkeit von der Anzahl n der zu berücksichtigenden Momente der Renditeverteilung lässt sich zwischen unterschiedlichen Ausprägungen der Lower Partial Moments (LPM) differenzieren. Das LPM n-ter Ordnung einer Dichtefunktion f(r) gibt das n-te Moment der Differenz der Rendite r von der Zielrendite t an und lässt sich formulieren als

$$LPM_n(t) = \int_{-\infty}^{t} (t-r)^n f(r) dr . \tag{4.3}$$

Für den Fall n = 0 entspricht das LPM_0 der Wahrscheinlichkeit, maximal eine Rendite in Höhe von t zu erreichen. Dies ist die Verlustwahrscheinlichkeit, wobei Verlust in diesem Zusammenhang verstanden wird als Unterschreitung der Zielrendite t. Die vorerwähnte Gleichung reduziert sich dann zu

$$LPM_0(t) = \int_{-\infty}^{t} (t-r)^0 f(r) dr = F(t) . \tag{4.4}$$

Das LPM_1 stellt den Erwartungswert der Zielverfehlung dar und das LPM_2 beschreibt die Downside- bzw. Semivarianz, wenn als Zielrendite der Erwartungswert der Renditeverteilung selektiert wird.[58]

Ein wesentlicher Vorteil von Shortfall-Maßen im Vergleich zur Standardabweichung als Risikomaß liegt darin, dass sie keine Normalverteilung der Rendi-

---

[57] Vgl. Fishburn (1977); Siebenthal (1992) S. 443f.; Zenger (1992) S. 105-108; Kaduff/ Spremann (1996) S. 784f.; Portmann (1999) S. 14-27; Unser (1999) S. 75-77; Pfingsten/ Homölle/Riesco (2001) S. 1873.

[58] Vgl. Zimmermann (1991); Albrecht/Maurer/Möller (1998) S. 254-257. Pfingsten/Homölle/Riesco (2001) S. 1874f. erwähnen als weitere Risikomaße – auf die hier allerdings nicht näher eingegangen werden soll – den Value-at-Risk (VaR), der sich in das LPM_0 überführen lässt, sowie den Shortfall-VaR.

ten unterstellen. Damit sind sie besonders geeignet, den Risikogehalt von Optionsportfolios mit asymmetrischer Renditeverteilung zu quantifizieren.[59]

Nach der Diskussion ausgewählter Risikomaße im Kapitalmarktkontext werden im nächsten Abschnitt Entscheidungen unter Risiko analysiert.

4.1.4 Entscheidungen unter Risiko

Entscheidungen werden stets im Kontext vorgegebener Umweltkonstellationen getroffen. Je nach Ausprägung der Rahmenbedingungen wird in der Literatur zwischen Entscheidungen unter Sicherheit, Unsicherheit und Risiko differenziert.[60]

Bei Entscheidungen unter Sicherheit liegen vollständige Informationen in Bezug auf das Eintreten eines Ereignisses vor. Man spricht in diesem Zusammenhang auch von deterministischen Entscheidungen.

Entscheidungen unter Unsicherheit sind dadurch charakterisiert, dass der Eintritt eines konkreten Ereignisses nicht mit subjektiven oder objektiven Wahrscheinlichkeiten unterlegt werden kann. Menges (1976) zergliedert eine solche Entscheidungssituation in zwei Untermodalitäten und differenziert zwischen einer dem Entscheider gegenüber feindlich gesonnenen und einer ihm gegenüber neutral eingestellten Umwelt. Entscheidungshilfen für den ersten Unterfall – der hier nicht weiter verfolgt wird – sind in der Theorie der strategischen Spiele zu finden.[61] Die nachfolgend skizzierten Entscheidungsregeln beinhalten demnach die implizite Annahme einer dem Entscheider gegenüber zumindest neutral eingestellten Umwelt.[62]

Bei jeder Entscheidungssituation existiert zumindest eine schlechteste Konsequenz. Diese stellt zugleich auch das Sicherheitsniveau bei der Wahl dieser Alternative dar. Nach der Maximin-Regel von Wald (1950) – die in der Literatur auch unter dem Begriff Minimax-Regel Erwähnung findet – wählt der Entscheider diejenige Alternative, die den maximalen aller minimalen Erfolge bringt, mithin das

---

[59] Vgl. Bookstaber/Clarke (1984, 1985), Albrecht/Maurer/Stephan (1995).

[60] Vgl. z. B. Bamberg (2001) S. 1836. Die Unterscheidung zwischen Unsicherheit und Ungewissheit erfolgt in der Literatur nicht immer trennscharf. Teilweise werden diese beiden Begriffe synonym gebraucht um zum Ausdruck zu bringen, dass keine Wahrscheinlichkeiten für das Eintreten eines konkreten Ereignisses vorliegen.

[61] Vgl. Menges (1976) S. 1518.

[62] Erläuterungen zu Entscheidungsregeln unter Unsicherheit finden sich bspw. bei Kupsch (1975) S. 157; Laux (1975) S. 162-164; Kupsch (1976) S. 1534; Menges (1976) S. 1527-1530; Lee (1977) S. 54-61; Sinn (1980) S. 23f.; Bitz (1981) Kap. 2; Sinn/Weichenrieder (1993) 73f.; Laux (1998) S. 104-114; Saliger (1998) S. 80-97.

Sicherheitsniveau maximiert. Diese Entscheidungsregel setzt eine extrem pessimistische Einstellung des Entscheiders voraus, da er sich nur an der Realisierung von Mindesterfolgen orientiert.

Die Maximax-Regel als Antipode zum Minimax-Kriterium basiert auf einer extrem positiven Einstellung des Entscheiders, da hier diejenige Alternative selektiert wird, deren günstigstes Ergebnis im Vergleich zu den günstigen Resultaten der übrigen Ereignisse maximal ist.

Eine Schwäche der beiden vorgenannten Entscheidungskriterien besteht in der Berücksichtigung lediglich eines Ergebnisses jeder Alternative. Genau diesen Nachteil versucht die Entscheidungsregel von Hurwicz (1951) teilweise zu beheben, indem von jeder Alternative zwei Ergebnisse in die Entscheidungsfindung einbezogen werden, und zwar das jeweils günstigste und ungünstigste. Beide möglichen Resultate werden vom Entscheidungsträger mit einem vom ihm nach subjektivem Ermessen festzulegenden Optimismusparameter α ($0 \leq \alpha \leq 1$) gewichtet, der größte Erfolg mit α, der geringste mit $1 - \alpha$. Gewählt wird jene Alternative mit dem höchsten gewogenen Durchschnitt.

Minimax- und Maximax-Regel können als Spezialfälle des Hurwicz-Kriteriums interpretiert werden. Aus $\alpha = 0$ resultiert die Minimax-Regel, für $\alpha = 1$ erhält man das Maximax-Kriterum.

Bei der auf Niehans (1948) und Savage (1951) zurückgehenden Regel erfolgt die Beurteilung der Alternativen nicht auf der Grundlage von Ergebnissen, sondern auf Basis so genannter Bedauernswerte. Für jede Alternative wird ein Bedauernswert (*regret*) errechnet, der sich als Differenz aus dem in einem gegebenen Zustand maximal erzielbaren Ergebnis dieser Alternative und den besten Resultaten der übrigen Alternativen ergibt. Eine vorhandene Entscheidungsmatrix mit konkreten Resultaten wird dabei in eine ‚Opportunitätsmatrix' transformiert. Es wird unterstellt, dass der Entscheider den Bedauernswert zu minimieren beabsichtigt und daher diejenige Alternative mit dem minimalen der maximalen Bedauernswerte selektiert.

Die Laplace-Regel basiert auf der Überlegung, dass aufgrund der Unsicherheit bezüglich des Eintretens der verschiedenen Alternativen keiner von ihnen zu bevorzugen ist und somit ihre Realisierung wider besseres Wissen als gleich wahrscheinlich zu unterstellen ist. Die Zuordnung gleicher Wahrscheinlichkeiten bei Entscheidungen unter Unsicherheit reflektiert das in der Wahrscheinlichkeitstheorie weithin bekannte Indifferenz-Prinzip oder auch Prinzip des unzureichenden Grundes genannt. Als Konsequenz dieses Entscheidungskriteriums werden sämtliche Ergebnisalternativen einer Entscheidungssituation in das Entscheidungskalkül einbezogen. Die mit der gleichen Wahrscheinlichkeit gewichteten Ergebnisse werden summiert und durch ihre Anzahl dividiert. Der Entscheider wählt diejenige Alternative mit dem höchsten Durchschnittswert.

Das Laplace-Kriterium transformiert eine Entscheidungssituation unter Unsicherheit in eine solche unter Risiko und kann daher als Grenzfall dieser Entscheidungsregeln interpretiert werden.

Als Vorteil der referierten Entscheidungsregeln unter Unsicherheit kann ihre einfache Anwendbarkeit herausgestellt werden, da von jeder Alternative lediglich ein oder allenfalls zwei Ergebnisse in die Entscheidungsfindung einbezogen werden. Dieser vermeintliche Vorzug wird jedoch dadurch erkauft, dass andere mögliche Ergebnisse unberücksichtigt bleiben. Die zuletzt diskutierte Laplace-Regel überwindet zwar diesen grundsätzlichen Nachteil der vorgenannten Entscheidungskriterien, da sämtliche Ergebnisse beachtet werden. Allerdings darf hier nicht übersehen werden, dass die Höhe der einem einzelnen Ergebnis zugeordneten Eintrittswahrscheinlichkeit von der Gesamtanzahl der möglichen Alternativen determiniert wird. Eine solche starre Verteilung der Wahrscheinlichkeiten ist als fragwürdig, weil realitätsfern zu sehen.[63]

Es kann davon ausgegangen werden, dass Entscheider bei realen Entscheidungssituationen in aller Regel aufgrund ihrer Erfahrungen und/oder ihrer speziellen Informationen bezüglich der möglichen Alternativen über subjektive Eintrittswahrscheinlichkeiten verfügen, sodass die praktische Relevanz der Entscheidungsregeln unter Unsicherheit tendenziell als eher begrenzt eingestuft werden kann.

Die klassischen Entscheidungsregeln unter Risiko postulieren, dass für die Präferenz bzw. Indifferenz zweier Zufallsvariablen nicht die gesamte Wahrscheinlichkeitsverteilung, sondern lediglich einige wenige Verteilungskennzahlen relevant sind.[64]

Die bekannteste Entscheidungsregel unter Risiko ist das Erwartungswert-Prinzip (μ-Prinzip). Der Erwartungswert μ einer Alternative a_i ergibt sich durch die multiplikative Verknüpfung der einzelnen Ereignisse einer Aktion e_{ij} mit der Wahrscheinlichkeit ihres Eintretens p_j und ist definiert als

$$\mu_i = \sum_{j=1}^{n} p_j \cdot e_{ij} \,. \qquad (4.5)$$

Der Entscheider wählt diejenige Alternative mit dem höchsten Erwartungswert.

---

[63] Als weitere Entscheidungskriterien unter Unsicherheit können ohne nähere Erläuterung genannt werden das Modus-Spannweitenkriterium von Lange (1943), die Fokusgewinn- und -verlust-Regel von Shackle (1952) sowie die Regel der äquivalenten Gewinne und Verluste von Krelle (1957) und Schneider (1964).

[64] Erläuterungen zu Entscheidungsregeln unter Risiko finden sich bspw. bei Kupsch (1975) S. 157; Laux (1975) S. 160f.; Kupsch (1976) S. 1535; Menges (1976) S. 1519-1526; Lee (1977) S. 52f.; Bitz (1981) 87-104; Laux (1998) S. 144-195; Saliger (1998) S. 42-64; Portmann (1999) S. 9-14; Bamberg (2001) S. 1839-1843.

Bei einmaligen Entscheidungen kann das Erwartungswert-Prinzip eine lediglich suboptimale Entscheidungsregel darstellen, da die Streuung der möglichen Ergebnisse um den Erwartungswert nicht berücksichtigt wird. Daher besteht die Möglichkeit, dass das Ergebnis einer Entscheidung relativ weit von ihrem Erwartungswert entfernt liegt, da die Einzelergebniswerte nicht mit diesem übereinstimmen, sondern um ihn herum streuen. Wird die Streuung der Ergebnisse bei der Entscheidungsfindung explizit berücksichtigt, wendet der Entscheider das so genannte μ-σ-Prinzip an.

Bei dem μ-σ-Prinzip wird neben dem Erwartungswert μ noch die Standardabweichung σ der Zielgröße als Maß für das Risiko ins Kalkül gezogen. Das zuerst von Fisher (1906) verwendete μ-σ-Prinzip ist keine eigentliche Entscheidungsregel, da es keine Aussage macht zur Ausformung der Präferenzfunktion des Entscheiders. Erst wenn diese spezifiziert vorliegt, wird aus einem Entscheidungsprinzip eine Entscheidungsregel.

Ein nach dem μ-σ-Kriterium handelnder Entscheider wird als risikoscheu (risikofreudig) bezeichnet, wenn er von zwei Alternativen mit dem gleichen Erwartungswert diejenige mit der kleineren (größeren) Standardabweichung selektiert. Die Risikoneigung des Entscheiders kann mit Hilfe von Indifferenzkurven in einem μ-σ-Diagramm visualisiert werden und ist im Rahmen der Portfoliotheorie Grundlage für die Findung investoroptimaler Portfolios.[65]

In Anbetracht der zahlreichen weiteren denkbaren Verteilungsparameter (Median, Modalwert, Schiefe, Kurtosis, Semivarianz, Spannweite usw.) sowie der Möglichkeit, diese singulär, paarweise oder in Gruppen zusammengefasst einzusetzen, ist erkennbar, dass sehr viele klassische Entscheidungsprinzipien unter Risiko existieren. Vor diesem Hintergrund soll nachfolgend noch ein weiteres Entscheidungskriterium unter Risiko diskutiert werden, das neben einer reinen Sachorientierung in Form von Wahrscheinlichkeiten noch den Entscheider selbst in die Entscheidungsfindung einbezieht.

Bernoulli (1738) erkannte, dass die alleinige Orientierung am Erwartungswert nicht in der Lage ist, reales Verhalten hinreichend adäquat beschreiben zu können.[66] Neben dem Erwartungswert-Kriterium ist noch die Einstellung des Entscheiders zum Risiko mit zu berücksichtigen. Das Bernoulli-Prinzip (*expected utility hypothesis*) besagt, dass für jeden Entscheidungsträger eine eindeutige Nutzenfunktion existiert mit der Eigenschaft, dass die verschiedenen Aktionen aufgrund des zugehörigen Nutzenerwartungswertes beurteilt werden können. Ein linearer Verlauf der Nutzenfunktion impliziert Risikoneutralität des Entscheiders, ein konkaver (konvexer) Verlauf hingegen Risikoaversion (Risikofreude).

---

[65] Vgl. Markowitz (1952).

[66] Vgl. Bernoulli (1996) 733f.

Eine Entscheidung nach dem Bernoulli-Prinzip erfolgt zweistufig. Zunächst ordnet die Nutzenfunktion des Entscheiders allen möglichen Ergebnissen reelle Nutzenwerte zu. Sodann wird diejenige Alternative mit dem höchsten Nutzenerwartungswert selektiert. Bieten mehrere Alternativen den gleichen Nutzenerwartungswert, wird eine beliebige dieser Alternativen realisiert, da der Entscheider zwischen ihnen indifferent ist.

Bernoullis Lösungsvorschlag wurde insbesondere durch von Neuman/Morgenstern (1944) aufgegriffen, axiomatisch begründet und in seine heute bekannte Form gebracht. Die Bedeutung des Bernoulli-Kriteriums bei der Entscheidungsfindung unter Risiko unterstreicht Menges (1976), wenn er dessen Befolgung synonym setzt mit „Rationalität bei Risiko“.[67]

Insbesondere das zuletzt referierte Bernoulli-Prinzip verdeutlicht, dass Entscheidungen unter Risiko immer auch eine individuelle Komponente besitzen und nicht zwingend für alle Entscheider zum gleichen Ergebnis führen. Neben Unterschieden in der Ausformung der Nutzenfunktion lassen sich ungleiche Entscheidungen mehrerer Entscheider in einer identischen Risikosituation auch auf unterschiedliche interne, die Wahrnehmung von Risiken beeinflussende Informationsverarbeitungsprozesse zurückführen. Als weitere personale Einflussfaktoren spielen bei Entscheidungen unter Risiko die Erfahrung, die Motivation sowie die situative Stimmung und Emotionslage des Entscheiders eine ausschlaggebende Rolle. Mit der Einbeziehung der Persönlichkeit des Entscheidungsträgers entsteht ein komplexer Zusammenhang zwischen Verhaltensdeterminanten und der Risikowahrnehmung, der im Nachfolgenden näher untersucht wird. Zunächst wird die Frage erörtert, von welchen Faktoren die menschliche Wahrnehmung gelenkt und beeinflusst wird.

4.2 Zum Begriff der Wahrnehmung

In der Literatur finden sich zahlreiche Belege dafür, dass die Art der Präsentation von Informationen einen starken Einfluss auf die menschliche Wahrnehmung besitzt und darüber entscheidet, wie Dinge in das Bewusstsein gelangen (*framing*).[68] So besitzt beispielsweise der Antwortmodus Auswirkungen auf Risikoschätzungen. Die Ergebnisse von Studien in der Risikoforschung belegen, dass starke, mit stochastischen Prinzipien unvereinbare Inkonsistenzen auftreten, wenn Individuen entweder nach der Anzahl von Todesopfern und der Todesrate oder aber nach der

---

[67] S. Menges (1976) S. 1523. Als weitere Entscheidungskriterien unter Risiko seien ohne nähere Erläuterung erwähnt das Non-Expected-Utility-Prinzip von Machina (1982) sowie die duale Theorie und die Rank-Dependent-Expected-Utility-Theory. S. hierzu z. B. Weber/Camerer (1987) sowie Trost (1991).

[68] Vgl. z. B. Kiehling (2001) S. 76-79.

Anzahl von Überlebenden und der Überlebensrate bei der Aussetzung von Menschen gegenüber bestimmten Risiken befragt werden.[69] Ähnliche Erkenntnisse sind auch im finanzwirtschaftlichen Bereich nachgewiesen.[70]

Heilmann (1987) bringt die Problematik der korrekten Wahrnehmung von Risiken mit der Feststellung auf den Punkt, dass „Risiken entweder unter- oder überschätzt, selten aber richtig und niemals einheitlich beurteilt" werden.[71] Dieses sowohl bei Laien wie auch bei Experten auftretende Phänomen besitzt weitreichende Konsequenzen. Versteegen (1992) beispielsweise weist darauf hin, dass sowohl die Über- als auch die Unterschätzung von Risiken das *tatsächliche* Risiko aufgrund abgeleiteter unsachgemäßer Handlungen erhöht und fundiert seine These mit Beispielen aus dem Gesundheitswesen. Da davon ausgegangen werden kann, dass das Framing-Problem im Kapitalmarktkontext ebenfalls eine Rolle spielt, besteht die Notwendigkeit, den Begriff der Wahrnehmung nachfolgend so konkret wie möglich zu fassen und den Prozess der menschlichen Wahrnehmung zu analysieren.

4.2.1 Semantische Analyse des Wahrnehmungsbegriffs

Das Verb ‚wahrnehmen' umschreibt einen Prozess, in welchem über die verschiedenen Sinne dem menschlichen Gehirn kontinuierlich Informationen über Zustände und Ereignisse der Umwelt zur Verfügung gestellt werden. Dabei ist das umgangssprachliche Verständnis dieses Wortes vergleichsweise breit und bezieht den Prozess und das Ergebnis der Informations*aufnahme* ebenso ein wie den Prozess und das Ergebnis der Informations*beurteilung*. Zwischen dem Prozess des Wahrnehmens und seinem Ergebnis – der Wahrnehmung selbst – wird nicht immer trennscharf differenziert.[72]

In der psychologischen Literatur wird die Wahrnehmung unterschiedlich definiert. Eine eher philosophische Deutung findet sich bei Gibson (1966), der wahrnehmen als das „Suchen und Extrahieren von Informationen über die Umwelt aus dem Fluss der umgebenden Energie definiert."[73] Murch/Woodworth (1978) verstehen unter Wahrnehmung das „Zusammenspiel von Signalen aus der Umwelt und aus gespeicherten Sinneserfahrungen" und machen damit deutlich, dass die Wahrnehmung hoch korreliert mit den gesammelten Erfahrungen des Menschen.[74]

---

[69] Vgl. Fischhoff et al. (1988).

[70] Vgl. z. B. March/Shapira (1987); Zimbardo (1995) S. 373f.; Highhouse/Yüce (1996).

[71] S. Heilmann (1987) S. 33.

[72] Vgl. Guski (1996) S. 1.

[73] S. Gibson (1966) S. 5; vgl. auch Zimbardo (1995) S. 164.

[74] S.. Murch/Woodworth (1978) S. 11.

Sekuler/Blake (1990) stellen die physiologische Komponente der Wahrnehmung heraus und definieren wahrnehmen als „Endglied einer Kette von Ereignissen, die von Umwelt-Objekten oder Umwelt-Ereignissen zu einer Information im Nervensystem führt“[75]. Schiff (1980) versteht unter wahrnehmen „das Gewahrwerden der Welt, ihrer Merkmale, Objekte, Orte und Ereignisse“[76], Reuchlin (1998) „die Aufnahme und unmittelbare Verarbeitung nützlicher Informationen.“[77] Eine ähnliche Definition geben Guski (2000), der Wahrnehmung als „Aufnahme vorhandener Informationen in das Gehirn eines Lebewesens“[78] umschreibt, sowie Goldstein (2002), der das Wahrnehmen eher funktional versteht, um Menschen „über die Eigenschaften der Umwelt zu informieren.“[79] Nach Schiffmann (2000) beziehen sich „Empfindung und Wahrnehmung auf … eine Kette von Aktivitäten: Stimulation aus der externen Umwelt, Erregung der Sinnesrezeptoren, die ihrerseits neurale Aktivität hervorrufen, und schließlich Erfahrung oder Verhalten.“[80]

Die Definitionen von Gibson (1966) und Schiff (1980) betonen jene Aspekte der Wahrnehmung, die außerhalb, die von Schiffmann (2000) eher jene, die im menschlichen Körper liegen. Die übrigen Begriffsbestimmungen berücksichtigen sowohl Innen- als auch Außenaspekte der Wahrnehmung. Die erstgenannten Erklärungen betrachten das Wahrnehmen tendenziell unter dem Aspekt der *Aufnahme* von Informationen, die zweiten eher unter dem Aspekt der *Verarbeitung* von Signalen und die dritten berücksichtigen beide Gesichtspunkte.

Die Wahrnehmung dient der Orientierung des Individuums mit Hilfe seiner Sinnesorgane und besitzt damit primär einen funktionalen Charakter. Es kann unterschieden werden zwischen der unbewussten Wahrnehmung, bei der die eingehenden Informationen nicht in die Ebene der bewussten Reflektion gelangen, sondern unbewusst aufgenommen und weitergeleitet werden wie beispielweise die meisten Informationen zur Steuerung menschlicher Bewegungen im Raum, und der bewussten Wahrnehmung, bei der die Informationsaufnahme aktiv und gezielt gesteuert wird. Hierzu gehören die aktive Exploration unserer Umwelt sowie die Aufnahme symbolisierter Informationen wie das Lesen, das Betrachten von Bildern, das Hören von Musik und das Verstehen von Sprachen. Hierbei muss die Struktur der Umwelt-Objekte oder -Ereignisse zunächst dekodiert werden. Beispielsweise muss ein Individuum eine Sprache und damit einen bestimmten Vorrat an auditiven oder visuellen Zeichen und ihre Bedeutung erlernt haben, um ihren Sinn nachvollziehen zu können. Die Wahrnehmung vollzieht sich also als ein aktiver Prozess, der in starkem Maß sowohl durch die eigene Erfahrung als

---

75 S. Sekuler/Blake (1990) S. 1f.
76 S. Schiff (1980) S. 4.
77 S. Reuchlin (1998) S. 45.
78 S. Guski (2000) S. 9.
79 S. Goldstein (2002) S. 3.
80 S. Schiffmann (2000) S. 2f.

auch durch den Einfluss anderer Personen und auch durch die kulturelle Prägung beeinflusst wird.[81]

4.2.2 Die Stufen des Wahrnehmungsprozesses

Die Aufnahme von Informationen geschieht mittels Rezeptoren.[82] Dabei werden Sinnesreizungen zu Sinneseindrücken (Empfindungen), die dann auf der Basis von Erfahrungen zu einem Perzept geordnet werden. Unter einem Perzept wird weder der physikalische Gegenstand noch sein Abbild in einem Rezeptor verstanden, sondern das erfahrene (phänomenale) Ergebnis des gesamten Wahrnehmungsprozesses, also das, was wirklich wahrgenommen wird. Erst die Bündelung von Empfindungen mit gesammelten Erfahrungen führt zur Wahrnehmung.[83]

Mit der Hypothesentheorie der Wahrnehmung von Bruner/Postman (1948) steht ein Modell zur Erklärung von Wahrnehmungsprozessen zur Verfügung. Die Hypothesentheorie geht von der zentralen Annahme aus, dass die Wahrnehmung nicht durch die *tatsächliche*, sondern durch die *erwartete* Reizsituation bestimmt wird.[84] Dies bedeutet, dass die Wahrnehmung eines Ereignisses stark von den vom Individuum in die konkrete Situation mitgebrachten Erwartungen determiniert wird. Diese Wahrnehmungs-Erwartungs-Hypothesen generieren sich durch frühere Erfahrungen des Individuums mit ähnlichen Reizsituationen. Die aktuell verfügbaren Wahrnehmungs-Erwartungs-Hypothesen sind somit das Resultat kognitiver Auseinandersetzungen des Individuums mit diesen Reizsituationen. Dabei werden nicht bestätigte Hypothesen der Vergangenheit ausgeschieden.

Der Prüfalgorithmus einer Wahrnehmungs-Erwartungs-Hypothese wird als dreistufiger Zyklus verstanden, an dessen Ende die Bestätigung einer Hypothese steht. Mit zunehmender Stärke der Hypothese steigt die Wahrscheinlichkeit ihrer Anwendung, und die Menge der zu ihrer Bestätigung erforderlichen Reizinformationen nimmt ab. Umgekehrt muss die Menge der widersprechenden Reizinformationen zunehmen, um sie zu widerlegen. Je öfter eine Wahrnehmungs-Erwartungs-Hypothese bestätigt wird, desto stärker wirkt sie und desto schwerer fällt ihre Entkräftung.

Bei Urteilen und Entscheidungen an Kapitalmärkten fließen ebenfalls Hypothesen in den Entscheidungsprozess mit ein und können unter Umständen die Urteilsprozesse beeinflussen und je nach Konstellation auch zu Fehlurteilen führen.

---

[81] Vgl. Kebeck (1994) S. 184f.; Guski (1996) S. 8-10; Guski (2000) S. 9f., 51; Fischer/Wiswede (2002) S. 165f.; Goldstein (2002) S. 3-6; Roth (2003) S. 71, 83.

[82] Zu den Haupttypen von Sinnesrezeptoren vgl. z. B. Zimbardo (1995) S. 165f.

[83] Vgl. Zimbardo (1995) S. 159; Guski (2000) S. 8, 10; Kiehling (2001) S. 46.

[84] Vgl. Lilli/Frey (1993) S. 52-63; Lilli (1994) S. 192-194; Wiswede (2000) S. 77-80.

Aus der Hypothesentheorie der Wahrnehmung kann abgeleitet werden, dass die Wahrnehmung einer konkreten Situation sowohl durch situative Stimuli von außen wie auch durch interne Stimuli der Person beeinflusst wird. Diese Einflüsse sind als Konstruktion der Wirklichkeit zu begreifen, die großteils sozial verankert ist.

Die Reizinformation einer konkreten Situation löst sensorische Empfindungen aus, die als erste Stufe des Wahrnehmungsprozesses verstanden wird. Auf dieser Stufe erfolgt die Transformation physikalischer Energie in Form von Licht- oder Schallwellen in neurale Aktivitäten von Gehirnzellen.

Auf der folgenden Stufe des Wahrnehmungsprozesses, der Wahrnehmung im engeren Sinn, wird eine innere Repräsentation und ein erfahrenes, bereits erlebtes Perzept der Reizsituation gebildet.

Auf der dritten und letzten Stufe des Wahrnehmungsprozesses – der Klassifikation – werden die Eigenschaften der wahrgenommenen Reize kognitiven Kategorien zugeordnet, die durch Sozialisation oder eigene Erfahrungen erlernt worden sind.[85]

Die Korrektheit der menschlichen Wahrnehmung wird von vielen Psychologen kritisch gesehen. Als Gründe werden genannt:[86]

- Nichtlineare Beziehungen zwischen physischen und psychologischen Beschreibungsgrößen von Wahrnehmungsobjekten. Die Verdopplung einer physischen Größe zieht nicht die Vergrößerung der psychischen Größe im gleichen Ausmaß nach sich.
- Sinnestäuschungen. Sie liefern den menschlichen Wahrnehmungssystemen sich widersprechende Informationen, z. B. Hinweise auf eine vermeintliche Dreidimensionalität bei Strichzeichnungen.
- Interindividuelle Unterschiede. Insbesondere geringe Reizstärken, unklare Reizbedingungen und unterschiedliche Einstellungen führen dazu, dass die gleiche Sache von unterschiedlichen Personen verschieden wahrgenommen wird.

Die zuletzt genannten interindividuellen Unterschiede in der Wahrnehmung könnten sich mit dem von Chapman (1967) eingeführten Konzept der illusionären Korrelation zumindest teilweise erklären lassen.[87] Illusionäre Korrelationen sind nicht nur das Ergebnis einer affektiven und emotionalen Fehleinschätzung, sondern das Resultat eines kognitiven Verarbeitungsprozesses, der seltenen und somit auffälligen Ereignissen mehr Beachtung schenkt als dem „Normalfall“. Die Wahr-

[85] Vgl. Zimbardo (1995) S. 159-163; Fischer/Wiswede (2002) S. 171-182.
[86] Vgl. Guski (2000) S. 19-21.
[87] Vgl. Chapman (1967) S. 151.

nehmung von real nicht existierenden Zusammenhängen kann demnach die Basis von subjektiv korrekten, jedoch nicht objektiv begründbaren Entscheidungen liefern.[88]

4.2.3 Psychologische Erklärungsansätze für die Wahrnehmung

Die menschliche Informationswahrnehmung und -aufnahme stellt einen durch sensorische Vorgänge gesteuerten, selektiv ablaufenden Prozess dar. Dies bedeutet, dass lediglich ein Teil der zur Verfügung stehenden Informationen nach bestimmten Regeln ausgewählt und aktiv genutzt wird.[89] Diese Selektionsprozesse folgen spezifischen psychologischen Prinzipien, die in den folgenden beiden Abschnitten diskutiert werden.

4.2.3.1 Psychophysische Gesetze

Die Psychophysik untersucht Gesetzmäßigkeiten in der Beziehung zwischen physikalischen Stimuli, die auf die Sinnesorgane einwirken, und den hierdurch ausgelösten Verhaltensweisen und Erfahrungen von Menschen.[90] In diesem ältesten, stark von Fechner (1860-1966) geprägten Teilgebiet der wissenschaftlichen Psychologie wird versucht, den menschlichen Geist dadurch zu analysieren, dass Reaktionen des Körpers auf bestimmte physische Reize beobachtet und gemessen werden. Sowohl bei der Stimulation durch Licht und Töne als auch bei Reizsituationen des Geruch-, Geschmack- oder Tastsinns werden in der Psychophysik immer Schwellen festgelegt und psychophysische Skalen konstruiert, die die Stärke der Empfindung in Relation setzen zur Stärke des sie auslösenden Reizes.[91] Hierbei wird zwischen zwei Arten von Schwellen differenziert:[92]

- Absolute Schwellen geben an, ab welchem Niveau ein sensorisches System die Existenz eines Stimulus bemerkt, d. h. den geringsten Betrag physikalischer Reizung, der überhaupt eine Empfindung hervorruft.

---

[88] Zum Konzept der illusionären Korrelation vgl. die Arbeiten von Hamilton/Gifford (1976), Hamilton/Sherman (1989), Hamilton/Stroessner/Mackie (1993) und in Hamilton (1981) sowie Mackie/Hamilton (1993).

[89] Vgl. Müller (1992) S. 52-55; Payne (1997) S. 357; Kuß/Tomczak (2000) S. 30f.

[90] Vgl. Zimbardo (1995) S. 166; Goldstein (2002) S. 15. Ein komprimierter Überblick über Theorien und Methoden der Wahrnehmungspsychologie findet sich z. B. bei Guski (1996) S. 13-26.

[91] Im Vordergrund der Untersuchungen stehen dabei visuelle Reize. Zur Physiologie der visuellen Wahrnehmung vgl. z. B. Banyard et al. (1995) S. 44-51; Zimbardo (1995) S. 172-183; Kebeck(1994) S. 19-88; Mayer (2000) S. 33-36.

[92] Vgl. Zimbardo (1995) S. 166-170; Mayer (2000) S. 9; Goldstein (2002) S. 17.

- Unterschiedsschwellen bezeichnen die geringste Differenz zwischen zwei Reizen, die von einem sensorischen System ermittelbar ist.

Fechner entwickelte drei Methoden zur Bestimmung der vorgenannten Schwellen.[93]

Bei der Methode der kleinsten Änderungen (*Grenzmethode*) wird die physische Reizintensität so lang in diskreten Schritten verändert, bis der Proband eine Wahrnehmungsänderung signalisiert. Hierzu werden ihm verschiedene Reize in aufsteigender oder absteigender Reihenfolge dargeboten, und er muss angeben, ob er den Reiz wahrnimmt oder nicht. Derjenige Reizwert, bei dem sich die Wahrnehmung des Probanden ändert (im Sinne von nicht wahrnehmbar zu wahrnehmbar), wird als absolute Wahrnehmungsschwelle bezeichnet.

Bei der *Konstanzmethode* werden Reize und Reizunterschiede in einer stochastischen Reihenfolge präsentiert. Jeder Reiz bzw. Reizunterschied wird als Konstante angesehen. Der Proband ist aufgefordert, die Häufigkeit der einzelnen Antwortkategorien bei jeder Darbietung anzugeben. Als Ergebnis resultiert eine psychometrische Funktion in Form einer Kurve von Prozentsätzen, die über eine Reihe von Reizwerten abgetragen wird.

Bei der *Herstellungsmethode* wird der Reizimpuls solange langsam verändert, bis die Versuchsperson signalisiert, den Reiz nicht mehr wahrnehmen zu können. Dieser Punkt subjektiven Empfindens gilt dann als absolute Schwelle.

Einige Jahre vor Fechners Analysen hat bereits Weber (1795-1878) umfangreiche Messungen zu Unterschiedsschwellen durchgeführt und gezeigt, dass ein Gewicht immer um einen konstanten Anteil verändert werden muss, um eben gerade noch als spürbar schwerer oder leichter empfunden zu werden. Fechner formalisierte später die Erkenntnisse von Weber und nannte sie das *Webersche Gesetz*:[94]

$$\Delta s = \alpha s \; ; \; \alpha = \text{const.} \tag{4.6}$$

In Worten: Die Unterschiedschwelle Δs macht einen festen Anteil α des Ausgangsreizes s aus. Diese Beziehung trifft auch für Empfindungsintensitäten anderer Sinne zu.[95]

---

[93] Vgl. Guski (1996) S. 22f.; Goldstein (2002) S. 17-19.

[94] Vgl. Sinn (1980) S. 135f.; Zimbardo (1995) S. 170; Guski (1996) S. 21; Mayer (2000) S. 10; Fischer/Wiswede (2002) S. 173; Goldstein (2002) S. 19.

[95] Vgl. Hajos (1991) S. 27.

Fechner knüpft bei der Suche nach dem psychophysischen Gesetz s = s (r), wobei s die subjektive Intensität eines physikalischen Reizes der Stärke r misst, an das Webersche Gesetz an und stellt die Hypothese auf, dass eine gerade noch spürbare Reizänderung unabhängig vom Niveau des Ausgangsreizes zu einer festen Empfindungsänderung führt. Daher könne die Differenz zweier Empfindungen durch das Abzählen der zwischen ihnen liegenden, gerade noch spürbaren Reizzuwachsschritte evaluiert werden. Aus dieser Überlegung leitet er das so genannte *Fechnersche Gesetz* her, das besagt, dass zwischen sensorischer Empfindungsintensität s und der Stärke des physikalischen Reizes r eine logarithmische Beziehung besteht:[96]

$$s = c \cdot \log r \,. \tag{4.7}$$

c = Konstante für die Reizdimension.

Nach Fechner verändert sich die sensorisch wahrgenommene Reizstärke (Empfindung) arithmetisch, während sich die physikalische Reizstärke geometrisch ändert.

Stevens (1975) entwirft zur Konstruktion psychophysischer Skalen die *Methode der direkten Größenschätzung* und verlangt von seinen Probanden, ihren Empfindungen Zahlen zuzuordnen. Er findet heraus, dass zwischen Reizintensität r und Empfindungsintensität s anders als beim Fechnerschen Gesetz eine mit Hilfe einer Potenzfunktion dargestellte Relation besteht:[97]

$$s = c \cdot r^n \,. \tag{4.8}$$

c = Konstante, n = ein für die verschiedenen Sinnesdimensionen unterschiedlicher Exponent.

Gemäß dem Stevensschen Gesetz muss beispielsweise die Lichtstärke verneunfacht werden, damit die Helligkeit doppelt so groß wahrgenommen wird. Stevens' Ansatz hat sich auch außerhalb der rein sensorischen Empfindungsschätzungen zur Skalierung von Dimensionen psychologischer Erfahrungen als zweckdienlich erwiesen.[98]

Die Ausführungen zu den psychophysischen Gesetzen verdeutlichen zugleich auch die Grenzen der Psychophysik. Das Erfordernis der Existenz eines exogenen Reizes in Form von physikalischen Größen wie Licht, Gewichten oder Tönen, die

---

[96] Vgl. Sinn (1980) S. 137-139; Zimbardo (1995) S. 171; Guski (1996) S. 23f.; Mayer (2000) S. 10f.

[97] Vgl. Sinn (1980) S. 139-142; Zimbardo (1995) S. 171; Goldstein (2002) S. 22f.

[98] Vgl. Zimbardo (1995) S. 171.

den entsprechenden Sinn des Menschen erreichen und eine Reaktion auslösen, erschwert die unmittelbare Anwendung psychophysikalischer Methoden bei nichtmateriellen Reizen. Trotzdem könnte basierend auf den referierten klassischen psychophysischen Gesetzen die Frage untersucht werden, ob sich auch bei nichtmateriellen Reizen Unterschiedsschwellen ermitteln lassen. Bezogen auf den Kapitalmarktkontext könnte geprüft werden, ab welchem Unterschiedsbetrag Kursveränderungen eines Wertpapiers von den Marktteilnehmern überhaupt als Kursrisiko wahrgenommen werden.[99] Dieser Fragestellung wird im empirischen Teil dieser Arbeit nachgegangen.

4.2.3.2 Gestaltpsychologische Prinzipien

Voraussetzung für jede perzeptive Separation einzelner Figuren oder Objekte ist die Trennung einer Figur vom Hintergrund. Zu dieser Trennung trägt vor allem die Kontur der Objekte bei. Im Kapitalmarktkontext kann ein Kurschart eine solche Figur sein, in den Marktteilnehmer – den Prinzipien der Gestaltpsychologie folgend – bestimmte Aussagen und Schlussfolgerungen hineininterpretieren, die an sich nicht existent sind.[100]

Zentrale Annahme der Gestaltpsychologie ist die These, dass das Ganze qualitativ mehr ist als die bloße Summe der zugrundeliegenden Teile. Dieses Mehr resultiert nicht aus einer zusätzlichen Qualität des Gesamtbildes an sich, sondern dadurch, dass das entstehende Ganze bei seiner Entwicklung Prinzipien gehorcht, die die Gruppierung der einzelnen Elemente formt.[101]

Nach Auffassung der Gestaltpsychologie organisieren Menschen physische Reizsituationen nach bestimmten Prinzipien und führen sie zu einem Perzept zusammen. Dabei spielen bestimmte Gesetzmäßigkeiten die dominierende Rolle.[102]

Nach dem von Gestaltpsychologen am wichtigsten angesehenen *Gesetz der Prägnanz* (in der Literatur auch als Gesetz der guten Gestalt bzw. Form oder auch als Gesetz des gemeinsamen Schicksals bezeichnet) werden Reizelemente so gesehen, dass sie eine möglichst einfache Struktur ergeben. ‚Gute' Formen können dabei leichter und genauer wahrgenommen und erinnert werden als ‚schlechte'. Die gute Form wird beschrieben als Gebilde, das sich unmittelbar aufdrängt,

[99] Heidorn/Siragusano (2004) S. 10f. zeigen in einer empirischen Studie, dass Devisenhändler einen (neuen) Kurstrend erst dann als solchen erkennen, wenn sich der aktuelle Kurs um eine Standardabweichung vom Referenzpunkt entfernt hat.

[100] Vgl. Maas/Weibler (1990) S. 77; Carey (1996) S. 81f.; Kiehling (2001) S. 47f.

[101] Vgl. Maas/Weibler (1990) S. 75; Guski (2000) S. 59f.

[102] Vgl. Katz (1969) S. 30-39; Metzger (1975) S. 25-62; Maas/Weibler (1990) S. 77-81; Kebeck (1994) S. 150-156; Banyard et al. (1995) S. 59-62; Zimbardo (1995) S. 187-200; Guski (1996) S. 29-33; Guski (2000) S. 58-64; Mayer (2000) S. 36-40; Fischer/Wiswede (2002) S. 177f.

persistiert und wiederkehrt wie beispielsweise ein Kreis. Der so verwendete Formbegriff steht in keinem Zusammenhang mit dem ästhetischen Formbegriff, sondern soll lediglich darauf hindeuten, dass das visuelle System des Menschen das Aussehen ‚guter' Formen schneller und ökonomischer kodieren kann als dasjenige ‚schlechter' Figuren.

Inhalt des zweiten wichtigen Gestaltgesetzes ist ebenfalls die Organisation des Wahrgenommenen. Nach dem *Gesetz der Ähnlichkeit* werden ceteris paribus solche Elemente, die eine Ähnlichkeit miteinander aufweisen, als zusammengehörend wahrgenommen. Dieses Gesetz kann als Spezialfall des Gesetzes der Nähe aufgefasst werden.

Das *Gesetz der Nähe* besagt, dass unter sonst gleichen Bedingungen nahe beieinander liegende Reizelemente zu einer Gruppe vereinigt werden. Diese findet dort ihre Grenze, wo sich die Abstände der einzelnen Elemente zueinander vergrößern.

Gemäß dem *Gesetz der Geschlossenheit* werden die eine Fläche umschließenden Linien, z. B. ein Kreis, Dreieck oder Viereck, ceteris paribus einfacher als eine Einheit wahrgenommen als solche, die sich nicht zusammenschließen. Dieses Gestaltgesetz ist für die optische Gliederung des Gesichtsfeldes in Objekte von hoher Bedeutung und führt tendenziell zur Wahrnehmung vollständiger Figuren, obwohl diese realiter unvollständig sind.

Als letztes gestaltpsychologisches Prinzip wird in der Literatur das *Gesetz der Erfahrung* erwähnt, obwohl in der Gestaltpsychologie den Lernprozessen wenig Beachtung geschenkt wird. Trotzdem wird anerkannt, dass die Erfahrung im biogenetischen Sinn neben den vorgenannten Prinzipien die menschliche Wahrnehmung steuert und letztlich sogar für die Genese der Gestaltprinzipien verantwortlich zeichnet.

Hieraus kann abgeleitet werden, dass für eine bestimmte Kultur oder Gruppe hohe Bedeutung besitzende Formen von Mitgliedern dieser Kultur bzw. Gruppe leicht erkannt werden. Aus diesem Grund werden beispielsweise Buchstaben auch unter ungünstigen Wahrnehmungsbedingungen als solche unkompliziert erkannt.

Kritisch ist bei der Gestaltpsychologie anzumerken, dass zwar Phänomene eindeutig beschrieben, für deren Existenz allerdings keine akzeptablen Erklärungen gegeben werden.[103] Ferner fehlt bis heute eine klare Antwort auf die Frage nach

[103] Das der Gestaltpsychologie fehlende präskriptive Element wird im Rahmen anderer Theorien wie der Informationstheorie, dem so genannten probabilistischem Funktionalismus oder dem ökologischen Ansatz hinzugefügt. Vgl. hierzu z. B. Guski (1996) S. 33-48; Guski (2000) S. 64-80.

dem Grund und der Art der Entstehung der formulierten Wahrnehmungsprinzipien.[104]

Trotz ihres deskriptiven Charakters könnte versucht werden, die Erkenntnisse der Gestaltpsychologie für die Wahrnehmungsprozesse von Kapitalmarktteilnehmern fruchtbar zu machen. Insbesondere das Gesetz der Ähnlichkeit, der Nähe, der Geschlossenheit sowie der Erfahrung lassen sich auf das Verhalten von Börsenakteuren adaptieren. Ähnliche und zeitlich beieinander liegende Informationen werden als zusammengehörig wahrgenommen und in konsistente Gruppen verdichtet. Hieraus entwickelt sich das Bestreben, gegensätzliche Informationen auszublenden und zu vernachlässigen; die Suche nach Gleichartigem dominiert.

Dem Gesetz der Geschlossenheit und der Erfahrung folgend werden Informationen, die zueinander passen aber noch kein vollständiges Gesamtbild ergeben, mit aus der eigenen Erfahrung stammendem Wissen zu einem Ganzen komplettiert. Hieraus kann die Gefahr entstehen, dass unzusammenhängende Informationen miteinander vernetzt werden, und das resultierende Gesamtbild nicht mehr die reale aktuelle Marktsituation widerspiegelt. Solche Selektionsprozesse manifestieren sich in als Heuristiken bezeichneten Informationsverarbeitungsstrategien.

Neben Urteilsheuristiken beeinflussen weitere situative Faktoren die menschliche Wahrnehmung. Unter dem Begriff *Perceptual Set* werden in der Literatur als weitere Einflüsse genannt die Erfahrungen, die momentane Emotionslage sowie die aktuelle (Leistungs-)Motivation des Menschen.[105] Diese unter dem Begriff personale Einflussfaktoren der Risikowahrnehmung aggregierten Größen werden im Verlauf dieser Arbeit noch tiefergehend analysiert.

4.3 Die Wahrnehmung von Risiken

Im Verständnis der Psychologie impliziert Wahrnehmung stets die Verarbeitung unmittelbar gegebener sensorischer Informationen. Da Risiko als hypothetisches Konstrukt jedoch keine direkte sensorische Information enthält, sondern vielmehr ein durch zahlreiche einzelne Informationen geformtes Merkmal von Objekten, Aktivitäten und Situationen – ein Attribut – darstellt, kann es im eigentlichen Wortsinn nicht wahrgenommen, sondern lediglich beurteilt werden.[106]

Menschen stufen Risiken nach ihrer subjektiven Wahrnehmung ein. Diese Form der intuitiven Risikowahrnehmung basiert auf der Wahrnehmung und Verarbeitung von Informationen, auf früheren Erfahrungen sowie der aktuellen Stim-

[104] Vgl. Guski (1996) S. 33; Guski (2000) S. 63.
[105] Vgl. Banyard et al. (1995) S. 73-77; Fischer/Wiswede (2002) S. 191-193.
[106] Vgl. Jungermann (1982) S. 219; Jungermann/Slovic (1997) S. 171.

mungslage.[107] Das Ergebnis dieses mentalen Prozesses ist das wahrgenommene Risiko.[108] Dabei ist das Verhältnis zwischen konstruierter Wirklichkeit und objektiver Realität äußerst komplex. Erkenntnisse der Risikoforschung stellen zum Teil erhebliche Diskrepanzen zwischen objektivem und subjektiv wahrgenommenem Risiko fest.[109] Auslöser solcher Fehlbewertungen sind in aller Regel Urteilsheuristiken.

Nichtsdestotrotz erscheint die Verwendung des Begriffs Risikowahrnehmung sinnvoll, da er die Bedeutung eines aktiven Konstruktionsprozesses für die subjektive Risikowirklichkeit hervorhebt und dazu beiträgt, zwischen objektivem und subjektivem Risiko zu differenzieren. Banse/Bechmann (1998) versuchen hieran anknüpfend eine vollumfängliche Definition des Begriffs Risikowahrnehmung zu geben und sprechen von einem „zielgerichtet strukturierten und methodisch orientierten, ... empirisch oder theoretisch, deskriptiv oder normativ ausgerichteten Prozess des Erkennens und Begreifens ... von Gewinnchancen [und] Verlustmöglichkeiten.“[110]

Aus verhaltenswissenschaftlicher Perspektive ist für die Positionierungsentscheidung am Kapitalmarkt nicht das objektive Risiko eines Investments entscheidend, sondern das subjektive Risikoempfinden des Marktteilnehmers. Diese subjektive Risikowahrnehmung kann von den abstrakten, formal-statistischen Risikomaßen deutlich differieren.[111] Der Risikogehalt einer Kapitalanlage in der Dimension des empfundenen Risikos (*perceived risk*) hängt somit von Variablen ab, die sich nicht formal quantifizieren lassen.[112]

Die verhaltenswissenschaftliche Forschung versucht im Gegensatz zum normativen Anspruch der klassischen Entscheidungstheorie das Entscheidungsverhalten von Marktteilnehmern deskriptiv zu analysieren. Dabei lässt sie sich als Erkenntnisziel von der Frage leiten, wie Menschen (Markt-)Risiken unter Berücksichtigung von personalen und situativen Kontextfaktoren, kognitiven Limitierungen sowie emotionalen Determinanten wahrnehmen, verarbeiten und beurteilen.

---

[107] Wildavsky (1993) sieht als weiteren Erklärungsansatz für die Wahrnehmung von Risiken die Kulturtheorie an, nach der die zur Wahl stehenden Alternativen selbst soziale Konstrukte darstellen, deren Definitionen durch die Anhänger der unterschiedlichen Kulturen verschiedene Bedeutungen beigemessen werden.

[108] Vgl. Renn (1989) S. 167f.

[109] Vgl. Lichtenstein (1978), Slovic/Fischhoff/Lichtenstein (1980), Fischhoff et al. (1988).

[110] S. Banse/Bechmann (1998) S. 11.

[111] Vgl. hierzu auch Siebenmorgen (2001) S. 10-16.

[112] Vgl. Farrelly/Reichenstein (1984) S. 5; Siebenmorgen/Weber (1999) S. 5; Olsen/Cox (2001) S. 30.

Zur Konzeptualisierung der subjektiven Risikowahrnehmung findet in der Literatur häufig der psychometrische Ansatz Verwendung.[113] In diesem Modell wird versucht, die von den Probanden subjektiv wahrgenommenen Risikowerte mit Hilfe eines Fragebogens unmittelbar zu ermitteln. Hierzu werden den Versuchspersonen für eine Serie von Risikoquellen Beurteilungsmerkmale von Risiken vorgegeben. Die Probanden schätzen zumeist über Ratingskalen die Ausprägungen der Risikoquellen auf den Beurteilungsmerkmalen ein. Diese Daten werden dann mit multivariaten statistischen Verfahren analysiert, um Determinanten der subjektiv taxierten Risikohöhe zu extrahieren.

Mit Hilfe des psychometrischen Ansatzes konnte nachgewiesen werden, dass sich unterschiedlich risikobehaftete Objekte oder Situationen durch eine Reihe qualitativer, die Risikowahrnehmung determinierende Risikoattribute explizieren lassen. Zu diesen Risikoattributen zählen die Charakteristika der Risikoquelle, die Ursachen und Folgen von Risiken, situative, den Umgang mit dem Risiko determinierende Umstände sowie die Beziehung zwischen dem Probanden und der Risikoquelle und die hieraus entstehenden Reaktionen.[114] Diese Risikoattribute lassen sich durch Faktorenanalyse auf zwei zentrale Risikodimensionen reduzieren:[115]

- Der *Dread Risk*-Faktor bezieht sich auf das subjektiv empfundene Bedrohungspotenzial einer Risikoquelle und hängt vom Ausmaß, der zeitlichen Dimension des potenziellen Schadens, seiner Eintrittswahrscheinlichkeit und seiner Irreversibilität ab.
- Der *Unknown Risk*-Faktor betrifft die Bekanntheit und Vertrautheit (*familiarity*) mit der Risikoquelle und wird beeinflusst von dem Wissen über und der vorhandenen Erfahrung im Umgang mit potenziellen Konsequenzen im Risikofall, deren Beobachtbarkeit und Kontrollierbarkeit sowie der Freiwilligkeit der Risikoübernahme.

Diese beiden Risikodimensionen lassen sich als ‚wahrgenommene Verlustgefahr' und ‚wahrgenommene Unsicherheit' auf den Kapitalmarktkontext adaptieren.[116]

---

[113] Vgl. Slovic/Fischhoff/Lichtenstein (1984) S. 188f.; Slovic (1987) S. 281ff.; Karger/Wiedemann (1998) S. 335.

[114] Levy (1992) sowie Sarin/Weber (1993) zeigen anhand von Lotterien mit identischen Erwartungswerten und der gleichen Varianz auf, dass die Probanden den Risikogehalt dieser Lotterien unterschiedlich empfinden und beurteilen, was auf eine intrapersonale Verschiedenheit der Risikowahrnehmung hindeutet. Zu einem ähnlichen Ergebnis gelangen auch Brachinger/Weber (1997).

[115] Vgl. Johnson/Tversky (1984) S. 65; Slovic (1987) S. 282; Karger/Wiedemann (1998) S. 335; Jungermann/Slovic (1997) S. 173-175.

[116] Vgl. Olsen/Cox (2001) S. 31.

Holtgrave/Weber (1993) kombinieren den klassischen psychometrischen Ansatz mit dem Conjoint Expected Risk-Modell (CER-Modell) zur Risikowahrnehmung von Luce/Weber (1986). Das CER-Modell basiert auf einer additiven Verknüpfung mehrerer Risikodimensionen und beinhaltet explizit auch das Chancepotenzial einer risikobehafteten Alternative. Holtgrave/Weber (1993) untersuchen die Frage, ob die subjektive Einschätzung von Gesundheits- und Finanzrisiken durch grundsätzlich unterschiedliche Bewertungsdimensionen oder durch ein gemeinsames Regressionsmodell prognostiziert werden kann. Mit regressionsanalytischen Verfahren über sämtliche Stimuli und über alle Probanden sowie für jeden Stimulus getrennt über alle Versuchspersonen hinweg ermitteln die Autoren die für das Risikourteil relevanten Prädiktoren. Solche so genannten ‚Within-Stimuli'-Regressionsanalysen finden sich beispielsweise auch bei Harding/Eiser (1984) und Gardner/Gould (1989). Durch die explizite Einbeziehung des Chancepotenzials erwies sich das CER-Modell insbesondere für Finanzrisiken von höherem Erklärungswert als das klassische psychometrische Modell.[117]

Als Ergebnis verhaltenswissenschaftlicher Studien zur Risikowahrnehmung lassen sich drei zentrale Komponenten des wahrgenommenen Risikos deduzieren:[118]

- Das *Downside-Risk* als die subjektiv wahrgenommene Gefahr eines zukünftig zu erleidenden finanziellen Verlusts.
- Die *Volatilität* als die subjektiv wahrgenommene Schwankung der Rendite eines Wertpapiers im Zeitverlauf.
- Das *Upside-Risk* als die subjektiv wahrgenommene Chance auf die Realisierung eines zukünftigen Gewinns.

Die Konzeptualisierung und Messung des Konstrukts Risikowahrnehmung erfolgt in der verhaltenswissenschaftlichen Forschung grundlegend anders als in der klassischen Entscheidungstheorie durch Bildung von Items für die einzelnen Risikoattribute. Die Klassifikation der Probanden wird üblicherweise auf Rating- oder Likert-Skalen abgetragen, beispielsweise von 1 = „stimme überhaupt nicht zu" bis 5 = „stimme voll und ganz zu".[119]

Die *Ambiguität* stellt eine weitere Dimension der Risikowahrnehmung dar und kann als Maß für die subjektiv empfundene Unsicherheit des Marktteilnehmers in Bezug auf die künftige Kursentwicklung eines Wertpapiers aufgrund unvollständiger Informationsgrundlage und/oder mangelnder Kompetenz verstanden

---

[117] Vgl. Holtgrave/Weber (1993) S. 557.

[118] Vgl. Olsen (1997) S. 64; Olsen/Troughton (2000) S. 25f.; Olsen/Cox (2001) S. 32.

[119] Vgl. Holtgrave/Weber (1993) S. 555; Weber/Milliman (1997) S. 138; MacGregor et al. (1999) S. 70; Ganzach (2000) S. 358.

werden.[120] Die subjektiv empfundene Kompetenz ist abhängig von den situativen Bedingungen, die eine Einschätzung der eigenen Fähigkeiten in Relation zu denen anderer Marktteilnehmer ermöglicht. Die wahrgenommene Ambiguität steht dabei in positiver Korrelation mit dem subjektiv wahrgenommenen Risiko einer Handelsentscheidung.[121]

Eine weitere Facette der Ambiguität ist der Grad der Vertrautheit der Risikosituation. Im Fall einer als vertraut klassifizierten Risikosituation wird die empfundene Kontrolle höher eingestuft als in einer ambiguitätsbehafteten Risikosituation. Heath/Tversky (1991) zeigen, dass Menschen solche Alternativen präferieren, zu deren Bewertung sie sich kompetent fühlen und die ihnen vertraut sind.[122] Die offensichtliche Grundhaltung von Entscheidern kann demnach mit ambiguitätsavers klassifiziert werden.[123]

Zusammenfassend lässt sich feststellen, dass die verhaltenswissenschaftliche Fundierung des Begriffs ‚Risikowahrnehmung' noch ausbaufähig erscheint, da bis dato keine valide Skala zur Erfassung dieses hypothetischen Konstrukts vorliegt.[124]

Die verhaltenswissenschaftlichen Grundlagen zur Konzeption und Messung der Risikowahrnehmung von Entscheidern bilden im empirischen Teil dieser Arbeit die Basis für eine Analyse der Risikowahrnehmung von professionellen Kapitalmarktteilnehmern.

4.4 Personale Einflussfaktoren der Risikowahrnehmung

Entscheidungen von Market Makern an Finanzmärkten werden stets im Rahmen situativer Kontextfaktoren getroffen, in denen der Kapitalmarktakteur bestrebt ist, seine Ertragsposition zu erhalten bzw. zu verbessern. Soweit sich Unterschiede in der Risikowahrnehmung nicht auf spezielle Umweltkonstellationen zurückführen lassen, liegen sie in der Persönlichkeitsstruktur des Market Makers begründet, die sich in einem System von Persönlichkeitsmerkmalen erfassen lässt.[125]

[120] Der ursprünglich auf Ellsberg (1961) zurückgehende Terminus 'Ambiguität' charakterisiert Entscheidungssituationen, in denen zur Entscheidungsfindung keine Wahrscheinlichkeiten vorliegen bzw. keine subjektiven Wahrscheinlichkeiten bestimmt werden können.

[121] Vgl. Unser (1999) S. 197f.; Olsen/Troughton (2000) S. 25; Olsen/Cox (2001) S. 31.

[122] Vgl. Heath/Tversky (1991) S. 7f.

[123] Vgl. Fox/Tversky (1995) S. 587; Olsen/Troughton (2000) S. 25; Garz/Günther/Moriabadi (2002) S. 23.

[124] Vgl. Ganzach (2000) S. 353f.

[125] Vgl. Kupsch (1973) S. 165; Kupsch (1976) S. 1539.

Die Systematisierung von Persönlichkeitsmerkmalen ist ein Teilgebiet der Persönlichkeitspsychologie. Diese kann definiert werden als „empirische Wissenschaft von den überdauernden, nichtpathologischen, verhaltensrelevanten individuellen Besonderheiten von Menschen innerhalb einer bestimmten Population.“[126]

Unter ‚überdauernden, verhaltensrelevanten individuellen Besonderheiten' wird in diesem Zusammenhang eine mittelfristig stabile Persönlichkeitsdisposition verstanden, die ein Individuum als Unikat konstituiert.[127] Als die Risikowahrnehmung von Menschen beeinflussende Faktoren der Persönlichkeitsdisposition sind in empirischen Studien u. a. genannt das Geschlecht und Alter einer Person, ihre Erfahrungen und situativen Stimmungen, ihre Intelligenz und Leistungsmotivation sowie ihre Tendenz zur Extraversion.[128]

Ein Blick in die Historie der Persönlichkeitspsychologie zeigt, dass die Annahme, relativ überdauernde Eigenschaften (*traits*) des Menschen beeinflussen seine Wahrnehmung, nicht immer Konsens der Forschung war. Thorndike (1926) stellt hierzu die Antithese auf und behauptet, dass die menschliche Wahrnehmung eher von der Situation bzw. spezifischen Reiz-Reaktions-Konstellationen bedingt wird denn durch Elemente der Persönlichkeitsdisposition. Mischel (1968) schließt sich dieser Meinung an und konstatiert, dass Persönlichkeitsfaktoren zu schwach seien, um die Wahrnehmung in spezifischen Situationen prognostizieren zu können.

In der Persönlichkeitsforschung stehen sich somit zwei Ansätze gegenüber: Der *Personalismus*, der die stabilen Persönlichkeitsfaktoren als Bestimmungsfaktoren interindividueller Differenzen in der Risikowahrnehmung in den Vordergrund rückt, sowie der *Situationismus*, der die unterschiedlichen Wahrnehmungen von Individuen durch situative Bedingungen zu explizieren versucht.[129]

---

[126] S. Asendorpf (2004) S. 11. Einen fundierten Überblick über die verschiedenen Theorien der Persönlichkeitspsychologie bieten Pervin (1993) und Fisseni (1998).

[127] Ein fundierter Überblick über Möglichkeiten der Klassifizierung der menschlichen Persönlichkeit findet sich bei Zuckerman (1991), Kap. 1 u. 2.

[128] Vgl. Eysenck (1970) S. 75-186; Kupsch (1973) S. 167- 176; Engelhardt (1981) S. 489-494; Cohen (2001) S. 165-167; Rothkopf (2003) S. 65-70 und die dort zitierte Literatur. Zur Analyse weiterer kognitiver Faktoren auf das Verhalten von Marktteilnehmern vgl. Bitz/Oehler (1993) S. 385ff. Da im Rahmen dieser Arbeit die Auswirkung soziodemographischer Persönlichkeitsmerkmale wie Alter, Geschlecht, Familienstand oder Beruf auf die Risikowahrnehmung nicht Gegenstand der Analyse ist, sei an dieser Stelle auf die einschlägige Literatur verwiesen, z. B. Douglas/Wildavsky (1982), Estes/Hosseini (1988), De Bondt/Thaler (1990), Arch (1993), Johnson/Powell (1994), Lundeberg/Fox/Puncochar (1994), Schubert (1996), Bontempo/Bottom/Weber (1997), Hsee/Weber (1999), Powell/Ansic (1997), Weber/Hsee (1998), Weber/Hsee/Sokolowska (1998), Barber/Odean (2001), Grinblatt/Keloharju (2001), Choi/Laison/Metrick (2002), Atkinson/Baird/Frye (2003), Wang (2003).

[129] Vgl. Amelang/Bartussek (2001) S. 644-659.

Als Synthese dieses Wissenschaftsdiskurses vertritt Bowers (1973) den Standpunkt, dass die Situation ebenso gut eine Funktion der Person wie die Wahrnehmung der Person eine Funktion der Situation darstellt. Die Situation und deren Wahrnehmung und subjektive Strukturierung stehen demnach in einer hohen Korrelation zueinander.[130]

Endler (1973) geht sogar soweit, die Diskussion zwischen Vertretern des Personalismus und des Situationismus als Pseudo-Problem zu charakterisieren und behauptet, dass Individuum und situativer Kontext interagieren.[131] Diese die beiden Extrempole verbindende Position wird in der Literatur als *Interaktionismus* bezeichnet.[132] Der Interaktionismus stellt jedoch keine neue Forschungsrichtung innerhalb der Persönlichkeitspsychologie dar, sondern findet sich bereits in zahlreichen früheren theoretischen Konzepten wieder.[133]

Eine Erweiterung des Interaktionismus ist der transaktionale Ansatz, gekennzeichnet durch die folgenden vier Aspekte:[134]

1. Das Verhalten einer Person stellt eine Funktion eines kontinuierlichen Interaktionsprozesses zwischen Person und Situation dar.
2. Die Intentionen der Person sind aktive Prozessgestalter.
3. Kognitive, emotionale sowie motivationale Variablen steuern die Wahrnehmung.
4. Die Intensität und Art der Wahrnehmung einer konkreten Situation wird nachhaltig durch ihre situative Bedeutung für das Individuum determiniert.

Die Persönlichkeit des Market Makers, definiert als „mehr oder weniger stabile und dauerhafte Organisation des Charakters, Temperaments, Intellekts und Körperbaus",[135] bewirkt somit eine differenzierte Wahrnehmung ein und derselben Situation und ist die Ursache interindividueller Unterschiede in der Wahrnehmung von situativen Rahmenbedingungen des Kapitalmarktes und der Interpretation von mehrdeutigen Kapitalmarktereignissen. Fleishman (1984) weist in diesem Zusammenhang darauf hin, dass nicht nur ein singuläres Persönlichkeitsmerkmal die jeweilige situative Wahrnehmung beeinflusst, sondern verschiedene Faktoren zusammenwirken,[136] und nach Eysenck (1968) stellt das Individuum in

---

[130] Vgl. Bowers (1973) S. 327f.
[131] Vgl. Endler (1973) S. 28f.
[132] Eine Übersicht und detaillierte Diskussion der drei Ansätze der Persönlichkeitsforschung findet sich in Endler/Magnusson (1976a) sowie Magnusson/Endler (1977b).
[133] S. bei Kantor (1924, 1926), Lewin (1935, 1936), Murray (1938), Koffka (1950), Rotter (1954).
[134] Vgl. Endler/Magnusson (1976b) S. 11-13.
[135] S. Eysenck (1971) S. 2.
[136] Vgl. Fleishman (1984) S. 231.

seiner Einmaligkeit nichts anderes dar als den Schnittpunkt einer Reihe von quantitativen Variablen.[137]

Aus den vorgenannten Ausführungen lassen sich – um mit Eysenck (1968) zu sprechen – als quantitative (im Sinne von personalen), die Wahrnehmung von Kursrisiken determinierende Faktoren extrahieren:

1. Die kognitive Verarbeitungskapazität von Informationen,
2. Die Erfahrungen des Marktteilnehmers,
3. Seine Stimmungen und Emotionen,
4. Das Niveau seiner situativen Leistungsmotivation.

Von der Persönlichkeit des Market Makers hängt somit ab, wie Erfahrungen, Stimmungen und Motivation ausgestaltet sind und seine Wahrnehmung von Kursrisiken steuern. Da die Persönlichkeit interindividuell unterschiedlich ist, kann angenommen werden, dass diese Verschiedenheiten auch die Vielfalt der Verhaltensweisen von Markteilnehmern in derselben Kapitalmarktsituation begründet.

Darüber hinaus wird im Rahmen dieser Arbeit geprüft, welchen Einfluss die Gesamtheit der Einstellungen (*attitudes*) zur eigenen Person auf die Wahrnehmung von Kursrisiken ausübt. Diese unter dem Begriff *Selbstkonzept* zusammengefassten, relativ stabilen selbstbezogenen Kognitionen werden in der psychologischen Literatur als verhaltensinitiierende und die Persönlichkeit eines Menschen konstituierende Merkmale angenommen.

Die Selbstkonzept-Forschung postuliert als Prämisse, dass der Mensch seine Erfahrungen in konzeptuellen Systemen organisiert. Die Theorie des Individuums von der Wirklichkeit umfasst Subtheorien über die eigene Person – die Selbsttheorie – über die Außenwelt – die im Rahmen dieser Arbeit nicht weiter zu betrachtende Umwelttheorie – sowie Wechselwirkungen zwischen beiden Subtheorien. Die Wahrnehmung der Umwelt zum Ich beeinflusst die Sichtweise des Individuums über sich selbst. Die Konzeptualisierung seiner Umwelt ist somit in hohem Maße eine Reflektion seiner Selbstkognitionen und vice versa.

Ein System von Einstellungen zur eigenen Person – so kann gefolgert werden – gehört zur und konstituiert mit die Persönlichkeit. Diese wiederum steuert in der konkreten Situation die Beobachtung des Menschen und beeinflusst so seine Wahrnehmung.[138] Vor diesem Hintergrund soll auch dieser die Risikowahrnehmung lenkende Faktor im Verlauf dieser Arbeit analysiert werden.

---

[137] Vgl. Eysenck (1968) S. 18.

[138] Vgl. Deusinger (1986) S. 11; Heckhausen (1989) S. 492-496; Epstein (1993) S. 15f.; Mummendey (1993) S. 171.

In den folgenden Abschnitten werden die erwähnten Variablen Informationswahrnehmungs- und -verarbeitungskapazität, Erfahrungen, Stimmungen und Emotionen, Leistungsmotivation sowie Selbstkonzept in der genannten Reihenfolge im Hinblick auf ihre die Wahrnehmung des Menschen beeinflussende Wirkung diskutiert und untersucht.

4.4.1 Informationswahrnehmungs- und -verarbeitungskapazität

4.4.1.1 Die Bedeutung von Informationen am Kapitalmarkt

Informationen können zu einer Präzisierung der Erwartungsbildung an Kapitalmärkten beitragen, ein antizipatorisches Agieren der Marktteilnehmer unterstützen und auf diese Weise die Verteilung potenzieller Gewinne und Verluste beeinflussen. Da sich die Qualität und Korrektheit einer Information und damit ihr risikosteuernder Effekt allerdings erst ex post beurteilen lässt, ist eine Steuerung der Risikowahrnehmung durch Informationsbeschaffung zwar möglich, aber keinesfalls als gesichert anzusehen. Schneider (1991) geht sogar so weit zu behaupten, dass die psychische Bewältigung des Risikophänomens durch die Marktteilnehmer nur mit dem Glauben an die Existenz von Informationen, aus denen valide Prognosen deduzierbar sind, erst möglich wird.[139]

Die gezielte Suche nach Informationen kann das mit einer Handelsstrategie verknüpfte Renditerisiko senken, sofern die Eintrittswahrscheinlichkeit bestimmter Renditen verringert und die anderer erhöht wird. Die Informationsbeschaffung und -analyse stellt jedoch nur eine potenziell risikoreduzierende Aktion dar, da ex ante und damit zum Entscheidungszeitpunkt die Validität der verfügbaren Informationen nicht hinreichend exakt beurteilt werden kann. Dies steht im Widerspruch zu den Modellen der normativen Entscheidungstheorie, in denen die Informationsmenge als gegeben unterstellt sowie objektiv und eindeutig bewertbar betrachtet wird.[140]

Eine emotionale Beherrschung von Kapitalmarktrisiken ist nach Schneider (1991) für die Marktteilnehmer nur möglich, wenn sie glauben, unsichere zukünftige Kursprozesse durch die Beschaffung und Auswertung von Informationen eingrenzen zu können.[141] Kapitalmarktinformationen sind die Basis einer an den Ziel- und Risikovorstellungen des Marktteilnehmers orientierten Handelsstrategie. Von ausschlaggebender Bedeutung ist somit seine Fähigkeit, den Wahrheits- und Bedeutungsgehalt vorhandener Informationen realistisch einschätzen zu können. Die Fähigkeit zur korrekten Interpretation verfügbarer Informationen sowie zur Vermeidung von Interpretationsfehleren ist jedoch beim Menschen limitiert, da er

---

[139] Vgl. Schneider (1991) S. 33.
[140] Vgl. Unser (1999) S. 150.
[141] Vgl. Schneider (1991) S. 87.

nur über beschränkte Informationsaufnahme- und -verarbeitungskapazitäten verfügt.[142] Diese Tatsache führt zwangsläufig zu einer selektiven, von psychologischen Faktoren gesteuerten Informationsaufnahme. Das Erkenntnisziel der psychologischen Ansätze der Informationsverarbeitung fokussiert sich daher auf die Fragestellung, *welche* Informationen zur Entscheidungsfindung herangezogen werden, nach welchen Regeln diese verarbeitet werden und welche mentalen Selektionsprozesse hierbei ablaufen.

4.4.1.2 Der Prozess der Informationswahrnehmung und -verarbeitung

Der menschliche Informationsverarbeitungsprozess lässt sich in die Bestandteile Informations*erwerb* durch Wahrnehmungsprozesse, die Informations*verarbeitung*[143] im engeren Sinne sowie den Informations*output* in Form von Schlussfolgerungen und Entscheidungen unterteilen.[144]

In der kognitiven Psychologie[145] wird der Mensch als „informationsverarbeitendes System"[146] verstanden, das durch die nachfolgend genannten Faktoren beschrieben werden kann:[147]

1. Selektive Wahrnehmung
2. Sequentieller Informationsverarbeitungsverlauf
3. Beschränkte Problemlösefähigkeit
4. Limitierte Informationsspeicherungskapazität

Die selektive Wahrnehmung von Informationen ist grundsätzlich kein irrationaler Vorgang, sondern die faktische Konsequenz der limitierten Informationsverarbeitungskapazität und eine prinzipiell sinnvolle Strategie der Informationsreduktion. Würde eine getroffene Entscheidung permanent durch die Suche nach neuen Informationen hinterfragt und die Informationsaufnahme nicht auf diese fokussiert, wäre das Individuum letztlich entscheidungsunfähig.

---

[142] Rothkopf (2003) S. 71 weist in diesem Zusammenhang darauf hin, dass der Mensch nur ca. sieben Informationseinheiten gleichzeitig betrachten kann.

[143] Für Mayer (2000) S. 29 ist der Begriff ‚Informationsverarbeitung' ein Synonym für „alle Vorgänge mittels derer Informationen aufgenommen, bearbeitet, abgerufen, verglichen, beurteilt, mit anderen Informationen verknüpft, eingeordnet und interpretiert werden."

[144] Vgl. Carey (1996) S. 110, Rothkopf (2003) S. 71f. Zum physiologischen Prozess der Informationsverarbeitung vgl. z. B. Schneider (1991) S. 90f.

[145] Mit Kognition sind hier – Kupsch (1973) S. 215 folgend – alle inneren Vorgänge des Menschen gemeint, die mit seinem Wissen, seiner Erkenntnis und seiner Erfahrung im Zusammenhang stehen.

[146] Vgl. Mayer (2000) S. 28f.

[147] Vgl. Hogarth (1987) S. 206ff.

In der Praxis des Market Makings unterliegen Handelsentscheidungen einem hohen Zeitdruck, der tendenziell zu einer verkürzten Informationsverarbeitung führen kann. Aufgrund der Tatsache, dass persönliche sowie geschäftliche Erfolge von der Qualität der getroffenen Entscheidungen abhängen, kommt zu dem bereits erwähnten Zeitdruck noch ein erhöhtes Stressniveau hinzu. Der hohe Stress kann die Informationsselektion und die Qualität der Informationsverarbeitung nachhaltig verringern. Dieser Druck kann in Form gruppendynamischer Prozesse seinen Verstärker finden, wenn die Entscheidungen des Market Makers für die übrigen Mitglieder seiner Abteilung transparent werden und sein informeller Status von der Entwicklung seiner erreichten Handelserfolge bestimmt wird.

In Entscheidungssituationen mit eingeschränkter Informationsverarbeitung spielen die Art der Informationen, ihre Quelle sowie die Reihenfolge ihres Eintreffens eine ausschlaggebende Rolle. Hinsichtlich der Informationswahrnehmung und -verarbeitung von Marktteilnehmern lassen sich grob zwei Tendenzen differenzieren:[148]

- Market Maker unterliegen Wahrnehmungsphänomenen, wie sie mit den weiter oben diskutierten gestaltpsychologischen Prinzipien erklärt werden können. Ähnliche Informationen werden als zusammenhängend interpretiert und mental zu einem Gesamtbild ergänzt. Bei diesem Prozess wirken die Erfahrungen und das Wissen des Marktteilnehmers gestaltend mit. Dem Gesamtbild konträre Informationen werden tendenziell vernachlässigt oder verdrängt. Neue Informationen werden nicht mehr isoliert wahrgenommen, sondern aus der Perspektive des bereits existenten Gesamtbildes beurteilt.

- Neue, besonders auffällige Informationen finden eine stärkere Beachtung als die bereits vorhandenen oder auch gleichzeitig eintreffenden, aber nicht so bedeutungsvoll erscheinenden Informationen. Die Sensationalität neuer Informationen birgt dabei die Gefahr in sich, ihre Quelle nicht sorgfältig genug zu verifizieren und damit ihre Relevanz für die zukünftige Kursentwicklung nicht korrekt zu antizipieren.[149]

4.4.1.3 Die Bedeutung von Heuristiken

Die kognitiven Grenzen der Informationswahrnehmung und -verarbeitung machen die Entwicklung und Anwendung von rationalen Suchverfahren, so genannten Heuristiken erforderlich, um aus der verfügbaren Menge von existierenden Alternativen möglichst schnell und unkompliziert die zielführende Wahlmöglichkeit zu

[148] Vgl. Oehler (1992) S. 110f.; Oehler (1995) S. 47-49; Carey (1996) S. 81f.; Unser (1999) S. 150f.; Goldberg/v. Nitzsch (2000) S. 58f.

[149] Schachter et al. (1986) zeigen, dass Marktteilnehmer in einem trendlosen Markt sensibel auf sensationsgeladene Ereignisse wie Flugzeugkatastrophen, dem Ausbruch eines Krieges, dem Ausgang von Wahlen oder Naturkatastrophen reagieren.

selektieren.[150] Ekkehard (1999) definiert eine Heuristik als „eine *allgemeine, einfach anwendbare*, uns meistens aber *nicht bewußte* Regel, die es gestattet, Urteile und Entscheidungen auch unter *ungünstigen Informationskonstellationen* einigermaßen *schnell* und ... *hinreichend treffsicher* zu fällen."[151] Jungermann/Slovic (1993) gebrauchen in diesem Zusammenhang den eine Heuristik prägnant kennzeichnenden Begriff der „Daumenregel des Denkens."[152]

Urteilsheuristiken sind vereinfachte Problemlösungsverfahren, die nach Tversky/Kahneman (1974) „reduce the complex tasks of assessing probabilities and predicting values to simpler judgmental operations."[153] Diese Denkmechanismen werden vor allem in Entscheidungssituationen mit unzureichender Informationsversorgung, hoher Aufgabenkomplexität und zeitlichen Restriktionen zur Erklärung und Prognose von Ereignissen und Phänomenen herangezogen. Heuristiken genügen statistischen Erfordernissen in nur ungenügendem Maß und können daher zu einer falschen Vorhersage führen.[154] Sie werden jedoch systematisch, unbewusst und von der Motivation und Kompetenz des Marktteilnehmers unabhängig eingesetzt.[155]

Im Zusammenhang mit der Risikowahrnehmung sind die Verfügbarkeits- und Repräsentativitätsheuristik von besonderer Bedeutung und sollen daher an dieser Stelle intensiver diskutiert werden.[156]

Im Sinne der Verfügbarkeitsheuristik[157] (*availability effect*) hängt die Eintrittswahrscheinlichkeit eines zukünftigen Kurses davon ab, wie gut und leicht sich der Market Maker an eben diesen Kurs in der Historie erinnern kann. Die kognitive Verfügbarkeit eines bestimmten Kurses bestimmt demnach seine vom Market Maker geschätzte Eintrittswahrscheinlichkeit in der Zukunft. Je leichter die Erinnerung fällt, d. h. je verfügbarer ein bestimmter Kurs im Gedächtnis vorhanden ist, desto höher wird die Wahrscheinlichkeit des erneuten Aufkommens dieses Kurses

---

[150] Zu Heuristiken vgl. Tversky/Kahneman (1974); Aronson (1994) S. 145-149; Zimbardo (1995) S. 371-373; Stephan (1999) S. 101ff.; Bierhoff (2000) S. 202-205; Goldberg/v. Nitzsch (2000) S. 52-82; Garz/Günther/Moriabadi (2002) S. 104-116; Strack/Deutsch (2002).

[151] S. Ekkehard (1999) S. 103; kursive Hervorhebungen im Original.

[152] S. Jungermann/Slovic (1993) S. 92.

[153] S. Tversky/Kahneman (1974) S. 3.

[154] Vgl. Kahneman/Tversky (1973) S. 237; Shefrin (2000) S. 15f.; Garz/Günther/Moriabadi (2002) S. 104f.; Strack/Deutsch (2002) S. 352-354.

[155] Vgl. Kahneman (1991) S. 144.

[156] Einen komprimierten, dabei aber gut aufbereiteten Überblick über Anomalien, Irrationalität und Biases im menschlichen Entscheidungsverhalten bietet Oehler (1992) S. 100-109 und Oehler (1995) S. 25-38.

[157] Vgl. hierzu Maas/Weibler (1990) S. 90-93; Schneider (1991) S. 135f.; Carey (1996) S. 78-80; Unser (1999) S. 163; Goldberg/v. Nitzsch (2000) S. 56-59; Kiehling (2001) S. 52f.; Garz/Günther/Moriabadi (2002) S. 107-109; Strack/Deutsch (2002) S. 354-358; Rothkopf (2003) S. 85-87.

quantifiziert. Ein solches Verhalten basiert auf der Umkehrung der Erfahrung, dass beobachtete Zusammenhänge bei wiederholtem Auftreten eine gewisse Kausalität aufweisen und die Erinnerung an sie leichter fällt. Ein Market Maker ohne Erfahrungen mit einem Börsencrash wird die Gefahr eines solchen Ereignisses mit einer anderen Eintrittswahrscheinlichkeit belegen als ein Marktteilnehmer mit solchen Kenntnissen.[158]

Die Eintrittwahrscheinlichkeit eines für den Erfolg einer Handelsentscheidung dysfunktionalen Situationsparameters wird umso höher eingeschätzt, je leichter Informationen hierzu aus dem Gedächtnis abgerufen werden können. Sind zahlreiche Informationen mit Hinweisen auf eine aktuell erhöhte Risikosituation verfügbar, kann dies leicht in einer Verzerrung der subjektiven Einschätzung eines möglichen zukünftigen Kurses münden. Die leichte kognitive Verfügbarkeit von risikorelevanten Informationen muss jedoch nicht zwangsläufig der realen Kapitalmarktsituation entsprechen. Erfahrungen der Vergangenheit von besonderer Relevanz wie beispielsweise ein Börsencrash, häufig auftretende Kursniveaus oder Erfahrungen mit hohem Aktualitätsbezug können den verfügbarkeitsheuristischen Effekt auslösen, selbst wenn sie derzeit in der Realität nicht existent sind.

Die erfahrungsbedingte Verfügbarkeit von Kursen kann zu Urteilsverzerrungen führen, weil zahlreiche Faktoren zwar die Leichtigkeit des Erinnerns an einen bestimmten Kurs in der Historie beeinflussen, nicht aber die Eintrittwahrscheinlichkeit genau dieses Kurses in der Zukunft. Ist sich der Market Maker des systematischen Stichprobenfehlers seiner erinnerten Beobachtungen nicht bewusst, können hieraus bei der Preisbildung von Optionen systematische Fehler entstehen.

Beispiele für die Verfügbarkeitsheuristik im Kapitalmarktkontext sind überdurchschnittliche Aktienengagements jüngerer Investoren ohne Crash-Erfahrung, die Konzentration der Marktteilnehmer auf am Heimatmarkt gehandelte Finanzwerte (*home bias*) sowie die Tatsache, dass der Bekanntheitsgrad von Aktiengesellschaften die Bewertung eines Kurstrends verzerren kann.[159]

Die von Kahneman/Tversky (1972) vorgestellte Repräsentativitätsheuristik[160] besagt, dass Menschen bei der Prognose unsicherer zukünftiger Ereignisse dazu neigen, in Stereotypen zu denken. Ein Synonym für Repräsentativität sind in diesem Zusammenhang die Begriffe Denkschema bzw. Denkmuster. Diese im Gehirn des Menschen fest verankerten Schemata sind das Ergebnis von Beobachtungen in der Vergangenheit, persönlichen Erfahrungen sowie Lernprozessen.

---

[158] Vgl. Tversky/Kahneman (1973) S. 163f.; Goldberg/v. Nitzsch (2000) S. 57.

[159] Vgl. Ekkehard (1999) S. 108; Garz/Günther/Moriabadi (2002) S. 108f.

[160] Vgl. hierzu Kahneman/Tversky (1972); Maas/Weibler (1990) S. 82-89; Schneider (1991) S. 136; Carey (1996) S. 76-78; Unser (1999) S. 162f.; Goldberg/v. Nitzsch (2000) S. 71-82; Shefrin (2000) S. 16-20; Kiehling (2001) S. 50f.; Garz/Günther/Moriabadi (2002) S. 112-116; Strack/Deutsch (2002) S. 359-362; Rothkopf (2003) S. 89-91.

Soll die Zugehörigkeit eines Ereignisses oder einer Stichprobe zu einer Grundgesamtheit beurteilt werden, orientieren sich Menschen häufig an der Ähnlichkeit von Grundgesamtheit und Stichprobe hinsichtlich spezifischer Charakteristika. Weisen die Elemente der Stichprobe in wesentlichen Punkten eine hohe Ähnlichkeit mit der Grundgesamtheit auf, wird von der Struktur der Stichprobe auf die der Grundgesamtheit geschlossen. Diese Vorgehensweise kann zu verzerrten Ergebnissen führen, da andere Faktoren, die die Wahrscheinlichkeit von Ereignissen bestimmen, vernachlässigt oder fundamentale Grundsätze der Wahrscheinlichkeitsrechnung wie z. B. die Berücksichtigung von a priori Wahrscheinlichkeiten oder der Stichprobengröße missachtet werden. Zu diesen Faktoren zählen das im Folgenden näher ausgeführte Missverstehen des Zufalls sowie des Regressionsbegriffs.

Beim Missverstehen des Zufalls gehen Individuen davon aus, die grundlegenden Charakteristika eines Zufallsprozesses nicht nur in großen, sondern auch in kleinen Stichproben zu finden. In Umkehrung des Gesetzes der großen Zahlen sprechen Tversky/Kahneman (1971) in diesem Zusammenhang etwas persiflierend vom Glauben an das Gesetz der kleinen Zahlen (*belief in the law of small numbers*).[161] Eine Folge dieses Glaubens an die lokale Repräsentativität stellt der so genannte Irrglaube des Spielers (*gamblers fallacy*) dar, wonach aus der Beobachtung einer Anzahl gleichwahrscheinlicher ähnlicher Ereignisse die erhöhte Wahrscheinlichkeit für den Eintritt eines anderen Ereignisses abgeleitet wird. Zufall wird als ein sich selbst korrigierender Prozess interpretiert, in dem eine Abweichung in die eine Richtung eine (Korrektur-)Bewegung in die konträre Richtung zur Wiederherstellung eines imaginären Gleichgewichts hervorruft. Gedanklich wird Zufallsprozessen die Normalverteilungsannahme übergestülpt; Regelmäßigkeiten werden als für Zufallsprozesse untypisch angesehen.

Im Kapitalmarktkontext bedeutet dies, dass Marktteilnehmer die Wahrscheinlichkeit verschiedener Kursabfolgen nicht gleich, sondern unterschiedlich bewerten könnten. Der Grund hierfür liegt im vermeintlichen Wissen der Marktakteure, dass die Wahrscheinlichkeit einer Trendumkehr steigt, je länger ein bestehender Kurstrend bereits andauert.[162]

Die Präferenz für repräsentative Ereignisse kommt auch in der Bewertung verbundener Ereignisse (*conjunction fallacy*) zum Ausdruck. Hierbei wird das aus der Wahrscheinlichkeitstheorie bekannte Gesetz, dass die Wahrscheinlichkeit für das gemeinsame Auftreten zweier abhängiger oder unabhängiger Ereignisse nie größer sein kann als die Wahrscheinlichkeit für das Auftreten der einzelnen Ereignisse, ignoriert und dem verbundenen Ereignis eine höhere Wahrscheinlichkeit – sprich Repräsentativität – eingeräumt als den Einzelereignissen. Psychologisch lässt sich diese generelle Präferenz für kausale Zusammenhänge mit dem allgemeinen

---

161 Vgl. Tversky/Kahneman (1971) S. 105f.

162 Bzgl. empirischer Studien hierzu sei auf Kiell/Stephan (1997) sowie die in Maas/Weibler (1990) S. 85-87 zitierte Literatur verwiesen.

Kontrollbedürfnis von Menschen erklären. Der Glaube, eine vermeintlich kausale Relation erkannt zu haben, befriedigt das Bedürfnis nach Kontrolle.[163]

An Kapitalmärkten ist die Suche nach Kausalitäten ein weit verbreitetes Phänomen. Insbesondere mit Hilfe der Technischen Analyse wird versucht, Muster zu erkennen und aus bestimmten Kurskonstellationen Prognosen abzuleiten. Oft wird hierbei aber nur das Kontrollbedürfnis des Marktteilnehmers befriedigt, ohne dabei eine korrekte Kursprognose erstellen zu können.

Ein weiterer Ausfluss des Kontrollbedürfnisses von Markteilnehmern ist das so genannte „Durchschnüffeln" von Datenbänken (*data snooping*) hinsichtlich beliebiger empirischer Zusammenhänge. Schon aufgrund der Gesetze des Zufalls ist das Auffinden von statistisch signifikanten Korrelationen zu erwarten. Empirische Korrelationen begründen jedoch grundsätzlich keine kausalen Zusammenhänge, schließen sie aber auch nicht aus. Marktteilnehmer neigen allerdings dazu, die extrahierten empirischen Korrelationen als Stereotyp weiter zu denken und hieraus Prognosen abzuleiten. Insofern werden tatsächliche Kausalitäten regelmäßig überschätzt und vermeintliche kausale Zusammenhänge erkannt, die in Wirklichkeit jedoch nicht existieren. Würden diese Korrelationen systematisch auf wahre Kausalitäten überprüft, würde sich häufig kein kausaler Zusammenhang verifizieren lassen; es handelt sich somit um Scheinkorrelationen.[164]

Das Missverstehen des Regressionsbegriffs zielt auf die mangelnde Berücksichtigung der Regression zum Mittelwert bei der Erstellung von Prognosen ab. Individuen erwarten selbst bei explizitem Hinweis auf einen Zufallsprozess, dass sich extreme Ereignisse auch zukünftig mit einer relativ hohen Wahrscheinlichkeit wiederholen können, anstatt eine Schätzung in Richtung des Mittelwertes abzugeben. Dieses Missverstehen könnte mit der subjektiv empfundenen Inkompatibilität zwischen den Inputvariablen und dem persönlich erwarteten Ergebnis (Output) in Zusammenhang stehen.

Die übertriebene Fortschreibung von Zeitreihen (*Extrapolation*) ist letztlich eine Überreaktion auf neue Informationen, die sich auch am Aktienmarkt beobachten lässt. De Bondt/Thaler (1985, 1987) zeigen anhand des Gewinner-Verlierer-Effekts auf, dass Aktien mit einem Kursrückgang in der Vergangenheit

[163] Tversky/Kahneman (1983) S. 297-300 geben ein anschauliches Beispiel für die Conjunction Fallacy anhand der Charakterisierung einer hypothetischen Frau Linda, deren Typ-Beschreibung repräsentativ ist für eine aktive Feministin und nicht typisch für eine Bankangestellte. Bei einer durchgeführten Erhebung geben 85% der Befragten an, dass die Alternative ‚Linda ist Bankangestellte und (zugleich) aktive Feministin in einer Frauenbewegung' wahrscheinlicher sei als die Alternative, dass Linda (nur) eine Bankangestellte ist; ein klarer Verstoß gegen die Konjunktionsregel.

[164] Ibbotson/Ritter (1995) arbeiten eine typische empirische Scheinkorrelation heraus zwischen Börsengängen (*Initial Public Offering*) und der Erwartung der Marktteilnehmer auf hohe Wachstumsraten bei neu in den Handel eingeführten Aktien.

in den Folgejahren besser abschneiden als solche Titel, die in der Historie überdurchschnittliche Gewinne erzielen.[165]

Die Extrapolations-Problematik lässt sich auch auf Analysten adaptieren, die dazu neigen, aktuelle Gewinnentwicklungen zu weit in die Zukunft fortzuschreiben. Erst wenn die tatsächliche Entwicklung in die eine oder andere Richtung enttäuscht, erfolgt eine zu späte und häufig zu konservativ bemessene Revision der Gewinnschätzung.

Das extrapolative Verhalten der Marktteilnehmer führt zum Phänomen der Momentum-Märkte, in denen die aufgrund der Repräsentativitätsheuristik auftretenden Kursverzerrungen durch entsprechende Handelsstrategien gewinnbringend ausgenutzt werden können.[166]

Die beiden diskutierten Heuristiken sind systematischer Natur und lassen sich durch einen Aggregationsprozess auf der Marktebene nicht eliminieren. Sie betreffen professionelle Marktteilnehmer genauso wie nicht-professionelle und sind durch Lernprozesse kaum zu beseitigen. Damit beeinflussen sie den Erwartungsbildungsprozess am Kapitalmarkt und können somit auch auf die Preisbildung von Optionen am Terminmarkt einwirken.

Zusammenfassend lässt sich festhalten, dass die in den Modellen der normativen Entscheidungstheorie als gegeben und objektiv bewertbar unterstellte Informationsmenge in der Kapitalmarktrealität der beschränkten, durch Heuristiken geprägten menschlichen Informationswahrnehmungs- und -verarbeitungskapazität gegenübersteht. Diese wiederum steht in einer interdependenten Relation mit den in den folgenden Abschnitten zu analysierenden personalen Einflussfaktoren Erfahrungen, Stimmungen und Emotionen, Motivationen sowie dem Selbstkonzept der Marktteilnehmer.

[165] Vgl. De Bondt/Thaler (1985) S. 799-803; De Bondt/Thaler (1987) S. 571-575.

[166] Vgl. Schiereck/Weber (1995), S. 10-19; Bromann/Schiereck/Weber (1997) S. 606-615; Schiereck/De Bondt/Weber (1999); Schiereck/Weber (1999); Zuchel/Weber (1999); Okunev/White (2003) S. 434-442; Korajczyk/Sadka (2004) S. 1042-1045. Oehler (1994) hingegen zeigt in einer experimentellen Studie Verhaltensmuster individueller Investoren auf, die ihre Anlageentscheidung eher auf *historische* Renditeentwicklungen stützen denn auf Erwartungen zukünftiger fundamentaler Entwicklungen. Und Barberis/Shleifer/Vishny (1998) entwickeln ein Marktmodell, in dem Konservatismus und Repräsentativitätsheuristik die treibenden Einflussfaktoren der Investorenstimmung sind. Sie zeigen auf, wie Über- und Unterreaktionen von Kursen aufgrund von Erwartungsverzerrungen ausgenutzt werden können.

4.4.2 Erfahrungen

4.4.2.1 Lernprozesse als Grundlage der Bildung von Erfahrungen

Der Mensch ist mit nur vergleichsweise wenigen angeborenen Verhaltensweisen ausgerüstet, sodass die meisten Fähigkeiten und Fertigkeiten durch Erfahrung erworben, sprich erlernt werden müssen.[167] Dieser sozialpsychologische Allgemeinplatz lässt sich problemlos in den Kapitalmarktkontext transformieren. Auch dort sind Lernprozesse der Ausgangspunkt zur Bildung von (Berufs-)Erfahrungen, auf die dann situativ zurückgegriffen werden kann. Um die Bedeutung von Erfahrungen am Kapitalmarkt würdigen zu können, sind daher zunächst die Gesetzmäßigkeiten des menschlichen Lernens in ihren Grundzügen zu diskutieren.[168]

Lernen als Voraussetzung und Basis zur Bildung von Erfahrungen kann als ein Prozess zum dauerhaften Erwerb einer neuen oder der Veränderung einer bereits vorhandenen Fähigkeit, Fertigkeit oder Einstellung definiert werden.[169] Die Lerninhalte stehen dabei in einer interdependenten Relation zueinander: Änderungen im Wissen sind häufig Ursache für Verhaltensänderungen, und durch Verhalten gesammelte Erfahrungen bilden umgekehrt gespeichertes Wissen. Bikhchandani/Hirshleifer/Welch (1998) weisen in diesem Zusammenhang auf die Erkenntnis der Sozialpsychologie hin, dass Menschen dazu neigen, das Verhalten von offensichtlich erfolgreichen und scheinbar Kompetenz besitzenden Personen nachzuahmen bzw. zu imitieren.[170] Dieser Befund menschlichen Gebarens lässt sich auch in Handelsabteilungen von Banken nachzeichnen: Erfolgreiche Händler fungieren als ‚Verhaltens-Nukleus' und Vorbild für die anderen Mitglieder der Abteilung. Ihnen nachzueifern und ähnliche Gewinne zu erwirtschaften, ist Motivation für das Verhalten der übrigen Händler.

In der Sozialpsychologie werden die eine Verhaltenänderung generierenden Lernprozesse als das Ergebnis von Reiz-Reaktions-Prozessen (*instrumentelle Konditionierung*) interpretiert. Dieses im Wesentlichen von Thorndike (1926) und Skinner (1953) geprägte behavioristische Lernverständnis geht davon aus, dass Reize – das sind Umstände, die ein bestimmtes Verhalten auslösen – und Reaktionen – das ist das tatsächliche Verhalten – beobachtbare Aspekte menschlichen Verhaltens darstellen. Folgt auf ein bestimmtes Verhalten ein aversiver Reiz, wird dieses Verhalten zukünftig vermieden. Schließt sich an ein gezeigtes Verhalten hingegen ein Belohnungsreiz an, so wird dieses Verhaltensmuster künftig beibehalten. Sind keine oder lediglich neutrale Konsequenzen zu konstatieren, wird dem behavioristischen Lernverständnis folgend dieses Verhaltensmuster gelöscht (*Extinktion*). Bei dieser als Effektgesetz bezeichneten operanten Konditionierung

[167] Vgl. Herkner (1991) S. 23.

[168] Um nicht vom eigentlichen Erkenntnisziel dieser Arbeit abzuweichen, wird dieser Exkurs so knapp wie möglich gehalten.

[169] Vgl. Zimbardo (1995) S. 263f.; Mayer (2000) S. 99; Fischer/Wiswede (2002) S. 53.

[170] Vgl. Bikhchandani/Hirshleifer/Welch (1998) S. 160.

orientiert sich das Lernen und die sich hieraus generierenden Verhaltensmodifikationen ausschließlich am Erfolg.[171]

Sanktionen fungieren demnach als Verstärker von Reiz-Reaktions-Lernprozessen. Sowohl eine positive (Belohnung) als auch eine negative (Bestrafung) Verstärkung führt zu einer erhöhten Auftretenswahrscheinlichkeit eines bestimmten Verhaltens. Bei einer kontinuierlichen Verstärkung wird das erwünschte Verhalten in jedem Einzelfall in unmittelbarem zeitlichen Zusammenhang belohnt. Bei einer diskontinuierlichen bzw. intermittierenden Verstärkung erfolgt die Sanktion in unregelmäßigen Abständen. Dabei zeigt sich, dass Lerneffekte durch diskontinuierliche Verstärkung erst zeitlich versetzt auftreten, jedoch danach relativ änderungsresistent sind (*Extinktionsresistenz*). Hieraus kann gefolgert werden, dass zur Etablierung eines erwünschten Verhaltens dieses nicht in jedem Einzelfall belohnt werden sollte. Durch die Wirksamkeit der intermittierenden Verstärkung wird außerdem die Möglichkeit der Selbstverstärkung sowie der Internalisierung gefördert.

Rolls (1999) weist im Zusammenhang mit den Reiz-Reaktions-Prozessen auf die Bedeutung von Emotionen gegenüber den Verstärkern hin und geht davon aus, dass das jeweilige Verhalten im Hinblick auf die Belohnung bzw. Bestrafung und den zu ihrer Erreichung bzw. Vermeidung erforderlichen Aufwand durch eine Kosten-Nutzen-Analyse motiviert ist.[172]

Der äußerst intensive Wettbewerb an den Kapitalmärkten verknüpft mit den in der Praxis anzutreffenden großen Belohnungsanreizen für die erfolgreichen Händler führt zu einer Art Darwinschen Selektion im Finanzbereich. Denn der üblicherweise jährlich ausgelobte Händlerbonus kann als eine positive Verstärkung (Belohnung) interpretiert werden. Die Händlergratifikation wirkt als ein diskontinuierlicher Stimulus des persönlichen Erfolgs in der abgelaufenen Geschäftsperiode und kann – in den Reiz-Reaktions-Lernprozess eingeordnet – als Anreiz für Verhaltensänderungen dienen. Höger (1978) weist in diesem Zusammenhang auf die menschliche Eigenschaft hin, das Verhalten in einem kontinuierlichen Wechselspiel zwischen individuellem Verhalten als Impuls und den hierauf folgenden Reaktionen der Umwelt so lange zu modifizieren, bis es schließlich unter den gegebenen Umständen den erwünschten Erfolg hervorruft.[173]

Kritisch wird bezüglich des Reiz-Reaktions-Lernens angemerkt, dass bei instinktgetriebenen Lebewesen die aversiven oder belohnenden Stimuli eindeutig bestimmbar sind, nicht jedoch im Humanbereich. Diese Lerntheorie berücksichtigt nicht die kognitiven und motivationalen Rahmenbedingungen des Lernprozesses

[171] Vgl. Herkner (1991) S. 23f.; Zimbardo (1995) S. 266-289; Mayer (2000) S. 101-117; Fischer/Wiswede (2002) S. 57-67.

[172] Vgl. Rolls (1999) Kap. 10.3.

[173] Vgl. Höger (1978) S. 32.

wie beispielsweise Stimmungen und Emotionen.[174] Bezogen auf die vorerwähnte Händlergratifikation als Beispiel für einen diskontinuierlichen Stimulus wäre somit die Stimmungslage des Händlers oder seine gegenwärtige emotionale Situation mit einzubeziehen, um die Wirkung der Bonuszahlung als Anreiz für Verhaltensänderungen hinreichend exakt bewerten zu können.

Der durch die Arbeiten von Tolman (1948) nachhaltig geprägte Kognitivismus orientiert sich zwar an dem von Reiz-Reaktions-Prozessen geprägten behavioristischen Lernverständnis, stellt jedoch die Kognitionen des Menschen als primäre Ursache für zielgerichtetes Verhalten in den Mittelpunkt der Analyse. Der Lernende übernimmt im Lernprozess eine aktive Rolle, nimmt neue Informationen auf, verarbeitet diese und wendet sie zielgerichtet an.[175] Dabei lässt er sich von den an anderer Stelle bereits diskutierten gestaltpsychologischen Prinzipien leiten. Das Lernziel, die zu seiner Erreichung erforderlichen Hilfsmittel und der Weg zur Zielerreichung stellen zusammen eine Gestalt dar. Beim Lernen auftretende Probleme werden aus der Perspektive der Gestaltpsychologie durch Einsicht und Umstrukturierung des Wahrnehmungsfeldes gelöst.[176]

Ein weiteres, bedeutendes Charakteristikum des Lernens aus gestaltpsychologischer Sicht ist die Tendenz, das Erlernte in bestmöglicher Gestalt (*Prägnanz*) im Gedächtnis abzulegen. Das in Wirklichkeit Behaltene ist daher nicht immer identisch mit dem zuvor Gelernten, sondern weist eine gegenüber dem Original individuell als besser wahrgenommene Gestalt auf. Lefrancois (1994) weist in diesem Zusammenhang auf die drei Strukturierungstendenzen Angleichung (*leveling*), Verschärfung (*sharpening*) und Normalisierung (*normalizing*) des menschlichen Gedächtnisses hin.[177] *Angleichen* beschreibt dabei das Streben nach Nivellierung von Eigentümlichkeiten des Wahrgenommen, *verschärfen* die Betonung spezifischer Charakteristika des Wahrgenommenen und *normalisieren* die Modifizierung eines Gegenstandes bei seiner Reproduktion aus dem Gedächtnis. Dabei wird das erinnerte Objekt tendenziell mehr zu dem, was es in der Wahrnehmung des Individuums zu sein scheint als zu dem, was es in Wirklichkeit ist.

Eine weitere, mit Blick auf den Untersuchungsgegenstand dieser Arbeit bedeutenden Gruppe von Lerntheorien sind die durch die Arbeiten von Rotter (1954) und Bandura (1979) geprägten sozialen Lerntheorien.[178] Diese Theorien unterstellen dem Menschen die Kompetenz zur Schaffung selbsterzeugter Anreize und Konsequenzen. Dies setzt voraus, dass der Lernende aktiv auf seine Umweltbedingungen – die Stimuli – Einfluss nehmen kann und ihnen nicht rezeptiv ausgeliefert ist. Zentralpunkt dieser Lerntheorien ist die Annahme, dass der Mensch

[174] Vgl. Fischer/Wiswede (2002) S. 62f.

[175] Vgl. Mayer (2000) S. 115-120, Fischer/Wiswede (2002) S. 63-65.

[176] Vgl. Höger (1978) S. 33f.

[177] Vgl. Lefrancois (1994) S. 101f.

[178] Vgl. Herkner (1991) S. 72-76; Zimbardo (1995) S. 295f.; Mayer (2000) S. 121-124; Wiswede (2000) S. 71-73; Fischer/Wiswede (2002) S. 69-76.

in der Lage ist, durch das Verhaltensmodell anderer Personen zu lernen. Insbesondere komplexe Verhaltensmuster können weniger durch ein Versuchs-Irrtums-Lernen als vielmehr und besser durch eine Modell-Beobachtung erlernt werden. Das so genannte Beobachtungslernen – in der Literatur auch als Imitationslernen oder Lernen durch Nachahmung bezeichnet – wird von Wiswede (2000) gegenüber dem sukzessiven Versuchs-Irrtums-Prozess als naheliegender, effizienter und insbesondere schneller klassifiziert.[179]

4.4.2.2 Erfahrungen als das Ergebnis von Lernprozessen

Bezogen auf den Kapitalmarktkontext kann das Imitationslernen auch in Handelsabteilungen von Banken beobachtet werden. Junge, wenig erfahrene Händler (*Juniors*) orientieren sich an den Kollegen mit umfangreicher Berufserfahrung (*Seniors*) und versuchen, von deren Verhaltensmuster beim Aufbau ihres Wertpapierportfolios zu lernen. Ein solcher Lernprozess kann sich jedoch nur dann einstellen, wenn bereits der Junior-Händler über ein selbstverantwortetes Portfolio verfügt und dessen Struktur innerhalb gesetzter Rahmenbedingungen eigenständig festlegen kann.

In diesem Zusammenhang sind Kontingenz, verstanden als die wahrgenommene Relation zwischen einem spezifischen Verhalten und den hieraus folgenden Konsequenzen, sowie die perzipierte Kontrolle, interpretiert als die subjektive Wahrnehmung des Ausmaßes der Kontrolle in einer konkreten Situation, von hoher Bedeutung. Letztlich ist nicht die tatsächlich vorhandene, objektive Möglichkeit der Kontrolle über eine konkrete Situation verhaltensbestimmend, sondern vielmehr die wahrgenommene, subjektiv empfundene Kontrollmöglichkeit, die durchaus divergent sein kann zu der objektiv gegebenen.

Wird das Verhalten des Menschen als auf einem Kontinuum liegend aufgefasst, so wird ein Ende desselben durch die von Seligman (1999) so genannte gelernte Hilflosigkeit markiert.[180] Diese führt zu einer kognitiven Einstellung, die den Menschen glauben lässt, dass Erfolg und Misserfolg unabhängig sind von seinem eigenen Können. Ein solcher wahrgenommener Verlust von Kontrollmöglichkeiten kann die Motivation in Richtung Passivität und Lethargie abdriften lassen. Sine obligo kann davon ausgegangen werden, dass der Verbleib solcher Individuen in Handelsabteilungen von Banken nur von begrenzter Dauer sein wird und diese Verhaltensart an dieser Stelle lediglich der Vollständigkeit halber Erwähnung findet.[181]

Liegt im Fall der gelernten Hilflosigkeit eine stark ausgeprägte Unterschätzung der eigenen Kontrollmöglichkeiten vor, bildet das entgegengesetzte Ende des

---

179 Vgl. Wiswede (2000) S. 71.

180 Vgl. Seligman (1999) S. 34-37.

181 Ähnlich auch Kahn/Cooper (1993).

menschlichen Verhaltenskontinuums die von Langer (1975) in die Diskussion eingebrachte *Kontrollillusion*. Sie zeigt experimentell das bei vielen Menschen häufig zu beobachtende Phänomen, auch bei Zufallsprozessen (Lotterien, Roulette) ihre Kontrollmöglichkeiten regelmäßig zu überschätzen.[182]

Eng verknüpft mit dem Konstrukt der Kontrollillusion ist das Konzept der gelernten Sorglosigkeit.[183] Im Fall von wiederholtem Erfolg bei risikobehafteten Investmententscheidungen kann eine Art Kontingenz entstehen, die das Individuum irrtümlicherweise glauben lässt, der pekuniäre Erfolg sei prognostizierbar bzw. in hohem Maße das Ergebnis des eigenen Handelns. Eine positive Konditionierung und die damit einhergehende Bereitschaft zur Übernahme immer höherer Risiken kann schließlich dazu führen, dass neue Informationen ignoriert oder im Kontext der Risikowahrnehmung uminterpretiert werden, wodurch sich das situative eigene Sicherheitsempfinden noch künstlich erhöht.[184]

4.4.2.3 Ergebnisse empirischer Forschung

Die Kontrollillusion der Kapitalmarktakteure führt zu der häufig beobachtbaren Tendenz, die eigenen Fähigkeiten systematisch zu überschätzen (*overconfidence*).[185] Dieser so genannte Overconfidence-Effekt ist nach Griffin/Tversky (1992) sowohl bei professionellen als auch bei nicht-professionellen Marktteilnehmern zu beobachten; bei den erstgenannten jedoch in ausgeprägterem Maße, da sie dazu neigen, die Korrektheit ihrer Kursprognosemodelle überzugewichten. Darüber hinaus ist dieser Effekt kulturabhängig. Er fällt in den meisten asiatischen Ländern stärker aus als in den europäischen oder nordamerikanischen.[186] Kiehling (2001) verweist ferner auf die Interdependenz von Overconfidence und sozialen Faktoren. Der Overconfidence-Effekt fällt umso geringer aus, je größer die Wahrscheinlichkeit ist, eine selbst getroffene Entscheidung im Rahmen einer Gruppendiskussion verteidigen zu müssen. In diesem Fall wird mehr Zeit und Sorgfalt für die Entscheidungsfindung aufgewendet.[187]

---

[182] Vgl. Langer (1975) S. 315-317. Dieses Verhalten konnte auch durch nachfolgende Studien bestätigt werden. S. hierzu Unser (1999) S. 190f. sowie die dort zitierte Literatur.

[183] Vgl. hierzu Frey/Schulz-Hardt (1996), Schulz-Hardt/Frey/Lüthgens (1996) sowie Goldberg/v. Nitzsch (2000) S. 155; Fischer/Wiswede (2002) S. 79.

[184] Vgl. Hosseini (1997) S. 186; Rapp (1997) S. 85f.

[185] Zum Overconfidence-Effekt auf Kapitalmärkten vgl. z. B. Arkes et al. (1987), Hirshleifer (1997), Bloomfield/Libby/Nelson (1999, 2000), Daniel/Titman (1999), Laschke/Weber (1999), Biais et al. (2000), Shiller (2000), Bernardo/Welch (2001), Hirshleifer/Luo (2001), Christoffersen/Sarkissian (2002), Glaser/Weber (2003), Statman/Thorley/Vorkink (2004).

[186] Vgl. Yates/Lee/Shinotsuka (1996) S. 140f.

[187] Vgl. Kiehling (2001) S. 141.

Anderson/Sunder (1995) kommen in einer vergleichenden experimentellen Untersuchung mit Studenten und professionellen Händlern in Form eines Auktionsmarktes zu dem genau gegenteiligen Ergebnis wie Griffin/Tversky (1992). Zwar lassen sich auch hier bei beiden Gruppen auf dem Overconfidence-Effekt basierende, systematische Preisverzerrungen feststellen, die jedoch bei den nichtprofessionellen Experimentteilnehmern in ausgeprägterer Weise vorhanden sind.

Gervais/Odean (2001) untersuchen den Overconfidence-Effekt ebenfalls experimentell und entwickeln eine Theorie von temporär sich selbst überschätzenden (*overconfident*) Händlern in einem mehrperiodischen bayesianischen Marktmodell, in dem sie sowohl den Lernprozess der Händler als auch systematische Fehler beim Lernen, die zu Overconfidence führen, modellieren. In ihrem Modell lernen die Teilnehmer durch das Sammeln von Erfahrungen. Die Autoren kommen zu dem Ergebnis, dass diejenigen Händler, die die Dividendenzahlung der nächsten Periode erfolgreich prognostizieren, nur ungenau und nicht in angemessenem Umfang ihre Kurserwartungen adjustieren. Sie übergewichten die Möglichkeit, dass ihr Erfolg auf persönlichen Erfahrungen basiert, und werden dadurch zu selbstsicher (*overconfident*). Der Overconfidence-Fehler gepaart mit Handelserfolgen führt im Ergebnis zu einer erhöhten Übernahme von Risiken.[188]

Die Ausprägung von Overconfidence variiert bei Gervais/Odean (2001) in Abhängigkeit der Erfolgsquote der Händler und im Zeitverlauf. Sie beobachten, dass das Overconfidence-Niveau in der Frühphase einer Händlerlaufbahn als Resultat korrekt antizipierter Kursverläufe stark steigt, um danach wieder zu sinken. Die Autoren folgern hieraus, dass die größte Gefahr, zu selbstsicher zu werden, zu Beginn einer Händlerkarriere besteht. Unterstützt von Lernprozessen gelingt den Marktteilnehmern mit zunehmender (Berufs-)Erfahrung eine immer realistischere Einschätzung ihrer händlerischen Fähigkeiten.[189] Gervais/Odean (2001) resümieren ihre Ergebnisse in der Wortspielerei „Overconfidence does not make traders wealthy, but the process of becoming wealthy can make traders overconfident.“[190]

Locke/Mann (2001) bestätigen in einer empirischen Studie mit Futures-Händlern der Chicago Mercantile Exchange (CME) die von Gervais/Odean (2001) herausgearbeiteten Ergebnisse: Erfolgreiche Händler sind demnach eher bereit, zusätzliche Risikopositionen zu übernehmen, wenn sie zuvor Gewinne realisiert haben.

Coval/Shumway (2005) untersuchen die Auswirkungen von Overconfidence auf die Preisbildung am Terminmarkt am Beispiel von Market Makern am Chica-

[188] Vgl. Gervais/Odean (2001) S. 8-18.

[189] Als Beispiel für weitere Ansätze zum Aufzeigen der Auswirkungen von Overconfidence auf Marktebene können die Modelle von Shefrin/Statman (1994), Kyle/Wang (1997), Benos (1998), Daniel/Hirshleifer/Subrahmanyam (1998), Odean (1998), Wang (2001) sowie Pouget et al. (2005) genannt werden.

[190] S. Gervais/Odean (2001) S. 2.

go Board of Trade (CBOT). Die Autoren stellen eine positive Korrelation fest zwischen der Neigung zu Overconfidence und der Bereitschaft, Risiken zu übernehmen. Je stärker Market Maker ihre erzielten Gewinne als Resultat ihrer persönlichen Fähigkeiten werten, desto größere Risiken sind sie bei steigenden Gewinnen bereit zu übernehmen.[191]

Odean (1999) arbeitet heraus, dass der Overconfidence-Effekt nicht nur bei professionellen Marktteilnehmern, sondern auch bei privaten Investoren feststellbar ist. Die Wertentwicklung der von privaten Investoren gekauften Aktien unterschreitet häufig diejenige der von ihnen verkauften Titel und deckt teilweise nicht die Transaktionskosten.[192] Dieses Ergebnis lässt sich mit dem Overconfidence-Effekt erklären. In dem vermeintlichen Glauben, die zukünftigen Kurse hinreichend exakt prognostizieren zu können, werden mutmaßlich ertragversprechende Titel gekauft und dagegen im Portfolio vorhandene Wertpapiere vorzeitig veräußert.

Zu einem vergleichbaren Ergebnis gelangen auch Barber/Odean (2002). Sie stellen fest, dass Privatanleger, die von der „normalen" Aktienanlage zum so genannten Day Trading wechseln, mehr handeln, dabei jedoch weniger Gewinne erwirtschaften als zuvor und auch im Vergleich zu einer Kontrollgruppe.[193]

Ergänzend sei noch auf Hvide (2002) hingewiesen, der anhand eines spieltheoretischen Beispiels zeigt, dass Overconfidence das Gleichgewichtsergebnis von pragmatisch zustande gekommenen Kursprognosen sein kann.

Vor diesem Hintergrund verbringen zahlreiche Marktteilnehmer viel Zeit mit dem Versuch, das bevorstehende Verhalten der übrigen Akteure zu prognostizieren und dementsprechend zu agieren. Besser wäre es allerdings, die den zukünftigen Kurs determinierenden Fundamentaldaten zu analysieren.[194]

Zusammenfassend lässt sich festhalten, dass einerseits zwar die durch Lernprozesse gesammelten (Berufs-)Erfahrungen die Tätigkeit eines Händlers unter-

---

[191] Vgl. Coval/Shumway (2005) S. 14-20. Das Verhalten, Erfolge den eigenen Fähigkeiten zuzuschreiben, die Gründe für einen Misserfolg hingegen außerhalb des eigenen Einwirkungsbereiches zu suchen („kein Glück gehabt") wird auch bereits von Langer/Roth (1975) beschrieben.

[192] Vgl. Odean (1999) S. 1283-1285.

[193] Vgl. Barber/Odean (2002) S. 472-479.

[194] Ein solches Verhalten wird bereits von Keynes (1936) S. 132 am Beispiel des Schönheitswettbewerbs deutlich: „(Wir widmen) unsere Intelligenz der Vorwegnahme dessen ..., was die durchschnittliche Meinung als Ergebnis der durchschnittlichen Meinung erwartet." Bezogen auf den Kapitalmarkt s. a. De Long et al. (1990) S. 735 sowie Shleifer/Summers (1990) S. 26.

stützen, diese aber auf der anderen Seite dazu beitragen können, ihn zu selbstsicher (*overconfident*) werden zu lassen.[195]

4.4.3 Stimmungen und Emotionen

4.4.3.1 Begriffsabgrenzungen

Rekurrierend auf Heidegger schreibt Bollnow (1980): „Die Stimmungen bedingen .. von vornherein, wie die Welt und das Leben dem Menschen erscheinen. Wie ich mich einem Ding zuwende und wie es mir erscheint, ist von vornherein durch die Stimmungslage bedingt, in der ich mich befinde.“[196] Und er fährt fort, es ist „nicht so, daß ein zunächst wahrgenommenes Ding dann noch in einer nachträglichen Überlagerung eine bestimmte Gefühlsfärbung erhielte, sondern die Stimmung ist das Ursprüngliche, und erst in ihrem Rahmen und durch sie bedingt erfolgt die Wahrnehmung eines einzelnen Dings. Die Wahrnehmung ist also selber schon durchgehend gestimmt.[197] Diese Ausführungen implizieren, dass Stimmungen Auswirkungen auf der Ebene der Perzeption besitzen und ihre Einflüsse nicht post-perzeptiv bei der Bewertung der wahrgenommenen Dinge auftreten.[198]

In der Psychologie werden Stimmungen als entweder angenehm oder unangenehm erlebte Gefühle (affektives Gefühl) definiert, die die momentane, subjektive Befindlichkeit einer Person beschreiben. Stimmungen in diesem Sinn sind atmosphärisch diffuse, ungegliederte Zustandserlebnisse von meist geringer Intensität, bei denen das Objekt des affektiven Erlebens nicht notwendigerweise bekannt ist. Ihre Qualität wird durch aktuelle Erlebnisse und überdauernde Umwelteinwirkungen geprägt. Umgekehrt üben Stimmungen einen selektiven Einfluss auf aktuelle Erlebnisse und Erfahrungen aus, indem sie einerseits als relativ überdauernder emotionaler Hintergrund dem Geschehen seine Prägung verleihen und andererseits eine Vorauswahl potenzieller Verhaltensweisen präjudizieren. Die deutsche Sprache verdeutlicht Stimmungen häufig mit einer Metapher der Höhenlage (gehobene, gesenkte, niedergedrückte, flache, tiefe Stimmung). An verschiedenen Formen gesteigerten Stimmungserlebens wie etwa ängstliche Stimmung, freudige Gehobenheit oder diffuse Traurigkeit zeigt sich, dass Stimmungen als relativ überdauerndes Zumutesein des Menschen für alle sonstigen Erlebnisse die Perspektive abgeben, aus der heraus die Geschehnisse interpretiert werden.[199]

---

[195] Siehe auch das Beispiel hierzu in Goldberg/v. Nitzsch (2000) S. 155.

[196] S. Bollnow (1980) S. 55.

[197] S. Bollnow (1980) S. 57.

[198] Vgl. Schwarz (1987) S. 33.

[199] Vgl. Bollnow (1980) S. 33f.; Ewert (1983) S. 399-401; Abele (1995) S. 14-17; Forgas (1995) S. 39f.; Scherer (2002) S. 171; Dorsch (2004) S. 912.

Hiervon abzugrenzen sind Emotionen, bei denen das Objekt des affektiven Erlebens immer bekannt ist. Sie werden durch kognitive und evaluative Prozesse ausgelöst sowie durch kulturelle Werte und Normen bestimmt. Emotionen beschreiben innere Erregungsvorgänge, die differenziert empfunden und unterschiedlich bewusst erlebt werden, und stellen selbstverständliche Elemente alltäglichen menschlichen Erlebens und Handelns dar.[200] Die wahrscheinlich älteste Definition des Begriffs Emotion stammt von James (1884), der davon spricht, dass „the bodily changes follow directly the PERCEPTION of the exciting fact, and that our feeling of the same changes as they occur IS the emotion."[201] Emotionen können demnach als Prozess verstanden werden, der bedeutsame und interdependente Veränderungen in mehreren Subsystemen des Organismus hervorruft, die als Reaktion auf ein für das Individuum bedeutsames Ereignis in Erscheinung treten.

Nach Izard (1981) muss eine umfassende Definition des Emotionsbegriffs drei Aspekte gleichermaßen berücksichtigen: erstens das bewusste Erleben eines Gefühls, zweitens die sich im Gehirn und Nervensystem abspielenden Prozesse und drittens das beobachtbare Ergebnis der Emotion.[202] Dieser Anforderung folgend versuchen Meyer/Schützwohl/Reisenzein (2001) eine von ihnen so genannte ‚Arbeitsdefinition' des Begriffs Emotion zu geben und definieren diese als „zeitlich datierte, konkrete einzelne Vorkommnisse von zum Beispiel Freude, Traurigkeit, Ärger, Angst ... sowie weiterer Arten von psychischen Zuständen, die den genannten genügend ähnlich sind."[203]

Gemeinsame Merkmale dieser psychischen Phänomene sind ihre Qualität (Ärger, Angst, Freude etc.), ihre Ausprägung (schwach, mittel, intensiv) und Dauer (mehr oder weniger kurz bis lang andauernd) sowie ihre Objektgerichtetheit (die Freude *über* etwas, der Stolz *auf* etwas, die Angst *vor* etwas).[204]

In der psychologischen Literatur bestehen Emotionen immer aus den nachfolgend genannten drei Komponenten:[205]

1. Dem Erlebensaspekt, der die subjektive Facette als das erlebte Gefühl von Freude, Ärger oder Furcht bezeichnet.
2. Dem physiologischen Aspekt, der üblicherweise mit den peripher-physiologischen Auswirkungen von Emotionen in Form von Veränderungen der Atem- oder Herzfrequenz gleichgesetzt wird.[206]

---

[200] Vgl. Bitz/Oehler (1993) S. 376; Meyer/Schützwohl/Reisenzein (2001) S. 11; Zimbardo (1995), S. 442; Jungermann/Pfister/Fischer (1998) S. 57; Bottenberg/Daßler (2002) S. 1.

[201] S. James (1884) S. 188f. Hervorhebungen auch im Original.

[202] Vgl. Izard (1981) S. 20.

[203] S. Meyer/Schützwohl/Reisenzein (2001) S. 24.

[204] Vgl. Izard (1981) S. 21f.; Meyer/Schützwohl/Reisenzein (2001) S. 25-30.

[205] Vgl. Izard (1981) S. 20; Elster (1998) S. 49-51; Meyer/Schützwohl/Reisenzein (2001) S. 30-39; Bottenberg/Daßler (2002) S. 15-19.

3. Dem Verhaltensaspekt, untergliedert in den expressiven Aspekt (Mimik, Gestik, Körperhaltung) und den instrumentellen Aspekt, der zielgerichtete Handlungen (Angriffs-/Fluchtverhalten, entsprechende verbale Äußerungen) umfasst.

4.4.3.2 Stimmungs- und Emotionstheorien

Die Frage des Einflusses von Stimmungen auf Entscheidungen ist Erkenntnisziel zahlreicher Theorien.[207] Forgas (1995) merkt zu dieser Theorienvielfalt kritisch an, „none as yet can fully account for the varied empirical evidence now available."[208] Drei Ansätze zur Systematisierung des Einflusses von Stimmungen finden in der psychologischen Literatur jedoch eine verstärkte Aufmerksamkeit und sollen daher nachfolgend kurz referiert werden. Der erste untersucht die Auswirkungen von verschiedenen Stimmungslagen auf das Erinnerungsvermögen des Menschen, der zweite analysiert die Effekte unterschiedlicher Stimmungen auf evaluative Urteile, und das dritte Modell durchleuchtet die Auswirkungen von Stimmungen auf die menschlichen Informationsverarbeitungsprozesse.[209]

Die Theorie der stimmungskongruenten Erinnerung von Bower (1981) postuliert, dass in gehobener Stimmung positiv bewertete Dinge und Erlebnisse leichter im Gedächtnis verfügbar sind und bleiben als negative Vorgänge.[210] Umgekehrt sind in gedrückter Stimmung negativ beurteilte Vorkommnisse leichter im Gedächtnis zugänglich.[211] Der Einfluss gehobener Stimmung ist empirisch eindeutiger nachgewiesen als der gedrückter Stimmung. Eine Begründung hierfür kann die so genannte *Mood Repair Hypothesis* liefern, nach der eine gedrückte Stimmung als unangenehm erlebt wird und Menschen in einer solchen Stimmungslage gezielt nach positiven, diese Stimmungslage substituierenden Kognitionen suchen.[212] Im Fall der gedrückten Stimmung steht also dem Prozess der stimmungskongruenten Erinnerung die nicht bewusst initiierte Suche nach positiven Erinnerungen gegenüber, die damit den Einfluss dieser Stimmungslage reduziert.

---

206 In älteren emotionspsychologischen Schriften wird diesbezüglich von viszeralen, also die Eingeweide betreffenden Veränderungen gesprochen, vgl. Ochsmann (1994) S. 159; Meyer/Schützwohl/Reisenzein (2001) S. 35. Eine Beschreibung neurologischer Auswirkungen von Emotionen findet sich bspw. in Damasio (1996), S. 127-164.

207 Vgl. Clark/Isen (1982), Singer/Salovey (1988), Fiedler (1991), Niedenthal/Showers (1991), Schwarz/Bless (1991), Forgas (1992, 1993), Clore/Schwarz/Conway (1994).

208 S. Forgas (1995) S. 39.

209 Vgl. Schwarz (1987) S. 16-32; Schwarz (1988) S. 148-150; Schwarz (1989); Schwarz/ Bohner (1990) S. 165-176; Dorsch (2004) S. 912f.

210 Vgl. Bower (1981) S. 132-134.

211 Für einen Überblick zu diesbezüglichen Ergebnissen empirischer Forschung vgl. Blaney (1986) S. 234f.; Abele (1995) S. 54-57 sowie Isen (2000).

212 Vgl. Clark/Isen (1982).

Die Theorie der stimmungskongruenten Erinnerung kann zur Erklärung des Stimmungseinflusses auf evaluative Urteile als Konsequenz eines stimmungsbedingten Selektionsprozesses Verwendung finden. Ruft ein Entscheider urteilsrelevante Informationen aus seinem Gedächtnis ab, so kommen ihm mit der aktuellen Stimmungslage kongruente Details leichter in Erinnerung als hierzu disgruente Informationen. Dies impliziert für den Fall der gehobenen Stimmung, dass vornehmlich positive Aspekte des Urteilsgegenstandes vor allen negativen erinnert werden. Da die mnestische Informationssuche häufig nicht alle verfügbaren Informationen berücksichtigt, werden auch nicht sämtliche für die Entscheidungsfindung potenziell relevanten Daten aus dem Gedächtnis abgerufen. Vielmehr wird die Informationssuche im Gedächtnis dann beendet, wenn aus der persönlichen Wahrnehmungsperspektive ausreichend Informationen abgerufen sind, um mit einer subjektiv als hinreichend empfundenen Sicherheit zu einer Entscheidung zu gelangen.[213] Diese stützt sich somit lediglich auf eine Teilmenge potenziell relevanter Informationen, nämlich genau solchen, die mit der aktuellen Stimmungslage des Entscheiders kongruent sind. Es kann davon ausgegangen werden, dass auf Basis von erinnerten Informationen gefällte evaluative Urteile bei gehobener Stimmung des Entscheiders positiver ausfallen als solche in gedrückter Stimmung.

Die Theorie der stimmungskongruenten Erinnerung bietet einen Erklärungsansatz für den Einfluss von Stimmungen auf evaluative Urteile. Ergebnisse empirischer Forschung sind jedoch nicht immer mit diesem Modell kompatibel. Das Phänomen der stimmungskongruenten Erinnerung erweist sich dabei als weniger stabil als zunächst angenommen, während der Einfluss von Stimmungen auf evaluative Urteile verlässlich nachweisbar ist.[214]

Als Alternative zur Theorie der stimmungskongruenten Erinnerung geht das von Schwarz/Clore (1983) entwickelte Modell der Stimmung als Information (*Affect-as-Information)* davon aus, dass der emotionalen Befindlichkeit selbst eine informative Funktion bei der Entscheidungsfindung zukommt.[215] Anstelle eines Suchprozesses nach Informationen im Gedächtnis ziehen Menschen ihre emotionale Reaktion („Was sagt mir mein Gefühl?") in Bezug auf den Urteilsgegenstand als Entscheidungsbasis heran. Dabei kann sich jedoch die trennscharfe Separierung der emotionalen Reaktion auf den Urteilsgegenstand von der allgemeinen Stimmungslage als problematisch erweisen. Diese Tatsache kann in einer (Fehl-) Interpretation der aktuellen Stimmungslage als Reaktion auf den Urteilsgegenstand münden, der dann in gehobener Stimmung positiver bewertet wird als in gedrückter Stimmungslage.

Die Annahme einer informativen Funktion der aktuellen Stimmungslage zum Entscheidungszeitpunkt impliziert, dass ihr Einfluss auf evaluative Urteile mit dem wahrgenommenen Informationsgehalt korreliert. Ist die Relevanz der derzei-

213 Als Überblick hierzu s. Wyer (1980), Bodenhausen/Wyer (1987).
214 Vgl. Blaney (1986) S. 235-237.
215 Vgl. Schwarz (1987) S. 17-20.

tigen Stimmungslage für die zu treffende Entscheidung kritisch zu hinterfragen, sollte ein solches Urteil frei von Stimmungseinflüssen zustande kommen. Führt ein Entscheider seine aktuell gedrückte Stimmungslage beispielsweise auf das schlechte Wetter zurück, kann seine gegenwärtige emotionale Befindlichkeit nicht als Reaktion auf den Urteilsgegenstand interpretiert werden. Eine Rückführung der tatsächlichen Stimmungslage auf das Wetter sollte daher die Stimmung als Basis der Urteilsfindung diskreditieren und das Ausbleiben von Stimmungseinflüssen auf die Urteilsbildung in diesem Fall begünstigen.

Die Theorie der stimmungskongruenten Erinnerung gestattet eine solche Prognose nicht. Hiernach beruht die Entscheidung ausschließlich auf erinnertem Material, dessen evaluative Implikationen durch die aktuelle Stimmungslage nicht verändert werden. Im Modell der stimmungskongruenten Erinnerung stellt das evaluative Urteil somit eine Funktion der erinnerten Informationsmenge in Abhängigkeit von der momentanen Stimmung dar, jedoch nicht eine Funktion des Informationsgehalts der Stimmung selbst.

Stimmungen beeinflussen ferner die Prozesse der Informationsverarbeitung im menschlichen Gehirn. Hierzu haben Schwarz/Bless (1991) ein Modell entwickelt, wonach positive Stimmungen dem Entscheider signalisieren, dass die aktuelle Situation beibehalten werden sollte und negative Stimmungen ihn auf Probleme aufmerksam machen. Der Stimmung kommt hier eine Indikatorfunktion für den Zustand der handlungsrelevanten Umgebung zu. Ausgehend von der Prämisse, dass Menschen bestrebt sind, positive Konsequenzen zu erzielen und negative zu vermeiden, signalisiert eine gedrückte Stimmung Handlungsbedarf.[216]

Wenn eine gehobene Stimmung gleichzusetzen ist mit Zustimmung und Zufriedenheit mit der aktuellen Situation, wird ein Entscheider keine großen kognitiven Anstrengungen in Form zusätzlicher Szenarioanalysen zur Fundierung einer Entscheidung unternehmen, sofern nicht andere Ziele solche erfordern.[217] Da die momentane Konstellation als ‚sicher' wahrgenommen wird, ist der Entscheider tendenziell eher bereit, zusätzliche Risiken zu übernehmen. Es ist zu erwarten, dass in einer solchen Stimmungslage zur Entscheidungsfindung eher Heuristiken als komplexe, detaillierte Urteilsstrategien zum Einsatz gelangen.[218] Ferner kann davon ausgegangen werden, dass in gehobener Stimmung Entscheider eher dazu bereit sind, neue, kreative Lösungswege zu erproben. Das Denken ist durch spielerische Kreativität gekennzeichnet.

Eine gedrückte Stimmung hingegen stellt eine Motivation dar, den derzeitigen Zustand zu verändern. Um dies zu erreichen, erfolgt zunächst eine detaillierte Situationsanalyse, bevor mögliche Handlungsalternativen sorgfältig gegeneinander abgewogen werden. Die Bereitschaft zur Übernahme zusätzlicher Risiken

---

216 Vgl. hierzu auch Sinclair/Mark (1995), Isen (2000), Loewenstein (2000).
217 Vgl. Ekman (1982).
218 Vgl. Johnson/Tversky (1984), Mackie/Worth (1991).

ist in einer solchen Situation nicht vorhanden; neue, ungewisse Lösungsstrategien sowie Heuristiken werden vermieden. Das Denken ist von logischer Stringenz geprägt.

Es kann davon ausgegangen werden, dass Menschen in gedrückter Stimmung mehr Informationen suchen und diese systematischer verarbeiten als in gehobener Stimmung, ein in der Psychologie unter dem Begriff depressiver Realismus bekanntes Phänomen.[219]

Emotionen besitzen ähnliche Auswirkungen; auch sie beeinflussen den Stimmungen vergleichbar das Denken und die Vorstellung des Menschen.[220] Daher werden nachfolgend kurz die Systematisierungsansätze für Emotionen diskutiert.[221]

Nach der Theorie von Lange/James (1922) löst zunächst ein Reizereignis körperliche Reaktionen aus, die vom Individuum bemerkt und interpretiert werden, wodurch die Emotion ihren subjektiven (Erlebnis-)Aspekt erhält. Gegen diesen Erklärungsansatz von Emotionen wird eingewendet, dass viszerale Erregungszustände in sehr unterschiedlichen Situationen vorzufinden sind und viele Emotionen physiologisch nicht differenzierbar sind. Darüber hinaus sind Reaktionen des autonomen Nervensystems typischerweise langsam, sodass rasch ausgelöste Emotionen durch diese Theorie der viszeralen Erregbarkeit nicht erklärt werden können.

Die Theorie der kognitiven Bewertung von Lazarus (1991) behauptet, sensorische Erfahrungen führen nur dann zu Emotionen, wenn die Person die Reize als für sie bedeutsam klassifiziert. Die Art der empfundenen Emotion hängt von der Wahrnehmung und Bedeutung der konkreten Situation für das Individuum ab. Situationen mit unterschiedlichen Bedeutungen für eine Person lösen verschiedene biochemische Reaktionen aus. Damit liegt eine Differenzierung der Emotionen nicht erst auf der kognitiven, sondern bereits auf der biochemischen Ebene vor.

Nach der Zwei-Faktoren-Theorie von Schachter/Singer (1962) ergibt sich die Erfahrung einer Emotion aus der Wirkung sowohl der physiologischen Erregung als auch der kognitiven Bewertung einer konkreten Situation. In der Zwischenzeit wird jedoch in der Emotionspsychologie nicht mehr angenommen, dass physiologische Erregungen eine notwendige Basis jeglicher emotionaler Erfahrung sind. Deren Entstehung ist vielmehr von differenzierten physiologischen Erregungszuständen begleitet.

---

219 Vgl. Ruehlman/West/Pasahow (1985) S. 46-49. Bzgl. Methoden zur Messung von Stimmungen vgl. Ewert (1983) S. 402f.; Dorsch (2004) S. 997.

220 Vgl. Izard (19981) S. 26f.

221 Vgl. Bierhoff/Bierhoff-Alfermann (1983) S. 154-167; Ochsmann (1994); Zimbardo (1995) S. 445-451; Otto/Euler/Mandl (2000) Kap. 2; Meyer/Schützwohl/Reisenzein (2001) S. 42-48.

Die Appraisal Theory of Emotions von Roseman (1991) bietet einen theoretischen Ansatz zur Systematisierung von Emotionen. Die Autorin zeigt fünf Faktoren auf, die für die Entstehung bestimmter emotionaler Haltungen verantwortlich zeichnen.[222] Diese Einflussfaktoren lassen sich auf den Kapitalmarktkontext adaptieren und zeigen mögliche emotionale Zustände sowie deren Zustandekommen bei Marktteilnehmern auf:

1. Die emotionale Wertigkeit: positiv oder negativ erlebte Emotionen im Kontext von Handelsentscheidungen, z. B. die Hoffnung auf einen potenziellen Gewinn oder die Angst vor einem möglichen Verlust.
2. Die Art des Reizes: appetitive versus aversive Reize, z. B. die Freude über einen realisierten Gewinn gegenüber der Erleichterung über einen nicht-realisierten Verlust.
3. Die Verantwortlichkeit für das Geschehen: selbst bzw. durch andere Marktteilnehmer verursachte oder auf exogenen Faktoren basierende Handelserfolge, beispielsweise der Stolz auf einen Gewinn, der sich auf den korrekt antizipierten Kursverlauf zurückführen lässt, oder der Ärger über einen aufgrund der ex post betrachtet falschen Empfehlung eines Dritten eingetretenen Verlust.
4. Die Wahrscheinlichkeit des Ereignisses: ein sicheres oder ein unsicheres Handelsergebnis, z. B. die Freude über einen realisierten Gewinn versus die Hoffnung auf einen günstigen Kursverlauf.
5. Die Stärke der Beeinflussbarkeit: ein starkes bzw. ein schwaches Beeinflussungspotenzial, z. B. die Traurigkeit über einen eingetretenen, aber unbeeinflussbaren Verlust aufgrund exogener Faktoren gegenüber dem Bedauern über einen realisierten Verlust, der sich jedoch auf fehlende eigene Fertigkeiten zurückführen lässt.

Aus diesen Einflussfaktoren entwickelt Roseman (1991) die auf der folgenden Seite abgebildete Struktur möglicher Emotionslagen des Menschen.[223]

---

[222] Vgl. Roseman (1991) S. 162f.
[223] Vgl. Roseman (1991) S. 193.

Tabelle 4.1. Struktur eines Emotionensystems nach Roseman (1991)

<table>
<tr><td>Verantwortung und Wahrscheinlichkeit</td><td colspan="2">Positive Emotionen</td><td colspan="2">Negative Emotionen</td><td>Grad der Beeinflussung</td></tr>
<tr><td>Exogen verursacht</td><td>Appetitiv</td><td>Aversiv</td><td>Appetitiv</td><td>Aversiv</td><td></td></tr>
<tr><td>Unerwartet</td><td colspan="4">Überraschung</td><td rowspan="3">Schwach</td></tr>
<tr><td>Unsicher</td><td colspan="2">Hoffnung</td><td colspan="2">Angst</td></tr>
<tr><td>Sicher</td><td>Freude</td><td>Erleichterung</td><td>Traurigkeit</td><td>Verzweiflung</td></tr>
<tr><td>Unsicher</td><td colspan="2">Hoffnung</td><td colspan="2" rowspan="2">Frustration</td><td rowspan="2">Stark</td></tr>
<tr><td>Sicher</td><td>Freude</td><td>Erleichterung</td></tr>
<tr><td colspan="6">Von Dritten verursacht</td></tr>
<tr><td>Unsicher</td><td colspan="2" rowspan="4">Zuneigung, Gefallen</td><td colspan="2" rowspan="2">Abneigung, Nicht-Gefallen</td><td rowspan="2">Schwach</td></tr>
<tr><td>Sicher</td></tr>
<tr><td>Unsicher</td><td colspan="2" rowspan="2">Ärger</td><td rowspan="2">Stark</td></tr>
<tr><td>Sicher</td></tr>
<tr><td colspan="6">Selbst verursacht</td></tr>
<tr><td>Unsicher</td><td colspan="2" rowspan="4">Stolz</td><td colspan="2" rowspan="2">Schuldgefühle</td><td rowspan="2">Schwach</td></tr>
<tr><td>Sicher</td></tr>
<tr><td>Unsicher</td><td colspan="2" rowspan="2">Bedauern</td><td rowspan="2">Stark</td></tr>
<tr><td>Sicher</td></tr>
</table>

4.4.3.3 Adaption der Stimmungs- und Emotionstheorien auf die Kapitalmarktsituation

Bezogen auf den Kapitalmarkt existieren zahlreiche Modellansätze, die sowohl die direkten als auch die indirekten Einflüsse von Emotionen bei risikobehafteten Entscheidungen analysieren und bestehende kognitive Theorien um emotionale Aspekte erweitern.

Johnson/Tversky (1983) klassifizieren die Risikowahrnehmung nicht nur als ein kognitives, sondern darüber hinaus auch als ein affekt-basiertes Konstrukt. Zwischen der Wahrnehmung von Risiken und der aktuellen emotionalen Situation des Entscheidungsträgers besteht ein unmittelbarer Zusammenhang. Positive Emotionen führen demnach zu einer reduzierten, negative hingegen zu einer erhöhten Risikowahrnehmung.[224]

Dem bereits skizzierten Affect-as-Information-Ansatz von Schwarz/Clore (1983) vergleichbar geht das Affect-Infusion-Model von Forgas (1995) davon aus, dass emotionale Zustände mit der Wahrnehmung des Menschen interagieren und

[224] Vgl. Johnson/Tversky (1983) S. 27.

seine Entscheidungen beeinflussen. Dies geschieht durch eine gezielte Steuerung der Verfügbarkeit kognitiver Konstrukte bei der Informationsverarbeitung.[225]

Mellers et al. (1997) postulieren in ihrer Decision-Affect-Theory, dass Entscheider nicht den subjektiven Erwartungsnutzen einer risikobehafteten Alternative maximieren, sondern ihre mit dieser Wahlmöglichkeit verknüpften persönlichen Emotionen. Anstelle eines abstrakten Nutzenmaximierungskalküls stehen hier emotionale Wertigkeiten im Zentrum des Modells.[226]

Mellers/Schwartz/Ritov (1999) erweitern in ihrem Emotion-Based-Choice-Model das Konzept des subjektiven Erwartungsnutzens um den Aspekt einer persönlichen Antizipation möglicher Emotionen in Bezug auf eine risikobehaftete Alternative und stellen fest, dass die emotionale Reaktion und der Erwartungsnutzen einer Entscheidungsalternative voneinander differieren können.[227]

Caplin/Leahy (2001) erweitern das Erwartungsnutzen-Modell zu dem so genannten Psychological-Expected-Utility-Model durch Zugrundelegung eines direkten Zusammenhangs zwischen dem Erwartungsnutzen einer risikobehafteten Alternative und den vom Entscheider diesbezüglich antizipierten Emotionen.[228]

Rottenstreich/Hsee (2001) weiten den kognitiven Erklärungsansatz der Prospect-Theory[229] um emotionale Einflüsse aus. Präferenzen korrelieren demnach mit solchen emotionalen Reaktionen, die vom Entscheider mit den potenziellen Konsequenzen einer risikobehafteten Alternative verbunden werden.[230]

In ihrer Risk-as-Feelings-Hypothese differenzieren Loewenstein et al. (2001) im Zusammenhang mit unsicheren Entscheidungen zwei Typen von Emotionen: Die vorwegnehmenden (*anticipatory*) sowie die erwarteten (*anticipated*) Emotionen. Erstere werden unmittelbar und direkt als Resultat von Unsicherheit in Form von Angst oder Besorgtheit wahrgenommen, während das Erleben der zum Entscheidungszeitpunkt noch nicht vorhandenen erwarteten Emotionen in Form von Enttäuschung oder Bedauern antizipiert wird.[231] Die vorwegnehmenden Emotionen besitzen einen erheblichen Einfluss auf das Entscheidungsverhalten und beeinflussen direkt die Risikowahrnehmung des Entscheiders sowie den Nutzen der Entscheidungsalternative. Die Risk-as-Feelings-Hypothese postuliert den im Fall eines Konflikts zwischen Emotionen und Kognitionen dominanten Einfluss der Emotionen auf das Entscheidungsverhalten. Emotionen steuern sowohl die Informationsverarbeitung des Menschen als auch seine Entscheidungsfindung.

---

[225] Vgl. Forgas (1995) S. 39ff.
[226] Vgl. Mellers et al. (1997) S. 423ff.
[227] Vgl. Mellers/Schwartz/Ritov (1999) S. 323ff.
[228] Vgl. Caplin/Leahy (2001) S. 73f.
[229] Zur Prospect-Theory vgl. Kahneman/Tversky (1979).
[230] Vgl. Rottenstreich/Hsee (2001) S. 185f.
[231] Vgl. Loewenstein et al. (2001) S. 267ff.

In dem von Slovic et al. (2002) in die Diskussion eingebrachten Affect-Heuristic-Ansatz leiten sich die Einschätzungen eines Entscheidungsträgers über das Risiko einer Entscheidungsalternative von allgemeinen Assoziationen und Eindrücken ab. Ein spontaner, beim Entscheidungsträger positive Eindrücke hinterlassender Stimulus lässt im Vergleich zu einem neutralen Stimulus seine Risikowahrnehmung sinken. Weckt hingegen ein Stimulus beim Entscheider einen negativen emotionalen Eindruck, wird das Risiko dieses Reizes im Vergleich zu einem neutralen Reiz höher eingestuft. Entscheidungsgrundlage sind somit – ähnlich wie bei dem Affect-as-Information-Model von Schwarz/Clore (1983) – Stimmungen. Die Affect-Heuristic geht allerdings über den Affect-as-Information-Ansatz hinaus, indem sie einen unmittelbaren Zusammenhang zwischen den emotionalen Assoziationen und der Wahrnehmung von Risiken herstellt. Sie postuliert Hypothesen, wie sich bei der Wahrnehmung von Risiken durch den Rückgriff auf Emotionen systematischen Verzerrungen ergeben können.[232]

4.4.3.4 Ergebnisse empirischer Forschung

Die Systematisierungsansätze von Stimmungen lassen sich in den Kapitalmarktkontext übertragen.[233] So kann basierend auf der Theorie stimmungskongruenter Erinnerung erwartet werden, dass sich ein Händler in gehobener Stimmung eher an positive Aspekte historischer Transaktionen erinnert, während ihm negative Gesichtspunkte mit einer geringeren Wahrscheinlichkeit in den Sinn kommen. Finden die selektiven Erinnerungen als Entscheidungsgrundlage Verwendung, kann dies im Fall der gehobenen Stimmung zu einer Überschätzung der eigenen Fähigkeiten (*overconfidence*) oder des bei einem konkreten Geschäft zu erwartenden Gewinns führen. Solche Überschätzungen sollten umso nachhaltiger ausfallen, je einfacher dem Marktteilnehmer positive Erinnerungen verfügbar sind.

Für den Einfluss von Stimmungen auf die Bildung evaluativer Urteile lassen sich ebenfalls Beispiele im Börsenkontext finden. Eine vollständige Informationsrecherche der Marktteilnehmer wird durch das von einer hohen Informationsdichte und einem großen Zeitdruck geprägte Agieren am Kapitalmarkt nahezu ausgeschlossen. Diese Tatsache sollte einen frühzeitigen Abbruch der Suche nach sämtlichen relevanten Informationen für eine Entscheidungsfindung eher begünstigen. Dem Modell der stimmungskongruenten Erinnerung folgend kann daher erwartet werden, dass ein Händler die aktuelle Kapitalmarktsituation in gehobener Stimmung positiver beurteilt als in gedrückter Stimmung. Dies umso mehr, je

---

[232] Vgl. Slovic et al. (2002) S. 332ff.; Finucane et al. (2000) S. 3ff.

[233] Vgl. Rosenstiel (1990) S. 68; Schwarz/Bohner (1990) S. 166ff.; Oehler (1992) S. 111; Oehler (1995) S. 49; Unser (1999) S. 248f.; Kiehling (2001) S. 38-40. Zu Auswirkungen von Stimmungen im Konsumgüterbereich vgl. z. B. Bagozzi/Clore/Nyer (1990) und Barone/Miniard/Romeo (2000). Zu kognitiven Mediatoren des Stimmungseinflusses auf die Leistung vgl. Abele (1995) S. 46-75. Bzgl. Methoden zur Messung von Emotionen vgl. Meyer/Schützwohl/Reisenzein (1993) 188f.

schneller in einer konkreten Situation eine bestimmte Handelsentscheidung zu treffen ist.

Das Modell der Stimmung als Information liefert einen Erklärungsansatz für die Beobachtung, dass die momentane Stimmung des Händlers im Büro durch andere Ereignisse – wie etwa Erlebnisse im privaten Bereich – ausgelöst wird, diese Tatsache ihm aber nicht bewusst ist. Eine gedrückte Stimmung sollte daher zu einer tendenziellen Überschätzung der potenziellen Kursrisiken und zum Aufbau eines risikoavers strukturierten Händlerportfolios führen, während eine gehobene Stimmung Anlass geben kann für eine Unterschätzung möglicher Kursrisiken und einer eher risikofreudigen Portfoliostruktur.

Analog den Stimmungen beeinflussen auch Emotionen die Risikowahrnehmung von Händlern. Ihr emotionaler Zustand und die durch die Kontextfaktoren ausgelösten Emotionen stehen in einem unmittelbaren Zusammenhang mit ihrer Wahrnehmung von Risiken. Peterson (2002) klassifiziert in Anlehnung an die Risk-as-Feelings-Hypothese die bei Unsicherheit erlebten Emotionen als unmittelbar verhaltensbestimmend. Die zum Zeitpunkt der Handelsentscheidung erlebten Angst-, Unsicherheits- oder Glücksgefühle wirken als Einflussparameter auf die Positionierung des Händlers am Kapitalmarkt.[234] Auf der Marktebene können durch Emotionen somit unter Umständen sogar Kurstrends beeinflusst werden.

Zur Validierung der vorgenannten Aussagen zum Einfluss von Stimmungen und Emotionen auf Kapitalmarktteilnehmer werden daher nachfolgend die Ergebnisse empirischer Studien referiert.[235]

Nach Shefrin (2000) gelten Gier und Hoffnung als die zentralen Emotionen von Händlern am Kapitalmarkt.[236] Da ihre Positionierungsentscheidungen zumindest längerfristig betrachtet zugleich ihre berufliche Existenz tangieren und über ihren Status innerhalb der Handelsabteilung entscheiden, handelt es sich hierbei in hohem Maße um emotionale Entscheidungen.

Goldberg/v. Nitzsch (2000) schildern eindrucksvoll den emotionalen Erlebnisbericht eines Devisenhändlers zwischen Gier und Panik sowie Euphorie und Verzweiflung in Abhängigkeit seines Handelserfolges und arbeiten die Abhängigkeit zwischen der aktuellen Emotionslage des Händlers und seinem verzerrten Informationsverhalten sowie seiner Wahrnehmung von (Kurs-)Risiken heraus.[237]

---

[234] Vgl. Peterson (2002) S. 7f.

[235] Zur Empirie des Zusammenhangs zwischen Stimmungen und dem (Entscheidungs-) Verhalten von Menschen vgl. die Kurzrezension empirischer Studien in Schwarz (1988) S. 151-157. Zur empirischen Evidenz von Stimmungen als Information vgl. Schwarz/Bohner (1990) S. 173-176.

[236] Vgl. Shefrin (2000) S. 134-136.

[237] Vgl. Goldberg/v. Nitzsch (2000) S. 32-37.

Brügger (1999) kommt in einer empirischen Untersuchung zu vergleichbaren Ergebnissen und bezeichnet die aktuelle Gewinn-/Verlustsituation des Händlers als sein Gefühlsbarometer.[238] Der Autor arbeitet heraus, dass der auf den Händlern lastende (Ertrags-)Druck eher negative als positive Stimmungslagen erzeugt. Eine gedrückte Stimmung als Folge erlittener Verluste scheint nach seiner Beobachtung stärker und intensiver erlebt zu werden als eine gehobene Stimmung als Resultat von erwirtschafteten Gewinnen. Brügger (1999) geht sogar soweit, den Handelsraum als emotionale Arena zu klassifizieren: „Es wird gekämpft, Leute siegen und verlieren, verletzen oder werden verletzt. Emotionen sind Teil des Spiels."[239]

Kramer (2000) untersucht einen anderen möglichen Effekt von Stimmungen der Händler auf den Kursverlauf von Aktien. Basierend auf der Erkenntnis der klinischen Psychologie, dass bei den meisten Menschen am Morgen eines Tages eine eher gedrückte Stimmung vorherrscht, diese sich aber im Tagesverlauf bessert, prüft die Autorin die Hypothese, ob sich auch bei Händlern innerhalb eines Tages prognostizierbare Stimmungsumschwünge einstellen, die sich entsprechend im Kursverlauf widerspiegeln. Händler in gedrückter Morgenstimmung treten eher als Verkäufer auf und erzeugen dadurch einen stimmungsinduzierten Verkaufsdruck am Aktienmarkt. Hellt sich ihre Stimmung im Verlauf des Handelstages auf, sind sie wieder bereit, Risikopositionen einzugehen. Hieraus folgert Kramer (2000), dass die jeweils höchste Tagesrendite am Vormittag eines Handelstages zu beobachten sein wird.[240]

Mehra/Sah (2000) deuten die momentane Stimmungslage der Marktteilnehmer als ein ihre Risikopräferenz beeinflussender Faktor. Sie zeigen, dass bereits eine geringe, durch eine veränderte Stimmungslage initiierte Änderung der die Risikopräferenz determinierenden Parameter (Diskontfaktoren) eine signifikante Änderung der gehandelten Volatilität auslösen kann.[241]

Lo/Repin (2002) quantifizieren in einer experimentellen Studie die von Kursausschlägen verursachten psycho-physiologischen Körperreaktionen professioneller Wertpapierhändler. Hierzu messen sie deren Blutdruck, Puls, Körpertemperatur und Atemfrequenz – alles physiologische Reaktionen, die vor allem vom Unterbewusstsein gesteuert werden und auf Angst oder Unsicherheit deuten können – während ihrer Informations- und Handelsaktivitäten. Die Autoren versuchen einen Zusammenhang zwischen der Veröffentlichung bedeutender Finanzmarktkennzahlen und dem emotionalen Zustand der Händler herauszuarbeiten und stellen eine statistisch signifikante Korrelation zwischen den physiologischen Körperreaktionen als Maß für eine emotionale Aktivierung und bestimmten Marktereignissen fest.[242]

---

[238] Vgl. Brügger (1999) S. 295-299.
[239] S. Brügger (1999) S. 299.
[240] Vgl. Kramer (2000) S. 3-6.
[241] Vgl. Mehra/Sah (2000) S. 877-883.
[242] Vgl. Lo/Repin (2002) S. 325-332.

Eine andere Gruppe von Arbeiten untersucht exogene, auf die Stimmung der Marktteilnehmer einwirkende Faktoren. Die Autoren lassen sich dabei von der aus der Psychologie bekannten Erkenntnis leiten, dass das Wetter einen erheblichen Einfluss auf die Stimmungslage des Menschen besitzen kann.[243] Saunders (1993) kommt in seiner Studie für die New York Stock Exchange (NYSE) für den Zeitraum 1927-1989 zu dem Ergebnis, dass zwischen der Bewölkungsdichte und der Performance des Dow Jones Industrial Average-Index (DJIA) ein statistisch signifikanter Zusammenhang existiert: Je bewölkter der Himmel in New York, desto geringer fällt die Index-Performance aus.[244]

Hirshleifer/Shumway (2003) verfolgen in ihrer Studie das gleiche Erkenntnisziel wie Saunders (1993), vergleichen allerdings die Performance von Aktienindizes in 26 Ländern im Zeitraum 1982-1997 in Abhängigkeit von der Sonnenscheindauer am Vormittag eines Handelstages und arbeiten eine positive Korrelation zwischen beiden Parametern heraus.[245]

Trombley (1997) führt die Untersuchung von Saunders (1993) erneut durch und kommt zu dem Ergebnis, dass sich die Kursentwicklung an bewölkten Tagen nicht signifikant von der an wolkenlosen Tagen unterscheidet. Der Autor stellt die kritische Behauptung auf, dass Saunders' Vergleich zwischen bewölktem und wolkenlosem Himmel „is the only comparison during this period that would produce a statistically significant test statistic."[246]

Das Ergebnis von Saunders (1993) sowie Hirshleifer/Shumway (2003) – auf den ersten Blick vielleicht intuitiv erwartet – ist allerdings nicht zwingend, repräsentieren doch die an einer Börse gehandelten Aktien üblicherweise eine geografisch breit diversifizierte Anzahl von Unternehmen. Ferner werden an einer Börse Orders von vielen Investoren mit unterschiedlichem Wohn- oder Geschäftssitz gehandelt, also von Menschen, an deren Wohn- oder Arbeitsort bei Ordererteilung die Sonne scheint, Regen fällt, der Himmel bewölkt oder wolkenlos ist. Wenn das Wetter Einfluss besitzen sollte auf die Art der Transaktionen (Käufe bzw. Verkäufe), könnte sich dieser Effekt an einer Börse mit geografisch breit gestreuten Marktteilnehmern nivellieren.[247] Goetzmann/Zhu (2005) folgern hieraus, dass der Grund für das von Saunders (1993) sowie Hirshleifer/Shumway (2003) herausgearbeitete Ergebnis weniger mit verschiedenen Stimmungslagen der *Investoren* erklärt werden kann, sondern vielmehr in der emotionalen Situation der an den Börsen agierenden *Market Maker* begründet liegt. Die Autoren stellen für die an der NYSE tätigen Specialists eine von der Wettersituation abhängige Geld-Brief-

---

243 Bezüglich des Wettereinflusses auf die Stimmung des Menschen vgl. die Arbeiten von Sanders/Brizzolara (1982), Howarth/Hoffmann (1984), Avery et al. (1993), Bagby et al. (1996).

244 Vgl. Saunders (1993) S. 1338-1344.

245 Vgl. Hirshleifer/Shumway (2003) S. 1018-1025.

246 S. Trombley (1997) S. 13.

247 Diese Sichtweise wird auch von Loughran/Schulz (2004) S. 343 geteilt.

Spanne fest: Je bewölkter der Himmel in New York, desto breiter die Geld-Brief-Spanne.[248]

Kliger/Levy (2003) führen die nach eigenen Angaben erste Studie unter Verwendung von Marktdaten durch zur Überprüfung der Vermutung, dass individuelle Einschätzungen bezüglich möglicher zukünftiger Kurse stimmungsabhängig sind. In ihrem Testdesign werden die Marktteilnehmer als Nutzenmaximierer angenommen, die sich jedoch bei der Parametrisierung möglicher zukünftiger Kurse von ihrer aktuellen Stimmungslage leiten lassen. Diese wird durch die beiden Wettervariablen Bewölkungsdichte und Niederschlagsmenge beeinflusst. Das Ergebnis der Studie, basierend auf an der Chicago Board Options Exchange gehandelten Optionen auf den S&P 500 Index im Zeitraum 1987-1995 bestätigt die These der Autoren, dass die Stimmung der Marktteilnehmer einen erheblichen Einfluss besitzt auf die Beurteilung zukünftiger Kursszenarien. Im Fall einer gedrückten Stimmung werden unerwünschte Kurse mit einer höheren Eintrittswahrscheinlichkeit belegt als in einer Hochstimmung.[249]

Wenn den Ausführungen der vorerwähnten Autoren gefolgt wird und sie angabegemäß die erste Studie zum Einfluss von Stimmungen am amerikanischen Kapitalmarkt unter Verwendung von Marktdaten durchgeführt haben, so kann sine obligo davon ausgegangen werden, dass eine solche Untersuchung für den deutschen Kapitalmarkt bis dato noch nicht vorliegt. Diese Lücke soll mit der vorliegenden Arbeit geschlossen werden.

Die Lichtverhältnisse als ein weiterer Bestimmungsfaktor der menschlichen Stimmung steht im Zentrum der Arbeiten von Kamstra/Kramer/Levi (2000, 2003). In ihrer Studie aus dem Jahr 2000 untersuchen die Autoren die Auswirkungen der Uhrumstellung auf Sommerzeit hinsichtlich der Kursentwicklung in den USA, Kanada, Großbritannien und Deutschland. Das Vorstellen der Uhr im Frühjahr bedeutet eine künstliche Verkürzung der Nacht um eine Stunde, das Zurückstellen im Herbst eine entsprechende Verlängerung. Kamstra/Kramer/Levi (2000) vergleichen hierzu die Kursentwicklung nach ‚normalen' Wochenenden mit derjenigen nach dem Umstellen der Uhr im Frühjahr und Herbst. Als Ergebnis erhalten sie für die beiden Wochenenden mit Zeitumstellung eine zwei- bis fünffach so hohe negative Montagsrendite als an den übrigen Wochenenden.[250] Dieses Resultat bestätigt zwar den an anderer Stelle dieser Arbeit bereits diskutierten Montags- oder Wochenendeffekt, begründet ihn allerdings psychologisch.

In ihrer zweiten Studie untersuchen Kamstra/Kramer/Levi (2003) die Auswirkungen der Tageslichtdauer auf die Monatsrendite von Aktien in neun Ländern der nördlichen und südlichen Hemisphäre. Ausgangspunkt ihrer Überlegung ist die in der medizinischen Psychologie bekannte jahreszeitlich bedingte Depression

[248] Vgl. Goetzmann/Zhu (2005) S. 572-577.
[249] Vgl. Kliger/Levy (2003) S. 241-245.
[250] Vgl. Kamstra/Kramer/Levi (2000) S. 1007-1009.

(*seasonal affective disorder*). Die Autoren vermuten einen Einfluss der Helligkeit auf die Stimmungslage des Menschen, seine Risikopräferenzen und hieraus resultierend auf den Verlauf von Aktienrenditen. Je kürzer die Tage, desto risikoaverser verhalten sich die Marktteilnehmer. Das Ergebnis ihrer Analyse bestätigt vollumfänglich einen jahreszeitlich bedingten Depressiv-Effekt bei den Monatsrenditen von Aktien. Die so genannten ,Wintermonate' weisen im Vergleich zu den übrigen Monaten des Jahres eine hohe Monatsrendite auf. Diese Tatsache begründen die Autoren mit der durch die rückläufige Tageslichtdauer gestiegene Risikoaversion der Investoren. In diesem Zeitraum verlangen die Marktteilnehmern für die Übernahme von Risiken eine höhere Risikoprämie.[251]

Cao/Wei (2005) vermuten einen Zusammenhang zwischen dem Temperaturverlauf und der Entwicklung von Aktienrenditen und überprüfen ihre Hypothese an acht internationalen Aktienkassamärkten. Sie stellen fest, dass niedrige Tagestemperaturen mit hohen Aktienrenditen korrelieren und vice versa.[252] Ihr Ergebnis deckt sich folglich mit den Resultaten von Kamstra/Kramer/Levi (2003), wird jedoch anders begründet. Da niedrige Temperaturen vornehmlich im Winterhalbjahr zu verzeichnen sind, kann dieser Befund mit der gleichen Argumentationskette wie bei Kamstra/Kramer/Levi (2003) begründet werden.

Dichev/Janes (2001) sowie Yuan/Zheng/Zhu (2001) arbeiten in ihren Studien im Grenzgebiet zur Astrologie eine Korrelation zwischen dem Mondzyklus und dem Verlauf von Aktienrenditen heraus. Übereinstimmend gelangen sie für alle untersuchten Länder zu dem Resultat, dass die annualisierte Rendite von Aktien an den Tagen um einen Neumond im Durchschnitt signifikant höher ausfällt als an denjenigen um einen Vollmond.[253]

Die referierten Ergebnisse der zahlreichen Studien fundieren die von Saunders (1993) getroffene Aussage, dass „the empirical findings ... cast doubt on the hypothesis that security markets are entirely rational."[254]

---

[251] Vgl. Kamstra/Kramer/Levi (2003) S. 329-334. Garrett/Kamstra/Kramer (2005) untersuchen den Einfluss der jahreszeitlich bedingten Depression im Rahmen eines Gleichgewichtspreismodells für Wertpapiere und versuchen, die Saisonalität von Renditen psychologisch zu erklären.

[252] Vgl. Cao/Wei (2005) S. 1562-1566.

[253] Vgl. Dichev/Janes (2001) S. 4-20; Yuan/Zheng/Zhu (2001) S. 12-17.

[254] S. Saunders (1993) S. 1345.

4.4.4 Leistungsmotivation

4.4.4.1 Begriffsabgrenzung

In dem Terminus Motivation ist der Begriff des Motivs enthalten. Der Wortsinn beider Begriffe hängt mit Bewegung bzw. Bewegendem zusammen, ist jedoch nicht synonym zu verwenden.[255] Der Motivbegriff enthält keine deskriptive, sondern eine explizierende Komponente und stellt den Beweggrund des menschlichen Wollens dar.[256] Atkinson (1958b) bezeichnet das Motiv als dispositionellen Begriff im Sinne einer Disposition, nach einem bestimmten Zielzustand zu streben.[257]

Die Motivation hingegen ist ein Oberbegriff „für alle jene Vorgänge bzw. Zustände, die in der Umgangssprache mit den Begriffen Streben, Wollen, Begehren, Wünschen, Hoffen ... umschrieben werden."[258] Mit Hilfe der Motivation wird versucht, eine Antwort auf die Frage nach der Ursache menschlichen Handelns zu finden. Die Motivation ist demnach ein hypothetisches Konstrukt, das zwischen beobachtbarem Verhalten einerseits und situativen Rahmenbedingungen andererseits erklärend vermitteln soll.[259] Motivation gibt dem menschlichen Verhalten eine Richtung und enthält daher immer ein Moment der Gerichtetheit als Spezifikum von Motivationsprozessen. Die innere Motivation stellt den Vorläufer der äußeren Handlung dar und expliziert den Ursprung menschlichen Verhaltens (Person-Situation-Interaktion).[260] Brown (1961) führt zur kausalen Relation zwischen Motivation und Verhalten aus, dass Triebe, Motivation und Emotion die aktivierenden Substanzen menschlichen Verhaltens darstellen.[261]

Gegenstand der Motivationslehre sind somit alle jene Vorgänge in der Persönlichkeit eines Menschen, die sein Verhalten verständlich werden lassen.[262] In Bezug auf Händler erscheint es vertretbar zu sein, davon auszugehen, dass sie eine ausgeprägte Neigung besitzen, nach Erfolg zu streben. Vor diesem Hintergrund steht im Mittelpunkt der nachfolgenden Ausführungen die auf dem Risikowahlmodell von Atkinson (1957) basierende Theorie der Leistungsmotivation. Diese Theorie ist unter zwei Voraussetzungen anwendbar.[263] Zum einen muss ein Individuum wissen, dass sein Verhalten bewertet wird. Und zum anderen muss das Resultat seines Handelns eine günstige Bewertung (*Erfolg*) oder eine ungünstige

---

[255] Vgl. Thomae (1965b) S. 15.

[256] Vgl. Thomae (1983b) S. 3; Heckhausen (1989) S. 9.

[257] Vgl. Atkinson (1958b) S. 597.

[258] S. Thomae (1965b) S. 17.

[259] Vgl. Heckhausen (1989) S. 11; Mayer (2000) S. 80.

[260] Vgl. Thomae (1965b) S. 18f.; Mayer (2000) S. 81.

[261] Vgl. Brown (1961) S. 58.

[262] Ein Überblick über verschiedene Motivationskonzepte und -theorien findet sich z. B. bei Thomae (1983b) S. 20-46 sowie Kiehling (2001) S. 41f.

[263] Vgl. Atkinson (1975) S. 391f.

Bewertung (*Misserfolg*) auslösen. Die Theorie der Leistungsmotivation ist somit eine Theorie leistungsorientierten Handelns.

Bereits Murray (1938) postuliert das Bedürfnis des Menschen, etwas zu leisten, erkennt aber auch, dass dieses Bedürfnis unterschiedlich stark ausgeprägt ist.[264] Der Begriff Leistungsmotiv verknüpft daher die kognitiven Bezugssysteme für die Beurteilung einer Leistung, die Normwerte bezüglich des Schwierigkeitsgrades einer Tätigkeit sowie die Selbstbekräftigung im Sinne einer Sanktion (Belohnung/ Bestrafung) in Abhängigkeit des Übereinstimmungsgrades zwischen gezeigter Leistung und Normwert. Als Voraussetzung zur Weckung des Leistungsmotivs bei der Ausführung einer Handlung muss das Individuum sich selbst als für das Ergebnis seines Handelns (Erfolg oder Misserfolg) verantwortlich betrachten.

Ferner muss ein klares Wissen um die möglichen Ergebnisse vorhanden sein. Die Bereitschaft eines Menschen zur Erbringung einer Leistung in der Zukunft – sein Anspruchsniveau an sich selbst – korrespondiert dabei stark mit seinem in der Vergangenheit erlebtem Erfolg – bei Händlern können hierunter realisierte Gewinne verstanden werden – bzw. Misserfolg (erlittene Verluste). Erlebte Erfolge führen zu einer Erhöhung, hingenommene Misserfolge zu einer Senkung des persönlichen Anspruchsniveaus.[265]

4.4.4.2 Die Theorie der Leistungsmotivation

Das Risikowahlmodell von Atkinson (1957) versucht die Entstehung der Leistungsmotivation, d. h. der motivationalen Kraft, ein bestimmtes Ziel durch eigene Anstrengung zu erreichen oder gar zu übertreffen, zu explizieren.[266] Atkinson (1957) folgend lässt sich das Leistungsmotiv in zwei Tendenzen aufspalten: Einerseits die Hoffnung auf Erfolg (*Erfolgsmotiv*), andererseits die Furcht bzw. Vermeidung von Misserfolg (*Misserfolgsmotiv*).

Die Überlegungen von Atkinson (1957) konzentrieren sich zwar auf die Handlungsmotivation eines Individuums, lassen sich aber auch auf die Motivation, eine bestimmte Risikoentscheidung zu treffen (*Entscheidungsmotivation*) transformieren.[267] Leistungsmotiviertes Handeln kann demnach als das Ergebnis der beiden Situationsvariablen *Erwartung* und *Anreiz* von Erfolg bzw. Misserfolg sowie den

[264] Vgl. Murray (1938) S. 38-49.

[265] Vgl. Heckhausen (1989) S. 172f.; Weiss (1991) S. 61.

[266] Zur Darstellung und Diskussion der Theorie der Leistungsmotivation s. Atkinson (1957); Atkinson (1964) S. 240ff.; Atkinson (1975) S. 391-432; Kupsch (1975) S. 158; Feger/Sorembe (1983) S. 565-568; Heckhausen (1989) S. 175-178; Schneider (1991) S. 69f.; Mayer (2000) S. 88-90; Wiswede (2000) S. 64f.; Fischer/Wiswede (2002) S. 131f.; Mayer (2002) S. 31f.; Asendorpf (2004) S. 212f.

[267] Vgl. Schneider (1991) S. 68.

beiden Personvariablen *Hoffnung auf Erfolg* sowie *Vermeidung von Misserfolg* aufgefasst werden.

Gemäß der Theorie der Leistungsmotivation besitzen alle Individuen sowohl ein Motiv, Erfolg anzustreben (M_s), als auch ein Motiv, Misserfolg zu vermeiden (M_f). Das Erfolgsmotiv wird in der psychologischen Literatur als ein relativ stabiles Merkmal einer Person in allen Situationen angesehen.[268] Es bedeutet die Fähigkeit, mit Stolz auf einen erreichten Erfolg zu reagieren. Das Motiv zur Vermeidung von Misserfolg dagegen kann als Befähigung verstanden werden, sich bei Eintritt eines Misserfolges betroffen zu zeigen. Das Wissen um die Bewertung der eigenen Leistung und um die Möglichkeit eines Misserfolges als Ergebnis eigenen Handelns löst eine Tendenz zur Vermeidung dieser als unangenehm empfundenen Situation aus.

Der Konflikt zwischen dem positiven Interesse an einer Leistungsrealisation, was gleichzusetzen ist mit der Tendenz, Erfolg anzustreben (T_s), und der Angst vor Misserfolg, was die Tendenz bedeutet, Misserfolge zu vermeiden (T_f), wird im Modell von Atkinson (1957) algebraisch gelöst. Die resultierende Motivation M ergibt sich aus der additiven Verknüpfung der beiden Verhaltenstendenzen T_s und T_f:

$$M = T_s + T_f \,. \tag{4.9}$$

Die Tendenz, Erfolg anzustreben, stellt im Atkinson-Modell das Ergebnis der drei multiplikativ verknüpften Variablen Bedürfnis nach Erfolg M_s, subjektive Erfolgswahrscheinlichkeit p_s sowie Anreizwert des Erfolgs I_s dar:

$$T_s = M_s \cdot I_s \cdot p_s \,. \tag{4.10}$$

Analog resultiert die Tendenz, Misserfolg zu vermeiden, aus dem Produkt der drei Größen Bedürfnis nach Misserfolgsvermeidung M_f, subjektive Misserfolgswahrscheinlichkeit p_f sowie Anreizwert des Misserfolgs I_f:

$$T_f = M_f \cdot I_f \cdot p_f \,. \tag{4.11}$$

Unter Verwendung dieser beiden Gleichungen ergibt sich die resultierende Motivation M als

$$M = M_s \cdot I_s \cdot p_s + M_f \cdot I_f \cdot p_f \,. \tag{4.12}$$

[268] Vgl. Atkinson (1975) S. 393.

Neben der impliziten Annahme der Messbarkeit beider Motive in einer Dimension enthält das Modell weitere Prämissen:

1. Die beiden Wahrscheinlichkeiten p_s und p_f addieren sich zu eins. Eine hohe Erfolgswahrscheinlichkeit korrespondiert demnach mit einer geringen Misserfolgserwartung und umgekehrt.
2. Zwischen dem Anreizwert des Erfolges I_s und der Erfolgswahrscheinlichkeit p_s besteht eine invers-lineare Relation: $I_s = 1 - p_s$. Die Bewältigung einer schwierigen Aufgabe ist für ein Individuum üblicherweise attraktiver als die Lösung einer einfachen Aufgabe. Die Einschätzung des Individuums zum Schwierigkeitsgrad einer Aufgabe manifestiert sich in der Schätzung der Erfolgswahrscheinlichkeit p_s. Wird diese niedrig angesetzt, besitzt die konkrete Aufgabe einen hohen Schwierigkeitsgrad, stiftet aber andererseits einen großen Anreizwert und vice versa.
3. Der Anreizwert des Misserfolgs I_f und die Erfolgswahrscheinlichkeit p_s sind linear-negativ miteinander verknüpft: $I_f = - p_s$. Hierbei wird unterstellt, dass die Betroffenheit über einen Misserfolg bei als leicht empfundenen Aufgaben größer ausfällt als bei schwierigen Herausforderungen. Etwas fast Unmögliches nicht bewältigen zu können, löst normalerweise keine Betroffenheit aus. Die negative Bewertung eines Misserfolges stellt analog dem Anreizwert des Erfolgs eine Funktion des Schwierigkeitsgrades der Aufgabe dar, allerdings mit invertiertem Vorzeichen.

Da I_f immer einen negativen Wert annimmt, ist die resultierende Tendenz stets identisch mit der Differenz zwischen T_s und T_f.

Unter Berücksichtigung der vorgenannten Modellprämissen kann die resultierende Motivation M formuliert werden als

$$\begin{aligned} M &= M_s \cdot (1 - p_s) \cdot p_s - M_f \cdot (p_s) \cdot (1 - p_s) \\ &= (M_s - M_f) \cdot (p_s - p_s^2) \end{aligned} \qquad (4.13)$$

Die Differenz zwischen der Hoffnung auf Erfolg und der Furcht vor Misserfolg wird in der psychologischen Literatur als intrinsische Motivation bezeichnet.[269]

Ausgehend von der Annahme, dass sich Menschen in die beiden Motivationskategorien Erfolgssucher (M_s) bzw. Misserfolgsvermeider (M_f) einteilen lassen, können aus dieser Gleichung folgende Implikationen abgeleitet werden:

1. Besitzt das Motiv, Misserfolg zu vermeiden, die gleiche Stärke wie das Erfolgsmotiv, nimmt die resultierende Motivation den Wert Null an. Der Ent-

---

[269] Vgl. Heckhausen (1989) S. 455-460; Zimbardo (1995) S. 439f.; Mayer (2000) S. 89f.

scheider ist unentschlossen, da theoriekonform ein leistungsmotiviertes Handeln nur dann stattfindet, wenn die Tendenz *Hoffnung auf Erfolg* die Tendenz *Furcht vor Misserfolg* übersteigt.

2. Überwiegt das Motiv, Erfolg anzustreben ($M_s > M_f$), ergibt sich eine positive, leistungsorientierte Tendenz, deren Maximum bei $p_s = 0{,}5$ erreicht wird. Persönlichkeitspsychologisch kann hieraus die Hypothese abgeleitet werden, dass sich erfolgsorientierte Individuen optimal durch Aufgaben mittlerer Schwierigkeit motivieren lassen.
3. Überwiegt das Motiv, Misserfolg zu vermeiden ($M_s < M_f$), generiert sich hieraus eine negative resultierende Motivation. Solche Menschen sind bestrebt, Alternativen mit mittleren Erfolgswahrscheinlichkeiten zu meiden, und stattdessen nach Möglichkeiten mit entweder sehr niedrigen oder extrem hohen subjektiven Erfolgswahrscheinlichkeiten zu suchen.[270] Tritt zusätzlich eine extrinsische Komponente in Form einer positiven (z. B. Belohnung) oder negativen (z. B. Zwang) Verstärkung auf, kann es trotzdem zu ausdauerndem Leistungshandeln kommen.

Die Theorie der Leistungsmotivation kann die Basis für eine verhaltenswissenschaftliche Erklärung der Risikowahrnehmung liefern. Diese manifestiert sich in der Wahl der Erfolgswahrscheinlichkeit, da die präferierte Wahrscheinlichkeit zugleich den Anreizwert des Erfolges determiniert. Erfolgsmotivierte Individuen bevorzugen demnach vorwiegend mittlere Risiken, während sich misserfolgsmotivierte Personen entweder für relativ geringe oder aber für extreme Risiken entscheiden.

Die Tätigkeiten erfolgsmotivierter Individuen sind durch das Streben nach Leistung charakterisiert. Das von ihnen selektierte, sowohl von Erfolgen wie auch Misserfolgen geprägte Anspruchsniveau wird als selbstverpflichtend erlebt. Charakteristisch für die Stimmungslage von Erfolgssuchern ist eine von Optimismus geprägte Grundtendenz. Erfolgsmotivierte Personen rechnen daher eher mit Erfolgswahrscheinlichkeiten.

Das Motiv, Misserfolge zu vermeiden, ist in Richtung und Einfluss dem Leistungsmotiv diametral. Es bewirkt ein eher vorsichtiges und zurückhaltendes Engagement und löst bei misserfolgsmotivierten Individuen als misserfolgsbezogene Wertungsdisposition eine empfindliche Selbstwahrnehmung aus. Daher wird nicht nur ein realisierter Misserfolg, sondern bereits der mögliche Eintritt eines solchen auf das eigene Persönlichkeitsbild projiziert. Ein sich einstellender Misserfolg wird als Prestigeverlust empfunden, der nach Ansicht des Misserfolgsmotivierten das Ansehen der eigenen Person in seiner Umgebung weiter herabsetzt. Miss-

---

[270] Dies allerdings nur unter der einschränkenden Bedingung der Nicht-Zulassung einer Unterlassungsalternative. Denn nur bei Wahlzwang wird entweder die Alternative mit einer extrem hohen oder einer sehr niedrigen Erfolgswahrscheinlichkeit selektiert. Vgl. Atkinson (1966) S. 19.

erfolgsmotivierte Personen lassen sich daher stärker von Verlustwahrscheinlichkeiten leiten.

Die inhaltliche Erfassung und Messung von interindividuellen leistungsmotivationalen Unterschieden erfolgt üblicherweise durch projektive Tests.[271] Dieses Messverfahren basiert auf der psychoanalytisch inspirierten Annahme, dass zahlreiche Bedürfnisse des Menschen ins Unbewusste transferiert werden und sich daher nur noch indirekt in Phantasien äußern. Murray (1943) sowie McClelland (1958) haben zur Erfassung solcher latenter Bedürfnisse den Thematischen Apperzeptions-Test (*thematic apperception test*, TAT) entwickelt. Bei diesem projektiven Deuteverfahren entwickelt der Proband auf Basis von vorgegebenen mehrdeutigen Bildern Phantasiegeschichten, die eine Einsicht in seine Einstellungen und Gefühle ermöglichen sollen.

Als Kritikpunkte am projektiven Verfahren der Motivmessung werden in der Literatur genannt:[272]

1. Mäßige interne Konsistenz. Cronbachs α liegt meist nur bei etwa 0,50.
2. Mäßige zeitliche Stabilität. Bei Testwiederholungen bewegen sich die Test-Retest-Korrelationen meist nur zwischen 0,40 und 0,60.
3. Nicht eindeutige Interpretation der Testergebnisse. Es kann nicht ausgeschlossen werden, dass sich Menschen bei bestimmten Motivthemen sensitiv zeigen und aus diesem Grund entsprechende Phantasien entwickeln, ohne sich jedoch in ihrem eigenen Handeln von solchen Motiven leiten zu lassen.

Es ist nicht eindeutig belegt, dass projektive Motivtests geeignet sind, stabile Persönlichkeitseigenschaften zu erfassen. Aus den Testergebnissen lassen sich zwar für den Probanden aktuell bedeutsame Motive erschließen. Hierbei kann es sich aber auch nur um temporäre Sensitivitäten für bestimmte Themen handeln.

4.4.4.3 Ergebnisse empirischer Forschung

Die empirischen Befunde zur Theorie der Leistungsmotivation sind mehrdeutig.[273] In Abhängigkeit von soziokultureller Herkunft sowie Geschlechtszugehörigkeit weisen Studien zur Leistungsmotivation differenzierte Ergebnisse aus. Ein möglicher Grund für diese Divergenz könnte sein, dass die angenommene Symmetrie zwischen den beiden Motivationstypen beim empirischen Feldversuch nur unter eingeschränkten Bedingungen gilt. Als weiterer Grund für die teilweise divergen-

[271] Vgl. zur Darstellung und Diskussion solcher Tests z. B. Kupsch (1973) S. 190-192; Heckhausen (1989) S. 233-239; Asendorpf (2004) S. 213-217.

[272] Vgl. Heckhausen (1989) S. 239-242; Wiswede (2000) S. 65; Asendorpf (2004) S. 214f.

[273] Vgl. Atkinson (1975) S. 402-410; Heckhausen (1989) S. 240-248; Fischer/Wiswede (2002) S. 133; Asendorpf (2004) S. 216f.

ten Ergebnisse könnte die nicht vollumfänglich mögliche Separierung eines intrinsischen Leistungsmotivs beim Leistungsverhalten sein, sodass nicht modellkonforme Resultate immer mit der angenommenen Existenz einer extrinsischen Anreizkomponente entkräftet werden können. Das Leistungsmotiv ist als singulärer Prädiktor zur Prognose tatsächlichen Leistungsverhaltens somit eher ungeeignet.

Wenn das Leistungsmotiv nur einen von mehreren, das Leistungsverhalten beeinflussenden Faktoren darstellt, kann umgekehrt aus tatsächlichem Leistungsverhalten nur begrenzt auf das Leistungsmotiv geschlossen werden. Zumindest sind weitere Faktoren wie Wissen, Fähigkeiten und Interesse an der Sache selbst separat zu prüfen.

Trotz der limitierten Aussagekraft des Modells der Leistungsmotivation lassen sich aus seiner Adaption auf die Verhältnisse am Kapitalmarkt einige grundlegende Erkenntnisse ableiten. Als Erfolgsmotiv kann hier das Streben nach Gewinn und als Misserfolgsmotiv die Furcht vor Verlusten interpretiert werden. Das Renditemotiv kann dazu führen, dass erfolgsmotivierte Marktteilnehmer mittlere Risiken zu übernehmen bereits sind, während Misserfolgsvermeider entweder Positionen mit vergleichsweise niedrigem Risikogehalt aufbauen und sich damit im Einklang mit der klassischen Kapitalmarkttheorie risikoavers verhalten oder aber extrem hohe Risiken zu übernehmen bereit sind. Bei diesen Marktakteuren können auch atypische Reaktionen im Fall von eingetretenen Verlusten beobachtet werden. Hier erfolgt eine Korrektur des Anspruchsniveaus nach oben mit der Bereitschaft, unter Akzeptanz großer potenzieller Verluste noch höhere Risiken einzugehen.[274]

Wiewohl die Theorie der Leistungsmotivation einige substantielle Kritikpunkte aufweist, können mit Blick auf verhaltenswissenschaftliche Erklärungsansätze für die Risikowahrnehmung am Kapitalmarkt aus dem Grundansatz doch einige wichtige Implikationen abgeleitet werden. Die Erkenntnisse dieses Ansatzes sind für den Findungsprozess von Ziel- und Ertragsbudgetvorgaben von unmittelbarer praktischer Relevanz, wenn eine Selbstverpflichtung der Organisationsmitglieder angestrebt wird, die gesetzten Vorgaben einzuhalten.

Unterstellt, dass es sich bei Händlern im Wesentlichen um intrinsisch leistungsmotivierte Individuen handelt, bei denen in Form der üblicherweise jährlich ausgelobten Händlergratifikation noch eine zusätzliche extrinsische Komponente hinzutritt, sollte gelten, dass bei dieser Personengruppe die Attraktivität der ausgeführten Tätigkeit durch deren Herausforderungscharakter determiniert wird. Routineaufgaben oder Tätigkeiten mit zu geringem Anspruch stellen für solche Individuen eine Unterforderung dar; sie aktivieren in nur ungenügendem Maße.

[274] Vgl. Bitz/Oehler (1993) S. 381; Oehler (1995) S. 89f.

Ist andererseits die Erreichung eines vorgegebenen (Ertrags-)Ziels aus der Perspektive des Händlers unrealistisch hoch gesteckt, dann mag zwar mit der Erreichung dieses Ziels ein hoher pekuniärer Anreiz verbunden sein. Doch die resultierende Tendenz fällt durch die geringe Erfolgswahrscheinlichkeit vernachlässigbar gering aus. Hieraus lässt sich als Folgerung für die personalpolitische Steuerung von Handelsabteilungen ableiten, Händlern ein mittelschwer erreichbares Ertragsbudget vorzugeben, da ein solches bei erfolgsmotivierten Personen die höchste Motivation auslöst.

Werden hingegen extrem hohe Ertragsziele gesetzt, könnten zu deren Erreichung Misserfolgsvermeider eingesetzt werden, wobei jedoch in diesem Fall dafür zu sorgen wäre, dass das vorgegebene Extremziel bei ihnen eine positive Motivation auslöst.

4.4.5 Selbstkonzept

4.4.5.1 Definition und Erhebungsmethoden

In der psychologischen Literatur wird herausgearbeitet, dass Menschen sich besonders gut an Informationen erinnern, die das Selbst beschreiben.[275] Diese Tendenz zum egozentrischen Denken beeinflusst das Erinnerungsvermögen sowohl an historische Ereignisse wie auch an Informationen und bewirkt, erreichte Erfolge eher dispositionell und hingenommene Misserfolge als tendenziell situativ bedingt zu erklären.[276] Diese so genannte Selbstwert-dienende Verzerrung lässt sich kognitiv explizieren: In der Rolle des Handelnden sind dem Individuum andere Informationen präsent und bewusst als in der Rolle des Beobachters. Sie kann darüber hinaus auch dadurch begründet werden, dass Menschen motiviert sind, zum Schutz und Erhalt des Selbstkonzepts und des Selbstwertgefühls entsprechende Attributionen vorzunehmen.

Unter dem Begriff Selbstkonzept[277] werden die mehr oder weniger überdauernden Einstellungen (*Attitüden*) eines Individuums in Form von Kognitionen als auch Emotionen gegenüber der eigenen Person verstanden.[278] Das Selbstkonzept

---

[275] Vgl. Aronson (1994) S. 178-180.

[276] Vgl. Mummendey (1999) S. 35; Hossiep et al. (2000) S. 200f.

[277] In der psychologischen Literatur werden die Begriffe Selbstkonzept, Selbstbild, Selbstschema, Selbstmodell, Selbsttheorie, Selbstsystem und Selbstwertgefühl üblicherweise synonym verwendet. Vgl. Mittag (1992) S. 3; Greenwald et al. (2002) S. 4f.

[278] Vgl. Deusinger (1986) S. 11; Heckhausen (1989) S. 492-496; Thomas (1989) S. 28f.; Mittag (1992) S. 1; Mummendey (1993) S. 171; Zimbardo (1995) S. 501f.; Baumeister (1999) S. 376; Mummendey (1999) S. 34; Hossiep et al. (2000) S. 199; Greenwald et al. (2002) S. 5. Zur Selbstkonzept-Forschung vgl. Gergen (1971), Burns (1979), Epstein (1993), Rustemeyer (1993), Petersen/Stahlberg/Dauenheimer (2000).

wird als eine dynamische und aktive, aus diversen bereichsspezifischen Selbstrepräsentationen zusammengesetzte Struktur angesehen. Dieses System von Einstellungen zur eigenen Person gehört zur und konstituiert mit die Persönlichkeit eines Menschen. Das Selbstkonzept stellt somit ein Konstrukt dar und kann als Resultat kognitiver Prozesse, jedoch nicht als Entität verstanden werden. Nach Rogers (1991) entwickelt sich das Selbstkonzept eines Menschen aus der kontinuierlichen Interaktion mit seiner Umgebung und aufgrund wertbestimmender Interaktionen mit anderen Personen.[279]

Unter den Einstellungen zur eigenen Person werden die das Selbst betreffenden Bewertungen, Beurteilungen, Auffassungen, Vorstellungen und Überlegungen subsumiert. Basis des Selbstkonzepts sind die aus Reaktionen der Umwelt zur eigenen Person gesammelten Erfahrungen eines Individuums, die als verdichtete und gespeicherte Informationen in das persönliche Bezugssystem eingeordnet und mit den in der Umwelt wahrgenommenen Bedeutungen und Werten verknüpft werden.

Selbstkonzepte werden als spezifische Einstellungen verstanden, deren psychologisches Objekt die eigene Person darstellt. Im Vergleich zu Einstellungen anderen Objekten gegenüber zeichnet sich das im Rahmen des Selbstkonzepts beachtete Objekt durch eine besondere Ich-Nähe aus, die keinem anderen Objekt in dieser Intensität zukommt. Mit dieser spezifischen Ich-Nähe ist zugleich eine besondere emotionale Beteiligung der Person verknüpft. Hieraus leitet sich die hohe Bedeutung der emotionalen Komponente bei Selbstkonzepten ab.[280]

Das Verständnis des Selbstsystems als ein multidimensional organisiertes Konzept zur eigenen Person ist stark durch die Arbeit von Combs/Snygg (1959) geprägt. In Anlehnung an die bereits an anderer Stelle dieser Arbeit diskutierten gestaltpsychologischen Prinzipien gliedern Combs/Snygg (1959) den Gesamtbereich der menschlichen Wahrnehmung in ein phänomenales Feld, ein phänomenales Selbst sowie ein Selbstkonzept. Das Letztgenannte enthält die unverwechselbaren, relativ stabilen Merkmale einer Person. Zur Arrondierung sind alle übrigen Aspekte der menschlichen Wahrnehmung peripher um diesen Nukleus angeordnet.[281]

Das Selbstkonzept beinhaltet zunächst alle grundlegenden, als generelle Selbstrepräsentation bezeichneten Bestimmungsaspekte einer Person. Zu diesen, das Individuum identifizierenden und einzigartig machenden Merkmalen zählen Name, äußeres Erscheinungsbild, Geschlecht, aber auch Beziehungen zu bedeutsamen Bezugspersonen. Da solche Selbstrepräsentationen üblicherweise von allen Men-

[279] Vgl. Rogers (1991) S. 430.
[280] Vgl. Deusinger (1986) S. 11f.
[281] Vgl. Combs/Snygg (1959) S. 145f.

schen entwickelt werden, kann der Kern des Selbstkonzepts als ein universelles Schema aufgefasst werden.[282]

Neben diesem universellen Schema existieren bereichsspezifische Schemata, die für das Selbstwertgefühl einer Person von zentraler Bedeutung sind.[283] Diese bereichsspezifischen, partiellen Selbstkonzepte treten situativ in Erscheinung, je nachdem, ob ein Individuum beispielsweise in seinem Verhalten im Beruf, in der Familie oder in der Freizeit angesprochen wird. Vom Selbstkonzept geht sowohl ein verhaltensinitiierender als auch ein verhaltenssteuernder Impuls aus, da Menschen bestrebt sind, Diskrepanzen zwischen dem faktisch vorhandenen bzw. real wahrgenommenen Selbstbild und einem von ihnen angestrebten, idealen Selbstbild kontinuierlich zu reduzieren.

Ziel der Erhebung des Selbstkonzepts ist die Erfassung des subjektiven Selbstbildes einer Person. Überschätzungen der eigenen Fähigkeiten sind hierbei nicht als Messfehler zu interpretieren, sondern als Ausdruck der subjektiven Sichtweise eines Individuums von sich selbst. Vor diesem Hintergrund erfolgt die Kommunikation von Selbstkonzepten zwar regelmäßig auf der kognitiven Ebene, jedoch unter Beimessung eines besonderen Gewichts für die emotionale Komponente.

Da mit der Objektivierung der eigenen Person eine nur dem Menschen gegebene intellektuelle, insbesondere dem Bereich des Denkens und der Sprache zuordenbare Leistung verbunden ist, erscheinen verbale Reaktionen im Sinne von Feststellungen, Stellungnahmen sowie Attributionen zur eigenen Person ein hinreichend geeignetes Medium zur Bestimmung eines Selbstkonzepts darzustellen.[284]

Insofern lassen sich zur Erfassung des Selbstkonzepts grundsätzlich alle der Einstellungsmessung dienenden Verfahren als Methode in Erwägung ziehen. Nach Mummendey (1993) werden hierzu adjektivische Selbstbeschreibungsverfahren, Ratingverfahren, Semantische Differentiale sowie Persönlichkeitsfragebogen eingesetzt.[285] Das zuletzt genannte Medium, der Persönlichkeitsfragebogen, stellt das klassische Selbstbeschreibungsverfahren in der Persönlichkeitsforschung dar.[286] Demzufolge liegt es nahe, Aspekte des Selbstkonzepts mit einem Persönlichkeitsinventar zu erfassen.

---

282 Vgl. Markus/Sentis (1982) S. 48f.

283 Vgl. Mittag (1992) S. 17f.; Mummendey (1999) S. 38.

284 Vgl. Deusinger (1986) S. 12.

285 Vgl. Mummendey (1993) S. 175-184.

286 Vgl. Mummendey (1999) S. 38; Unser (1999) S. 179.

4.4.5.2 Die Bedeutung des Selbstkonzepts für die Risikowahrnehmung

Im Kapitalmarktkontext erfüllt das Selbstkonzept eine Art Klammerfunktion um die in den vorangegangenen Abschnitten diskutierten personalen Einflussfaktoren der Risikowahrnehmung. Zahlreiche Studien fundieren den Zusammenhang zwischen Informationswahrnehmung und -verarbeitung sowie dem Selbstkonzept. Mit dem Selbstkonzept übereinstimmende Informationen werden schneller als auf die eigene Person zutreffend beurteilt und nachfolgend besser erinnert als mit dem Selbstkonzept inkonsistente Informationen.[287] Mittag (1992) fasst die Effekte des Selbstkonzepts auf die Informationswahrnehmung und -verarbeitung wie folgt zusammen:[288]

1. Die das Selbst betreffenden Stimuli werden mit einer erhöhten Sensitivität wahrgenommen.
2. Informationen mit Selbstbezug werden nachfolgend üblicherweise besser erinnert als auf andere Sachverhalte bezogene Informationen.
3. Die mit dem Selbstkonzept kongruenten Informationen werden in kürzerer Zeit als auf die eigene Person zutreffend beurteilt und nachfolgend besser erinnert als zum Selbstschema inkonsistente oder für die eigene Person irrelevante Informationen.

Zusammenfassend zeigen die Ergebnisse der Untersuchungen zur Auswirkung des Selbstkonzepts auf die Informationswahrnehmung und -verarbeitung eine unterschiedliche Wahrnehmung von selbstrelevanten Informationen und eine differenzierte Verarbeitung derselben.

Scheele (1981) arbeitet eine Interdependenz zwischen Selbstkonzept und Erfahrungen heraus. Letztere beinhalten das aus der Historie gebündelte Wissen sowie die subjektiven Leitbilder über die eigene Person, interpretieren und determinieren aber auch das Selbstkonzept im Sinne einer Selbsterfüllung.[289] Die subjektive Erfolgserwartung einer konkreten Entscheidungssituation basiert damit sowohl auf den gesammelten Erfahrungen als auch auf dem Selbstkonzept des Entscheiders.

Das Selbstkonzept besitzt ferner einen Impuls auf die Motivation des Menschen. Wer aufgrund seines Selbstkonzepts dazu neigt, jeden Erfolg als selbstverursacht zu bezeichnen, zeigt sich möglicherweise undifferenziert in der Wahrnehmung externaler Erfolgsfaktoren, was in der Überschätzung eigener Fähigkeiten münden kann (*overconfidence*). Ein solches Individuum gelangt aufgrund seines kausalen Schemas zu mehr Selbstbestätigungserlebnissen als andere, die dazu

---

[287] Vgl. zusammenfassend hierzu Higgins/Bargh (1987) sowie Markus/Wurf (1987).

[288] Vgl. Mittag (1992) S. 25 sowie die dort angeführte Literatur.

[289] Vgl. Scheele (1981) S. 129f.

neigen, Erfolge auf günstige äußere Umstände zu attribuieren und Misserfolge dem eigenen Unvermögen anzulasten.[290]

4.5 Zusammenfassung

In diesem Kapitel wurde die Bedeutung von personalen Einflussfaktoren auf die Risikowahrnehmung diskutiert. Basierend auf der Risikodefinition von Mühlhaupt (1980), dass Risiko die Gefahr einer negativen Abweichung des tatsächlichen vom erwarteten Wert eines Ereignisses darstellt, erfolgte zunächst die Analyse verschiedener Wahrscheinlichkeitskonzepte zur Evaluation von Risiken. Als Ergebnis dieser Untersuchung ist festzuhalten, dass sich die Verwendung des subjektiven Wahrscheinlichkeitskonzepts in der Praxis am Kapitalmarkt trotz einiger methodologischer Schwächen dann rechtfertigen lässt, wenn die Marktteilnehmer aufgrund von Erfahrungen einem konkreten Ereignis eine subjektive Eintrittswahrscheinlichkeit zuordnen können. Hiervon kann bei professionellen Marktteilnehmern ausgegangen werden. Auf Basis ihrer gesammelten (Berufs-) Erfahrungen sollten sie in der Lage sein, möglichen zukünftigen Kursen eine subjektive Eintrittswahrscheinlichkeit zuzuordnen. Die Verteilung dieser Eintrittswahrscheinlichkeiten wird zwar aufgrund möglicher divergierender Erwartungen interindividuell differieren, jedoch für jeden Händler existent sein.

Die Verschiedenheit der Kursschätzung unter den Marktteilnehmern führte dann zur Analyse von Faktoren, die die Wahrnehmung von Kursrisiken beeinflussen können. Hierbei wurde herausgearbeitet, dass die Art der Präsentation einen starken Einfluss auf die menschliche Wahrnehmung besitzt (*framing*). Dieses sowohl bei professionellen als auch bei nicht-professionellen Marktakteuren auftretende Phänomen besitzt weitreichende Konsequenzen, denn nicht nur eine Überschätzung, sondern auch eine Unterschätzung von Kursrisiken kann zu ex post betrachtet suboptimalen Positionierungsentscheidungen am Kapitalmarkt führen.

Mit der Hypothesentheorie der Wahrnehmung von Bruner/Postman (1948) steht ein Modell zur Erklärung von menschlichen Wahrnehmungsprozessen zur Verfügung, aus dem sich ableiten lässt, dass die Wahrnehmung einer konkreten Situation sowohl durch situative Stimuli von außen als auch durch interne Stimuli des Individuums beeinflusst wird. Trotz dieses Erklärungsansatzes bleibt festzuhalten, dass die menschliche Informationswahrnehmung einen durch sensorische Vorgänge gesteuerten, *selektiv* ablaufenden Prozess darstellt. Dies bedeutet, dass lediglich *ein Teil* der zur Verfügung stehenden Informationen spezifischen psychologischen Prinzipien folgend ausgewählt und aktiv genutzt wird. Die Erkenntnisse der Gestaltpsychologie lassen sich auf die Wahrnehmungsprozesse am Kapitalmarkt transformieren. Ähnliche und zeitlich beieinander liegende Informationen

[290] Vgl. Scheele (1981) S. 126f.

werden als zusammengehörig wahrgenommen und in konsistente Gruppen verdichtet.

Für die Positionierungsentscheidung am Kapitalmarkt ist aus verhaltenswissenschaftlicher Perspektive jedoch nicht nur das *objektive* Risiko eines Investments entscheidend, sondern auch das *subjektive Risikoempfinden* des Marktteilnehmers. Die subjektive Risikowahrnehmung kann von den abstrakten, formal-statistischen Risikomaßen deutlich differieren. Der Risikogehalt einer Kapitalanlage in der Dimension des empfundenen Risikos (*perceived risk*) hängt von nicht formal quantifizierbaren Variablen ab und wird im Wesentlichen beeinflusst von den Komponenten *Downside-Risk* als der subjektiv wahrgenommenen Gefahr eines zukünftig zu erleidenden finanziellen Verlusts, *Volatilität* als der subjektiv empfundenen Schwankung der Rendite eines Wertpapiers im Zeitverlauf sowie *Upside-Risk* als der subjektiv wahrgenommenen Chance auf die Realisierung eines zukünftigen Gewinns.

Bei der Systematisierung von personalen Einflussfaktoren auf die Risikowahrnehmung wurde zunächst festgestellt, dass die selektive Wahrnehmung von Informationen nicht als ein irrationaler Vorgang bezeichnet werden kann, sondern die faktische Konsequenz der begrenzten menschlichen Informationsverarbeitungskapazität und eine prinzipiell sinnvolle Strategie der Informationsreduktion darstellt. Die kognitiven Grenzen der menschlichen Informationswahrnehmung und -verarbeitung legen die Entwicklung und Anwendung von Heuristiken nahe, um aus der verfügbaren Menge von existierenden Alternativen möglichst schnell und unkompliziert die zielführende Wahlmöglichkeit zu selektieren. Heuristiken lassen sich durch einen Aggregationsprozess auf der Marktebene nicht eliminieren und betreffen sowohl professionelle als auch nicht-professionelle Marktteilnehmer.

Die bei Kapitalmarktteilnehmern regelmäßig anzutreffende Neigung, nach Kausalitäten für eine bestimmte Kursentwicklung zu forschen, lässt sich mit der Repräsentativitätsheuristik erklären. Insbesondere mit Hilfe der Technischen Analyse wird versucht, Muster zu erkennen und aus bestimmten Kurskonstellationen Prognosen abzuleiten. Oft wird hierbei aber nur das Kontrollbedürfnis des Marktteilnehmers befriedigt, ohne dabei eine korrekte Kursprognose erstellen zu können.

Aus dieser vermeintlichen Befriedigung des individuellen Kontrollbedürfnisses und einer möglicherweise hieraus entstehenden Kontrollillusion kann in Verbindung mit vorhandenen (Berufs-)Erfahrungen eine systematische Überschätzung der eigenen händlerischen Fähigkeiten (*overconfidence*) entstehen. Die durch Lernprozesse gesammelten (Berufs-)Erfahrungen unterstützen zwar einerseits die Tätigkeit eines Händlers, bergen aber gleichzeitig die Gefahr in sich, ihn zu selbstsicher (*overconfident*) werden zu lassen.

Des Weiteren wurden Stimmungen und Emotionen als personale Einflussfaktoren der Risikowahrnehmung analysiert. Die situative Stimmung beeinflusst die Prozesse der Informationsverarbeitung im menschlichen Gehirn und besitzt damit eine Indikatorfunktion. In gehobener Stimmung sind Entscheider grundsätzlich bereit, zusätzliche Risiken zu übernehmen. Zur Entscheidungsfindung kommen in diesem Gemütszustand vornehmlich Heuristiken zum Einsatz. In gedrückter Stimmung wird die Übernahme zusätzlicher Risiken und die Verwendung von Heuristiken vermieden. Die referierten Ergebnisse empirischer Forschung legen den Schluss nahe, dass Stimmungen und Emotionen einen nachhaltigen Einfluss auf die Wahrnehmung von Risiken ausüben.

Die Theorie der Leistungsmotivation kann die Basis für eine verhaltenswissenschaftliche Erklärung der Risikowahrnehmung liefern. Diese manifestiert sich in der Wahl der Erfolgswahrscheinlichkeit, da die präferierte Wahrscheinlichkeit zugleich den Anreizwert des Erfolges determiniert. Erfolgsmotivierte Individuen bevorzugen demnach vorwiegend mittlere Risiken, während sich misserfolgsmotivierte Personen entweder für relativ geringe oder aber für extreme Risiken entscheiden.

Als letzter personaler Einflussfaktor der Risikowahrnehmung wurden die mehr oder weniger überdauernden Einstellungen (*Attitüden*) eines Individuums in Form von Kognitionen über als auch Emotionen und Verhalten gegenüber der eigenen Person analysiert. Hier wurde herausgearbeitet, dass zwischen dem Selbstkonzept einer Person und den übrigen personalen Einflussfaktoren der Risikowahrnehmung ein Zusammenhang existiert. Die Meinung zu und von sich selbst bestimmt mit über die Informationswahrnehmung und -aufnahme. Mit dem Selbstkonzept übereinstimmende Informationen werden schneller als auf die eigene Person zutreffend beurteilt und nachfolgend besser erinnert als mit dem Selbstkonzept inkonsistente Informationen.

Aus der Vielzahl der in der psychologischen Literatur differenzierten Persönlichkeitsvariablen[291] wurden nur diejenigen selektiert, die aus theoretischer Sicht eine enge Beziehung zur Risikowahrnehmung aufweisen. Die Ergebnisse der referierten Forschungsarbeiten mögen als Bestätigung der Relevanz der ausgewählten Persönlichkeitsvariablen gelten. Die Berücksichtigung weiterer, allgemeiner Persönlichkeitsfaktoren erscheint hingegen nicht erfolgversprechend, da aus ihnen kein eindeutiger Einfluss auf die Wahrnehmung von Risiken abgeleitet werden kann.

Die in diesem Kapitel identifizierten potenziellen Zusammenhänge zwischen Persönlichkeitsvariablen und der Risikowahrnehmung dienen der Ableitung von Hypothesen im empirischen Teil dieser Arbeit. Die einzige dort nicht untersuchte Variable ist die Leistungsmotivation. Sie wird aufgrund ihrer nicht eindeutigen Messbarkeit exkludiert.

---

[291] Vgl. für einen Überblick Amelang/Bartussek (2001).

5. Empirische Forschung

Von den im vorangegangenen theoretischen Kapitel aufgezeigten Ansatzpunkten für eine Untersuchung der Risikowahrnehmung werden diejenigen für die experimentelle Analyse selektiert, die bisher noch nicht oder nur ansatzweise in der Literatur untersucht worden sind. Die in diesem Kapitel analysierten Aspekte der Wahrnehmung von Kursrisiken betreffen unter anderem so grundlegende Fragestellungen wie die folgenden, exemplarisch aufgelisteten:

- In welcher Weise hängt die Wahrnehmung des Kursrisikos von der Art der Informationspräsentation über Kurse und Kursrisiken ab?
- Nimmt das Wissen bezüglich verschiedener Risikomaße Einfluss auf die Risikowahrnehmung?
- Welche Rolle spielen Kompetenz und Erfahrung mit der Prognose von Kursen bei der Wahrnehmung und Quantifizierung von Kursrisiken?
- Existiert eine Interdependenz zwischen der selbsteingeschätzten Kompetenz, der Erfahrung mit der Prognose von Kursen sowie der empfundenen Unsicherheit, auf Basis gegebener Kurs- und Volatilitätsinformationen eine Kursprognose abzugeben?
- Übt die Tätigkeitsdauer als Händler und die mit ihr verknüpfte Berufserfahrung einen Einfluss auf die Wahrnehmung von Kursrisiken aus?
- Besitzt das Lebensalter einen Einfluss auf die Wahrnehmung von Kursrisiken?
- Spielt die Geschlechtszugehörigkeit eine Rolle bei der Risikowahrnehmung?
- Besteht ein Zusammenhang zwischen dem Bildungsabschluss eines Händlers und seiner Wahrnehmung von Kursrisiken?
- Üben die mehr oder weniger überdauernden Einstellungen eines Individuums in Form von Kognitionen und Emotionen gegenüber der eigenen Person einen Einfluss auf die Wahrnehmung von Kursrisiken aus?
- Lässt sich aus der Quotierungsstrategie von Market Makern der Einfluss von Stimmungen als Determinante ihres Verhaltens isolieren?

Die letztgenannte Fragestellung wurde im Rahmen der zweiten in diesem Kapitel referierten Studie untersucht; alle übrigen Fragestellungen waren Gegenstand der im nachfolgenden beschriebenen experimentellen Untersuchung mit professionellen Kapitalmarktteilnehmern.

Vor der Präsentation der Ergebnisse ist zunächst jedoch noch auf einige methodologische Grundlagen der experimentellen Kapitalmarktforschung einzugehen, um die Logik dieser in den Wirtschaftswissenschaften wichtigen Forschungsmethode herauszuarbeiten, und um ihre wesentlichen Elemente kurz zu skizzieren.

5.1 Experimentelle Studie zur verhaltenswissenschaftlichen Erklärung der Risikowahrnehmung

5.1.1 Methodologische Vorüberlegungen

Die forschungsleitende Idee von Experimenten in der Ökonomie besteht in der Chance, Entscheider in einer klar strukturierten, kontrollierbaren Situation zu beobachten und die das Verhalten determinierenden Einflussfaktoren isoliert zu analysieren. Auf Basis der hierbei erhobenen Daten lassen sich ökonomische Modelle mittels Hypothesentests validieren und neue, kausale Begründungen für wirtschaftliches Verhalten explorieren. Ökonomische Experimente werden üblicherweise zu abstrakten, entscheidungstheoretischen Fragestellungen sowie zu realen Entscheidungssituationen mit einem ökonomischen Kontext durchgeführt. Um eine Versuchsanordnung als Experiment bezeichnen zu können, wird in der Literatur als Voraussetzung die Erfüllung der Kriterien Herstellung, Manipulation sowie Kontrolle verlangt. Als Experiment wird ein künstlich gestalteter, wiederholbarer Prozess unter kontrollierten Bedingungen bezeichnet, bei dem eine oder mehrere unabhängige Variable(n) systematisch variiert werden, sodass eine Überprüfung des vom Forscher vermuteten Kausalzusammenhangs in unterschiedlichen Situationen gewährleistet ist.[1]

Im Fokus des im Rahmen dieser Arbeit durchgeführten Experiments steht die Erhebung des Selbstkonzepts der Probanden und die Analyse seiner Auswirkungen auf die Wahrnehmung von Kursrisiken. Nach Mummendey (1999) ist der Fragebogen die geeignetste Methode zur Erhebung des Selbstkonzepts.[2] Denn in Persönlichkeitsfragebögen wird den Probanden die Möglichkeit gegeben, sich in einer standardisierten Untersuchungssituation selbst zu beurteilen, einzuschätzen und zu bewerten. Die Kombination aus Experiment und Befragung weist in der hier vorliegenden Versuchsanordnung den Vorteil auf, Verhaltenserklärungen nicht über beobachtete Handlungen geben zu müssen. Durch die Integration einer Befragung ist vielmehr eine simultane Analyse situativer und personaler Einflussfaktoren auf die Risikowahrnehmung möglich.[3]

---

[1] Vgl. Zimmermann (1972) S. 32-37; Bredenkamp (1975) S. 332-335; Maschewsky (1977) S. 114-117; Friedrichs (1984) S. 333-339; Diekmann (2000) S. 296-304; Hamann/Erichson (2000) S. 180-184; Atteslander (2004) S. 196-200.

[2] Vgl. Mummendey (1999) S. 20f.; ähnlich auch Krahnen/Rieck/Theissen (1997) S. 6f.

[3] Ähnlich argumentieren auch Amiel/Cowell/Polovin (2001) S. 967f. Lienert/Raatz (1994) S. 1 bezeichnen in Anlehnung an Warren (1934) das Verfahren zur Untersuchung eines Persönlichkeitsmerkmals sowie den Vorgang der Durchführung der Untersuchung als Test. Dieser filigranen semantischen Differenzierung wird hier allerdings nicht gefolgt.

Eine schriftliche Befragung ist dadurch gekennzeichnet, dass sich Probanden zu einem konkreten Erhebungsgegenstand artikulieren und damit Aussagen zu einem ausgewählten Sachverhalt abgeben. Für die Befragung homogener Gruppen stellt die schriftliche Befragung mit persönlicher Unterstützung des Versuchsleiters eine sehr gut geeignete Methode dar. Der Befragungsleiter steht dabei für etwaige Rückfragen sowie zur Kontrolle zur Verfügung.[4]

Als Vorteile der schriftlichen Befragung werden in der Literatur genannt:[5]

- Geringer Zeitaufwand.
- Kein Einfluss eines Interviewers.
- Möglichkeit des Durchdenkens der Fragen und damit „überlegtere" Antworten als bei einem Interview.
- Hohe Konzentration auf das Thema, da Beantwortungszeitpunkt durch den Probanden selbst bestimmbar.

Asendorpf (2004) arbeitet heraus, dass Vergleichsuntersuchungen zwischen klassischer Fragebogenbearbeitung, Beantwortung der Fragen an einem Computer und Durchführung der Befragung via Internet für Mittelwerte, Streuungsmaße und interne Konsistenzen sehr ähnliche Ergebnisse aufweisen.[6]

Eine bedeutende Designfrage betrifft die Auswahl der Experimentteilnehmer. Häufig werden Studenten als Probanden eingesetzt, obwohl dieses Vorgehen teilweise zu Recht kritisch gesehen wird.[7] Für die Verwendung von Studenten sprechen sich Ashton/Kramer (1980) dann aus, wenn insbesondere Informationsverarbeitungsprozesse, Urteilsheuristiken und Entscheidungsverhalten untersucht werden.[8] Kardes (1996) sieht bei der Analyse fundamentaler psychologischer Phänomene und Prozesse den Einsatz studentischer Probanden für vertretbar an.[9] Und Basil (1996) sieht die Verwendung von Studenten dann positiv, wenn die Verteilung der Probanden auf die experimentellen Gruppen zufällig erfolgt und Störgrößen kontrolliert werden.[10] Jordan (2004) argumentiert, dass bei der Durchführung von ökonomischen Experimenten der Einsatz von Studenten der Wirtschaftswissenschaften naheliegend sei, da diese aufgrund ihrer Kenntnisse

---

[4] Vgl. Hafermalz (1976) S. 7f.; Friedrichs (1984) S. 236f.; Diekmann (2000) S. 439f.; Hammann/Erichson (2000) S. 96; Bortz/Döring (2002) S. 253; Berekhoven/Eckert/Ellenrieder (2004) S. 89.

[5] Vgl. Friedrichs (1984) S. 237; Schnell/Hill/Esser (1999) S. 336; Diekmann (2000) S. 439.

[6] Vgl. Asendorpf (2004) S. 135.

[7] Vgl. Friedman/Sunder (1994) S. 39f.

[8] Vgl. Ashton/Kramer (1980) S. 13.

[9] Vgl. Kardes (1996) S. 287.

[10] Vgl. Basil (1996) S. 434-437.

und der Ausbildung zum rationalen Entscheiden bessere Probanden darstellen als sonstige repräsentative Stichproben.[11]

Kritisch ist bei diesen Argumenten zu sehen, dass sie den Anschein erwecken, als Alibi zu dienen. Wiewohl Forschungsgegenstand der experimentellen Kapitalmarktforschung der reale Kapitalmarkt selbst ist bzw. die dort agierenden Kapitalmarktakteure im Fokus der Analyse stehen, fungieren Studenten bei solchen Studien regelmäßig als Surrogat für professionelle Marktteilnehmer. Das Ergebnis und die Analyse ihres Verhaltens werden – was kritisch zu sehen ist – auf professionelle Marktteilnehmer transformiert. In dieser Vorgehensweise liegt ein methodisches Problem, denn sie setzt voraus, dass Studenten die gleiche Kompetenz und eine ähnliche (Berufs-)Erfahrung besitzen sowie vergleichbare Verhaltensweisen offenbaren wie professionelle Marktteilnehmer. Davon kann jedoch regelmäßig nicht ausgegangen werden.

Eine solche Sichtweise wird auch durch die Literatur gestützt. Christensen-Szalanski/Beach (1984) weisen darauf hin, dass der Grund für unsachgemäße Ergebnisse zahlreicher Studien im Einsatz studentischer Probanden zu suchen ist.[12] Der Einsatz professioneller Marktteilnehmer hingegen generiert regelmäßig valide Resultate.[13] In der Vergangenheit wurden jedoch nur wenige Studien mit professionellen Marktteilnehmern durchgeführt.[14] Eine Erklärung hierfür mag vielleicht in der Tatsache zu suchen sein, dass das erklärte Ziel der professionellen Marktteilnehmer die ständige Suche nach Gewinngenerierungschancen darstellt und daher ihre Bereitschaft für eine Teilnahme an einem wissenschaftlichen Experiment aus Zeitgründen eher gering sein könnte.

Die Durchführung behavioristischer Kapitalmarktexperimente mit professionellen Marktteilnehmern sollte die weiter oben erwähnten methodischen Probleme beim Einsatz studentischer Probanden lösen und ein unmittelbares Arbeiten am Erkenntnisobjekt der Behavioral Finance, dem so genannten *Professional*, gewährleisten.

Neben der Auswahl der Probanden stellt deren Entlohnung eine weitere wichtige Frage dar. Wiewohl in der experimentellen Kapitalmarktforschung für eine erfolgsabhängige Entlohnung der Experimentteilnehmer plädiert wird,[15] lassen sich dennoch sowohl theoretische als auch empirische Argumente gegen diese Ansicht ins Feld führen. Einerseits könnte das durch die Auslobung einer erfolgsabhängigen Entlohnung implizit vorgegebene Maximierungsziel die Entfaltung von Verhaltensweisen beeinträchtigen, die gerade zu einem Erkenntnisgewinn

---

[11] Vgl. Jordan (2004) S. 187.
[12] Vgl. Christensen-Szalanski/Beach (1984) S. 77.
[13] Vgl. Burns (1985) S. 152f.; Bonner/Pennington (1991).
[14] Vgl. Holt/Villamil (1986).
[15] Vgl. Unser (1999) S. 256.

jenseits von traditionellen Vorstellungen beitragen könnten.[16] Andererseits weisen die Befunde zahlreicher Studien zu dieser Thematik nicht in die gleiche Richtung, sondern sind heterogen und zum Teil sogar widersprüchlich.[17] Häufig kann kein signifikanter Verhaltensunterschied in Abhängigkeit von pekuniären Stimuli festgestellt werden.

Letztlich ist bei jedem Experimentdesign immer wieder neu die Frage der Probandenentlohnung zu beantworten. Kann von einer interessanten Aufgabenstellung ausgegangen werden, sodass die Probanden zu ernsthaftem Nachdenken und Handeln intrinsisch motiviert sind, könnte die Auslobung finanzieller Anreize zur Erzeugung einer extrinsischen Motivation unterbleiben.[18] Damit ließen sich auch willkürliche und unerwünschte Verhaltensweisen weitgehend exkludieren.

Da eine Vergütung – sofern überhaupt erwogen – nur bei performanceabhängigen Experimenten zielführend erscheint, hätte aufgrund des Designs des vorliegenden Experiments lediglich eine Pauschalvergütung der Teilnehmer in Erwägung gezogen werden können, die allerdings aus theoretischer Sicht keine positive Anreizwirkung im Sinne einer Verhaltenslenkung zur Generierung „ernsthafter" Entscheidungen besitzt. Insofern unterblieb konsequenterweise die Auslobung pekuniärer Stimuli für die Teilnahme an diesem Experiment.

Da in die vorliegende Versuchsanordnung ausschließlich professionelle Kapitalmarktteilnehmer, die somit eine homogene Gruppe bilden, involviert waren, kann unter Berücksichtigung der vorgenannten Ausführungen davon ausgegangen werden, dass die schriftliche Befragung der in einem Raum versammelten Probanden mit Anwesenheit des Versuchsleiters eine valide Methode zur Durchführung dieser Studie darstellte.

5.1.2 Zielsetzung und Hypothesen

Die Art der Präsentation von (Kurs-)Risiken sowie der Kompatibilitätsgrad zwischen den Attributen und der im Experiment zu erfüllenden konkreten Aufgabe besitzt einen starken Einfluss auf den internalen Entscheidungsprozess von Probanden, auf ihre Risikowahrnehmung sowie die hieraus resultierende Positionierung am Kapitalmarkt in Form von Portfolioentscheidungen.[19] Diese auch durch

---

[16] Vgl. Oehler (1995) S. 132.

[17] Vgl. hierzu die Ergebnisse der Studien von Grether/Plot (1977), Grether (1980), Bohm (1994), Stone/Ziebart (1995), Burke et al. (1996), Cox/Grether (1996), Beattie/Loomes (1997), Johannesson/Liljas/O'Conor (1997), Camerer/Hogarth (1999), Bonner et al. (2000), Hertwig/Ortmann (2003).

[18] Vgl. Fehr/Falk (2002) S. 713-719 sowie die dort zitierte Literatur.

[19] Plapp (2004) verfolgt diesen Gedankengang in ähnlicher Weise, allerdings bezogen auf die Wahrnehmung von Risiken aus Naturkatastrophen.

die Literatur fundierte Erkenntnis ist Basis des ersten im Rahmen dieser Arbeit durchgeführten Individualexperiments.[20]

In dieser Studie werden die beiden ersten Glieder der Kausalkette ‚Risikodarstellung beeinflusst Risikowahrnehmung bestimmt über Risikoverhalten' untersucht. Hierbei werden drei der im vorangegangenen Kapitel analysierten Einflussvariablen auf die Risikowahrnehmung miteinander verknüpft, und zwar die Informationswahrnehmungs- und -verarbeitungskapazität, die (Berufs-)Erfahrungen der Probanden sowie die Struktur ihres Selbstkonzepts. Die vorlaufenden Ausführungen zu diesen personalen Einflussfaktoren der Risikowahrnehmung münden in der Feststellung, dass die Art der Risikopräsentation, die Kompetenz sowie das Selbstbild des Marktteilnehmers seine Wahrnehmung von Kursrisiken beeinflussen.

Die Probanden wurden mit mehreren Treatments – Kurs-/Umsatzchart sowie weiteren, das Kursrisiko beschreibenden Informationen – konfrontiert, um die Wirkung unterschiedlicher Darstellungsarten von Kursrisiken auf die individuelle Risikowahrnehmung zu testen.[21]

Motivation für dieses Testdesign war die aus der Praxis bekannte Erfahrung, dass Händler regelmäßig Kurs-/Umsatzcharts zur Kursanalyse einsetzen.[22] Diese Art der Visualisierung des Kursrisikos besitzt jedoch den entscheidenden Nachteil, dass die (historische) Volatilität ohne weitergehende Berechnungen nur visuell und damit qualitativ erfassbar bleibt. Insofern erscheint diese Methode zur vollumfänglichen Erfassung des Kursrisikos wenig geeignet zu sein.

Werden weitere, die Volatilität des Finanztitels beschreibende Kennziffern zur Verfügung gestellt, lässt sich die Visualisierung des Kursrisikos verfeinern. Der Marktteilnehmer ist dann in der Lage, ein konturiertes Bild bezüglich des dem Wertpapier immanenten Kursrisikos zu zeichnen.

Je umfänglicher das Kursrisiko eines Wertpapiers visualisiert wird und je mehr das Kursrisiko beschreibende Informationen zur Verfügung gestellt werden, desto eher sollte ein Händler das wirkliche Risiko eines Finanztitels erfassen und wahrnehmen können. Hieraus leitet sich die erste Hypothese ab.

---

[20] Vgl. Andreassen (1990), Siebenmorgen/Weber (1999), Unser (1999) S. 224f., Siebenmorgen/Weber/Weber (2000), Siebenmorgen (2001) S. 27-30.

[21] Ein ähnliches Untersuchungsdesign findet sich auch bei Unser (1999) sowie Siebenmorgen (2001).

[22] Vgl. Eller/Dreesbach (2001) S. 31; Steiner/Bruns (2002) S. 273.

Hypothese 1:

Die Präsentation des Risikos in Form eines Kurs-/Umsatzcharts löst beim Probanden eine ungenauere Wahrnehmung des möglichen zukünftigen Kursrisikos aus als die Präsentation des Risikos in Form eines Kurs-/Umsatzcharts und weiteren, das Kursrisiko beschreibende Informationen.

(Berufs-)Erfahrungen als Ergebnis von Lernprozessen leiten sich regelmäßig aus der Art der Tätigkeit ab. Je häufiger und intensiver sich der Umgang mit bestimmten Themen, Objekten oder Konzepten auf täglicher Basis darstellt, desto umfangreichere einschlägige Erfahrungen können gesammelt werden. Bezogen auf Kassa- und Terminmarkthändler kann davon ausgegangen werden, dass sich Vertreter der letztgenannten Gruppe aufgrund ihrer Tätigkeit sehr intensiv mit dem Risikokonstrukt auseinandersetzen. Insbesondere Optionshändler benötigen – wie im dritten Kapitel ausgeführt – das Kursrisiko eines Finanztitels beschreibende Kennzahlen zur Preisbildung der von ihnen gehandelten Derivate. Dieser intensive Umgang mit Risikokennziffern sollte daher bei Terminmarkthändlern spezifische Erfahrungen generieren, die – so ist zu vermuten – in dieser Ausprägung bei Kassamarkthändlern nicht vorzufinden sind. Um diese potentiellen Zusammenhänge zu analysieren, wurde folgende Hypothese zwei getestet.

Hypothese 2:

Die gleiche Art der Risikopräsentation löst bei einem Kassamarkthändler und bei einem Terminmarkthändler eine unterschiedliche Risikowahrnehmung aus.

Im Blickfeld dieses Experiments stand ferner der Versuch, das in der Psychologie seit langem bekannte Konstrukt des Selbstkonzepts für die verhaltenswissenschaftliche Kapitalmarktforschung nutzbar zu machen.

Die Erkenntnisse der Selbstkonzept-Forschung werden sowohl in der Sozialpsychologie als auch in der Pädagogischen, Klinischen und Differentiellen Psychologie und auch der Psychotherapie eingesetzt. Ziel ist es dabei, Aussagen zur lebenszyklusabhängigen Selbstwahrnehmung des Menschen und damit zu seinen selbst eingeschätzten sportlichen, körperlichen und geistigen Fähigkeiten oder auch zum geschlechtsrollenbezogenen Selbstkonzept machen zu können.[23]

[23] Vgl. z. B. Neubauer (1976), Krupitschka (1983), Sieverding/Alfermann (1992), Freund (1995), Haußer (1995), Herwarz-Emden (1995), Horstkemper (1995), Pinquart (1998), Pior (1998), Silbereisen/Schmitt-Rodermund (1998), Bruendel/Hurrelmann (1999), Harter (1999).

Mit Blick auf die Wahrnehmung von (Kurs-)Risiken – so ist zu vermuten – sollte das Selbstkonzept der Leistungsfähigkeit und der Entscheidungssicherheit eines Kapitalmarktteilnehmers von Relevanz sein. Ein sich durch eine extrem positive Selbstwahrnehmung in diesen beiden Facetten des Selbstkonzepts auszeichnender Marktteilnehmer könnte (Kurs-)Risiken anders wahrnehmen als eine Person mit einer weniger positiv ausgeprägten Auffassung zur eigenen Leistungsfähigkeit und Entscheidungssicherheit. Es könnte ferner sein, dass Marktteilnehmer mit einem sehr positiven Selbstbild in diesen Bereichen dazu neigen, erreichte (Handels-)Erfolge als selbstverursacht zu bezeichnen, erlittene Misserfolge hingegen external zu attribuieren.[24]

Die Motivation, im Rahmen des vorliegenden Experiments auch das Selbstkonzept der Entscheidungssicherheit zu testen, liegt in der Tatsache begründet, dass professionelle Marktteilnehmer aufgrund des Kursverlaufs täglich zahlreiche (Positionierungs-)Entscheidungen teilweise innerhalb eines sehr engen Zeitfensters zu treffen haben. Es kann vermutet werden, dass ein sehr schnell entscheidender Marktteilnehmer hierbei tendenziell zu einer verkürzten Verarbeitung kursrelevanter Informationen neigt und ähnliche Informationen als zusammenhängend interpretiert und mental zu einem Gesamtbild ergänzt. Aufgrund der vorhandenen mentalen Konstitution zu schnellen Entscheidungen kann die Gefahr entstehen, existente (Kurs-)Risiken nur noch verzerrt wahrzunehmen.[25] Somit wird der Grad der Entscheidungssicherheit zu einer die Risikowahrnehmung beeinflussenden Variable. Diese Ausführungen münden in die folgende dritte Hypothese.

Hypothese 3:

Je positiver das Selbstkonzept der allgemeinen Leistungsfähigkeit sowie der allgemeinen Entscheidungssicherheit eines Marktteilnehmers ist, desto geringer fällt seine Wahrnehmung von Kursrisiken aus.

Zur Erhebung des Selbstkonzepts sind in der Historie zahlreiche Fragebögen entwickelt worden.[26] Zwar haben mehrere Autoren in der jüngeren Vergangenheit verschiedene Fragebögen zur Messung und Erhebung des Selbstkonzepts entwickelt,[27] die jedoch mit Blick auf das Erkenntnisziel des vorliegenden Experiments nicht Verwendung finden können, da sie – wie bereits aus dem Titel der

[24] Vgl. hierzu die Ergebnisse psychologischer Forschung in Mummendey (1999) S. 35 sowie Hossiep et al. (2000) S. 200f.

[25] Vgl. Cohen (2001) S. 112-114.

[26] Vgl. die hierfür bspw. von Gough (1969), John/Keil (1972), Jerusalem (1985), Deusinger (1986) sowie Sonntag/Schäfer-Rauser (1993) entwickelten Items.

[27] Vgl. Abele/Stief/Andrae (2000), Rammstedt/Rammsayer (2002), Spinath/Schoene (2002), Eggert/Reichenbach/Bode (2003), Georgi/Beckmann (2004).

zitierten Arbeiten hervorgeht – jeweils einen anderen Aspekt des Selbstkonzepts analysieren.

Die zitierten Autoren sind durchweg psychologischer Provenienz; Wirtschaftswissenschaftler – auch Vertreter der Behavioral Finance – haben sich bis dato noch nicht mit den Implikationen des Selbstkonzepts auf Kurs- bzw. Marktanomalien auseinandergesetzt. Das vorliegende Experiment soll diese Lücke schließen und damit zur weiteren Verzahnung von Psychologie und Wirtschaftswissenschaften im Rahmen der Behavioral Finance-Forschung beitragen.

5.1.3 Untersuchungsdesign

Das vorliegende Experiment wurde als Between Subjects Design durchgeführt, bei dem jeder Proband mit nur einem Treatment konfrontiert wird. Im Gegensatz hierzu erhält bei einem so genannten Within Subjects Design jeder Versuchsteilnehmer mehrere Treatments.[28] Dabei kann jedoch das Problem verzerrender Carry-Over-Effekte auftreten.[29]

5.1.3.1 Struktur des Fragebogens

Die Informationsbasis zur Beantwortung der gestellten Fragen bildeten die in Form von Charts dargebotenen historischen Kurs- und Volatilitätsdaten. Ein Teil der Probanden erhielt als Information ausschließlich den nachfolgend abgebildeten Kurs-/Umsatzchart der in Letacla umbenannten Aktie der Alcatel S. A. für den Zeitraum März 2004 bis März 2005.

Die Anonymisierung des selektierten Finanztitels geschah in der Absicht, keinem Versuchsteilnehmer einen (Informations-)Vorsprung zu verschaffen. Insbesondere Aktienhändler hätten aus der Kenntnis von Unternehmensstudien zu dem betreffenden Wert einen unerwünschten Informationsvorsprung ziehen können, von dem nicht auszuschließen gewesen wäre, dass er zu systematischen Verzerrungen im Antwortverhalten dieser Probanden geführt hätte.

[28] Vgl. Lehmann/Gupta/Steckel (1998) S. 152.
[29] Vgl. Levin (1999) S. 9-12.

Abb. 5.1. Kurs-/Umsatzchart Alcatel S. A.

Der anderen Probandengruppe wurde neben dem Kurs-/Umsatzchart noch der nachfolgend abgebildete Chart der historischen 3-Monats-Volatilität der Alcatel-Aktie auf täglicher Basis für den gleichen Zeitraum dargeboten.[30]

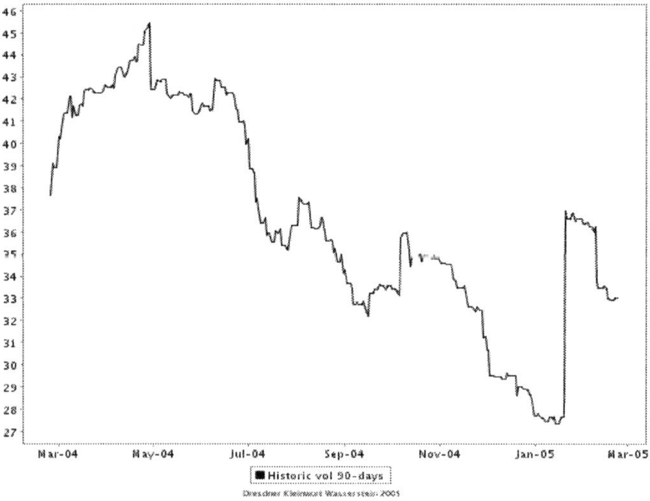

Abb. 5.2. Volatilitätschart Alcatel S. A.

[30] Der Kurs-/Umsatzchart wurde aus Bloomberg generiert, der Volatilitätschart mithilfe von GlobeWeb, der Kapitalmarktdatenbank von Dresdner Kleinwort Wasserstein. Die Alcatel-Aktie wurde aufgrund ihrer hohen Volatilität im Beobachtungszeitraum selektiert.

Mit der ersten Frage „Welche der nebenstehenden Aussagen charakterisiert/charakterisieren im Kapitalmarktkontext zutreffend den Begriff Risiko?“ und den Antwortmöglichkeiten

- Volatilität
- Einen Verlust hinnehmen zu müssen
- Schlechter zu sein als die Benchmark
- Die falschen Werte gekauft zu haben
- Die Gefahr eines Crashs
- Die Gefahr, ein gesetztes (Gewinn-)Ziel zu verfehlen
- Die Gefahr, Abschreibungen vornehmen zu müssen

wurde die Konnotation des Risikobegriffs bei den Probanden erhoben.

Als Zuordnungsaufgabe prüfte die zweite Frage „Ordnen Sie bitte den nebenstehenden Kurzdefinitionen jeweils eines der nachfolgenden Risikomaße zu, indem Sie die Zahlen 1-4 in die Ihrer Meinung nach richtigen Kästchen eintragen“ das Wissen der Probanden hinsichtlich verschiedener Risikomaße.

1. Varianz
2. Semivarianz
3. Standardabweichung (Volatilität)
4. Shortfall-Maß (Lower Partial Moment)

___ Ein Risikomaß zur Erfassung des Downside- bzw. Upside-Risikos.

___ Ein symmetrisches Risikomaß.

___ Die Wahrscheinlichkeit für die Unterschreitung einer Zielrendite

___ Ein Risikomaß, das sich als Quadratwurzel aus der Varianz ergibt.

Frage drei „Welche der nebenstehenden Möglichkeiten zur Darstellung von Kursrisiken ist/sind Ihrer Meinung nach hervorragend geeignet, das Kursrisiko eines Wertpapiers gut erfassbar zu quantifizieren bzw. darzustellen?“ mit den Antwortalternativen

Kurs-/Umsatzchart
Volatilitätschart
Semivarianz
Shortfall-Maße (Lower Partial Moments)
Standardabweichung (Volatilität)
Varianz

sollte als Mehrfachankreuzaufgabe Aufschluss geben über die Meinung der Probanden bezüglich der Eignung verschiedener Methoden zur Visualisierung des Kursrisikos.

Der folgende Fragenblock umfasst die Fragen vier bis acht und beschäftigt sich mit der aus einer visuellen Analyse der Kurs- bzw. Volatilitätshistorie abgeleiteten Risikowahrnehmung. Zur Quantifizierung der an anderer Stelle dieser Arbeit[31] skizzierten drei zentralen Komponenten des wahrgenommenen Kursrisikos wurden die Teilnehmer gebeten, das Downside- und Upside-Risk sowie die Volatilität der Alcatel-Aktie für die nächsten drei Monate zu schätzen.

Zur Erfassung des Downside- bzw. Upside-Risk ermittelten die Probanden in Frage vier „Geben Sie bitte eine Wahrscheinlichkeitsschätzung ab für das von Ihnen innerhalb der nächsten 3 Monate erwartete Downside-Risiko und Upside-Risiko (= Kurschance) des vorliegenden Finanztitels" eine Wahrscheinlichkeitsverteilung für mögliche Kursänderungen innerhalb von vorgegebenen Intervallen.

Die sechs vorgegebenen Intervalle decken zwar grundsätzlich Kursänderungen von -∞ bis +∞ ab, kaprizieren sich jedoch auf Schwankungsbreiten zwischen einem Kursrückgang um bis zu 10% und einem möglichen Kursanstieg in derselben Größenordnung.

Der Kurs könnte

	Wahrscheinlichkeit
um mehr als 10% sinken,	______
zwischen 10% und 5 % sinken,	______
zwischen 5% und 0% sinken,	______
zwischen 0% und 5% steigen,	______
zwischen 5% und 10% steigen,	______
um mehr als 10% steigen.	______

Mit Frage fünf „Geben Sie eine Ihrer Meinung nach gute Schätzung ab für die in den nächsten drei Monaten zu erwartende Volatilität des vorliegenden Finanztitels" wurden die Probanden um die Angabe eines Prozentsatzes der von ihnen geschätzten zukünftigen Volatilität ersucht.

Als Ergänzung zur Schätzung des Downside-/Upside-Risk aus Frage vier wurden die Probanden gebeten, die von ihnen erwarteten Kurse auf Sicht von 3 Monaten exakt anzugeben.

Konkret wurde mit der sechsten bis achten Frage erhoben das

0,5 Quantil („Bei welchem Wert ist es Ihrer Meinung nach gleich wahrscheinlich (50%), dass der Kurs des vorliegenden Finanztitels darüber oder darunter liegen wird?"),
0,1 Quantil („Unter welchen Wert wird Ihrer Meinung nach der Kurs des vorliegenden Finanztitels mit einer Wahrscheinlichkeit von 90% nicht fallen?"),

[31] Vgl. Kap. 4.3

0,9 Quantil („Über welchen Wert wird Ihrer Meinung nach der Kurs des vorliegenden Finanztitels mit einer Wahrscheinlichkeit von 90% nicht steigen?").

Mit der neunten Frage „Bei der Kursprognose des vorliegenden Finanztitels bin ich sehr unsicher, da ich mich – was die Beurteilung dieses Wertes anbelangt – auf Basis der vorhandenen Informationen tendenziell unwissend und uninformiert fühle" und den Antwortmöglichkeiten

stimme überhaupt nicht zu
stimme eher nicht zu
weiß nicht
stimme eher zu
stimme voll und ganz zu

wurde als weitere Dimension der Risikowahrnehmung die Ambiguität erhoben.

Frage zehn „Um welchen Betrag in Euro müsste sich der Kurs des vorliegenden Finanztitels – ausgehend von dem zuletzt gehandelten Kurs – ändern, um von Ihnen in die Kategorie ‚risikoreich' eingeordnet zu werden?" stellt den Versuch dar, die an anderer Stelle dieser Arbeit[32] referierten psychophysischen Gesetze – in diesem Fall die Unterschiedsschwellen – als einen psychologischen Erklärungsansatz für die Wahrnehmung auf den Kapitalmarkt zu übertragen.

Als Schlussfolgerung der in Kap. 4.4.2 skizzierten Ausführungen lässt sich eine Interdependenz zwischen der Wahrnehmung von Kursrisiken und der Kompetenz bzw. Erfahrung der Probanden vermuten.[33] Die Kompetenz hinsichtlich der Prognose von Kursen wurde mit Frage elf „Wie schätzen Sie selbst Ihre Kompetenz hinsichtlich der Prognose von Kursen im Allgemeinen ein?" durch eine subjektive Selbsteinschätzung der Probanden erhoben, indem eine der folgenden Antwortalternativen zu selektieren war:

Sehr niedrig
Niedrig
Mittel
Hoch
Sehr hoch.

Alternativ hätte die Kompetenz auch objektiv durch eine Reihe von Testfragen ermittelt werden können. Dieses Vorgehen erweist sich jedoch mit Blick auf die Länge und die mit ihr eng verknüpfte Motivation der Probanden für eine konzen-

---

[32] Vgl. Kap. 4.2.3.1

[33] Diese Auffassung wird auch von Kilka/Weber (2000) sowie Panzer/Schiereck/Walter (2002) vertreten.

trierte Bearbeitung des Fragebogens als problematisch, weshalb an dieser Stelle der subjektiven Selbsteinschätzung der Vorzug gegeben wurde.

Aufgrund dieser Überlegungen wurden auch die Erfahrungen der Versuchsteilnehmer mit der Prognose von Kursen in Frage zwölf „Beurteilen Sie selbst Ihre Erfahrungen mit der Prognose von Kursen“ im Wege der subjektiven Selbsteinschätzung erhoben. Vorgegeben waren die Antwortalternativen

Gar nicht erfahren
Kaum erfahren
Mittelmäßig erfahren
Ziemlich erfahren
Außerordentlich erfahren.

Bei der Konstruktion der fünfstufigen Ratingskala zu den Fragen nach der Ambiguität, der Kompetenz sowie den Erfahrungen wurde auf eine annähernd äquidistante Ausprägung der verwendeten Begriffe auf dem Merkmalskontinuum geachtet.[34]

Die Fragen 13 bis 26 sind in Anlehnung an die Frankfurter Selbstkonzeptskalen von Deusinger (1986) formuliert und erheben durch Ankreuzen auf einer sechsstufigen Ratingskala das Selbstkonzept der allgemeinen Leistungsfähigkeit sowie das der allgemeinen Verhaltens- und Entscheidungssicherheit der Versuchsteilnehmer.[35]

Wie bereits an anderer Stelle erwähnt, stellt der Persönlichkeitsfragebogen das klassische Selbstbeschreibungsverfahren zur Erhebung des Selbstkonzepts in der Persönlichkeitsforschung dar. Diese Sichtweise wird auch durch die Behavioral Finance-Literatur gestützt.[36]

Die Abschlussfragen 27 bis 31 besitzen als soziodemografische Fragen eher statistischen Charakter und sollen Aufschluss geben über die Struktur der Probandengruppe. Erfragt wurde die Art der Händlertätigkeit (Kassa- bzw. Terminmarkthändler), die Tätigkeitsdauer in dieser Funktion, das Lebensalter, die Schulbildung sowie die Geschlechtszugehörigkeit. Die Frage nach der Tätigkeitsdauer als Händ-

[34] Vgl. Rohrmann (1978) S. 239f.; Diekmann (2000) S. 182f.; Bortz/Döring (2002) S. 178. Damit ist gemeint, dass die Befragten zwischen den vorgegebenen sprachlichen Antwortstufen aufgrund der gewählten Begriffe möglichst den gleichen inhaltlichen Abstand (Äquidistanz) empfinden. Dies ist eine notwendige Voraussetzung für die Annahme einer Intervallskalierung der entsprechenden Items.

[35] Die Verwendung ausgewählter Items der FSKN im Fragebogen zu diesem Experiment erfolgte nach Entrichtung einer Nachdruckgebühr mit freundlicher Genehmigung durch den das Copyright besitzenden Verlag für Psychologie Dr. G.-J. Hogrefe, Göttingen.

[36] Vgl. Unser (1999) S. 179.

ler sowie nach dem Lebensalter erfolgte durch Zuordnung zu vorgegebenen Antwortkategorien.

5.1.3.2 Beschreibung der Stichprobe

Teilnehmer der Studie waren 28 Kassa- und 34 Terminhändler von Dresdner Kleinwort Wasserstein, der Investment Bank der Dresdner Bank AG und Mitglied der Allianz Group. Alle Probanden kamen der Bitte, sämtliche Fragen zu beantworten, nach, sodass in der Summe 62 analysierbare Fragebögen zur Verfügung standen.

Lediglich 7 Händlerinnen (11,29%) – davon 5 Kassahändlerinnen – beteiligten sich an der Untersuchung. Damit bildeten die 55 Händler mit 88,97% – davon 23 Kassahändler – eine sehr deutliche Mehrheit an der Probandengruppe. Diese Relation der Geschlechterverteilung in den Handelsabteilungen von Banken spiegelt sich – so kann non liquet angenommen werden – auch in anderen Kreditinstituten wider. Insofern kann die Zusammensetzung der Probandengruppe als repräsentativ für die Personalstruktur von Handelsabteilungen in Banken angesehen werden.

Mit 58 Teilnehmern stellten die unter 40-Jährigen die große Mehrheit dar. Lediglich 4 Probanden waren zum Zeitpunkt der Durchführung des Experiments älter als 40 Jahre und kein Versuchsteilnehmer war jünger als 25 Jahre.

Gut zwei Drittel der Teilnehmer (67,74%) verfügen über einen akademischen Bildungsabschluss, 14 Probanden besitzen als höchsten Bildungsabschluss die allgemeine Hochschulreife (Abitur) und lediglich 6 Versuchspersonen weisen einen Realschulabschluss nach. Der letztgenannten Gruppe ist gemein, dass alle Personen bis auf eine Ausnahme zum Zeitpunkt der Durchführung des Experiments die Händlertätigkeit länger als 8 Jahre ausüben und mindestens 36 Jahre alt waren.

Die Häufigkeitsverteilung der Tätigkeitsdauer als Händler geht aus der nachfolgenden Abbildung hervor. Mit knapp der Hälfte stellen die Händler mit mehr als sechs Jahren Berufserfahrung einen markanten Anteil an der gesamten Probandengruppe dar. Diese Tatsache kann als eine gute Voraussetzung für Korrelationsberechnungen mit den Ergebnissen der Selbsteinschätzung hinsichtlich der Kompetenz und Erfahrung zur Prognose von Kursen angesehen werden. Denn insbesondere die Analyse einer möglichen Überschätzung der eigenen händlerischen Fähigkeiten setzt eine hinreichend lange Berufserfahrung voraus.[37]

[37] Vgl. hierzu die Diskussion der Ergebnisse empirischer Forschung in Kap. 4.4.2.3.

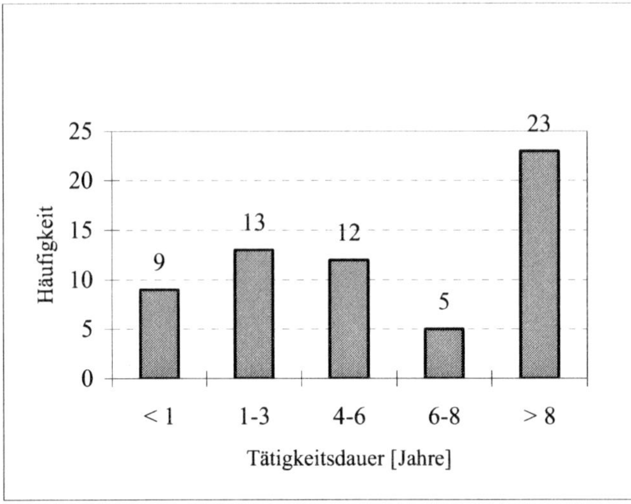

Abb. 5.3. Tätigkeitsdauer der Probanden

5.1.4 Durchführung der Studie

Die Studie wurde im März 2005 in Frankfurt/Main als schriftliche Befragung durchgeführt. Den im Abschnitt methodologische Vorüberlegungen skizzierten Gedanken folgend wurde eine Versuchsanordnung gewählt, in der die Probanden sich in einem Raum versammelten und nach einer kurzen Einführung in Anwesenheit des Autors den in Anlage 1 abgedruckten Fragebogen ausfüllten. Aufgrund der Homogenität der Probandengruppe kann diese Art des Experimentdesigns als gut geeignete Versuchsanordnung zur Erzielung valider Ergebnisse angesehen werden.

Pekuniäre Stimuli für die Teilnahme am vorliegenden Experiment wurden aus mehreren Gründen nicht ausgelobt. Zum einen ermöglichte das Design dieses Experiments keine erfolgsabhängige Entlohnung, sodass lediglich eine Pauschalvergütung hätte in Erwägung gezogen werden können, die allerdings – wie bereits weiter oben erwähnt – aus theoretischer Sicht keine positive Anreizwirkung im Sinne einer Verhaltenslenkung zur Generierung „ernsthafter" Entscheidungen besessen hätte. Zum anderen konnte davon ausgegangen werden, dass die Probanden aus kollegialen Motiven und aufgrund der interessanten Aufgabenstellung hinreichend intrinsisch motiviert waren, an dieser Studie teilzunehmen. Soweit beobachtbar, bearbeiteten die Teilnehmer den vorgelegten Fragebogen sehr konzentriert und gewissenhaft, wozu – so darf vermutet werden – die aus ihrer unmittelbaren beruflichen Realität stammende Darstellung des Entscheidungskontextes wesentlich beitrug.

Auf Basis ihrer händlerischen Erfahrung sollten sich die Probanden zunächst eine Meinung zum möglichen zukünftigen Kursverlauf der Alcatel-Aktie bilden und sodann den Fragebogen bearbeiten.

5.1.5 Auswertungsverfahren

Die Auswertung des Datenmaterials und die hierzu erforderlichen Berechnungen erfolgten mithilfe des Statistik-Programms SPSS, Version 11.0.

Als Methode zur Überprüfung der Hypothesen wurde die einfaktorielle Varianzanalyse gewählt. Sie ist das klassische statistische Analyseverfahren zur Auswertung von Experimenten und untersucht den Einfluss einer unabhängigen Variablen (Faktor) auf eine abhängige Variable.[38] Grundidee der Varianzanalyse ist die Aufteilung der gesamten Varianz der abhängigen Variablen in die Varianz zwischen den Gruppen und die Varianz innerhalb der Gruppen.[39]

Für die Summe der Abweichungsquadrate gilt die folgende, als Grundgleichung der Varianzanalyse bezeichnete Beziehung:[40]

$$SAQ_{gesamt} = SAQ_{innerhalb} + SAQ_{zwischen}$$

$$\sum_{i=1}^{k}\sum_{j=1}^{n}\left(x_{ij} - \overline{x}\right)^2 = \sum_{i=1}^{k}\sum_{j=1}^{n}\left(x_{ij} - \overline{x}_i\right)^2 + \sum_{i=1}^{k}\left(n_i \cdot (\overline{x}_i - \overline{x})^2\right) \quad (5.1)$$

SAQ Abweichungsquadrat

Die Summe auf der linken Seite der Gleichung SAQ_{gesamt} stellt die Summe der quadrierten Abweichungen aller Werte x_{ij} vom Gesamtmittelwert $\overline{x}$ über alle $j = 1$ bis n Fälle und summiert über alle $i = 1$ bis k Gruppen dar.

Der erste Summand auf der rechten Seite der Varianzgrundgleichung $SAQ_{innerhalb}$ entspricht der Summe der quadrierten Abweichungen einer Gruppe x_{ij} vom jeweiligen Gruppenmittelwert $\overline{x}_i$ über alle $j = 1$ bis n Fälle und summiert über alle $i = 1$ bis k Gruppen.

[38] Vgl. Diehl (1977) S. 3; Eimer (1978) S. 17; Backhaus et al. (2003) S. 119.

[39] Zur Varianzanalyse vgl. z. B. Denz (1989) S. 83-87; Litz (2000) S. 122-136; Bleymüller/Gehlert/Gülicher (2002) S. 119-124; Mayer (2002) S. 132-135; Sahner (2002) S. 111-122; Backhaus et al. (2003) S. 120-128; Fahrmeir et al. (2003) S. 515-526; Zöfel (2003) S. 129-136; Hager (2004) 143-150; Bortz (2005) S. 248-260.

[40] Vgl. Denz (1989) S. 83f.; Zöfel (2003) S. 130f. Zur Herleitung der Grundgleichung vgl. Bortz (2005) S. 254.

Der zweite Summand $SAQ_{zwischen}$ steht für die sich aus den Abweichungen der Gruppenmittelwerte vom Gesamtmittelwert ergebende Variabilität und berechnet sich als Summe der mit der jeweiligen Gruppengröße n_i gewichteten quadrierten Abweichungen der Gruppenmittelwerte $\overline{x}_i$ vom Gesamtmittelwert $\overline{x}$ summiert über alle i = 1 bis k Gruppen.

Die Varianzen innerhalb der bzw. zwischen den Gruppen werden im Kontext der Varianzanalyse als mittlere Quadratsumme (hier: MQS) bezeichnet. Für die mittlere Quadratsumme zwischen den Gruppen gilt:

$$MQS_{zwischen} = \frac{SAQ_{zwischen}}{k-1} = \frac{\sum_{i=1}^{k}\left(n_i \cdot (\overline{x}_i - \overline{x})^2\right)}{k-1} \tag{5.2}$$

und für die mittlere Quadratsumme innerhalb der Gruppen:

$$MQS_{innerhalb} = \frac{SAQ_{innerhalb}}{n-1} = \frac{\sum_{i=1}^{k}\sum_{j=1}^{n}\left(x_{ij} - \overline{x}_i\right)^2}{n-1}. \tag{5.3}$$

Die Prüfgröße

$$F_{empirisch} = \frac{MQS_{zwischen}}{MQS_{innerhalb}}$$

stellt den empirischen Wert der F-Verteilung dar, der mit dem theoretischen Wert der F-Verteilung als Beurteilungsmaßstab zu vergleichen ist.

Ausgangspunkt der Prüfung sind die beiden Hypothesen

$$H_0: \mu_1 - \mu_2 = 0 \text{ und } H_1: \mu_1 - \mu_2 \neq 0.$$

Die Prüfgröße $F_{empirisch}$ ist dementsprechend F-verteilt mit k-1 und n-1 Freiheitsgraden und kann als Indiz für bestehende Unterschiede zwischen den Gruppen interpretiert werden, sofern der empirische Wert größer ist als der theoretische Wert der F-Verteilung und damit die Nullhypothese zu verwerfen ist.

Bei der Varianzanalyse entspricht die Varianz zwischen den Gruppen $SAQ_{zwischen}$ der erklärten Varianz, die Varianz innerhalb der Gruppen $SAQ_{innerhalb}$ der nicht erklärten Varianz. Das Verhältnis der durch die Gruppenzugehörigkeit bedingten Abweichungen vom Mittelwert $SAQ_{zwischen}$ zur Gesamtheit der Abweichungen SAQ_{gesamt} kann somit als ein Maß für die Stärke des Einflusses der Gruppenzugehörigkeit interpretiert werden. Das so genannte PRE-Maß η^2 (PRE = *Pro-*

portional Reduction in Error) – in der Literatur auch als Effektstärke bezeichnet – definiert als

$$\eta^2 = \frac{SAQ_{zwischen}}{SAQ_{gesamt}} = \frac{\sum_{i=1}^{k}\left(n_i \cdot (\overline{x}_i - \overline{x})^2\right)}{\sum_{i=1}^{k}\sum_{j=1}^{n}\left(x_{ij} - \overline{x}\right)^2} \qquad (5.4)$$

mit $0 \leq \eta^2 \leq 1$ drückt den Anteil der durch die Gruppenbildung erklärbaren Varianz der unabhängigen Variablen aus.[41]

Das PRE-Maß η^2 dokumentiert den explizierbaren Anteil der unabhängigen Variable an der Gesamtvarianz und gibt Aufschluss über die Bedeutsamkeit bzw. praktische Relevanz des explorierten Zusammenhangs.[42]

Der Vorteil des PRE-Maßes η^2 liegt in seiner einfachen Interpretierbarkeit. Daher soll im Rahmen dieser Arbeit in Anlehnung an Cohen (1988) die folgende Klassifikation von η^2 gelten:[43]

Effektstärke gering, falls $\eta^2 < 0{,}06$,
Effektstärke mittel, falls $0{,}06 \leq \eta^2 < 0{,}14$,
Effektstärke groß, falls $\eta^2 \geq 0{,}14$.

Diese Einteilung ist zwar subjektiv, findet jedoch als Richtwert in der Literatur allgemeine Akzeptanz.[44]

Als Voraussetzung der Varianzanalyse wird in der Literatur genannt:[45]

1. Normalverteilung in den einzelnen Gruppen,
2. Varianzhomogenität über alle Gruppen hinweg.

Die erste Voraussetzung der Normalverteilung wird üblicherweise mithilfe des Chi-Quadrat-Tests bei Vorliegen größerer Fallzahlen oder mithilfe des Kolmogorov-Smirnov-Tests bei Vorliegen kleineren Fallzahlen überprüft. Ist die Voraussetzung der Normalverteilung nicht erfüllt, gilt die Varianzanalyse aufgrund der

---

[41] Vgl. Diehl (1977) S. 34-36; Litz (2000) S. 127f.; Benninghaus (2001) S. 345-348; Benninghaus (2002) S. 229-232; Jann (2002) S. 96f.

[42] Vgl. Cohen (1988) S. 9f.; Fern/Monroe (1996) S. 89f.

[43] Vgl. Cohen (1988) S. 286f.

[44] Vgl. Cohen (1992) S. 156f.; Olejnik/Algina (2000) S. 263.

[45] Vgl. Bleymüller/Gehlert/Gülicher (2002) S. 119; Jann (2002) S. 152; Zöfel (2003) S. 129f.; Bortz (2005) S. 284-286.

Gültigkeit des zentralen Grenzwertsatzes zumindest für große Stichproben trotzdem als ein sehr robustes Verfahren. Die Verletzung der Annahme der Normalverteilung führt in diesem Fall zu keiner Beeinträchtigung der Ergebnisse.[46]

Die zweite Bedingung der Varianzhomogenität bedeutet, dass sich die Varianzen innerhalb der Gruppen nicht signifikant voneinander unterscheiden dürfen. Sie kann beispielsweise mit dem Bartlett-, Scheffé- oder Hartley-Test überprüft werden. Die Hypothesen hierzu lauten:

$$H_0: \sigma_1^2 - \sigma_2^2 = 0 \text{ und } H_1: \sigma_1^2 - \sigma_2^2 \neq 0.$$

Die erwähnten Tests führen allerdings nur dann zu richtigen Entscheidungen, wenn die erste Voraussetzung der Varianzanalyse, die Normalverteilungsannahme, erfüllt ist. Ist sie verletzt, kann die Überprüfung der Varianzhomogenität alternativ mithilfe des Levene-Tests durchgeführt werden.[47] Dieser ist gegenüber Verletzungen der Normalverteilungsvoraussetzung relativ unempfindlich und wird daher auch vom Statistik-Programm SPSS verwendet.[48]

Sind die Unterschiede zwischen den Gruppen relativ groß bei gleichzeitig nicht allzu hoher Varianz innerhalb der Gruppen, so kann davon ausgegangen werden, dass die Gruppenzugehörigkeit einen Einfluss besitzt auf die abhängige Variable. Dies kann über den F-Test bei normalverteilten bzw. den Levene-Test bei nicht normalverteilten Variablen geprüft werden.

Sind die Voraussetzungen der Varianzanalyse verletzt, kann der Prüfprozess aus den nachfolgenden Gründen dennoch fortgeführt werden:[49]

1. Heterogene Varianzen beeinflussen den F-Test nur unerheblich, wenn die untersuchten Stichproben gleich groß sind.
2. Bei ungleichgroßen Stichproben und heterogenen Varianzen ist die Gültigkeit des F-Tests insbesondere bei kleineren Stichprobengrößen ($n_i < 10$) erheblich gefährdet.

Da bei der vorliegenden Versuchsanordnung die vier Probandenteilgruppen

Kassahändler mit Kurschart,
Kassahändler mit Kurs- und Volatilitätschart,
Terminhändler mit Kurschart,
Terminhändler mit Kurs- und Volatilitätschart

[46] Vgl. Diehl (1977) S. 20; Glaser (1978) S. 102ff.; Backhaus et al. (2003) S. 151.
[47] Vgl. Jann (2002) S. 152f.; Bortz (2005) S. 285f.
[48] Vgl. Zöfel (2003) S. 134; Bortz (2005) S. 740; Bühl/Zöfel (2005) S. 402f.
[49] Vgl. Diehl (1979) S. 18-20; Bortz (2005) S. 286f.

bewusst annähernd identisch dimensioniert wurden, und jede Probandenteilgruppe jeweils mehr als zehn Probanden umfasste, kann im Umkehrschluss davon ausgegangen werden, dass im konkreten Fall die Varianzanalyse relativ robust ist gegen eine Verletzung ihrer Voraussetzungen. Eine Fortführung der inferenzstatistischen Analyse mit einem verteilungsfreien Verfahren wie beispielsweise dem Kruskal-Wallis-Test kann aus den vorgenannten Gründen demnach entfallen.

Zur Analyse der Stärke des Zusammenhangs zwischen zwei Variablen findet des Weiteren die Korrelationsberechnung in Form des Korrelationskoeffizienten nach Pearson Anwendung.

Da die Korrelation mehrerer unabhängiger Variablen mit der abhängigen Variablen Risikowahrnehmung in Form der Volatilitätsschätzung zu berechnen ist, ist es erforderlich, den Zusammenhang zwischen diesen Variablen formal mithilfe der multiplen Regressionsanalyse zu erfassen.[50]

Bei der multiplen Regressionsanalyse handelt es sich um ein Verfahren, mit dem eine abhängige Variable (*Prädiktand*) durch eine oder mehrere unabhängige Variablen (*Prädiktoren*) erklärt oder prognostiziert werden soll. Formal geht es darum, bei n unabhängigen Variablen $x_1, \ldots, x_n$ und der abhängigen Variablen y die Regressionskoeffizienten $\beta_1, \ldots, \beta_n$, die Konstante α sowie den zufälligen Fehlerterm ε in der Gleichung

$$y = \alpha + \beta_1 x_1 + \ldots + \beta_n x_n + \varepsilon \qquad (5.5)$$

mit $E(\varepsilon) = 0$ zu schätzen. In dem Fehlerterm ε werden Messfehler sowie nicht beobachtete Einflüsse auf die abhängige Variable y erfasst.

Als gebräuchlichstes Verfahren zur Schätzung der Regressionsgerade wird die Methode der Kleinsten Quadrate eingesetzt, bei dem die Summe der quadrierten Residuen minimiert wird.

Das Vorzeichen der Regressionskoeffizienten β_i, $i = 1, \ldots, n$, gibt Aufschluss über die Art des Einflusses des jeweiligen Prädiktors x_i, $i = 1, \ldots, n$ auf den Prädiktand y. Besitzt β_i ein positives Vorzeichen, so gehen steigende Werte des Prädiktors mit steigenden Werten der abhängigen Variable einher. Ist β_i hingegen negativ, werden bei steigenden Werten des Prädiktors diejenigen des Prädiktanden geringer.

---

[50] Zur (multiplen) Regressionsanalyse vgl. z. B. Hammann/Erichson (2000) S. 297-306; Litz (2000) S. 92-121; Bleymüller/Gehlert/Gülicher (2002) S. 163-176; Jann (2002) S. 173-181; Backhaus et al. (2003) S. 60-62; Fahrmeir et al. (2003) S. 150-165; Atteslander (2003) S. 298-300; Zöfel (2003) S. 175f.

Eine Signifikanzprüfung der Regressionskoeffizienten ermöglicht Aussagen über die Signifikanz der mit einer Änderung des Prädiktors verknüpften Variabilität der abhängigen Variablen. Für die Gültigkeit des Signifikanztests wird die Normalverteilung sowie die Homoskedastizität der Varianz des zufälligen Fehlerterms ε gefordert.

Das Bestimmtheitsmaß R^2, definiert als der Anteil der erklärten Varianz an der Gesamtvarianz mit $0 \leq R^2 \leq 1$, offenbart die Erklärungskraft und damit die Güte des geschätzten Regressionskoeffizienten. Ein hoher R^2-Wert deutet auf einen starken Zusammenhang zwischen dem jeweiligen Prädiktor und dem Prädiktand hin.

Als Voraussetzung für die inferenzstatistische Absicherung der multiplen Regression wird in der Literatur – wie bereits erwähnt – die Normalverteilung der involvierten Variablen gefordert. Auf dieses Erfordernis kann jedoch dann verzichtet werden, wenn die Stichprobengröße größer ist als 40 Probanden und die Anzahl der Prädiktoren kleiner ist als 10 Variablen.[51] Da an der vorliegenden Untersuchung mehr als 40 Probanden teilnahmen und weniger als 10 Prädiktoren untersucht wurden, können auch ordinalskalierte Variablen wie das Lebensalter sowie dichotome Variablen wie das Geschlecht als Prädiktoren bei der multiplen Regressionsanalyse Verwendung finden.

An dieser Stelle soll die Motivation für die Verwendung der Frankfurter Selbstkonzeptskalen (FSKN) zur Messung des Selbstkonzepts der Probanden aufgezeigt werden.

Mit den FSKN von Deusinger (1986) steht ein praxiserprobtes Instrument zur Erfassung des allgemeinen Selbstkonzepts einer Person zur Verfügung. Die FSKN sind ein Persönlichkeits-Struktur-Test, mit dem kognitive, emotionale und behaviorale Komponenten der Einstellungen zur eigenen Person erfasst werden können. Als Einsatzgebiete werden neben anderen die persönlichkeits- und entwicklungspsychologische Forschung genannt.[52]

Die mit den FSKN erfassten Selbstkonzepte zeichnen die individuelle, multidimensionale Struktur des Selbst nach. Die individuelle Selbststruktur des Individuums wird hier von seiner individuellen Selbsteinschätzung abgeleitet. Als Fragebogenmethode stellen die FSKN ein ökonomisches Verfahren zur Erhebung des Selbstkonzepts dar, da sie zahlreiche quantitative und qualitative Informationen zu wichtigen Aspekten der Persönlichkeit liefern und außerdem rationell anzuwenden und auszuwerten sind.

---

[51] Vgl. Bortz (2005) S. 450.

[52] Vgl. Warzecha (1987) S. 375; Krampen (1988) S. 69; Borchert/Knopf-Jerchow/Dahbashi (1991) S. 345. Ähnlich auch Bös (2001) S. 463-466.

Die FSKN suchen ein System von Einstellungen im Sinne von Attitüden zur eigenen Person zu erfassen, das als zur Persönlichkeit gehörend und mit die Persönlichkeit konstituierend interpretiert werden kann. Individuelle Unterschiede in der Höhe der einzelnen Skalenwerte repräsentieren dabei individuelle Unterschiede in der Wahrnehmung und Bewertung der eigenen Person in dem jeweiligen Selbstkonzept. Die Testwerte gestatten somit eine quantitative Einordnung verschiedener Probanden entlang der betreffenden Dimension des Selbst.

Von den insgesamt fünf Selbstkonzepten der FSKN beziehen sich drei auf den Leistungsbereich einer Person, eines auf den der allgemeinen Selbstwertschätzung und ein weiteres auf den Bereich der Stimmung und Sensibilität. Mit Blick auf das Erkenntnisziel der vorliegenden Studie sind die beiden letztgenannten Selbstkonzepte redundant und finden daher keine Verwendung.

Die drei den Leistungsbereich einer Person erfassenden Selbstkonzepte der FSKN gliedern sich in das

Selbstkonzept der allgemeinen Leistungsfähigkeit,
Selbstkonzept der allgemeinen Verhaltens- und Entscheidungssicherheit,
Selbstkonzept der allgemeinen Problembewältigung.

Unter dem Selbstkonzept der allgemeinen Leistungsfähigkeit werden Einstellungen des Individuums zur Leistungsfähigkeit der eigenen Person verstanden, also Kognitionen, Auffassungen, Überlegungen, Beurteilungen sowie Bewertungen gegenüber sich selbst, die die eigene Leistungsfähigkeit betreffen.

Das Selbstkonzept der Verhaltens- und Entscheidungssicherheit reflektiert die Einstellungen des Individuums zur eigenen Person hinsichtlich der persönlichen Sicherheit oder Unsicherheit bezüglich der Bewertung eigenen Verhaltens und individueller Entscheidungen für konkrete Maßnahmen bzw. Alternativen.

Das Selbstkonzept der allgemeinen Problembewältigung schließlich misst die Einstellung des Individuums zur eigenen Fähigkeit, Probleme und Schwierigkeiten selbständig zu lösen.

Da das letztgenannte Selbstkonzept eher mit der allgemeinen ‚Lebenstüchtigkeit' zu assoziieren ist,[53] erscheint seine Verwendung im Rahmen des vorliegenden Experiments nicht zielführend zu sein.

Die Items zu den vorgenannten Selbstkonzepten sind als standardisierte Vorgabe von Stimuli zu verstehen, auf die der Proband mit Reaktionen antwortet, die von im Laufe seiner Sozialisation erfahrenen Eigen- und Fremdbewertungen zu Aspekten der eigenen Persönlichkeit bzw. erlebten Reaktionen der sozialen Umwelt auf sein Verhalten determiniert sind. Der Proband erhält in Abhängigkeit von

[53] Vgl. Deusinger (1986) S. 33.

seiner Selbsteinschätzung zwischen einem und sechs Punkte pro Antwort; je positiver bzw. günstiger das Gefühl gegenüber der eigenen Person ausfällt, desto höher die Punktzahl.

Mit den Antworten zu den jeweiligen Items ist eine Einordnung des Probanden hinsichtlich seines Selbstkonzepts der eigenen Leistungsfähigkeit sowie der Verhaltens- und Entscheidungssicherheit möglich. Im Rahmen der Auswertung kann mit Hilfe eines vorgegebenen Auswertungsschemas bestimmt werden, ob der Proband über ein tendenziell positives oder ein eher negatives Selbstkonzept in den genannten Bereichen verfügt.

Vor dem Hintergrund der vorerwähnten Ausführungen und auch der in der Literatur erwähnten Würdigung der FSKN als eine methodisch sorgfältige, in zahlreichen Praxisanwendungen getestete Entwicklung, die insbesondere in der persönlichkeits- und entwicklungspsychologischen Forschung gut einsetzbar ist,[54] scheint die Erhebung des Selbstkonzepts mittels ausgewählter Items der Frankfurter Selbstkonzeptskalen – wiewohl dieser Persönlichkeits-Struktur-Test bereits älteren Datums ist – eine vertretbare, zielführende Methode darzustellen.[55]

Die Auswertung der Fragen zum Leistungs- bzw. Entscheidungsselbstkonzept erfolgte mithilfe des von Deusinger (1986) verfassten Handbuchs zu den Frankfurter Selbstkonzeptskalen.

In dem Original-Fragebogen zur Erhebung des Leistungsselbstkonzepts finden 10 Items Verwendung. Pro Item kann der Proband maximal 6 Punkte erzielen. Insgesamt sind somit 60 Punkte als Maximum und 10 Punkte als Minimum erreichbar. Da für den vorliegenden, im Rahmen dieser Studie eingesetzten Fragebogen nur 9 Items des Original-Fragebogens verwendet wurden,[56] konnte ein Experimentteilnehmer demzufolge mindestens 9 und maximal 54 Punkte erzielen.

Deusinger (1986) unterscheidet ganz allgemein drei Selbstkonzeptkategorien: ein negatives, ein neutrales und ein positives Selbstkonzept.[57] Im Fall des Leistungsselbstkonzepts besitzt ein Proband eine negative Selbstwahrnehmung, wenn er weniger als 30 Punkte erreicht. In der Spanne zwischen 30 und 40 Punkten wird von einem neutralen Leistungsselbstkonzept gesprochen und erst ab einer erreichten Punktzahl von mehr als 40 Punkten besitzt der Proband ein positives Leistungsselbstkonzept.

---

[54] Vgl. Warzecha (1987) S. 376; Krampen (1988) S. 71.

[55] Diese These wird auch durch Resultate von Skalogrammanalysen gestützt, nach denen die FKSN geeignet sind, die Selbstkonzepte von Erwachsenen im Alter von 17 bis 72 Jahren angemessen zu bestimmen, vgl. Deusinger (1986) S. 27f.

[56] Das Item „Ich glaube, dass ich genauso viel tauge wie andere“ blieb aufgrund seiner zu allgemeinen und wenig griffigen Formulierung unberücksichtigt.

[57] Vgl. Deusinger (1986) S. 53f.

Bezüglich des Entscheidungsselbstkonzepts besteht der Original-Fragebogen aus 6 Items. Demzufolge kann ein Proband mindestens 6 und maximal 36 Punkte erreichen. Für den in der vorliegenden Studie verwendeten Fragebogen wurde auch hier auf eine Frage verzichtet,[58] sodass ein Experimentteilnehmer mindestens 5 und maximal 30 Punkte erzielen konnte.

Die Auswertung des Original-Fragebogens zum Entscheidungsselbstkonzept führt wiederum zu drei Klassifizierungen: ein negatives Selbstkonzept liegt vor, wenn ein Proband weniger als 18 Punkte erreicht. In der Spanne zwischen 18 und 24 Punkten wird von einem neutralen Entscheidungsselbstkonzept gesprochen und erst ab einer erreichten Punktzahl von mehr als 24 Punkten besitzt der Proband ein positives Entscheidungsselbstkonzept.

Adaptiert auf den im Rahmen dieser Studie eingesetzten Fragebogen führen diese allgemeinen Auswertungsregeln der Frankfurter Selbstkonzeptskalen zu den in der nachfolgenden Übersicht aufgelisteten Eckwerten.

Tabelle 5.1 Adaptiertes Modell zur Auswertung der Selbstkonzepte

	Leistungsselbstkonzept	Entscheidungsselbstkonzept
Negativ	< 27 Punkte	< 15 Punkte
Neutral	27-36 Punkte	15-20 Punkte
Positiv	> 36 Punkte	> 20 Punkte

5.1.6 Ergebnisse

In diesem Unterkapitel erfolgt vorab eine Analyse der Güte des durchgeführten Tests anhand der Kriterien Objektivität, Reliabilität sowie Validität, bevor dann auf die zentralen Ergebnisse dieser Untersuchung eingegangen wird. Dabei werden zuerst die Ergebnisse der Risikowahrnehmungs-Messungen diskutiert und im Anschluss mögliche Einflussfaktoren auf die Risikowahrnehmung analysiert.

Gemäß dem Untersuchungsdesign nahmen die Probanden den Risikogehalt des präsentierten Finanztitels zunächst visuell auf. Durch ein intensives Betrachten des dargebotenen Kurs-/Umsatzcharts bzw. des bei einigen Versuchsteilnehmern additiv dargereichten Volatilitätscharts ergab sich ein mentales Bild bezüglich des Risikogehalts der selektierten Aktie. Dieser individuell wahrgenommene Risikogehalt des Wertpapiers manifestierte sich anschließend hauptsächlich in den Ant-

[58] Das Item „Ich habe Schwierigkeiten das zu tun, was richtig ist“ wurde wegen der Mehrdeutigkeit des zweiten Halbsatzes nicht verwendet, da sich die Richtigkeit des Handelns im Allgemeinen nicht objektiv feststellen lässt, sondern immer eine subjektive, vom intendierten Ziel des Handelnden abgeleitete Komponente besitzt.

worten zu den Fragen vier und fünf, in denen die Probanden eine Wahrscheinlichkeitsschätzung abgaben für das von ihnen innerhalb der nächsten drei Monate erwartete Downside- und Upside-Risk (Frage vier) bzw. in denen sie konkret die individuell erwartete Volatilität für die kommenden drei Monate schätzten (Frage fünf). Ergänzt wurden diese Manifestationen der Risikowahrnehmung durch die in den Fragen sechs bis acht eruierten Kursquantilschätzungen.

Nach der Diskussion und Analyse der Ergebnisse zur Risikowahrnehmung werden in einem dann folgenden Abschnitt Einflussfaktoren untersucht, die auf die Wahrnehmung des Kursrisikos der Probanden einwirkten. Neben der rein deskriptiven Darstellung erfolgt auch hier jeweils eine Untersuchung über mögliche Ursachen, Zusammenhänge und Folgen dieser Einflussfaktoren auf die Risikowahrnehmung.

5.1.6.1 Analyse der Testgüte

Als Gütekriterien eines Tests werden in der Literatur Objektivität, Reliabilität sowie Validität genannt.[59]

Unter der Objektivität eines Tests wird die Unabhängigkeit des Testergebnisses vom Versuchsleiter verstanden. Im Idealfall kommen verschiedene Testleiter bei der gleichen Probandengruppe zu denselben Ergebnissen.

Da sich die Rolle des Versuchsleiters (hier: des Autors) bei dem vorliegenden Experiment auf die Begrüßung der Teilnehmer und eine kurze Erläuterung der Versuchsanordnung beschränkte, und die Auswertung der Fragebögen nach ex ante festgelegten Regeln erfolgte, kann davon ausgegangen werden, dass die Voraussetzungen sowohl der Durchführungsobjektivität (für alle Probanden gelten die gleichen Testbedingungen) als auch der Auswertungsobjektivität (die Ermittlung der Testergebnisse erfolgt nach festen Regeln) erfüllt sind.

Die Reliabilität eines Tests bezeichnet den Genauigkeitsgrad, mit dem dieser ein bestimmtes Persönlichkeits- oder Verhaltenskonstrukt misst und gibt Auskunft darüber, ob und in welchem Ausmaß sich das Testergebnis im Rahmen einer identischen Versuchsanordnung mit den gleichen Probanden reproduzieren lässt.[60]

Bei sämtlichen, mithilfe der Skalenhalbierungsmethode durchgeführten Reliabilitätstests der FSKN erwies sich die Gesamtbewertung als sehr reliabel mit ei-

---

[59] Vgl. Lienert/Raatz (1994) S. 7-11; Borg (1997) S. 45-52; Diekmann (2000) S. 216-227; Hamann/Erichson (2000) S. 92-96; Bortz/Döring (2002) S. 192-202; Atteslander (2003) S. 255f.; Asendorpf (2004) S. 121-130; Bortz (2005) S. 10f.

[60] Zu den verschiedenen Methoden der Reliabilitätsmessung vgl. z. B. Friedrichs (1984) S. 102; Lienert/Raatz (1994) S. 180-200; Borg (1997) S. 46f.; Schnell/Hill/Esser (1999) S. 145-147; Diekmann (2000) S. 217-223; Bortz/Döring (2002) S. 196-198; Atteslander (2003) S. 255f.; Zöfel (2003) S. 238f.

nem Reliabilitätskoeffizienten zwischen 0,93 bis 0,97.[61] Insofern erscheint es vertretbar, an dieser Stelle auf einen erneuten Reliabilitätstest dieser Items zu verzichten.

Für die übrigen als Likert-Skala konstruierten Items könnte zur Reliabilitätsmessung die Konsistenzanalyse verwendet werden. Hierbei ermittelt der Koeffizient Cronbachs α die innere Konsistenz dieser Items und misst deren durchschnittliche Interkorrelation. Diese Vorgehensweise ist jedoch nur dann sinnvoll, wenn ein Konstrukt mithilfe mehrerer Items erfasst wird. Findet hingegen nur ein Item zur Erfassung eines Konstrukts Verwendung – wie beispielweise mit Frage neun die Erhebung der Ambiguität oder mit den Fragen elf und zwölf die Erfassung der selbst eingeschätzten Kompetenz bzw. Erfahrung hinsichtlich der Prognose von Kursen – ist die Konsistenzanalyse nicht zielführend und kann daher unterbleiben.[62]

Die Validität eines Tests dokumentiert den Grad der Genauigkeit, mit dem dieser dasjenige Persönlichkeitsmerkmal bzw. diejenige Verhaltensweise tatsächlich misst oder prognostiziert, das bzw. die der Test messen bzw. prognostizieren soll. Demnach ist ein Test vollkommen valide, wenn das Untersuchungsergebnis einen unmittelbaren Rückschluss auf den Ausprägungsgrad des zu erfassenden Persönlichkeits- oder Verhaltenskonstrukts zulässt.

Inhaltsvalidität eines Tests liegt dann vor, wenn eine Itemauswahl die zu messende Eigenschaft in hohem Maß repräsentiert.[63] Im vorliegenden Experiment soll die Wahrnehmung von Kursrisiken erhoben werden. Wie im vorlaufenden Kapitel vier herausgearbeitet, wird diese u. a. von der kognitiven Verarbeitungsfähigkeit von Informationen, der (Berufs-)Erfahrung sowie dem Selbstkonzept der Probanden beeinflusst. Da sich die im Rahmen des Fragebogens präsentierten Items eindeutig diesen Konstrukten zuordnen lassen und diese auch repräsentieren, kann die Inhaltsvalidität als gegeben angesehen werden.

Die Konstruktvalidität eines Tests erfasst die Verwendbarkeit von Messinstrumenten hinsichtlich der Ableitung und Entwicklung weiterer Theorien und kann nur mittels eines weiterreichenden Forschungsprogramms ermittelt werden.[64] Ohne ein solches so genanntes Außenkriterium – verstanden als bereits vorliegende, gültig anerkannte Beurteilung hinsichtlich des untersuchten Persönlichkeits- oder Verhaltenskonstrukts – lässt sich die Konstruktvalidität eines Tests nicht bestimmen.

---

[61] Vgl. Deusinger (1986) S. 28f.

[62] Vgl. Borg (1997) S. 41f.; Janssen/Laatz (2003) S. 521ff.

[63] Vgl. Lienert/Raatz (1994) S. 224f.; Borg (1997) S. 50-52; Diekmann (2000) S. 224f.

[64] Vgl. Diekmann (2000) S. 225f.; Zöfel (2003) S. 239.

Die Testgütekriterien Objektivität, Reliabilität sowie Validität stehen in einem hierarchischen Verhältnis zueinander.[65] Objektivität ist eine notwendige, aber nicht hinreichende Voraussetzung für Reliabilität. Diese wiederum ist eine notwendige, aber nicht hinreichende Voraussetzung für Validität. In diesem Sinn sind Objektivität und Reliabilität Mindestvoraussetzungen zur Konstruktion eines validen Messinstruments. Da sowohl Objektivität und Reliabilität als auch die Inhaltsvalidität des vorliegenden Fragebogens als gegeben angesehen und der Existenz der Konstruktvalidität zumindest nicht per se widersprochen werden kann, können die testtheoretischen Voraussetzungen als erfüllt gelten.

5.1.6.2 Analyse der Risikowahrnehmung

Im Fokus dieses Abschnitts steht die Analyse der Ergebnisse zu den Fragen vier bis acht, bei denen die Probanden eine Wahrscheinlichkeitsschätzung für das Downside- und Upside-Risk des präsentierten Finanztitels abgaben, diese Wahrscheinlichkeitsschätzung durch Kursquantilschätzungen konkretisierten und außerdem eine Schätzung für die von ihnen erwartete zukünftige Volatilität des zugrunde gelegten Wertpapiers äußerten.

5.1.6.2.1 Schätzung des Downside-/Upside Risk

In Frage vier „Bitte geben Sie eine Wahrscheinlichkeitsschätzung ab für das von Ihnen innerhalb der nächsten 3 Monate erwartete Downside-Risiko und Upside-Risiko (= Kurschance) des vorliegenden Finanztitels“ erstellten die Probanden eine Wahrscheinlichkeitsverteilung für mögliche Kursänderungen innerhalb vorgegebener Schwankungsintervalle. Hiermit wurde das Downside- sowie Upside-Risk als eine der zentralen Komponenten des wahrgenommenen Risikos erhoben. Konkret gaben die Experimentteilnehmer die Eintrittswahrscheinlichkeit dafür an, dass der Kurs der Alcatel-Aktie innerhalb der nächsten drei Monate

um mehr als 10% sinken,
zwischen 10% und 5% sinken,
zwischen 5% und 0% sinken,
zwischen 0% und 5% steigen,
zwischen 5% und 10% steigen sowie
um mehr als 10% steigen könnte.

Die Spannweite der abgegebenen Schätzungen versucht die nachfolgende Tabelle zu verdeutlichen, indem jeweils die geringste sowie die größte Wahrscheinlichkeitsschätzung Erwähnung findet.

---

[65] Vgl. Diekmann (2000) S. 227.

Tabelle 5.2. Eintrittswahrscheinlichkeiten für Downside- und Upside-Risk

Kursänderung	Kassahändler		Terminhändler	
	Kurschart Min. / Max.	Kurs-/Volachart Min. / Max.	Kurschart Min. / Max.	Kurs-/Volachart Min. / Max.
sinken > 10%	0 / 40	5 / 30	5 / 70	5 / 40
10% < sinken < 5%	0 / 75	10 / 40	10 / 40	5 / 30
5% < sinken < 0%	0 / 35	10 / 40	5 / 30	5 / 35
0% < steigen < 5%	0 / 35	10 / 30	5 / 30	5 / 35
5% < steigen < 10%	0 / 25	10 / 15	5 / 25	5 / 30
steigen > 10%	0 / 70	5 / 30	5 / 30	5 / 40

Wiewohl einige Schätzungen als Ausreißer bezeichnet werden können, ist das Ausmaß der Spannweite der angegebenen Eintrittswahrscheinlichkeiten auffallend. Die identische Informationsgrundlage für alle Probanden in Form des Kurscharts führte zu extrem divergierenden Schätzungen der Eintrittswahrscheinlichkeiten möglicher Kursänderungen.

Die Schätzwerte für die erwartete Kursänderung in den vorgegebenen Schwankungsintervallen besitzen bei einem Kassahändler und drei Terminhändlern mit Kurschart als Informationsgrundlage sowie bei zwei Terminhändlern mit zusätzlichem Volatilitätschart einen U-förmigen Verlauf, der an den Volatilitätssmile erinnert. Diese Probanden maßen möglichen Kursänderungen um den zuletzt gehandelten Kurs eine geringere Eintrittswahrscheinlichkeit zu als nachhaltigen Kursänderungen.

Ein Kassahändler und vier Terminhändler mit Kurschart als Informationsgrundlage sowie fünf Kassahändler und vier Terminhändler mit zusätzlichem Volatilitätschart invertierten den U-förmigen Verlauf ihrer Kursschätzungen in Form einer approximativen Normalverteilung, indem sie für einen leichten Kursanstieg sowie einen begrenzten Kursrückgang eine hohe Eintrittswahrscheinlichkeit und für eine große Kursänderung eine geringe Eintrittswahrscheinlichkeit angaben.

Aus den von den Probanden geschätzten Wahrscheinlichkeiten für erwartete Kursänderungen innerhalb vorgegebener Intervalle lässt sich indirekt eine erwartete Volatilität errechnen. Hierzu wird zunächst für jeden Versuchsteilnehmer j die Standardabweichung der Wahrscheinlichkeiten Std(prob)_i der sechs vorgegebenen Kursänderungsintervalle i berechnet nach

$$\text{Std(prob)}_i = \sqrt{\sum_{i=1}^{6} (p_i^j - \overline{p}_i)^2 \cdot 1/6} \qquad (5.6)$$

mit $\overline{p}_i = 1/6$.

Dieses Maß drückt die Differenz zwischen den Wahrscheinlichkeitsschätzungen der Probanden und einer uniformen flachen Wahrscheinlichkeitsverteilung aus. Std(prob) stellt somit die Konzentration einer Wahrscheinlichkeitsverteilung dar, quantifiziert durch ihre Abweichung von einer flachen Verteilung.

Sodann wird aus den Eintrittswahrscheinlichkeiten p_i^j unter der Annahme einer uniformen Wahrscheinlichkeitsverteilung innerhalb eines jeden Kursänderungsintervalls i die Standardabweichung der Renditen gemäß

$$\text{Std(return)}_i = \sqrt{\sum_{i=1}^{6} (r_i^j - \bar{r}_i)^2 \cdot p_i^j} \tag{5.7}$$

mit unter $\bar{r}_i = \sum_{i=1}^{6} (r_i^j \cdot p_i^j)$ identischen Annahmen berechnet.

Die Annahme einer uniformen Wahrscheinlichkeitsverteilung innerhalb eines jeden Kursänderungsintervalls bedeutet, dass jedes der Intervalle eindeutig durch seinen Mittelpunkt charakterisiert werden kann.

Für Std(prob) ergeben sich folgende Werte:

Tabelle 5.3. Verteilungsmaße der Wahrscheinlichkeitsschätzungen

N	Mittelwert	Standardabweichung	Standardfehler	95%-Konfidenzintervall für den Mittelwert		Minimum	Maximum
				Untergrenze	Obergrenze		
62	19,7889	3,34467	0,42477	18,9395	20,6383	16,667	32,189

Ein Kolmogorov Smirnov-Test zur Prüfung der Streuung der Wahrscheinlichkeitsschätzungen auf Normalverteilung erbringt die nachfolgend aufgelisteten Werte.

Tabelle 5.4. Kolmogorov-Smirnov-Test für die Variable Standardabweichung der Wahrscheinlichkeiten

N	Extremste Differenz	p
62	0,2261	,004

Da der Signifikanzwert des Kolmogorov-Smirnov-Tests unter dem gewählten Signifikanzniveau von p = ,05 liegt, muss die Nullhypothese der Normalverteilung der Streuung der Wahrscheinlichkeitsschätzungen verworfen werden.

Zur Reduktion der Schiefe wurde im Anschluss eine Box-Cox Transformation durchgeführt. Dieses Verfahren zur Trendelimination und Stationarisierung hat zum Ziel, eine nicht-normalverteilte Variable in eine annähernde Normalverteilung zu transformieren.[66]

Ein nach Durchführung der Box-Cox-Transformation erneut angestoßener Kolmogorov-Smirnov-Test für die Variable Streuung der Wahrscheinlichkeitsschätzungen weist folgende Datenkonstellation auf.

Tabelle 5.5. Kolmogorov-Smirnov-Test für die Variable Standardabweichung der Wahrscheinlichkeiten nach Box-Cox-Transformation

N	Extremste Differenz	p
62	0,13606	0,201

Aufgrund des p-Wertes von ,201 (> ,05) kann die Nullhypothese der Normalverteilung der transformierten Variable Standardabweichung der Wahrscheinlichkeiten nicht mehr abgelehnt werden, sodass eine wichtige Voraussetzung für die Durchführung inferenzstatistischer Analysen nunmehr erfüllt ist.

Für die indirekte Berechnung der erwarteten Volatilität hingegen sind die Ergebnisse der Berechnungen für Std(return) von größerer Bedeutung. Die deskriptiven Statistiken hierfür sind in der folgenden Tabelle ausgewiesen.

Tabelle 5.6. Verteilungsmaße der indirekten Volatilitäten aus Wahrscheinlichkeitsschätzungen

N	Mittelwert	Standardabweichung	Standardfehler	95%-Konfidenzintervall für den Mittelwert		Minimum	Maximum
				Untergrenze	Obergrenze		
62	17,7453	20,7093	2,63009	12,4860	23,0046	0,5590	84,1532

Bei dieser indirekten Berechnung der Volatilität weist über die Hälfte aller Probanden eine vergleichsweise niedrige Volatilitätserwartung von unter 10% aus. Das ungefähre Niveau der zum Zeitpunkt der Durchführung des Experiments vorherrschenden impliziten Volatilität für Optionen am-Geld mit einer Laufzeit von drei Monaten in Höhe von 30% wird auf Basis dieses Rechenalgorithmus von lediglich drei Probanden (4,84%) erwartet.

Die kumulierte prozentuale Häufigkeit bis zu einer Renditestreuung von 40% beträgt 83,33%; die darüber liegenden Schätzwerte könnten somit als Ausreißer klassifiziert werden.

---

[66] Vgl. Bortz (2005) S. 166.

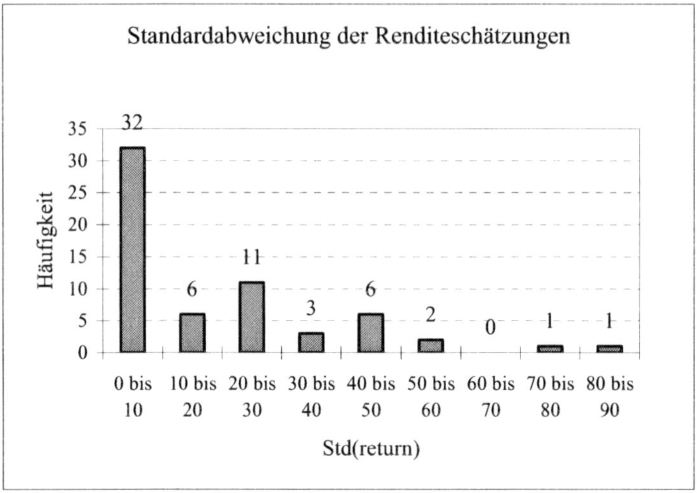

Abb. 5.4. Standardabweichung der Renditeschätzungen aus Wahrscheinlichkeiten

Aus dieser Häufigkeitsverteilung lassen sich in Kombination mit den Wahrscheinlichkeitsschätzungen der Probanden einige Schlüsse ableiten.

Die auf indirektem Weg berechnete Volatilität derjenigen Probanden, deren Wahrscheinlichkeitsschätzung einen U-förmigen bzw. einen umgekehrt U-förmigen Verlauf besitzt, liegt im ersten Balken des Histogramms. Dies bedeutet, dass eine annähernd symmetrische Schätzung der zukünftigen Kursänderungen zu einer geringen Abweichung vom Mittelwert führt.

Die extremen Abweichungen der Renditeschätzungen vom Mittelwert sind hingegen bei solchen Versuchsteilnehmern festzustellen, die eine schiefe oder mehrgipflige Verteilung der Eintrittswahrscheinlichkeiten für zukünftige Kursänderungen schätzten.[67]

Zur Konkretisierung der Kursschätzung wurden die Probanden mit der sechsten Frage gebeten, denjenigen Kurs auf Sicht von drei Monaten zu schätzen, der sich ihrer Meinung nach mit einer Wahrscheinlichkeit von 50% einstellen wird. Die Schätzungen schwanken zwischen einem Minimum-Kurs von 9,00 Euro und einem Maximum-Kurs von 11,50 Euro sowie einem Median in Höhe des zuletzt festgestellten Kurses von 9,79 Euro. Weitere Verteilungsmaße der Kursquantilschätzungen sind in der folgenden Tabelle zusammengestellt.

---

[67] Eine Analyse der Wahrscheinlichkeitsschätzung in Abhängigkeit von der Tätigkeitsart der Probanden bzw. vom Typ der präsentierten Informationen (nur Kurschart versus Kurs- und Volatilitätschart) generiert keine grundlegend neuen Erkenntnisse und kann daher unterbleiben.

Tabelle 5.7. Verteilungsmaße der Kursquantilschätzungen

	N	Mittelwert	Standardabweichung	Standardfehler	95%-Konfidenzintervall für den Mittelwert: Untergrenze	95%-Konfidenzintervall für den Mittelwert: Obergrenze	Minimum	Maximum
0,1	62	7.4653	2.15676	0.27391	6,9175	8,0130	0,0	9,5
0,5	62	10.0172	0.66920	0.08498	9,8473	10,1872	9,0	11,5
0,9	62	30.0414	125.70735	15.96485	-1,8829	61,9657	10,0	1.000

0,1: 0,1 Quantil 0,5: 0,5 Quantil 0,9: 0,9 Quantil

Es fällt auf, dass diese Frage nach dem 0,5 Quantil der Kurserwartung von insgesamt 16 Teilnehmern (25,81%) mit dem zuletzt gehandelten Kurs in Höhe von 9,79 Euro beantwortet wurde. Dieser war explizit als visuell herausgehobene Information in den Kurschart eingebettet worden.

Ein 0,5 Quantil-Schätzung auf Sicht von drei Monaten auf dem Niveau des zuletzt gehandelten Kurses sagt noch nichts über den Verlauf der möglichen Kursänderungen in dem Zeitraum dazwischen aus. Die Struktur des erwarteten Kursverlaufs wurde nicht konkret erfragt. Indirekt lässt sich jedoch aus dieser Antwort eine Nullrendite über den prognostizierten Zeitraum ermitteln. Eine ex post Betrachtung des tatsächlichen Kursverlaufs am Ende des Prognosezeitraums Mitte Juni führt zu dem Ergebnis, dass der Kurs der Alcatel-Aktie gegenüber dem zuletzt gehandelten Kurs vor Durchführung der Studie um 4,70% niedriger notierte.

Dessen ungeachtet lässt sich die Tatsache, dass rund ein Viertel der Probanden den aktuellen Kurs als gleich wahrscheinlichen zukünftigen Kurs erwartet, aus Sicht der Behavioral Finance-Forschung einerseits als Bestätigung der Existenz der Verankerungsheuristik interpretieren, andererseits aber auch als Bekräftigung für die Kernaussage der Random-Walk-Hypothese deuten.[68]

Mit den Fragen sieben und acht wurde das 0,1 bzw. 0,9 Quantil der Kurserwartung über den Zeitraum von drei Monaten erhoben. Bei diesen beiden Fragen gab ein Kassahändler mit Werten von 0,00 Euro für das 0,1 Quantil sowie 100,00 Euro für das 0,9 Quantil sowie ein Terminhändler mit einer 0,9 Quantil-Schätzung in Höhe von 1.000 Euro eine Ausreißerschätzung ab. Diese drei Werte nicht berücksichtigend, lagen die Schätzungen für das 0,1 Quantil zwischen 1,00 und 9,50 Euro, diejenigen für das 0,9 Quantil zwischen 10,00 und 20,00 Euro.

Eine weitere Differenzierung der Kursschätzungen in Abhängigkeit von der Tätigkeitsart der Probanden bzw. von der Art der präsentierten Informationen zur Alcatel-Aktie führt unter Vernachlässigung der vorerwähnten Ausreißerwerte zu den in der folgenden Tabelle ausgewiesenen Ergebnissen.

[68] Vgl. Kap. 3.1.1

Tabelle 5.8 Kursquantilschätzungen

Quantil		Kassahändler		Terminhändler	
		Kurschart	Kurs-/Volachart	Kurschart	Kurs-/Volachart
0,1	Min.	6,50 €	5,00 €	1,00 €	3,92 €
	Max.	9,50 €	9,00 €	9,50 €	9,50 €
0,9	Min.	10,00 €	10,50 €	10,50 €	11,00 €
	Max.	14,00 €	15,00 €	20,00 €	19,00 €

Bei der 0,1 Quantil-Schätzung der Terminhändler mit einem Kurschart als ausschließlicher Informationsgrundlage fällt der Minimum-Wert in Höhe von 1,00 Euro auf. Dieser wurde von zwei Terminhändlern genannt, gefolgt von der einmaligen Schätzung dieses Kurs-Quantils in Höhe von 2,00 Euro. Der dann folgende Schätzwert in Höhe von 5,00 Euro liegt wieder im Bereich der auch von den Kassahändlern abgegebenen Schätzungen.

Ähnlich verhält es sich mit dem geschätzten 0,1 Quantil-Kurs der Terminhändler mit Kurs- und Volatilitätschart als Informationsbasis. Der niedrigste Wert von 3,92 Euro wurde nur von einem Teilnehmer genannt. Der nächsthöhere Schätzkurs liegt bei 6,00 Euro und ist insofern vergleichbar mit den übrigen Nennungen.

Die in der Tabelle ausgewiesenen Maximal-Werte für die 0,9 Quantil-Schätzungen der Terminhändler relativieren sich bei einer weitergehenden Betrachtung. Stand ausschließlich der Kurschart als Informationsgrundlage zur Verfügung, liegt das Gros der Schätzungen bei Werten bis 16,00 Euro (kumulierte Häufigkeit 94,12%). Bei der Teilgruppe der Terminhändler, der neben dem Kurschart auch die historische Volatilität als Grundlage für die Ermittlung ihrer Kursprognose zur Verfügung stand, ist der kumulierte Häufigkeitswert bis zu einem Kurs von 16 Euro ebenfalls hoch und beträgt 93,75%.

Zusammenfassend lässt sich somit festhalten, dass sich sowohl die 0,1 Quantil-Schätzungen als auch die 0,9 Quantil-Schätzungen der Experimentteilnehmer weder in Abhängigkeit von der Tätigkeitsart der Probanden noch in Abhängigkeit vom Umfang der präsentierten Informationen zu dem gegebenen Finanztitel signifikant unterscheiden.

Als nächster Schritt soll die Streuung der Kursquantilschätzungen tiefergehend analysiert werden. Hierzu wird die Standardabweichung der Renditen Std(point) aus den verfügbaren Kursschätzungen hergeleitet. Die bereits weiter oben erwähnten Ausreißerschätzungen bleiben an dieser Stelle unberücksichtigt.

Um mit Renditen rechnen zu können, werden zunächst die Kursquantilschätzungen jedes Probanden durch den letzten Kurs der Alcatel-Aktie X_0 vor der Durchführung des Experiments dividiert. Da keine Annahme über eine spezielle Form der Verteilung für alle subjektiven Wahrscheinlichkeitsverteilungen der Probanden vorliegt, findet die einfache Drei-Punkt-Annäherung von Keefer/Bodily (1983) Verwendung, von der gezeigt werden kann, dass sie in hohem Maß einer großen Anzahl relevanter Wahrscheinlichkeitsverteilungen entspricht.[69]

$$\mathrm{Std(point)}_i = \left(0{,}3 \cdot \left(\frac{X_i^{0,1}}{X_0} \right)^2 + 0{,}4 \cdot \left(\frac{X_i^{0,5}}{X_0} \right)^2 + 0{,}3 \cdot \left(\frac{X_i^{0,9}}{X_0} \right)^2 - \mathrm{Mean}^2 \right)^{0,5} \tag{5.8}$$

$$\text{mit Mean} = 0{,}3 \cdot \left(\frac{X_i^{0,1}}{X_0} \right) + 0{,}4 \cdot \left(\frac{X_i^{0,5}}{X_0} \right) + 0{,}3 \cdot \left(\frac{X_i^{0,9}}{X_0} \right).$$

Die deskriptiven Statistiken hierfür sind in der folgenden Tabelle ausgewiesen.

Tabelle 5.9. Indirekte Volatilitäten aus Kursquantilschätzungen

N	Mittelwert	Standardabweichung	Standardfehler	95%-Konfidenzintervall für den Mittelwert		Minimum	Maximum
				Untergrenze	Obergrenze		
60	20,2326	12,5077	1,61477	17,0015	23,4638	3,9560	75,2067

Bei der mithilfe der Drei-Punkt-Annäherung berechneten Streuung der erwarteten Rendite weisen 61,66% aller Probanden Werte zwischen 10% und 30% aus. Sieben Versuchsteilnehmer schätzten auf Basis dieses Rechenalgorithmus die zukünftige Volatilität in der Größenordnung des zum Zeitpunkt der Durchführung des Experiments gehandelten Volatilität für Optionen am-Geld mit einer Laufzeit von drei Monaten in Höhe von 30%.

[69] Vgl. Keefer/Bodily (1983) S. 595f.

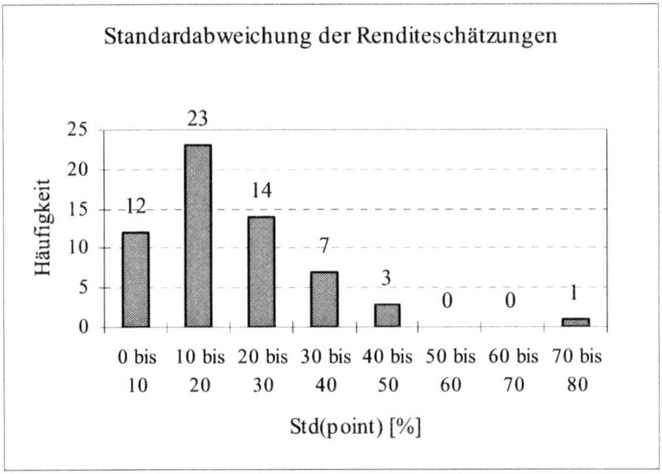

Abb. 5.5. Standardabweichung der Renditeschätzungen aus Kursquantilen

Die Unterschiede zwischen dem über die Wahrscheinlichkeitsverteilung möglicher zukünftiger Kurse innerhalb vorgegebener Schwankungsintervalle errechneten Streuungsmaß Std(return) sowie dem über die Kursquantilschätzungen quantifizierten Streuungsmaß Std(point) werden in der nachfolgenden Abbildung verdeutlicht.

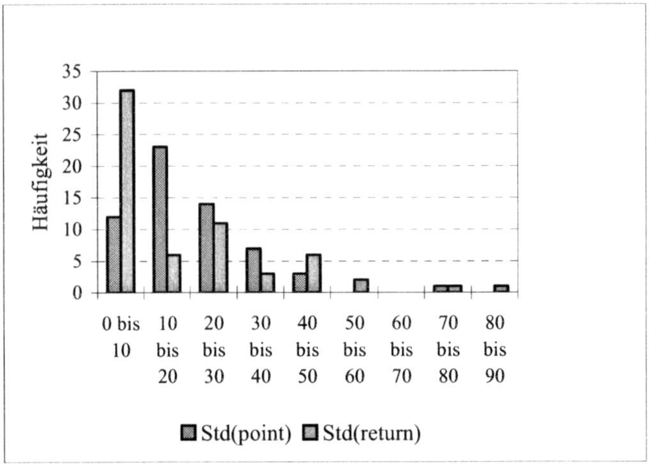

Abb. 5.6. Unterschiede in den Standardabweichungen der Renditeschätzungen

Während die Mehrheit der Probanden über die Wahrscheinlichkeitsverteilung der Kurse eine tendenziell geringe zukünftige Streuung der Renditen erwartete, zeigen die Berechnungen des Streuungsmaßes über die Kursquantilschätzungen Std(point) ein ausgewogeneres Bild.

5.1.6.2.2 Schätzung der Volatilität

Mit Frage fünf „Geben Sie eine Ihrer Meinung nach gute Schätzung ab für die in den nächsten drei Monaten zu erwartende Volatilität des vorliegenden Finanztitels" wurden die Versuchsteilnehmer gebeten, die auf Basis ihrer visuellen Analyse der gegebenen Informationen zustande gekommene Volatilitätserwartung zu taxieren.

Ein Kolmogorov-Smirnov-Test zur Prüfung der Variable Volatilitätsschätzung auf Normalverteilung generiert die folgenden Werte.

Tabelle 5.10. Kolmogorov-Smirnov-Test für die Variable Volatilitätsschätzung

N	Extremste Differenz	p
62	,1399	,176

Da der Signifikanzwert des Kolmogorov-Smirnov-Tests über dem gewählten Signifikanzniveau von p = ,05 liegt, kann die Nullhypothese der Normalverteilung der Volatilitätsschätzungen nicht abgelehnt werden. Damit ist eine wichtige Voraussetzung für die Durchführung inferenzstatistischer Analysen erfüllt.

Die Bandbreite der abgegebenen Schätzungen liegt zwischen 5% und 80%. Unter der Annahme, dass die Volatilitätsschätzung eines Kassahändlers in Höhe von 80% als Ausreißer klassifiziert werden und daher unberücksichtigt bleiben kann, sind in der folgenden Tabelle die deskriptiven Statistiken zu diesem Item zusammengestellt.

Tabelle 5.11. Verteilungsmaße der Volatilitätsschätzung

N	Mittelwert	Standardabweichung	Standardfehler	95%-Konfidenzintervall für den Mittelwert		Minimum	Maximum
				Untergrenze	Obergrenze		
61	25,0081	9,15627	1,17234	22,6631	27,3532	5,00	40,00

Das nachfolgende Histogramm zeigt die Häufigkeitsverteilung der Volatilitätsschätzer ohne Berücksichtigung der Ausreißerschätzung.

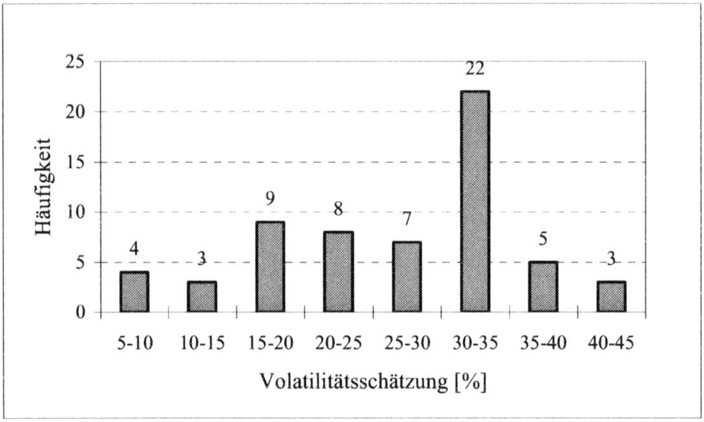

Abb. 5.7. Volatilitätsschätzung aller Probanden

Bei der Analyse der abgegebenen Schätzungen ist das offensichtliche Denken im dekadischen System auffallend. Volatilitätsschätzungen von exakt 10, 20, 30 sowie 40 Prozent sind mit einer Häufigkeit von über 40% vertreten. Werden die genau in der Mitte hiervon liegenden Werte (15, 25, 35 Prozent) ebenfalls berücksichtigt, erhöht sich dieser Häufigkeitswert sogar auf über zwei Drittel (67,74%).

Die deskriptiven Statistiken zur Volatilitätsschätzung in Abhängigkeit von der Tätigkeitsart sind in der folgenden Tabelle aufgelistet.

Tabelle 5.12. Verteilungsmaße der Volatilitätsschätzung in Abhängigkeit von der Tätigkeitsart

					95%-Konfidenzintervall für den Mittelwert			
	N	Mittelwert	Standardabweichung	Standardfehler	Untergrenze	Obergrenze	Minimum	Maximum
K	27	23,9259	10,42528	2,00634	19,8017	28,0501	5,00	40,00
T	34	25,8676	8,06724	1,38352	23,0528	28,6824	7,50	40,00

K: Kassahändler T: Terminhändler

Die Terminhändler schätzten die zukünftige Volatilität der Alcatel-Aktie im Durchschnitt knapp zwei Prozentpunkte höher als die Kassahändler. Darüber hinaus weist die niedrigere Streuung dieser Teilgruppe auf eine im Vergleich zu den Kassahändlern homogenere Schätzung der erwarteten Volatilität hin.

Die Häufigkeitsverteilung der Volatilitätsschätzung der beiden Teilgruppen ist ohne Berücksichtigung des Ausreißers in der folgenden Abbildung dargestellt.

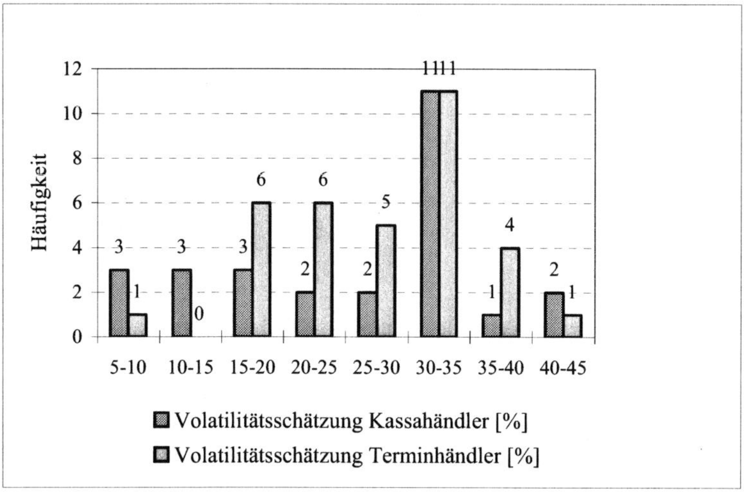

Abb. 5.8. Volatilitätsschätzung Kassahändler versus Terminhändler

Volatilitätsschätzungen bis zu einem Wert von 30% wurden von 48,15% der Kassahändler abgegeben, im Gegensatz zu 52,94% bei den Terminhändlern. Dies belegt nochmals die bereits zuvor getroffene Aussage einer tendenziell höheren Volatilitätsschätzung durch die Terminhändler im Vergleich zu den Kassahändlern.

Die nachfolgende Grafik zeigt die Häufigkeitsverteilung der Volatilitätsschätzer aller Versuchsteilnehmer in Abhängigkeit von der Art der präsentierten Kurs(risiko-)informationen.

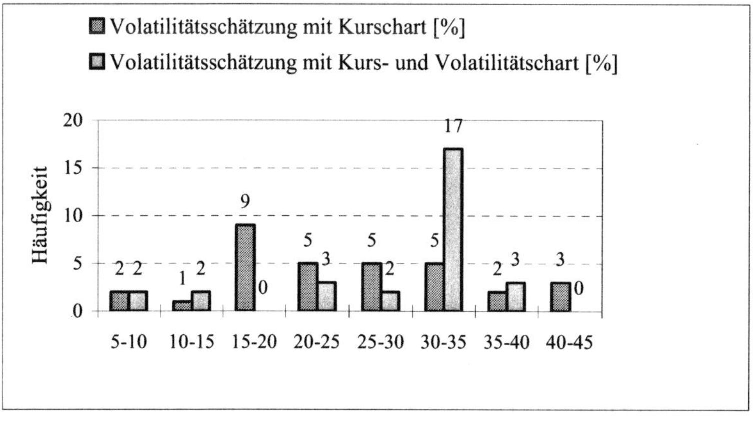

Abb. 5.9. Volatilitätsschätzung in Abhängigkeit von den präsentierten Informationen

Die kumulierte prozentuale Häufigkeit bis zu einem Volatilitätsschätzwert von 30% beträgt bei der Teilgruppe ohne Volatilitätschart 68,75%, die der Probandengruppe mit Volatilitätschart hingegen lediglich 31,03%. Hieraus folgt, dass die Experimentteilnehmer mit zusätzlichen Informationen zur historischen Volatilität deren zukünftigen Wert deutlich höher taxierten als die Probanden ohne diese Informationsgrundlage.

Findet die von den Probanden geschätzte zukünftige Volatilität als Basis für eine Optionspreisbestimmung Verwendung, ergeben sich bei Zugrundelegung des Optionsbewertungsansatzes von Black/Scholes (1973) und den nachfolgend aufgelisteten Rahmendaten einer Option die in der nächsten Tabelle ausgewiesenen Werte für eine Option am Geld.

Aktueller Aktienkurs	9,79 €
Basispreis	9,80 €
Risikoloser Zinssatz	2,135% (3-Monats-Euribor am 14. März 2005)
Laufzeit	90 Tage

Tabelle 5.13. Optionspreise auf Basis der geschätzten Volatilität

Zukünftige Volatilität	Call [€]	Put [€]
5,00%	0,12	0,08
7,50%	0,17	0,13
8,00%	0,18	0,14
9,00%	0,20	0,15
10,00%	0,22	0,17
15,00%	0,31	0,27
18,00%	0,37	0,33
19,00%	0,39	0,35
20,00%	0,41	0,37
25,00%	0,50	0,46
28,00%	0,56	0,52
30,00%	0,60	0,56
31,00%	0,62	0,58
32,00%	0,64	0,60
33,00%	0,66	0,62
34,00%	0,68	0,64
35,00%	0,70	0,66
37,00%	0,74	0,70
40,00%	0,79	0,75
80,00%	1,56	1,52

Die im Verlauf des Monats März 2005 gehandelte (‚implizite') Volatilität schwankte für Optionen am-Geld mit einer Laufzeit von drei Monaten zwischen 28% und 31%.[70]

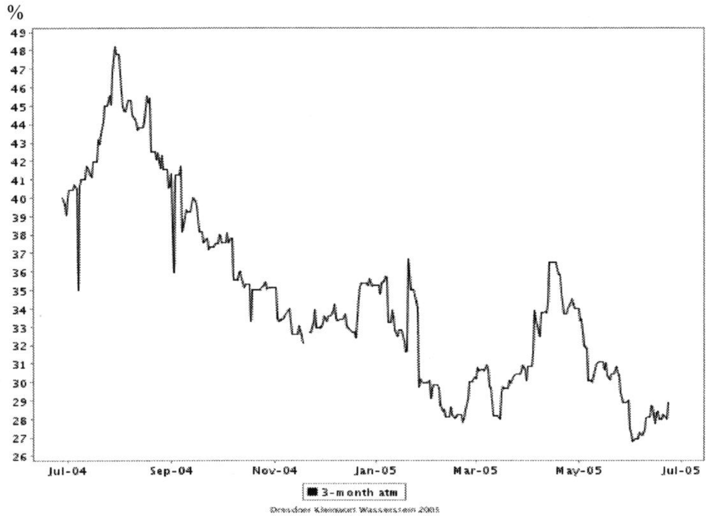

Abb. 5.10. Implizite 3-Monats-Volatilität von Alcatel S. A. in Prozent

Diese Information war den Probanden zwar nicht bereitgestellt worden, ein Großteil von ihnen (vgl. Abb. 5.8) taxierte die Volatilitätserwartung jedoch auf Basis einer visuellen Analyse der zur Verfügung gestellten Informationen in ungefähr dieser Größenordnung. Dieser Befund könnte bei Kapitalmarktexperimenten als Indiz für den Einsatz von professionellen Marktteilnehmern anstelle von Studenten angesehen werden.

Aufgabe der Versuchsteilnehmer war es, die Volatilität für den Zeitraum Mitte März bis Mitte Juni 2005 zu prognostizieren. Wie aus dem in der folgenden Grafik abgebildeten Verlauf der historischen Volatilität der Alcatel-Aktie hervorgeht, sank die 3-Monats-Volatilität von Mitte März bis Mitte Juni nach einem erratischen Ausschlag Anfang Mai auf 25%, während die implizite Volatilität nach einem ebenfalls prägnanten Anstieg zu Beginn des Monats Mai mit ungefähr 29 Prozentpunkten auf das Niveau des Monats März zurückkehrte.

---

[70] Diese Informationen stammen aus GlobeWeb, der Kapitalmarktdatenbank von Dresdner Kleinwort Wasserstein.

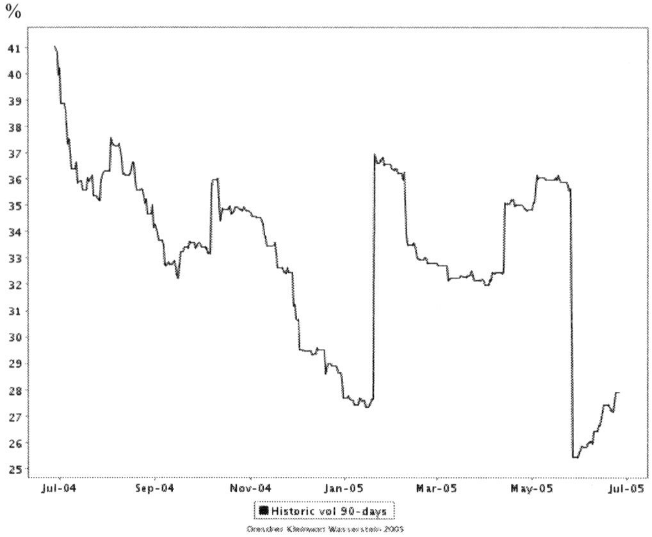

Abb. 5.11. Historische Volatilität von Alcatel S. A. in Prozent

Aus diesem Vergleich zwischen historischer und impliziter Volatilität im Zeitverlauf lässt sich – bezogen auf die Ergebnisse des Experiments – der Schluss ziehen, dass diejenigen Probanden, die im März 2005 die zukünftige Volatilität der Alcatel-Aktie mit ungefähr 30% taxierten, ex post betrachtet richtig lagen. Demzufolge wären Preise für Kaufoptionen zwischen 0,56 Euro und 0,64 Euro sowie für Verkaufsoptionen zwischen 0,52 Euro und 0,60 Euro als faire Werte (*fair value*) anzusehen gewesen.

An dieser Stelle soll die Konsistenz der Kursprognose, wie sie mit den Fragen vier und fünf erhoben wurde, geprüft werden. Hierzu wird die Summe aus erwartetem Downside-/Upside-Risk mit der erwarteten Volatilität verglichen. Würde zwischen den Schätzergebnissen dieser beiden Konstrukte ein perfekter Zusammenhang existieren, müssten in einem Streudiagramm alle Schätzer auf der Hauptdiagonalen liegen. Dies bedeutet, dass bei gleicher Skalierung der erwarteten Volatilität sowie dem erwarteten Downside-/Upside-Risk – die hier gegeben ist – bei Übereinstimmung der jeweiligen Einschätzungen auch gleiche Werte vorliegen müssten.

Wenn ein Proband die erwartete Volatilität mit beispielsweise 10% einschätzt, sollte er im Idealfall auch das Downside- und das Upside-Risk, das als Summe wiederum die Volatilität ergibt, in genau dieser Höhe taxieren.

Wie die folgende Abbildung unter Vernachlässigung der Ausreißerschätzung zeigt, ist dies nicht immer der Fall.

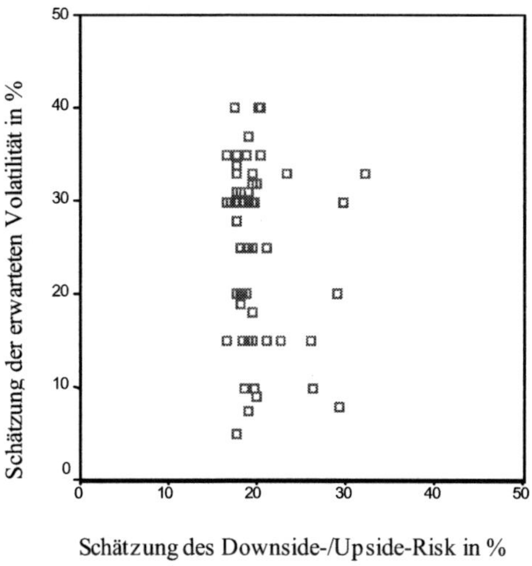

Abb. 5.12. Vergleich der Volatilitätsschätzung mit Schätzung des Downside-/Upside-Risk

Die in der folgenden Tabelle gezeigten deskriptiven Statistiken ergeben, dass die mit Frage fünf erhobene direkte Volatilitätsschätzung ohne Berücksichtigung der Ausreißerschätzung eines Kassahändlers im Mittel um 5,26% höher ausfällt als die mit Frage vier erhobene Schätzung des Downside-/Upside-Risk. Dieses Ergebnis deutet auf eine tendenzielle Inkonsistenz der abgegebenen Kursrisikoschätzungen hin.

Tabelle 5.14. Differenz zwischen Downside-/Upside-Risk und geschätzter Volatilität

N	Minimum	Maximum	Mittelwert	Standardabweichung	Varianz
61	-21,35	22,60	5,2594	10,24193	104,897

5.1.6.3 Analyse der Einflussfaktoren auf die Risikowahrnehmung

Motivation für die Struktur dieses Abschnitts sind die im vorangegangenen Kapital diskutierten zentralen, die Risikowahrnehmung beeinflussenden Faktoren der Persönlichkeitsdisposition. Zunächst wurde die menschliche Informationswahrnehmungs- und -verarbeitungskapazität analysiert. Unter diesen Einflussfaktor lässt sich die Art der Visualisierung von Kursrisiken subsumieren. Es ist daher im Rahmen der ersten Hypothese zu prüfen, wie die Risikowahrnehmung vom Umfang der zur Verfügung gestellten (Kursrisiko-)Informationen beeinflusst wird.

Auf Basis einer visuellen Wahrnehmung des Kursrisikos ergibt sich dann ein Empfinden für den Risikogehalt des analysierten Finanztitels. Daher wurde im Rahmen dieses Experiments außerdem untersucht, inwieweit sich das psychologische Konstrukt der Unterschiedsschwelle als Erklärungsansatz für die Wahrnehmung auf den Kapitalmarkt transformieren lässt.

Als weiterer Faktor der Persönlichkeitsdisposition spielen die als Ergebnis von Lernprozessen gesammelten (Berufs-)Erfahrungen eine bedeutende Rolle bei der Wahrnehmung von (Kurs-)Risiken. Ausgangspunkt der Erfahrungen sind Lernprozesse und im Rahmen von diesen gesammeltes Wissen. Daher ist zu analysieren, in welchem Ausmaß die Bildung und die Kenntnis von Risikomaßen (= Wissen) die Risikowahrnehmung beeinflussen könnte.

Als das Ergebnis von Lernprozessen verfügt der Kapitalmarktteilnehmer nicht nur über Kenntnisse bezüglich verschiedener Risikomaße, sondern hat auch ein individuelles Verständnis dafür entwickelt, was für ihn Risiko im Kapitalmarktkontext bedeutet. Diese Konnotation des Risikobegriffs kann ein weiterer Erklärungsansatz für die Risikowahrnehmung sein.

Aus seiner beruflichen Tätigkeit kann der Kapitalmarktakteur Erfahrungen mit der Prognose von Kursen sammeln und sich eine entsprechende Kompetenz hinsichtlich der Prognose von Kursen aneignen. Da hierfür Zeit erforderlich ist, könnten diese beiden Faktoren eng mit dem Lebensalter verknüpft sein. Es ist daher zu analysieren, inwieweit das Alter, die selbst eingeschätzte Kompetenz sowie Erfahrungen mit der Prognose von Kursen als weitere, die Wahrnehmung von Kursrisiken determinierende Faktoren angesehen werden können. Ferner ist zu prüfen, ob sich aus der Geschlechtszugehörigkeit Rückschlüsse auf die Risikowahrnehmung ziehen lassen.

5.1.6.3.1 Visualisierung des Kursrisikos

Item drei „Welche Möglichkeiten zur Darstellung von Kursrisiken ist/sind Ihrer Meinung nach hervorragend geeignet, das Kursrisiko eines Wertpapiers gut erfassbar zu quantifizieren bzw. darzustellen?“ erhob als Mehrfachankreuzfrage die Eignung verschiedener Möglichkeiten zur Darstellung von Kursrisiken. In der folgenden Tabelle sind die Häufigkeiten der gegebenen Antwortalternativen in Abhängigkeit von der Tätigkeit der Probanden aufgelistet.

Tabelle 5.15. Darstellung von Kursrisiken

Darstellungsart	Kassahändler	Terminhändler
Kurs-/Umsatzchart	12	17
Volatilitätschart	20	22
Semivarianz	3	1
Shortfall-Maße	1	4
Volatilität	12	24
Varianz	7	5

Nach Meinung der Probanden ist demnach ein Volatilitätschart mit insgesamt 42 Nennungen hervorragend geeignet, das Kursrisiko gut zu visualisieren, gefolgt von der Volatilität als Kennziffer (36 Nennungen) sowie dem klassischen Kurs-/Umsatzchart (29 Nennungen). Alle übrigen Arten zur Quantifizierung bzw. Visualisierung des Kursrisikos wie die (Semi-)Varianz und die Shortfall-Maße können als vernachlässigbar angesehen werden.

Interessant ist hier die Fragestellung, ob zwischen den beiden Darstellungsarten Volatilitätschart und Volatilität als reine Kennziffer ein Zusammenhang besteht. Es ist demnach zu prüfen, ob diejenigen Probanden, die einen Volatilitätschart als gut geeignetes Medium zur Visualisierung des Kursrisikos ansehen, auch die Antwortmöglichkeit Volatilität als singuläre Kennziffer selektiert haben. Eine Korrelationsanalyse erbrachte einen hoch signifikanten ($p < 0{,}01$) Korrelationskoeffizient nach Pearson mit einem Wert von $r = -{,}3067^{**}$. Dieser weist auf einen negativen Zusammenhang hin, der dahingehend interpretiert werden könnte, dass die Probanden entweder einen Volatilitätschart oder aber die Volatilität als singuläre Kennziffer als gut geeignet zur Visualisierung des Kursrisikos ansehen, nicht aber beide Darstellungsarten gleichzeitig.

Eine Differenzierung der Antwortmöglichkeiten in Abhängigkeit von den präsentierten Informationen zur Alcatel-Aktie ergibt – wie die nachfolgende, tabellarisch aufbereitete Häufigkeitsverteilung veranschaulicht – keine signifikante Änderung der Häufigkeitsverteilung der verschiedenen Darstellungsarten des Kursrisikos.

Tabelle 5.16. Darstellung von Kursrisiken in Abhängigkeit von den präsentierten Kurs(risiko-)informationen

Darstellungsart	Kassahändler		Terminhändler	
	Kurschart	Kurs- u. Volachart	Kurschart	Kurs- u. Volachart
Kurs-/Umsatzchart	6	6	9	8
Volatilitätschart	10	10	12	10
Semivarianz	2	1	0	1
Shortfall-Maße	0	1	1	3
Volatilität	8	4	14	10
Varianz	0	1	2	3

Weder bei der Teilgruppe der Kassahändler noch bei den Terminhändlern kann die These bestätigt werden, dass die Präsentation eines Volatilitätscharts additiv zu einem Kurs-/Umsatzchart im Sinne der Verankerungsheuristik[71] zu einer häufigeren Nennung des Volatilitätscharts als einem gut geeigneten Medium zur Visualisierung des Kursrisikos führt.

An dieser Stelle soll der Frage nachgegangen werden, ob ein Zusammenhang besteht zwischen der Konnotation des Risikobegriffs als Volatilität und deren Eignung als Maß zur Quantifizierung des Kursrisikos. Eine hierzu durchgeführte Korrelationsanalyse weist einen Korrelationskoeffizient nach Pearson mit einem Wert von r = –,0984 auf mit einer Tendenz zur Signifikanz. Dies bedeutet, dass – zumindest im statistischen Sinn nicht widerlegbar – keine Korrelation besteht zwischen der mentalen Assoziation des Risikobegriffs mit dem Konstrukt Volatilität und dessen Eignung als Maß zur Quantifizierung des Kursrisikos; diejenigen Probanden, die den Begriff Risiko mit Volatilität gleichsetzten, sahen also die Volatilität als singuläre Kennziffer in keinem linear messbaren Zusammenhang als geeignet an, das Kursrisiko eines Wertpapiers gut erfassbar zu quantifizieren und zu visualisieren.

5.1.6.3.2 Unterschiedsschwellenbetrag

Mit Frage zehn „Um welchen Betrag in Euro müsste sich der Kurs des vorliegenden Finanztitels – ausgehend von dem zuletzt gehandelten Kurs – ändern, um von Ihnen in die Kategorie ‚risikoreich' eingeordnet zu werden?" wurde versucht, psychophysische Gesetze, und zwar konkret die Unterschiedsschwellen als einen psychologischen Erklärungsansatz für die Wahrnehmung auf den Kapitalmarkt zu übertragen. Auf diese Frage antworteten die Probanden mit Beträgen zwischen 0,00 Euro bis 10,00 Euro.

71 Vgl. Goldberg/Nitzsch (2000) S. 66-70; Shiller (2000) S. 171f.; Kiehling (2001) S. 49f.; Garz/Günther/Moriabadi (2002) S. 110-112.

Die (kumulierte) Häufigkeitsverteilung der verschiedenen Unterschiedsschwellen der Kursrisikowahrnehmung in Abhängigkeit von der Tätigkeitsart und von den präsentierten Informationen ist in der folgenden Tabelle zusammengestellt.

Tabelle 5.17. Verteilung der Unterschiedsschwellen der Kursrisikowahrnehmung

Unterschieds-schwelle [€]	Kassahändler				Terminhändler			
	Kurschart		Kurs-/Volachart		Kurschart		Kurs-/Volachart	
	Anteil [%]	kum. [%]	Anteil [%]	kum. [%]	Anteil [%]	kum. [%]	Anteil [%]	kum. [%]
0-1	20,00	20,00	7,69	7,69	27,78	27,78	31,25	31,25
1-2	33,33	53,33	46,15	53,85	27,78	55,56	31,25	62,50
2-3	13,33	66,67	23,08	76,92	16,67	72,22	6,25	68,75
3-4	6,67	73,33	15,38	92,31	0,00	72,22	0,00	68,75
4-5	0,00	73,33	0,00	92,31	5,56	77,78	6,25	75,00
5-6	6,67	80,00	0,00	92,31	11,11	88,89	12,50	87,50
6-7	0,00	80,00	0,00	92,31	0,00	88,89	0,00	87,50
7-8	6,67	86,67	0,00	92,31	0,00	88,89	0,00	87,50
8-9	6,67	93,33	0,00	92,31	5,56	94,44	6,25	93,75
9-10	6,67	100,00	7,69	100,00	5,56	100,00	0,00	93,75

Ein Kassa- und fünf Terminhändler sahen dieses Wertpapier bereits ohne jegliche Kursänderung als risikoreich an, was sich in einer von ihnen genannten Unterschiedsschwelle der Kursrisikowahrnehmung von 0,00 Euro dokumentiert. Vier dieser Händler gehören zur Gruppe derjenigen Probanden, die zur Beantwortung der Fragen lediglich einen Kurschart zur Verfügung hatten. Hieraus ableiten zu wollen, dass die in einem Kurschart enthaltene Informationsmenge ceteris paribus zu einer niedrigeren Unterschiedsschwelle der Kursrisikowahrnehmung führen könnte als die Kursprognose mittels Kurs- und Volatilitätschart, wird zumindest teilweise durch die Tatsache widerlegt, dass die beiden übrigen Händler mit einer Unterschiedsschwelle der Kursrisikowahrnehmung von null sowie ein weiterer Kassahändler mit einer marginal höheren Unterschiedsschwelle der Kursrisikowahrnehmung in Höhe von 0,01 Euro neben Kurs- auch Volatilitätsinformationen zur Verfügung hatten.

Eine deutliche Mehrheit der Probanden (71,43% der Kassahändler bzw. 70,59% der Terminhändler) empfand die Unterschiedsschwelle bis zu einer Kursänderung in Höhe von 3 Euro. Die übrigen, höheren Betragsnennungen können demzufolge als Einzelfälle klassifiziert werden.

Eine Differenzierung der Ergebnisse hinsichtlich des Umfangs der präsentierten Informationen zu dem vorgelegten Finanztitel zeigt, dass

66,67% der Kassahändler mit einem Kurschart,
76,92% der Kassahändler mit einem Kurs- und Volatilitätschart,
72,22 % der Terminhändler mit einem Kurschart sowie
68,75% der Terminhändler mit einem Kurs- und Volatilitätschart

den Unterschiedsschwellenbetrag bis zu einer Kursänderung von 3 Euro empfanden.

Wie bei der Volatilitätsschätzung ist auch hier das offensichtliche Denken im dekadischen System auffallend. Als Unterschiedsschwelle werden bis auf elf Schätzungen ausnahmslos Beträge in 50-Cent-Schritten bzw. glatte Euro-Beträge angegeben.

Mit 15 Nennungen (24,19%) wird als häufigste Unterschiedsschwelle ein Betrag von 1 Euro genannt. An zweiter Stelle folgt mit 8 Angaben (12,90%) ein Betrag von 2 Euro. Wird noch der exakt zwischen beiden Werten liegende Betrag von 1,50 Euro mit 4 Nennungen berücksichtigt, so entfallen auf diese drei genannten Euro-Beträge als Unterschiedsschwelle der Kursrisikowahrnehmung insgesamt 43,55% aller Angaben. Demzufolge könnte als Resultat dieser Fragestellung festgehalten werden, dass bei dem vorliegenden Finanztitel die Unterschiedsschwelle der Kursrisikowahrnehmung zwischen einem und zwei Euro liegt. In Adaption der psychophysischen Gesetze auf den Kapitalmarkt kann als Schlussfolgerung aus diesem Befund abgeleitet werden, dass Kursänderungen unterhalb des herausgearbeiteten Schwellenbetrages von den Probanden nicht als Risiko wahrgenommen werden.

Ein Unterschiedsschwellenbetrag in Höhe von 1 Euro entspricht 10,21% des zuletzt gehandelten Kurses in Höhe von 9,79 Euro und ein solcher von 2 Euro spiegelt einen Anteil von 20,42% des letzten Kurses wider. Es stellt sich die Frage, ob sich auf einem höheren Kursniveau die Unterschiedsschwelle der Kursrisikowahrnehmung in einer vergleichbaren prozentualen Größenordnung des letzten Kurses einstellen würde. Ob also bei einem Kursniveau von beispielsweise 50 Euro die Unterschiedsschwelle daher bei ca. 5 bzw. 10 Euro empfunden würde, wäre durch weitere empirische Studien zu prüfen.

5.1.6.3.3 Bildung und Wissen

Wie bereits an anderer Stelle der Arbeit ausgeführt,[72] bilden Lernprozesse den Ausgangspunkt zur Bildung von Erfahrungen. Lernen als Voraussetzung und Basis zur Bildung von Erfahrungen wird dabei als Prozess zum dauerhaften Erwerb von neuem Wissen verstanden. Je länger dieser Lernprozess andauert, desto mehr Möglichkeiten besitzt der Lernende zur Aufnahme weiteren Wissens.

[72] Vgl. Kap. 4.4.2

Aus der Bildungsstruktur der Probandengruppe – 67,74% der Teilnehmer verfügen über einen akademischen Bildungsabschluss, 22,58% besitzen als höchsten Bildungsabschluss die allgemeine Hochschulreife (Abitur) und 9,68% weisen einen Realschulabschluss nach – kann im Umkehrschluss abgeleitet werden, dass Banken bemüht sind, die Mitarbeiter für ihre Handelsabteilungen vornehmlich aus Akademikern zu rekrutieren.

Ein Grund hierfür könnte in der profunden Auseinandersetzung mit finanzwirtschaftlichen Themen insbesondere im Verlauf eines wirtschaftswissenschaftlichen Studiums zu finden sein. Mit einer solchen Ausbildung wird eine fundierte Basis theoretischen Wissens für die Tätigkeit am Kapitalmarkt gelegt, auf der beispielsweise im Rahmen eines spezifischen Händler-Traineeprogramms aufgesetzt werden kann. Gegen diese These spricht allerdings die Tatsache, dass ein Teilnehmer einen akademischen Abschluss in den Rechtswissenschaften besitzt, sowie jeweils zwei Probanden einen solchen in den Natur- bzw. Ingenieurwissenschaften vorweisen. Diese mit einem vergleichsweise geringen Anteil von 8,06% an der Experimentalgruppe kleine Teilmenge an Probanden mag als Ausnahme von der Regel interpretiert werden und belegen, dass nicht nur Wirtschaftswissenschaftler die Chance besitzen, in Handelsabteilungen zu arbeiten.

An dieser Stelle soll der mögliche Einfluss des Faktors Bildung auf die Wahrnehmung von Kursrisiken analysiert werden. Als abhängige Variable dient einerseits die mit Frage vier erhobene Schätzung des Downside-/Upside-Risk sowie andererseits die mit Frage fünf erfasste Schätzung der erwarteten Volatilität.

Zunächst werden mögliche Abhängigkeiten zwischen dem Bildungsabschluss und der Schätzung des Downside-/Upside-Risk untersucht.

Ein vorgeschalteter Levene-Test zur Prüfung der Varianzhomogenität zwischen den Gruppen generiert einen p-Wert von ,153. Da dieser über dem gewählten Signifikanzniveau von p = ,05 liegt, kann die Nullhypothese der Varianzgleichheit nicht abgelehnt werden, sodass die Voraussetzung der einfaktoriellen Varianzanalyse erfüllt ist.

Ein F-Test liefert die in der folgenden Tabelle ausgewiesenen Werte.

Tabelle 5.18. Einfluss des Faktors Bildung auf die Schätzung des Downside-/Upside-Risk

	Quadrat-summe	df	Mittel der Quadrate	F	Signifikanz
Zwischen den Gruppen	20,549	3	6,85	,595	,621
Innerhalb der Gruppen	655,757	57	11,505		
Gesamt	676,306	60			

Aufgrund des p-Wertes von ,621 kann die Nullhypothese, dass der Faktor Bildung keinen Einfluss auf die Schätzung des Downside-/Upside-Risk besitzt, nicht abgelehnt werden. Der Bildungsabschluss besitzt somit keinen signifikanten Einfluss auf die Schätzung des Downside-/Upside-Risk. Diese Schlussfolgerung wird auch durch das PRE-Maß η^2 gestützt, denn sein geringer Wert von ,03 besagt, dass durch den Faktor Bildung lediglich 3% der Gesamtvarianz erklärt werden kann.

Mit Blick auf die Schätzung der erwarteten Volatilität führt ein vorgeschalteter Levene-Test zu dem Ergebnis, dass die Annahme der Varianzhomogenität zwischen den Gruppen nicht abgelehnt werden kann (p = ,216), sodass die Voraussetzung der einfaktoriellen Varianzanalyse erneut erfüllt ist.

Die Ergebnisse des anschließenden F-Tests sind in der folgenden Tabelle zusammengestellt.

Tabelle 5.19. Einfluss des Faktors Bildung auf die Schätzung der erwarteten Volatilität

	Quadrat-summe	df	Mittel der Quadrate	F	Signifikanz
Zwischen den Gruppen	887,844	3	295,946	4,072	,011
Innerhalb der Gruppen	4.142,402	57	72,674		
Gesamt	5.030,246	60			

Der p-Wert des F-Tests in Höhe von ,011 weist auf einen signifikanten Einfluss des Faktors Bildung auf die Schätzung der Volatilität hin. Insofern kann die Nullhypothese, dass der Faktor Bildung keinen Einfluss auf die Schätzung der erwarteten Volatilität besitzt, abgelehnt werden. Diese Interpretation des Ergebnisses wird auch durch die in der folgenden Abbildung gezeigten Häufigkeitsverteilung des Bildungsabschlusses der Probanden gestützt. Während sowohl in der Gruppe der Kassahändler als auch bei den Terminhändlern jeweils drei Probanden einen Realschulabschluss vorweisen, geben neun Kassahändler und fünf Terminhändler die allgemeine Hochschulreife (Abitur) als höchsten Bildungsabschluss an. Über einen akademischen Abschluss verfügen 16 Kassahändler sowie 26 Terminhändler.

Weiter oben wurde ausgeführt, dass diejenigen Probanden, die zum Zeitpunkt der Versuchsdurchführung die zukünftige Volatilität der Alcatel-Aktie mit ungefähr 30% taxierten, ex post betrachtet richtig lagen. Eine hinreichend exakte Volatilitätsschätzung im Intervall zwischen 28% und 32% gaben insgesamt 18 Teilnehmer – jeweils neun Kassa- und neun Terminhändler – ab. Von dieser Probandenteilgruppe mit korrekter Volatilitätsschätzung verfügen 14 Experimentteilnehmer (77,77%) über einen akademischen Abschluss, und zwar sechs Kassahändler sowie acht Terminhändler.

Aus diesem Befund könnte abgeleitet werden, dass die Qualität der Volatilitätsschätzung mit dem Bildungsniveau positiv korreliert: Je höher der erreichte Bildungsabschluss, desto genauer fallen Volatilitätsschätzungen aus. Diese Interpretation des Ergebnisses wird auch durch das PRE-Maß η^2 mit einem gemäß der Einteilung von Cohen (1988) großen Wert von ,177 gestützt. Demnach erklärt der Faktor Bildung 17,7% der Gesamtvarianz.

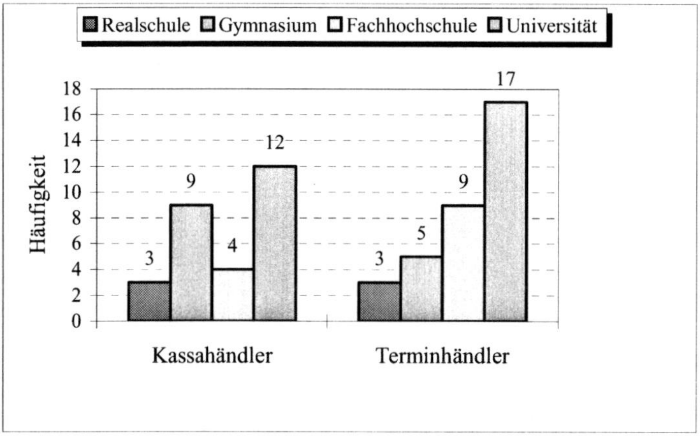

Abb. 5.13. Bildungsabschluss in Abhängigkeit von der Tätigkeitsart

Als Resultat von Lernprozessen kann Wissen angesehen werden. Folgerichtig wurde im Rahmen dieses Experiments neben dem Bildungsabschluss auch die Kenntnis der Versuchsteilnehmer hinsichtlich verschiedener Risikomaße getestet. Hierzu diente Frage zwei „Ordnen Sie bitte den Kurzdefinitionen jeweils eines der nachfolgenden Risikomaße zu, indem Sie die Zahlen 1-4 in die Ihrer Meinung nach richtigen Kästchen eintragen", in der die Probanden vorgegebene Kurzdefinitionen den Risikomaßen Varianz, Semivarianz, Volatilität sowie Shortfall-Maß (Lower Partial Moments) zuordnen sollten.

Eine korrekte Zuordnung der präsentierten Kurzdefinitionen zu den vorgegebenen Risikomaßen gelang lediglich 18 Probanden (29,03%), und zwar 6 Kassahändlern (9,68%) sowie 12 Terminhändlern (19,35%). Aus der Tatsache, dass doppelt so viele Terminhändler wie Kassahändler diese Frage richtig beantworteten, könnte abgeleitet werden, dass einerseits der Handel mit Volatilität – hier verwendet als begriffliches Synonym für den Terminmarkt per se – die Kenntnis weiterer Risikomaße wie der (Semi-)Varianz sowie der Lower Partial Moments fördert und andererseits diese Risikomaße in der Tätigkeit der Terminhändler Berücksichtigung finden.

Zur Prüfung des Einflusses der Kenntnis von Risikomaßen auf die Risikowahrnehmung ist eine varianzanalytische Untersuchung vorzunehmen. Einerseits ist die Auswirkung des Wissens bezüglich Risikomaßen auf die Schätzung des Downside-/Upside-Risk zu prüfen und andererseits auf die Schätzung der erwarteten Volatilität.

Ein durchgeführter Levene-Test mit einem p-Wert von ,604 bedeutet, dass die Nullhypothese der Varianzgleichheit der Gruppen nicht abgelehnt werden kann. Damit ist die Voraussetzung der einfaktoriellen Varianzanalyse erfüllt.

Ein F-Test liefert die in der folgenden Tabelle ausgewiesenen Werte.

Tabelle 5.20. Einfluss des Faktors Kenntnis von Risikomaßen auf die Schätzung des Downside-/Upside-Risk

	Quadrat-summe	df	Mittel der Quadrate	F	Signifikanz
Zwischen den Gruppen	3,335	1	3,335	,292	,591
Innerhalb der Gruppen	672,970	59	11,406		
Gesamt	676,306	60			

Demnach kann der Faktor Kenntnis von Risikomaßen lediglich eine Varianz zwischen den Gruppen in Höhe von 3,335 erklären, was auch durch den geringen Wert des PRE-Maßes η^2 von ,005 dokumentiert wird.

Aufgrund des Signifikanzwertes des F-Tests von ,581 kann die Nullhypothese, dass dieser Faktor keinen Einfluss auf die Schätzung des Downside-/Upside-Risk besitzt, nicht abgelehnt werden. Damit besitzt die Kenntnis von Risikomaßen keinen signifikanten Einfluss auf die Schätzung des Downside-/Upside-Risk.[73]

Neben dem reinen Faktenwissen zum Risikokonstrukt könnten im Laufe der beruflichen Tätigkeit als Händler erworbene mnestische Facetten hierzu die Risikowahrnehmung steuern. Vor diesem Hintergrund wurde mit dem ersten Item „Welche Aussage(n) charakterisiert/charakterisieren im Kapitalmarktkontext zutreffend den Begriff Risiko?“ in Form einer Mehrfachankreuzfrage sowie den Antwortmöglichkeiten

Volatilität
Einen Verlust hinnehmen zu müssen
Schlechter zu sein als die Benchmark
Die falschen Werte gekauft zu haben
Die Gefahr eines Crashs
Die Gefahr, ein gesetztes (Gewinn-)Ziel zu verfehlen
Die Gefahr, Abschreibungen vornehmen zu müssen

[73] Die Analyse der Einwirkung dieses Faktors auf die Schätzung der erwarteten Volatilität führt zum gleichen Ergebnis eines nicht signifikanten Einflusses ($F = 1{,}355$; $p = {,}249$; $\eta^2 = {,}022$).

die Konnotation des Risikobegriffs der Probanden erhoben. Hieraus ergab sich die in der folgenden Tabelle dargestellte Verteilung der Antworten in Abhängigkeit von der Tätigkeitsart der Probanden.

Tabelle 5.21. Konnotation des Risikobegriffs

Risiko bedeutet ...	Kassahändler	Terminhändler
1. Volatilität.	18	29
2. einen Verlust hinnehmen zu müssen.	14	8
3. schlechter zu sein als die Benchmark.	0	4
4. die falschen Werte gekauft zu haben.	3	1
5. die Gefahr eines Crashs.	6	2
6. die Gefahr, ein gesetztes (Gewinn-)Ziel zu verfehlen.	3	3
7. die Gefahr, Abschreibungen vornehmen zu müssen.	3	0

Es fällt auf, dass mit insgesamt 47 Nennungen (75,81%) der Volatilitätsbegriff als Synonym für Risiko im Kapitalmarktkontext assoziiert wird, gefolgt von der eher klassischen Risikodefinition im Sinne einer Verlustgefahr (22 Nennungen), der Gefahr eines Crashs (8 Nennungen) sowie der Gefahr, ein gesetztes (Gewinn-) Ziel zu verfehlen (6 Nennungen). Alle übrigen Kurzdefinitionen des Begriffs Risiko können sowohl für Kassa- als auch für Terminhändler als vernachlässigbar angesehen werden.

Das von den Versuchsteilnehmern gezeigte Antwortverhalten ist intuitiv nachvollziehbar, da sich die übrigen Antwortalternativen tendenziell anderen Bereichen zuordnen lassen. Risiko zu assoziieren mit der Gefahr, Abschreibungen vornehmen zu müssen, entspringt einer eher buchhalterisch/bilanziellen Betrachtungsweise. Und die Interpretation des Risikobegriffs als Gefahr, die falschen Werte gekauft zu haben bzw. schlechter zu sein als die Benchmark, kann als typisches Risikoverständnis im Fondsmanagement angesehen werden.

Eine weitere Analyse der Antworten zur ersten Frage in Abhängigkeit vom Umfang der präsentierten Informationen zu dem gegebenen Finanztitel generiert keine weiteren Erkenntnisse, sondern bestätigt lediglich die vorerwähnten Ausführungen.[74]

---

[74] Eine varianzanalytische Untersuchung dieses möglichen Einflussparameters auf die Schätzung des Downside-/Upside-Risk sowie auf die Schätzung der Volatilität erbrachte jeweils einen nicht signifikanten Einfluss.

Als Ergebnis der Analyse der Einflussfaktoren Bildung und Wissen kann festgestellt werden, dass ihr Erklärungsgehalt für die Risikowahrnehmung differenziert zu betrachten ist. Während der Faktor Wissen weder einen signifikanten Einfluss besitzt auf die Schätzung des Downside- und Upside-Risk noch auf die Schätzung der erwarteten Volatilität, kann mit dem Faktor Bildung ein nicht unerheblicher Anteil der Gesamtvarianz der Volatilitätsschätzung expliziert werden.

Eine Begründung für die Unterschiede im Erklärungsgehalt dieser beiden Faktoren könnte im Bekanntheitsgrad der abhängigen Variablen zu finden sein. Zwar stehen beide in einem engen inhaltlichen Zusammenhang und lassen sich ineinander überführen. Trotzdem – so kann vermutet werden – besitzt die Risikokennziffer Volatilität einen höheren Bekanntheitsgrad als die Konstrukte Downside- bzw. Upside-Risk, was sich durch die Auswertung der Frage hinsichtlich der Kenntnis von Risikomaßen erhärten lässt.

Während der Volatilitätsbegriff mittlerweile als Synonym für Risiko im Kapitalmarktkontext angesehen werden kann und im Rahmen verschiedenster Bildungsveranstaltungen thematisiert wird, gilt dies für das Downside-/Upside-Rsik offensichtlich nicht. Diese Feststellung wird auch durch die weiter oben analysierte tendenzielle Inkonsistenz der Schätzungen beider Konstrukte durch die Probanden gestützt. Es lässt sich demnach festhalten, dass das Wissen und Verständnis des Risikobegriffs in der Facette des Downside- und Upside-Rsik ausbaufähig ist.

5.1.6.3.4 Ambiguität, Kompetenz und Erfahrung

Dieser Abschnitt gliedert sich inhaltlich in drei Teile. Zunächst erfolgt eine deskriptiv statistische Präsentation der Ergebnisse der entsprechenden Items des Fragebogens. Im Anschluss hieran werden die Interdependenzen zwischen Ambiguität, Kompetenz, Erfahrungen einerseits sowie Tätigkeitsdauer und Lebensalter andererseits analysiert, um dann in einem weiteren Schritt den möglichen Einfluss der Ambiguität, der Kompetenz sowie der von Erfahrungen auf die Schätzung des Downside-/Upside-Risk sowie auf die Schätzung der erwarteten Volatilität varianzanalytisch zu untersuchen.

Zweck der neunten Frage „Bei der Kursprognose des vorliegenden Finanztitels bin ich sehr unsicher, da ich mich – was die Beurteilung dieses Wertes anbelangt – auf Basis der vorhandenen Informationen tendenziell unwissend und uninformiert fühle“ mit den Antwortmöglichkeiten

stimme überhaupt nicht zu
stimme eher nicht zu
weiß nicht
stimme eher zu
stimme voll und ganz zu

war es, den Unsicherheitsgrad der Experimentteilnehmer zu ermitteln, auf Basis der zur Verfügung gestellten Informationen eine sichere Kursprognose abzugeben. Dieses Item war negativ formuliert („Bei der Kursprognose des vorliegenden Finanztitels bin ich sehr unsicher...“), sodass Zustimmung eine ausgeprägte Ambiguität bedeutet.

Insgesamt gaben 47 Probanden (75,81%) – davon 22 Kassahändler und 25 Terminhändler – ein zustimmendes Votum ab, und zwar 25 (11 Kassa- und 14 Terminhändler) in der Form „stimme eher zu“ sowie 22 (11 Kassa- und 11 Terminhändler) mit „stimme voll und ganz zu“. Ein Kassahändler vertrat die andere Extremposition und signalisierte damit seine Sicherheit, mit den vorliegenden Informationen eine exakte Kursprognose tätigen zu können. 11 Probanden (3 Kassa- und 8 Terminhändler) votierten eher nicht zustimmend und artikulierten damit einen relativ niedrigen Grad der Ambiguität. Zwei Experimentteilnehmer (jeweils 1 Kassa- und 1 Terminhändler) hatten zu der in diesem Item getätigten Aussage keine Meinung und antworteten mit „weiß nicht“.

Die Häufigkeiten der verschiedenen Ambiguitätsgrade in Abhängigkeit von der Tätigkeitsart und dem Umfang der präsentierten Informationen sind in der folgenden Tabelle dargestellt.

Tabelle 5.22. Ambiguität in Abhängigkeit von der Tätigkeitsart und den präsentierten Kurs(risiko-)informationen

Ambiguitätsgrad	Kassahändler		Terminhändler	
	Kurschart	Kurs- u. Volachart	Kurschart	Kurs- u. Volachart
Sehr niedrig	1	0	0	0
Niedrig	1	2	5	3
Unbestimmt	0	1	1	0
Hoch	6	5	5	9
Sehr hoch	7	5	7	4

Es fällt auf, dass diejenigen Kassahändler, die ausschließlich einen Kurs-/Umsatzchart als Informationsgrundlage zur Verfügung hatten, die Frage nach der Ambiguität häufiger zustimmend beantworteten als die Gruppe derjenigen Kassahändler, denen additiv noch ein Volatilitätschart zur Entscheidungsfindung präsentiert wurde. Hieraus könnte gefolgert werden, dass der Grad der Unsicherheit mit der Prognose von Kursen negativ korreliert ist mit dem Umfang der zur Verfügung stehenden Kurs(risiko-)informationen.

Von Interesse ist ferner die Frage, ob ein Zusammenhang existiert zwischen der Ambiguität und der Tätigkeitsdauer, dem Lebensalter sowie der Geschlechtszugehörigkeit. Hierfür ist in den nachfolgenden Tabellen die jeweilige Häufigkeitsverteilung zusammengestellt.

Tabelle 5.23. Ambiguität in Abhängigkeit von der Tätigkeitsdauer

Tätigkeitsdauer Ambiguitätsgrad	< 1 J.	1-3 J.	4-6 J.	6-8 J.	> 8 J.
Sehr niedrig	0	0	0	0	1
Niedrig	1	2	3	2	3
Unbestimmt	0	1	1	0	0
Hoch	3	4	4	3	11
Sehr hoch	5	6	4	0	8

Es erscheint plausibel, dass Händler mit einer vergleichsweise geringen Berufserfahrung die Frage nach der empfundenen Unsicherheit bei der Prognose der Alcatel-Aktie öfter mit (sehr) hoch beantworteten als Probanden mit einer längeren Händlerkarriere. Letztere könnten sich – gestützt auf ihre im Verlauf ihrer Händlerkarriere gesammelten beruflichen Erfahrungen – bei der Erstellung von Kursen sicherer fühlen. Dem widerspricht allerdings die große Anzahl von Nennungen hoher bzw. sehr hoher Ambiguitätsgraden bei Versuchsteilnehmern mit einer Tätigkeitsdauer von mehr als acht Jahren. Eine Erklärung für diesen Sachverhalt könnte in der Tatsache gefunden werden, dass die bereits seit langem als Händler tätigen Versuchsteilnehmer in ihrer beruflichen Laufbahn bereits einen oder mehrere Börsencrashs miterlebt haben und daher eine „erlernte Vorsicht" bei der Prognose von Kursen zeigen.

Zwischen der Ambiguität und dem Lebensalter besteht der in der folgenden Tabelle gezeigte, auch intuitiv erwartete Zusammenhang. Die subjektiv empfundene Unsicherheit in Bezug auf die künftige Kursentwicklung der Alcatel-Aktie aufgrund unvollständiger Informationsgrundlage sinkt tendenziell mit dem Lebensalter. Hierin spiegeln sich die im Verlauf der beruflichen Tätigkeit als Händler gesammelten Erfahrungen wider, auf Basis von gegebenen Kurs(risiko-)informationen eine Kurs- und Volatilitätsprognose erstellen zu können. Jüngere Marktteilnehmer hingegen besitzen solche Kenntnisse und Fertigkeiten noch nicht und äußerten daher häufiger eine hohe bis sehr hohe Unsicherheit bei der Kursprognose.

Markant ist auch die Tatsache, dass die Teilgruppe der über 40-Jährigen – dies waren in der Summe vier Probanden – ausnahmslos hohe bis sehr hohe Ambiguitätswerte aufweisen. Da Tätigkeitsdauer und Lebensalter in einer sehr engen Beziehung zueinander stehen, könnte aus diesem Befund eine Tendenz zu der weiter oben so bezeichneten „erlernten Vorsicht" aufgrund von erlebten Börsencrashs abgeleitet werden.

Tabelle 5.24. Ambiguität in Abhängigkeit vom Lebensalter

Lebensalter / Ambiguitätsgrad	25-30 J.	31-35 J.	36-40 J.	41-45 J.	> 46 J.
Sehr niedrig	0	0	1	0	0
Niedrig	3	3	5	0	0
Unbestimmt	1	1	0	0	0
Hoch	6	8	9	1	1
Sehr hoch	11	2	8	1	1

Die folgende Tabelle weist den Grad der Ambiguität in Abhängigkeit von der Geschlechtszugehörigkeit aus. Aus der Verteilung der Ambiguitätsgrade kann kein eindeutiger Zusammenhang abgeleitet werden. Sowohl die Mehrheit der weiblichen als auch die der männlichen Probanden weisen tendenziell hohe Werte aus.

Tabelle 5.25. Ambiguität in Abhängigkeit von der Geschlechtszugehörigkeit

Geschlecht / Ambiguitätsgrad	Weiblich	Männlich
Sehr niedrig	0	1
Niedrig	1	10
Unbestimmt	0	2
Hoch	4	21
Sehr hoch	2	21

Die mit Frage elf „Wie schätzen Sie selbst Ihre Kompetenz hinsichtlich der Prognose von Kursen im Allgemeinen ein?" im Wege der subjektiven Selbsteinschätzung erhobene Kompetenz hinsichtlich der Prognose von Kursen wurde in fünf Stufen von sehr niedrig bis sehr hoch klassifiziert und ist in Abhängigkeit von der Tätigkeitsart der Probanden in der folgenden Tabelle ausgewiesen.[75]

[75] Eine Differenzierung der Ergebnisse in Abhängigkeit von den präsentierten Informationen zu dem gegebenen Finanztitel generiert keine neuen Erkenntnisse, ist logisch auch nicht begründbar und kann daher unterbleiben.

Tabelle 5.26. Kompetenzselbsteinschätzung in Abhängigkeit von der Tätigkeitsart

Kompetenz	Kassahändler	Terminhändler
Sehr niedrig	1	2
Niedrig	8	6
Mittel	15	19
Hoch	4	6
Sehr hoch	0	1

Wichtig ist außerdem der Frage nachzugehen, ob ein Zusammenhang zwischen der Kompetenzselbsteinschätzung der Probanden und der Tätigkeitsdauer, ihrem Lebensalter sowie der Geschlechtszugehörigkeit besteht. Hierfür sind in den nachfolgenden Tabellen die jeweiligen Häufigkeiten aufgelistet.

Tabelle 5.27. Kompetenzselbsteinschätzung in Abhängigkeit von der Tätigkeitsdauer

Tätigkeitsdauer Kompetenz	< 1 J.	1-3 J.	4-6 J.	6-8 J.	> 8 J.
Sehr niedrig	3	0	0	0	0
Niedrig	2	5	2	0	5
Mittel	4	7	6	4	13
Hoch	0	1	4	1	4
Sehr hoch	0	0	0	0	1

Aus dieser Häufigkeitsverteilung ist ein relativ deutlicher Trend zu erkennen. Mit steigender Tätigkeitsdauer nimmt der selbst eingeschätzte Kompetenzgrad hinsichtlich der Prognose von Kursen zu. Es zeigt sich bei den Probanden die Selbstwahrnehmung, dass auf Basis von beruflichen Lernprozessen das Sachverständnis für eine valide Kursprognose mit der Tätigkeitsdauer tendenziell zunimmt. Solange dieses Selbstbild mit den tatsächlich gezeigten händlerischen Leistungen korrespondiert, ist die Gefahr der Overconfidence eher gering einzuschätzen.

Die vorgenannten Aussagen werden auch durch eine Betrachtung der Häufigkeitsverteilung von Kompetenz und Lebensalter in der folgenden Tabelle unterstrichen. Eher jüngere Händler maßen sich einen tendenziell niedrigeren Kompetenzgrad hinsichtlich der Prognose von Kursen zu als die im Alter etwas fortgeschrittenen Probanden. Hiervon differenziert ist das vergleichsweise geringe Kompetenzselbstbild der über vierzig Jahre alten Probanden zu sehen, die sich lediglich eine geringe bis mittlere Kompetenz hinsichtlich der Prognose von Kursen zubilligten.

Auffallend ist die vergleichsweise hohe Anzahl von Nennungen der Ausprägung ‚mittel'. Dieses Antwortverhalten wird in der Literatur mit dem Begriff der

‚Tendenz zur Mitte' charakterisiert.[76] Hiermit soll zum Ausdruck gebracht werden, dass bei der Beantwortung von Fragen häufig extreme Ausprägungen vermieden werden.

Tabelle 5.28. Kompetenzselbsteinschätzung in Abhängigkeit vom Lebensalter

Lebensalter / Kompetenz	25-30 J.	31-35 J.	36-40 J.	41-45 J.	> 46 J.
Sehr niedrig	3	0	0	0	0
Niedrig	5	2	6	0	1
Mittel	10	9	12	2	1
Hoch	3	3	4	0	0
Sehr hoch	0	0	1	0	0

Die nächste Tabelle zeigt den Grad der Kompetenzselbsteinschätzung in Abhängigkeit von der Geschlechtszugehörigkeit. Sowohl die weiblichen als auch die männlichen Versuchsteilnehmer taxierten mehrheitlich ihre Kompetenz hinsichtlich der Prognose von Kursen im mittleren Bereich.

Tabelle 5.29. Kompetenzselbsteinschätzung in Abhängigkeit von der Geschlechtszugehörigkeit

Geschlecht / Kompetenz	Weiblich	Männlich
Sehr niedrig	1	2
Niedrig	2	12
Mittel	3	31
Hoch	1	9
Sehr hoch	0	1

Die ebenfalls mittels einer subjektiven Selbsteinschätzung erhobene Erfahrung mit der Prognose von Kursen in Frage zwölf „Beurteilen Sie selbst Ihre Erfahrungen mit der Prognose von Kursen" erfolgte analog in fünf Stufen von ‚gar nicht erfahren' bis ‚außerordentlich erfahren'. Die Ergebnisse finden sich in der nachstehenden Tabelle.

[76] Vgl. Bortz/Döring (2002) S. 183.

Tabelle 5.30. Erfahrungsselbsteinschätzung in Abhängigkeit von der Tätigkeitsart

Erfahrung	Kassahändler	Terminhändler
Gar nicht erfahren	3	0
Kaum erfahren	2	4
Mittelmäßig erfahren	14	15
Ziemlich erfahren	9	14
Außerordentlich erfahren	0	1

Auch hier kann aus den bereits bei der Kompetenzselbsteinschätzung dargelegten Argumenten eine Differenzierung der Ergebnisse in Abhängigkeit von den präsentierten Informationen zu dem gegebenen Finanztitel entfallen.

Wie bei der Ambiguität und der Kompetenzselbsteinschätzung ist an dieser Stelle der Frage nachzugehen, ob ein Zusammenhang zwischen der selbst eingeschätzten Erfahrung der Probanden mit der Prognose von Kursen und ihrer Tätigkeitsdauer, ihrem Lebensalter sowie der Geschlechtszugehörigkeit besteht. Die diesbezüglichen Häufigkeitswerte sind in den folgenden Tabellen zusammengestellt.

Tabelle 5.31. Erfahrungsselbsteinschätzung in Abhängigkeit von der Tätigkeitsdauer

Tätigkeitsdauer Erfahrung	< 1 J.	1-3 J.	4-6 J.	6-8 J.	> 8 J.
Gar nicht erfahren	1	1	0	0	1
Kaum erfahren	4	2	0	0	0
Mittelmäßig erfahren	3	6	7	3	10
Ziemlich erfahren	1	4	5	2	11
Außerordentlich erfahren	0	0	0	0	1

Vergleichbar mit der selbst eingeschätzten Kompetenz besteht auch zwischen der Erfahrung mit der Prognose von Kursen und der Tätigkeitsdauer ein positiver Zusammenhang. Der Grad der selbst eingeschätzten Erfahrung steigt mit zunehmender Tätigkeitsdauer. Es wird noch zu zeigen sein, ob dieses Selbstbild der Versuchsteilnehmer bezüglich der Erfahrung mit der Prognose von Kursen korrespondiert mit der Güte ihrer Volatilitätsschätzung. Sollte diese nicht der Fall sein, könnte aus einer solchen Konstellation eine Tendenz zu Overconfidence abgeleitet werden.

Bei der selbst eingeschätzten Erfahrung in Abhängigkeit vom Lebensalter lässt sich der Befund mit dem des Zusammenhangs zwischen der Kompetenzselbsteinschätzung und der Erfahrungsselbsteinschätzung in Abhängigkeit von der Tätigkeitsdauer vergleichen. Auch hier ist eine Zunahme der selbst wahrgenommenen Erfahrung hinsichtlich der Prognose von Kursen mit fortschreitendem

Lebensalter zu konstatieren. Aufgrund der signifikant positiven Korrelation zwischen Tätigkeitsdauer und Lebensalter kann von einer Art tautologischem Zusammenhang gesprochen werden.

Tabelle 5.32. Erfahrungsselbsteinschätzung in Abhängigkeit vom Lebensalter

Lebensalter / Erfahrung	25-30 J.	31-35 J.	36-40 J.	41-45 J.	> 46 J.
Gar nicht erfahren	2	0	1	0	0
Kaum erfahren	5	1	0	0	0
Mittelmäßig erfahren	8	7	11	1	2
Ziemlich erfahren	6	5	11	1	0
Außerordentlich erfahren	0	1	0	0	0

Ein Zusammenhang zwischen der selbst eingeschätzten Erfahrung mit der Prognose von Kursen und der Geschlechtszugehörigkeit lässt sich dahingehend extrahieren, dass die männlichen Probanden ihre Erfahrung tendenziell etwas positiver bewerteten als die Versuchsteilnehmerinnen. Zwar wurde die Kategorie ‚mittelmäßig erfahren' mit insgesamt 29 Nennungen von beiden Geschlechtern am häufigsten angekreuzt. Doch in der darüber liegenden Kategorie ‚ziemlich erfahren' finden sich nur 14,29% der von Versuchteilnehmerinnen gegebenen Antworten gegenüber 40% der von männlichen Probanden abgegebenen Voten. Die Antwortalternative ‚gar nicht erfahren' hingegen wurde von 28,57% der Probandinnen selektiert, aber nur von 1,82% der männlichen Versuchsteilnehmer.

Tabelle 5.33. Erfahrungsselbsteinschätzung in Abhängigkeit von der Geschlechtszugehörigkeit

Geschlecht / Erfahrung	Weiblich	Männlich
Gar nicht erfahren	2	1
Kaum erfahren	1	5
Mittelmäßig erfahren	3	26
Ziemlich erfahren	1	22
Außerordentlich erfahren	0	1

Aus dieser Konstellation könnte eine grundsätzliche Bereitschaft von Händlerinnen abgeleitet werden, mit ihren gesammelten Berufserfahrungen selbstkritisch umzugehen und sie reflexiv zu hinterfragen. Diese Aussage wird gestützt durch die Tatsache, dass knapp ein Drittel der Probandinnen eine mehr als achtjährige Berufserfahrung als Händlerin aufweisen, und trotzdem ihre Erfahrung mit der Prognose von Kursen selbstkritisch einschätzen.

Von Interesse ist an dieser Stelle, in welchem Zusammenhang die Parameter Ambiguität, selbst eingeschätzte Kompetenz und Erfahrung, Tätigkeitsdauer und

Lebensalter zueinander stehen. Die hierfür berechneten Korrelationskoeffizienten nach Pearson sind in der folgenden Tabelle ausgewiesen.

Tabelle 5.34. Interkorrelationen zwischen Ambiguität, Kompetenz und Erfahrung mit Tätigkeitsdauer und Lebensalter

	Kompetenz	Erfahrung	Tätigkeitsdauer	Lebensalter
Ambiguität	-,409***	-,230*	-,112	-,044
Kompetenz		,608***	,347**	,127
Erfahrung			,388***	,215*

*: p < 0,05 (signifikant); **: p < 0,01 (hoch signifikant); ***: p < 0,001 (höchst signifikant)

Die Korrelation zwischen Ambiguität und Kompetenz weist einen höchst signifikanten (p < 0,001) Wert in Höhe von r = -,409*** aus. Dies besagt, dass sich Händler mit einer hohen Kompetenzselbsteinschätzung hinsichtlich der Prognose von Kursen bei der Kursprognose des vorliegenden Finanztitels tendenziell nicht unsicher fühlten. Ähnlich, jedoch in weniger ausgeprägtem Maß, verhält es sich mit dem Zusammenhang zwischen selbst eingeschätzter Erfahrung mit der Prognose von Kursen und der empfundenen Unsicherheit bei der Kursprognose des vorgegebenen Wertes, was mit einem signifikanten (p < 0,05) Korrelationskoeffizienten nach Pearson in Höhe von r = -,230* dokumentiert wird.

In analoger Weise kann die nicht signifikant negative Korrelation zwischen Ambiguität und der Tätigkeitsdauer (r = -,112) interpretiert werden. Der Grad der Ambiguität, verstanden als Manifestation einer subjektiv empfundenen Unsicherheit in Bezug auf die künftige Kursentwicklung eines Wertpapiers aufgrund unvollständiger Informationsgrundlage und/oder mangelnder Kompetenz, sinkt tendenziell mit zunehmendem Lebensalter.

Der Korrelationskoeffizient zwischen Ambiguität und Lebensalter (r = -,044) bzw. zwischen Ambiguität und der Geschlechtszugehörigkeit (r = -,020) ist nicht signifikant von null verschieden. Im statistischen Sinn besteht somit zwischen diesen jeweiligen Parameterpaaren kein messbarer linearer Zusammenhang.

Die selbst eingeschätzte Kompetenz und die Erfahrung mit der Prognose von Kursen korrelieren – was intuitiv zu erwarten war – höchst signifikant (p < 0,001) mit r = ,608***. Dies bedeutet, dass ein Proband mit einer hohen selbst eingeschätzten Kompetenz hinsichtlich der Prognose von Kursen sich auch eine hohe Erfahrung mit der Prognose von Kursen zumisst. Die ebenfalls positive Korrelation zwischen dem Selbstbild bezüglich einer kompetenten Kursprognose und der Tätigkeitsdauer (r = ,347** mit p < 0,01) sowie dem Lebensalter (r = ,127 mit einer Tendenz zur Signifikanz) können als Verstärker der vorhergehenden Aussage gewertet werden: Die wahrgenommene Kompetenz hinsichtlich der Prognose von Kursen steigt mit dem Lebensalter und der damit eng verknüpften Tätigkeitsdauer als Händler.

Die selbst eingeschätzte Erfahrung hinsichtlich der Prognose von Kursen korreliert höchst signifikant ($p < 0{,}001$) mit der Tätigkeitsdauer (r = ,388***) sowie signifikant ($p < 0{,}05$) mit dem Lebensalter (r = ,215*). Je länger ein Marktteilnehmer als Händler tätig ist, was wiederum unmittelbar mit dem Lebensalter zusammenhängt, desto ausgeprägter ist das Selbstbild bezüglich der selbst eingeschätzten Erfahrung mit der Prognose von Kursen. Aus dieser Selbstsicherheit könnte dann Overconfidence entstehen, wenn die eigenen Fähigkeiten systematisch überschätzt werden und nicht mit den realisierten Handelserfolgen positiv korrelieren.

Wie weiter oben ausgeführt, kann aus dem ex post Vergleich zwischen historischer und impliziter Volatilität im Zeitverlauf ein Rückschluss auf die Qualität der Volatilitätsschätzung der Probanden gezogen werden. 13 Teilnehmer (20,97%) schätzten die erwartete Volatilität zum Zeitpunkt der Durchführung des Experiments im Intervall zwischen 28% und 30%. Da die gehandelte Volatilität Mitte Juni bei ungefähr 29 Prozentpunkten lag, soll dieses Prognoseintervall als valide Schätzung angesehen werden.

Im Umkehrschluss bedeutet dies, dass die Güte der Volatilitätsschätzung von 49 Probanden (79,03%) verbesserungsfähig ist. Eine mit den Volatilitätsschätzern dieser Probanden durchgeführte Korrelationsanalyse mit den Faktoren Ambiguität (r = ,027), Kompetenz (r = ,165) und Erfahrung (r = - ,004) erbringt auf nicht signifikantem Niveau keine nachhaltig von null verschiedenen Korrelationskoeffizienten nach Pearson. Dieses Ergebnis bestätigt zwar nicht die Vermutung einer Neigung zu Overconfidence bei diesen Versuchsteilnehmern, widerlegt sie im statistischen Sinn aber auch nicht.

Als letzter Schritt dieses Abschnitts wird im Folgenden der Einfluss der Ambiguität, des Kompetenz- sowie des Erfahrungsselbstbildes der Probanden auf die Risikowahrnehmung untersucht. Als abhängige Variable fungiert die mit Frage vier erhobene Schätzung des Downside-/Upside-Risk sowie die in Item fünf quantifizierte Schätzung der erwarteten Volatilität. Zunächst wird der Zusammenhang zwischen Ambiguität und der Schätzung des Downside-/Upside-Risk- bzw. der Volatilitätsschätzung analysiert.

Ein vorgeschalteter Levene-Test zur Prüfung der Varianzhomogenität zwischen den Gruppen erbringt bezüglich der Schätzung des Downside-/Upside-Risk einen Signifikanzwert von ,200. Dies bedeutet, dass die Nullhypothese der Varianzgleichheit nicht abgelehnt werden kann, sodass die Voraussetzung der einfaktoriellen Varianzanalyse erfüllt ist.

Der anschließende F-Test führt zu den nachfolgend zusammengestellten Ergebnissen.

Tabelle 5.35. Einfluss des Faktors Ambiguität auf die Schätzung des Downside-/Upside-Risk

	Quadrat-summe	df	Mittel der Quadrate	F	Signifikanz
Zwischen den Gruppen	31,660	4	7,915	,688	,604
Innerhalb der Gruppen	644,646	56	11,512		
Gesamt	676,306	60			

Die Nullhypothese, dass der Faktor Ambiguität keinen Einfluss auf die Schätzung des Downside-/Upside-Risk besitzt, kann auf Basis dieser Datenkonstellation nicht abgelehnt werden. Dieses Fazit wird auch durch das PRE-Maß η^2 erhärtet, das mit einem geringen Wert von ,047 anzeigt, dass lediglich 4,7% der Gesamtvarianz durch den Faktor Ambiguität erklärt werden kann.

Hinsichtlich der Schätzung der erwarteten Volatilität generiert ein Levene-Test einen p-Wert von ,440, der signalisiert, dass die Nullhypothese der Varianzhomogenität zwischen den Gruppen nicht abgelehnt werden kann.

Der anschließende F-Test liefert folgende Resultate.

Tabelle 5.36. Einfluss des Faktors Ambiguität auf die Schätzung der erwarteten Volatilität

	Quadrat-summe	df	Mittel der Quadrate	F	Signifikanz
Zwischen den Gruppen	315,473	4	78,868	,937	,449
Innerhalb der Gruppen	4.714,773	56	84,192		
Gesamt	5.030,246	60			

Aufgrund des Signifikanzwertes von ,449 kann die Nullhypothese, dass der Faktor Ambiguität keinen Einfluss auf die Schätzung der erwarteten Volatilität besitzt, nicht abgelehnt werden. Der Ambiguitätsgrad besitzt somit keinen signifikanten Einfluss auf die Schätzung der erwarteten Volatilität. Dieses Fazit wird auch durch den Wert des PRE-Maßes η^2 in Höhe von ,063 gestützt, der besagt, dass nur 6,3% der Gesamtvarianz durch diesen Faktor expliziert werden kann.

Diese Ergebnisse konnten intuitiv nicht erwartet werden. Die wahrgenommene Ambiguität, definiert als subjektiv empfundene Unsicherheit aufgrund eines Informationsdefizits, sollte einen eher höheren Erklärungsgehalt für die Wahrnehmung von Kursrisiken besitzen. Als Reflex einer ausgeprägt empfundenen Unsicherheit sollten tendenziell hohe Risikoschätzer resultieren. Ein Erklärungsansatz für diesen Befund könnte darin liegen, dass nur dieses Item negativ formuliert war und daher nicht ausgeschlossen werden kann, dass diese Tatsache beim Lesen zu Irritationen bei den Probanden führte.

Bezüglich des Faktors Kompetenz liefert ein vorgeschalteter Levene-Test zur Prüfung der Varianzhomogenität zwischen den Gruppen im Hinblick auf die Schätzung des Downside-/Upside-Risk einen Signifikanzwert von ,621. Daher kann die Nullhypothese der Varianzgleichheit nicht abgelehnt werden, sodass die Voraussetzung der einfaktoriellen Varianzanalyse erfüllt ist.

Ein F-Test führt zu den in der folgenden Tabelle ausgewiesenen Werten.

Tabelle 5.37. Einfluss des Faktors Kompetenz auf die Schätzung des Downside-/Upside-Risk

	Quadrat-summe	df	Mittel der Quadrate	F	Signifikanz
Zwischen den Gruppen	26,534	4	6,634	,572	,684
Innerhalb der Gruppen	649,772	56	11,603		
Gesamt	676,306	60			

Das Signifikanzniveau des Ergebnisses liegt über dem Prüfniveau von p = ,05. Damit kann die Nullhypothese, dass der Faktor Kompetenz keinen Einfluss auf die Schätzung des Downside-/Upside-Risk besitzt, nicht abgelehnt werden. Somit besitzt das Selbstbild der Probanden hinsichtlich ihrer Kompetenz zur Prognose von Kursen keinen signifikanten Einfluss auf ihre Risikowahrnehmung. Diese Schlussfolgerung wird auch durch die Effektstärke η^2 gestützt, deren geringer Wert von ,039 zum Ausdruck bringt, dass lediglich 3,9% der Gesamtvarianz durch diesen Faktor erklärt werden kann.

Mit Blick auf den Zusammenhang zwischen Kompetenz und der Schätzung der erwarteten Volatilität führt ein Levene-Test zur Prüfung der Varianzhomogenität mit einem Signifikanzwert von ,325 zu dem Ergebnis, dass die Nullhypothese der angenommenen Varianzgleichheit nicht abgelehnt werden kann, womit die Voraussetzung der einfaktoriellen Varianzanalyse als erfüllt anzusehen ist.

Die Ergebnisse des anschließenden F-Tests sind in der folgenden Tabelle zusammengestellt.

Tabelle 5.38. Einfluss des Faktors Kompetenz auf die Schätzung der erwarteten Volatilität

	Quadrat-summe	df	Mittel der Quadrate	F	Signifikanz
Zwischen den Gruppen	164,306	4	41,076	,473	,756
Innerhalb der Gruppen	4.865,940	56	86,892		
Gesamt	5.030,246	60			

Die Ergebnisse des F-Tests deuten darauf hin, dass der Faktor Kompetenz auch auf die Schätzung der erwarteten Volatilität keinen signifikanten Einfluss besitzt.

Das PRE-Maß η^2 mit einem geringen Wert von ,033 unterstreicht dieses Fazit; das Kompetenzselbstbild der Probanden kann demnach nur 3,3% der Gesamtvarianz erklären.

Zur Prüfung des Einflusses des Faktors Erfahrung auf die Wahrnehmung von Kursrisiken führte ein Levene-Test sowohl bei der abhängigen Variable Schätzung des Downside-/Upside-Risk (p = ,464) als auch bei der Schätzung der erwarteten Volatilität (p = ,061) zu dem Ergebnis, dass die Nullhypothese der Varianzgleichheit zwischen den Gruppen nicht abgelehnt werden kann, womit die Voraussetzung der einfaktoriellen Varianzanalyse als erfüllt anzusehen ist.

Ein F-Test generiert im Hinblick auf die abhängige Variable Downside-/Upside-Risk folgende Werte.

Tabelle 5.39. Einfluss des Faktors Erfahrung auf die Schätzung des Downside-/Upside-Risk

	Quadrat-summe	df	Mittel der Quadrate	F	Signifikanz
Zwischen den Gruppen	15,560	4	3,890	,330	,857
Innerhalb der Gruppen	660,746	56	11,799		
Gesamt	676,306	60			

Aufgrund des sich ergebenden p-Wertes kann die Nullhypothese, dass der Faktor Erfahrung keinen Einfluss auf die Schätzung des Downside-/Upside-Risk besitzt, nicht abgelehnt werden. Dieses Resultat wird auch durch die Effektstärke η^2 erhärtet, deren geringer Wert von ,023 darauf hinweist, dass sich durch diesen Faktor nur 2,3% der Gesamtvarianz erklären lässt.

Ähnlich ist das Ergebnis des F-Tests im Hinblick auf die abhängige Variable Schätzung der Volatilität zu interpretieren.

Tabelle 5.40. Einfluss des Faktors Erfahrung auf die Schätzung der erwarteten Volatilität

	Quadrat-summe	df	Mittel der Quadrate	F	Signifikanz
Zwischen den Gruppen	446,191	4	111,548	1,363	,259
Innerhalb der Gruppen	4.584,055	56	81,858		
Gesamt	5.030,246	60			

Diese Datenkonstellation bestätigt den nicht signifikanten Einfluss des Faktors Erfahrung auf die Volatilitätsschätzung. Diese Schlussfolgerung wird auch durch das PRE-Maß η^2 mit einem mittleren Wert von ,089 gestützt. Demnach können 8,9% der Gesamtvarianz durch die unabhängige Variable Erfahrung erklärt werden.

Der nicht signifikante Einfluss der beiden Faktoren Kompetenz und Erfahrung auf die Wahrnehmung von Kursrisiken lässt sich mit dem Zusammenhang zwischen Kompetenz und Erfahrung einerseits und der Wahrnehmung von Risiken andererseits begründen. Je ausgeprägter das Selbstbild hinsichtlich der eigenen Kompetenz und Erfahrung in Bezug auf die Prognose von Kursen ist, desto geringer fällt die Wahrnehmung von Kursrisiken aus. Der Händler ist davon überzeugt, das erwartete Kursrisiko „im Griff" zu haben und eine hinreichend valide Schätzung möglicher künftiger Kurskonstellationen abgeben zu können.

Um denkbare Interaktionseffekte zwischen den Faktoren Ambiguität, Kompetenz sowie Erfahrung ausschließen zu können, wurde im Anschluss eine mehrfaktorielle Varianzanalyse sowohl für die abhängige Variable Schätzung des Downside-/Upside-Risk als auch für die Volatilitätsschätzung durchgeführt.

Hinsichtlich der Schätzung des Downside-/Upside-Risk liefert ein vorgeschalteter Levene-Test zur Prüfung der Varianzhomogenität zwischen den Gruppen einen Signifikanzwert von ,000, sodass die Nullhypothese der Varianzgleichheit abzulehnen ist. Damit ist die Voraussetzung der Varianzanalyse verletzt.

Aus den im Unterkapitel Auswertungsverfahren dargelegten Gründen wird trotz dieser Verletzung der Voraussetzungen für die Durchführung einer Varianzanalyse dennoch der Prüfprozess fortgeführt.

Die Resultate des anschließenden F-Tests sind nachfolgend aufgelistet.

Tabelle 5.41. Einfluss der Faktoren Ambiguität, Kompetenz und Erfahrung auf die Schätzung des Downside-/Upside-Risk

Quelle	Quadratsumme Typ III	df	Mittel der Quadrate	F	Signifikanz
Korrigiertes Modell	195,856[a]	22	8,903	,704	,807
Konstante	6.913,871	1	6.913,871	546,836	,000
Ambiguität	31,143	4	7,786	,616	,654
Kompetenz	13,672	4	3,418	,270	,895
Erfahrung	8,284	4	2,071	,164	,955
Ambiguität x Kompetenz	92,506	3	30,835	2,439	,079
Ambiguität x Erfahrung	19,927	4	4,982	,394	,812
Kompetenz x Erfahrung	36,134	3	12,045	,953	,425
Ambiguität x Kompetenz x Erfahrung	,000	0	,	,	,
Fehler	480,450	38	12,643		
Gesamt	24.467,139	61			
Korrigierte Gesamtversion	676,306	60			

[a]: R^2 = ,290 korrigiertes R^2 = -,122

Die Signifikanzwerte der mehrfaktoriellen Varianzanalyse weisen darauf hin, dass bezüglich der drei Faktoren Ambiguität, Kompetenz und Erfahrung im Hinblick auf die Schätzung des Downside-/Upside-Risk keine signifikanten Haupteffekte, aber auch keine Interaktionseffekte weder erster noch zweiter Ordnung existieren. Damit kann als Ergebnis der inferenzstatistischen Analyse festgehalten werden, dass weder der Faktor Ambiguität noch die selbst eingeschätzte Kompetenz und auch nicht das Selbstbild der Probanden hinsichtlich ihrer Erfahrung mit der Prognose von Kursen einen signifikanten Einfluss besitzt auf ihre Wahrnehmung von Kursrisiken, operationalisiert durch die Schätzung des Downside-/Upside-Risk.

Bezüglich der abhängigen Variable Volatilitätsschätzung erbringt ein Levene-Test zur Prüfung der Varianzhomogenität einen Signifikanzwert von ,117. Die Nullhypothese der Varianzgleichheit zwischen den Gruppen kann somit nicht abgelehnt werden, und die Voraussetzung der Varianzanalyse ist als erfüllt anzusehen.

Ein F-Test führt zu den in der folgenden Tabelle ausgewiesenen Werten.

Tabelle 5.42. Einfluss der Faktoren Ambiguität, Kompetenz und Erfahrung auf die Schätzung der erwarteten Volatilität

Quelle	Quadratsumme Typ III	df	Mittel der Quadrate	F	Signifikanz
Korrigiertes Modell	2.056,440[a]	22	93,475	1,194	,308
Konstante	9.340,131	1	9.340,131	119,350	,000
Ambiguität	207,980	4	51,995	,664	,621
Kompetenz	491,422	4	122,856	1,570	,202
Erfahrung	862,526	4	215,631	2,755	,042
Ambiguität x Kompetenz	156,024	3	52,008	,665	,579
Ambiguität x Erfahrung	236,418	4	59,105	,755	,561
Kompetenz x Erfahrung	329,521	3	109,840	1,404	,257
Ambiguität x Kompetenz x Erfahrung	,000	0	,	,	,
Fehler	2.973,806	38	78,258		
Gesamt	43.180,250	61			
Korrigierte Gesamtversion	5.030,246	60			

[a]: R^2 = ,409 korrigiertes R^2 = ,067

Aufgrund der Signifikanzwerte kann mit Ausnahme des Faktors Erfahrung (p = ,042) die Nullhypothese, dass der jeweilige Faktor bzw. die entsprechenden Interaktionseffekte erster und zweiter Ordnung keinen Einfluss auf die Schätzung der erwarteten Volatilität besitzen, nicht abgelehnt werden. Somit verbleibt als alleiniger Einwirkparameter auf die Schätzung der erwarteten Volatilität das Selbstbild der Probanden hinsichtlich ihrer selbst eingeschätzten Erfahrung mit der Prognose von Kursen.

Es bleibt zu prüfen, ob das Lebensalter sowie die Geschlechtszugehörigkeit als mögliche weitere Parameter die Risikowahrnehmung von Händlern beeinflussen.

5.1.6.3.5 Lebensalter

Die Beantwortung der Frage nach dem Lebensalter erfolgte durch Ankreuzen von einer der sechs vorgegebenen Kategorien. Diese Kategorien erfassten jeweils einen Zeitraum von fünf Jahren. Die Auswertung dieses Items führt zu der in der folgenden Abbildung gezeigten Häufigkeitsverteilung.

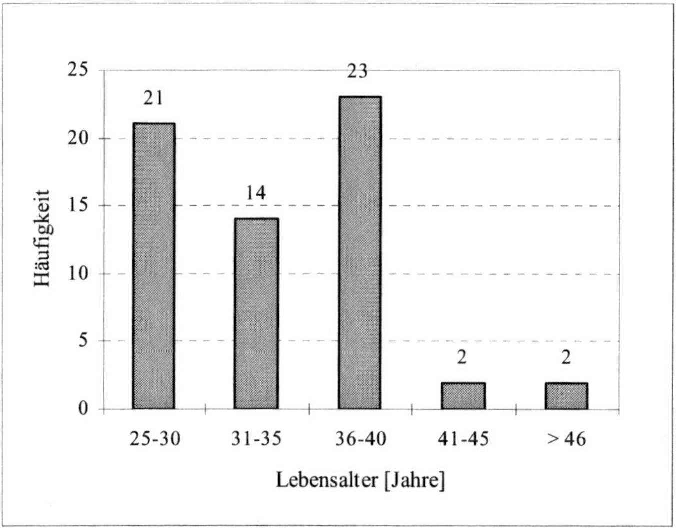

Abb. 5.14. Lebensalter der Probanden

Mit 58 Teilnehmern stellten die unter 40-Jährigen die große Mehrheit. Lediglich 4 Probanden waren zum Zeitpunkt der Durchführung des Experiments älter als 40 Jahre. Hieraus kann die auch aus der eigenen beruflichen Erfahrung des Autors getätigte Beobachtung abgeleitet werden, dass die Handelstätigkeit vornehmlich von Jüngeren ausgeübt wird. Gründe hierfür könnten neben anderen in der hohen nervlichen Anspannung, in der in großem Ausmaß erforderlichen permanenten Konzentration auf das Kapitalmarktgeschehen sowie in dem beträchtlichen, auf Händlern lastenden Erfolgsdruck zu finden sein.[77] Jüngere Menschen sind solchen psycho-physiologischen Anforderungen tendenziell eher gewachsen als ältere Personen.

---

[77] Vgl. hierzu die Ausführungen und Ergebnisse der in Kap. 4.4.3.4 referierten Studie von Lo/Repin (2001).

Es ist zu prüfen, ob der Faktor Lebensalter einen signifikanten Einfluss besitzt auf die Wahrnehmung des Kursrisikos. Hierzu wird varianzanalytisch ein möglicher Zusammenhang zwischen der unabhängigen Variable Lebensalter und der abhängigen Variablen Downside-/Upside-Risk sowie erwartete Volatilität geprüft.

Zunächst wird ein möglicher Einfluss des Alters auf die Schätzung des Downside-/Upside-Risk untersucht.

Ein vorgeschalteter Levene-Test führt mit einem Signifikanzwert von ,000 zu dem Ergebnis, dass die Nullhypothese der Varianzhomogenität zwischen den Gruppen abzulehnen ist. Damit ist die Voraussetzung der einfaktoriellen Varianzanalyse verletzt. Auf Basis der weiter oben dargelegten Argumente wird der Prüfprozess dennoch fortgeführt.

Der nachfolgende F-Test weist die in der folgenden Tabelle zusammengestellten Resultate aus.

Tabelle 5.43. Einfluss des Faktors Lebensalter auf die Schätzung des Downside-/Upside-Risk

	Quadrat-summe	df	Mittel der Quadrate	F	Signifikanz
Zwischen den Gruppen	203,993	4	50,998	6,047	,000
Innerhalb der Gruppen	472,312	56	8,434		
Gesamt	676,306	60			

Aufgrund des deutlich unter dem gewählten Prüfniveau von $p = ,05$ liegenden Signifikanzwertes in Höhe von ,000 kann die Nullhypothese, dass der Faktor Lebensalter keinen Einfluss auf die Schätzung des Downside-/Upside-Risk besitzt, abgelehnt werden. Das Lebensalter besitzt somit einen signifikanten Einfluss auf die Schätzung des Downside-/Upside-Risk, was auch durch den hohen Wert des PRE-Maßes η^2 von ,302 unterstrichen wird. Durch diesen Faktor lassen sich demnach 30,2% der Gesamtvarianz der abhängigen Variable Downside-/Upside-Risk erklären.

Bei der Analyse des Einflusses des Faktors Lebensalter auf die Schätzung der erwarteten Volatilität bestätigt ein Levene-Test mit einem Signifikanzwert in Höhe von $p = ,282$, dass die Nullhypothese der Varianzgleichheit zwischen den Gruppen nicht abgelehnt werden kann.

Der anschließende F-Test erbringt die folgenden Ergebnisse.

Tabelle 5.44. Einfluss des Faktors Lebensalter auf die Schätzung der erwarteten Volatilität

	Quadrat-summe	df	Mittel der Quadrate	F	Signifikanz
Zwischen den Gruppen	429,400	4	107,350	1,307	,279
Innerhalb der Gruppen	4.600,846	56	82,158		
Gesamt	5.030,246	60			

Die Nullhypothese, dass der Faktor Lebensalter keinen Einfluss auf die Schätzung der erwarteten Volatilität besitzt, kann aufgrund der Testergebnisse nicht abgelehnt werden. Gestützt wird diese Schlussfolgerung auch durch die Effektstärke η^2, deren mittlerer Wert von ,085 zum Ausdruck bringt, dass nur 8,5% der Gesamtvarianz mit dem Faktor Lebensalter erklärt werden kann.

5.1.6.3.6 Geschlecht

Das Ergebnis verschiedener wissenschaftlicher Studien zeigt, dass Risiken von Frauen nicht nur anders wahrgenommen werden als von Männern, sondern dass Frauen auch differenzierter mit Risiken umgehen.[78] Wenn aber in den Handelsabteilungen von Banken nur relativ wenige Frauen vertreten sind, könnte hieraus für die Bank ein systematisches (Personal-)Risiko entstehen. Eine geeignete Lösung dieser unter dem Begriff *Diversity Management* subsumierbaren Aufgabe zu finden, sollte Gegenstand der Tätigkeit von Personalabteilungen sein und würde an dieser Stelle vom eigentlichen Erkenntnisziel dieser Arbeit wegführen.[79]

An dieser Stelle soll lediglich geprüft werden, ob die Geschlechtszugehörigkeit einen Einfluss besitzt auf die Wahrnehmung von Kursrisiken. Hierzu wird die Abhängigkeit der beiden Variablen Downside-/Upside-Risk und erwartete Volatilität von der unabhängigen Variable Geschlechtszugehörigkeit untersucht.

Ein Levene-Test zur Prüfung der Varianzhomogenität führt bezüglich der Schätzung des Downside-/Upside-Risk mit einem Signifikanzwert von p = ,352 zu dem Ergebnis, dass die Nullhypothese der Varianzgleichheit nicht abgelehnt

[78] Vgl. hierzu die Arbeiten von Estes/Hosseini (1988), Arch (1993), Johnson/Powell (1994), Lundeberg/Fox/Puncocar (1994), Powell/Ansic (1997), Barber/Odean (2001), Olsen/Cox (2001).

[79] Vgl. zu Diversity Management bspw. Bischoff (1990), Domsch (1990, 2000, 2003), Graham (1991), Autenrieth/Chemnitzer/Domsch (1993), Domsch/Hadler/Krüger (1994), Ely (1994, 2004), Nemetz/Christensen (1996), Thomas/Ely (1996), Rappensberger (1998), Williams/O'Reilly (1998), Hicks-Clarke/Iles (2000), Kersten (2000), Peters/Bensel (2000), Richard (2000), Thomas (2001), Aretz/Hansen (2002), Wächter (2003), Jehn/Bezrukova (2004), Engelbrech (2004), Vedder (2004).

werden kann und somit die Voraussetzung der einfaktoriellen Varianzanalyse erfüllt ist.

Ein F-Test erbringt die in der folgenden Tabelle zusammengestellten Resultate.

Tabelle 5.45. Einfluss des Faktors Geschlecht auf die Schätzung des Downside-/Upside-Risk

	Quadrat-summe	df	Mittel der Quadrate	F	Signifikanz
Zwischen den Gruppen	8,304	1	8,304	,733	,395
Innerhalb der Gruppen	668,002	59	11,322		
Gesamt	676,306	60			

Aufgrund des p-Wertes von ,395 kann die Nullhypothese, dass die Geschlechtszugehörigkeit keinen Einfluss besitzt auf die Schätzung des Downside-/Upside-Risk, nicht abgelehnt werden. Diese Schlussfolgerung wird auch durch das PRE-Maß η^2 erhärtet, das mit einem geringen Wert in Höhe von ,012 dokumentiert, dass lediglich 1,2% der Gesamtvarianz mit der Geschlechtszugehörigkeit begründet werden kann.

Mit Blick auf die Schätzung der erwarteten Volatilität führt ein vorgeschalteter Levene-Test zu dem Ergebnis, dass die Annahme der Varianzhomogenität zwischen den Gruppen nicht abgelehnt werden kann (p = ,454), sodass die Voraussetzung der einfaktoriellen Varianzanalyse erneut erfüllt ist.

Ein F-Test liefert die in der folgenden Tabelle ausgewiesenen Werte.

Tabelle 5.46. Einfluss des Faktors Geschlecht auf die Schätzung der erwarteten Volatilität

	Quadrat-summe	df	Mittel der Quadrate	F	Signifikanz
Zwischen den Gruppen	5,699	1	5,699	,067	,797
Innerhalb der Gruppen	5.024,547	59	85,162		
Gesamt	5.030,246	60			

Der p-Wert des F-Tests weist deutlich darauf hin, dass die Nullhypothese eines nicht existenten Einflusses der Geschlechtszugehörigkeit auf die Schätzung der erwarteten Volatilität nicht abgelehnt werden kann. Demnach besitzt dieser Faktor keinen signifikanten Einfluss auf die Schätzung der Volatilität. Dies wird auch durch die Effektstärke η^2 mit einem geringen Wert von ,001 gestützt. Demnach erklärt der Faktor Geschlecht nur 0,1% der Gesamtvarianz dieser Variable.

Somit kann festgehalten werden, dass die Geschlechtszugehörigkeit weder auf die Schätzung des Downside-/Upside-Risk noch auf die Schätzung der erwarteten Volatilität einen signifikanten Einfluss besitzt.

Die Variablen Bildung, Lebensalter sowie Geschlechtszugehörigkeit können neben anderen als Faktoren interpretiert werden, die eine Person kennzeichnen bzw. individualisieren. Um im Hinblick auf die Wahrnehmung von Risiken mögliche Interaktionseffekte dieser drei Faktoren exkludieren zu können, wurde im Anschluss eine mehrfaktorielle Varianzanalyse sowohl für die abhängige Variable Downside-/Upside-Risk als auch für die erwartete Volatilität durchgeführt.

Ein vorgeschalteter Levene-Test zur Prüfung der Varianzhomogenität zwischen den Gruppen erbringt für die Schätzung des Downside-/Upside-Risk einen Signifikanzwert von p = ,010, sodass die Nullhypothese der Varianzgleichheit abzulehnen ist. Wiewohl damit die Voraussetzung der Varianzanalyse verletzt ist, wird aus den bereits an anderer Stelle dargelegten Argumenten der Prüfprozess trotzdem fortgeführt.

Die Resultate des F-Tests sind in der folgenden Tabelle zusammengestellt.

Tabelle 5.47. Einfluss der Faktoren Bildung, Lebensalter und Geschlecht auf die Schätzung des Downside-/Upside-Risk

Quelle	Quadratsumme Typ III	df	Mittel der Quadrate	F	Signifikanz
Korrigiertes Modell	274,026[a]	17	16,119	1,723	,075
Konstante	7.262,962	1	7.262,962	776,344	,000
Bildung	8,231	3	2,744	,293	,830
Lebensalter	162,128	4	40,532	4,333	,005
Geschlecht	4,777	1	4,777	,511	,479
Bildung x Lebensalter	21,663	5	4,333	,463	,801
Bildung x Geschlecht	4,754	3	1,585	,169	,916
Lebensalter x Geschlecht	,019	1	,019	,002	,964
Bildung x Alter x Geschlecht	,000	0	,	,	,
Fehler	402,279	43	9,355		
Gesamt	24.467,139	61			
Korrigierte Gesamtversion	676,306	60			

[a]: R^2 = ,405 korrigiertes R^2 = ,170

Aufgrund der Signifikanzwerte kann mit Ausnahme des Hauptfaktors Lebensalter (p = ,005) die Nullhypothese, dass der jeweilige Faktor bzw. die entsprechenden Interaktionseffekte erster und zweiter Ordnung keinen Einfluss auf die Schätzung des Downside-/Upside-Risk besitzen, nicht abgelehnt werden. Somit verbleibt als alleiniger Einwirkfaktor auf die Schätzung des Downside-/Upside-Risk das Lebensalter.

Mit Blick auf die Schätzung der erwarteten Volatilität generiert ein Levene-Test einen p-Wert von ,112. Die Nullhypothese der Varianzgleichheit der Gruppen kann folgerichtig nicht abgelehnt werden. Damit ist die Voraussetzung der Varianzanalyse erfüllt.

Der anschließende F-Test führt zu den in der folgenden Tabelle aufgelisteten Werten.

Tabelle 5.48. Einfluss der Faktoren Bildung, Lebensalter und Geschlecht auf die Schätzung der erwarteten Volatilität

Quelle	Quadratsumme Typ III	df	Mittel der Quadrate	F	Signifikanz
Korrigiertes Modell	2.007,864[a]	17	118,110	1,680	,085
Konstante	11.176,501	1	11.176,501	159,010	,000
Bildung	996,471	3	332,157	4,726	,006
Lebensalter	282,606	4	70,651	1,005	,415
Geschlecht	13,907	1	13,907	,198	,659
Bildung x Lebensalter	493,783	5	98,757	1,405	,242
Bildung x Geschlecht	356,917	3	118,972	1,693	,183
Lebensalter x Geschlecht	,132	1	,132	,002	,966
Bildung x Alter x Geschlecht	,000	0	,	,	,
Fehler	3.022,381	43	70,288		
Gesamt	43.180,250	61			
Korrigierte Gesamtversion	5.030,246	60			

[a]: R^2 = ,399 korrigiertes R^2 = ,162

Aufgrund der Signifikanzwerte kann mit Ausnahme des Hauptfaktors Bildung (p = ,006) die Nullhypothese, dass der jeweilige Faktor bzw. die entsprechenden Interaktionseffekte erster und zweiter Ordnung keinen Einfluss auf die Schätzung der erwarteten Volatilität besitzen, nicht abgelehnt werden. Somit verbleibt als alleiniger Einwirkparameter auf die Schätzung der erwarteten Volatilität der Faktor Bildung.

Die wichtigsten Ergebnisparameter der Tests sind in der Übersicht auf der folgenden Seite nochmals zusammengestellt.

Tabelle 5.49. Ergebnisübersicht der inferenzstatistischen Analysen bezüglich der Einflussfaktoren auf die Risikowahrnehmung

	Downside-/Upside-Risk			Volatilität		
Faktor	F	p	η^2	F	p	η^2
Bildung	,595	,621	,030	4,072	,011	,177
Kenntnis Risikomaße	,292	,591	,005	1,355	,249	,022
Ambiguität	,688	,604	,047	,937	,449	,063
Kompetenz	,572	,684	,039	,473	,756	,033
Erfahrung	,330	,857	,023	1,363	,259	,089
Lebensalter	6,047	,000	,302	1,307	,279	,085
Geschlecht	,733	,395	,012	,067	,797	,001

Da sich Interaktionseffekte erster und zweiter Ordnung zwischen den Parametern exkludieren lassen, kann als Zwischenergebnis der Analysen festgehalten werden, dass als maßgebliche Einflussfaktoren der Risikowahrnehmung zum einen der Bildungsabschluss und zum anderen das Lebensalter anzusehen sind.

5.1.6.4 Regressionsanalysen

In diesem Unterkapitel wird der Zusammenhang zwischen den in der Person liegenden Variablen Selbsteinschätzung von Kompetenz und Erfahrung hinsichtlich der Prognose von Kursen einerseits und den eine Person individualisierenden, ‚äußeren' Faktoren Bildungsabschluss, Lebensalter, Geschlechtszugehörigkeit und Tätigkeitsart (Kassa-/Terminhändler) andererseits im Hinblick auf die Wahrnehmung von Kursrisiken analysiert.

In einem ersten multiplen Regressionsmodell wird der Erklärungsgehalt der beiden Prädiktoren Kompetenz und Erfahrung hinsichtlich der Schätzung der erwarteten Volatilität analysiert.

Das Modell erbringt die in der folgenden Tabelle zusammengestellten Ergebnisse.

Tabelle 5.50. Regressionsmodell für die Bedeutung der Prädiktoren Kompetenz und Erfahrung

R^2 = ,026 F = ,775	Nicht standardisierte Koeffizienten		Standardisierte Koeffizienten		
	β_i	Standard-fehler	β*	T	Signifikanz
Konstante	22,611	5,040		4,486	,000
Kompetenz	2,317	1,857	,204	1,248	,217
Erfahrung	-1,322	1,783	-,212	-,741	,461

Diesem Modell zufolge lösen steigende Werte in der selbst eingeschätzten Kompetenz einen Anstieg der geschätzten Volatilität aus. Zwischen Erfahrung und Volatilitätsschätzung besteht hingegen eine inverse Relation. Mit zunehmender Erfahrung fällt die Schätzung der erwarteten Volatilität tendenziell geringer aus. Der letztgenannte Befund erscheint plausibel. Mit einem Zuwachs an Erfahrung hinsichtlich der Prognose von Kursen als Resultat von Lernprozessen wächst die Überzeugung, hinreichend valide Kursprognosen sicher abgeben zu können, was in einer tendenziell geringen Volatilitätsschätzung münden kann.

Aufgrund der Signifikanzwerte der Prädiktoren Kompetenz (,217) und Erfahrung (,461), die beide über dem gesetzten Alpha-Fehler von p = ,05 liegen, kann die Nullhypothese, dass ein Regressionskoeffizient gleich null ist und kein signifikanter Zusammenhang zwischen einem dieser beiden Faktoren und der abhängigen Variable Volatilitätsschätzung besteht, nicht abgelehnt werden. Dieses Fazit lässt sich auch durch das Bestimmtheitsmaß R^2 erhärten, denn sein Wert in Höhe von ,026 besagt, dass lediglich 2,6% der Gesamtvarianz der Stichprobe mit diesen beiden Faktoren erklärt werden kann. Damit ist eine Generalisierung und Übertragung der gefundenen Zusammenhänge nicht zulässig.

Als nächstes werden die Prädiktoren Bildungsabschluss, Lebensalter, Geschlechtszugehörigkeit sowie Tätigkeitsart auf die Volatilitätsschätzung regressiert. Das hierfür erstellte Regressionsmodell weist die folgenden Parameter aus.

Tabelle 5.51. Regressionsmodell für die Bedeutung der Prädiktoren Bildungsabschluss, Lebensalter, Geschlechtszugehörigkeit und Tätigkeitsart

R^2 = ,071 F = 1,066	Nicht standardisierte Koeffizienten		Standardisierte Koeffizienten		
	β_i	Standard-fehler	β^*	T	Signifikanz
Konstante	12,884	7,846		1,642	,106
Bildung	2,228	1,237	,249	1,802	,077
Lebensalter	1,248	1,267	,136	,985	,329
Geschlecht	-2,107	3,770	-,074	-,559	,579
Tätigkeitsart	1,734	2,415	,095	,718	,476

Die Faktoren Bildungsabschluss, Lebensalter und Tätigkeitsart stehen in einem positiven Zusammenhang zur Volatilitätsschätzung, was bedeutet, dass steigende Werte dieser Prädiktoren mit einem Anstieg des Prädiktanden einhergehen.

Aufgrund der binären Kodierung der unabhängigen Variable Tätigkeitsart (0: Kassahändler, 1: Terminhändler), kann der zugehörige Regressionskoeffizient wie folgt interpretiert werden: Bei einer Erhöhung dieses Prädiktors um eine Einheit – in diesem Fall von Kassahändler auf Terminhändler – steigt die erwartete Volatilität um 1,734%. Dieses Ergebnis ist konsistent mit den im Unterkapitel

Analyse der Risikowahrnehmung getroffenen Aussagen, wonach die Terminhändler im Vergleich zu den Kassahändlern eine im Durchschnitt um knapp zwei Prozentpunkte höhere zukünftige Volatilität schätzten.

Die Art des Zusammenhangs zwischen dem Prädiktor Geschlechtszugehörigkeit und der Schätzung der erwarteten Volatilität könnte wie folgt gedeutet werden: Aufgrund der binären Kodierung auch dieser unabhängigen Variable (0: weiblich, 1: männlich) folgt aus dem Wert des Regressionskoeffizienten, dass bei einer Erhöhung dieser unabhängigen Variable um eine Einheit – in diesem Fall von weiblich auf männlich – der Schätzwert des Prädiktanden um 2,107% sinkt. Hiermit wird die in der Literatur dokumentierte Unterschiedlichkeit zwischen Frauen und Männern hinsichtlich ihrer Wahrnehmung von Risiken bestätigt.

Da der Signifikanzwert aller Prädiktoren größer als p = ,05 ist, kann die Nullhypothese, dass alle Regressionskoeffizienten gleich null sind und kein signifikanter Zusammenhang zwischen einem dieser Faktoren und der abhängigen Variable Volatilitätsschätzung besteht, nicht abgelehnt werden. Eine Übertragung der gefundenen Zusammenhänge auf die Grundgesamtheit ist daher nicht zulässig.

In einer weiteren Regressionsanalyse sollen abschließend die Zusammenhänge zwischen allen in diesem Unterkapitel untersuchten unabhängigen Variablen und dem Prädiktand Volatilitätsschätzung analysiert werden. Das hierzu aufgestellte Regressionsmodell liefert folgende Ergebnisse.

Tabelle 5.52. Regressionsmodell für die Bedeutung der Prädiktoren Kompetenz, Erfahrung, Bildungsabschluss, Lebensalter, Geschlechtszugehörigkeit sowie Tätigkeitsart

R^2 = ,099 F = ,990	Nicht standardisierte Koeffizienten		Standardisierte Koeffizienten		
	β_i	Standard-fehler	β^*	T	Signifikanz
Konstante	9,560	8,927		1,071	,289
Kompetenz	2,418	1,861	,213	1,299	,199
Erfahrung	-1,327	1,933	-,122	-,686	,495
Bildung	2,293	1,248	,256	1,838	,072
Lebensalter	1,276	1,292	,139	,988	,328
Geschlecht	-1,748	3,985	-,061	-,439	,663
Tätigkeitsart	1,734	2,415	,095	,718	,476

Wiewohl die Erklärungskraft dieses Modells gegenüber den beiden vorherigen Regressionsmodellen steigt, was auch durch den Wert des Bestimmtheitsmaßes R^2 in Höhe von ,099 zum Ausdruck kommt, kann aufgrund des Signifikanzwertes aller Prädiktoren die Nullhypothese, dass alle Regressionskoeffizienten gleich null sind und kein signifikanter Zusammenhang zwischen einem dieser Faktoren und der abhängigen Variable Volatilitätsschätzung besteht, nicht abgelehnt werden. Allein die Prädiktorvariable Bildung weist bei einer angenommenen Irrtumswahrscheinlichkeit von p = ,10 Signifikanz auf. Dies kann zugleich als Vorteil der vorliegenden Versuchsanordnung angesehen werden, da sie den Faktor Bildung insbesondere in Form verschiedener akademischer Abschlüsse explizit berücksichtigt. Experimente mit Studenten sind hierzu nicht in der Lage. Dennoch ist eine Übertragung der aufgefundenen Zusammenhänge auf die Grundgesamtheit aufgrund des gewählten p-Wertes von ,05 nicht zulässig.

Da sämtliche in diesem Unterkapitel analysierten unabhängigen Variablen keine signifikante Erklärungskraft für die Risikowahrnehmung besitzen, liegt die Vermutung nahe, dass die Wahrnehmung von Kursrisiken auf Abhängigkeiten von weiteren zu untersuchenden Faktoren zurückzuführen ist, die dann einen höheren Anteil der Gesamtvarianz explizieren können. Dies ist Gegenstand des nächsten Unterkapitels, in dem die drei aufgestellten Hypothesen getestet werden.

5.1.6.5 Überprüfung der Hypothesen

5.1.6.5.1 Überprüfung von Hypothese 1

Die erste Hypothese „Die Präsentation des Risikos in Form eines Kurs-/Umsatzcharts löst beim Probanden eine ungenauere Wahrnehmung des möglichen zukünftigen Kursrisikos aus als die Präsentation des Risikos in Form eines Kurs-/ Umsatzcharts und weiteren, das Kursrisiko beschreibende Informationen" postuliert einen Zusammenhang zwischen dem Umfang der den Probanden zur Verfügung gestellten Kurs(risiko-)informationen und der Ausprägung ihrer Risikowahrnehmung. Diese wird – wie vorlaufend auch – durch die beiden Variablen Downside-/Upside-Risk sowie erwartete Volatilität operationalisiert. Um möglichst unverzerrte Ergebnisse zu erhalten, bleibt bei den folgenden Analysen die Ausreißerschätzung der Volatilität durch einen Kassahändler jeweils unberücksichtigt.

Die deskriptiven Statistiken der abhängigen Variablen Downside-/Upside-Risk sowie Volatilitätsschätzung sind in Abhängigkeit von der Art der Risikopräsentation in den folgenden Tabellen zusammengestellt.

Tabelle 5.53. Deskriptive Statistiken für die Schätzung des Downside-/Upside-Risk in Abhängigkeit von der Art der Risikopräsentation

	N	Mittelwert	Standardabweichung	Standardfehler	95%-Konfidenzintervall für den Mittelwert: Untergrenze	95%-Konfidenzintervall für den Mittelwert: Obergrenze	Minimum	Maximum
K	32	20,8799	4,15327	,73420	19,3825	22,3773	16,67	32,19
K/V	29	18,5006	1,40719	,26131	17,9654	19,0359	16,67	23,33
Σ	61	19,7488	3,35734	,42986	18,8889	20,6068	16,67	32,19

K: Kurschart K/V: Kurs- und Volatilitätschart

Es fällt auf, dass diejenigen Versuchsteilnehmer, die neben einem Kurschart auch noch einen Volatilitätschart zur Verfügung hatten, gegenüber der anderen Probandengruppe im Durchschnitt eine niedrigere Schätzung des Downside-/Upside-Risk abgaben. Ebenso fällt die Maximumschätzung um knapp zehn Prozentpunkte geringer aus als bei der Gruppe mit ausschließlichem Kurschart als Entscheidungsgrundlage. Des Weiteren scheint die deutlich geringere Streuung bei der Gruppe mit Kurs- und Volatilitätschart erwähnenswert. Allein diese Zahlen deuten darauf hin, dass der Umfang der präsentierten Kurs(risiko-)informationen einen Einfluss besitzt auf die Risikowahrnehmung, die dann in eine Schätzung des Downside-/Upside-Risk mündete.

Ähnlich verhält es sich bei der in der folgenden Tabelle gezeigten Schätzung der erwarteten Volatilität. Auch hier fällt sowohl der Wert der Maximumschätzung als auch die Streuung bei der Probandengruppe mit Kurs- und Volatilitätschart geringer aus als bei der Gruppe mit ausschließlichem Kurschart als Informationsbasis.

Tabelle 5.54. Deskriptive Statistiken für die Volatilitätsschätzung in Abhängigkeit von der Art der Risikopräsentation

					95%-Konfidenzintervall für den Mittelwert			
	N	Mittelwert	Standardabweichung	Standardfehler	Untergrenze	Obergrenze	Minimum	Maximum
K	32	23,1875	9,27514	1,63963	19,8435	26,5315	8,00	40,00
K/V	29	27,0172	8,74284	1,62350	23,6916	30,3428	5,00	35,00
Σ	61	25,0082	9,15628	1,17234	22,6632	27,3532	5,00	40,00

K: Kurschart K/V: Kurs- und Volatilitätschart

Zur Überprüfung der ersten Hypothese ist es erforderlich, eine neue unabhängige Variable aus den beiden Arten der Risikopräsentation Kurschart und Kurs-/ Volatilitätschart mit der Bezeichnung *Risikopräsentation* zu bilden.

In Bezug auf die Schätzung des Downside-/Upside-Risk generiert ein Levene-Test zur Prüfung der Varianzhomogenität zwischen den Gruppen einen p-Wert von ,000. Da dieser unter dem Signifikanzniveau von p = ,05 liegt, ist die Nullhypothese der Varianzgleichheit zwischen den Gruppen abzulehnen. Damit ist die Voraussetzung der Varianzanalyse nicht erfüllt. Trotzdem wird der Prüfprozess auf Basis der im Unterkapitel Auswertungsverfahren erwähnten Argumentation fortgeführt.

Ein F-Test liefert die in der folgenden Tabelle zusammengestellten Ergebnisse.

Tabelle 5.55. Einfluss des Faktors Risikopräsentation auf die Schätzung des Downside-/Upside-Risk

	Quadrat-summe	df	Mittel der Quadrate	F	Signifikanz
Zwischen den Gruppen	86,120	1	86,120	8,609	,005
Innerhalb der Gruppen	590,186	59	10,003		
Gesamt	676,306	60			

Aufgrund des Signifikanzwertes von ,005 kann die Nullhypothese, dass die unabhängige Variable Risikopräsentation keinen Einfluss auf die Schätzung des Downside-/Upside-Risk besitzt, abgelehnt werden. Dies bedeutet, dass die Art der Risikopräsentation einen Einfluss auf die Schätzung des Downside-/Upside-Risk besitzt.

Diese Schlussfolgerung lässt sich auch durch eine Betrachtung der Effektstärke η^2 erhärten; deren mittelgroßer Wert von ,127 macht deutlich, dass 12,7% der Gesamtvarianz durch den Faktor Risikopräsentation erklärt werden kann. Damit besitzt dieser Faktor einen signifikanten Einfluss auf die Wahrnehmung von Kursrisiken.

Hieraus kann gefolgert werden, dass auf Basis dieses Prüfalgorithmus die erste Hypothese nicht verworfen werden kann.

Mit Blick auf die Schätzung der erwarteten Volatilität als abhängige Variable führt ein vorgeschalteter Levene-Test zur Prüfung der Varianzhomogenität zu dem Ergebnis, dass die Annahme der Varianzhomogenität zwischen den Gruppen nicht abgelehnt werden kann ($p = ,433$), sodass die Voraussetzung der Varianzanalyse erfüllt ist.

Ein F-Test erbringt folgende Resultate:

Tabelle 5.56. Einfluss des Faktors Risikopräsentation auf die Schätzung der erwarteten Volatilität

	Quadrat-summe	df	Mittel der Quadrate	F	Signifikanz
Zwischen den Gruppen	223,130	1	223,130	2,739	,103
Innerhalb der Gruppen	4.807,116	59	85,162		
Gesamt	5.030,246	60			

Der Signifikanzwert des F-Tests weist auf einen nicht signifikanten Einfluss des Faktors Risikopräsentation hin, denn die Nullhypothese, dass die unabhängige Variable Risikopräsentation keinen Einfluss auf die Volatilitätsschätzung besitzt, kann aufgrund des Signifikanzwertes von ,103 nicht abgelehnt werden.

Dieses Fazit wird auch durch eine Betrachtung des PRE-Maßes η^2 gestützt, denn sein geringer Wert von ,044 bedeutet, dass nur 4,4% der Gesamtvarianz durch den Faktor Risikopräsentation erklärt werden kann.

Hieraus folgt, dass in Bezug auf die Wahrnehmung des Kursrisikos operationalisiert durch die Volatilitätsschätzung die erste Hypothese abzulehnen ist.

5.1.6.5.2 Überprüfung von Hypothese 2

Die zweite Hypothese „Die gleiche Art der Risikopräsentation löst bei einem Kassamarkthändler und bei einem Terminmarkthändler eine unterschiedliche Risikowahrnehmung aus" reflektiert die vermutete unterschiedliche Intensität im Umgang mit Risikomaßen und -kennziffern zwischen diesen beiden Händlergruppen. Die Tatsache, dass doppelt so vielen Terminhändlern wie Kassahändlern die korrekte Zuordnung von präsentierten Kurzdefinitionen zu den gegebenen Risikomaßen gelang, deutet darauf hin, dass die funktionsbedingte, intensive Auseinandersetzung mit dem Risikokonstrukt bei Terminhändlern eine differenziertere Wahrnehmung von Kursrisiken auslöst als bei Kassahändlern.

Die deskriptiven Statistiken zur Risikowahrnehmung in Abhängigkeit von der Tätigkeitsart sowie dem Umfang der zur Verfügung gestellten Kurs(risiko-)informationen sind in den beiden folgenden Tabellen aufgelistet. Zunächst wird der Zusammenhang mit Blick auf die Schätzung des Downside-/Upside-Risk dargestellt.

Tabelle 5.57. Deskriptive Statistiken für die Schätzung des Downside-/Upside-Risk in Abhängigkeit von der Tätigkeitsart und dem Umfang der Kurs(risiko-)informationen

					95%-Konfidenzintervall für den Mittelwert			
	N	Mittelwert	Standardabweichung	Standardfehler	Untergrenze	Obergrenze	Minimum	Maximum
K/K	14	22,7590	4,93822	1,31979	19,9077	25,6102	18,11	32,19
K/KV	13	18,6075	,92850	,25752	18,0465	19,1686	16,92	20,07
T/K	18	19,4184	2,76364	,65140	18,0441	20,7927	16,67	29,06
T/KV	16	18,4137	1,72879	,43220	17,4925	19,3350	16,67	23,33
Σ	61	19,7488	3,35734	,42986	18,8889	20,6086	16,67	32,19

K/K: Kassahändler mit Kurschart
K/KV: Kassahändler mit Kurs- und Volatilitätschart
T/K: Terminhändler mit Kurschart
T/KV: Terminhändler mit Kurs- und Volatilitätschart

Ein Vergleich der einzelnen Probanden(teil-)gruppen (Kassahändler mit Kurschart im Vergleich zu Terminhändler mit Kurschart bzw. Kassahändler mit Kurs- und Volatilitätschart im Vergleich zu Terminhändler mit Kurs- und Volatilitätschart) zeigt, dass die Terminhändler im Durchschnitt einen geringeren Wert für das Downside-/Upside-Risk schätzten als die Kassahändler. Diese Aussage wird auch durch die Werte des Konfidenzintervalls für den Mittelwert gestützt.

Genau umgekehrt verhält es sich bei der in der folgenden Tabelle gezeigten Schätzung der erwarteten Volatilität. Hier fällt sowohl die durchschnittliche als auch die Maximumschätzung der Terminhändler höher aus als die der jeweiligen Kassahändlergruppe, allerdings – ausweislich der Werte für die Streuung – in einem engeren Intervall.

Tabelle 5.58. Deskriptive Statistiken für die Schätzung der erwarteten Volatilität in Abhängigkeit von der Tätigkeitsart und dem Umfang der Kurs(risiko-)informationen

					95%-Konfidenzintervall für den Mittelwert			
	N	Mittelwert	Standardabweichung	Standardfehler	Untergrenze	Obergrenze	Minimum	Maximum
K/K	14	22,7857	10,83569	2,89596	16,5294	29,0421	8,00	40,00
K/KV	13	25,1538	10,25383	2,84390	18,9575	31,3502	5,00	35,00
T/K	18	23,5000	8,17636	1,92719	19,4340	27,5660	15,00	40,00
T/KV	16	28,5313	7,28805	1,82201	24,6477	32,4148	7,50	35,00
Σ	61	25,0082	9,15628	1,17234	22,6632	27,3532	5,00	40,00

K/K: Kassahändler mit Kurschart
K/KV: Kassahändler mit Kurs- und Volatilitätschart
T/K: Terminhändler mit Kurschart
T/KV: Terminhändler mit Kurs- und Volatilitätschart

Nachfolgend wird nun zunächst geprüft, ob der Faktor Tätigkeitsart (Kassa-/ Terminhändler) einen Einfluss besitzt auf die Risikowahrnehmung. Die Ausreißerschätzung eines Kassahändlers wird hierbei nicht in die Berechnung einbezogen.

Mit Blick auf die Schätzung des Downside-/Upside-Risk bedeutet der p-Wert des vorgeschalteten Levene-Tests in Höhe von ,012, dass die Nullhypothese der Varianzgleichheit zwischen den Gruppen abzulehnen ist. Die Voraussetzung der Varianzanalyse ist somit nicht erfüllt. Aus den im Unterkapitel Auswertungsverfahren dargelegten Argumenten wird der Prüfprozess jedoch trotzdem fortgeführt.

Der im Anschluss durchgeführte F-Test liefert die in der folgenden Tabelle ausgewiesenen Werte.

Tabelle 5.59. Einfluss des Faktors Tätigkeitsart auf die Schätzung des Downside-/Upside-Risk

	Quadrat-summe	df	Mittel der Quadrate	F	Signifikanz
Zwischen den Gruppen	49,549	1	49,549	4,664	,035
Innerhalb der Gruppen	626,757	59	10,623		
Gesamt	676,306	60			

Aufgrund des Signifikanzwertes des F-Tests kann die Nullhypothese, dass der Faktor Tätigkeitsart keinen Einfluss auf die Schätzung des Downside-/Upside-Risk ausübt, abgelehnt werden. Demnach besitzt die Tätigkeitsart einen signifikanten Einfluss auf die Risikowahrnehmung, was auch durch eine mittelgroße Effektstärke mit einem Wert von ,073 belegbar ist.

Hinsichtlich der Schätzung der erwarteten Volatilität generiert ein Levene-Test einen p-Wert von ,067, der signalisiert, dass die Nullhypothese der Varianzhomogenität zwischen den Gruppen nicht abgelehnt werden kann. Die Voraussetzung der einfaktoriellen Varianzanalyse ist damit erfüllt.

Der nachfolgende F-Test liefert folgende Resultate:

Tabelle 5.60. Einfluss des Faktors Risikopräsentation auf die Schätzung der erwarteten Volatilität

	Quadrat-summe	df	Mittel der Quadrate	F	Signifikanz
Zwischen den Gruppen	56,740	1	56,740	,673	,415
Innerhalb der Gruppen	4.973,506	59	84,297		
Gesamt	5.030,246	60			

Aufgrund des Signifikanzwertes von ,415 kann die Nullhypothese, dass der Faktor Tätigkeitsart keinen Einfluss besitzt auf die Schätzung der erwarteten Volatilität, nicht abgelehnt werden. Dieses Fazit wird auch durch den geringen Wert des PRE-Maßes η^2 erhärtet, das mit einem Wert von ,011 verdeutlicht, dass nur 1,11% der Gesamtvarianz der Volatilitätsschätzung mit diesem Faktor explizierbar ist.

Zur Überprüfung der zweiten Hypothese ist es erforderlich, aus der Probandengruppe Kassahändler und den beiden Arten der Risikopräsentation Kurschart bzw. Kurs-/Volatilitätschart sowie der Probandengruppe Terminhändler und den beiden Arten der Risikopräsentation eine neue unabhängige Variable mit der Bezeichnung *Treatment* zu kreieren und deren Einfluss auf die Risikowahrnehmung zu testen. Die Ausreißerschätzung bleibt auch hier unberücksichtigt.

Zur Prüfung des Zusammenhangs zwischen der neuen unabhängigen Variable Treatment und der Schätzung des Downside-/Upside-Risk generiert ein Levene-Test zur Prüfung der Varianzhomogenität zwischen beiden Gruppen einen p-Wert von ,000. Da dieser unter dem Signifikanzniveau von p = ,05 liegt, ist die Nullhypothese der Varianzgleichheit zwischen den Gruppen abzulehnen. Damit ist zwar erneut die Voraussetzung der Varianzanalyse nicht erfüllt. Auf Basis der vorerwähnten Argumentation wird der Prüfprozess dennoch fortgeführt.

Der anschließende F-Test führt zu den nachfolgend zusammengestellten Ergebnissen.

Tabelle 5.61. Einfluss des Faktors Treatment auf die Schätzung des Downside-/Upside-Risk

	Quadrat-summe	df	Mittel der Quadrate	F	Signifikanz
Zwischen den Gruppen	174,271	3	58,090	6,595	,001
Innerhalb der Gruppen	502,034	57	8,808		
Gesamt	676,306	60			

Die Nullhypothese, dass der Faktor Treatment keinen Einfluss besitzt auf die Schätzung des Downside-/Upside-Risk, kann auf Basis dieser Datenkonstellation (p = ,01) abgelehnt werden. Somit kommt diesem Faktor ein signifikanter Einfluss auf die Schätzung des Downside-/Upside-Risk zu. Diese Schlussfolgerung lässt sich auch durch den Wert der Effektstärke η^2 in Höhe von ,258 belegen. Dieser besagt, dass etwas mehr als ein Viertel der Gesamtvarianz der Downside-/Upside-Rsik-Schätzung durch den Faktor Treatment erklärt werden kann.

Auf Basis dieser Ergebnisse kann die zweite Hypothese bezüglich der Schätzung des Downside-/Upside-Risk nicht verworfen werden.

Hinsichtlich des Zusammenhangs zwischen der Volatilitätsschätzung und dem Faktor Treatment liefert ein vorgeschalteter Levene-Test zur Prüfung der Varianzhomogenität zwischen den Gruppen einen Signifikanzwert von ,136. Daher kann die Nullhypothese der Varianzgleichheit nicht abgelehnt werden, und die Voraussetzung der einfaktoriellen Varianzanalyse ist als erfüllt anzusehen.

Ein F-Test führt zu den in der folgenden Tabelle ausgewiesenen Werten.

Tabelle 5.62. Einfluss des Faktors Treatment auf die Schätzung der erwarteten Volatilität

	Quadrat-summe	df	Mittel der Quadrate	F	Signifikanz
Zwischen den Gruppen	308,962	3	102,987	1,243	,303
Innerhalb der Gruppen	4.721,284	57	82,830		
Gesamt	5.030,246	60			

Das Signifikanzniveau des Ergebnisses liegt über dem Prüfniveau von $p = ,05$. Damit kann die Nullhypothese, dass der Faktor Treatment keinen Einfluss besitzt auf die Schätzung der erwarteten Volatilität, nicht abgelehnt werden. Dieses Fazit wird auch durch das PRE-Maß η^2 erhärtet, dessen mittelgroßer Wert von ,061 zum Ausdruck bringt, dass 6,1% der Gesamtvarianz der Volatilitätsschätzung mit dieser Variable erklärbar ist. Hieraus folgt, dass in Bezug auf die Wahrnehmung des Kursrisikos – operationalisiert durch die Volatilitätsschätzung – die zweite Hypothese abzulehnen ist.

5.1.6.5.3 Überprüfung von Hypothese 3

Mit der dritten Hypothese „Je positiver das Selbstkonzept der allgemeinen Leistungsfähigkeit sowie der allgemeinen Entscheidungssicherheit eines Marktteilnehmers ist, desto geringer fällt seine Wahrnehmung von Kursrisiken aus" soll ein vermuteter Zusammenhang nachgewiesen werden zwischen der Ausprägung der Selbstwahrnehmung hinsichtlich der eigenen Leistungsfähigkeit und Entscheidungssicherheit und der Wahrnehmung des Kursrisikos. Ein sich durch eine extrem positive Selbstwahrnehmung in diesen beiden Facetten des Selbstkonzepts auszeichnender Marktteilnehmer könnte (Kurs-)Risiken anders wahrnehmen als eine Person mit einer weniger positiv ausgeprägten Auffassung zur eigenen Leistungsfähigkeit und Entscheidungssicherheit.

Die Auswertung und Verdichtung der Fragen 13 bis 21, mit denen das Selbstkonzept der allgemeinen Leistungsfähigkeit erhoben wurde, führt zu dem Ergebnis, dass bis auf zwei Kassa- und einen Terminhändler alle Probanden über ein positives Leistungsselbstkonzept verfügen, jedoch – wie die folgende Abbildung zeigt – in unterschiedlicher Ausprägung.

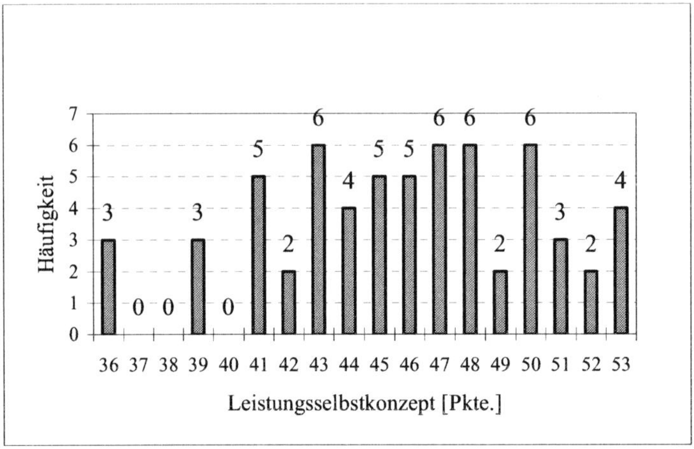

Abb. 5.15. Leistungsselbstkonzept aller Probanden

Eine Differenzierung der Ergebnisse nach der Tätigkeitsart der Probanden führt zunächst zu dem Ergebnis, dass sowohl bei der Gruppe der Kassahändler als auch bei den Terminhändlern der geringste Wert bei 36 Punkten und der höchste bei 53 Punkten liegt. Ein Blick auf die in der folgenden Tabelle aufgelisteten weiteren Verteilungsparameter dekuvriert allerdings bereits Unterschiede.

Tabelle 5.63. Verteilungsmaße des Leistungsselbstkonzepts

					95%-Konfidenzintervall für den Mittelwert			
	N	Mittelwert	Standardabweichung	Standardfehler	Untergrenze	Obergrenze	Minimum	Maximum
K	28	44,6785	4,34659	0,82142	42,9931	46,3640	36	53
T	34	46,7352	4,22337	0,72430	45,2616	48,2089	36	53

K: Kassahändler T: Terminhändler

Der Mittelwert der Kassahändler liegt um annähernd zwei Punkte unter dem der Terminhändler. Dies besagt, dass die letztgenannte Probandenteilgruppe von sich eine tendenziell positivere Selbstwahrnehmung in diesem Bereich besitzt.

Diese Unterschiede in der Verteilung werden in der folgenden Grafik nochmals verdeutlicht.

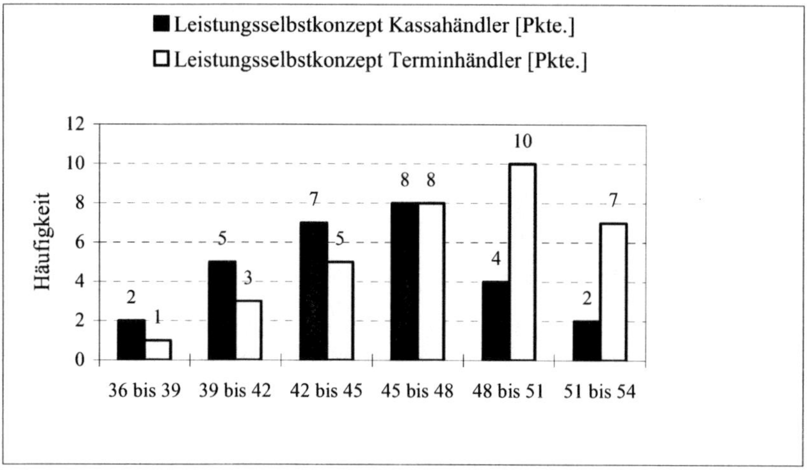

Abb. 5.16. Leistungsselbstkonzept Kassa-/Terminhändler

Die folgende Tabelle stellt einen Zusammenhang her zwischen der Tätigkeitsdauer der Probanden und der Ausprägung ihres Leistungsselbstkonzepts. Aus den Zahlen lässt sich feststellen, dass die Selbstwahrnehmung bezüglich der eigenen Leistungsfähigkeit mit zunehmender Tätigkeitsdauer tendenziell steigt. Hieraus kann – bezogen auf das händlerische Leistungspotential – ein positiver Zusammenhang abgeleitet werden. Aus der Tätigkeitsdauer generieren sich Berufserfahrungen, die wiederum in einer positiven Meinung zur eigenen beruflichen Leistungsfähigkeit ihren Niederschlag finden.

Tabelle 5.64. Leistungsselbstkonzept in Abhängigkeit von der Tätigkeitsdauer

Tätigkeitsdauer Punktzahl	< 1 J.	1-3 J.	4-6 J.	6-8 J.	> 8 J.
36-39	0	1	0	0	2
40-43	2	2	3	0	3
44-47	4	5	3	1	7
48-51	1	5	3	3	8
> 51	2	0	3	1	3

Ein vergleichbares Bild zeigt sich bei der Analyse des Leistungsselbstkonzepts in Abhängigkeit vom Lebensalter. Auch hier finden sich die hohen Punktwerte verstärkt bei den etwas älteren Probanden, was wiederum korreliert mit der hiermit verknüpften Berufserfahrung.

Tabelle 5.65. Leistungsselbstkonzept in Abhängigkeit vom Lebensalter

Lebensalter Punktzahl	25-30 J.	31-35 J.	36-40 J.	41-45 J.	> 46 J.
36-39	1	0	2	0	0
40-43	5	2	3	0	0
44-47	8	4	6	0	2
48-51	4	5	10	1	0
> 51	3	3	2	1	0

Ein Geschlechtervergleich zeigt, dass die Probandinnen ihr Leistungsselbstkonzept eher im mittleren Bereich des oberen Segments sahen, während die Mehrheit der männlichen Versuchsteilnehmer ihre persönliche Leistungsfähigkeit tendenziell etwas höher einordnete.

Tabelle 5.66. Leistungsselbstkonzept in Abhängigkeit von der Geschlechtszugehörigkeit

Geschlecht Punktzahl	Weiblich	Männlich
36-39	0	3
40-43	0	10
44-47	6	14
48-51	1	19
> 51	0	9

Eine weitergehende Differenzierung des Leistungsselbstkonzepts der Probanden in Abhängigkeit von der Art der präsentierten Informationen lässt sich sachlich nicht begründen und kann daher unterbleiben.

Die Auswertung und Verdichtung der Fragen 22 bis 26, mit denen das Selbstkonzept der allgemeinen Entscheidungsfähigkeit erhoben wurde, führt zu ähnlichen Ergebnissen wie die Erhebung des Leistungsselbstkonzepts. Bis auf drei Kassahändler besitzen alle Probanden ein positives Entscheidungsselbstkonzept, jedoch – wie die folgende Abbildung zeigt – in unterschiedlicher Ausprägung.

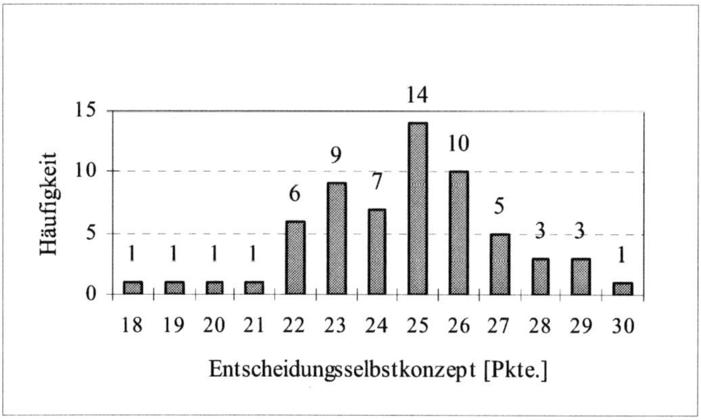

Abb. 5.17. Entscheidungsselbstkonzept aller Probanden

Eine Differenzierung der Ergebnisse hinsichtlich der Tätigkeitsart der Probanden zeigt, dass auch hier die Teilgruppe der Terminhändler im Vergleich zu den Kassahändlern im Mittel über ein leicht positiveres Selbstbild hinsichtlich ihrer Entscheidungssicherheit verfügen. Der Wert für die Streuung weist ferner darauf hin, dass die Terminhändler in diesem Bereich des Selbstkonzepts in Relation zu den Kassahändlern eine homogenere Gruppe bilden.

Tabelle 5.67. Verteilungsmaße des Entscheidungsselbstkonzepts

	N	Mittelwert	Standardabweichung	Standardfehler	95%-Konfidenzintervall für den Mittelwert: Untergrenze	95%-Konfidenzintervall für den Mittelwert: Obergrenze	Minimum	Maximum
K	28	24,0714	2,81436	0,53186	22,9801	25,1627	18	30
T	34	25,2058	1,85504	0,31813	24,5586	25,8531	22	29

K: Kassahändler T: Terminhändler

Diese Unterschiede in der Verteilung werden auch hier in der folgenden Grafik nochmals verdeutlicht.

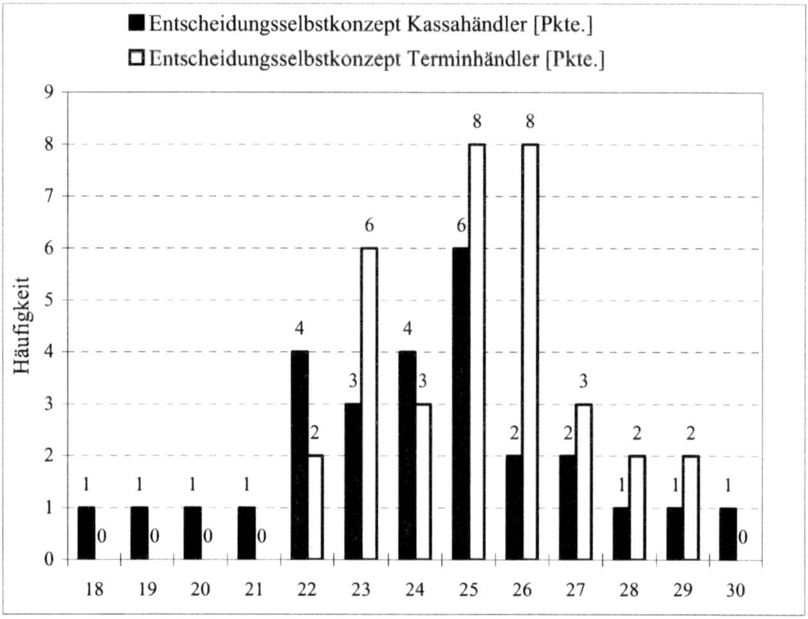

Abb. 5.18. Entscheidungsselbstkonzept Kassa-/Terminhändler

Der Zusammenhang zwischen den Werten des Entscheidungsselbstkonzepts und der Tätigkeitsdauer ist dem zwischen Leistungsselbstkonzept und Tätigkeitsdauer vergleichbar: Aus einer langen Händlertätigkeit leitet sich ein ausgeprägtes Selbstbild der eigenen Entscheidungssicherheit ab.

Tabelle 5.68. Entscheidungsselbstkonzept in Abhängigkeit von der Tätigkeitsdauer

Tätigkeitsdauer Punktzahl	< 1 J.	1-3 J.	4-6 J.	6-8 J.	> 8 J.
17-19	1	0	0	0	1
20-22	2	3	2	0	1
23-25	3	6	4	3	14
26-28	3	3	5	2	5
> 28	0	1	1	0	2

Etwas differenzierter stellt sich das Bild zwischen Entscheidungsselbstkonzept und Lebensalter dar. Hier zeigt sich, dass auch relativ junge Probanden bereits über ein ausgeprägtes Selbstbild der Entscheidungssicherheit verfügen und die Gruppe der 25- bis 30-Jährigen mit derjenigen der 36- bis 40-Jährigen vergleichbar ist. Es fällt auf, dass bei den über 40-Jährigen kein Versuchsteilnehmer mehr als 28 Punkte erreichte.

Tabelle 5.69. Entscheidungsselbstkonzept in Abhängigkeit vom Lebensalter

Lebensalter / Punktzahl	25-30 J.	31-35 J.	36-40 J.	41-45 J.	> 46 J.
17-19	1	0	1	0	0
20-22	4	2	2	0	0
23-25	10	4	13	1	2
26-28	6	6	6	0	0
> 28	0	2	1	1	0

Ein Geschlechtervergleich zeigt, dass sowohl die weiblichen als auch die männlichen Experimentteilnehmer ein ausgeprägtes Selbstbild ihrer Entscheidungssicherheit besitzen, wobei sich vier männliche Probanden aber keine Probandin in die höchste Kategorie (> 28 Punkte) einstuften.

Tabelle 5.70. Entscheidungsselbstkonzept in Abhängigkeit von der Geschlechtszugehörigkeit

Geschlecht / Punktzahl	Weiblich	Männlich
17-19	1	1
20-22	1	7
23-25	2	28
26-28	3	15
> 28	0	4

Eine in der Sache liegende Begründung für eine weitergehende Differenzierung des Entscheidungsselbstkonzepts der Probanden in Abhängigkeit von der Art der präsentierten Informationen lässt sich auch hier nicht finden und unterbleibt daher.

Leistungsselbstkonzept und Entscheidungsselbstkonzept der Versuchsteilnehmer korrelieren hoch signifikant ($p < 0{,}01$) mit einem Korrelationskoeffizienten nach Pearson in Höhe von r = ,561**.

Zur Überprüfung der dritten Hypothese wurde eine Korrelationsberechnung durchgeführt zwischen dem Leistungs- und Entscheidungsselbstkonzept der Probanden einerseits und der mit den Fragen vier und fünf erhobenen Schätzung der zukünftigen Volatilität bzw. des erwarteten Downside-/Upside Risk andererseits. Die Ausreißerschätzung wurde an dieser Stelle mit berücksichtigt.

Die jeweiligen Korrelationskoeffizienten nach Pearson sind in der folgenden Tabelle ausgewiesen.

Tabelle 5.71 Korrelationen zwischen Selbstkonzept und Risikowahrnehmung

	Leistungsselbstkonzept	Entscheidungsselbstkonzept
Volatilität	-,059	-,059
Downside-/Upside-Risk	-,965***	-,618***

Wenngleich der absolute Wert des Korrelationskoeffizienten nach Pearson bei der Schätzung der erwarteten Volatilität vergleichsweise gering ausfällt und damit einen relativ schwachen Zusammenhang signalisiert, so weist doch das Vorzeichen auf den mit der dritten Hypothese vermuteten Zusammenhang hin. Umso deutlicher bestätigt der Zusammenhang zwischen dem Leistungs- und Entscheidungsselbstkonzept und der Schätzung des Downside-/Upside-Risk den vermuteten Zusammenhang. Ein jeweils höchst signifikanter ($p < 0,001$) Korrelationskoeffizient nach Pearson mit einem negativen Vorzeichen weist darauf hin, dass mit zunehmender Ausprägung des Selbstkonzepts eine rückläufige Wahrnehmung des Kursrisikos verknüpft ist.

5.1.7 Mögliche Auswirkungen der Testergebnisse auf die Preisbildung von Optionen

Wiewohl drei Viertel aller Versuchsteilnehmer Risiko im Kapitalmarktkontext mit dem Volatilitätsbegriff assoziierten, gehen die Volatilitätsschätzungen mit einer Spannweite von 75 Prozentpunkten sehr weit auseinander. Selbst ohne Berücksichtigung der Ausreißerschätzung liegt die Spannweite der abgegebenen Volatilitätsschätzungen noch bei 35 Prozentpunkten. Diese Divergenz in der Volatilitätsschätzung zählt zu den herausgehobenen Resultaten dieser Studie und ist – wie gezeigt wurde – unabhängig von der Tätigkeitsart (Kassa-/Terminhändler).

Im Hinblick auf die Optionspreisbestimmung ist ferner der Befund von Bedeutung, dass Händler mit ausschließlichem Kurs-/Umsatzchart als Informationsgrundlage die Frage nach der Ambiguität häufiger zustimmend beantworteten als die Gruppe derjenigen Probanden, die additiv noch einen Volatilitätschart zur Entscheidungsfindung zur Verfügung hatte. Hieraus kann gefolgert werden, dass der Grad der Unsicherheit bei der Kursprognose negativ korreliert mit dem Umfang der zur Verfügung stehenden Kurs(risiko-)informationen. Zur Analyse des Kursrisikos sollten daher Händler die künftige Kursentwicklung beschreibende Daten und Informationen in höchstmöglichem Umfang sammeln und auswerten.

Unter Kurs(risiko-)informationen lassen sich sowohl historische Kurs- und Volatilitätsdaten als auch entsprechende Schätzungen für zukünftige Werte subsumieren. Während historische Daten zum Kurs- und Volatilitätsverlauf als Mindeststandard angesehen werden können, sollten dem Händler auch die Ergebnisse von Prognoseberechnungen zur Verfügung stehen. Hierunter fallen die

Resultate von Konfidenzrechnungen ebenso wie die Ergebnisse von ökonometrischen Ansätzen (ARIMA-, (G)ARCH-Modelle) und Monte-Carlo-Simulationen.[80]

Je konturierter sich das mögliche zukünftige Kurs- und Volatilitätsszenario dem Marktteilnehmer erschließt, desto präziser sollte seine Kurs- und Volatilitätsprognose ausfallen und desto realitätsnaher sollte der Wert einer Option bestimmt werden können. Ob aus einer solchen trennscharfen Bestimmung des Optionspreises auch zugleich Verbesserungen im Handelsergebnis eines Market Makers resultieren, könnte Gegenstand zukünftiger Forschungsarbeiten sein.

Da der Wert einer Option – wie in Kapitel drei ausgeführt – in sehr starkem Maß von der erwarteten Volatilität des Basiswerts abhängt, zeigen die Ergebnisse dieser Studie, dass in der Realität *der* eindeutig bestimmbare faire Wert einer Option nicht existiert. Diese Aussage lässt sich mit den Volatilitätsschätzungen der Probanden unmittelbar begründen. Würden diese als Volatilitätsparameter in einem Optionsbewertungsmodell Verwendung finden, wären – wie dargelegt wurde – extrem divergierende Optionspreise die Konsequenz. Hieraus könnte das Erfordernis abgeleitet werden, die Bewertung von Optionen um eine *behavioristische Komponente* der Volatilitätsschätzung zu erweitern, beispielsweise in Form eines so genannten *Behavior-Terms* zur Erfassung der Divergenz der Volatilitätsschätzungen unter den Markteilnehmern.

Wenn Market Maker auf Basis einer behavioristischen Optionsbewertung ihre Quotierung vornehmen, könnte es darüber hinaus erforderlich werden, die in Kapitel zwei skizzierten Spreadkomponentenmodelle um *Behavior-Kosten* zu erweitern. Hierunter ließe sich der Grad an Unsicherheit subsumieren, der sich aus dem Wissen um die heterogenen Volatilitätsschätzungen aller Marktteilnehmer ableitet.

5.1.8 Diskussion der Ergebnisse und Methodenkritik

An dieser Stelle erfolgt eine kritische Reflexion ausgewählter Ergebnisse dieser experimentellen Studie zur verhaltenswissenschaftlichen Erklärung der Risikowahrnehmung.

Gemäß Untersuchungsdesign nahmen die Probanden den Risikogehalt des selektierten Finanztitels zunächst visuell wahr. Durch ein intensives Betrachten des präsentierten Kurs-/Umsatzcharts bzw. des bei einigen Probanden additiv dargebotenen Volatilitätscharts ergab sich ein mentales Bild bezüglich des Risikogehalts der Aktie. Dieser individuell wahrgenommene Risikogehalt des Wertpapiers manifestierte sich sodann in der Schätzung des Downside- und Upside-Risk sowie in der Schätzung der erwarteten Volatilität.

---

[80] Vgl. hierzu auch die Ausführungen in Kap. 3.2.3

Dieser mentale Prozess der Risikowahrnehmung wird von verschiedenen Faktoren beeinflusst. Im Rahmen dieser Studie wurden im Besonderen die Faktoren Ambiguität, verstanden als Manifestation einer subjektiv empfundenen Unsicherheit in Bezug auf die künftige Kursentwicklung eines Wertpapiers aufgrund unvollständiger Informationsgrundlage, Kompetenz sowie Erfahrung mit der Prognose von Kursen untersucht. Das Ergebnis von Korrelationsanalysen weist darauf hin, dass

1. Händler mit einer hohen selbst eingeschätzten Kompetenz hinsichtlich der Prognose von Kursen sich bei der Kursprognose tendenziell nicht unsicher fühlen und einen geringen Ambiguitätsgrad aufweisen,
2. Händler mit einem ausgeprägten Selbstbild bezüglich ihrer Erfahrungen mit der Prognose von Kursen eine geringe Unsicherheit bei der Kursprognose empfinden,
3. das Ausmaß der Ambiguität mit länger werdender Tätigkeitsdauer als Händler und fortschreitendem Lebensalter tendenziell sinkt,
4. die wahrgenommene Kompetenz hinsichtlich der Prognose von Kursen mit dem Lebensalter und der hiermit eng verknüpften Tätigkeitsdauer steigt,
5. die selbst eingeschätzte Erfahrung mit der Prognose von Kursen sowohl mit dem Lebensalter als auch mit der Tätigkeitsdauer als Händler positiv korreliert.

Dieser Befund könnte dann die Basis für Overconfidence darstellen, wenn die der eigenen Person zugeschriebenen, vermuteten Fähigkeiten systematisch überschätzt werden und nicht positiv mit realisierten Handelsergebnissen korrelieren. Eine diesbezügliche ex post-Analyse der Güte der Volatilitätsschätzung zeigte auf, dass bei einem Großteil der Versuchsteilnehmer die Qualität ihrer Prognose steigerungsfähig ist. Eine Korrelationsanalyse der Volatilitätsschätzer dieser Probanden mit ihren Werten für Ambiguität, Kompetenz und Erfahrung bestätigte aufgrund der Höhe des jeweiligen Korrelationskoeffizienten die vermutete Neigung zu Overconfidence zwar nicht, konnte sie im statistischen Sinn aber auch nicht widerlegen.

Die durchgeführten ein- und mehrfaktoriellen Varianzanalysen belegen, dass keiner der Faktoren Ambiguität, Kompetenz, Erfahrung und Geschlechtszugehörigkeit einen signifikanten Einfluss besitzt auf die Wahrnehmung von Kursrisiken. Lediglich die Variablen Bildungsabschluss und Lebensalter können als maßgebliche Einflussfaktoren der Risikowahrnehmung angesehen werden.

Auf den ersten Blick erstaunen mag die Tatsache, dass sowohl die erste Hypothese („die Präsentation des Risikos in Form eines Kurs-/Umsatzcharts löst beim Probanden eine ungenauere Wahrnehmung des möglichen zukünftigen Kursrisikos aus als die Präsentation des Risikos in Form eines Kurs-/Umsatzcharts und weiteren, das Kursrisiko beschreibende Informationen“) als auch die zweite Hypothese („die gleiche Art der Risikopräsentation löst bei einem Kassamarkthändler und bei einem Terminmarkthändler eine unterschiedliche Risikowahrnehmung aus“) bei Zugrundelegung der Volatilitätsschätzung als abhängige

Variable und Synonym für die Risikowahrnehmung abzulehnen ist, dass beide jedoch bei Zugrundelegung des Downside-/Upside Risk als abhängige Variable und Synonym für die Risikowahrnehmung nicht verworfen werden konnte.

Eine Erklärung für diese Divergenz der Ergebnisse kann in der Inkonsistenz der von den Probanden abgegebenen Schätzungen gefunden werden. Wie im Abschnitt Analyse der Risikowahrnehmung gezeigt, fiel die unmittelbare Schätzung der Volatilität im Durchschnitt 5,26% höher aus als die Schätzung des Downside-/Upside-Risk. Diese Inkonsistenz lässt sich mit unterschiedlichen Kenntnissen hinsichtlich dieser beiden Risikokennziffern explizieren.

Wird die Effektstärke η^2 als Güteindikator der varianzanalytischen Testergebnisse herangezogen, so zeigt sich bezüglich der ersten Hypothese, dass im Fall der unmittelbaren Volatilitätsschätzung als abhängige Variable lediglich 4,4% der Gesamtvarianz durch den Faktor Risikopräsentation erklärt werden können, während es bei der Schätzung des Downside-/Upside Risk 12,7% der Gesamtvarianz sind.

Mit Blick auf die zweite Hypothese stellt sich das Ergebnis ähnlich dar. Im Fall der direkten Volatilitätsschätzung besitzt das PRE-Maß η^2 einen mittelgroßen Wert von 6,1%, während es bei Verwendung des Downside-/Upside Risk als abhängige Variable und Synonym für die Risikowahrnehmung mit 25,8% erklärtem Anteil der Gesamtvarianz deutlich höher ausfällt.

Mit der dritten Hypothese („je positiver das Selbstkonzept der allgemeinen Leistungsfähigkeit sowie der allgemeinen Entscheidungssicherheit eines Marktteilnehmers ist, desto geringer fällt seine Wahrnehmung von Kursrisiken aus") wurde schließlich der Einfluss der mehr oder weniger überdauernden Einstellungen (*Attitüden*) einer Person in Form von Kognitionen und Emotionen gegenüber sich selbst auf die Wahrnehmung von Kursrisiken analysiert. Der mit dieser Hypothese vermutete Zusammenhang konnte bestätigt werden: die Wahrnehmung von Kursrisiken fällt tendenziell umso geringer aus, je ausgeprägter das Selbstbild des Marktteilnehmers hinsichtlich seiner Leistungsfähigkeit und Entscheidungssicherheit ist. Aus einem solchen Selbstbild-Profil könnte dann eine Tendenz zu Overconfidence entstehen, wenn die eigenen Fähigkeiten systematisch überschätzt werden und nicht in einer positiven Korrelation zu realisierten Handelsergebnissen stehen.

Dieses Resultat stellt eine Bestätigung des behavioristischen Ansatzes zur Erklärung des Kapitalmarktgeschehens dar. Nicht das Leitbild des rationalen Kapitalmarktteilnehmers prägt das reale Marktgeschehen, sondern vielmehr die von personalen Einflussfaktoren gesteuerte Risikowahrnehmung der Marktteilnehmer. Für Personalabteilungen von Banken lässt sich aus diesem Befund als Handlungsempfehlung ableiten, sich bei Bewerbergesprächen ein konturiertes Bild von der selbst wahrgenommenen Leistungsfähigkeit und Entscheidungssicherheit des potentiellen Mitarbeiters zu machen und dieses nach Möglichkeit mit seinen historischen Leistungen in Form eines *Trader-Track Record* zu verifizieren.

Auffallend ist der niedrige Frauenanteil an der gesamten Probandengruppe. Hieraus könnte – wie bereits an anderer Stelle ausgeführt – für eine Bank ein systematisches Risiko entstehen, wenn Männer (Kurs-)Risiken anders wahrnehmen als Frauen. Im Anschluss an die Studie mit einigen Händlerinnen durchgeführte qualitative Befragungen bestätigten diese Vermutung. Dabei wurde ausgeführt, dass nicht selten kontroverse Diskussionen zwischen Händlerinnen und Händlern bezüglich der Einschätzung der aktuellen Kapitalmarktsituation geführt werden. Hierbei verläuft die Trennlinie der Meinungen häufig zwischen den Geschlechtern.

Zwar lässt sich ex ante nie feststellen, ob die Meinung der einen oder der anderen Geschlechtergruppe richtig ist und die zukünftige Marktentwicklung korrekt antizipiert. Doch aus Sicht der Risikosteuerung könnte als Handlungsempfehlung hieraus abgeleitet werden, ein Handelsteam immer sowohl aus Männern als auch aus Frauen zu konstituieren, um eine geschlechtsinduzierte Absicherung von Portfoliorisiken zu gewährleisten.

Ein weiteres prägnantes Merkmal der Probandengruppe ist der mit deutlich mehr als 90% sehr hohe Anteil der unter 40-Jährigen. Eine solche Altersstruktur in Handelsteams von Banken bedeutet einerseits, die (geistige) Flexibilität und Energie sowie den Elan junger Menschen gezielt zu nutzen. Andererseits verfügen junge Händler nicht über das Maß an Berufserfahrung, das im Alter schon etwas fortgeschrittene Händler besitzen können. Kritisch hierbei ist jedoch zu sehen, dass sowohl zwischen Tätigkeitsdauer und der selbsteingeschätzten Kompetenz hinsichtlich der Prognose von Kursen als auch zwischen Tätigkeitsdauer und der Erfahrung mit der Kursprognose eine hoch signifikante positive Korrelation besteht. Dieser Befund könnte dann als Tendenz zu Overconfidence interpretiert werden, wenn sich die realisierten Handelserfolge eines Marktteilnehmers nicht in einer positiven Korrelation befinden zu seinem Kompetenz- und Erfahrungsselbstbild. Aus diesem Befund kann als Handlungsempfehlung für das Management einer Bank abgeleitet werden, bei der Zusammensetzung von Handelsabteilungen auf eine Balance zwischen jüngeren und etwas älteren, berufserfahrenen Händlern zu achten.

Sodann wurde gezeigt, dass sich die Gesetze der Psychophysik auf den Kapitalmarkt transformieren lassen. Die Existenz einer Unterschiedsschwelle der Kursrisikowahrnehmung kann als Beleg für die Existenz psychophysischer Gesetzmäßigkeiten auch im Kapitalmarktkontext dienen.

Zu den wichtigen Bestandteilen jeder empirischen Arbeit zählt eine abschließende Methodenkritik. Denn häufig stellt sich erst im Verlauf der Untersuchung heraus, ob und welche Untersuchungsschritte oder Vorgehensweisen suboptimal waren. Die Methodenkritik erlaubt einerseits eine realistische Einordnung der

Ergebnisse und bietet andererseits Verbesserungschancen für das Design zukünftiger Experimente.

Wird in der experimentellen Kapitalmarktforschung die Methode der (schriftlichen) Befragung eingesetzt, so kann das Objekt der wissenschaftlichen Untersuchung – der Proband – das Ergebnis wissentlich oder unabsichtlich beeinflussen. Je nach Ausmaß der Veränderungsmöglichkeiten wird in der Literatur von Beschönigungs- bis zu Verfälschungstendenzen gesprochen.[81] Hierfür sind situative Faktoren des Probanden wie Euphorie oder Dysphorie, Anregung oder Ermüdung sowie körperliches Wohlbefinden oder akutes Missbehagen sowohl vor als auch während der Versuchsphase verantwortlich.[82] Diese auf das Untersuchungsergebnis einwirkenden Faktoren lassen sich durch den Versuchsleiter wenig beeinflussen und – da psychologischer Provenienz – kaum kontrollieren.

Andere kognitive Effekte aus den Bereichen Konzentration, Informationsverarbeitung und Selbstbeobachtung wirken sich ebenfalls auf die Testergebnisse aus und können vom Versuchsleiter unbemerkt zu unkontrollierbaren Verzerrungen führen. Irrtümliche oder ganz einfach „zufällige" Ergebnisse lassen sich somit nicht gänzlich ausschließen.[83] Als die wesentliche Voraussetzung eines Fragebogenverfahrens wird daher in der Literatur eine angemessene Motivation des Probanden zur wahrheitsgemäßen Beantwortung genannt.[84]

Wird ein Fragebogen unter Beachtung aller Konstruktionskriterien sorgfältig zusammengestellt, lassen sich trotzdem bestimmte unerwünschte Effekte nie ganz exkludieren. So kann jede Frage und die zu ihr gehörende Antwortmöglichkeit einen Einfluss besitzen auf die nachfolgende(n) Frage(n) in der Weise, dass sich die Beantwortung der Folgefrage(n) an der vorangegangenen Frage oder den bereits gegebenen Antworten orientiert (*Halo-Effekt*).[85]

Als weiterer Urteilsfehler, dessen Existenz in der vorliegenden Versuchsanordnung nicht völlig auszuschließen ist, wird in der Literatur der so genannte Self-Serving-Bias erwähnt.[86] Hierunter wird die Antworttendenz verstanden, eine Selbstbeurteilung eher selbstwertstützend als selbstkritisch abzugeben.

Eine weitere Fehlerquelle gerade bei psychologischen Fragen wie den selektierten Items aus den Frankfurter Selbstkonzeptskalen (FSKN) stellt die Antworttendenz in Richtung der sozialen Erwünschtheit (*social desirability*) dar.[87]

---

[81] Vgl. Mummendey (1987) S. 159.
[82] Vgl. Lienert/Raatz (1994) S. 167.
[83] Vgl. Bortz/Döring (2002) S. 230f.
[84] Vgl. Deusinger (1986) S. 54.
[85] Vgl. Schnell/Hill/Esser (1999) S. 320; Mayer (2002) S. 93.
[86] Vgl. Bortz/Döring (2002) S. 183.
[87] Vgl. Mummendey (1987) S. 161-164; Bortz/Döring (2002) S. 233-235; Mayer (2002) S. 92f.

Hierunter wird die Neigung von Probanden verstanden, mit der vermuteten Norm übereinstimmend zu antworten. Deusinger (1986) stellt klar heraus, dass sich Selbstkonzepte an sozial erwünschten Merkmalen orientieren, und dass sozial erwünschte Merkmale vom Individuum angestrebt werden. Ihre Hypothese der Generalität eines positiven Selbstkonzepts impliziert demnach den Wunsch eines psychisch gesunden Individuums, sich vorwiegend mit sozial erwünschten Merkmalen wahrzunehmen und zu beschreiben.[88] Die Testwerte der FSKN sind psychologisch betrachtet nur dann interpretierbar, wenn die Versuchsteilnehmer hinreichend motiviert die Fragen beantworten und sich bereit finden, die Bewertungen zur eigenen Person offen darzulegen.[89]

Bezogen auf die Teilnehmer des vorliegenden Experiments könnte die Vermutung geäußert werden, dass sie sich bei der Beantwortung der Fragen zum allgemeinen Selbstkonzept der Leistungsfähigkeit und Entscheidungssicherheit von einem imaginären Idealbild des erfolgreichen, professionellen Kapitalmarktteilnehmers leiten ließen und entsprechende Antwortmöglichkeiten selektierten. Dieser Gedanke würde jedoch in Bezug auf das Verhalten der Probanden eine zu Recht Indignation hervorrufende Unterstellung bedeuten, die sich durch das gewählte Experimentdesign nicht rechtfertigen lässt. Die Gewährleistung einer absoluten Anonymität sowie die Zusicherung der vertraulichen Behandlung der Ergebnisse mögen als hinreichende Argumente für das Fehlen eines Anreizes zur sozial erwünschten Beantwortung der Fragen dienen.

Im Gegenteil konnte beobachtet werden, dass alle Versuchsteilnehmer der vorliegenden Studie sehr konzentriert, zügig und gewissenhaft den Fragebogen bearbeiteten. Insofern lassen sich die vorerwähnten grundsätzlichen methodischen Bedenken zwar nicht gänzlich entkräften; sie können jedoch auch mit jeder anderen Methodik nicht final gelöst werden. Insofern können die gewählte Versuchsanordnung und das selektierte Experimentsdesign als für den Zweck dieser Studie zielführend angesehen werden.

[88] Vgl. Deusinger (1986) S. 19f.
[89] Vgl. Deusinger (1986) S. 53.

5.2 Empirische Studie zum Einfluss von exogenen Faktoren auf die Dimensionierung der Geld-Brief-Spanne

5.2.1 Zielsetzung und Einordnung in die Literatur

Die Geld-Brief-Spanne stellt einen wesentlichen Faktor für die Dimensionierung der Liquidität eines Finanzmarktes dar.[90] Diesbezüglich wurde in Kapitel 2.3.2 das Ergebnis zahlreicher sowohl experimenteller als auch empirischer Studien referiert, die als Erkenntnisziel die Analyse der Liquidität eines Wertpapiermarktes in Abhängigkeit von der Geld-Brief-Spanne verfolgen. An dieser Stelle sollen zur Fundierung der Vorgehensweise im Rahmen der vorliegenden Studie die wesentlichen Ergebnisse dieser Untersuchungen nochmals Erwähnung finden.

Die Geld-Brief-Spanne deckt die Kosten der Anbieter von Sofortigkeitsservice für die Bearbeitung und Abwicklung von Orders ab.

Market Maker lassen sich bei ihrer Quotierungsstrategie von der Struktur ihres Portfolios leiten.

Wesentlicher Bestimmungsfaktor der Geld-Brief-Spanne sind die Kosten adverser Selektion.

Ein weiterer Bestimmungsfaktor der Geld-Brief-Spanne stellt die Konkurrenzsituation der Market Maker dar. Eine hohe Konkurrenz unter Market Makern besitzt eine die Geld-Brief-Spanne verringernde Wirkung.

Die Weite der Geld-Brief-Spanne ist positiv korreliert mit der Anzahl der Market Maker, die in einem Finanztitel Kurse stellen.

Die Weite der Geld-Brief-Spanne variiert im Tagesverlauf: eine große, die Unsicherheit der Market Maker bezüglich des zukünftigen Kursverlaufs reflektierende Geld-Brief-Spanne unmittelbar nach Handelsbeginn wird von einer im Handelsverlauf abnehmenden Geld-Brief-Spanne abgelöst.

Allen aufgeführten Ergebnissen gemein ist eine tendenziell markt*technische* Argumentationslinie. Eine Ausnahme hiervon könnte bei dem zuletzt genannten Untersuchungsergebnis gesehen werden, das die Dimensionierung der Geld-Brief-Spanne mit der Person des Market Makers, konkret seiner Ambiguitätssituation zu Beginn eines Handelstages, verknüpft. An genau dieser Stelle, der Person des Market Makers, setzt die vorliegende Studie an. Motivation hierfür ist die von Hirshleifer/Shumway (2003) getätigte Aussage, dass „(a) useful direction for fu-

[90] Vgl. hierzu auch Schiereck (1995) S. 24-26.

ture experimental research will be to examine the effects of mood or weather on trading behaviour."[91]

In Kapitel 4 wurden neben anderen Konstrukten Stimmungen und Emotionen als personale Einflussfaktoren der Risikowahrnehmung analysiert. Dabei wurde herausgearbeitet, dass die Risikowahrnehmung nicht nur als ein kognitives, sondern auch als ein affekt-basiertes Konstrukt zu interpretieren ist. Zwischen der Wahrnehmung von (Kurs-)Risiken und der momentanen emotionalen Situation eines Market Makers besteht ein unmittelbarer Zusammenhang. Emotionale Zustände – so die Kernaussage des Affect-Infusion-Model von Forgas (1995) – interagieren mit der Wahrnehmung des Marktteilnehmers und beeinflussen seine Handelsentscheidungen.

Es wurde festgestellt, dass sich ein Kapitalmarktakteur in gehobener Stimmung eher an positive Aspekte eigener Transaktionen beispielsweise in Form nennenswerter Gewinne erinnert, während ihm Verluste mit einer geringeren Wahrscheinlichkeit ins Gedächtnis zurückkommen. Bilden solche, lediglich selektiven Erinnerungen die Grundlage für die Quotierungsstrategie eines Market Makers im aktuellen Marktumfeld, kann dies im Fall der gehobenen Stimmung zu einer tendenziellen Überschätzung der eigenen händlerischen Fähigkeiten führen (*overconfidence*). Eine gedrückte Stimmung hingegen sollte eher zu einer Überschätzung der potentiellen Kursrisiken führen.

Des Weiteren wurden mehrere Arbeiten referiert, die als exogenen, auf die Stimmung eines Kapitalmarktteilnehmers einwirkenden Faktor das Wetter analysieren. Die zitierten Autoren lassen sich von der aus der Psychologie bekannten Erkenntnis leiten, dass das Wetter einen erheblichen Einfluss auf die Stimmungslage des Menschen besitzen kann. Dabei wird die Bewölkungsdichte (*total sky cover*) als diejenige Wettervariable verwendet, die – Ergebnissen psychologischer Forschung folgend – den bedeutendsten Einfluss auf die Stimmung des Menschen besitzt.

In der vorliegenden Studie soll daher als erstes Erkenntnisziel ein möglicher Einfluss des Wetters auf die Dimensionierung der Geld-Brief-Spanne am deutschen Kapitalmarkt untersucht werden. Basierend auf den für den amerikanischen Kapitalmarkt herausgearbeiteten Ergebnissen ist zu prüfen, ob sich auch am deutschen Kapitalmarkt das Wetter als eine die Stimmung der Market Maker und damit die Geld-Brief-Spanne beeinflussende Variable isolieren lässt. Hierfür wird das Design der Studie von Goetzmann/Zhu (2005) übernommen und auf die Belange des Kassamarktes am Beispiel des Xetra-Börsensegments adaptiert.

In Anlehnung an Goetzmann/Zhu (2005) wird als erste Hypothese folgender Zusammenhang geprüft:

---

[91] S. Hirshleifer/Shumway (2003) S. 1029.

Hypothese 1:

Die Wettervariable Bewölkungsdichte besitzt am deutschen Aktienmarkt einen signifikanten Erklärungsgehalt für die Weite der Geld-Brief-Spanne.

In Abhängigkeit von der Bewölkungsdichte soll der Verlauf der Geld-Brief-Spanne von solchen Aktien analysiert werden, bei denen nur ein Finanzdienstleister mit Firmensitz in Frankfurt/Main als Kurssteller fungiert. Die am Messpunkt Flughafen Frankfurt/Main erhobene Bewölkungsdichte soll in diesem Zusammenhang als die die Stimmung von Market Makern potentiell beeinflussende Wettervariable herangezogen werden.[92] Regressionsanalytisch ist sodann der Erklärungsgehalt dieses Prädiktors für die Weite der Geld-Brief-Spanne im Zeitverlauf zu prüfen.

Neben der abstrakten Analyse der Geld-Brief-Spanne und einer Zerlegung des Spreads in einzelne Komponenten erscheint es darüber hinaus von Bedeutung, sowohl die Nachfrager (*Investoren*) als auch die Anbieter (*Market Maker*) von Kursen in die Untersuchung mit einzubeziehen.

Bezüglich des Verhaltens von Investoren ist in der Literatur das Phänomen des *Home Bias* gut dokumentiert. Hierunter wird die Tatsache verstanden, dass der von inländischen Investoren gehaltene Anteil ausländischer Titel in ihrem Portfolio inkonsistent ist mit den Postulaten der klassischen Portfoliotheorie und als Folge hieraus ein ineffizientes Portfolio entstehen kann. French/Poterba (1991), Cooper/Kaplanis (1994), Tesar/Werner (1995) sowie Panzer/Schiereck/Walter (2002) bestätigen empirisch bzw. experimentell die Existenz des Home Bias an allen bedeutenden Aktienmärkten.

In der Literatur werden im Wesentlichen zwei Erklärungsansätze für dieses Phänomen diskutiert. Zum einen dokumentieren sich im Home Bias die systematischen Abweichungen der Investoren von den Postulaten der Erwartungsnutzentheorie. French/Poterba (1991) beispielweise begründen den relativ geringen Anteil ausländischer Wertpapiere in den Portfolios amerikanischer Investoren mit deren optimistischeren Erwartungen bezüglich der Entwicklung des heimischen Marktes gegenüber ausländischen Finanzmärkten.[93] Internationale Vergleichsstudien von Shiller/Kon-Ya/Tsutsui (1996), Kilka/Weber (2000) sowie Strong/Xu (2003) stützen diese Hypothese durch empirische Evidenz.

---

[92] Bezüglich weiterer exogener Faktoren, die das Verhalten von Händlern beeinflussen können, sei an dieser Stelle auf die entsprechenden Ausführungen in Unterkapitel 4.4.3.4 verwiesen.

[93] Vgl. French/Poterba (1991) S. 225.

Zum anderen wird als Begründung für die Existenz des Home Bias die Informationsasymmetrie zwischen inländischen und ausländischen Investoren genannt. Gehrig (1993) sowie Brennan/Cao (1997) entwickeln hierfür ein auf der Hypothese der unterschiedlichen Informationsausstattung in- und ausländischer Investoren basierendes Modell und zeigen, dass sich mit dem Argument der Informationsasymmetrie der Investoren eine Konzentration ihrer Investments auf heimische Wertpapiere explizieren lässt.

Gestützt wird die Informationsasymmetrie-Hypothese durch zahlreiche empirische Befunde. Shukla/van Imwegen (1995) analysieren den Erfolg britischer und amerikanischer Fondsmanager am US-Aktienmarkt, Kang/Stulz (1997) untersuchen das Kaufverhalten ausländischer Investoren am japanischen Aktienmarkt, Grinblatt/Keloharju (2000, 2001) analysieren die Rendite finnischer Aktienpositionen von ausländischen und lokalen Investoren, Bacidore/Sofianos (2000) erforschen Informationsbarrieren für ausländische Käufer auf Basis von Daten der New York Stock Exchange, Choe/Kho/Stulz (2000) finden für den koreanischen Aktienmarkt den klaren Beleg für einen Informationsvorsprung inländischer Investoren gegenüber ausländischen, Seasholes (2000) bestätigt die Hypothese der Informationsasymmetrie für den taiwanesischen sowie thailändischen und Dvorak (2005) für den indonesischen Aktienmarkt.

Aufgrund der zahlreichen bereits vorliegenden Untersuchungen zum Home Bias-Phänomen auf Investorenseite soll es nicht Ziel dieser Untersuchung sein, den vorhandenen empirischen Studien eine weitere hinzuzufügen. Vielmehr soll versucht werden, Erklärungsansätze zu finden für das Agieren von *Market Makern* als Anbietern von Kursen. Hinsichtlich des Verhaltens von Kursstellern nimmt Hau (2001a, 2001b) den Gedanken der Informationsasymmetrie-Hypothese zwischen in- und ausländischen Marktteilnehmern auf und analysiert den Handelserfolg von Xetra-Händlern sowohl innerhalb als auch außerhalb Deutschlands mit folgenden Ergebnissen:[94]

In Frankfurt/Main als dem bedeutendsten Finanzzentrum in Deutschland domizilierende Händler erzielen gegenüber Xetra-Händlern in anderen deutschen Städten keinen Mehrertrag.
Im deutschsprachigen Ausland (Österreich, Schweiz) zeigen sich Hinweise auf leicht geringere Handelserfolge der dortigen Xetra-Händler im Vergleich zu den in Deutschland tätigen Kursstellern.
Xetra-Händler in Ländern, in denen Deutsch nicht Verkehrssprache ist, erzielen im Vergleich zu den Kursstellern in Deutschland signifikant niedrigere Handelsgewinne.

[94] Vgl. Hau (2001b) S. 1974-1980.

Dieser Befund zeigt, dass offensichtlich sprachliche und kulturelle Grenzen mit Landesgrenzen verschmelzen und somit eine Barriere in Form der Informationsasymmetrie zwischen in- und ausländischen Marktteilnehmern existiert.[95]

Neben einem Vergleich zwischen in- und ausländischen Händlern erscheint es von Bedeutung zu sein, wie ein Market Maker agiert, der sowohl inländische als auch ausländische Aktien als Kurssteller betreut. Diesbezüglich zeigen Madhavan/ Panchapagesan (2000), dass die Specialists an der New York Stock Exchange zur Effizienz bei der Gesamtkursermittlung und zur Preiskontinuität beitragen.[96] Ein solcher Befund wird auch von Freihube/Kehr/Krahnen (1999) für die skontroführenden Makler an der Frankfurter Wertpapierbörse nachgewiesen. Auch sie leisten einen Anteil zur Sicherung der Marktliquidität, indem sie durch ihre Tätigkeit zu einer deutlichen Reduktion der Geld-Brief-Spanne beitragen.[97] Bosch (2001) findet bezüglich des Xetra-Handels eine signifikant positive Korrelation heraus zwischen der Liquidität einer Aktie und der Anzahl der in diesem Marktsegment *Designated Sponsors* genannten Market Maker.[98]

Bacidore/Sofianos (2002) hingegen belegen, dass die realisierte Geld-Brief-Spanne und die Kosten adverser Selektion bei nicht amerikanischen Aktien höher ausfallen als bei amerikanischen Werten, wiewohl beide Wertpapiergruppen an der New York Stock Exchange gehandelt werden.[99] Der Specialist an der New York Stock Exchange könnte sich in seinem Quotierungsverhalten demnach von Faktoren leiten lassen, die markt*technisch* nicht begründbar, sondern in seiner Person zu finden sind. Als weiteres Erkenntnisziel der vorliegenden Studie soll daher – Bacidore/Sofianos (2002) folgend – überprüft werden, ob sich die Geld-Brief-Spanne von inländischen im Gegensatz zu ausländischen Aktien im Zeitverlauf unterschiedlich darstellt und somit das Herkunftsland des jeweiligen Unternehmens als Prädiktor für die Weite der Geld-Brief-Spanne angesehen werden kann. Hieraus ergibt sich die folgende Hypothese zwei:

Hypothese 2:

Ausländische Aktien weisen gegenüber inländischen Werten eine höhere Geld-Brief-Spanne auf.

Kehr/Krahnen/Theissen (2001) zeigen in einer Studie für an der Frankfurter Wertpapierbörse (FWB) gehandelte Aktien, dass die Transaktionskosten für kleine Orders bei der Gesamtkursermittlung geringer ausfallen als die quotierte Geld-

[95] Vgl. Grinblatt/Keloharju (2001) S. 1072.
[96] Vgl. Madhavan/Panchapagesan (2000) S. 648-655.
[97] Vgl. Freihube/Kehr/Krahnen (1999) S. 17-20.
[98] Vgl. Bosch (2001) S. 191-196.
[99] Vgl. Bacidore/Sofianos (2002) S. 150-154.

Brief-Spanne im Orderbuch des fortlaufenden Handels. Umgekehrt verhält es sich bei großen Orders; hier sind die Transaktionskosten im Call Market höher als beim fortlaufenden Handel.[100] Vor diesem Hintergrund wird als drittes Erkenntnisziel der vorliegenden Studie der Frage nachgegangen, ob das Zulassungssegment (Prime Standard, General Standard sowie Freiverkehr) einen geeigneten Prädiktor für die Erklärung der Geld-Brief-Spanne darstellt. Hierzu ist folgende dritte Hypothese zu testen:

Hypothese 3:

Je höher das Zulassungssegment, desto geringer fällt die gehandelte Geld-Brief-Spanne aus.

5.2.2 Ergebnisse von Voruntersuchungen

Zunächst wurde das Handelssegment EUWAX der Börse Stuttgart untersucht, wo verbriefte Derivate, klassifiziert in Anlage- und Hebelprodukte, gehandelt werden. In § 20 Abs. 2 der EUWAX-Richtlinien ist geregelt, dass ein Market Maker – dies ist üblicherweise der Emittent des betreffenden Wertpapiers – während der Handelszeit verpflichtet ist, kontinuierlich Geld- und Briefkurse (*Quotes*) zu stellen. Jeder Emittent muss vor Einführung eines Wertpapiers in das EUWAX-Segment eine maximale Geld-Brief-Spanne (*Spread*) festlegen, die er bei seinen Quotierungen für den entsprechenden Finanztitel im Regelfall nicht überschreiten darf. Der Maximalspread in Euro und/oder in Prozent ist hierbei auf Basis eines so genannten homogenisierten Bezugsverhältnisses festzulegen. Beim maximal homogenisierten Spread erfolgt die Angabe der Geld-Brief-Spanne als absoluter Betrag in Euro umgerechnet auf ein Bezugsverhältnis des gehandelten Wertpapiers von 1:1. Der homogenisierte Spread eines Finanztitels entspricht demnach

[100] Vgl. Kehr/Krahnen/Theissen (2001) S. 258-260. Baule/Entrop/Wilkens (2005) sowie Stoimenov/Wilkens (2005) deduzieren für strukturierte Aktienprodukte als weitere preisbestimmende Determinanten den Credit Spread des Emittenten, den Lebenszyklus des betreffenden Produkts, Korrelationseffekte sowie eine „Anbieterrente", die der Emittent eines neuen strukturierten Produkts für eine gewisse Zeit nach Emission vereinnahmen kann. Gomber/Schweikert (2002) entwickeln zur Quantifizierung der tatsächlichen Liquidität eines Wertpapiers und – als Kehrseite – zur Messung der impliziten Transaktionskosten für die auf Xetra gehandelten Aktien das so genannte Xetra-Liquiditätsmaß (XLM). Dieses erfasst die Liquidität auf Basis einer einheitlichen Methodologie und hilft somit, die einzelnen Wertpapiere vergleichbar und transparent analysieren zu können. In dieses Maß gehen die Marktbreite, die Markttiefe und die Kosten für die Sofortigkeit der Orderausführung ein. Die Erneuerungskraft des Marktes als vierte Dimension der Liquidität erschließt sich durch die Veränderung der Messergebnisse im Zeitverlauf.

der maximal möglichen absoluten Differenz zwischen seinem Geld- und Briefkurs umgerechnet auf ein Bezugsverhältnis von 1:1.

Stichproben bei verschiedenen an der EUWAX gehandelten Wertpapieren, deren Emittent bzw. Market Maker nachweislich seinen Geschäftssitz in Frankfurt/Main unterhält, führen für die Geld-Brief-Spanne des Jahres 2004 zu dem Ergebnis, dass kein Market Maker bei seinen Quotierungen den maximal möglichen Spread ausnutzt. Sämtliche analysierten historischen Quotes fallen teilweise erheblich geringer aus als der Maximalspread. Darüber hinaus zeigt die folgende Tabelle, dass bei der Mehrheit der analysierten Titel an allen untersuchten Tagen die Geld-Brief-Spanne über die gesamte Handelszeit gleich groß war.

Tabelle 5.72. Historische Geld-Brief-Spanne ausgewählter EUWAX-Derivate

WKN	Emittent	Basiswert	Art	Emissionsdatum	Spread [%]
312404	Dresdner Bank	DAX	Call	25.03.1999	0,04
394008	Dresdner Bank	DAX	Call	31.05.1999	0,04
586858	Dresdner Bank	DAX	Call	10.11.2000	0,01-0,02
635187	Dresdner Bank	DAX	Call	20.04.2001	0,04
674006	DZ Bank	DAX	Call	07.06.2002	0,03-0,06
702979	Commerzbank	DAX	Call	18.09.2000	0
709335	Deutsche Bank	DAX	Call	13.02.2001	0
761685	Sal. Oppenheim	DAX	Call	21.06.2001	0-0,02

Auf Nachfrage bei Emittenten wurde ausgeführt, dass der Grund für eine absolut identische Geld-Brief-Spanne im Zeitverlauf in dem Einsatz von so genannten Quotierungsmaschinen (*quote machines*) liege. Die Kursstellung für diese Derivate sei automatisiert und kann demzufolge keine menschliche und damit stimmungsinduzierte Komponente besitzen.

Als Alternative zu dem Handelssegment EUWAX bietet sich die Durchführung der vorliegenden Studie mit Daten der Eurex an. Eine entsprechende Anfrage bei der Deutsche Börse AG nach Quotierungen von in Frankfurt/Main domizilierenden Market Makern wurde abschlägig beantwortet. Es ist angabegemäß nicht möglich, aus den Eurex-Handelsdaten lediglich diejenigen Quotes herauszufiltern, die ausschließlich in Frankfurt/Main gestellt werden. Aufgrund der elektronischen und damit nicht ortsgebundenen Handelsplattform dieser Börse ist es denkbar, dass ein Handelsteilnehmer zwar seinen juristischen Sitz in Frankfurt/Main hat, der die Geld-/Briefkurse stellende Market Maker seine Tätigkeit jedoch von einem außerhalb Deutschlands gelegenen Arbeitsplatz her ausführt. Für eine valide Durchführung der Studie scheiden somit Eurex-Handelsdaten aus.

Als weitere Variante kommt die Durchführung der Untersuchung mit Kursdaten von Derivaten in Frage, die im Präsenzhandel an der Frankfurter Wertpapierbörse (FWB) gehandelt werden. Eine Analyse der Geld-Brief-Spanne von zwei exemplarisch ausgewählten Optionsscheinen erbringt ausweislich der in der nachfolgenden Tabelle zusammengestellten Ergebnisse jedoch das gleiche Resultat wie die mit den Kursdaten der selektierten EUWAX-Derivate durchgeführten Untersuchungen.

Tabelle 5.73. Historische Geld-Brief-Spanne ausgewählter FWB-Derivate

WKN	Emittent	Basiswert	Art	Basispreis	Emissionsdatum	Spread [%]
A0CQT9	UBS	DAX	Call	3600	28.01.2004	0,05
A0CQUP	UBS	DAX	Call	4000	28.01.2004	0,04

Zusammenfassend lässt sich somit festhalten, dass auf Basis dieser Voruntersuchungen keine Aussage über eine stimmungsinduzierte Kursstellung am deutschen Terminmarkt am Beispiel der Börsen(segmente) EUWAX, Eurex und Frankfurter Wertpapierbörse getroffen werden kann. Vor diesem Hintergrund wurde für die Durchführung der vorliegenden Studie der Kassamarkt in Deutschland am Beispiel des Marktsegments Xetra als Untersuchungsobjekt selektiert.

5.2.3 Durchführung der Studie

Die Klimadaten für den Untersuchungszeitraum stammen vom Deutschen Wetterdienst, Offenbach/Main (www.dwd.de). Die tägliche Bewölkungsdichte – in der Meteorologie als Tagesmittel des Bedeckungsgrades bezeichnet – wird als Mittelwert aus stündlichen Messungen errechnet und in der Einheit Achtel ausgewiesen. Ein Wert von 0 bedeutet wolkenloser Himmel, bei einem Wert von 8 ist der Himmel komplett mit Wolken verhangen.

Sämtliche Wetterdaten sind qualitätsgeprüft und entsprechen dem höchsten Qualitätsniveau 10. Dies bedeutet, dass die Daten systematisch geprüft und offiziell bestätigt sind. Dieser Qualitätsstandard der Klimadaten kann demzufolge als hinreichende Voraussetzung für valide Analysen im Rahmen der vorliegenden Studie angesehen werden.

Die für die Durchführung der Studie erforderlichen Kursdaten wurden von der Deutsche Börse AG (http://deutsche-boerse.com/dbag) zur Verfügung gestellt und umfassen die durchschnittliche tägliche Geld-Brief-Spanne der Jahre 2003 und 2004 von solchen Aktien, die bestimmte, im Folgenden erläuterte Restriktionen erfüllen.

Zur Exklusion von Störeffekten musste sichergestellt werden, dass bei den selektierten Werten nur jeweils ein Finanzdienstleister das Designated Sponsoring im Untersuchungszeitraum übernommen hatte.[101] Für die folgenden, nachweislich in Frankfurt/Main domizilierenden Designated Sponsors (in Klammern das Börsenkürzel des jeweiligen Designated Sponsors) trifft diese Restriktion (Stand August 2005) zu:

886 GmbH (MOSFR)
BHF-Bank AG (BHFFR)
Close Brothers Seydler AG Wertpapierhandelsbank (SEYFR)
Commerzbank AG (CBKFR)
Concord Effekten AG (CONFR)
Deutsche Bank AG (DBKFR)
Dresdner Bank AG (DRBFR)
Equinet Securities AG (MJAFR)
Morgan Stanley Bank AG (MGSFR).

Auf schriftliche Nachfrage hin wurde seitens dieser Designated Sponsors bestätigt, dass die Kursstellung ausschließlich von natürlichen Personen vorgenommen wird. Wiewohl in der Vergangenheit bei einzelnen der vorgenannten Finanzdienstleister auch so genannte *Quote Machines* eingesetzt wurden, blieben die Erfahrungen mit dieser Art der Kursstellung hinter den Erwartungen zurück. Ein Finanzdienstleister führte aus, dass die automatisierte Kursstellung mit der eigenen Philosophie von Designated Sponsoring als unvereinbar angesehen werde.

Zur Gewährleistung valider Ergebnisse wurden des Weiteren nur solche Werte in die Untersuchung einbezogen, für die bei Vorliegen der ersten Bedingung (nur ein Designated Sponsor im Analysezeitraum) Kurse über einen Zeitraum von mindestens einem Kalenderjahr vorlagen, sodass für jede Kursreihe alle vier Jahreszeiten mit den ihnen eigenen Witterungsbedingungen wenigstens einmal Berücksichtigung fanden.

Die Deutsche Börse überprüft regelmäßig die Einhaltung der Anforderungen an die Designated Sponsors und vergibt hierfür pro Quartal ein Rating, das als eine Art Gütesiegel für das Designated Sponsoring betrachtet werden kann. In dieses Rating fließen gemäß dem Rating-Konzept der Deutschen Börse die durchschnittliche Quotierungsdauer, die durchschnittliche Geld-Brief-Spanne sowie der vom Designated Sponsor getätigte Umsatz in dem jeweiligen Titel ein.[102]

Voraussetzung für die Vergabe eines Ratings an einen Designated Sponsor ist die Einhaltung der an ihn gestellten Mindestanforderungen bezüglich der Beantwortung von Quotierungsanfragen (*quote request*), der Mindestquotierungsdauer

---

[101] Zu den Anforderungen an einen Designated Sponsor vgl. Deutsche Börse (2005) S. 4-15.

[102] Vgl. Deutsche Börse (2003) S. 13.

und der Teilnahme an den Auktionen in mindestens 90 Prozent der betreuten Aktien. Das Rating wird in Form einer Buchstabenkombination von A bis D (Top-Rating: AA) vergeben.

Sämtliche in der Studie berücksichtigten Designated Sponsors weisen bis auf zwei Ausnahmen (Morgan Stanley Bank AG hat für das 3. Quartal 2003 wegen Unterschreitung der Mindestanforderungen in mehr als 10 Prozent der betreuten Aktien kein Rating sowie 886 GmbH für das 4. Quartal 2003 das zweitbeste Rating AB erhalten) für den Untersuchungszeitraum das höchstmögliche Rating AA auf. Da die beiden genannten Unternehmen gemeinsam lediglich drei der in der Untersuchung analysierten Aktien betreuen, ist demzufolge die Gefahr einer Verzerrung des Ergebnisses als gering anzusehen. Somit kann davon ausgegangen werden, dass alle Finanzdienstleister bis auf die genannten Ausnahmen den an sie gestellten Anforderungen hinsichtlich des Designated Sponsorings im Untersuchungszeitraum vollumfänglich nachgekommen sind und daher valide Kursdaten für die Untersuchung vorliegen.

In der folgenden Übersicht ist in aufsteigender Reihenfolge die Anzahl der Aktien pro Designated Sponsor zusammengestellt, in denen im Untersuchungszeitraum nur dieser das Designated Sponsoring wahrgenommen hat.

Tabelle 5.74. Anzahl Xetra-Aktien mit alleinigem Designated Sponsoring

Designated Sponsor	Anzahl der betreuten Werte
BHFFR	1
MOSFR	1
MGSFR	2
DRBFR	6
MJAFR	6
CONFR	12
SEYFR	13
DBKFR	14
CBKFR	24
Summe	79

Die Deutsche Börse veröffentlicht im Internet zu jedem gehandelten Wertpapier einen umfangreichen Stammdatensatz mit zahlreichen Kennziffern der betreffenden Aktiengesellschaft. Anhand der Kennziffer Instrumentengruppe (*Instrument Group*) lässt sich die geografische Herkunft des jeweiligen Unternehmens nachvollziehen. Demgemäß gliedern sich die untersuchten Titel wie folgt:

Tabelle 5.75. Herkunftsland der untersuchten Aktien

Herkunftsland	Anzahl Werte	
Deutschland	53	
davon		
Indexwerte		18
Sonstige		35
Sonstiges Europa	3	
Japan	22	
USA	1	
Summe	79	

Aus Vereinfachungsgründen wurden die analysierten Werte zwei Kategorien zugeordnet, und zwar entweder der Gruppe inländische Aktien (53 Titel) oder den ausländischen Gattungen (26 Werte).

Die in dieser Studie berücksichtigten Wertpapiere lassen sich den in der folgenden Tabelle aufgelisteten Zulassungssegmenten der Deutschen Börse zuordnen.

Tabelle 5.76. Zulassungssegment der untersuchten Aktien

Zulassungssegment	Anzahl Werte	
1. Prime Standard	42	
davon		
MDAX-Werte		10
SDAX-Werte		8
Sonstige		24
2. General Standard	21	
3. Freiverkehr	16	
Summe	79	

Unter Berücksichtigung der vorgenannten Selektionskriterien lagen in toto 32.214 analysierbare Wetter- und Kursdatensätze vor in Form der Bewölkungsdichte an allen Börsenhandelstagen der Jahre 2003 und 2004 sowie der durchschnittlichen Geld-Brief-Spanne aller analysierten Aktien auf täglicher Basis in dem genannten Zeitraum.

5.2.4 Ergebnisse

Den Erkenntniszielen der Studie folgend, wurden mit den in die Untersuchung einbezogenen 79 Aktien insgesamt sechs Regressionsanalysen durchgeführt.

1. Regressionsanalyse: Analyse des Zusammenhangs zwischen der Weite der Geld-Brief-Spanne aller *inländischen* Werte und den Prädiktoren Bewölkungsdichte und Zulassungssegment in einem jeweils einfachen sowie einem multiplen Regressionsmodell.
2. Regressionsanalyse: Analyse des Zusammenhangs zwischen der Weite der Geld-Brief-Spanne aller *ausländischen* Werte und den Prädiktoren Bewölkungsdichte und Zulassungssegment in einem jeweils einfachen sowie einem multiplen Regressionsmodell.
3. Regressionsanalyse: Analyse des Zusammenhangs zwischen der Weite der Geld-Brief-Spanne von sämtlichen im Zulassungssegment *Prime Standard* gehandelten Titeln mit dem Prädiktor Bewölkungsdichte. Da alle untersuchten Werte dieses Handelssegments der Kategorie inländische Aktien zuzuordnen sind, kann eine Analyse des Zusammenhangs zwischen der unabhängigen Variable Herkunftsland und der Geld-Brief-Spanne dieser Titel entfallen.
4. Regressionsanalyse: Analyse des Zusammenhangs zwischen der Weite der Geld-Brief-Spanne von den im Zulassungssegment *General Standard* gehandelten Werten und den beiden Prädiktoren Bewölkungsdichte und Herkunftsland in einem jeweils einfachem sowie einem multiplen Regressionsmodell.
5. Regressionsanalyse: Analyse des Zusammenhangs zwischen der Weite der Geld-Brief-Spanne von sämtlichen Aktien, die im Zulassungssegment *Freiverkehr* gehandelt werden, und den Prädiktoren Bewölkungsdichte und Herkunftsland in einem jeweils einfachen sowie einem multiplen Regressionsmodell.
6. Regressionsanalyse: Analyse des Zusammenhangs zwischen der Weite der Geld-Brief-Spanne von *allen* in die Untersuchung einbezogenen Aktien und den Prädiktoren Bewölkungsdichte, Herkunftsland sowie Zulassungssegment jeweils in einem einfachen sowie einem multiplen Regressionsmodell.

Im Fokus der ersten durchgeführten Regressionsanalyse stand die Untersuchung eines möglichen Zusammenhangs zwischen der Entwicklung der Geld-Brief-Spanne aller *inländischen* Aktien und den beiden Prädiktoren Bewölkungsdichte und Zulassungssegment.

Hinsichtlich der unabhängigen Variable Bewölkungsdichte wurde ein Regressionskoeffizient in Höhe von -,00804 berechnet. Dieser besagt, dass der Einfluss der Bewölkungsdichte auf die Weite der Geld-Brief-Spanne vernachlässigbar gering ausfällt und faktisch als nicht existent bezeichnet werden kann. Eine solche Generalisierbarkeit dieser Schlussfolgerung ist aufgrund des Signifikanzwertes in Höhe von ,371 zulässig.

Tabelle 5.77. Regressionsmodell für alle inländischen Aktien mit Prädiktor Bewölkungsdichte

R^2 = ,000 F = ,800	Nicht standardisierte Koeffizienten		Standardisierte Koeffizienten		
	β_i	Standard-fehler	β^*	T	Signifikanz
Konstante	3,545	,049		72,250	,000
Bewölkungsdichte	-,00804	,009	-,006	-,895	,371

Bei der einfachen Regressionsanalyse ist die Quadratwurzel aus dem Bestimmtheitsmaß R^2 gleich dem Korrelationskoeffizienten nach Pearson.[103] Bezüglich der Variable Zulassungssegment weist der diesbezügliche Wert in Höhe von ,045 auf eine positive Korrelation zwischen der Variable Zulassungssegment und der gehandelten Geld-Brief-Spanne hin. Der signifikante Regressionskoeffizient in Höhe von ,258 bestätigt dies und besagt, dass der Spread ausgehend von den im Prime Standard über den General Standard zu den im Freiverkehr gelisteten Werten um diesen Faktor zunimmt. Eine Generalisierbarkeit dieses Fazits ist aufgrund des Signifikanzwertes des Regressionskoeffizienten zulässig.

Tabelle 5.78. Regressionsmodell für alle inländischen Aktien mit Prädiktor Zulassungssegment

R^2 = ,002 F = 44,075	Nicht standardisierte Koeffizienten		Standardisierte Koeffizienten		
	β_i	Standard-fehler	β^*	T	Signifikanz
Konstante	3,431	,022		153,674	,000
Zulassungssegment	,258	,039	,045	6,639	,000

Eine im Anschluss durchgeführte multiple Regressionsanalyse bestätigt die vorgenannten Zusammenhänge und weist die nachfolgenden Werte aus.

Tabelle 5.79. Regressionsmodell für alle inländischen Aktien mit den Prädiktoren Bewölkungsdichte und Zulassungssegment

R^2 = ,012 F = 88,163	Nicht standardisierte Koeffizienten		Standardisierte Koeffizienten		
	β_i	Standard-fehler	β^*	T	Signifikanz
Konstante	3,620	,051		70,767	,000
Bewölkungsdichte	-,00803	,009	-,006	-,898	,369
Zulassungssegment	,498	,042	,086	11,862	,000

[103] Vgl. Bühl/Zöfel (2005) S. 336.

Gegenstand der zweiten Regressionsanalyse war die Deduktion eines Zusammenhangs zwischen der Geld-Brief-Spanne von allen *ausländischen*, im Rahmen dieser Studie berücksichtigten Aktien und den beiden unabhängigen Variablen Bewölkungsdichte und Zulassungssegment.

Auch bei diesen Wertpapieren kann ausweislich des Regressionskoeffizienten in Höhe von -,0136 kein signifikanter Einfluss des Faktors Bewölkungsdichte auf die Weite der Geld-Brief-Spanne festgestellt werden. Die Designated Sponsors dieser Aktien lassen sich somit in ihrem Quotierungsverhalten weder von Sonnenschein noch von einem wolkenverhangenen Himmel über Frankfurt/Main beeinflussen.

Tabelle 5.80. Regressionsmodell für alle ausländischen Aktien mit Prädiktor Bewölkungsdichte

R^2 = ,000 F = ,876	Nicht standardisierte Koeffizienten		Standardisierte Koeffizienten		
	β_i	Standard-fehler	β^*	T	Signifikanz
Konstante	4,661	,080		58,122	,000
Bewölkungsdichte	-,0136	,015	-,009	-,936	,349

Genau wie bei inländischen Werten besitzt auch bei den ausländischen Titeln die Zugehörigkeit zu einem der drei Zulassungssegmente einen Einfluss auf die durchschnittliche Geld-Brief-Spanne. Ausgehend vom Prime Standard nimmt die Weite der Geld-Brief-Spanne über das Handelssegment General Standard bis zum Freiverkehrssegment um den Faktor 1,637 zu. Aufgrund des Signifikanzwertes des Regressionskoeffizienten in Höhe von ,000 kann diese Schlussfolgerung verallgemeinert und auf die Grundgesamtheit aller auf Xetra gehandelten ausländischen Aktien bezogen werden.

Tabelle 5.81. Regressionsmodell für alle ausländischen Aktien mit Prädiktor Zulassungssegment

R^2 = ,119 F = 1350,879	Nicht standardisierte Koeffizienten		Standardisierte Koeffizienten		
	β_i	Standard-fehler	β^*	T	Signifikanz
Konstante	2,204	,071		30,942	,000
Zulassungssegment	1,637	,045	,345	36,754	,000

Eine im Anschluss durchgeführte multiple Regressionsanalyse bestätigt die vorgenannten Zusammenhänge und weist die in der folgenden Tabelle zusammengestellten Werte aus.

Tabelle 5.82. Regressionsmodell für alle ausländischen Aktien mit den Prädiktoren Bewölkungsdichte und Zulassungssegment

R^2 = ,119 F = 452,287	Nicht standardisierte Koeffizienten		Standardisierte Koeffizienten		
	β_i	Standard-fehler	β^*	T	Signifikanz
Konstante	2,365	,100		23,620	,000
Bewölkungsdichte	-,0279	,014	-,019	-2,042	,041
Zulassungssegment	1,632	,045	,344	36,253	,000

Auffallend ist in diesem multiplen Regressionsmodell der Signifikanzwert des Faktors Bewölkungsdichte. Da er unter dem gesetzten p-Wert von ,05 liegt, kann die Nullhypothese, dass der wirkliche Regressionskoeffizient in der Grundgesamtheit gleich null ist und somit kein signifikanter Zusammenhang zwischen der Bewölkungsdichte und der Geld-Brief-Spanne bei ausländischen Aktien besteht, abgelehnt werden. Dies bedeutet, dass die Bewölkungsdichte bei diesen Titeln einen wenn auch geringen, so doch existenten Einfluss nimmt auf das Quotierungsverhalten der Designated Sponsors. Lediglich das negative Vorzeichen dieses Regressionskoeffizienten ist nicht konform mit dem postulierten Zusammenhang zwischen der Bewölkungsdichte und der Weite der Geld-Brief-Spanne.

In den Regressionsmodellen drei bis fünf wurde der Einfluss der unabhängigen Variablen Bewölkungsdichte und Herkunftsland hinsichtlich der Weite der durchschnittlichen Geld-Brief-Spanne für jedes der drei Zulassungssegmente Prime Standard, General Standard sowie Freiverkehr analysiert.

Da alle im Rahmen dieser Studie untersuchten Werte des *Prime Standards* zugleich inländische Titel sind, wurde bei der dritten Regressionsanalyse lediglich der Erklärungsgehalt der Variable Bewölkungsdichte in Frankfurt/Main für die Weite der Geld-Brief-Spanne geprüft. Es bestätigt sich der bereits in den vorangegangenen Regressionsmodellen herausgefundene, von null nicht signifikant verschiedene Einfluss dieses Parameters auf die Dimensionierung der Geld-Brief-Spanne.

Allerdings fällt der Signifikanzwert dieses Modells mit einem Wert von ,005 auf. Somit kann die Nullhypothese, dass der Regressionskoeffizient gleich null ist und damit kein signifikanter Zusammenhang zwischen der Bewölkungsdichte und der Geld-Brief-Spanne der analysierten Titel besteht, abgelehnt werden. Der berechnete Regressionskoeffizient der Prädiktorvariable Bewölkungsdichte kann demnach für das Zulassungssegment Prime Standard – wiewohl sein Vorzeichen diametral zum vermuteten Zusammenhang zwischen den beiden Variablen Bewölkungsdichte und Weite der Geld-Brief-Spanne steht – als signifikanter Wert angesehen werden. Dies bedeutet, dass der in dieser Stichprobe herausgearbeitete

Zusammenhang zwischen den im Prime Standard gehandelten Aktien und der die Geld-Brief-Spanne erklärenden unabhängigen Variable Bewölkungsdichte auf die Gesamtheit aller in diesem Zulassungssegment gehandelten Titel übertragen werden kann. Aufgrund der absoluten Höhe des Regressionskoeffizienten ist der Erklärungsgehalt dieser Prädiktorvariable jedoch als gering anzusehen.

Tabelle 5.83. Regressionsmodell für alle Aktien des Prime Standards mit Prädiktor Bewölkungsdichte

R^2 = ,000 F = 7,800	Nicht standardisierte Koeffizienten		Standardisierte Koeffizienten		
	β_i	Standard-fehler	β*	T	Signifikanz
Konstante	3,487	,053		65,965	,000
Bewölkungsdichte	-,0270	,010	-,021	-2,793	,005

Im Fokus der vierten Regressionsanalyse stand der mögliche Einfluss der beiden Variablen Bewölkungsdichte und Herkunftsland auf die Geld-Brief-Spanne der im *General Standard* gehandelten Aktien. Der Prädiktor Bewölkungsdichte besitzt – wie die folgende Tabelle zeigt – einen vernachlässigbar geringen Erklärungsgehalt für die Weite der durchschnittlichen Geld-Brief-Spanne dieser Titel.

Tabelle 5.84. Regressionsmodell für alle Aktien des General Standards mit Prädiktor Bewölkungsdichte

R^2 = ,000 F = ,000	Nicht standardisierte Koeffizienten		Standardisierte Koeffizienten		
	β_i	Standard-fehler	β*	T	Signifikanz
Konstante	3,809	,083		45,897	,000
Bewölkungsdichte	-,0000614	,015	,000	,004	,997

In diesem Zulassungssegment besitzt die unabhängige Variable Herkunftsland den genau gegenteiligen Effekt wie bei den beiden übrigen Handelssegmenten. Ausländische Aktien des General Standard werden mit einer um den Faktor 0,369 niedrigeren Geld-Brief-Spanne gehandelt als die inländischen Titel dieses Zulassungssegments. Der Signifikanzwert des Regressionsmodells in Höhe von ,000 deutet darauf hin, dass der in dieser Stichprobe gefundene Zusammenhang statistisch signifikant und seine Generalisierung und Übertragung auf alle im General Standard gehandelten Werte somit zulässig ist. Dies bedeutet, dass mit der nominal skalierten Variable Herkunftsland eine geeignete Prädiktorvariable für die Weite der Geld-Brief-Spanne der in diesem Handelssegment notierten Werte gefunden werden konnte.

Tabelle 5.85. Regressionsmodell für alle Aktien des General Standards mit Prädiktor Herkunftsland

R^2 = ,003 F = 30,551	Nicht standardisierte Koeffizienten		Standardisierte Koeffizienten		
	β_i	Standard-fehler	β^*	T	Signifikanz
Konstante	3,958	,042		93,382	,000
Herkunftsland	-,369	,067	-,058	-5,527	,000

Eine im Anschluss durchgeführte multiple Regressionsanalyse mit diesen beiden unabhängigen Variablen bestätigt die zuvor im Wege der einfachen linearen Regression herausgefundenen Zusammenhänge und führt zu den nachfolgenden Ergebnissen.

Tabelle 5.86. Regressionsmodell für alle Aktien des General Standards mit den Prädiktoren Bewölkungsdichte und Herkunftsland

R^2 = ,014 F = 41,471	Nicht standardisierte Koeffizienten		Standardisierte Koeffizienten		
	β_i	Standard-fehler	β^*	T	Signifikanz
Konstante	4,435	,100		44,460	,000
Bewölkungsdichte	-,0008824	,015	,001	-,058	,953
Herkunftsland	-,851	,083	-,134	-10,244	,000

In der fünften Regressionsanalyse wurde der Einfluss der Bewölkungsdichte und des Herkunftslandes auf die Weite der Geld-Brief-Spanne derjenigen Aktien untersucht, die im Zulassungssegment *Freiverkehr* notiert werden. Auch hier zeigt sich, dass sich die Designated Sponsors bei ihrer Quotierungsstrategie nicht vom Wetter beeinflussen lassen. Wenngleich der absolute Wert des Regressionskoeffizienten gering ausfällt und auch nicht signifikant ist, so weist doch zumindest sein positives Vorzeichen in die Richtung des postulierten Zusammenhangs, wonach die Weite der Geld-Brief-Spanne mit zunehmender Bewölkungsdichte größer wird.

Tabelle 5.87. Regressionsmodell für alle Aktien des Freiverkehr-Segments mit Prädiktor Bewölkungsdichte

R^2 = ,000 F = ,624	Nicht standardisierte Koeffizienten		Standardisierte Koeffizienten		
	β_i	Standard-fehler	β^*	T	Signifikanz
Konstante	5,233	,104		50,391	,000
Bewölkungsdichte	,01482	,019	,010	,790	,430

Die Variable Herkunftsland hingegen besitzt einen statistisch signifikanten Einfluss auf die Weite der Geld-Brief-Spanne der im Freiverkehr gehandelten Aktien. Demnach stellen die Designated Sponsors bei ausländischen Titeln dieses Zulassungssegments einen um den Faktor 3 größeren Spread. Da dieser Regressionskoeffizient signifikant ist, lässt sich der gefundene Zusammenhang auf die Grundgesamtheit aller Freiverkehrs-Werte übertragen. Dies bedeutet, dass der in dieser Stichprobe herausgearbeitete Zusammenhang zwischen den im Freiverkehr gehandelten Aktien und der die Geld-Brief-Spanne erklärenden unabhängigen Variable Herkunftsland auf die Gesamtheit aller in diesem Zulassungssegment gehandelten Titel übertragen werden kann. Aufgrund der absoluten Höhe des Regressionskoeffizienten besitzt diese Prädiktorvariable einen relativ zu den übrigen getesteten Faktoren hohen Erklärungsgehalt für die Geld-Brief-Spanne der in diesem Handelssegment notierten Wertpapiere.

Tabelle 5.88. Regressionsmodell für alle Aktien des Freiverkehr-Segments mit Prädiktor Herkunftsland

R^2 = ,074 F = 477,751	Nicht standardisierte Koeffizienten		Standardisierte Koeffizienten		
	β_i	Standard-fehler	β^*	T	Signifikanz
Konstante	2,479	,135		18,351	,000
Herkunftsland	3,081	,141	,272	21,858	,000

Eine im Anschluss durchgeführte multiple Regressionsanalyse mit den beiden Prädiktorvariablen Bewölkungsdichte und Herkunftsland bestätigt die zuvor durch einfache lineare Regression herausgefundenen Zusammenhänge und führt zu den nachfolgend aufgelisteten Ergebnissen.

Tabelle 5.89. Regressionsmodell für alle Aktien des Freiverkehrs-Segments mit den Prädiktoren Bewölkungsdichte und Herkunftsland

R^2 = ,077 F = 165,694	Nicht standardisierte Koeffizienten		Standardisierte Koeffizienten		
	β_i	Standard-fehler	β^*	T	Signifikanz
Konstante	2,964	,202		14,698	,000
Bewölkungsdichte	,006499	,018	,004	,360	,719
Herkunftsland	2,627	,177	,232	14,853	,000

Das sechste und letzte Modell analysiert einen möglichen Zusammenhang zwischen der Bewölkungsdichte als Prädiktor der Geld-Brief-Spanne aller im Rahmen dieser Studie untersuchten Aktien.

Tabelle 5.90. Regressionsmodell für alle Aktien mit Prädiktor Bewölkungsdichte

R^2 = ,000 F = ,753	Nicht standardisierte Koeffizienten		Standardisierte Koeffizienten		
	β_i	Standard-fehler	β^*	T	Signifikanz
Konstante	3,877	,043		91,048	,000
Bewölkungsdichte	-,00675	,008	-,005	-,868	,386

Aus den vorliegenden Ergebnissen lässt sich kein signifikanter Erklärungsgehalt der unabhängigen Variable Bewölkungsdichte auf die Dimensionierung der Geld-Brief-Spanne ableiten. Aufgrund des deutlich über dem als Alpha-Fehler gesetzten Wert von p = ,05 liegenden Signifikanzwertes kann die Nullhypothese, dass der wahre Regressionskoeffizient gleich null ist und damit kein signifikanter Zusammenhang zwischen der Bewölkungsdichte und der Weite der Geld-Brief-Spanne der analysierten Titel besteht, nicht abgelehnt werden. Den faktisch nicht existenten Erklärungsgehalt der Bewölkungsdichte für die Dimensionierung der Geld-Brief-Spanne wird auch durch den Wert des Bestimmtheitsmaßes R^2 in Höhe von ,000 sowie durch den extrem niedrigen, von null nicht signifikant verschiedenen Regressionskoeffizienten dieses Faktors unterstrichen.

Im vorliegenden Fall liegt der R-Wert und damit zugleich der Korrelationskoeffizient nach Pearson bei 0,05 und ist insofern nicht signifikant von null verschieden. Im statistischen Sinn besteht somit zwischen der Bewölkungsdichte und der Weite der Geld-Brief-Spanne kein messbarer *linearer* Zusammenhang.[104]

Ein anderes Resultat stellt sich – ausweislich der in der folgenden Tabelle zusammengestellten Ergebnisse – für den Faktor Herkunftsland als Prädiktor der Geld-Brief-Spanne ein. Auf signifikanter und damit generalisierbarer Basis lassen sich die Ergebnisse der Studie von Bacidore/Sofianos (2002) für den deutschen Aktienmarkt bestätigen. Bei den in der Untersuchung einbezogenen Werten konnte zumindest für die im General Standard und im Freiverkehr gehandelten ausländischen Aktien gegenüber den inländischen Titeln dieser beiden Handelssegmente eine um den Faktor 1,088 größere Geld-Brief-Spanne festgestellt werden. Da sämtliche analysierten Titel des Segments Prime Standard zugleich inländische Werte sind, kann die Schlussfolgerung für diese Aktien nicht gezogen werden.

[104] Ob sich ein anderer, nicht linearer, wie beispielsweise ein quadratischer oder kubischer Zusammenhang zwischen Bewölkungsdichte und Geld-Brief-Spanne nachweisen lässt, wurde im Rahmen dieser Studie nicht analysiert, könnte aber Gegenstand zukünftiger Forschungsarbeiten sein.

Tabelle 5.91. Regressionsmodell für alle Aktien mit Prädiktor Herkunftsland

R^2 = ,028 F = 931,514	Nicht standardisierte Koeffizienten		Standardisierte Koeffizienten		
	β_i	Standard-fehler	β^*	T	Signifikanz
Konstante	3,505	,020		176,419	,000
Herkunftsland	1,088	,036	,168	30,521	,000

Die Zugehörigkeit zu einem der drei Zulassungssegmente Prime Standard, General Standard sowie Freiverkehr besitzt zwar einen statistisch signifikanten, aber aufgrund der absoluten Höhe des Regressionskoeffizienten von ,894 vergleichsweise niedrigen Erklärungsgehalt für die Weite der Geld-Brief-Spanne. Die Quadratwurzel aus dem Bestimmtheitsmaß R^2 und damit der Korrelationskoeffizient nach Pearson signalisiert mit einem Wert von ,231 einen positiven Zusammenhang zwischen Zulassungssegment und der Geld-Brief-Spanne.

Tabelle 5.92. Regressionsmodell für alle Aktien mit Prädiktor Zulassungssegment

R^2 = ,053 F = 1808,646	Nicht standardisierte Koeffizienten		Standardisierte Koeffizienten		
	β_i	Standard-fehler	β^*	T	Signifikanz
Konstante	3,262	,021		153,469	,000
Zulassungssegment	,894	,021	,231	42,528	,000

Der Regressionskoeffizient der unabhängigen Variable Zulassungssegment in Höhe von ,894 besagt, dass die Geld-Brief-Spanne der im General Standard gehandelten Werte gegenüber den im Prime Standard notierten Titeln um den Faktor 0,894 höher ausfällt. Analog verhält es sich mit den im Freiverkehr gehandelten Aktien im Vergleich zu den im General Standard notierten Gattungen. Insofern besitzt die Zugehörigkeit zu einem der drei in die Untersuchung einbezogenen Zulassungssegmente einen Einfluss auf die Weite der Geld-Brief-Spanne im Zeitverlauf. Es lässt sich festhalten, dass die Designated Sponsors eine umso größere Geld-Brief-Spanne stellen, je niedriger das Zulassungssegment – ausgehend vom Prime Standard – ist. Aufgrund des Signifikanzwertes der Untersuchung ist es zulässig, den in dieser Stichprobe gefundenen Zusammenhang auf die Grundgesamtheit aller in Xetra gehandelten Aktien zu übertragen.

Eine im Anschluss unter Einbindung der Prädiktoren Bewölkungsdichte, Herkunftsland sowie Zulassungssegment durchgeführte multiple Regressionsanalyse bestätigt die Zusammenhänge der drei vorlaufenden einfachen Regressionsmodelle und weist die in der folgenden Tabelle zusammengestellten Werte aus.

Tabelle 5.93. Regressionsmodell für alle Aktien mit den Prädiktoren Bewölkungsdichte, Herkunftsland und Zulassungssegment

R^2 = ,065 F = 556,349	Nicht standardisierte Koeffizienten		Standardisierte Koeffizienten		
	β_i	Standard-fehler	β*	T	Signifikanz
Konstante	3,532	,045		79,076	,000
Bewölkungsdichte	-,0117	,008	-,008	-1,552	,121
Herkunftsland	,247	,052	,038	4,767	,000
Zulassungssegment	,996	,030	,257	33,096	,000

5.2.5 Diskussion der Ergebnisse

Die erste Fragestellung dieser Studie, ob die Geld-Brief-Spanne durch exogene, auf die Stimmung der Marktteilnehmer einwirkende Faktoren in Form des Wetters beeinflusst wird, lässt sich für den deutschen Kassamarkt am Beispiel des Xetra-Marktsegments auf Basis der herausgearbeiteten Ergebnisse eindeutig beantworten. Die dort tätigen Kurssteller lassen sich in ihrem Quotierungsverhalten nicht vom Wetter steuern. Der Erklärungsgehalt des Prädiktors Bewölkungsdichte als diejenige Wettervariable, die – Ergebnissen psychologischer Forschung folgend – den bedeutendsten Einfluss auf die Stimmung des Menschen besitzt, ist im Untersuchungszeitraum für alle analysierten Aktien nicht signifikant. Daher ist die erste Hypothese abzulehnen. Die Ergebnisse der Studie von Goetzmann/Zhu (2005) lassen sich somit nicht auf den deutschen Kapitalmarkt übertragen.

Eine Begründung für die Unabhängigkeit der Geld-Brief-Spanne von der Bewölkungsdichte könnte in den Arbeitsbedingungen zu finden sein, unter denen Kurssteller hierzulande häufig tätig sind. Üblicherweise sind die Räumlichkeiten in den Handelsabteilungen der Banken klimatisiert. Diese Tatsache bewirkt eine über das ganze Jahr hinweg gleich bleibende Temperatur, unabhängig von Außentemperaturen und Wetterbedingungen. Des Weiteren sorgt eine rechtlichen Vorgaben folgende Beleuchtung für eine identische Helligkeit an allen Handelstagen unabhängig von Sonnenschein oder bewölktem Himmel. Da die Handelsbüros regelmäßig als Großraumbüro konzipiert sind, kommt als weiterer Faktor hinzu, dass diejenigen Händler, die in der Mitte des Raumes sitzen, die aktuelle Wetterlage von ihrem Arbeitsplatz aus oftmals nicht unmittelbar wahrnehmen können. Sie üben ihre Tätigkeit somit in einem quasi künstlichen Klima aus. Hieraus ergeben sich zugleich Ansatzpunkte für zukünftige Forschungstätigkeit. Es könnte unter Berücksichtigung von Erkenntnissen der arbeits- und organisationspsychologischen Forschung geprüft werden, ob und in welchem Ausmaß die Arbeitsbedingungen, unter denen Market Maker ihre Tätigkeit ausführen, ihr Quotierungsverhalten beeinflusst.

Aus dem vorliegenden Befund kann jedoch nicht abgeleitet werden, dass am deutschen Kapitalmarkt die Stimmungen und Emotionen der Market Maker per se keine Auswirkung auf ihre Quotierungsstrategie besitzen. Das Ergebnis dieser Studie besagt lediglich, dass der vermutete, psychologisch motivierte Rückkopplungseffekt des Faktors Wetter auf die Stimmung der Kurssteller nicht existiert. Es könnten jedoch andere Variablen vorhanden sein, die die Stimmung der Market Maker beeinflussen und dadurch ihr Quotierungsverhalten steuern. Es ist ex ante nicht auszuschließen, dass beispielsweise Erlebnisse und Geschehnisse aus dem persönlichen Umfeld eines Kursstellers, seine in der jüngeren Vergangenheit erzielten (Handels-)Erfolge oder seine aktuelle gesundheitliche Situation Faktoren darstellen, die jeweils einzeln oder in Kombination, eventuell sogar sich gegenseitig verstärkend die Stimmungslage des Market Makers beeinflussen.

Während die vorliegende Studie auf der Aggregationsebene des Kapitalmarktes ansetzte, könnten künftige Forschungsarbeiten den Market Maker als Person in den Mittelpunkt des Forschungsinteresses rücken und ähnlich Lo/Repin (2001) psycho-physiologische Körperreaktionen in Abhängigkeit von der momentanen Stimmungslage messen. Hierbei könnte die jeweils aktuelle Emotionslage des Kursstellers mithilfe eines so genannten Stimmungsinventars eruiert und mit seinem momentanen Quotierungsverhalten verglichen werden.[105]

Als zweite Fragestellung wurde – Bacidore/Sofianos (2002) folgend – geprüft, ob sich ein systematischer Unterschied zwischen der Geld-Brief-Spanne von inländischen im Gegensatz zu ausländischen Werten ermitteln lässt, und damit das Herkunftsland der jeweiligen Aktiengesellschaft als Prädiktor für die Weite der Geld-Brief-Spanne angesehen werden kann.

Die Ergebnisse der Studie zeigen, dass sich das Phänomen des Home Bias nicht nur im Verhalten von Investoren nachweisen lässt, sondern grundsätzlich auch bei Market Makern zu finden ist. Zumindest im Zulassungssegment Freiverkehr, in dem zahlreiche ausländische Werte gehandelt werden, kann die unabhängige Variable Herkunftsland einen bemerkenswerten Anteil der Geld-Brief-Spanne explizieren. Vor diesem Hintergrund kann die zweite Hypothese nicht verworfen werden.

Ein Motiv für eine solche Quotierungsstrategie könnte in dem Ziel von Kursstellern zu finden sein, bei ausländischen Titeln eine Art Anbieterrente abzuschöpfen. Eine solche ließe sich wie folgt explizieren: Aufgrund der Existenz des Home Bias auf Investorenseite werden tendenziell weniger ausländische Wertpapiere nachgefragt. Sollen jedoch aus Risikodiversifikationsüberlegungen dennoch solche gekauft werden, wird die diesbezügliche Order aus Vereinfachungsgründen an die heimische Börse gelegt. Dort sind in ausländischen Titeln vergleichsweise wenige Kurssteller aktiv. Sofern diese geringe Konkurrenzsituation unter den

[105] Vgl. zu Erhebungsmethoden von Stimmungen z. B. Hörhold/Klapp (1993), Schmidt-Atzert/Hüppe (1996), Schimmack (1997), Steyer et al. (1997).

Market Makern ergänzt wird durch eine niedrige Anzahl von Orders in dem jeweiligen Titel, könnten Kurssteller versucht sein, diese Konstellation durch ihre Quotierungsstrategie für sich gewinnmaximierend zu nutzen.

Als dritte Fragestellung wurde untersucht, ob das Zulassungssegment einen geeigneten Prädiktor für die Erklärung der Geld-Brief-Spanne darstellt. Während bei inländischen Werten die Geld-Brief-Spanne ausgehend vom Prime Standard über den General Standard bis zum Freiverkehr um einen relativ niedrigen Faktor steigt, besitzt bei ausländischen Aktien die Zugehörigkeit zu einem der drei Zulassungssegmente einen deutlich höheren Erklärungsgehalt für die Weite der Geld-Brief-Spanne. Insofern kann die dritte Hypothese nicht abgelehnt werden.

Eine Erklärung für diesen Befund könnte in der unterschiedlichen Basisliquidität der verschiedenen Zulassungssegmente zu finden sein. Das größere Handelsinteresse im Prime Standard gegenüber dem General Standard und dem Freiverkehrssegment lässt sich mit den höheren Zulassungsfolgepflichten bezüglich der Transparenz in Form von Publizitäts- und Berichtspflichten der dort gelisteten Werte begründen. Investoren verfügen bei Aktien des Prime Standard demnach infolge der geltenden Börsenvorschriften ceteris paribus über eine größere Informationsmenge als bei den Werten aus dem General Standard mit weniger Publikations- und Berichtspflichten der dort gelisteten Unternehmen. Bezüglich den Zulassungsbedingungen zum Handel und den Berichts- bzw. Publikationspflichten der Gesellschaften gilt das bereits Gesagte auch im Verhältnis zwischen General Standard und Freiverkehr.

Diese unterschiedliche Informationsdistribution in Abhängigkeit vom Zulassungssegment könnte für den Market Maker die Motivation sein, bei einer hohen Informationsversorgung durch den Emittenten des Wertpapiers im Prime Standard eine enge Geld-Brief-Spanne zu stellen, und infolge einer im Vergleich hierzu geringeren Informationstransparenz im General Standard bzw. Freiverkehr eine vergleichsweise breite Geld-Brief-Spanne anzubieten. Eine relativ breite Geld-Brief-Spanne im Freiverkehr lässt sich auf zweierlei Weise explizieren. Zum einen kann dieses Quotierungsverhalten als eine Art Selbstschutz des Market Makers interpretiert werden, um aus Transaktionen mit Marktteilnehmern, die über privilegierte Informationen verfügen, nicht systematisch einen Verlust hinnehmen zu müssen. Zum anderen führt die relative niedrige Liquidität in Form einer breiten Geld-Brief-Spanne zu höheren Bestandshaltekosten beim Market Maker, die er wiederum durch sein Quotierungsverhalten reflektiert.

Wenn Unternehmen ein Interesse besitzen an einer hohen Liquidität ihrer Aktie im börslichen Handel, lässt sich aus dem Ergebnis dieser Studie die Empfehlung ableiten, die Anteilspapiere in einem möglichst hohen Zulassungssegment notieren zu lassen. Letztlich ist es eine Management-Entscheidung, die mit der Zugehörigkeit beispielsweise zum Prime Standard verknüpften höheren Zulassungsfolgekosten in Form von erweiterten Publizitäts- und häufigeren Berichtspflichten gegen das aufgrund einer engeren Geld-Brief-Spanne zu erwartende höhere Handelsvolumen im eigenen Titel abzuwägen.

6. Zusammenfassung und Ausblick

Dem Ziel dieser Arbeit, verhaltenswissenschaftliche Erklärungsansätze für die Preisbildung am Terminmarkt aus der Perspektive eines Market Makers zu identifizieren, diente zunächst eine eingehende Auseinandersetzung mit grundlegenden, aus der Marktmikrostruktur-Theorie stammenden Modellen zur Beschreibung der Funktion von Market Maker-Märkten.

Basierend auf den historischen Entwicklungslinien der Marktorganisation wurden die beiden wesentlichen Organisationsformen von Börsen, der Auktions- sowie der Market Maker-Markt, diskutiert. Dem Erkenntnisziel dieser Arbeit folgend, stand dabei die Analyse des Market Maker-Marktes im Fokus der Ausführungen. Als konstitutives Element dieser Marktform wurde der Sofortigkeitsservice (*immediacy*) des Market Makers herausgearbeitet, für dessen Erbringung und den damit verbundenen Kosten er Kompensation in Form der Geld-Brief-Spanne erhalten muss.

Die tendenziell markttechnisch motivierte Dekomposition der Market Maker-Kosten in die Elemente Bestandshaltekosten und Kosten adverser Selektion verbunden mit der Stellung des Market Makers im Markt – entweder als Monopolist oder in Konkurrenz zu anderen Market Makern stehend – führte zur Systematisierung der in der Literatur diskutierten Market Maker-Modelle in risiko- und informationsinduzierte Ansätze.

Das Axiom der risikoinduzierten Market Maker-Modelle beinhaltet das Ziel des Market Makers, wie jeder andere Marktteilnehmer ein im Sinne der Portfoliotheorie effizientes Portfolio zu halten, dessen Struktur durch seine Risikoneigung determiniert wird. Die informationsinduzierten Market Maker-Modelle hingegen postulieren eine Heterogenität der Informationsdispersion an Kapitalmärkten. Sofern Marktteilnehmer mit Zugang zu privilegierten Informationen (*Insider*) existieren, ist die Chance zur Erzielung eines Gewinns unter den Marktakteuren nicht gleich verteilt.

Bei der zweiten Gruppe von Markteilnehmern – den so genannten Liquiditätshändlern – stellen liquiditätsmotivierte Überlegungen den Anreiz ihres Agierens am Kapitalmarkt dar. Zur Vermeidung von systematischen Verlusten aus dem Handel mit Insidern muss der Market Maker seine Geld-Brief-Spanne so dimensionieren, dass er durch Transaktionen mit Liquiditätshändlern die durch den Handel mit Insidern systematisch erlittenen Verluste überkompensieren kann.

Stand im zweiten Kapitel das Subjekt – der Market Maker – im Fokus der Betrachtung, diente das dritte Kapitel der Analyse der am Kapitalmarkt gehandelten Objekte, und zwar dem Erkenntnisziel der Arbeit folgend die Option. Hierbei wurde insbesondere der wissenschaftliche Diskurs um die Verifikation oder Falsifikation der neo-klasssischen Paradigmen der Finanzierungstheorie herausgearbeitet.

Geprägt wird dieser Wissenschaftsstreit von zwei Extrempositionen. Zum einen wird argumentiert, dass sich die empirisch nachweisbaren Kursanomalien letztlich doch innerhalb des traditionellen Paradigmas erklären lassen und demnach konform sind mit der Markteffizienzhypothese. Vertreter der zu dieser Haltung konträren Position argumentieren, dass die Anomalien das Ergebnis eines irrationalen Marktprozesses sind, in welchem sich die Kurse aufgrund von Stimmungen und Wahrnehmungsverzerrungen der Marktteilnehmer mehr oder weniger weit von ihrem Fundamentalwert entfernen können.

Die Ausführungen zu den drei Kursanomalien Mean Reversion-Eigenschaft, Size-Effekt sowie Kalendereffekte mündeten in der Feststellung, dass Stimmungsschwankungen und Wahrnehmungsverzerrungen psychologische Faktoren sind, die die Existenz von Kursanomalien verhaltenswissenschaftlich explizieren und als Prädiktoren für die Wahrnehmung von Kursrisiken dienen könnten.

Bezüglich der Bedeutung der Volatilität für die Optionspreisbestimmung wurde herausgearbeitet, dass die Stimmung der Marktteilnehmer einen bedeutenden Faktor zur Erklärung der bedingten Volatilität darstellt und daher bei der Preisbildung von Optionen Berücksichtigung finden sollte.

Insbesondere die durch das Black/Scholes-Modell implizierten Fehlbewertungen von bestimmten Optionen könnten darauf zurückzuführen sein, dass die Risikowahrnehmung der Markteilnehmer von Faktoren abhängt, die sich in einem mathematischen Modell nicht hinreichend exakt quantifizierten lassen.

Im letzten Literaturkapitel wurde die Bedeutung von personalen Einflussfaktoren auf die Risikowahrnehmung diskutiert. Als Ergebnis konnte festgehalten werden, dass sich die Verwendung des subjektiven Wahrscheinlichkeitskonzepts in der Kapitalmarkt-Praxis trotz einiger methodologischer Schwächen dann rechtfertigen lässt, wenn die Marktteilnehmer aufgrund von erworbenen Erfahrungen einem konkreten Kursereignis eine subjektive Eintrittswahrscheinlichkeit zuordnen können. Hiervon kann bei professionellen Marktteilnehmern ausgegangen werden. Auf Basis ihrer gesammelten (Berufs-)Erfahrungen sollten sie in der Lage sein, möglichen zukünftigen Kursen zumindest eine subjektive Eintrittswahrscheinlichkeit zuzuordnen.

Die Verschiedenheit der Kursschätzung unter den Marktteilnehmern führte zur Analyse von Faktoren, die die Wahrnehmung von Kursrisiken beeinflussen. Hierbei wurde herausgearbeitet, dass die Art der Präsentation des Kursrisikos einen starken Einfluss auf die menschliche Wahrnehmung besitzt. Dieses sowohl bei professionellen als auch bei nicht-professionellen Marktakteuren auftretende Phänomen besitzt weitreichende Konsequenzen, denn nicht nur eine Überschätzung, sondern auch eine Unterschätzung von Kursrisiken kann zu ex post betrachtet suboptimalen Positionierungsentscheidungen am Kapitalmarkt führen.

Für die Positionierungsentscheidung am Kapitalmarkt ist aus verhaltenswissenschaftlicher Perspektive jedoch nicht nur das *objektive* Risiko eines Investments entscheidend, sondern auch das *subjektive Risikoempfinden* des Marktteilnehmers. Die subjektive Risikowahrnehmung kann von den abstrakten, formal-statistischen Risikomaßen deutlich differieren. Der Risikogehalt einer Kapitalanlage in der Dimension des empfundenen Risikos (*perceived risk*) hängt von nicht formal quantifizierbaren Variablen ab und wird im Wesentlichen beeinflusst von den Komponenten *Downside-Risk* als der subjektiv wahrgenommenen Gefahr eines zukünftig zu erleidenden finanziellen Verlusts, *Volatilität* als der subjektiv empfundenen Schwankung der Rendite eines Wertpapiers im Zeitverlauf sowie *Upside-Risk* als der subjektiv wahrgenommenen Chance auf die Realisierung eines zukünftigen Kursgewinns.

Da der mentale Prozess der Wahrnehmung von verschiedenen personalen Faktoren gesteuert wird, wurde deren Einfluss auf die Wahrnehmung von Kursrisiken nachgezeichnet. Zunächst wurde gezeigt, dass die kognitiven Grenzen sowohl der *Informationswahrnehmung* als auch der *Informationsverarbeitung* die Entwicklung und Anwendung von Heuristiken nahe legen, um aus der verfügbaren Menge von existierenden Alternativen möglichst schnell und unkompliziert die zielführende Wahlmöglichkeit zu selektieren. Heuristiken lassen sich durch einen Aggregationsprozess auf der Marktebene nicht eliminieren und betreffen sowohl professionelle als auch nicht-professionelle Marktteilnehmer.

Als weiterer, die Risikowahrnehmung beeinflussender personaler Faktor wurden *Erfahrungen* diskutiert. In diesem Zusammenhang sind Kontingenz, verstanden als die wahrgenommene Relation zwischen einem spezifischen Verhalten und den hieraus folgenden Konsequenzen, sowie die perzipierte Kontrolle, interpretiert als die subjektive Wahrnehmung des Ausmaßes der Kontrolle in einer konkreten Situation, von hoher Bedeutung. Letztlich ist nicht die tatsächlich vorhandene, objektive Möglichkeit der Kontrolle in einer spezifischen Situation verhaltensbestimmend, sondern vielmehr die wahrgenommene, üblicherweise auf gesammelten (Berufs-)Erfahrungen basierende, subjektiv empfundene Kontrollmöglichkeit, die durchaus divergent sein kann zu der objektiv gegebenen.

Aus dieser subjektiv empfundenen Kontrollmöglichkeit und einer hieraus möglicherweise entstehenden Kontrollillusion kann in Verbindung mit vorhandenen (Berufs-)Erfahrungen eine systematische Überschätzung der eigenen Fähigkeiten entstehen (*overconfidence*).

Ferner wurden *Stimmungen* und *Emotionen* als weitere personale Einflussfaktoren der Risikowahrnehmung analysiert und festgestellt, dass Entscheider in gehobener Stimmung grundsätzlich eher bereit sind, zusätzliche Risiken zu übernehmen. Zur Entscheidungsfindung kommen in diesem Gemütszustand vornehmlich Heuristiken zum Einsatz. In gedrückter Stimmung hingegen wird die Übernahme weiterer Risiken und die Verwendung von Heuristiken eher vermieden. Die referierten Ergebnisse empirischer Forschung legen den Schluss nahe, dass Stimmungen und Emotionen einen nachhaltigen Einfluss auf die Wahrnehmung von Kursrisiken ausüben.

Die Theorie der *Leistungsmotivation* kann als ein weiterer Faktor die Basis für eine verhaltenswissenschaftliche Erklärung der Risikowahrnehmung liefern. Denn erfolgsmotivierte Individuen bevorzugen vorwiegend mittlere Risiken, während sich misserfolgsmotivierte Personen entweder für relativ geringe oder aber für extreme Risiken entscheiden.

Als letzter personaler Einflussfaktor der Risikowahrnehmung wurden die Einstellungen eines Individuums gegenüber der eigenen Person (*Selbstkonzept*) analysiert. Hier wurde herausgearbeitet, dass zwischen dem Selbstkonzept einer Person und den übrigen personalen Einflussfaktoren der Risikowahrnehmung eine interdependente Relation existiert. Die Meinung zu und von sich selbst bestimmt mit über die Informationswahrnehmung und -aufnahme. Mit dem Selbstkonzept übereinstimmende Informationen werden schneller als auf die eigene Person zutreffend beurteilt und nachfolgend besser erinnert als mit dem Selbstkonzept inkonsistente Informationen.

Diese identifizierten potenziellen Zusammenhänge zwischen Persönlichkeitsvariablen und der Risikowahrnehmung dienten sodann der Ableitung von Hypothesen im empirischen Teil der Arbeit.

Gegenstand der ersten experimentellen Studie war die Untersuchung des Einflusses von (Berufs-)Erfahrungen, der mentalen Informationswahrnehmungs- und -verarbeitungskapazität sowie des Selbstkonzepts professioneller Händler auf ihre Wahrnehmung von Kursrisiken. Hierbei wurde gemessen, welchen Einwirkungsgrad die Art der Präsentation von (Kurs-)Risiken sowie der Kompatibilitätsgrad zwischen den Attributen und der im Experiment zu erfüllenden konkreten Aufgabe auf den internalen Entscheidungsprozess der Versuchsteilnehmer, auf ihre Risikowahrnehmung sowie die hieraus resultierende Positionierung am Kapitalmarkt in Form von Portfolioentscheidungen besitzt. Als abhängige Variable diente einerseits die Schätzung der zukünftigen Volatilität sowie andererseits die Schätzung des Downside- und Upside-Risk.

Die erste Hypothese, dass die Präsentation des Risikos in Form eines Kurs-/Umsatzcharts beim Probanden eine niedrigere Wahrnehmung des möglichen zukünftigen Kursrisikos auslöst als die Präsentation des Risikos in Form eines Kurs-/Umsatzcharts sowie weiterer, das Kursrisiko beschreibender Informationen, war bei Zugrundelegung der Volatilitätsschätzung als abhängige Variable abzulehnen. Für den Fall des Downside-/Upside-Risk als abhängige Variable konnte diese Hypothese jedoch nicht verworfen werden.

Ein vergleichbares Resultat stellte sich bei Überprüfung der zweiten Hypothese ein, dass die gleiche Art der Risikopräsentation bei einem Kassamarkthändler und bei einem Terminmarkthändler eine unterschiedliche Risikowahrnehmung auslöst. Hinsichtlich der abhängigen Variable Volatilitätsschätzung war auch hier die Hypothese abzulehnen. Bei Zugrundelegung des Downside-/Upside-Risk als abhängige Variable hingegen konnte sie nicht verworfen werden.

Eine Erklärung für diese Divergenz der Ergebnisse wurde in der Inkonsistenz der von den Probanden abgegebenen Schätzungen gefunden. Die unmittelbare Schätzung der Volatilität fiel im Durchschnitt 5,26% höher aus als die Schätzung des Downside-/Upside-Risk. Diese Inkonsistenz lässt sich mit unterschiedlichen Kenntnissen hinsichtlich dieser beiden Risikokennziffern explizieren.

Die dritte Hypothese, die einen Zusammenhang zwischen dem Selbstkonzept des Kapitalmarktteilnehmers und der Intensität seiner Wahrnehmung des Kursrisikos postuliert, konnte bestätigt werden: die Wahrnehmung von Kursrisiken fällt tendenziell umso geringer aus, je ausgeprägter das Selbstbild des Marktteilnehmers hinsichtlich seiner Leistungsfähigkeit und Entscheidungssicherheit ist.

Neben den drei untersuchten personalen Einflussfaktoren der Risikowahrnehmung wurden weitere Variablen geprüft, die ebenfalls auf den Wahrnehmungsprozess von Kursrisiken einwirken.

Im Rahmen dieser Studie wurde die Ambiguität, verstanden als Manifestation einer subjektiv empfundenen Unsicherheit in Bezug auf die künftige Kursentwicklung eines Wertpapiers aufgrund unvollständiger Informationsgrundlage, die subjektiv empfundene Kompetenz sowie die selbst eingeschätzte Erfahrung mit der Prognose von Kursen als weitere, den mentalen Prozess der Risikowahrnehmung determinierende Einflussfaktoren erforscht. Das Ergebnis von Korrelationsanalysen weist darauf hin, dass

1. sich Händler mit einer hohen selbst eingeschätzten Kompetenz hinsichtlich der Prognose von Kursen bei der Kursprognose tendenziell nicht unsicher fühlen und einen geringen Ambiguitätsgrad aufweisen,
2. Händler mit einem ausgeprägten Selbstbild bezüglich ihrer Erfahrungen mit der Prognose von Kursen eine geringe Unsicherheit bei der Kursprognose empfinden,
3. das Ausmaß der Ambiguität mit länger werdender Tätigkeitsdauer als Händler und fortschreitendem Lebensalter tendenziell sinkt,
4. die wahrgenommene Kompetenz hinsichtlich der Prognose von Kursen mit dem Lebensalter und der hiermit eng verknüpften Tätigkeitsdauer steigt,

5. die selbst eingeschätzte Erfahrung mit der Prognose von Kursen sowohl mit dem Lebensalter als auch mit der Tätigkeitsdauer als Händler positiv korreliert.

Die mit dieser Arbeit vorgelegten Aufschlüsse hinsichtlich der Wahrnehmung von Kursrisiken besitzen Implikationen in verschiedene Richtungen.

Für die *Volatilitätsanalyse* ist der Befund von Bedeutung, dass Händler mit ausschließlichem Kurs-/Umsatzchart als Informationsgrundlage die Frage nach der Ambiguität häufiger zustimmend beantworteten als die Gruppe derjenigen Probanden, die additiv noch einen Volatilitätschart zur Entscheidungsfindung zur Verfügung hatten. Hieraus kann gefolgert werden, dass der Grad der Unsicherheit mit der Prognose von Kursen negativ korreliert ist mit dem Umfang der zur Verfügung stehenden Kurs(risiko-)informationen.

Das alleinige Aufdecken von Anomalien sollte dabei nur als erster Schritt des Forschungsprozesses verstanden werden. Bereits Slovic (1972) fordert, dass „the next phase of research must certainly emphasize the development of techniques to help decision makers overcome their cognitive biases."[1] Die Wahrnehmung von Kursrisiken sollte deshalb dahingehend verbessert werden, dass professionelle Marktteilnehmer zur Analyse des Kursrisikos in höchstmöglichem Umfang die die künftige Kursentwicklung beschreibenden Daten und Informationen sammeln und mithilfe quantitativer oder neuerer Methoden zur Modellierung von Kursprozessen wie beispielsweise der Monte Carlo-Simulation, neuronalen Netzen oder gar der Chaostheorie auswerten.

Für die *Optionspreistheorie* ist die hohe Divergenz der von den Probanden abgegebenen Volatilitätsschätzungen von Bedeutung. Würden diese Volatilitätsschätzungen als Volatilitätsparameter in einem Optionsbewertungsmodell Verwendung finden, wären extrem divergierende Optionspreise die Folge. Hieraus könnte das Erfordernis abgeleitet werden, die Bewertung von Optionen um eine *behavioristische Komponente* der Volatilitätsschätzung, beispielsweise in Form eines so genannten *Behavior-Terms* zur Erfassung der Divergenz der Volatilitätsschätzungen unter den Markteilnehmern, zu erweitern.

Hinsichtlich der *Analyse der Geld-Brief-Spanne* könnte das Erfordernis entstehen, Spreadkomponentenmodelle um *Behavior-Kosten* zu erweitern. Hierunter ließe sich der Grad an Unsicherheit subsumieren, der sich aus dem Wissen um die heterogenen Volatilitätsschätzungen aller Marktteilnehmer ableitet.

Ein weiterer Anwendungsbereich, für den Implikationen aus dieser Arbeit resultieren, betrifft die *Personalpolitik von Banken*.

---

[1] S. Slovic (1972) S. 796.

Der in der Probandengruppe niedrige, aber im Vergleich zu anderen Banken durchaus repräsentative Anteil von Frauen kann für die Handelsabteilung einer Bank zu einem systematischen Risiko führen, wenn Männer (Kurs-)Risiken anders wahrnehmen als Frauen. Aus Risikodiversifikationsüberlegungen sollte daher ein Handelsteam annähernd paritätisch sowohl aus Männern als auch aus Frauen zusammengesetzt sein, um eine geschlechtsinduzierte Absicherung von (Handels-) Portfoliorisiken gewährleisten zu können.

Aufgrund der Bestätigung des behavioristischen Ansatzes zur Erklärung des Kapitalmarktgeschehens sollten sich Personalverantwortliche von Banken bei Bewerbergesprächen ein konturiertes Bild von der selbst wahrgenommenen Leistungsfähigkeit und Entscheidungssicherheit des potentiellen Mitarbeiters machen und dieses nach Möglichkeit mit seinen historischen Leistungen in Form eines *Trader-Track Record* verifizieren.

Im Rahmen der zweiten Studie wurde ein möglicher Einfluss des Wetters auf die Dimensionierung der Geld-Brief-Spanne am deutschen Kapitalmarkt untersucht. Basierend auf den für den amerikanischen Kapitalmarkt herausgearbeiteten Ergebnissen wurde überprüft, ob sich auch am deutschen Kapitalmarkt am Beispiel des Xetra-Börsensegments das Wetter als eine die Stimmung von Market Makern und damit die Geld-Brief-Spanne beeinflussende Variable isolieren lässt. Der Erklärungsgehalt des Prädiktors Bewölkungsdichte als diejenige Wettervariable, die – Ergebnissen psychologischer Forschung folgend – den bedeutendsten Einfluss auf die Stimmung des Menschen besitzt, ist jedoch für sämtliche analysierten Aktien im Untersuchungszeitraum nicht signifikant.

Aus diesem Befund kann jedoch nicht abgeleitet werden, dass am deutschen Kapitalmarkt die Stimmungen und Emotionen der Market Maker keine Auswirkung auf ihre Quotierungsstrategie besitzen. Das Ergebnis dieser Studie besagt lediglich, dass der vermutete, psychologisch motivierte Rückkopplungseffekt des Faktors Wetter auf die Stimmung von Kursstellern nicht besteht. Allerdings könnten andere Variablen existieren wie beispielsweise Erlebnisse und Geschehnisse aus dem persönlichen Umfeld eines Market Makers, seine in der jüngeren Vergangenheit erzielten (Handels-)Erfolge oder seine aktuelle gesundheitliche Situation, die seine Stimmung beeinflussen und dadurch sein Quotierungsverhalten steuern.

Des Weiteren wurde gezeigt, dass sich das Phänomen des Home Bias nicht nur im Verhalten von Investoren nachweisen lässt, sondern auch bei Market Makern zu finden ist. Insbesondere im Zulassungssegment Freiverkehr, in dem zahlreiche ausländische Werte gehandelt werden, kann die unabhängige Variable Herkunftsland einen bemerkenswerten Anteil der Geld-Brief-Spanne explizieren.

Häufig resultieren aus einer empirischen Untersuchung eher neue forschungsrelevante Aspekte, als dass die anfänglich aufgeworfenen Fragen vollumfänglich beantwortet werden können. Als potentielle *Ansatzpunkte für zukünftige For-*

schungstätigkeiten ergibt sich aus dieser Arbeit die Fragestellung, in welchem Ausmaß an Individuen untersuchte Prozesse des Stimmungseinflusses durch kollektive Prozesse in einem Händlerteam verstärkt oder abgeschwächt werden.

Da in Handelsabteilungen von international agierenden Banken üblicherweise Personen aus verschiedenen Ländern und damit Kulturen arbeiten, könnte Untersuchungsgegenstand einer weiteren Forschungsarbeit die Fragestellung sein, ob und in welchem Ausmaß kulturelle Unterschiede die Wahrnehmung von Kursrisiken beeinflussen.

Insbesondere bei Kapitalanlagegesellschaften sind die Positionierungen eines Portfolio-Managers am Kapitalmarkt häufig das Ergebnis von Gruppenentscheidungen. Es wäre demnach interessant der Frage nachzugehen, welche Faktoren die Risikowahrnehmung von Gruppen beeinflussen, welche gruppendynamischen Prozesse auf die Risikowahrnehmung einer Gruppe einwirken (*group-think effects*) und das Ergebnis von Gruppendiskussionen und -entscheidungen steuern.

Anhang

Anhang 1a: Fragebogen der experimentellen Studie mit Kurschart

Liebe Kollegin, lieber Kollege,

zunächst einmal ganz herzlichen Dank, dass Sie sich die Zeit nehmen, an einem wissenschaftlichen Experiment im Rahmen einer Dissertation teilzunehmen. Für das Ausfüllen des vorliegenden Fragebogens benötigen Sie voraussichtlich eine Bearbeitungszeit von ca. 15 Minuten.

Aufgrund des Designs dieses Experiments ist eine absolute Anonymität gewährleistet. Nur Sie alleine kennen Ihre Antworten. Weder der Versuchsleiter noch sonst irgendein Mitarbeiter von Dresdner Kleinwort Wasserstein kann Details Ihres Fragebogens in Erfahrung bringen. Außerdem ist gewährleistet, dass alle Angaben streng vertraulich behandelt werden. Vermerken Sie deshalb bitte nirgends auf dem Fragebogen Ihren Namen!

Da ca. 60 Händlerkollegen an dieser Studie teilnehmen, ist ein Rückschluss auf die von Ihnen gegebenen Antworten aus der Menge aller Fragebögen ausgeschlossen. Diese Ausführungen mögen Sie ermuntern, offen und frei Ihre Meinung abzugeben. Dies trägt wesentlich zum Gelingen und zur wissenschaftlichen Verwertung des Experiments bei.

Hier noch einige Hinweise zur Vorgehensweise:

- Grundsätzlich gibt es bei der Beantwortung der Fragen kein Richtig oder Falsch; es handelt sich auch um keinen Wissens- oder Intelligenztest im üblichen Sinn. Hier interessiert ausschließlich Ihre persönliche Einschätzung. Daher sollten Sie Ihrem spontanen Urteil vertrauen und Ihrer ersten, intuitiven Meinung – Ihrem Bauchgefühl sozusagen – ruhig folgen und nach kurzem Überlegen jede Frage zügig beantworten.
- Die meisten Fragen können Sie durch Ankreuzen beantworten. Bitte entscheiden Sie sich immer für diejenige Antwortmöglichkeit, die für Sie persönlich am ehesten zutrifft.
- Schauen Sie sich bitte zunächst die Informationen zu einem gegebenen Finanztitel auf der Rückseite an. Bilden Sie sich auf Basis Ihrer händlerischen Erfahrungen eine Meinung zum möglichen zukünftigen Kursverlauf dieses Wertes und beantworten Sie sodann bitte die Fragen 1. – 12.
- Bei den Fragen 13. – 26. handelt es sich um Feststellungen zur Erhebung der allgemeinen Leistungsfähigkeit und Entscheidungssicherheit. Bitte lesen Sie jede Aussage sorgfältig durch und entscheiden Sie, in welchem Maß die jeweilige Aussage auf Sie persönlich zutrifft. Kreuzen Sie sodann das aus Ihrer Sicht passende Kästchen aus den sechs Antwortmöglichkeiten an.
- Die Abschlussfragen 27. – 31. besitzen statistischen Charakter und sollen bei der Auswertung dieses Experiments Aufschluss geben über die Zusammensetzung der Teilnehmergruppe.

- Falls Sie eine Antwort korrigieren möchten, kreuzen Sie einfach die neue Antwortmöglichkeit an und kennzeichnen diese durch einen Kreis.

<u>**Wichtig**</u>:

Bitte beantworten Sie **alle** Fragen, damit die Validität dieses Experiments gewährleistet ist!

Kurs-Umsatz-Chart von Letacla in €

Quelle: Bloomberg

1. Welche der nebenstehenden Aussagen charakterisiert/charakterisieren im Kapitalmarktkontext zutreffend den Begriff *Risiko*? Bitte kreuzen Sie die Ihrer Meinung nach zutreffende(n) Aussage(n) an.	☐ Volatilität ☐ Einen Verlust hinnehmen zu müssen ☐ Schlechter zu sein als die Benchmark ☐ Die falschen Werte gekauft zu haben ☐ Die Gefahr eines Crashs ☐ Die Gefahr, ein gesetztes (Gewinn-) Ziel zu verfehlen ☐ Die Gefahr, Abschreibungen vornehmen zu müssen

2. Ordnen Sie bitte den nebenstehenden Kurzdefinitionen jeweils eines der nachfolgenden Risikomaße zu, indem Sie die Zahlen 1 – 4 in die Ihrer Meinung nach richtigen Kästchen eintragen.

   1. Varianz
   2. Semivarianz
   3. Standardabweichung (Volatilität)
   4. Shortfall-Maß (Lower Partial Moment)

☐	Ein Risikomaß zur Erfassung des Downside- bzw. Upside-Risikos.
☐	Ein symmetrisches Risikomaß.
☐	Die Wahrscheinlichkeit für die Unterschreitung einer Zielrendite.
☐	Ein Risikomaß, das sich als Quadratwurzel aus der Varianz ergibt.

3. Welche der nebenstehenden Möglichkeiten zur Darstellung von Kursrisiken ist/ sind Ihrer Meinung nach hervorragend geeignet, das Kursrisiko eines Wertpapiers gut erfassbar zu quantifizieren bzw. darzustellen? Bitte kreuzen Sie die Ihrer Meinung nach zutreffende(n) Möglichkeit(en) an.	☐ Kurs-/Umsatzchart ☐ Volatilitätschart ☐ Semivarianz ☐ Shortfall-Maße (Lower Partial Moments) ☐ Standardabweichung (Volatilität) ☐ Varianz

4. Bitte geben Sie eine Wahrscheinlichkeitsschätzung ab für das von Ihnen innerhalb der nächsten 3 Monate erwartete Downside-Risiko und Upside-Risiko (= Kurschance) des vorliegenden Finanztitels.
Tragen Sie hierzu die von Ihnen erwartete Eintrittswahrscheinlichkeit in das jeweilige Kästchen neben den vorgegebenen möglichen Kursänderungen ein.
Bitte achten Sie darauf, dass die Summe Ihrer geschätzten Wahrscheinlichkeiten 100% ergibt.

Der vorliegende Finanztitel könnte...

	um mehr als 10% sinken.
	zwischen 10% und 5 % sinken.
	zwischen 5% und 0% sinken.
	zwischen 0% und 5% steigen.
	zwischen 5% und 10% steigen.
	um mehr als 10% steigen.

5. Geben Sie eine Ihrer Meinung nach gute Schätzung ab für die in den nächsten drei Monaten zu erwartende Volatilität des vorliegenden Finanztitels. – Tragen Sie bitte den entsprechenden Prozentwert in das nebenstehende Kästchen ein.

Zahlenangabe in Prozent

6. Bei welchem Wert ist es Ihrer Meinung nach gleich wahrscheinlich (50%), dass der Kurs des vorliegenden Finanztitels darüber oder darunter liegen wird?

Kurs in Euro

7. Unter welchen Wert wird Ihrer Meinung nach der Kurs des vorliegenden Finanztitels mit einer Wahrscheinlichkeit von 90% nicht fallen?

Kurs in Euro

8. Über welchen Wert wird Ihrer Meinung nach der Kurs des vorliegenden Finanztitels mit einer Wahrscheinlichkeit von 90% nicht steigen?

[ ] Kurs in Euro

9. Bei der Kursprognose des vorliegenden Finanztitels bin ich sehr unsicher, da ich mich – was die Beurteilung dieses Wertes anbelangt – auf Basis der vorhandenen Informationen tendenziell unwissend und uninformiert fühle.

☐ stimme überhaupt nicht zu
☐ stimme eher nicht zu
☐ weiß nicht
☐ stimme eher zu
☐ stimme voll und ganz zu

10. Um welchen Betrag in Euro müsste sich der Kurs des vorliegenden Finanztitels – ausgehend von dem zuletzt gehandelten Kurs – ändern, um von Ihnen in die Kategorie ‚risikoreich' eingeordnet zu werden? – Tragen Sie bitte den entsprechenden Betrag in das nebenstehende Kästchen ein.

[ ] Betrag in Euro

11. Wie schätzen Sie selbst Ihre Kompetenz hinsichtlich der Prognose von Kursen im Allgemeinen ein?

☐ sehr niedrig
☐ niedrig
☐ mittel
☐ hoch
☐ sehr hoch

12. Beurteilen Sie selbst Ihre Erfahrungen mit der Prognose von Kursen.

☐ gar nicht erfahren
☐ kaum erfahren
☐ mittelmäßig erfahren
☐ ziemlich erfahren
☐ außerordentlich erfahren

Auf den nachfolgenden beiden Seiten finden Sie die bereits erwähnten Aussagen zur allgemeinen Leistungsfähigkeit und Entscheidungssicherheit. Bitte lesen

Sie jede Aussage sorgfältig durch und entscheiden Sie, in welchem Maß die Aussage auf Sie persönlich zutrifft. Kreuzen Sie sodann das aus Ihrer Sicht passende Kästchen aus den jeweils sechs Antwortmöglichkeiten an.

Grundsätzlich gibt es bei der Beantwortung kein Richtig oder Falsch. Es interessiert ausschließlich Ihre persönliche Einschätzung. Daher sollten Sie Ihrem spontanen Urteil vertrauen und Ihrer ersten, intuitiven Meinung – Ihrem Bauchgefühl sozusagen – ruhig folgen und nach kurzem Überlegen zu jeder Aussage zügig Ihr Urteil abgeben.

Und nun blättern Sie bitte um …

13. Ich bin so leistungsfähig und intelligent wie andere Personen.
- ☐ trifft voll und ganz zu
- ☐ trifft zu
- ☐ trifft etwas zu
- ☐ trifft eher nicht zu
- ☐ trifft nicht zu
- ☐ trifft überhaupt nicht zu

14. Ich fühle mich als Versager, wenn ich von dem Erfolg eines Bekannten höre.
- ☐ trifft voll und ganz zu
- ☐ trifft zu
- ☐ trifft etwas zu
- ☐ trifft eher nicht zu
- ☐ trifft nicht zu
- ☐ trifft überhaupt nicht zu

15. Ich bin mit meinen eigenen Leistungen zufrieden.
- ☐ trifft voll und ganz zu
- ☐ trifft zu
- ☐ trifft etwas zu
- ☐ trifft eher nicht zu
- ☐ trifft nicht zu
- ☐ trifft überhaupt nicht zu

16. Was ich mir vorgenommen habe, kann ich auch erreichen.
- ☐ trifft voll und ganz zu
- ☐ trifft zu
- ☐ trifft etwas zu
- ☐ trifft eher nicht zu
- ☐ trifft nicht zu
- ☐ trifft überhaupt nicht zu

17. Wenn ich so zurückdenke, kann ich mich an mehr Erfolge als an Misserfolge erinnern.
- ☐ trifft voll und ganz zu
- ☐ trifft zu
- ☐ trifft etwas zu
- ☐ trifft eher nicht zu
- ☐ trifft nicht zu
- ☐ trifft überhaupt nicht zu

18. Im Großen und Ganzen neige ich dazu, mich für einen Versager zu halten.
- ☐ trifft voll und ganz zu
- ☐ trifft zu
- ☐ trifft etwas zu
- ☐ trifft eher nicht zu
- ☐ trifft nicht zu
- ☐ trifft überhaupt nicht zu

19. Was ich mir auch vornehme, stets habe ich Schwierigkeiten, es zu erreichen; meistens schaffe ich es nicht.

- ☐ trifft voll und ganz zu
- ☐ trifft zu
- ☐ trifft etwas zu
- ☐ trifft eher nicht zu
- ☐ trifft nicht zu
- ☐ trifft überhaupt nicht zu

20. Wenn ich so zurückdenke, kann ich mich mehr an Misserfolge als an Erfolge erinnern.

- ☐ trifft voll und ganz zu
- ☐ trifft zu
- ☐ trifft etwas zu
- ☐ trifft eher nicht zu
- ☐ trifft nicht zu
- ☐ trifft überhaupt nicht zu

21. Ich habe oft Angst, dass ich im entscheidenden Augenblick versage.

- ☐ trifft voll und ganz zu
- ☐ trifft zu
- ☐ trifft etwas zu
- ☐ trifft eher nicht zu
- ☐ trifft nicht zu
- ☐ trifft überhaupt nicht zu

22. Ich bin ziemlich sicher in der Einschätzung meiner Fähigkeiten.

- ☐ trifft voll und ganz zu
- ☐ trifft zu
- ☐ trifft etwas zu
- ☐ trifft eher nicht zu
- ☐ trifft nicht zu
- ☐ trifft überhaupt nicht zu

23. Ich habe öfter das Bedürfnis, mich für mein Verhalten zu entschuldigen.

- ☐ trifft voll und ganz zu
- ☐ trifft zu
- ☐ trifft etwas zu
- ☐ trifft eher nicht zu
- ☐ trifft nicht zu
- ☐ trifft überhaupt nicht zu

24. Ich kann mich in den meisten Fällen schnell und sicher entscheiden.

- ☐ trifft voll und ganz zu
- ☐ trifft zu
- ☐ trifft etwas zu
- ☐ trifft eher nicht zu
- ☐ trifft nicht zu
- ☐ trifft überhaupt nicht zu

25. Ich kann wichtige Entscheidungen ohne fremde Hilfe treffen.

☐ trifft voll und ganz zu
☐ trifft zu
☐ trifft etwas zu
☐ trifft eher nicht zu
☐ trifft nicht zu
☐ trifft überhaupt nicht zu

26. Ich glaube, dass ich in den meisten Fällen mein Verhalten vor mir rechtfertigen kann.

☐ trifft voll und ganz zu
☐ trifft zu
☐ trifft etwas zu
☐ trifft eher nicht zu
☐ trifft nicht zu
☐ trifft überhaupt nicht zu

Abschließend noch einige statistische Fragen:

27. Bitte ordnen Sie Ihre Tätigkeit als Händler einer der nebenstehenden Kategorien zu.
Wenn Sie sowohl am Kassa- als auch am Terminmarkt agieren, kreuzen Sie bitte den <u>Schwerpunkt</u> Ihrer beruflichen Tätigkeit an.

☐ Händler am Kassamarkt
☐ Händler am Terminmarkt

28. Wie lange üben Sie die Händlerfunktion bereits aus?

☐ < 1 Jahr
☐ 1-3 Jahre
☐ 4-6 Jahre
☐ 6-8 Jahre
☐ > 8 Jahre

29. Bitte ordnen Sie Ihr Lebensalter einer der genannten Kategorien zu.

☐ < 25 Jahre
☐ 25-30 Jahre
☐ 31-35 Jahre
☐ 36-40 Jahre
☐ 41-45 Jahre
☐ > 46 Jahre

30. Welchen höchsten Bildungsabschluss besitzen Sie?	☐ Hauptschule
	☐ Realschule
	☐ Gymnasium
	☐ Fachhochschule
	☐ Universität mit Fachrichtung
	  ☐ Wirtschaftswissenschaft
	  ☐ Rechtswissenschaft
	  ☐ Naturwissenschaft (inkl. Mathematik)
	  ☐ Ingenieurwissenschaft
	  ☐ Sozialwissenschaft
	  ☐ andere

31. Die Abschlussfrage nach Ihrem Geschlecht…	☐ weiblich ☐ männlich

Vielen Dank für Ihre Mitarbeit!

Anhang 1b: Fragebogen der experimentellen Studie mit Kurschart und Volatilitätschart

Dieser Fragebogentyp unterscheidet sich von dem in Anhang 1a abgedruckten Fragebogen lediglich durch einen additiv zum Kurschart dargebotenen Volatilitätschart. Alle sonstigen Informationen sowie sämtliche Fragen sind identisch.

Liebe Kollegin, lieber Kollege,

zunächst einmal ganz herzlichen Dank, dass Sie sich die Zeit nehmen, an einem wissenschaftlichen Experiment im Rahmen einer Dissertation teilzunehmen. Für das Ausfüllen des vorliegenden Fragebogens benötigen Sie voraussichtlich eine Bearbeitungszeit von ca. 15 Minuten.

Aufgrund des Designs dieses Experiments ist eine absolute Anonymität gewährleistet. Nur Sie alleine kennen Ihre Antworten. Weder der Versuchsleiter noch sonst irgendein Mitarbeiter von Dresdner Kleinwort Wasserstein kann Details Ihres Fragebogens in Erfahrung bringen. Außerdem ist gewährleistet, dass alle Angaben streng vertraulich behandelt werden. Vermerken Sie deshalb bitte nirgends auf dem Fragebogen Ihren Namen!

Da ca. 60 Händlerkollegen an dieser Studie teilnehmen, ist ein Rückschluss auf die von Ihnen gegebenen Antworten aus der Menge aller Fragebögen ausgeschlossen. Diese Ausführungen mögen Sie ermuntern, offen und frei Ihre Meinung abzugeben. Dies trägt wesentlich zum Gelingen und zur wissenschaftlichen Verwertung des Experiments bei.

Hier noch einige Hinweise zur Vorgehensweise:

- Grundsätzlich gibt es bei der Beantwortung der Fragen kein Richtig oder Falsch; es handelt sich auch um keinen Wissens- oder Intelligenztest im üblichen Sinn. Hier interessiert ausschließlich Ihre persönliche Einschätzung. Daher sollten Sie Ihrem spontanen Urteil vertrauen und Ihrer ersten, intuitiven Meinung – Ihrem Bauchgefühl sozusagen – ruhig folgen und nach kurzem Überlegen jede Frage zügig beantworten.
- Die meisten Fragen können Sie durch Ankreuzen beantworten. Bitte entscheiden Sie sich immer für diejenige Antwortmöglichkeit, die für Sie persönlich am ehesten zutrifft.
- Schauen Sie sich bitte zunächst die Informationen zu einem gegebenen Finanztitel auf der Rückseite an. Bilden Sie sich auf Basis Ihrer händlerischen Erfahrungen eine Meinung zum möglichen zukünftigen Kursverlauf dieses Wertes und beantworten Sie sodann bitte die Fragen 1. – 12.
- Bei den Fragen 13. – 26. handelt es sich um Feststellungen zur Erhebung der allgemeinen Leistungsfähigkeit und Entscheidungssicherheit. Bitte lesen Sie jede Aussage sorgfältig durch und entscheiden Sie, in welchem Maß die je-

weilige Aussage auf Sie persönlich zutrifft. Kreuzen Sie sodann das aus Ihrer Sicht passende Kästchen aus den sechs Antwortmöglichkeiten an.

- Die Abschlussfragen 27. – 31. besitzen statistischen Charakter und sollen bei der Auswertung dieses Experiments Aufschluss geben über die Zusammensetzung der Teilnehmergruppe.
- Falls Sie eine Antwort korrigieren möchten, kreuzen Sie einfach die neue Antwortmöglichkeit an und kennzeichnen diese durch einen Kreis.

Wichtig:

Bitte beantworten Sie **alle** Fragen, damit die Validität dieses Experiments gewährleistet ist!

Kurs-Umsatz-Chart von Letacla in €

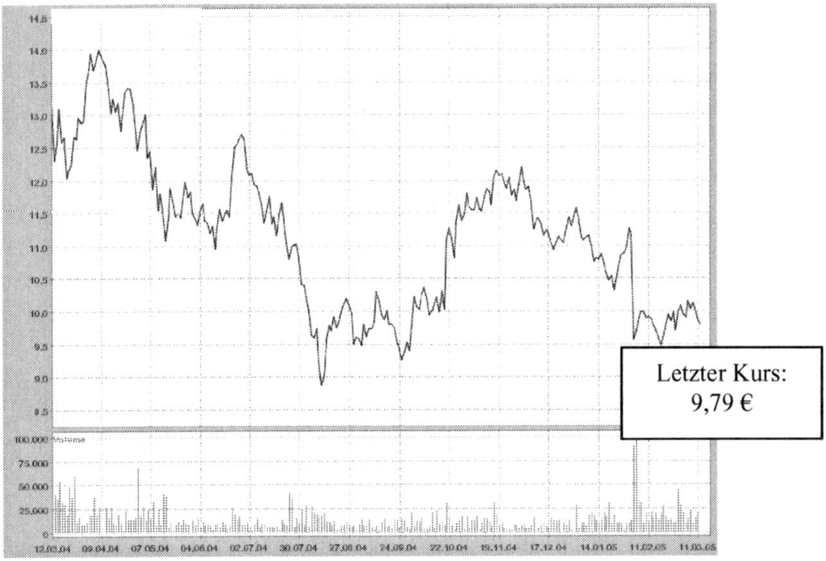

Quelle: Bloomberg

Historische 3-Monats-Volatilität von Letacla auf Tagesbasis

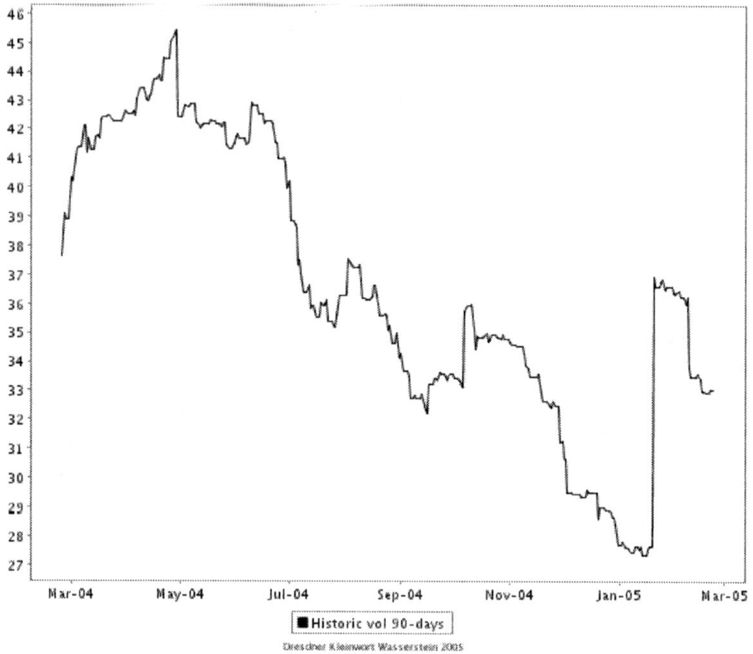

Quelle: DrKW GlobeWeb

1. Welche der nebenstehenden Aussagen charakterisiert/charakterisieren im Kapitalmarktkontext zutreffend den Begriff *Risiko*? Bitte kreuzen Sie die Ihrer Meinung nach zutreffende(n) Aussage(n) an.

- ☐ Volatilität
- ☐ Einen Verlust hinnehmen zu müssen
- ☐ Schlechter zu sein als die Benchmark
- ☐ Die falschen Werte gekauft zu haben
- ☐ Die Gefahr eines Crashs
- ☐ Die Gefahr, ein gesetztes (Gewinn-) Ziel zu verfehlen
- ☐ Die Gefahr, Abschreibungen vornehmen zu müssen

2. Ordnen Sie bitte den nebenstehenden Kurzdefinitionen jeweils eines der nachfolgenden Risikomaße zu, indem Sie die Zahlen 1 – 4 in die Ihrer Meinung nach richtigen Kästchen eintragen.

   1. Varianz
   2. Semivarianz
   3. Standardabweichung (Volatilität)
   4. Shortfall-Maß (Lower Partial Moment)

☐	Ein Risikomaß zur Erfassung des Downside- bzw. Upside-Risikos.
☐	Ein symmetrisches Risikomaß.
☐	Die Wahrscheinlichkeit für die Unterschreitung einer Zielrendite.
☐	Ein Risikomaß, das sich als Quadratwurzel aus der Varianz ergibt.

3. Welche der nebenstehenden Möglichkeiten zur Darstellung von Kursrisiken ist/ sind Ihrer Meinung nach hervorragend geeignet, das Kursrisiko eines Wertpapiers gut erfassbar zu quantifizieren bzw. darzustellen? Bitte kreuzen Sie die Ihrer Meinung nach zutreffende(n) Möglichkeit(en) an.

- ☐ Kurs-/Umsatzchart
- ☐ Volatilitätschart
- ☐ Semivarianz
- ☐ Shortfall-Maße (Lower Partial Moments)
- ☐ Standardabweichung (Volatilität)
- ☐ Varianz

4. Bitte geben Sie eine Wahrscheinlichkeitsschätzung ab für das von Ihnen innerhalb der nächsten 3 Monate erwartete Downside-Risiko und Upside-Risiko (= Kurschance) des vorliegenden Finanztitels.
Tragen Sie hierzu die von Ihnen erwartete Eintrittswahrscheinlichkeit in das jeweilige Kästchen neben den vorgegebenen möglichen Kursänderungen ein.
Bitte achten Sie darauf, dass die Summe Ihrer geschätzten Wahrscheinlichkeiten 100% ergibt.

Der vorliegende Finanztitel könnte…

	um mehr als 10% sinken.
	zwischen 10% und 5 % sinken.
	zwischen 5% und 0% sinken.
	zwischen 0% und 5% steigen.
	zwischen 5% und 10% steigen.
	um mehr als 10% steigen.

5. Geben Sie eine Ihrer Meinung nach gute Schätzung ab für die in den nächsten drei Monaten zu erwartende Volatilität des vorliegenden Finanztitels. – Tragen Sie bitte den entsprechenden Prozentwert in das nebenstehende Kästchen ein.

Zahlenangabe in Prozent

6. Bei welchem Wert ist es Ihrer Meinung nach gleich wahrscheinlich (50%), dass der Kurs des vorliegenden Finanztitels darüber oder darunter liegen wird?

Kurs in Euro

7. Unter welchen Wert wird Ihrer Meinung nach der Kurs des vorliegenden Finanztitels mit einer Wahrscheinlichkeit von 90% nicht fallen?

Kurs in Euro

8. Über welchen Wert wird Ihrer Meinung nach der Kurs des vorliegenden Finanztitels mit einer Wahrscheinlichkeit von 90% nicht steigen?

[ ] Kurs in Euro

9. Bei der Kursprognose des vorliegenden Finanztitels bin ich sehr unsicher, da ich mich – was die Beurteilung dieses Wertes anbelangt – auf Basis der vorhandenen Informationen tendenziell unwissend und uninformiert fühle.

☐ stimme überhaupt nicht zu
☐ stimme eher nicht zu
☐ weiß nicht
☐ stimme eher zu
☐ stimme voll und ganz zu

10. Um welchen Betrag in Euro müsste sich der Kurs des vorliegenden Finanztitels – ausgehend von dem zuletzt gehandelten Kurs – ändern, um von Ihnen in die Kategorie ‚risikoreich' eingeordnet zu werden? – Tragen Sie bitte den entsprechenden Betrag in das nebenstehende Kästchen ein.

[ ] Betrag in Euro

11. Wie schätzen Sie selbst Ihre Kompetenz hinsichtlich der Prognose von Kursen im Allgemeinen ein?

☐ sehr niedrig
☐ niedrig
☐ mittel
☐ hoch
☐ sehr hoch

12. Beurteilen Sie selbst Ihre Erfahrungen mit der Prognose von Kursen.

☐ gar nicht erfahren
☐ kaum erfahren
☐ mittelmäßig erfahren
☐ ziemlich erfahren
☐ außerordentlich erfahren

Auf den nachfolgenden beiden Seiten finden Sie die bereits erwähnten Aussagen zur allgemeinen Leistungsfähigkeit und Entscheidungssicherheit. Bitte lesen

Sie jede Aussage sorgfältig durch und entscheiden Sie, in welchem Maß die Aussage auf Sie persönlich zutrifft. Kreuzen Sie sodann das aus Ihrer Sicht passende Kästchen aus den jeweils sechs Antwortmöglichkeiten an.

Grundsätzlich gibt es bei der Beantwortung kein Richtig oder Falsch. Es interessiert ausschließlich Ihre persönliche Einschätzung. Daher sollten Sie Ihrem spontanen Urteil vertrauen und Ihrer ersten, intuitiven Meinung – Ihrem Bauchgefühl sozusagen – ruhig folgen und nach kurzem Überlegen zu jeder Aussage zügig Ihr Urteil abgeben.

Und nun blättern Sie bitte um …

13. Ich bin so leistungsfähig und intelligent wie andere Personen.	☐ trifft voll und ganz zu ☐ trifft zu ☐ trifft etwas zu ☐ trifft eher nicht zu ☐ trifft nicht zu ☐ trifft überhaupt nicht zu
14. Ich fühle mich als Versager, wenn ich von dem Erfolg eines Bekannten höre.	☐ trifft voll und ganz zu ☐ trifft zu ☐ trifft etwas zu ☐ trifft eher nicht zu ☐ trifft nicht zu ☐ trifft überhaupt nicht zu
15. Ich bin mit meinen eigenen Leistungen zufrieden.	☐ trifft voll und ganz zu ☐ trifft zu ☐ trifft etwas zu ☐ trifft eher nicht zu ☐ trifft nicht zu ☐ trifft überhaupt nicht zu
16. Was ich mir vorgenommen habe, kann ich auch erreichen.	☐ trifft voll und ganz zu ☐ trifft zu ☐ trifft etwas zu ☐ trifft eher nicht zu ☐ trifft nicht zu ☐ trifft überhaupt nicht zu
17. Wenn ich so zurückdenke, kann ich mich an mehr Erfolge als an Misserfolge erinnern.	☐ trifft voll und ganz zu ☐ trifft zu ☐ trifft etwas zu ☐ trifft eher nicht zu ☐ trifft nicht zu ☐ trifft überhaupt nicht zu
18. Im Großen und Ganzen neige ich dazu, mich für einen Versager zu halten.	☐ trifft voll und ganz zu ☐ trifft zu ☐ trifft etwas zu ☐ trifft eher nicht zu ☐ trifft nicht zu ☐ trifft überhaupt nicht zu

19. Was ich mir auch vornehme, stets habe ich Schwierigkeiten, es zu erreichen; meistens schaffe ich es nicht.

- ☐ trifft voll und ganz zu
- ☐ trifft zu
- ☐ trifft etwas zu
- ☐ trifft eher nicht zu
- ☐ trifft nicht zu
- ☐ trifft überhaupt nicht zu

20. Wenn ich so zurückdenke, kann ich mich mehr an Misserfolge als an Erfolge erinnern.

- ☐ trifft voll und ganz zu
- ☐ trifft zu
- ☐ trifft etwas zu
- ☐ trifft eher nicht zu
- ☐ trifft nicht zu
- ☐ trifft überhaupt nicht zu

21. Ich habe oft Angst, dass ich im entscheidenden Augenblick versage.

- ☐ trifft voll und ganz zu
- ☐ trifft zu
- ☐ trifft etwas zu
- ☐ trifft eher nicht zu
- ☐ trifft nicht zu
- ☐ trifft überhaupt nicht zu

22. Ich bin ziemlich sicher in der Einschätzung meiner Fähigkeiten.

- ☐ trifft voll und ganz zu
- ☐ trifft zu
- ☐ trifft etwas zu
- ☐ trifft eher nicht zu
- ☐ trifft nicht zu
- ☐ trifft überhaupt nicht zu

23. Ich habe öfter das Bedürfnis, mich für mein Verhalten zu entschuldigen.

- ☐ trifft voll und ganz zu
- ☐ trifft zu
- ☐ trifft etwas zu
- ☐ trifft eher nicht zu
- ☐ trifft nicht zu
- ☐ trifft überhaupt nicht zu

24. Ich kann mich in den meisten Fällen schnell und sicher entscheiden.

- ☐ trifft voll und ganz zu
- ☐ trifft zu
- ☐ trifft etwas zu
- ☐ trifft eher nicht zu
- ☐ trifft nicht zu
- ☐ trifft überhaupt nicht zu

25. Ich kann wichtige Entscheidungen ohne fremde Hilfe treffen.

- ☐ trifft voll und ganz zu
- ☐ trifft zu
- ☐ trifft etwas zu
- ☐ trifft eher nicht zu
- ☐ trifft nicht zu
- ☐ trifft übcrhaupt nicht zu

26. Ich glaube, dass ich in den meisten Fällen mein Verhalten vor mir rechtfertigen kann.

- ☐ trifft voll und ganz zu
- ☐ trifft zu
- ☐ trifft etwas zu
- ☐ trifft eher nicht zu
- ☐ trifft nicht zu
- ☐ trifft überhaupt nicht zu

Abschließend noch einige statistische Fragen:

27. Bitte ordnen Sie Ihre Tätigkeit als Händler einer der nebenstehenden Kategorien zu. Wenn Sie sowohl am Kassa- als auch am Terminmarkt agieren, kreuzen Sie bitte den Schwerpunkt Ihrer beruflichen Tätigkeit an.

- ☐ Händler am Kassamarkt
- ☐ Händler am Terminmarkt

28. Wie lange üben Sie die Händlerfunktion bereits aus?

- ☐ < 1 Jahr
- ☐ 1-3 Jahre
- ☐ 4-6 Jahre
- ☐ 6-8 Jahre
- ☐ > 8 Jahre

29. Bitte ordnen Sie Ihr Lebensalter einer der genannten Kategorien zu.

- ☐ < 25 Jahre
- ☐ 25-30 Jahre
- ☐ 31-35 Jahre
- ☐ 36-40 Jahre
- ☐ 41-45 Jahre
- ☐ > 46 Jahre

30. Welchen höchsten Bildungsabschluss besitzen Sie?	☐ Hauptschule
	☐ Realschule
	☐ Gymnasium
	☐ Fachhochschule
	☐ Universität mit Fachrichtung
	  ☐ Wirtschaftswissenschaft
	  ☐ Rechtswissenschaft
	  ☐ Naturwissenschaft (inkl. Mathematik)
	  ☐ Ingenieurwissenschaft
	  ☐ Sozialwissenschaft
	  ☐ andere

31. Die Abschlussfrage nach Ihrem Geschlecht...	☐ weiblich ☐ männlich

Vielen Dank für Ihre Mitarbeit!

Anhang 2: Übersicht der in Studie 2 analysierten Aktien

ISIN	Name	Zulassungs-segment	Instrument Group	Index
DE0005066609	aap Implantate AG	PS	GER1	
DE0005408116	Aareal Bank AG	PS	GER1	MDAX
DE0005110001	AC Service AG	PS	GER1	
NL0000238145	ad pepper media International N. V.	PS	LUX1	
DE0006911324	AGIV Real Estate AG	GS	GER1	
DE0008400029	AMB Generali Holding AG	PS	GER1	MDAX
DE0005088504	AVA AG	GS	GER1	
DE0007551400	Beate Uhse AG	PS	GER1	SDAX
DE0005072102	BERU AG	PS	GER1	MDAX
DE0005909006	Bilfinger Berger AG	PS	GER1	MDAX
DE0005227201	Biotest AG St	PS	GER1	
DE0005227235	Biotest AG Vz	PS	GER1	
DE0005290704	BKN International AG	GS	GER1	
JP3830800003	Bridgestone Corp.		ASI1	
DE0005490866	broadnet mediascape communications AG	PS	GER2	
DE0008641341	Canon Inc.	GS	ASI1	
NL0000233625	Catalis N.V.	GS	LUX1	
DE0005441000	Computec Media AG	PS	GER1	
DE0005410203	Concord Effekten AG	GS	GER1	
DE0008787557	Daiwa Securities Group Inc.	GS	ASI1	
DE0005295307	DCI Database for Commerce and Industry AG	PS	GER1	
DE0005421903	Degussa AG	PS	GER1	MDAX
DE0008042003	Deutsche Hypothekenbank	GS	GER1	
DE0005591036	Dyckerhoff AG Vz	PS	GER1	SDAX
CH0016458363	erotic media AG SF1	GS	ASI1	
DE0005692107	Escada AG St	PS	GER1	SDAX
DE0006610314	Essanelle Hair Group AG	GS	GER1	
DE0005763502	FLUXX AG	PS	GER1	SDAX
DE0008632639	Fujitsu Ltd.		ASI1	
DE0005495626	Geratherm Medical AG	PS	GER2	
DE0002457652	GFN AG	GS	GER1	
JP3152750000	Global Media Online		ASI2	
DE0007757007	H&R WASAG AG	PS	GER1	SDAX
DE0008570441	Hitachi Ltd.	GS	ASI1	
DE0005245534	Hugo Boss AG Vz	PS	GER1	MDAX
DE0006130305	Hydrotec Ges. für Wassertechnik		GER1	

ISIN	Name	Zulassungs-segment	Instrument Group	Index
JP3210200006	Kajima Corp.		ASI2	
DE0006780000	Klöckner-Werke AG	PS	GER1	SDAX
JP3289800009	Kobe Steel		ASI1	
DE0007037905	Kolbenschmidt Pierburg AG	PS	GER2	
JP3304200003	Komatsu Ltd.		ASI2	
JP3300600008	Konica Corp.		ASI2	
DE0006464506	Leifheit AG	PS	GER1	
DE0006617400	m + s Elektronik AG	GS	GER1	
DE0008428004	Mannheimer AG Holding	GS	GER1	
DE0007783003	Marseille-Kliniken AG	PS	GER1	
DE0008613993	Matsushita El. Ind. Co. Ltd.	GS	ASI1	
JP3868400007	Mazda Motor Corp.		ASI1	
JP3155380003	Mitshubishi Pharmaceutics		ASI2	
DE0008621392	Mitsubishi Electric Corp.	GS	ASI1	
JP3899800001	Mitsubishi Motors Corp.		ASI1	
DE0005761159	MME Me, Myself & Eye Entertainment AG	GS	GER1	
DE0007255903	MVV Energie AG	PS	GER1	SDAX
DE0008620634	NEC Corp.	GS	ASI1	
DE0006452907	Nemetschek AG	PS	GER1	
DE0007867400	net AG	PS	GER1	
DE0005341408	Neue Sentimental Film AG	PS	GER1	
DE0006766504	Norddeutsche Affinerie AG	PS	GER1	MDAX
DE0005228779	ORBIS AG	PS	GER1	
DE0006916307	Pandatel AG	PS	GER1	
DE0006954001	Pongs & Zahn AG	PS	GER2	
DE0006259104	PrimaCom AG	GS	GER1	
US74266R1041	PRIVATE MEDIA GROUP INC.		NAM2	
DE0006967805	PRO DV Software AG	PS	GER1	
DE0005487904	PULSION Medical Systems AG	PS	GER1	
DE0006969603	Puma AG	PS	GER1	MDAX
JP3340600000	Sanyo Electrics		ASI2	
DE0007221905	Schwarz Pharma AG	PS	GER1	MDAX
DE0007235301	SGL Carbon AG	PS	GER1	MDAX
DE0005178008	Softing AG	PS	GER1	
DE0008606419	Sony Corp.	GS	ASI1	
JP3407400005	Sumitomo Electric Ind.		ASI2	
DE0007332207	sunways AG	PS	GER1	
DE0007226706	Süss Micro Tec AG	PS	GER1	

ISIN	Name	Zulassungs-segment	Instrument Group	Index
NL0000233948	TELE ATLAS N.V.	PS	LUX1	
JP3594000006	Toshiba Tec Corp.		ASI2	
US8966822004	Trintech Group plc		ASI1	
DE0007801003	WCM AG	PS	GER1	SDAX
DE0006347701	WIGE MEDIA AG	GS	GER2	

Erläuterungen:

Zulassungssegment

PS Prime Standard
GS General Standard
Kein Eintrag = Freiverkehr

Instrument Group

GER1, GER2: deutsche Werte
ASI 1, ASI 2: japanische Werte
LUX1 niederländische Werte
NAM2 amerikanische Werte

Literaturverzeichnis

Abele, A. E. (1995): Stimmung und Leistung: Allgemein- und sozialpsychologische Perspektive. Göttingen: Hogrefe, 1995.

Abele, A. E./Stief, M./Andrae, M. S. (2000): Zur ökonomischen Erfassung beruflicher Selbstwirksamkeitserwartungen. Zeitschrift für Arbeits- und Organisationspsychologie 44, 145-151.

Abraham, A./Ikenberry, D. (1994): The Individual Investor and the Weekend Effect. Journal of Financial and Quantitative Analysis 29, 263-277.

Ackert, L. F./Church, B. K./Zhang, P. (2002): Market Behavior in the Presence of Divergent and Imperfect Private Information: Experimental Evidence from Canada, China, and the United States. Journal of Economic Behavior and Organization 47, 435-450.

Admati, A. R./Pfleiderer, P. (1988): A Theory of Intraday Patterns: Volume and Price Variability. Review of Financial Studies 1, 3-40.

Affleck-Graves, J./Hedge, S. P./Miller, R. E. (1994): Trading Mechanisms and the Components of the Bid-Ask Spread. Journal of Finance 49, 1471-1488.

Ait-Sahalia, Y./Lo, A. W. (1998): Nonparametric Estimation of State-Price Densities Implicit in Financial Asset Prices. Journal of Finance 53, 499-547.

Ait-Sahalia, Y./Wang, Y./Yared, F. (2001): Do Option Markets Correctly Asses the Probabilities of Movements of the Underlying Asset? Journal of Econometrics 102, 67-110.

Akgiray, V./Booth, G. G. (1987): Compound Distribution Models of Stock Returns: An Empirical Comparison. Journal of Financial Research 10, 269-280.

Akgiray, V./Booth, G. G./Loistl, O. (1989): Statistical Models of German Stock Returns. Journal of Economics 50, 17-33.

Albrecht, P./Kantar, C./Xiao, Y. (2005): Mean Reversion-Effekte beim DAX: Existenz und Konsequenzen. Die Bank 4, 14-16.

Albrecht, P./Maurer, R. (2002): Investment- und Risikomanagement. Stuttgart: Schäffer-Poeschel, 2002.

Albrecht, P./Maurer, R./Möller, M. (1998): Shortfall-Risiko/Excess-Chance-Entscheidungskalküle. Grundlagen und Beziehungen zum Bernoulli-Prinzip. Zeitschrift für Wirtschafts- und Sozialwissenschaften 118, 249-274.

Albrecht, P./Maurer, R./Stephan, T. G. (1995): Ertrag und Risiko rollierender Wertsicherungsstrategien mit Optionen. Die Bank 4, 238-241.

Albrecht, R./Dahmen, J. (1994): Derivate Finanzinstrumente in der Praxis. Stuttgart: Schäffer-Poeschel, 1996.

Amelang, M./Bartussek, D. (2001): Differentielle Psychologie und Persönlichkeitsforschung. 5., aktual. und erw. Aufl., Stuttgart: Kohlhammer, 2001.

Amiel, Y./Cowell, F. A./Polovin, A. (2001): Risk Perceptions, Income Transformations and Inequality. European Economic Review 45, 964-976.

Amihud, Y./Ho, T./Schwartz, R. A. [Eds.] (1985): Market Making and the Changing Structure of the Securities Industry. Lexington, Mass.: Lexington Books, 1985.

Amihud, Y./Mendelson, H. (1980): Dealership Market: Market-Making with Inventory. Journal of Financial Economics 8, 31-53.

Amihud, Y./Mendelson, H. (1987): Trading Mechanisms and Stock Returns: An Empirical Investigation. Journal of Finance 42, 533-553.

Amin, K. I. (1993): Jump Diffusion Option Valuation in Discrete Time. Journal of Finance 48, 1833-1863.

Amin, K. I./Jarrow, R. A. (1991): Pricing Foreign Currency Options under Stochastic Interest Rates. Journal of International Money and Finance 10, 310-329.

Amin, K. I./Ng, V. K. (1993): Option Valuation with Systematic Stochastic Volatility. Journal of Finance 48, 881-910.

Andersen, L./Andreasen, J. (2000): Jump-Diffusion Processes: Volatility Smile Fitting and Numerical Methods for Option Pricing. Review of Derivatives Research 4, 231-262.

Andersen, L./Brotherton-Ratcliffe, R. (1998): The Equity Option Volatility Smile: A Finite Difference Approach. Journal of Computational Finance 1, No. 2, 5-38.

Andersen, T. G./Bollerslev, T./Christoffersen, P. F./Diebold, F. X. (2005): Volatility Forecasting. Working Paper Center for Financial Studies Frankfurt a. M., 2005. Forthcoming Handbook of Economic Forecasting ed. by G. Elliott, C. W. J. Granger, A. Timmermann, Amsterdam.

Andersen, T. G./Bollerslev, T./Das, A. (2001): Variance Ratios and High-Frequency Data: Testing for Changes in Intraday Volatility Patters. Journal of Finance 56, 305-327.

Andersen, T. G./Bollerslev, T./Diebold, F. X./Ebens, H. (2001): The Distribution of Realized Stock Return Volatility. Journal of Financial Economics 61, 43-76.

Anderson, M. J./Sunder, S. (1995): Professional Traders as Intuitive Bayesians. Organizational Behavior and Human Decision Processes 64, 185-202.

Andreassen, P. B. (1990): Judgmental Extrapolation and Market Overreaction: On the Use and Disuse of News. Journal of Behavioral Decision Making 3, 153-174.

Anshuman, V. R./Kalay, A. (1998): Market Making with Discrete Prices. Review of Financial Studies 11, 81-109.

Antoniou, A./Holmes, P./Priestley, R. (1998): The Effects of Stock Index Futures Trading on Stock Index Volatility: An Analysis of the Asymmetric Response of Volatility to News. Journal of Futures Markets 18, 151-166.

Arch, E. (1993): Risk-Taking: A Motivational Basis for Sex Differences. Psychological Reports 73, 3-11.

Aretz, H.-J./Hansen, K. (2002): Diversity und Diversity-Management im Unternehmen: eine Analyse aus systemtheoretischer Sicht. Hamburg: Lit, 2002.

Arkes, H. R./Christensen, C./Lai, C./Blumer, C. (1987): Two Methods of Reducing Overconfidence. Organizational Behavior and Human Decision Processes 39, 184-202.

Arneth, S./Bienert, H. (2001): Experimentelle Kapitalmarktforschung. W. Gerke/M. Steiner (Hrsg.): Handwörterbuch des Bank- und Finanzwesens, 3. Aufl., Stuttgart: Schäffer-Poeschel, 2001, 1293-1304.

Arnold, L. (1973): Stochastische Differentialgleichungen. München/Wien: Oldenbourg, 1973.

Aronson, E. (1994): Sozialpsychologie: Menschliches Verhalten und gesellschaftlicher Einfluss. Dt. Übers. hrsg. und mit einem Vorw. vers. von W. Lilli. Aus dem Amerikanischen übers. von A. Hildebrandt-Essig. Heidelberg: Spektrum, 1994.

Asendorpf, J. B. (2004): Psychologie der Persönlichkeit. 3., überarb. und aktual. Aufl., Berlin u. a.: Springer, 2004.

Aston, R. H./Kramer, S. S. (1980): Students as Surrogates in Behavioral Accounting Research: Some Evidence. Journal of Accounting Research 18, 1-15.

Atkinson, J. W. (1957): Motivational Determinants of Risk-Taking Behavior. Psychological Review 64, 359-372.

Atkinson, J. W. (1958a) [Ed.]: Motives in Fantasy, Action and Society. A Method of Assessment and Study. Princeton, New Jersey: Van Nostrand, 1958.

Atkinson, J. W. (1958b): Thematic Apperceptive Measurement of Motives Within the Context of a Theory of Motivation. J. W. Atkinson (Ed.): Motives in Fantasy, Action and Society. A Method of Assessment and Study. Princeton, New Jersey: Van Nostrand, 1958, 596-616.

Atkinson, J. W. (1964): An Introduction to Motivation. Princeton: Van Nostrand, 1964.

Atkinson, J. W. (1975): Einführung in die Motivationsforschung. Stuttgart: Klett, 1975.

Atkinson, S. M./Baird, S. B./Frye, M. B. (2003): Do Female Fund Managers Manage Differently? Journal of Financial Research 26, 1-18.

Atteslander, P. (2003): Methoden der empirischen Sozialforschung. 10., neu bearb. und erw. Aufl., Berlin u.a.: de Gruyter, 2003.

Autenrieth, C./Chemnitzer, K./Domsch, M. E. (1993): Personalauswahl und -entwicklung von weiblichen Führungskräften. Frankfurt a. M.: Campus, 1993.

Avery, D. H./Bolte, M. A./Dager, S. R./Wilson, L. G./Weyer, M./Cox, G. B./Dunner, D. L. (1993): Dawn Simulation Treatment of Winter Depression: A Controlled Study. American Journal of Psychiatry 150, 113-117.

Bachelier, L. J. (1900): Theory of Speculation. Engl. Übersetzung v. A. J. Boness. P. H. Cootner (Ed.): The Random Character of Stock Market, Cambridge: M.I.T. Press, 1970, 17-78. Erstveröffentlichung: Théorie de la Spéculation. Annales de l'Ecole Normale Supérieur, Série 3, No. 1018, 21-86.

Bacidore, J. M./Sofianos, G. (2002): Liquidity Provision and Specialist Trading in NYSE-Listed Non-U.S. Stocks. Journal of Financial Economics 63, 133-158.

Back, K. (1993): Asymmetric Information and Options. Review of Financial Studies 6, 435-472.

Backhaus, K./Erichson, B./Plinke, W./Weiber, R. (2003): Multivariate Analysemethoden. Eine anwendungsorientierte Einführung. 10., neu bearb. und erw. Aufl., Berlin u. a.: Springer, 2003.

Bagby, R. M./Schuller, D. R./Levitt, A. J./Joffe, R. T./Harkness, K. L. (1996): Seasonal and Non-seasonal Depression and the Five-Factor Model of Personality. Journal of Affective Disorders 38, 89-95.

Bagehot, W. (1971) [Pseudonym für Jack Treynor]: The Only Game in Town. Financial Analysts Journal 27, 12-14, 22.

Bagnoli, M./Watts, S. G. (1998): Information Acquisition, Information Release and Trading Dynamics. Journal of Financial Markets 1, 221-252.

Bagozzi, R./Clore, G. L./Nyer, P. (1999): The Role of Emotions in Marketing. Journal of the Academy of Marketing Science 27, 184-206.

Bailey, W./Stulz, R. M. (1989): The Pricing of Stock Index Options in a General Equilibrium Model. Journal of Financial and Quantitative Analysis 24, 1-12.

Bakshi, G. S./Chen, Z. (1997a): An Alternative Valuation Model for Contingent Claims. Journal of Financial Economics 44, 123-165.

Bakshi, G. S./Chen, Z. (1997b): Equilibrium Valuation of Foreign Exchange Claims. Journal of Finance 52, 799-826.

Bakshi, G./Cao, C./Chen, Z. (1997): Empirical Performance of Alternative Option Pricing Models. Journal of Finance 52, 2003-2049.

Ball, C. A./Roma, A. (1994): Stochastic Volatility Option Pricing. Journal of Financial and Quantitative Analysis 29, 589-607.

Ball, C. A./Torous, W. N. (1985): On Jumps in Common Stock Prices and their Impact on Call Option Pricing. Journal of Finance 40, 155-173.

Balvers, R./Wu, Y./Gilliland, E. (2000): Mean Reversion Across National Stock Markets and Parametric Contrarian Investment Strategies. Journal of Finance 55, 745-772.

Bamberg, G. (2001): Risiko und Ungewissheit. W. Gerke/M. Steiner (Hrsg.): Handwörterbuch des Bank- und Finanzwesens, 3., völlig überarb. und erw. Aufl., Stuttgart: Schäffer-Poeschel, 2001, 1836-1846.

Bandura, A. (1979): Sozial-kognitive Lerntheorie. Aus dem Amerikan. übers. von H. Kober. Stuttgart: Klett-Cotta, 1979.

Banse, G./Bechmann, G. (1998): Interdisziplinäre Risikoforschung. Eine Bibliographie. Opladen: Westdt. Verl., 1998.

Banyard, P./Cassels, A./Green, P./Hartland, J./Hayes, N./Reddy, P. (1995): Einführung in die Kognitionspsychologie. Hrsg. von J. Gerstenmaier. Aus dem Engl. von P. Holler. München: Reinhardt, 1995.

Banz, R. W. (1981): The Relationship Between Return and Market Value of Common Stocks. Journal of Financial Economics 9, 3-18.

Barber, B. M./Odean, T. (2001): Boys Will Be Boys: Gender, Overconfidence and Common Stock Investment. Quarterly Journal of Economics 116, 261-292.

Barber, B. M./Odean, T. (2002): Online Investors: Do the Slow Die First? Review of Financial Studies 15, 455-487.

Barberis, N./Shleifer, A./Vishny, R. (1998): A Model of Investor Sentiment. Journal of Financial Economics 49, 307-343.

Barclay, M. J./Hendershott, T. (2003): Price Discovery and Trading After Hours. Review of Financial Studies 16, 1041-173.

Barle, S./Cakici, N. (1995): Growing a Smiling Tree. RISK Magazine 8, No. 10, 76-81.

Barone, M./Miniard, P./Romeo, J. (2000): The Influence of Positive Mood on Brand Extension Evaluations. Journal of Consumer Research 26, 386-400.

Barone-Adesi, G./Whaley, R. E. (1986): The Valuation of American Options and the Expected Ex-Dividend Stock Price Decline. Journal of Financial Economics 17, 91-111.

Barone-Adesi, G./Whaley, R. E. (1987). Efficient Analytic Approximation of American Option Values. Journal of Finance 42, 301-320.

Barron, O. E./Karpoff, J. M. (2004): Information Precision, Transaction Costs, and Trading Volume. Journal of Banking and Finance 28, 1207-1223.

Bar-Tal, D./Graumann, C. F./Kruglanski, A. W./Stroebe, W. (1989) [Eds.]: Stereotyping and Prejudice. New York: Springer, 1989.

Baruch, S. (2002): Insider Trading and Risk Aversion. Journal of Financial Markets 5, 451-464.

Basil, M. (1996): The Use of Students in Communication Research. Journal of Broadcasting and Electronic Media 40, 431-440.

Basler, H. (1994): Grundbegriffe der Wahrscheinlichkeitsrechnung und statistischen Methodenlehre. 11., vollst. überarb. und erw. Aufl., Heidelberg: Physica, 1994.

Basu, S. (1983): The Relationship Between Earnings' Yield, Market Value and Return for NYSE Common Stocks: Further Evidence. Journal of Financial Economics 12, 129-156.

Bates, D. S. (1991): The Crash of '87: Was It Expected? The Evidence from Options Markets. Journal of Finance 46, 1009-1044.

Bates, D. S. (1996a): Jumps and Stochastic Volatility: Exchange Rate Processes Implicit in Deutsche Mark Options. Review of Financial Studies 9, 69-107.

Bates, D. S. (1996b): Testing Option Pricing Models. G. S. Maddala/C. R. Rao (Eds.): Handbook of Statistics, Vol. 14: Statistical Methods in Finance. Amsterdam: Elsevier Science, 1996, 567-611.

Bates, D. S. (2000): Post-'87 Crash Fears in the S&P 500 Futures and Option Market. Journal of Econometrics 94, 181-238.

Bauer, C. (1992): Das Risiko von Aktienanlagen: die fundamentale Analyse und Schätzung von Aktienrisiken. Köln: Müller Botermann, 1992 (zugl. Diss. Univ. Münster 1991).

Bauer, C. (1995): Risikomessung. W. Gerke/M. Steiner (Hrsg.): Handwörterbuch des Bank- und Finanzwesens, 2., überarb. und erw. Aufl., Stuttgart: Schäffer-Poeschel, 1995, 1657-1666.

Baule, R./Entrop, O./Wilkens, M. (2005): What do Banks Earn with Their Own Credit Risk? Theoretical and Empirical Evidence from the German Retail Market for Structured Financial Products. Working Paper Universität Göttingen, 2005.

Baumeister, R. F. (1999): The Self. D. T. Gilbert, S. T. Fiske/G. Lindzey (Eds.): The Handbook of Social Psychology, Vol. 1, 4th ed., New York: McGraw-Hill, 1999, 349-380.

Baumol, W. J./Malkiel, B. G./Quandt, R. E. (1966): The Valuation of Convertible Securities. Quarterly Journal of Economics 80, 48-59.

Bayerische Rück (1993): [Hrsg.] Risiko ist ein Konstrukt: Wahrnehmungen zur Risikowahrnehmung. München: Knesebeck, 1993.

Bea, W. (1995): Stochastisches Denken: Analysen aus kognitionspsychologischer und didaktischer Perspektive. Frankfurt a. M.: Lang, 1995 (zugl. Diss. Univ. Karlsruhe 1994).

Beattie, J./Loomes, G. (1997): The Impact of Incentives Upon Risky Choice Experiments. Journal of Risk and Uncertainty 14, 155-168.

Bechmann, G. (1997a) [Hrsg.]: Risiko und Gesellschaft: Grundlagen und Ergebnisse interdisziplinärer Risikoforschung. 2. Aufl., Opladen: Westdeutscher Verlag, 1997.

Bechmann, G. (1997b): Risiko – ein neues Forschungsfeld? G. Bechmann [Hrsg.]: Risiko und Gesellschaft: Grundlagen und Ergebnisse interdisziplinärer Risikoforschung. 2. Aufl., Opladen: Westdeutscher Verlag, 1997, VII-XXIX.

Beckers, S. (1980): The Constant Elasticity of Variance Model plus Its Implications for Option Pricing. Journal of Finance 35, 661-673.

Beckers, S. (1981a): A Note on Estimating the Parameters in the Jump-Diffusion Model of Stock Returns. Journal of Financial and Quantitative Analysis 16, 127-140.

Beckers, S. (1981b): Standard Deviations Implied in Option Prices as Predictors of Future Stock Price Variability. Journal of Banking and Finance 5, 363-381.

Beckers, S. (1983): Variance of Security Price Returns Based on High, Low, and Closing Prices. Journal of Business 56, 97-112.

Behr, M. L. (2000): Insiderhandel und Optionspreisspannen. Wiesbaden: Dt. Univ.-Verlag, 2000 (zugl. Diss. Univ. Tübingen 2000).

Bekaert, G./Wu, G. (2000): Asymmetric Volatility and Risk in Equity Markets. Review of Financial Studies 13, 1-42.

Benninghaus, H. (2001): Einführung in die sozialwissenschaftliche Datenanalyse. München/Wien: Oldenbourg, 2001.

Benninghaus, H. (2002): Deskriptive Statistik. Eine Einführung für Sozialwissenschaftler. 9., überarb. Aufl., Wiesbaden: Westdeutscher Verlag, 2002.

Benos, A. V. (1998): Aggressiveness and Survival of Overconfident Traders. Journal of Financial Markets 1, 353-383.

Benston, G. G./Hagerman, R. L. (1974): Determinants of Bid-Ask-Spreads in the Over-the-Counter-Market. Journal of Financial Economics 1, 353-364.

Berekhoven, L./Eckert, W./Ellenrieder, P. (2004): Marktforschung: Methodische Grundlagen und praktische Anwendung, 10., überarb. Aufl., Wiesbaden: Gabler, 2004.

Berges, A./McConnell, J. J./Schlarbaum, G. (1984): The Turn-of-the-Year in Canada. Journal of Finance 39, 185-192.

Berk, J. B. (1997): Does Size Really Matter? Financial Analysts Journal 53, 5, 12-18.

Bernardo, A./Welch, I. (2001): On the Evolution of Overconfidence and Entrepreneurs. Journal of Economics and Management Survey 10, 301-330.

Bernhardt, D./Hughson, E. (1996): Discrete Pricing and the Design of Dealership Marketing. Journal of Economic Theory 71, 148-182.

Bernoulli, D. (1996): Entwurf einer neuen Theorie zur Bewertung von Lotterien; "Specimen theoriae novae de mensura sortis" Comentarii Academiae Scientiarium Imperialis Petropolitanae 1738, 174-192, übers. von L. u. P. Kruschwitz, Die Betriebswirtschaft 56, 733-742.

Bessembinder, H./Kaufman, H. M. (1997a): A Cross-Exchange Comparison of Execution Costs and Information Flow for NYSE-Listed Stock. Journal of Financial Economics 46, 293-319.

Bessembinder, H./Kaufman, H. M. (1997b): A Comparison of Trade Execution Costs and Volatility for NYSE and NASDAQ-Listed Technology Stock. Journal of Financial and Quantitative Analysis 32, 287-310.

Bessembinder, H./Seguin, P. J. (1993): Price Volatility, Trading Volume and Market Depth: Evidence from Futures Markets. Journal of Financial and Quantitative Analysis 28, 21-39.

Bhattacharya, M. (1980): Empirical Properties of the Black-Scholes Formula Under Ideal Conditions. Journal of Financial and Quantitative Analysis 15, 1081-1105.

Biais, B. (1993): Price Formation and Equilibrium Liquidity in Fragmented and Centralized Markets. Journal of Finance 48, 157-185.

Biais, B./Hillion, P. (1994): Insider and Liquidity Trading in Stock and Option Markets. Review of Financial Studies 7, 743-780.

Biais, B./Hillion, P./Spatt, C. (1995): An Empirical Analysis of the Limit Order Book and Order Flow in the Paris Bourse. Journal of Finance 50, 1655-1689.

Biais, B./Hilton, D./Mazurier, K./Pouget, S. (2000): Psychological Traits and Trading Strategies. Working Paper Toulouse University, 2000.

Bierhoff, H.-W. (2000): Sozialpsychologie: ein Lehrbuch. 5., überarb. und erw. Aufl. Stuttgart: Kohlhammer, 2000.

Bierhoff, H.-W./Bierhoff-Alfermann, D. (1983): Kognitive Prozesse im Motivationsgeschehen: Attributionen als Ursachenerklärungen von Handlungen. H. Thomae (Hrsg.): Theorien und Formen der Motivation. Enzyklopädie der Psychologie, C, IV, Bd. 1, Göttingen: Hogrefe, 1983, 93-226.

Bikhchandani, S./Hirshleifer, D./Welch, I. (1998): Learning From the Behavior of Others: Conformity, Fads, and Informational Cascades. Journal of Economic Perspectives 12, 3, 151-170.

Bischoff, S. (1990): Frauen zwischen Macht und Mann: Männer in der Defensive. Führungskräfte in Zeiten des Umbruchs. Reinbek: Rowohlt, 1990.

Bitz, M. (1981): Entscheidungstheorie. München: Vahlen, 1981.

Bitz, M./Oehler, A. (1993): Überlegungen zu einer verhaltenswissenschaftlich fundierten Kapitalmarktforschung – ein Erklärungsansatz zum Anlegerverhalten (Teil II). Kredit und Kapital 1993, 375-416.

Black, F. (1975): Fact and Fantasy in the Use of Option. Financial Analysts Journal 31, 4, 36-41 u. 61-72.

Black, F. (1976): The Pricing of Commodity Contracts. Journal of Financial Economics 3, 167-179.

Black, F. (1990): Living up to the Model. RISK Magazine 3, No. 3, 11-13.

Black, F./Scholes, M. (1972): The Valuation of Option Contracts and a Test of Market Efficiency. Journal of Finance 27, 399-417.

Black, F./Scholes, M. (1973): The Pricing of Options and Corporate Liabilities. Journal of Political Economy 81, 637-654.

Blaney, P. H. (1986): Affect and Memory: A Review. Psychological Bulletin 99, 229-246.

Bleymüller, J./Gehlert, G./Gülicher, H. (2002): Statistik für Wirtschaftswissenschaftler. 13., überarb. Aufl., München: Vahlen, 2002.

Bloomfield, R. (1996): Quotes, Prices, and Estimates in a Laboratory Market. Journal of Finance 51, 1791-1808.

Bloomfield, R./Libby, R./Nelson, M. (1999): Confidence and the Welfare of Less-Informed Investors. Accounting, Organization and Society 24, 623-647.

Bloomfield, R./Libby, R./Nelson, M. (2000): Underreactions, Overreactions and Moderated Confidence. Journal of Financial Markets 3, 113-137.

Bloomfield, R./O'Hara, M. (1998): Does Order Preferencing Matter? Journal of Financial Economics 50, 3-37.

Bloomfield, R./O'Hara, M. (1999): Market Transparency: Who Wins and Who Loses? Review of Financial Studies 12, 5-35.

Blume, M./Stambaugh, R. (1983): Biases in Computed Returns: An Application to the Size Effect. Journal of Financial Economics 12, 387-404.

Bodenhausen, G. V./Wyer, R. S. (1987): Social Cognition and Social Reality: Information Acquisition and Use in the Laboratory and the Real World. H.-J. Hippler/N. Schwarz/S. Sudman (Eds.): Social Information Processing and Survey Methodology. New York: Springer, 1987, 6-41.

Bohm, P. (1994): Time Preference and Preference Reversal Among Experienced Subjects: The Effects of Real Payments. Economic Journal 104, 1370-1378.

Bolek, A. (1999): Volatilitätsschwankungen und DAX-Optionen. Wiesbaden: Dt. Univ.-Verlag, 1999 (zugl. Diss. Univ. Hamburg 1998).

Bollen, N. P. B./Smith, T./Whaley, R. E. (2004): Modeling the Bid/Ask Spread: Measuring the Inventory-Holding Premium. Journal of Financial Economics 72, 97-141.

Bollerslev, T. (1986): Generalized Autoregressive Conditional Heteroskedasticity. Journal of Econometrics 31, 307-327.

Bollerslev, T. (1987): A Conditional Heteroskedastic Time Series Model for Speculative Prices and Rates of Return. Review of Economics and Statistics 69, 542-547.

Bollerslev, T./Chou, R. Y./Kroner, K. F. (1992): ARCH Modelling in Finance: A Selective Review of the Theory and Empirical Evidence. Journal of Econometrics 52, 5-59.
Bollerslev, T./Domowitz, I./Wang, J. (1997): Order Flow and the Bid-Ask Spread: An Empirical Probability Model of Screen Based Trading. Journal of Economic Dynamics and Control 21, 1471-1491.
Bollnow, O. F. (1980): Das Wesen der Stimmungen. 6. Aufl. Frankfurt a. M.: Klostermann, 1980.
Bondarenko, O. (2001): Competing Market Makers, Liquidity Provision, and Bid-Ask Spreads. Journal of Financial Markets 4, 269-308.
Boness, A. J. (1964): Elements of a Theory of Stock-Option Value. Journal of Political Economy 72, 163-175.
Bonner, S. E./Hastie, R./Sprinkle, G. B./Young, S. M. (2000): A Review of the Effects of Financial Incentives on Performance in Laboratory Tasks: Implications for Management Accounting. Journal of Management Accounting Research 13, 19-64.
Bonner, S. E./Pennington, N. (1991): Cognitive Processes and Knowledge as Determinants of Auditor Expertise. Journal of Accounting Literature 10, 31-50.
Bontempo, R./Bottom, W./Weber, E. U. (1997): Cross-Cultural Differences in Risk Perception: A Model-Based Approach. Risk Analysis 17, 479-488.
Bookstaber, R./Clarke, R. (1984): Option Portfolio Strategies: Measurement and Evaluation. Journal of Business 57, 469-492.
Bookstaber, R./Clarke, R. (1985): Problems in Evaluating the Performance of Portfolios with Options. Financial Analysts Journal 41, 1, 48-62.
Borchert, J./Knopf-Jerchow, H./Dahbashi, A. (1991): Testdiagnostische Verfahren in Vor-, Sonder- und Regelschulen. Ein kritisches Handbuch für Praktiker. Heidelberg: Asanger, 1991.
Borg, I. (1997): Theorien und Methoden der Skalierung. Eine Einführung. 3., überarb. Aufl., Bern: Huber, 1997.
Bortz, J. (2005): Statistik für Human- und Sozialwissenschaftler. 6., vollst. überarb. und aktual. Aufl., Berlin: Springer-Medizin-Verlag, 2005.
Bortz, J./Döring, N. (2002): Forschungsmethoden und Evaluation für Human- und Sozialwissenschaftler. 3., überarb. Aufl., Berlin u. a.: Springer, 2002.
Bös, K. (2001) [Hrsg.]: Handbuch motorische Tests. Sportmotorische Tests, motorische Funktionstests, Fragebogen zur körperlichen Aktivität und sportpsychologische Diagnoseverfahren, 2., vollst. überarb. und erw. Aufl., Göttingen: Hogrefe, 2001.
Bös, M. (1991): Optionsbewertung und Kapitalmarkt. Bergisch-Gladbach: Eul, 1991 (zugl. Diss. Univ. Köln 1990).
Bosch, R. (2001): Market-Maker als liquiditätsspendende Intermediäre in Börsenmärkten: das Betreuerkonzept der Deutschen Börse AG. Wiesbaden: Dt. Univ.-Verlag, 2001 (zugl. Diss. Univ. Nürnberg, Erlangen 2001).
Bothfeld, S./Gronbach, S./Riedmüller, B. (2002) [Hrsg.] Gender Mainstreaming – eine Innovation in der Gleichstellungspolitik. Frankfurt a. M.: Campus, 2002.
Bottenberg, E. H./Daßler, H. (2002): Einführung in die Emotionspsychologie. 2., veränd. und überarb. Aufl., Regensburg: Roderer, 2002.
Bourier, G. (1999): Wahrscheinlichkeitsrechnung und schließende Statistik: praxisorientierte Einführung. Wiesbaden: Gabler, 1999.
Bower, G. H. (1981): Mood and Memory. American Psychologist 36, 129-148.

Bowers, K. S. (1973): Situationism in Psychology: An Analysis and a Critique. Psychological Review 80, 307-330.

Boyle, P. P./Vorst, T. C. F. (1992): Option Replication in Discrete Time with Transaction Costs. Journal of Finance 47, 271-293.

Braeß, P./Farny, D./Schmidt, R. (1972) [Hrsg.]: Praxis und Theorie der Versicherungsbetriebslehre. Festgabe für H. L. Müller-Lutz zum 60. Geburtstag. Karlsruhe: Verlag Versicherungswirtschaft, 1972.

Brandt, M. W./Kang, Q. (2004): On the Relationship Between the Conditional Mean and Volatility of Stock Returns: A Latent VAR Approach. Journal of Financial Economics 72, 217-257.

Brandt, M. W./Wu, T. (2002): Cross-Sectional Tests of Deterministic Volatility Functions. Journal of Empirical Finance 9, 525-550.

Bredenkamp, J. (1975): Experiment und Feldexperiment. Handbuch der Psychologie Bd. 7: Sozialpsychologie, 1. Halbband: Theorien und Methoden. 2. Aufl., Hrsg.: C. F. Graumann, Göttingen: Hogrefe, 1975, 332-374.

Breen, R. (1991): The Accelerated Binomial Option Pricing Model. Journal of Financial and Quantitative Analysis 26, 153-164.

Brennan, M. J./Cao, H. H. (1996): Information, Trade, and Derivative Securities. Review of Financial Studies 9, 163-208.

Brennan, M. J./Cao, H. H. (1997): International Portfolio Investment Flows. Journal of Finance 52, 1851-1880.

Brennan, M. J./Schwartz, E. S. (1977): The Valuation of American Put Options. Journal of Finance 32, 449-462.

Brenner, M. [Ed.] (1983): Option Pricing: Theory and Applications. Lexington, Mass.: Lexington Books, 1983.

Brenner, M./Galai, D. (1984): On Measuring the Risk of Common Stocks Implied by Options Prices: A Note. Journal of Financial and Quantitative Analysis 19, 403-412.

Brenner, M./Subrahmanyam, M. G. (1988): A Simple Formula to Compute the Implied Standard Deviation. Financial Analysts Journal 44, 5, 80-83.

Breuer, W. (1993): Finanzintermediation im Kapitalmarktgleichgewicht. Wiesbaden: Gabler, 1993 (zugl. Diss. Univ. Köln 1992).

Broadie, M./Detemple, J. (1996): American Option Valuation: New Bounds, Approximations, and a Comparison of Existing Methods. Review of Financial Studies 9, 1211-1250.

Brocas, J./Carillo, J. (2003) [Eds.]: The Psychology of Economic Decisions. Oxford: Oxford University Press, 2003.

Brock, W. A./Kleidon, A. W. (1992): Periodic Market Closure and Trading Volume: A Model of Intraday Bids and Asks. Journal of Economic Dynamics and Control 16, 451-489.

Bromann, O./Schiereck, D./Weber, M. (1997): Reichtum durch (anti-)zyklische Handelsstrategien am deutschen Aktienmarkt. Zeitschrift für betriebswirtschaftliche Forschung 49, 603-616.

Bronstein, I. N./Semendjajew, K. A./Musiol, G./Michlig, H. (1997): Taschenbuch der Mathematik. 3., überarb. u. erw. Aufl. d. Neubearb., Thun, Frankfurt a. M.: Deutsch, 1997.

Brown, D. P./Zhang, Z. M. (1997): Market Orders and Market Efficiency. Journal of Finance 52, 277-308.

Brown, G./Toft, K. B. (1999): Constructing Implied Binomial Trees From Multiple Probability Distributions. Journal of Derivatives 7, No. 2, 83-100.

Brown, J. S. (1961): The Motivation of Behavior. New York: McGraw-Hill, 1961.

Brown, P./Keim, D./Kleidon, A. W./Marsh, T. A. (1983): Stock Return Seasonalities and the Tax-Loss Selling Hypothesis: Analysis of the Arguments and Australian Evidence. Journal of Financial Economics 12, 105-127.

Brown, P./Kleidon, A. W./Marsh, T. A. (1983): New Evidence on the Nature of Size-Related Anomalies in Stock Prices. Journal of Financial Economics 12, 33-56.

Brown, S. J. (1990): Estimating Volatility. S. Figlewski/ W. L. Silber/ M. G. Subrahmanyam [Eds.] (1990): Financial Options: From Theory to Practice, New York: McGraw-Hill, 1990, 516-537.

Brügger, Urs (1999): Wie handeln Devisenhändler? Eine ethnografische Studie über Akteure in einem globalen Markt. St. Gallen, 1999 (zugl. Diss. Univ. St. Gallen 1999).

Bründel, H./Hurrelmann, K. (1999): Konkurrenz, Karriere, Kollaps. Männerforschung und der Abschied vom Mythos Mann. Stuttgart: Kohlhammer, 1999.

Bruner, J. S./Postman, L. (1948): An Approach to Social Perception. W. Dennis/R. Lippitt (Eds.): Current Trends in Social Psychology. Pittsburgh: University of Pittsburgh Press, 1948, 71-118.

Brunnermeier, M. K. (2005): Information Leakage and Market Efficiency. Review of Financial Studies 18, 417-457.

Bücker, R. (1972): Lösungsmöglichkeiten von Entscheidungsproblemen unter Anwendung der Bayesschen Entscheidungslehre. Münster, 1972 (zugl. Diss. Univ. Münster 1972).

Bühl, A./Zöfel, P. (2005): SPSS 12: Einführung in die moderne Datenanalyse unter Windows. 9., überarb. und erw. Aufl., München: Pearson Studium, 2005.

Bühler, W. (1988): Rationale Bewertung von Optionsrechten auf Anleihen. Zeitschrift für betriebswirtschaftliche Forschung 40, 851-883.

Bühler, W. (1990): Prinzipien der Bewertung von Optionen. H. Göppl/W. Bühler/R. von Rosen (Hrsg.): Optionen und Futures, Frankfurt a. M.: Knapp, 1990, 65-78.

Bunch, D. S./Johnson, H. E. (1992): A Simple and Numerically Efficient Valuation Method for American Puts Using a Modified Geske-Johnson Approach. Journal of Finance 47, 809-816.

Buraschi, A./Dumas, B. (2001): The Forward Valuation of Compound Options. Journal of Derivatives 9, No. 1, 8-17.

Buraschi, A./Jackwerth, J. C. (2001): The Price of a Smile: Hedging and Spanning in Options Markets. Review of Financial Studies 14, 495-528.

Burghardt, G./Hanweck Jr., G. A. (1993): Calendar-Adjusted Volatilities. Journal of Derivatives 1, wieder abgedruckt in R. Jarrow [Ed.] (1998): Volatility: New Estimation Techniques for Pricing Derivatives. London: Risk Books, 1998, 155-162.

Burke, M. S./Carter, J. R./Gominiak, R. D./Ohl, D. F. (1996): An Experimental Note on the Allais Paradox and Monetary Incentives. Empirical Economics 21, 617-632.

Burley, D./Inman, W. H. W. (1988) [Eds.]: Therapeutic Risk. Perception, Measurement, Management. Chichester: Wiley, 1988.

Burns, P. (1985): Experience and Decision Making: A Comparison of Students and Businessmen in a Simulated Progressive Auction. Research in Experimental Economics 3, 139-157.

Burns, R. B. (1979): The Self Concept: In Theory, Measurement, Development and Behavior. London: Longman, 1979.

Büschgen, H. E. (1976) [Hrsg.]: Handwörterbuch der Finanzwirtschaft. Stuttgart: Schäffer-Poeschel, 1976.
Camerer, C. F./Hogarth, R. M. (1999): The Effects of Financial Incentives in Experiments: A Review and Capital-Labor-Production Framework. Journal of Risk and Uncertainty 19, 7-42.
Campbell, J. Y./Lettau, M./Malkiel, B. G./Xu, Y. (2001): Have Individual Stocks Become More Volatile? An Empirical Exploration of Idiosyncratic Risk. Journal of Finance 56, 1-43.
Campbell, J. Y./Lo, A. W./MacKinlay, A. C. (1997): The Econometrics of Financial Markets. Princeton: Princeton University Press, 1997.
Campbell, J. Y./Viceira, L. M. (1999): Consumption and Portfolio Decisions When Expected Returns Are Time Varying. Quarterly Journal of Economics 114, 433-495.
Campbell, J. Y./Viceira, L. M. (2002): Strategic Asset Allocation. Portfolio Choice for Long-Term Investors. Oxford: Oxford Univ. Press, 2002.
Canina, L./Figlewski, S. (1993): The Informational Content of Implied Volatility. Review of Financial Studies 6, 659-681.
Cao, M./Wei, J. (2005): Stock Market Returns: A Note on Temperature Anomaly. Journal of Banking and Finance 29, 1559-1573.
Caplin, A./Leahy, J. (2001): Psychological Expected Utility Theory and Anticipatory Feelings. Quarterly Journal of Economics 116, 55-79.
Carey, P. (1996): Übermäßige Volatilität am Aktienmarkt: Erklärungsansätze auf der Grundlage verhaltenswissenschaftlich fundierter Erwartungsbildung. Köln, 1996 (zugl. Diss. Univ. Köln 1996).
Carr, P. (1998): Randomization and the American Put. Review of Financial Studies 11, 597-626.
Chae, J. (2005): Trading Volume, Information Asymmetry, and Timing Information. Journal of Finance 60, 413-442.
Chakravarty, S./Gulen, H./Mayhew, S. (2004): Informed Trading in Stock and Option Markets. Journal of Finance 59, 1235-1258.
Chamberlain, T. W./Cheung, C. S./Chang, C. C. Y. (1991): The Friday the Thirteenth Effect. Quarterly Journal of Business and Economics 30, 111-117.
Chan, K. C. (1986): Can Tax-Loss Selling Explain the January Seasonal in Stock Returns? Journal of Finance 41, 1115-1128.
Chan, K. C./Christie, W. G./Schultz, P. H. (1995): Market Structure and the Intraday Pattern of Bid-Ask Spreads for NASDAQ Securities. Journal of Business 68, 35-60.
Chan, K. C./Chung, Y. P./Johnson, H. (1995): The Intraday Behavior of Bid-Ask Spreads for NYSE Stocks and CBOE Options. Journal of Financial and Quantitative Analysis 30, 329-346.
Chan, L./Lakonishok, J. (1997): Institutional Equity Trading Costs: NYSE versus NASDAQ. Journal of Finance 52, 713-735.
Chan, S. H./Leung, W.-K./Wang, K. (2004): The Impact of Institutional Investors on the Monday Seasonal. Journal of Business 77, 967-986.
Chance, D. K./Kumar, R./Rich, D. (2002): European Option Pricing with Discrete Stochastic Dividends. Journal of Derivatives 9, No. 3, 39-45.
Chang, E. C./Pinegar, J. M./Ravichandram, R. (1998): US Day-of-the-Week Effects and Asymmetric Responses to Macroeconomic News. Journal of Banking and Finance 22, 513-534.

Chang, E. C./Pinegar, J. M./Schachter, B. (1997): Interday Variations in Volume, Variance and Participation of Large Speculators. Journal of Banking and Finance 21, 797-810.

Chapman, L. J. (1967): Illusory Correlation in Observational Report. Journal of Verbal Learning and Verbal Behavior 6, 151-155.

Chaudhuri, K./Wu, Y. (2003): Random Walk versus Breaking Trend in Stock Prices: Evidence from Emerging Markets. Journal of Banking and Finance 27, 575-592.

Chen, A. H. Y. (1970): A Model of Warrant Pricing in a Dynamic Market. Journal of Finance 25, 1041-1060.

Chen, H./Singal, V. (2003a): A December Effect with Tax-Gain Selling? Financial Analysts Journal 59, 4, 78-90.

Chen, H./Singal, V. (2003b): Role of Speculative Short Sales in Price Formation: The Case of the Weekend Effect. Journal of Finance 58, 685-706.

Chen, H./Singal, V. (2004): All Things Considered, Taxes Drive the January Effect. Journal of Financial Research 27, 351-372.

Cheng, K. H. K./Fung, J. K .W./Tse, Y. (2005): How Electronic Trading Effects Bid-Ask Spreads and Arbitrage Efficiency Between Index Futures and Options. Journal of Futures Markets 25, 375-398.

Cherian, J. A./Jarrow, R. (1998): Options Markets, Self-Fulfilling Prophecies, and Implied Volatilities. Review of Derivatives Research 2, 5-37.

Cherian, J. A./Weng, W. Y. (1999): An Empirical Analysis of Directional and Volatility Trading in Options Markets. Journal of Derivatives 7, No. 2, 53-65.

Chesney, M./Scott, L. O. (1989): Pricing European Currency Options: A Comparison of the Modified Black-Scholes Model and a Random Variance Model. Journal of Financial and Quantitative Analysis 24, 267-284.

Cheung, Y.-W./Ng, L. K. (1992): Stock Price Dynamics and Firm Size: An Empirical Investigation. Journal of Finance 47, 1985-1997.

Chiras, D./Manaster, S. (1978): The Information Content of Option Prices and a Test of Market Efficiency. Journal of Financial Economics 6, 213-234.

Choe, H./Kho, B.-C./Stulz, R. M. (2000): Do Domestic Investors Have More Valuable Information About Individual Stocks Than Foreign Investors? Working Paper Ohio State University, 2000.

Choi, J. J./Laibson, D./Metrick, A. (2002): How Does the Internet Affect Trading? Evidence From Investor Behavior in 401(k) Plans. Journal of Financial Economics 64, 397-421.

Choi, J. Y./Salandro, D./Shastri, K. (1988): On the Estimation of Bid-Ask Spreads: Theory and Evidence. Journal of Financial and Quantitative Analysis 23, 219-230.

Choi, S./Marcozzi, M. D. (2001): A Numerical Approach to American Currency Option Valuation. Journal of Derivatives 9, No. 2, 19-29.

Chopra, N./Lakonishok, J./Ritter, J. R. (1992): Measuring Abnormal Performance: Do Stocks Overreact? Journal of Financial Economics 31, 235-268.

Chriss, N. A. (1996): Black-Scholes and Beyond: Modern Options Pricing. Burr Ridge, Illinois: Professional Publishing, 1996.

Chriss, N. A. (1996): Transatlantic Trees. RISK Magazine 9, No. 7, 45-48.

Christensen B./Prabhala, N. (1998): The Relation Between Implied and Realized Volatility. Journal of Financial Economics 50, 125-150.

Christensen-Szalanski, J. J./Beach, L. R. (1984): The Citation Bias: Fad and Fashion in the Judgment and Decision Literature. American Psychologist 39, 75-78.

Christiansen, C./Strunk Hansen, C. (2002): Implied Volatility of Interest Rate Options: An Empirical Investigation of the Market Model. Review of Derivatives Research 5, 51-80.

Christoffersen, S./Sarkissian, S. (2002): Location Overconfidence. Working Paper McGill University, 2002.

Chung, K. H./Li, M. (2003): Adverse-Selection Costs and the Probability of Information-Based Trading. Financial Review 38, 257-272.

Chung, K. H./Li, M./McInish, T. H. (2005): Information-Based Trading, Price Impact of Trades, and Trade Autocorrelation. Journal of Banking and Finance 29, 1645-1669.

Chung, K. H./Van Ness, B. F./Van Ness, R. A. (2002): Spreads, Depths, and Quote Clustering on the NYSE and Nasdaq: Evidence After the 1997 Securities and Exchange Commission Rule Change. Financial Review 37, 481-505.

Chung, K. H./Van Ness, B. F./Van Ness, R. A. (2004): Specialists, Limit-Order Traders, and the Components of the Bid-Ask Spread. Financial Review 39, 255-270.

Clark, M. S./Isen, A. M. (1982): Towards Understanding the Relationship between Feeling States and Social Behavior. A. H. Hastorf/A. M. Isen (Eds.): Cognitive Social Psychology. New York: Elsevier, 1982, 73-108.

Clemen, R. T. (1989): Combining Forecasts: A Review and Annotated Bibliography. International Journal of Forecasting 5, 559-583.

Clore, G. L./Schwarz, N./Conway, M. (1994): Affective Causes and Consequences of Social Information Processing. R. S. Wyer/T. K. Srull (Eds.): Handbook of Social Cognition. 2nd. ed., Vol. 1, Hillsdale: Erlbaum, 1994, 323-419.

Cogoy, M. (1997): Risiko und Akzeptanz technologiepolitischer Entscheidungen. G. Bechmann (Hrsg.): Grundlagen und Ergebnisse interdisziplinärer Risikoforschung. 2. Aufl., Opladen: Westdeutscher Verlag, 1997, 145-165.

Cohen, D. (2001): Bär oder Bulle? Wie Sie mit Börsenpsychologie Ihr Geld vermehren. Übers. von B. Hilgner. Wien/München: Ueberreuter, 2001.

Cohen, J. (1988): Statistical Power Analysis for the Behavioral Sciences. 2nd. ed., Hillsdale: Erlbaum, 1988.

Cohen, J. (1992): A Power Primer. Psychological Bulletin 112, 155-159.

Cohen, K. J./Maier, F./Schwartz, R. A./Whitcomb, D. K. (1986): The Microstructure of Securities Market. Englewood Cliffs, 1986.

Combs, A. W./Snygg, D. (1959): Individual Behavior. New York: Harper & Row, 1959.

Cooper, I./Kaplanis, E. (1994): Home Bias in Equity Portfolios, Inflation Hedging and International Capital Market Equilibrium. Review of Financial Studies 7, 45-60.

Cooper, R./Shulman, J. (1994): The Year-End Effect in Junk Bond Prices. Financial Analysts Journal 50, 5, 61-65.

Cootner, P. H. (1970): [Ed.] The Random Character of Stock Market. 3rd ed., Cambridge: M.I.T. Press, 1970.

Copeland, T. E./Galai, D. (1983): Information Effects on the Bid-Ask-Spread. Journal of Finance 38, 1457-1470.

Cordero, R. (1987): Der Financial-Futures-Markt. 2., unveränd. Aufl., Bern, Stuttgart: Haupt, 1987.

Corhay, A./Hawawini, G./Michel, P. (1987): Seasonality in the Risk Return Relationship: Some International Evidence. Journal of Finance 42, 49-68.

Coughenour, J./Shastri, K. (1999): Symposium on Market Microstructure: A Review of Empirical Research. Financial Review 34, 4, 1-28.

Courtadon, G. (1982): A More Accurate Finite Difference Approximation for the Valuation of Options. Journal of Financial and Quantitative Analysis 17, 697-703.

Coval, J./Shumway, T. (2005): Do Behavioral Biases Affect Prices? Journal of Finance 60, 1-34.

Cowell, F. A./Schokkaert, E. (2001): Risk Perceptions and Distributional Judgements. European Economic Review 45, 941-952.

Cox, J. C./Grether, D. M. (1996): The Preference Reversal Phenomenon: Response Mode, Markets and Incentives. Economic Theory 7, 381-405.

Cox, J. C./Ross, S. A. (1976a): A Survey of Some New Results in Financial Option Pricing Theory. Journal of Finance 31, 383-402.

Cox, J. C./Ross, S. A. (1976b): The Valuation of Options for Alternative Stochastic Processes. Journal of Financial Economics 3, 145-166.

Cox, J. C./Ross, S. A./Rubinstein, M. (1979): Option Pricing: A Simplified Approach. Journal of Financial Economics 7, 229-263.

Cox, J. C./Rubinstein, M. (1983): A Survey of Alternative Option Pricing. M. Brenner (Ed.): Option Pricing: Theory and Applications. Lexington, Mass.: Lexington Books, 1983, 3-33.

Cox, J. C./Rubinstein, M. (1985): Option Markets. Englewood Cliffs: Prentice-Hall, 1985.

Cross, F. (1973): The Behavior of Stock Prices on Fridays and Mondays. Financial Analysts Journal 29, 6, 67-69.

Cutler, D. M./Poterba, J. M./Summers, L. H. (1989): What Moves Stock Prices? Moves in Stock Prices Reflect Something Other Than News About Fundamental Values. Journal of Portfolio Management 15, Spring, 4-12, wieder abgedruckt in R. H. Thaler [Ed.]: Advances in Behavioral Finance, New York: Sage Foundation, 1993, 133-151.

Daigler, R. T. (1997): Intraday Futures Volatility and Theories of Market Behavior. Journal of Futures Markets 17, 45-74.

Damasio, A. R. (1996): Descartes' Error: Emotion, Reason, and the Human Brain. London: Macmillan, 1996.

Daniel, K. D./Hirshleifer, D./Subrahmanyam, A. (1998): Investor Psychology and Security Market Under- and Overreactions. Journal of Finance 53, 1839-1885.

Daniel, K. D./Hirshleifer, D./Subrahmanyam, A. (2001): Overconfidence, Arbitrage, and Equilibrium Asset Pricing. Journal of Finance 56, 921-965.

Daniel, K. D./Titman, S. (1999): Market Efficiency in an Irrational World. Financial Analysts Journal 55, 6, 28-40.

Daniel, K./Hirshleifer, D./Subrahmanyam, A. (1998): Investor Psychology and Security Market Under- and Overreactions. Journal of Finance 53, 1839-1885.

Das, S. R./Sundaram, R. K. (1999): Of Smiles and Smirks: A Term Structure Perspective. Journal of Financial and Quantitative Analysis 34, 211-239.

Das, S./Foresi, S. (1996): Exact Prices for Bond and Option Prices with Systematic Jump Risk. Review of Derivatives Research 1, 7-24.

Daube, C. H. (1993): Marketmaker in Aktienoptionen an der Deutschen Terminbörse. Wiesbaden: Dt. Univ.-Verlag, 1993 (zugl. Diss. Univ. Hamburg 1992).

Davidson, W. N./Kim, J. K./Ors, E./Szakmary, A. (2001): Using Implied Volatility on Options to Measure the Relation Between Asset Returns and Variability. Journal of Banking and Finance 25, 1245-1269.

Day, T. E./Lewis, C. M. (1988): The Behavior of the Volatility Implicit in the Prices of Stock Index Options. Journal of Financial Economics 22, 103-122.

Day, T. E./Lewis, C. M. (1992): Stock Market Volatility and the Information Content of Stock Index Options. Journal of Econometrics 52, 267-287.

De Long, J. B./Shleifer, A./Summers, L. H./Waldmann, R. J. (1990): Noise Trader Risk in Financial Markets. Journal of Political Economy 98, 703-738.

DeBondt, W. F. M./Thaler, R. H. (1985): Does the Stock Market Overreact? Journal of Finance 40, 793-805.

DeBondt, W. F. M./Thaler, R. H. (1987): Further Evidence on Investor Overreaction and Stock Market Seasonality. Journal of Finance 42, 557-581.

DeBondt, W. F. M./Thaler, R. H. (1989): Anomalies. A Mean-Reverting Walk Down Wall Street. Journal of Economics Perspectives 3, Winter, 189-202.

DeBondt, W. F. M./Thaler, R. H. (1990): Do Security Analysts Overreact? American Economic Review 80, 52-57.

Demsetz, H. (1968): The Cost of Transacting. Quarterly Journal of Economics 82, 33-53.

Dennert, J. (1993): Price Competition between Market Makers. Review of Economic Studies 60, 735-751.

Dennis, W./Lippitt, R. (1948) [Eds.]: Current Trends in Social Psychology. Pittsburgh: University of Pittsburgh Press, 1948.

Denz, H. (1989): Einführung in die empirische Sozialforschung. Wien, New York: Springer, 1989.

Denzin, M. O. (2003): Indicators. Technische, fundamentale und statistische Indikatoren für Aktien, Fonds und Derivate. München: FinanzBuch, 2003.

Derman, E./Kani, I. (1994): Riding On a Smile. RISK Magazine 7, No. 2, 32-39.

Derman, E./Kani, I./Chriss, N. (1996): Implied Trinomial Trees of the Volatility Smile. Journal of Derivatives 3, No. 4, 7-22.

Detemple, J./Jorion, P. (1990): Option Listing and Stock Returns: An Empirical Analysis. Journal of Banking and Finance 14, 781-801.

Detemple, J./Selden, L. (1991): A General Equilibrium Analysis of Option and Stock Market Interactions. International Economic Review 32, 279-303.

Deusinger, I. M. (1986): Frankfurter Selbstkonzeptskalen (FSKN). Göttingen: Hogrefe, 1986.

Deutsche Börse (2003): Performancemessung und Rating. Frankfurt a. M., 2003.

Deutsche Börse (2005): Designated Sponsor Guide Version 5.0. Frankfurt a. M., 2005.

Diamond, D. W./Verrechia, R. E. (1987): Constraints on Short-Selling and Asset Price Adjustment to Private Information. Journal of Financial Economics 18, 277-311.

Dichev, I. D./Janes, T. D. (2001): Lunar Cycle Effects in Stock Returns. Working Paper University of Michigan, Ann Arbor 2001.

Diehl, J. M. (1977): Varianzanalyse. Frankfurt a. M.: Fachbuchhandlung für Psychologie, 1977.

Diekmann, A. (2000): Empirische Sozialforschung. Grundlagen, Methoden, Anwendung. 6., durchges. Aufl., Reinbek: Rowohlt, 2000.

Domowitz, I. (1990): The Mechanics of Automated Trade Execution Systems. Journal of Financial Intermediation 1, 164-194.

Domowitz, I. (1993): Automating the Continuous Double Auction in Practice: Automated Trade Execution Systems in Financial Markets. D. Friedman/J. Rust (Eds.): The Double Auction Market: Institutions, Theories, and Evidence. Reading, Mass.: Addison Wesley Longman, 1993, 27-58.

Domsch, M. E. (1990): Weibliche Fach- und Führungskräfte: Wege zur Chancengleichheit. Stuttgart: Schäffer, 1990.

Domsch, M. E. (2000) [Ed.]: Reconciliation of Family and Work in Eastern European Countries. Frankfurt a. M.: Lang, 2000.

Domsch, M. E. (2003): Gender Equality in Central and Eastern European Countries. Frankfurt a. M.: Lang, 2003.

Domsch, M. E./Hadler, A./Krüger, D. (1994): Personalmanagement & Chancengleichheit: betriebliche Maßnahmen zur Verbesserung beruflicher Chancen von Frauen in Hamburg. München: Hampp, 1994.

Donders, M. W. M./Kouwenbuerg, R./Vorst, T. C. F. (2000): Options and Earnings Announcements: An Empirical Study of Volatility, Trading Volume, Open Interest and Liquidity. European Financial Management 6, 149-171.

Donders, M. W. M./Vorst, T. C. F. (1996): The Impact of Firm-Specific News on Implied Volatilities. Journal of Banking and Finance 20, 1447-1461.

Dornbusch, D. (1999): Untersuchung von Modellen der fundamentalen und technischen Aktienanalyse: ein empirischer Vergleich am deutschen Aktienmarkt. Frankfurt a. M.: Lang, 1999 (zugl. Diss. Techn. Hochschule Aachen 1999).

Dornbusch, R./Fischer, S./Bossons, J. (1987) [Eds.]: Macroeconomics and Finance: Essays in Honor of Franco Modigliani. Cambridge: MIT Press, 1987.

Dorsch, F. (2004) [Hrsg.]: Psychologisches Wörterbuch. Hrsg. von H. O. Häcker/K.-H. Stapf, 14., vollst. überarb. und erw. Aufl., Bern: Huber, 2004.

Douglas, M./Wildavsky, A. (1982): Risk and Culture. Berkeley: University of California Press, 1982.

Draper, P./Paudyal, K. (2002): Explaining Monday Returns. Journal of Financial Research 25, 507-520.

Drottz-Sjöberg, B.-M. (1991): Perception of Risk: Studies of Risk Attitudes, Perceptions and Definitions. Stockholm: Center for Risk Research, 1991 (zugl. Diss. Stockholm School of Economics Stockholm 1991).

DTB, Dt. Terminbörse GmbH (1989): Einführung in den Optionshandel. Wiesbaden: Gabler, 1989.

Duan, J.-C. (1996): Cracking the Smile. RISK Magazine 9, No. 12, 55-59.

Dubofsky, D. A. (1992): Options and Financial Futures: Valuation and Uses. New York: McGraw-Hill, 1992.

Duffie, D. (1989): Futures Markets. Englewood Cliffs: Prentice Hall, 1989.

Dumas, B./Fleming, J./Whaley, R. E. (1998): Implied Volatility Functions: Empirical Tests. Journal of Finance 53, 2059-2106.

Dupire, B. (1994): Pricing with a Smile. RISK Magazine 7, No. 1, 18-20.

Dutta, P. K./Madhavan, A. (1997): Competition and Collusion in Dealer Markets. Journal of Finance 52, 245-276.

Dvorak, T. (2005): Do Domestic Investors Have an Information Advantage? Evidence from Indonesia. Journal of Finance 60, 817-839.

Dyl, E. A./Maberly, E. D. (1988): The Anomaly That Isn't There: A Comment on Friday the Thirteenth. Journal of Finance 43, 1285-1286.

Easley, D./Kiefer, N. M./O'Hara, M. (1997): One Day in the Life of a Very Common Stock. Review of Financial Studies 10, 805-835.

Easley, D./Kiefer, N. M./O'Hara, M./Paperman, J. B. (1996): Liquidity, Information, and Infrequently Traded Stocks. Journal of Finance 51, 1405-1436.

Easley, D./O'Hara, M. (1987): Price, Trade Size, and Information in Securities Market. Journal of Financial Economics 19, 69-90.

Easley, D./O'Hara, M. (1991): Order Form and Information in Securities Market. Journal of Finance 46, 905-927.

Easley, D./O'Hara, M. (1992): Time and the Process of Security Price Adjustment. Journal of Finance 47, 577-606.

Easley, D./O'Hara, M./Srinivas, P. S. (1998): Option Volume and Stock Prices: Evidence on Where Informed Traders Trade. Journal of Finance 53, 431-465.

Ederington, L. H./Guan, W. (2002a): Measuring Implied Volatility: Is an Average Better? Which Average? Journal of Futures Markets 22, 811-837.

Ederington, L. H./Guan, W. (2002b): Why Are Those Options Smiling? Journal of Derivatives 10, No. 2, 9-34.

Ederington, L. H./Guan, W. (2005a): Forecasting Volatility. Journal of Futures Markets 25, 465-490.

Ederington, L. H./Guan, W. (2005b): The Information Frown in Option Issues. Journal of Banking and Finance 29, 1429-1457.

Ederington, L. H./Lee, J. H. (1993): How Markets Process Information: New Releases and Volatility. Journal of Finance 48, 1161-1191.

Ederington, L. H./Lee, J. H. (1996): The Creation and Resolution of Market Uncertainty: The Impact of Information Releases on Implied Volatility. Journal of Financial and Quantitative Analysis 31, 513-539.

Edirsinghe, C./Naik, V./Uppal, R. (1993): Optimal Replication of Options with Transaction Costs and Trading Restrictions. Journal of Financial and Quantitative Analysis 28, 117-138.

Eggert, D./Reichenbach, C./Bode, S. (2003): Das Selbstkonzept-Inventar (SKI) für Kinder im Vorschul- und Grundschulalter. Theorie und Möglichkeiten der Diagnostik. Dortmund: Borgmann, 2003.

Eimer, E. (1978): Varianzanalyse. Eine Einführung. Stuttgart: Kohlhammer, 1978.

Eisenberg, L./Jarrow, R. (1994): Option Pricing with Random Volatilities in Complete Markets. Review of Quantitative Finance and Accounting 4, wieder abgedruckt in R. Jarrow, R. [Ed.] (1998): Volatility: New Estimation Techniques for Pricing Derivatives, London: Risk Books, 1998, 317-324.

Ekkehard, S. (1999): Die Rolle von Urteilsheuristiken bei Finanzentscheidungen: Ankereffekte und kognitive Verfügbarkeit. L. Fischer/T. Kutsch/E. Stephan (Hrsg.): Finanzpsychologie. München/Wien: Oldenbourg, 1999, 101-134.

Ekman, P. (1982) [Ed.]: Emotion in the Human Face. 2nd. ed., Cambridge: Cambridge University Press, 1982.

Ekman, P. D. (1992): Intraday Patterns in the S&P 500 Index Futures Market. Journal of Futures Markets 12, 365-382.

Eller, R. (1998) [Hrsg.]: Handbuch des Risikomanagements: Analyse, Quantifizierung und Steuerung von Marktrisiken in Banken und Sparkassen. Stuttgart: Schäffer-Poeschel, 1998.

Eller, R./Dreesbach, S. (2001): Technische und quantitative Wertpapieranalyse. 2., überarb. Aufl., Stuttgart: Dt. Sparkassen-Verlag, 2001.

Ellis, K./Michaely, R./O'Hara, M. (2002): The Making of Dealer Market: From Entry to Equilibrium in the Trading of Nasdaq Stocks. Journal of Finance 57, 2289-2316.

Ellsberg, D. (1961): Risk, Ambiguity, and the Savage Axioms. Quarterly Journal of Economics 75, 643-669.

Elster, J. (1998): Emotions and Economic Theory. Journal of Economic Literature 36, 47-74.

Ely, R. J. (1994): The Effects of Organizational Demographics and Social Identity on Relationships Among Professional Women. Administrative Science Quarterly 39, 203-238.

Ely, R. J. (2004): A Field Study of Group Diversity, Participation in Diversity Education Programs and Performance. Journal of Organizational Behavior 25, No. 6, 755-780.

Emanuel, D. C./Macbeth, J. D. (1982): Further Results on Constant Elasticity of Variance Call Option Models. Journal of Financial and Quantitative Analysis 17, 533-554.

Endler, N. S. (1973): The Person versus the Situation – A Pseudo Issue? A Response to Alker. Journal of Personality 32, 287-303.

Endler, N. S./Magnusson, D. (1976a) [Eds.]: Interactional Psychology and Personality. Washington: Hemisphere Publishing Corp., 1976.

Endler, N. S./Magnusson, D. (1976b): Personality and Person by Situation Interactions. N. S. Endler/D. Magnusson (Eds.): Interactional Psychology and Personality. Washington: Hemisphere Publishing Corp., 1976, 1-25.

Engelbrech, G. (2004): Work-Life-Balance und Chancengleichheit. Personalführung 9, 54-65.

Engelhardt, D. v. (1981): Risikobereitschaft bei betriebswirtschaftlichen Entscheidungen: normative und empirische Aspekte individuellen Präferenzverhaltens unter Ungewißheit. Berlin: Duncker & Humblot, 1981 (zugl. Diss. Univ. Mannheim 1979).

Engle, R. F. (1982): Autoregressive Conditional Heteroskedasticity with Estimates of the Variance of United Kingdom Inflation. Econometrica 50, 987-1007.

Engle, R. F./Ng, V. K. (1993): Measuring and Testing the Impact of News on Volatility. Journal of Finance 48, 1749-1778.

Eom, K. S./Hahn, S. B. (2005): Traders' Strategic Behavior in an Index Options Market. Journal of Futures Markets 25, 105-133.

Epstein, S. (1993): Entwurf einer integrativen Persönlichkeitstheorie. S.-H. Filipp (Hrsg.): Selbstkonzept-Forschung: Probleme, Befunde, Perspektiven, 3. Aufl., Stuttgart: Klett-Cotta, 1993, 15-45.

Eraker, B. (2004): Do Stock Prices and Volatility Jump? Reconciling Evidence from Spot and Option Prices. Journal of Finance 59, 1367-1403.

Eraker, B./Johannes, M./Polson, N. (2003): The Impact of Jumps in Volatility and Returns. Journal of Finance 58, 1269-1300.

Ernst, D. P. (1974): Aktienpreisverlaufshypothesen und Optionsscheinmodelle – Eine Darstellung. Berlin: Technische Universität, 1974 (zugl. Diss. Technische Univ. Berlin 1973).

Estes, R./Hosseini, J. (1988): The Gender Gap on Wall Street: An Empirical Analysis of Confidence in Investment Decision Making. Journal of Psychology 122, 577-590.

Ewert, O. (1983): Ergebnisse und Probleme der Emotionsforschung. H. Thomae (Hrsg.): Theorien und Formen der Motivation. Enzyklopädie der Psychologie, C, IV, Bd. 1, Göttingen: Hogrefe, 1983, 397-452.

Eysenck, H. J. (1968): The Scientific Study of Personality. 4th ed., London: Routledge & Kegan Paul, 1968.

Eysenck, H. J. (1970): The Biological Basis of Personality. 2nd. print, Springfield, Ill.: Thomas, 1970.

Eysenck, H. J. (1971): The Structure of Human Personality. 3rd ed., repr., London: Methuen, 1971.

Faff, R. W./McKenzie, M. D. (2002): The Impact of Stock Index Futures Trading on Daily Returns Seasonality: A Multicountry Study. Journal of Business 75, 95-125.

Faff, R./Hillier, D. (2005): Complete Markets, Informed Trading and Equity Option Introductions. Journal of Banking and Finance 29, 1359-1384.

Fahrmeir, L./Kaufmann, H. L./Ost, F. (1981): Stochastische Prozesse: eine Einführung in Theorie und Anwendungen. München: Hanser, 1981.

Fahrmeir, L./Künstler, R./Pigeot, I./Tutz, G. (2003): Statistik. Der Weg zur Datenanalyse. 4., verb. Aufl., Berlin u. a.: Springer, 2003.

Fama, E. F. (1965): The Behavior of Stock Prices. Journal of Business 38, 34-105.

Fama, E. F. (1970): Efficient Capital Markets: A Review of Theory and Empirical Work. Journal of Finance 25, 383-417.

Fama, E. F. (1991): Efficient Capital Markets II. Journal of Finance 46, 1575-1617.

Fama, E. F. (1998): Market Efficiency, Long-Term Returns, and Behavioral Finance. Journal of Financial Economics 49, 283-306.

Fama, E. F./French, K. R. (1988): Permanent and Temporary Components of Stock Prices. Journal of Political Economy 96, 246-273.

Fama, E. F./French, K. R. (1995): Size and Book-to-Market Factors in Earnings and Returns. Journal of Finance 50, 131-155.

Farrelly, G./Reichenstein, W. (1984): Risk Perception of Institutional Investors. Journal of Portfolio Management 10, 5-12.

Feger, H./Sorembe, V. (1983): Konflikt und Entscheidung. H. Thomae (Hrsg.): Theorien und Formen der Motivation. Enzyklopädie der Psychologie, C, IV, Bd. 1, Göttingen: Hogrefe, 1983, 536-711.

Fehr, E./Falk, A. (2002): Psychological Foundations of Incentives. European Economic Review 46, 687-724.

Fern, E. F./Monroe, K. B. (1996): Effect-Size Estimates: Issues and Problems in Interpretation. Journal of Consumer Research 23, 89-105.

Fernholz, R. (1998): Crossovers, Dividends and the Size Effect. Financial Analysts Journal 54, 3, 73-78.

Fiedler, K. (1991): On the Task, the Measures and the Mood in Research on Affect and Social Cognition. J. P. Forgas [Ed.]: Emotion and Social Judgments. Oxford: Pergamon Press, 1991, 83-104.

Figlewski, S. (1986): Hedging With Financial Futures for Institutional Investors: From Theory to Practice. Cambridge, Mass.: Ballinger Publishing, 1986.

Figlewski, S. (1988): Arbitrage Based Pricing of Stock Index Options. Review of Research in Futures Markets 7, 250-270.

Figlewski, S. (1990): Theoretical Valuation Models. S. Figlewski/ W. L. Silber/ M. G. Subrahmanyam [Eds.]: Financial Options: From Theory to Practice, New York: McGraw-Hill, 1990, 77-134.

Figlewski, S./Gao, B. (1999): The Adaptive Mesh Model: A New Approach to Efficient Option Pricing. Journal of Financial Economics 53, 313-351.

Figlewski, S./Silber, W. L./Subrahmanyam, M. G. (1990) [Eds.]: Financial Options: From Theory to Practice, New York: McGraw-Hill, 1990.

Filipp, S.-H. (1993) [Hrsg.]: Selbstkonzept-Forschung: Probleme, Befunde, Perspektiven, 3. Aufl., Stuttgart: Klett-Cotta, 1993.

Finucane, M. L./Alhakami, A./Slovic, P./Johnson, S. M. (2000): The Affect Heuristic in Judgments of Risks and Benefits. Journal of Behavioral Decision Making 13, 1-17.

Fischer, L./Kutsch, T./Stephan, E. (1999) [Hrsg.]: Finanzpsychologie. München/Wien: Oldenbourg, 1999.

Fischer, L./Wiswede, G. (2002): Grundlagen der Sozialpsychologie. 2., überarb. und erw. Aufl., München/Wien: Oldenbourg, 2002.
Fischhoff, B./Lichtenstein, S./Slovic, P./Derby, S./Keeney, R. L. (1988): Acceptable Risk. Reprint, Cambridge: Cambridge University Press, 1988.
Fishburn, P. C. (1977): Mean-Risk Analysis with Risk Associated with Below-Target Returns. American Economic Review 67, 116-126.
Fishe, R. P. H./Robe, M. A. (2004): The Impact of Illegal Insider Trading in Dealer and Specialists Markets: Evidence From a Natural Experiment. Journal of Financial Economics 71, 461-488.
Fisher, I. H. (1906): The Nature of Capital and Income. New York: Macmillan, 1906.
Fisseni, H.-J. (1998): Persönlichkeitspsychologie: auf der Suche nach einer Wissenschaft. Ein Theorienüberblick. 4., überarb. und erw. Aufl., Göttingen: Hogrefe, 1998.
Fleishman, J. A. (1984): Personality Characteristics and Coping Patterns. Journal of Health and Social Behavior 25, 229-244.
Fleming, J. (1998): The Quality of Market Volatility Forecasts Implied by S&P 100 Index Option Prices. Journal of Empirical Finance 5, 317-345.
Fleming, J./Ostdiek, B./Whaley, R. E. (1995): Predicting Stock Market Volatility: A New Measure. Journal of Futures Markets 15, 265-302.
Flood, M. D./Huismann, R./Koedijk, K. G./Mahieu, R. J. (1999): Quote Disclosure and Price Discovery in Multiple-Dealer Financial Markets. Review of Financial Studies 12, 37-59.
Forgas, J. P. (1991) [Ed.]: Emotion and Social Judgments. Oxford: Pergamon Press, 1991.
Forgas, J. P. (1992): Affect in Social Judgments and Decisions: A Multi-Process Model. M. Zanna (Ed.): Advances in Experimental Social Psychology. Vol. 25, San Diego: Academic Press, 1992, 227-275.
Forgas, J. P. (1993): Affect, Appraisal and Action: Towards a Multi-Process Framework. R. S. Wyer/T. S. Srull (Eds.): Advances in Social Cognition. Vol. 6, Hillsdale: Erlbaum, 1993, 89-108.
Forgas, J. P. (1995): Mood and Judgment: The Affect Infusion Model. Psychological Bulletin 117, 39-66.
Fortune, P. (1996): Anomalies in Option Pricing: The Black-Scholes Model Revisited. New England Economic Review 2, 17-40.
Fortune, P. (1999): Are Stock Returns Different over Weekends? A Jump Diffusion Analysis of the "Weekend Effect". New England Economic Review 5, 3 19.
Foster, D. F./Viswanathan, S. (1993): Variation in Trading Volume, Return Volatility, and Trading Costs: Evidence on Recent Price Formation Models. Journal of Finance 48, 187-211.
Foster, D. F./Viswanathan, S. (1996): Strategic Trading When Agents Forecast the Forecasts of Others. Journal of Finance 51, 1437-1478.
Fox, C. R./Tversky, A. (1995): Ambiguity Aversion and Comparative Ignorance. Quarterly Journal of Economics 110, 585-603.
Franzmann, H.-J. (1987): Der Montagseffekt am deutschen Aktienmarkt. Zeitschrift für Betriebswirtschaft, 57, 611-635.
Freihube, T./Kehr, C.-H./Krahnen, J. P. (1999): Limitorderbücher und der Liquiditätsbeitrag der Kursmakler. Working Paper Universität Frankfurt a. M., 1999.
French, D. W. (1984): The Weekend Effect and the Distribution of Stock Prices: Implications for Option Pricing. Journal of Financial Economics 13, 547-559.

French, K. R. (1980): Stock Returns and the Weekend Effect. Journal of Financial Economics 8, 55-69.

French, K. R./Poterba, J. M. (1991): Investor Diversification and International Equity Markets. American Economic Review 81, 222-226.

French, K. R./Roll, R. (1986): Stock Return Variances: The Arrival of Information and the Reaction of Traders. Journal of Financial Economics 14, 5-26.

French, K. R./Schwert, G. W./Stambaugh, R. F. (1987): Expected Stock Returns and Volatility. Journal of Financial Economics 19, 3-29.

Freund, A. M. (1995): Die Selbstdefinition alter Menschen. Inhalt, Struktur und Funktion. Berlin: Ed Sigma, 1995 (zugl. Diss. Freie Univ. Berlin 1994).

Frey, D./Greif, S. (1994) [Hrsg.]: Sozialpsychologie: ein Handbuch in Schlüsselbegriffen. 3. Aufl., Weinheim: Beltz, 1994.

Frey, D./Irle, M. (1993) [Hrsg.]: Theorien der Sozialpsychologie. Bd. 1: Kognitive Theorien. 2., vollst. überarb. und erw. Aufl., Bern: Huber, 1993.

Frey, D./Irle, M. (2002) [Hrsg.]: Theorien der Sozialpsychologie. Bd. 3: Motivations-, Selbst- und Informationsverarbeitungstheorien, 2., vollst. überarb. und erw. Aufl., Bern: Huber, 2002.

Frey, D./Köhnken, G. (1991) [Hrsg.]: Bericht über den 37. Kongress der Deutschen Gesellschaft für Psychologie in Kiel 1990. Göttingen: Hogrefe, 1991.

Frey, D./Schulz-Hardt, S. (1996): Eine Theorie der gelernten Sorglosigkeit. H. Mandl (Hrsg.): Bericht über den 40. Kongress der Deutschen Gesellschaft für Psychologie in München 1996. Göttingen: Hogrefe, 1996, 604-611.

Friedman, D./Rust, J. [Eds.] (1993): The Double Auction Market: Institutions, Theories, and Evidence. Reading, Mass.: Addison Wesley Longman, 1993.

Friedman, D./Sunder, S. (1994): Experimental Methods: A Primer for Economists. New York: University Press, 1994.

Friedrichs, J. (1984): Methoden empirischer Sozialforschung. 12. Aufl., Opladen: Westdeutscher Verlag, 1984.

Fuhrmann, W. (1988): Theorie effizienter Finanzmärkte. Wirtschaftswissenschaftliches Studium 17, 546-552.

Galai, D. (1977): Tests of Market Efficiency of the Chicago Board Options Exchange. Journal of Business 50, 167-197.

Galai, D. (1983): A Survey of Empirical-Tests of Option Pricing Models. M. Brenner (Ed.): Option Pricing: Theory and Applications, Lexington, Mass.: Lexington Books, 1983, 45-80.

Gallant, A. R./Rossi, P. E./Tauchen, G. E. (1992): Stock Prices and Volume. Review of Financial Studies 5, 199-242

Ganzach, Y. (2000): Judging Risk and Return of Financial Assets. Organizational Behavior and Human Decision Processes 83, 353-370.

Gardner, G. T./Gould, L. C. (1989): Public Perception of the Risks and Benefits of Technology. Risk Analysis 9, 225-242.

Garman, M. B. (1976): Market Microstructure. Journal of Financial Economics 3, 257-275.

Garman, M. B./Klass, M. J. (1980): On the Estimation of Security Price Volatilities from Historical Data. Journal of Business 53, 67-78.

Garman, M. B./Kohlhagen, S. (1983): Foreign Currency Option Values. Journal of International Money and Finance 2, 231-237.

Garrett, I./Kamstra, M. J./Kramer, L. A. (2005): Winter Blues and Time Variation in the Price of Risk. Journal of Empirical Finance 12, 291-316.

Garz, H. (2000): Prognostizierbarkeit von Aktienrenditen: die Ursachen von Bewertungsanomalien am deutschen Aktienmarkt. Wiesbaden: Dt. Univ.-Verlag, 2000 (zugl. Diss. Univ. Nürnberg/Erlangen 1999).

Garz, H./Günther, S./Moriabadi, C. (2002): Portfolio-Management: Theorie und Anwendung. Frankfurt a. M.: Bankakademie-Verlag, 2002.

Gehrig, T. (1993): An Information Based Explanation of the Domestic Bias in International Equity Investment. Scandinavian Journal of Economics 21, 97-109.

Gehrig, T./Jackson, M. (1998): Bid-Ask Spreads with Indirect Competition among Specialists. Journal of Financial Markets 1, 89-119.

George, T. J./Kaul, G./Nimalendran, M. (1991): Estimation of the Bid-Ask Spreads and its Components: A New Approach. Review of Financial Studies 4, 623-565.

Georgi, R. v./Beckmann, D. (2004): SKI. Selbstkonzept-Inventar. Bern: Huber, 2004.

Gergen, K. J. (1971): The Concept of Self. New York: Holt, Rinehart & Winston, 1971.

Gerke, W./Arneth, S./Bosch, R. (2000): The Market-Maker Privilege in an Experimental Computerized Stock Market. H.-H. Francke (Hrsg.): Finanzmärkte im Umbruch, Berlin: Duncker und Humblot, 2000, 173-201 (Beihefte zu Kredit und Kapital, 15).

Gerke, W./Bienert, H. (1991): Experimentelle Kapitalmarktforschung an einer Computerbörse. Die Bank 9, 499-506.

Gerke, W./Rapp, H.-W. (1994): Strukturveränderungen im internationalen Börsenwesen. Die Betriebswirtschaft 1, 5-24.

Gerke, W./Steiner, M. (2001) [Hrsg.]: Handwörterbuch des Bank- und Finanzwesens, 3. Aufl., Stuttgart: Schäffer-Poeschel, 2001.

Gervais, S./Odean, T. (2001): Learning to be Overconfident. Review of Financial Studies 14, 1-27.

Geske, R. (1979a): The Valuation of Compound Options. Journal of Financial Economics 7, 63-81.

Geske, R. (1979b): A Note on an Analytic Valuation Formula for Unprotected American Call Options on Stocks with Known Dividends. Journal of Financial Economics 7, 375-380.

Geske, R./Johnson, H. E. (1984): The American Put Option Valued Analytically. Journal of Finance 39, 1511-1524.

Geske, R./Roll, R. (1984): On Valuing American Call Options with Black-Scholes European Formula. Journal of Finance 39, 443-455.

Geske, R./Roll, R./Shastri, K. (1983): Over-the-Counter Option Market Dividend Protection and "Biases" in the Black-Scholes Model: A Note. Journal of Finance 38, 1271-1277.

Ghysels, E./Harvey, A. C./Renault, E. (1996): Stochastic Volatility. G. S. Maddala/C. R. Rao (Eds.): Handbook of Statistics, Vol. 14: Statistical Methods in Finance. Amsterdam: Elsevier Science, 1996, 119-191.

Gibbons, M./Hess, P. (1981): Day of the Week Effects and Asset Returns. Journal of Business 54, 579-596.

Gibson, J. J. (1966): The Senses Considered as Perceptual Systems. Boston: Houghton-Mifflin, 1966.

Gilad, B./Kaish, S. (1986) [Eds.]: Handbook of Behavioral Economics, Vol. B, London: Jai Press, 1986.

Gilbert, D. T./Fiske, S. T./Lindzey, G. (1999) [Eds.]: The Handbook of Social Psychology, Vol. 1, 4th ed., New York: McGraw-Hill, 1999.

Ginter, M. (1991): Neue Aspekte der Finanzanalyse: eine chaostheoretische Betrachtung von Aktienkursverläufen. Stuttgart: 2 Mikrofiches, 1991 (zugl. Diss. Univ. Stuttgart 1991).

Giquère, G. (1958): Warrants: A Mathematical Method of Evaluation. Analysts Journal 14, 17-25.

Glaser, M./Weber, M. (2003): Overconfidence and Trading Volume. Working Paper Universität Mannheim, 2003.

Glaser, W. R. (1978): Varianzanalyse. Stuttgart: Fischer, 1978.

Glosten, L. R. (1989): Insider Trading, Liquidity, and the Role of the Monopolist Specialist. Journal of Business 62, 211-235.

Glosten, L. R./Harris, L. E. (1988): Estimating the Components of the Bid-Ask Spread. Journal of Financial Economics 21, 123-142.

Glosten, L. R./Jagannathan, R./Runkle, D. E. (1993): On the Relation Between the Expected Value and the Volatility of the Nominal Excess Return on Stocks. Journal of Finance 48, 1779-1801.

Glosten, L. R./Milgrom, P. R. (1985): Bid, Ask and Transaction Prices in a Specialist Market with Heterogeneously Informed Trader. Journal of Financial Economics 14, 71-100.

Goetzmann, W. N./Zhu, N. (2005): Rain or Shine: Where is the Weather Effect? European Financial Management 11, 559-578.

Goldberg, J./Nitzsch, R. v. (2000): Behavioral Finance. München: FinanzBuch, 2000.

Goldstein, E. B. (2002): Wahrnehmungspsychologie. Eine Einführung. Aus dem Amerikan. übers. von G. Herbst u. M. Ritter, 2. dt. Aufl., Heidelberg: Spektrum, 2002.

Goldstein,, M. A./Nelling, E. F. (1999): Market Making and Trading in Nasdaq Stocks. Financial Review 34, 27-44.

Gomber, P./Schweickert, U. (2002): Der Market Impact: Liquiditätsmaß im elektronischen Wertpapierhandel. Die Bank 7, 485-489.

Goodman, G. T./Rowe, W. D. (1979) [Eds.]: Energy Risk Management. London: Academic Press, 1979.

Göppl, H./Bühler, W./Rosen, R. v. (1990) [Hrsg.]: Optionen und Futures. Frankfurt a. M.: Knapp, 1990.

Gough, H. G. (1969): Manual for the California Psychological Inventory. Revised Edition. Palo Alto: Consulting Psychologists Press, 1969.

Graham, B. (1973): The Intelligent Investor. New York: Harper, 1973.

Graham, P. (1991): Integrative Management: Creating Unity from Diversity. Oxford: Blackwell, 1991.

Grammig, J./Schiereck, D./Theissen, E. (2001): Knowing Me, Knowing You: Trader Anonymity and Informed Trading in Parallel Markets. Journal of Financial Markets 4, 385-412.

Granger, C. W. J./Morgenstern, O. (1970): Predictability of Stock Market Prices. Lexington, Mass.: Lexington Books, 1970.

Greenwald, A. G./Banaji, M. R./Rudman, L. A./Farnham, S. D./Nosek, B. A./Mellott, D. S. (2002): A Unified Theory of Implicit Attitudes, Stereotypes, Self-Esteem, and Self-Concept. Psychological Review 109, 3-25.

Grether, D. M. (1980): Bayes Rule as a Descriptive Model: The Representativeness Heuristic. Quarterly Journal of Economics 95, 537-557.

Grether, D. M./Plott, C. R. (1979): Economic Theory of Choice and the Preference Reversal Phenomenon. American Economic Review 69, 623-638.

Greve, W. (2000) [Hrsg.]: Psychologie des Selbst. Weinheim: Beltz, 2000.

Griffin, D./Tversky, A. (1992): The Weighing of Evidence and the Determinants of Confidence. Cognitive Psychology 24, 411-435.

Grinblatt, M./Keloharju, M. (2000): The Investment Behavior and Performance of Various Investor Types: A Study of Finland's Unique Data Set. Journal of Financial Economics 55, 43-67.

Grinblatt, M./Keloharju, M. (2001): How Distance, Language and Culture Influence Stockholdings and Trades. Journal of Finance 56, 1053-1073.

Gropp, J. (2004): Mean Reversion of Industry Stock Returns in the U.S., 1926-1998. Journal of Empirical Finance 11, 537-551.

Große, W./Müller-Lutz, H. L./Schmidt, R. (1991) [Hrsg.]: Versicherungsenzyklopädie. 4. Aufl., Wiesbaden: Gabler, 1991.

Grossman, S. J. (1995): Presidential Address: Dynamic Asset Allocation and the Informational Efficiency of Market. Journal of Finance 50, 773-787.

Grossman, S. J./Miller, M. H. (1988): Liquidity and Market Structure. Journal of Finance 43, 617-633.

Guidolin, M./Timmermann, A. G. (2003): Option Prices under Bayesian Learning: Implied Volatility Dynamics and Predictive Densities. Journal of Economic Dynamics and Control 27, 717-769.

Gultekin, M. N./Gultekin, N. B. (1983): Stock Market Seasonality: International Evidence. Journal of Financial Economics 12, 469-481.

Guski, R. (1996): Wahrnehmen: ein Lehrbuch. Stuttgart: Kohlhammer, 1996.

Guski, R. (2000): Wahrnehmung: eine Einführung in die Psychologie der menschlichen Informationsaufnahme. 2., überarb. Aufl., Stuttgart: Kohlhammer, 2000.

Gwilym, O./Buckle, M. (1997): The Intraday Behavior of Bid-Ask Spreads, Returns, and Volatility for FTSE-100 Stock Index Options. Journal of Derivatives 4, No. 4, 20-32.

Hafermalz, O. (1976): Schriftliche Befragung: Möglichkeiten und Grenzen. Wiesbaden: Gabler, 1976.

Hager, W. (2004): Testplanung zur statistischen Prüfung psychologischer Hypothesen: Die Ableitung von Vorhersagen und die Kontrolle der Determinanten des statistischen Tests. Göttingen: Hogrefe, 2004.

Hagerty, K. (1991): Equilibrium Bid-Ask Spreads in Markets with Multiple Assets. Review of Economic Studies 58, 237-258.

Hahn, T./O'Neill, M./Reyes, M. G. (2004): Anomalies: Is it the Economy? Journal of Fi nancial Research 27, 273-287.

Hajos, A. (1991): Einführung in die Wahrnehmungspsychologie. 2., unveränd. Aufl., Darmstadt: Wiss. Buchges., 1991.

Hallingby, P. (1947): Speculative Opportunities in Stock Purchase Warrants. Analysts Journal 3, 41-49.

Hamilton, D. L. (1981) [Ed.]: Cognitive Processes in Stereotyping and Intergroup Behavior. Hillsdale: Lawrence Erlbaum Associates, 1981.

Hamilton, D. L./Gifford, R. K. (1976): Illusory Correlation in Interpersonal Perception: A Cognitive Basis of Stereotype Judgments. Journal of Experimental Social Psychology 12, 392-407.

Hamilton, D. L./Sherman, S. J. (1989): Illusory Correlations: Implications for Stereotype Theory and Research. D. Bar-Tal/C. F. Graumann/A. W. Kruglanski/W. Stroebe (Eds.): Stereotyping and Prejudice. New York: Springer, 1989, 59-82.

Hamilton, D. L./Stroessner, S. J./Mackie, D. M. (1993): The Influence of Affect on Stereotyping: The Case of Illusory Correlations. D. M. Mackie/D. L. Hamilton (Eds.): Affect, Cognition, and Stereotyping. San Diego: Academic Press, 1993, 39-61.

Hammann, P./Erichson, B. (2000): Marktforschung, 4., überarb. und erw. Aufl., Stuttgart: Lucius und Lucius, 2000.

Hansch, O. N./Naik, Y./Viswanathan, S. (1998): Do Inventories Matter in Dealership Markets? Evidence from the London Stock Exchange. Journal of Finance 53, 1623-1656.

Harding, C. M./Eiser, J. R. (1984): Characterising the Perceived Risks and Benefits of Some Health Issues. Risk Analysis 4, 131-141.

Harris, L. (1986): A Transaction Data Study of Weekly and Intraday Patterns in Stock Returns. Journal of Financial Economics 16, 99-118.

Harris, L. E./Panchapagesan, V. (2005): The Information Content of the Limit Order Book: Evidence from NYSE Specialist Trading Decisions. Journal of Financial Markets 8, 25-67.

Harter (1999): The Construction of the Self. A Developmental Perspective. New York: Guilford Press, 1999.

Harvey, C. R./Whaley, R. E. (1991): S&P 100 Index Option Volatility. Journal of Finance 46, 1551-1561.

Harvey, C. R./Whaley, R. E.(1992): Market Volatility Prediction and the Efficiency of the S&P 100 Index Options Market. Journal of Financial Economics 31, 43-74.

Hasbrouck, J. (1988): Trades, Quotes, Inventories, and Information. Journal of Financial Economics 22, 229-252.

Hasbrouck, J. (1991): Measuring the Information Content of Stock Trades. Journal of Finance 46, 179-207.

Hasbrouck, J./Sofianos, G. (1993): The Trades of Market Makers: An Analysis of NYSE Specialist. Journal of Finance 48, 1565-1592.

Hastorf, A. H./Isen, A. M. (1982) [Eds.]: Cognitive Social Psychology. New York: Elsevier, 1982.

Hau, H. (2001a): Geographic Patterns of Trading Profitability in Xetra. European Economic Review 45, 757-769.

Hau, H. (2001b): Location Matters: An Examination of Trading Profits. Journal of Finance 56, 1959-1983.

Hauck, W. (1991): Optionspreise: Märkte, Preisfaktoren, Kennzahlen. Wiesbaden: Gabler, 1991. (zugl. Diss. Techn. Hochschule Darmstadt 1990).

Haug, E. G. (1997): The Complete Guide to Option Pricing Formulas. New York: McGraw-Hill, 1997.

Haugen, R. A./Jorion, P. (1996): The January Effect: Still There after All These Years. Financial Analysts Journal 52, 1, 27-31.

Haußer, K. (1995): Identitätspsychologie. Berlin u. a.: Springer, 1995.

Heath, C./Tversky, A. (1991): Preference and Belief: Ambiguity and Competence in Choice under Uncertainty. Journal of Risk and Uncertainty 4, 5-28.

Heckhausen, H. (1989): Motivation und Handeln. 2., überarb. und erg. Aufl., Berlin u. a.: Springer, 1989.

Heidorn, T. (2002): Finanzmathematik in der Bankpraxis: Vom Zins zur Option. 4., überarb. und erw. Aufl., Wiesbaden: Gabler, 2002.

Heidorn, T./Weier, S. (2001): Einführung in die fundamentale Aktienanalyse. Arbeitsbericht der Hochschule für Bankwirtschaft 35, Frankfurt a. M., 2001.

Heike, H.-D./Târcolea, C. (2000): Grundlagen der Statistik und Wahrscheinlichkeitsrechnung. München/Wien: Oldenbourg, 2000.

Heilmann, K. (1987): Das Risiko der Sicherheit. Köln: Deutscher Instituts-Verlag, 1987.

Helten, E. (1991): Die Erfassung und Messung des Risikos. W. Große/H. L. Müller-Lutz/R. Schmidt (Hrsg.): Versicherungsenzyklopädie, Band 2, 4. Aufl., Wiesbaden: Gabler, 1991, 125-197.

Helten, E. (1994a): Studientext 11: Versicherungsbetriebslehre. Die Erfassung und Messung des Risikos. Versicherungswirtschaftliches Studienwerk, begr. von H. L. Müller-Lutz/R. Schmidt. Hrsg.: W. Asmus/J. Gassmann, 4. Aufl., Wiesbaden: Gabler, 1994.

Helten, E. (1994b): Ist Risiko ein Konstrukt? D. Hesberg/M. Nell/W. Schott (Hrsg.): Risiko, Versicherung, Markt: Festschrift für Walter Karten zur Vollendung des 60. Lebensjahres. Karlsruhe: Verlag Versicherungswirtschaft, 1994, 19-25.

Hentschel, L. (1995): All in the Family: Nesting Symmetric and Asymmetric GARCH Models. Journal of Financial Economics 39, 71-104.

Hentschel, L. (2003): Errors in Implied Volatility Estimation. Journal of Financial and Quantitative Analysis 38, 779-810.

Herkner, W. (1991): Lehrbuch Sozialpsychologie. 5., korr. und stark erw. Aufl., Bern: Huber, 1991.

Hertwig, R./Ortmann, A. (2001): Experimental Practices in Economics: A Methodological Challenge for Psychologists? Behavioral and Brain Sciences 24, 383-403.

Hertwig, R./Ortmann, A. (2003): Economists' and Psychologists' Experimental Practice: How They Differ, Why They Differ, and How They Could Converge. J. Brocas/J. Carillo (Eds.): The Psychology of Economic Decisions. Oxford: Oxford University Press, 2003, 253-272.

Herwartz-Emden, L. (1995): Mutterschaft und weibliches Selbstkonzept. Eine interkulturell vergleichende Untersuchung. Weinheim: Juventa, 1995.

Hesberg, D./Nell, M./Schott, W. (1994) [Hrsg.]: Risiko, Versicherung, Markt: Festschrift für Walter Karten zur Vollendung des 60. Lebensjahres. Karlsruhe: Verlag Versicherungswirtschaft, 1994.

Heston, S. L. (1993a): A Closed-Form Solution for Options with Stochastic Volatility with Applications to Bond and Currency Options. Review of Financial Studies 6, 327-343.

Heston, S. L. (1993b): Invisible Parameters in Option Prices. Journal of Finance 48, 933-947.

Heston, S. L./Nandi, S. (2000): A Closed-Form GARCH Option Valuation Model. Review of Financial Studies 13, 585-625.

Heuson, A. J./Su, T. (2003): Intra-Day Behavior of Treasury Sector Index Option Implied Volatilities around Macroeconomic Announcements. Financial Review 38, 161-177.

Heynen, R./Kemna, A./Vorst, T. C. F. (1994): Analysis of the Term Structure of Implied Volatilities. Journal of Financial and Quantitative Analysis 29, 31-56.

Hicks-Clarke, D./Iles, P. (2000): Climate for Diversity and its Effects on Career and Organizational Attitudes and Perceptions. Personnel Review 29, 324-345.

Hielscher, U. (1996): Investmentanalyse. 2., überarb. und erw. Aufl., München/Wien: Oldenbourg, 1996.

Hieronimus, A. (1979): Einbeziehung subjektiver Risikoeinstellungen in Entscheidungsmodelle. Ein Beitrag zur Bernoulli-Nutzentheorie. Frankfurt a. M.: Deutsch, 1979.

Higgins, E. T./Bargh, J. A. (1987): Social Cognition and Social Perception. Annual Review of Psychology 38, 369-425.

Higgins, E. T./Sorrentino, R. (1990) [Eds.]: Handbook of Motivation and Cognition: Foundations of Social Behavior. New York: Guilford, 1990.

Highhouse, S./Yüce, P. (1996): Perspectives, Perceptions, and Risk-Taking Behavior. Organizational Behavior and Human Decision Processes 65, 159-167.

Hilliard, J. E./Madura, J./Tucker, A. L. (1991): Currency Option Pricing with Stochastic Domestic and Foreign Interest Rates. Journal of Financial and Quantitative Analysis 26, 139-151.

Hilliard, J. E./Schwartz, A. (1996): Binomial Option Pricing Under Stochastic Volatility and Correlated State Variables. Journal of Derivatives 4, No. 1, 23-39.

Hippler, H.-J./Schwarz, N./Sudman, S. (1987) [Eds.]: Social Information Processing and Survey Methodology. New York: Springer, 1987.

Hirshleifer, D. (1997): A Theory of Overconfidence, Self-Attribution, and Security Returns Anomalies. National Bureau of Economic Research and Russell Sage Foundation Behavioral Finance Seminar, April 1997.

Hirshleifer, D./Luo, G. Y. (2001): On the Survival of Overconfident Traders in a Competitive Securities Market. Journal of Financial Markets 4, 73-84.

Hirshleifer, D./Shumway, T. (2003): Good Day Sunshine: Stock Returns and the Weather. Journal of Finance 58, 1009-1032.

Hirth, H. (1995): Market-Maker. Wirtschaftswissenschaftliches Studium 9, 421-423.

Hirth, H. (2000): Zur Theorie der Marktmikrostruktur. Stuttgart: Schäffer-Poeschel, 2000 (zugl. Habil.-Schrift Univ. Tübingen 1999).

Ho, T. S./Macris, R. G. (1984): Dealer Bid-Ask Quotes and Transaction Prices: An Empirical Study of Some AMEX Options. Journal of Finance 39, 23-45.

Ho, T. S./Macris, R. G. (1985): Dealer Market Structure and Performance. Y. Amihud/T. Ho/R. A. Schwartz (Eds.): Market Making and the Changing Structure of the Securities Industry. Lexington, Mass.: Lexington Books, 1985, 41-66.

Ho, T. S./Schwartz, R. A./Whitcomb, D. (1985): The Trading Decision and Market Clearing Under Transaction Price Uncertainty. Journal of Finance 40, 21-42.

Ho, T. S./Stapleton, R. C./Subrahmanyam, M. G. (1994): A Simple Technique for the Valuation and Hedging of American Options. Journal of Derivatives 2, No. 1, 52-66.

Ho, T. S./Stoll, H. R. (1981): Optimal Dealer Pricing Under Transaction and Return Uncertainty. Journal of Financial Economics 9, 47-73.

Ho, T. S./Stoll, H. R. (1983): The Dynamics of Dealer Markets Under Competition. Journal of Finance 38, 1053-1074.

Hogarth, R. M. (1987): Judgment Under Choice. 2nd. ed., New York: Wiley, 1987.

Höger, D. (1978): Einführung in die pädagogische Psychologie. Stuttgart: Kohlhammer, 1978.

Holt, C. A./Villamil, A. P. (1986): The Use of Laboratory Experiments in Economics: An Introductory Survey. S. Moriarity (Ed.): Laboratory Market Research. Norman: Univ. of Oklahoma Press, 1986, 123-148.

Holtgrave, D./Weber, E. U. (1993): Dimensions of Risk Perception for Financial and Health Risks. Risk Analysis 13, 553-558.

Holzheu, F. (1993): Institutionalisierte Risikowahrnehmung. Eine ökonomische Perspektive. Bayerische Rück (Hrsg.): Risiko ist ein Konstrukt: Wahrnehmungen zur Risikowahrnehmung. München: Knesebeck, 1993, 263-291.

Holzheu, F./Wiedemann, P. M. (1993): Perspektiven der Risikowahrnehmung. Bayerische Rück (Hrsg.): Risiko ist ein Konstrukt: Wahrnehmungen zur Risikowahrnehmung. München: Knesebeck, 1993, 9-19.

Hong, H./Stein, J. C. (1999): A Unified Theory of Underreaction, Momentum Trading and Overreaction in Asset Markets. Journal of Finance 54, 2143-2184.

Hörhold, M./Klapp, B. F. (1993): Testung der Invarianz und der Hierarchie eines mehrdimensionalen Stimmungsmodells auf der Basis von Zweipunkterhebungen an Patienten- und Studentenstichproben. Zeitschrift für medizinische Psychologie 1, 27-35.

Horstkemper, M. (1995): Schule, Geschlecht, Selbstvertrauen. Eine Längsschnittstudie über Mädchensozialisation in der Schule, 3. Aufl., Weinheim: Juventa, 1995 (zugl. Diss. Univ. Essen 1986 u. d. T.: Horstkemper, M.: Die Entwicklung des Selbstvertrauens bei Jungen und Mädchen in der Sekundarstufe I).

Hosemann, G. (1989) [Hrsg.]: Risiko in der Industriegesellschaft: Analysen, Vorsorge und Akzeptanz: sieben Vorträge. Erlanger Forschungen, Reihe B, Bd. 19, Erlangen: Univ.-Bund Erlangen-Nürnberg e. V., 1989.

Hosseini, H. (1997): Cognitive Dissonance as a Means of Explaining Economics of Irrationality and Uncertainty. Journal of Socio-Economics 26, 181-189.

Hossiep, R./Paschen, M./Mühlhaus, O. (2000): Persönlichkeitstests im Personalmanagement. Göttingen: Hogrefe, 2000.

Howarth, E./Hoffmann, M. S. (1984): A Multidimensional Approach to the Relationship between Mood and Weather. British Journal of Psychology 75, 15-23.

Hsee, C. K./Weber, E. U. (1999): Cross-National Differences in Risk Preference and Lay Predictions. Journal of Behavioral Decision Making 12, 165-179.

Huang, J./Subrahmanyam, M. G./Yu, G. G. (1996): Pricing and Hedging American Options: A Recursive Integration Method. Review of Financial Studies 9, 277-300.

Huang, R. D./Stoll, H. R. (1996): Dealer versus Auction Markets: A Paired Comparison of Execution Costs on NASDAQ and the NYSE. Journal of Financial Economics 41, 313-357.

Huang, R. D./Stoll, H. R. (1997): The Components of the Bid Ask Spread: A General Approach. Review of Financial Studies 10, 995-1034.

Huang, R. D./Stoll, H. R. (2001): Tick Size, Bid-Ask Spreads, and Market Structure. Journal of Financial and Quantitative Analysis 36, 503-522.

Hull, J. C. (2001): Einführung in Futures- und Optionsmärkte. 3. Aufl., München/Wien: Oldenbourg, 2001.

Hull, J. C. (2001): Optionen, Futures und andere Derivative (Originaltitel: Options, Futures and Other Derivatives). Übers. von A. Oetjen u. H. Wacker. 4. Aufl., München/Wien: Oldenbourg, 2001.

Hull, J. C./White, A. (1987): The Pricing of Options with Stochastic Volatilities. Journal of Finance 42, 281-300.

Hurwicz, L. (1951): Optimality Criteria for Decision Making under Ignorance. Cowles Commission Discussion Paper No. 370, 1951.

Hvide, H. (2002): Pragmatic Beliefs and Overconfidence. Journal of Economic Behavior and Organization 48, 15-28.

Hwang, S./Satchell, S. E. (2000): Market Risk and the Concept of Fundamental Volatility: Measuring Volatility Across Asset and Derivative Markets and Testing for the Impact of Derivatives Markets on Financial Markets. Journal of Banking and Finance 24, 759-785.

Ibbotson, R. G./Ritter, J. R. (1995): Initial Public Offerings. R. A.Jarrow/V. Maksimovic/W. T. Ziemba (Eds.): Handbooks in Operations Research and Management Science Vol. 9: Finance. Amsterdam: Elsevier, 1995, 993-1016.

Isakov, D./Pérignon, C. (2001): Evolution of Market Uncertainty Around Earnings Announcements. Journal of Banking and Finance 25, 1769-1788.

Isen, A. M. (2000): Positive Affect and Decision Making. M. Lewis/J. M. Haviland-Jones (Eds.): Handbook of Emotion. 2nd. ed., New York: Guilford Press, 2000, 417-435.

Izard, C. E. (1981): Die Emotionen des Menschen: Eine Einführung in die Grundlagen der Emotionspsychologie. Aus d. Engl. übers. von B. Murakami, Weinheim: Beltz, 1981.

Jackson, D. N./Hourany, L./Vidmar, N. J. (1972): A Four-Dimensional Interpretation of Risk Taking. Journal of Personality 40, 483-501.

Jackwerth, J. C. (1997): Generalized Binomial Trees. Journal of Derivatives 5, No. 2, 7-17.

Jackwerth, J. C. (1999): Option-Implied Risk-Neutral Distribution and Implied Binomial Trees: A Literature Review. Journal of Derivatives 7, No. 2, 66-82.

Jackwerth, J. C. (2000): Recovering Risk Aversion from Option Prices and Realized Returns. Review of Financial Studies 13, 433-451.

Jackwerth, J. C./Rubinstein, M. (1996): Recovering Probability Distributions from Option Prices. Journal of Finance 51, 1611-1631.

Jaffe, J./ Westerfield, R. (1985a): Patterns in Japanese Common Stock Returns: Day of the Week and Turn of the Year Effects. Journal of Financial and Quantitative Analysis 20, 261-272.

Jaffe, J./ Westerfield, R. (1985b): The Weekend Effect in Common Stock Returns: The International Evidence. Journal of Finance 40, 433-454.

Jaffe, J./Winkler, R. (1976): Optimal Speculation Against an Efficient Market. Journal of Finance 31, 49-61.

James, W. (1884): What is an Emotion? Mind 9, 188-205.

Jann, B. (2002): Einführung in die Statistik. München/Wien: Oldenbourg, 2002.

Jarrow, R. A. (1998) [Ed.]: Volatility: New Estimation Techniques for Pricing Derivatives. London: Risk Books, 1998.

Jarrow, R. A./Maksimovic, V./Ziemba, W. T. (1995) [Eds.]: Handbooks in Operations Research and Management Science Vol. 9: Finance. Amsterdam: Elsevier, 1995.

Jarrow, R. A./Rosenfeld, E. (1984): Jump Risks and the Intertemporal Capital Asset Pricing Model. Journal of Business 57, 337-351.

Jarrow, R. A./Rudd, A. T. (1983): Option Pricing. Homewood, Ill.: Dow Jones-Irwin Publishing, 1983.

Jehn, K. A./Bezrukova, K. (2004): A Field Study of Group Diversity, Workgroup Context, and Performance. Journal of Organizational Behavior 25, 703-729.

Jerusalem, M. (1986): Perzipierte Intelligenz. R. Schwarzer (Hrsg.): Skalen zur Befindlichkeit und Persönlichkeit. Univ. Berlin: Institut für Psychologie und Pädagogische Psychologie, 1986, 43-46.

Johannesson, M./Liljas, B./O'Conor, R. (1997): Hypothetical versus Real Willingness to Pay: Some Experimental Results. Applied Economic Letters 4, 149-151.

John, D./Keil, W. (1972): Selbsteinschätzung und Verhaltensbeurteilung. Psychologische Rundschau 23, 10-29.

Johnson, E. J./Tversky, A. (1983): Affect, Generalization, and the Perception of Risk. Journal of Personality and Social Psychology 45, 20-31.

Johnson, E. J./Tversky, A. (1984): Representations of Perceptions of Risks. Journal of Experimental Psychology: General 113, 55-70.

Johnson, H. E. (1983): An Analytic Approximation for the American Put Price. Journal of Financial and Quantitative Analysis 18, 141-148.

Johnson, H. E./Shanno, D. (1987): Option Pricing when the Variance is Changing. Journal of Financial and Quantitative Analysis 22, 143-151.

Johnson, J./Powell, P. (1994): Decision Making, Risks and Gender: Are Managers Different? British Journal of Management 5, 123-138.

Jordan, J. (2004): Behavioral Finance und Werbung für Investmentfonds – Die Beeinflussung der Risiko-Rendite-Wahrnehmung privater Anleger. Wiesbaden: Deutscher Univ.-Verl., 2004 (zugl. Diss. Univ. Frankfurt a. M. 2004).

Jordan, J. V./Seale, W. E./Dinehart, S. J./Kenyon, D. E. (1988): The Intraday Variability of Soybean Futures Prices: Information and Trading Effects. Review of Futures Markets 7, 96-109.

Jorion, P. (1988): On Jump Processes in the Foreign Exchange and Stock Markets. Review of Financial Studies 1, 427-445.

Jorion, P. (1995): Predicting Volatility in the Foreign Exchange Market. Journal of Finance 50, 507-528.

Ju, N. (1998): Pricing an American Option by Approximating Its Early Exercise Boundary as a Multipiece Exponential Function. Review of Financial Studies 11, 627-646.

Ju, N./Zhong, R. (1999): An Approximate Formula for Pricing American Options. Journal of Derivatives 7, No. 2, 31-40.

Jünemann, B./Schellenberger, D. (1997) [Hrsg.]: Psychologie für Börsenprofis: die Macht der Gefühle bei der Geldanlage. Stuttgart: Schäffer-Poeschel, 1997.

Jung, D./Küpper, G. (2001): Gender Mainstreaming und betriebliche Veränderungsprozesse. Bielefeld: Kleine, 2001.

Jung, R. H./Schäfer, H. M. (2003): Vielfalt gestalten – Managing Diversity. 3., völlig neu bearb. Aufl., Frankfurt a. M.: IKO-Verlag für interkulturelle Kommunikation, 2003.

Jungermann, H. (1982): Zur Wahrnehmung und Akzeptierung des Risikos von Großtechnologien. Psychologische Rundschau 33, 217-238.

Jungermann, H./Pfister, H.-R./Fischer, K. (1998): Die Psychologie der Entscheidung: Eine Einführung. Heidelberg: Spektrum, 1998.

Jungermann, H./Slovic, P. (1993): Charakteristika individueller Risikowahrnehmung. Bayerische Rück (Hrsg.): Risiko ist ein Konstrukt: Wahrnehmungen zur Risikowahrnehmung. München: Knesebeck, 1993, 89-107.

Jungermann, H./Slovic, P. (1997): Die Psychologie der Kognition und Evaluation von Risiko. G. Bechmann (Hrsg.): Grundlagen und Ergebnisse interdisziplinärer Risikoforschung. 2. Aufl., Opladen: Westdeutscher Verlag, 1997, 167-207.

Jurgeit, L. (1989): Bewertung von Optionen und bonitätsrisikobehafteten Finanztiteln: Anleihen, Kredite und Fremdfinanzierungsfazilitäten. Wiesbaden: Dt. Univ.-Verlag 1989 (zugl. Diss. Univ. Hamburg 1988).

Kaduff, J. v./Spremann, K. (1996): Sicherheit und Diversifikation bei Shortfall-Risk. Zeitschrift für betriebswirtschaftliche Forschung 48, 779-802.

Kahn, H./Cooper, C. L. (1993): Stress in the Dealing Room: High Performers Under Pressure. London: Routledge, 1993.

Kahn, M. N. (2001): Technische Analyse: mit Charts Kurstrends rechtzeitig erkennen. Aus dem Engl. von J. U. Lorenz. München: Financial Times Prentice Hall, 2001.

Kahneman, D. (1991): Judgment and Decision Making: A Personal View. Psychological Science 2, 142-145.

Kahneman, D./Slovic, P./Tversky, A. (1986) [Eds.]: Judgment under Uncertainty: Heuristics and Biases. Reprint, Cambridge: Cambridge University Press, 1986.

Kahneman, D./Tversky, A. (1972): Subjective Probability: A Judgment of Representativeness. Cognitive Psychology 3, 430-454.

Kahneman, D./Tversky, A. (1973): On the Psychology of Prediction. Psychological Review 80, 237-251.

Kahneman, D./Tversky, A. (1979): Prospect Theory: An Analysis of Decision under Risk. Econometrica 47, 263-292.

Kamstra, M. J./Kramer, L. A./Levi, M. D. (2000): Losing Sleep at the Market: The Daylight Saving Anomaly. American Economic Review 90, 1005-1011.

Kamstra, M. J./Kramer, L. A./Levi, M. D. (2003): Winter Blues: A SAD Stock Market Cycle. American Economic Review 93, 324-343.

Kang, J.-K./Stulz, R. M. (1997): Why is There a Home Bias? An Analysis of Foreign Portfolio Equity Ownership in Japan. Journal of Financial Economics 46, 3-28.

Kantor, J. R. (1924): Principles of Psychology, Vol. 1. Bloomington, 1924.

Kantor, J. R. (1926): Principles of Psychology, Vol. 2. Bloomington, 1926.

Kaplan, S./Garrick, B. J. (1997): Die quantitative Bestimmung von Risiko. G. Bechmann (Hrsg.): Grundlagen und Ergebnisse interdisziplinärer Risikoforschung. 2. Aufl., Opladen: Westdeutscher Verlag, 1997, 91-124.

Kardes, F. (1996): In Defense of Experimental Consumer Psychology. Journal of Consumer Psychology 5, 279-296.

Karger, C. R./Wiedemann, P. M. (1998): Kognitive und affektive Komponenten der Bewertung von Umweltrisiken. Zeitschrift für Experimentelle Psychologie 45, 334-344.

Karoly, G. A. (1993): A Bayesian Approach to Modeling Stock Return Volatility for Option Valuation. Journal of Financial and Quantitative Analysis 28, 579-594.

Karten, W. (1972): Die Unsicherheit des Risikobegriffs: Zur Terminologie der Versicherungsbetriebslehre. P. Braeß, D. Farny, R. Schmidt (Hrsg.): Praxis und Theorie der Versicherungsbetriebslehre. Festgabe für H. L. Müller-Lutz zum 60. Geburtstag. Karlsruhe: Verlag Versicherungswirtschaft, 1972, 147-169.

Kassouf, S. T. (1969): An Econometric Model for Option Price with Implications for Investors' Expectations and Audacity. Econometrica 37, 685-694.

Kato, K./Schallheim, J. S. (1985): Seasonal and Size Anomalies in the Japanese Stock Market. Journal of Financial and Quantitative Analysis 20, 243-260.

Katz, D. (1969): Die Gestaltpsychologie. 4. Aufl. bearb. und erg. von W. Metzger, M. Stadler, H. Crabus, Basel: Schwabe, 1969.

Kavajecz, K. (1999): A Specialist's Quoted Depth and the Limit Order Book. Journal of Finance 54, 747-771.

Kebeck, G. (1994): Wahrnehmung: Theorien, Methoden und Forschungsergebnisse der Wahrnehmungspsychologie. Weinheim/München: Juventa, 1994.

Keefer, D. L./Bodily, S. E. (1983): Three-Point Approximations for Continuous Random Variables. Management Science 29, 595-609.

Kehr, C.-H./Krahnen, J. P./Theissen, E. (2001): The Anatomy of a Call Market. Journal of Financial Intermediation 10, 249-270.

Keim, D. B. (1983): Size-Related Anomalies and Stock Return Seasonality: Further Empirical Evidence. Journal of Financial Economics 12, 13-32.

Keim, D. B. (1989): Trading Patterns, Bid-Ask Spreads, and Estimated Security Returns. Journal of Financial Economics 25, 75-97.

Keim, D. B./Stambaugh, R. F. (1984): A Further Investigation of the Weekend Effect in Stock Returns. Journal of Finance 39, 819-840.

Keller, H. (1998) [Hrsg.]: Lehrbuch Entwicklungspsychologie. Bern: Huber, 1998.
Kemp, R. (1993): Risikowahrnehmung: Die Bewertung von Risiken durch Experten und Laien – ein zweckmäßiger Vergleich? Bayerische Rück (Hrsg.): Risiko ist ein Konstrukt: Wahrnehmungen zur Risikowahrnehmung. München: Knesebeck, 1993, 109-127.
Kempf, A. (1997): Market Maker. Wirtschaftswissenschaftliches Studium 26, 641-642.
Kent, D./Hirshleifer, D./Subrahmanyam, A. (1998): Investor Psychology and Security Market Under- and Overreactions. Journal of Finance 53, 1839-1885.
Keppler, M. (1990): Risiko ist nicht gleich Volatilität. Die Bank 11, 610-614.
Kersten, A. (2000): Diversity Management: Dialogue, Dialectics and Diversion. Journal of Organizational Change Management 13, 253-248.
Keynes, J. M. (1936): Allgemeine Theorie der Beschäftigung, des Zinses und des Geldes. Berlin: Duncker & Humblot, 1936.
Kiehling, H. (2001): Börsenpsychologie und Behavioral Finance: Wahrnehmung und Verhalten am Aktienmarkt. München: Vahlen, 2001.
Kiell, G./Stephan, E. (1997): Urteilsprozesse bei Finanzanlageentscheidungen von Experten. Abschlussbericht einer experimentellen Studie mit professionellen Devisenhändlern. Forschungsbericht des Instituts für Wirtschafts- und Sozialpsychologie der Universität Köln 1997.
Kilka, M./Weber, M. (2000): Home Bias in International Stock Return Expectation. Journal of Psychology and Financial Markets 1, 176-192.
Kim, I. J. (1995): An Alternative Approach to Dividend Adjustments in Option Pricing Models. Journal of Financial Engineering 4, 351-373.
Kim, M. J./Nelson, C. R./Startz, R. (1991): Mean Reversion in Stock Prices? A Reappraisal of the Empirical Evidence. Review of Economic Studies 58, 515-528.
Kim, O./Verrecchia, R. E. (1994): Market Liquidity and Volume around Earnings Announcements. Journal of Accounting and Economics 17, 41-67.
King, M. A./Wadhwani, S. W. (1990): Transmission of Volatility between Stock Markets. Review of Financial Studies 3, 5-33.
Kliger, D./Levy, O. (2003): Mood and Judgment of Subjective Probabilities: Evidence from the U.S. Index Option Market. European Finance Review 7, 235-248.
Klock, M./McCormick, D. T. (1999): The Impact of Market Maker Competition on NASDAQ Spreads. Financial Review 34, 55-74.
Knight, F. H. (1921): Risk, Uncertainty and Profit. Boston: Houghton Mifflin, 1921.
Koffka, K. (1950): Principles of Gestalt Psychology. New York: Routledge & Kegan Paul, 1950.
Kolb, R. W./Rodriguez, R. J. (1987): Friday the Thirteenth: 'Part VII' – A Note. Journal of Finance 42, 1385-1387.
Kon, S. J. (1984): Models of Stock Returns. Journal of Finance 39, 147-165.
Köpf, G. (1987): Ansätze zur Bewertung von Aktien-Optionen: Eine kritische Analyse. München: Florentz, 1987 (zugl. Diss. Univ. Mannheim 1987).
Korajczyk, R. A./Sadka, R. (2004): Are Momentum Profits Robust to Trading Costs? Journal of Finance 59, 1039-1082.
Krahnen, J. P./Rieck, C./Theissen, E. (1997): Messung individueller Risikoeinstellungen. Working Paper 97-03 Institut für Kapitalmarktforschung an der Universität Frankfurt a. M., 1997.

Krahnen, J. P./Weber, M. (1999): Does Information Aggregation Depend on Market Structure? Market Maker vs. Double Auction. Zeitschrift für Wirtschafts- und Sozialwissenschaften 119, 1-22.

Kramer, L. A. (2000): Intraday Stock Returns, Time-Varying Risk Premia, and Diurnal Mood Variation. Working Paper Simon Fraser University, 2000.

Krampen, G. (1988): Die Frankfurter Selbstkonzeptskalen (FSKN). Zeitschrift für Differentielle und Diagnostische Psychologie 9, 69-72.

Krelle, W. (1957): Unsicherheit und Risiko in der Preisbildung. Zeitschrift für die gesamte Staatswissenschaft 113, 632-677.

Krinsky, I./Lee, J. (1996): Earnings Announcements and the Components of the Bid-Ask Spread. Journal of Finance 51, 1523-1535.

Krupitschka, M. (1983): Das Selbstkonzept des Schülers. Regensburg, 1983 (zugl. Diss. Univ. Regensburg 1983).

Kumar, R./Sarin, A./Shastri, K. (1998): The Impact of Options Trading on the Market Quality of the Underlying Security: An Empirical Analysis. Journal of Finance 53, 717-732.

Kupsch, P. U. (1973): Das Risiko im Entscheidungsprozess. Wiesbaden: Gabler, 1973 (zugl. Habil.-Schrift Univ. München 1973).

Kupsch, P. U. (1975): Risiken als Gegenstand der Unternehmungspolitik. Wirtschaftswissenschaftliches Studium 4, 153-159.

Kupsch, P. U. (1976): Risikoverhalten bei finanzwirtschaftlichen Entscheidungen. H. E. Büschgen (Hrsg.): Handwörterbuch der Finanzwirtschaft, Stuttgart: Poeschel, 1976, 1532-1542.

Kuserk, G. J./Locke, P. R. (1993): Scalper Behaviour in Futures Markets: An Empirical Analysis. Journal of Futures Markets 13, 234-276.

Kuserk, G. J./Locke, P. R. (1994): Market Maker Competition on Futures Exchanges. Journal of Derivatives 1, No. 2, 56-67.

Kuß, A./Tomczak, T. (2000): Käuferverhalten: eine marketingorientierte Einführung. 2., völlig neu bearb. Aufl., Stuttgart: Lucius & Lucius, 2000.

Kutsch, T./Stephan, E. (1999) [Hrsg.]: Finanzpsychologie. München/Wien: Oldenbourg, 1999.

Kyle, A. (1985): Continuous Auctions and Insider Trading. Econometrica 53, 1315-1335.

Kyle, A./Wang, F. (1997): Speculation Duopoly With Agreement to Disagree: Can Overconfidence Survive the Market Test? Journal of Finance 52, 2073-2090.

Lagnado, R./Osher, S. (1997): Reconciling Differences. RISK Magazine 10, No. 4, 79-83.

Lakonishok, J./Levi, M. (1982): Weekend Effects on Stock Returns: A Note. Journal of Finance 37, 883-889.

Lakonishok, J./Maberly, E. (1990): The Weekend Effect: Trading Patterns of Individual and Institutional Investors. Journal of Finance 45, 231-244.

Lamoureux, C. G./Lastrapes, W. D. (1993): Forecasting Stock-Return Variance: Toward an Understanding of Stochastic Implied Volatilities. Review of Financial Studies 6, 293-326.

Lamoureux, C. G./Schnitzlein, C. R. (1997): When it's not the Only Game in Town: The Effect of Bilateral Search on the Quality of a Dealer Market. Journal of Finance 52, 683-712.

Lamoureux, C. G./Schnitzlein, C. R. (2004): Microstructure with Multiple Assets: An Experimental Investigation into Direct and Indirect Dealer Competition. Journal of Financial Markets 7, 117-143.

Lange, C. G./James, W. (1922): The Emotions. Baltimore: William and Wilkens, 1922.
Lange, O. (1943): A Note on Innovations. Review of Economic Statistics 25, 19-25.
Langer, E. J. (1975): The Illusion of Control. Journal of Personality and Social Psychology 32, 311-328.
Langer, E. J./Roth, J. (1975): Heads I win Tails it's Chance: The Illusion of Control as a Function of the Sequence of Outcomes in a Purely Chance Task. Journal of Personality and Social Psychology 32, 951-955.
Laschke, A./Weber, M. (1999): Overconfidence. Schätzen Anleger ihre Kenntnisse falsch ein? Reihe „Forschung für die Praxis", Band 2. Lehrstuhl für ABWL und Finanzwirtschaft, Universität Mannheim 1999.
Latane, H. A./Rendleman, R. J. (1976): Standard Deviations of Stock Price Ratios Implied in Option Prices. Journal of Finance 31, 369-381.
Laux, H. (1975): Entscheidungskriterien bei Unsicherheit. Wirtschaftswissenschaftliches Studium 4, 159-164.
Laux, H. (1998): Entscheidungstheorie. 4., neubearb. u. erw. Aufl., Berlin u. a.: Springer, 1998.
Laux, P. A. (1995): Dealer Market Structure, Outside Competition, and the Bid-Ask Spread. Journal of Economic Dynamics and Control 19, 683-710.
Lazarus, R. S. (1991): Emotion and Adaptation. New York: Oxford University Press, 1991.
Leach, J. C./Madhavan, A. N. (1992): Intertemporal Price Discovery by Market Makers: Active versus Passive Learning. Journal of Financial Intermediation 2, 207-235.
Leach, J. C./Madhavan, A. N. (1993): Price Experimentation and Security Market Structure. Review of Financial Studies 6, 375-404.
Lee, C. M. C./Mucklow, B./Ready, M. J. (1993): Spreads, Depths, and the Impact of Earnings Information: An Intraday Analysis. Review of Financial Studies 6, 345-374.
Lee, J. H./Linn, S. C. (1994): Intraday and Overnight Volatility of Stock Index and Stock Index Futures Returns. Review of Futures Markets 13, 1-30.
Lee, W. (1977): Psychologische Entscheidungstheorie: Eine Einführung. Aus dem Amerikanischen übertragen und eingeleitet von H. Jungermann. Weinheim: Beltz, 1977.
Lee, W. Y./Jiang, C. X./Indro, D. C. (2002): Stock Market Volatility, Excess Returns and the Role of Investor Sentiment. Journal of Banking and Finance 26, 2277-2299.
Lefrancois, G. R. (1994): Psychologie des Lernens. 3., unveränd. Aufl., Berlin u. a.: Springer, 1994.
Lehmann, D. R./Gupta, S./Steckel, J. H. (1998): Marketing Research. Reading: Addison Wesley, 1997.
Lehnert, T. (2003): Explaining Smiles: GARCH Option Pricing with Conditional Leptokurtosis and Skewness. Journal of Derivatives 10, No. 3, 27-39.
Leisen, D. P. J. (1998): Pricing the American Put Option: A Detailed Convergence Analysis for Binomial Models. Journal of Economic Dynamics and Control 22, 1419-1444.
Leland, H. E. (1985): Option Pricing and Replication with Transaction Costs. Journal of Finance 40, 1283-1301.
LeRoy, S. F. (1989): Efficient Capital Markets and Martingales. Journal of Economic Literature 27, 1583-1621.
LeRoy, S. F./Porter, R. D. (1981): The Present-Value Relation: Tests Based on Implied Variance Bounds. Econometrica 49, 555-574.
Leschhorn, H./Eibl, C. (2004): Options-Volatilität unter der Lupe. Die Bank 2, 104-107.

Levin, I. P. (1999): Relating Statistics and Experimental Design: An Introduction. Beverly Hills: Sage, 1999.

Levine, C. B./Smith, M. J. (2003): Information Dissemination by Insiders in Equilibrium. Journal of Financial Markets 6, 23-47.

Lewin, K. (1935): A Dynamic Theory of Personality: Selected Papers. New York: McGraw-Hill, 1935.

Lewin, K. (1936): Principles of Topological Psychology. New York: McGraw-Hill, 1936.

Lewis, M./Haviland-Jones, J. M. (2000) [Eds.]: Handbook of Emotion. 2nd. ed., New York: Guilford Press, 2000.

Li, K. (2002): Long-Memory versus Option-Implied Volatility Predictions. Journal of Derivatives 9, No. 3, 9-25.

Lichtenstein, S. (1978): Judged Frequency of Lethal Events. Journal of Experimental Psychology: Human Learning and Memory 4, 551-578.

Lienert, G. A./Raatz, U. (1994): Testaufbau und Testanalyse. 5., völlig neu bearb. u. erw. Aufl., Weinheim: Beltz, 1994.

Lilli, W. (1994): Hypothesentheorie der Wahrnehmung. D. Frey/S. Greif (Hrsg.): Sozialpsychologie: ein Handbuch in Schlüsselbegriffen. 3. Aufl., Weinheim: Beltz, 1994, 192-195.

Lilli, W./Frey, D. (1993): Die Hypothesentheorie der sozialen Wahrnehmung. D. Frey/M. Irle (Hrsg.): Theorien der Sozialpsychologie, Bd. 1: Kognitive Theorien, 2., vollst. überarb. und erw. Aufl., Bern: Huber, 1993, 49-78.

Lin, J. C./Sanger, G. C./Booth, G. G. (1995): Trade Size and Components of the Bid-Ask Spread. Review of Financial Studies 8, 1153-1183.

Linn, S. C./Stanhouse, B. E. (2003): The Economic Advantage of Learners in a Spot/ Futures Market. Journal of Futures Markets 23, 151-167.

Litz, H. P. (2000): Multivariate statistische Methoden und ihre Anwendung in den Wirtschafts- und Sozialwissenschaften. München/Wien: Oldenbourg, 2000.

Liu, J./Pan, J./Wang, T. (2005): An Equilibrium Model of Rare-Event Premia and Its Implication for Option Smirks. Review of Financial Studies 18, 131-164.

Lo, A. W./MacKinlay, A. C. (1988): Stock Market Prices Do Not Follow Random Walks: Evidence from a Simple Specification Test. Review of Financial Studies 1, 41-66.

Lo, A. W./Repin, D. V. (2002): The Psychophysiology of Real-Time Financial Risk Processing. Journal of Cognitive Neuroscience 14, 323-339.

Locke, P. R./Mann, S. C. (2001): House Money and Overconfidence on the Trading Floor. Working Paper Texas University, 2001.

Loewenstein, G. F. (2000): Emotions in Economic Theory and Economic Behavior. American Economic Review 90, 426-432.

Loewenstein, G. F./Weber, E.U./Hsee, C. K./Welch, N. (2001): Risk as Feelings. Psychological Bulletin 127, 267-286.

Loistl, O. (1991): Kapitalmarkttheorie. München/Wien: Oldenbourg, 1991.

Loistl, O. (1992): Computergestütztes Wertpapiermanagement. 4., neu bearb. und erw. Aufl., München/Wien: Oldenbourg, 1992.

Loistl, O./Betz, I. (1993): Chaostheorie: zur Theorie nichtlinearer dynamischer Prozesse. München/Wien: Oldenbourg, 1993.

Long, D. M./Officer, D. T. (1997): The Relation Between Options Mispricing and Volume in the Black-Scholes Option Model. Journal of Financial Research 20, 1-12.

Loughran, T./Schultz, P. (2004): Weather, Stock Returns, and the Impact of Localized Trading Behavior. Journal of Financial and Quantitative Analysis 39, 343-364.

Luce, R./Weber, E. (1986): An Axiomatic Theory of Conjoint Expected Risk. Journal of Mathematical Psychology 30, 188-205.

Lüdecke, T./Schlag, C. (1992): Die Marktstruktur der Deutschen Terminbörse: Eine empirische Analyse der Bid-Ask-Spreads. Zeitschrift für betriebswirtschaftliche Forschung 44, 323-346.

Luhmann, N. (1991): Soziologie des Risikos. Berlin u. a.: de Gruyter, 1991.

Lundeberg, M./Fox, P./Puncochar, J. (1994): Highly Confident But Wrong: Gender Differences and Similarities in Confidence Judgments. Journal of Educational Psychology 86, 114-121.

Maas, P./Weibler, J. (1990a) [Hrsg.]: Börse und Psychologie: Plädoyer für eine neue Perspektive. Köln: Deutscher Instituts-Verlag, 1990.

Maas, P./Weibler, J. (1990b): Wahrnehmungs- und Informationsverarbeitungsprozesse an der Börse. P. Maas/J. Weibler (Hrsg.): Börse und Psychologie: Plädoyer für eine neue Perspektive. Köln: Deutscher Instituts-Verlag, 1990, 72-101.

Macbeth, J. D./Merville, L. J. (1979): An Empirical Examination of the Black-Scholes Call Option Pricing Model. Journal of Finance 34, 1173-1186.

Macbeth, J. D./Merville, L. J. (1980): Test of the Black-Scholes and Cox Call Option Valuation Models. Journal of Finance 35, 285-301.

MacGregor, D. G./Slovic, P./Berry, M./Evensky, H. R. (1999): Perception of Financial Risk: A Survey Study of Advisors and Planners. Journal of Financial Planning 12, 68-86.

Machina, M. J. (1982): "Expected Utility" Analysis Without the Independence Axiom. Econometrica 50, 277-324.

Mackie, D. M./Hamilton, D. L. (1993) [Eds.]: Affect, Cognition, and Stereotyping. San Diego: Academic Press, 1993.

Mackie, D. M./Worth, L. T. (1991): Feeling Good, But Not Thinking Straight: The Impact of Positive Mood on Persuasion. J. Forgas (Ed.): Emotion and Social Judgments. Oxford: Pergamon Press, 1991, 201-219.

MacMillan, L. W. (1986): An Analytical Approximation for the American Put Prices. Advances in Futures and Options Research 1, 119-139.

Maddala, G. S./ Rao, C. R. [Eds.] (1996): Handbook of Statistics, Vol. 14: Statistical Methods in Finance. Amsterdam: Elsevier Science, 1996.

Madhavan, A. N. (1992): Trading Mechanisms in Securities Markets. Journal of Finance 47, 607-641.

Madhavan, A. N./Panchapagesan, V. (2000): Price Discovery in Auction Markets: A Look Inside the Black Box. Review of Financial Studies 13, 627-658.

Madhavan, A. N./Richardson, M./Roomans, M. (1997): Why do Securities Prices Change? A Transaction-Level Analysis of NYSE Stocks. Review of Financial Studies 10, 1035-1064.

Madhavan, A. N./Smidt, S. (1993): An Analysis of Changes in Market Maker Inventories and Quotations. Journal of Finance 30, 99-134.

Madhavan, A. N./Sofianos, G. (1998): An Empirical Analysis of NYSE Specialist Trading. Journal of Financial Economics 48, 189-210.

Magnusson, D./Endler, N. S. (1977a) [Eds.]: Personality at the Crossroads: Current Issues in Interactional Psychology. Hillsdale: Erlbaum, 1977.

Magnusson, D./Endler, N. S. (1977b): Interactional Psychology: Present Status and Future Prospects. D. Magnussen/N. S. Endler (Eds.): Personality at the Crossroads: Current Issues in Interactional Psychology. Hillsdale: Erlbaum, 1977, 99-111.

Manaster, S./Koehler, G. (1982): The Calculation of Implied Variances from the Black-Scholes Model: A Note. Journal of Finance 37, 227-230.

Manaster, S./Mann, S. (1996): Life in the Pits: Competitive Market Making and Inventory Control. Review of Financial Studies 9, 953-975.

Manaster, S./Rendleman, R. J. (1982): Option Prices as Predictors of Equilibrium Stock Prices. Journal of Finance 37, 1043-1057.

Mandelbrot, B. B. (1963): The Variation of Certain Speculative Prices. Journal of Business 36, 394-419.

Mandelbrot, B. B. (1966): Forecasts of Future Prices, Unbiased Markets and "Martingale Models". Journal of Business 39, 242-255.

Mandelbrot, B. B./Hudson, R. L. (2005): Fraktale und Finanzen: Märkte zwischen Risiko, Rendite und Ruin. Aus dem Amerikanischen von H. Reuter. München: Piper, 2005.

Mandl, H. (1996) [Hrsg.]: Bericht über den 40. Kongress der Deutschen Gesellschaft für Psychologie in München 1996. Göttingen: Hogrefe, 1996.

Mankiw, N. G./Romer, D./Shapiro, M. D. (1985): An Unbiased Reexamination of Stock Market Volatility. Journal of Finance 40, 677-687.

Manzano, C. (2002): The Effect of the Transparency of Order Flows in a Dealer Market with Several Securities. Journal of Financial Intermediation 11, 212-227.

March, J. G./Shapira, Z. (1987): Managerial Perspectives on Risk and Risk Taking. Management Science 33, 1404-1418.

Markowitz, H. (1952): Portfolio Selection. Journal of Finance 7, 77-91.

Markus, H./Sentis, K. (1982): The Self in Social Information Processing. J. Suls (Ed.): Psychological Perspectives on the Self. Hillsdale: Erlbaum, 1982, 41-70.

Markus, H./Wurf, E. (1987): The Dynamic Self-Concept: A Social Psychological Perspectives. Annual Review of Psychology 38, 299-337.

Martens, M. (2002): Measuring and Forecasting S&P 500 Index-Futures Volatility Using High-Frequency Data. Journal of Futures Markets 22, 497-518.

Martens, M./Zein, J. (2004): Predicting Financial Volatility: High-Frequency Tine-Series Forecasts vis-à-vis Implied Volatility. Journal of Futures Markets 24, 1005-1028.

Maschewsky, W. (1977): Das Experiment in der Psychologie. Frankfurt a. M.: Campus, 1977.

Masson, J./Perrakis, S. (2000): Option Bounds and the Pricing of the Volatility Smile. Review of Derivatives Research 4, 29-53.

Maxwell, W. F. (1998): The January Effect in the Corporate Bond Market: A Systematic Examination. Financial Management 27, 2, 18-30.

Mayer, H. O. (2000): Einführung in die Wahrnehmungs-, Lern- und Werbepsychologie. München/Wien: Oldenbourg, 2000.

Mayer, H. O. (2002): Interview und schriftliche Befragung: Entwicklung, Durchführung und Auswertung. München/Wien: Oldenbourg, 2002.

Mayhew, S. (1995): Implied Volatility. Financial Analysts Journal 51, 4, 8-20.

Mayhew, S. (2002): Competition, Market Structure, and Bid-Ask Spreads in Stock Option Markets. Journal of Finance 57, 931-958.

Mayhew, S./Stivers, C. (2003): Stock Return Dynamics, Option Volume, and the Information Content of Implied Volatility. Journal of Futures Markets 23, 615-646.

McClelland, D. C. (1958): Methods of Measuring Human Motivation. J. W. Atkinson (Ed.): Motives in Fantasy, Action and Society. A Method of Assessment and Study. Princeton, New Jersey: Van Nostrand, 1958, 7-42.

McFarland, J./Pettit, R./Sung, S. (1982): The Distribution of Foreign Exchange Price Changes: Trading Effects and Risk Measurement. Journal of Finance 37, 693-715.
McInish, T. H./Van Ness, B. F. (2002): An Intraday Examination of the Components of the Bid-Ask Spread. Financial Review 37, 507-524.
McInish, T. H./Wood, R. A. (1992): An Analysis of Intraday Patterns in Bid/Ask Spreads for NYSE Stocks. Journal of Finance 47, 753-764.
Mehra, J./Sah, R. (2001): Mood Fluctuations, Projection Bias, and Volatility of Equity Prices. Journal of Economic Dynamics and Control 26, 869-887.
Melino, A./Turnbull, S. M. (1990): Pricing Foreign Currency Options with Stochastic Volatility. Journal of Econometrics 45, 239 - 265.
Melino, A./Turnbull, S. M. (1995): Misspecification and the Pricing and Hedging of Long-Term Foreign Currency Options. Journal of International Money and Finance 14, 373-393.
Mellers, B./Schwartz, A./Ho, K./Ritov, I. (1997): Elation and Disappointment: Emotional Responses to Risky Options. Psychological Science 8, 423-429.
Mellers, B./Schwartz, A./Ritov, I. (1999): Emotion-Based Choice. Journal of Experimental Psychology: General 128, 332-345.
Mendelson, H. (1987): Consolidation, Fragmentation and Market Performance. Journal of Financial and Quantitative Analysis 22, 189-207.
Menges, G. (1976): Risiko und Ungewißheit. H. E. Büschgen (Hrsg.): Handwörterbuch der Finanzwirtschaft, Stuttgart: Poeschel, 1976, 1515-1531.
Menyah, K./Paudyal, K. (2000): The Components of Bid-Ask Spreads on the London Stock Exchange. Journal of Banking and Finance 24, 1767-1785.
Merton, R. C. (1973): Theory of Rational Option Pricing. Bell Journal of Economics and Management Science 4, 141-183.
Merton, R. C. (1976a): Option Pricing when Underlying Stock Returns are Discontinuous. Journal of Financial Economics 3, 125-144.
Merton, R. C. (1976b): The Impact on Option Pricing of Specification Error in the Underlying Stock Price Returns. Journal of Finance 31, 333-350.
Merton, R. C. (1987): On the Current State of the Stock Market Rationality Hypothesis. R. Dornbusch/S. Fischer/J. Bossons (Eds.): Macroeconomics and Finance: Essays in Honor of Franco Modigliani. Cambridge: MIT Press, 1987, 93-124.
Metzger, W. (1975): Gesetze des Sehens. 3., völlig neu bearb. Aufl., Frankfurt a. M.: Kramer, 1975.
Meyer, F. (1994): Hedging mit Zins- und Aktienindexfutures: Eine theoretische und empirische Analyse des deutschen Markets. Köln: Botermann und Botermann, 1994.
Meyer, W. U./Schützwohl, A./Reisenzein, R. (2001): Einführung in die Emotionspsychologie. Bd. 1: Die Emotionstheorien von Watson, James und Schachter. 2., überarb. Aufl., Bern: Huber, 2001.
Miccichè, S./Bonanno, G./Lillo, F./Mantegna, R. N. (2002): Volatility in Financial Markets: Stochastic Models and Empirical Results. Physica 314, 756-761.
Mildenstein, E./Schleef, H. (1983): The Optimal Pricing Policy of a Monopolistic Marketmaker in the Equity Market. Journal of Finance 38, 218-231.
Milgrom, P. R./Stokey, N. (1982): Information, Trade, and Common Knowledge. Journal of Economic Theory 26, 17-27.
Mischel, W. (1968): Personality and Assessment. New York: Wiley, 1968.

Mises, R. v. (1951): Wahrscheinlichkeit, Statistik und Wahrheit. Einführung in die neue Wahrscheinlichkeitstheorie und ihre Anwendung. 3., neubearb. Aufl., Wien: Springer, 1951.

Mittag, W. (1992): Selbstkonzept und Informationsverarbeitung: eine experimentelle Untersuchung zum Selbstschema der Begabung. Berlin, 1992 (zugl. Diss. Freie Univ. Berlin 1992).

Montassér, R. D. (2000): Technische Analyse verstehen: Ansätze, Methoden, Weiterentwicklungen. München: FinanzBuch, 2000.

Moriarity, S. (1986) [Ed.]: Laboratory Market Research. Norman: Univ. of Oklahoma Press, 1986.

Morrison, R. J. (1975): The Warrants or the Stock? Analysts Journal 13, 51-53.

Morse, D./Ushman, N. (1983): The Effect of Information Announcements on the Market Microstructure. Accounting Review 58, 247-258.

Mühlhaupt, L. (1980): Einführung in die Betriebswirtschaftslehre der Banken, 3., überarb. Aufl., Wiesbaden: Gabler, 1980.

Müller, A. (1992): Informationsbeschaffung in Entscheidungssituationen. Ludwigsburg: Wissenschaft und Praxis, 1992 (zugl. Diss. Univ. Stuttgart-Hohenheim 1991).

Müller-Möhl, E. (2002): Optionen und Futures. 5., überarb. u. aktual. Aufl., Stuttgart: Schäffer-Poeschel, 2002.

Mummendey, H.-D. (1993): Methoden und Probleme der Messung von Selbstkonzepten. S.-H. Filipp (Hrsg.): Selbstkonzept-Forschung: Probleme, Befunde, Perspektiven, 3. Aufl., Stuttgart: Klett-Cotta, 1993, 171-191.

Mummendey, H.-D. (1999): Die Fragebogen-Methode: Grundlagen und Anwendung in Persönlichkeits-, Einstellungs- und Selbstkonzeptforschung, 3., unveränd. Aufl., Göttingen: Hogrefe 1999.

Murch, G. M./Woodworth, G. L. (1978): Wahrnehmung. Stuttgart: Kohlhammer, 1978.

Murphy, J. J. (1997): Visuelle Aktienanalyse: mit Charts Börsentrends frühzeitig erkennen. Frankfurt a. M.: Campus, 1997.

Murphy, J. J. (1999): Technical Analysis of the Financial Markets: A Comprehensive Guide to Trading Methods and Applications. New York: New York Institute of Finance, 1999.

Murphy, J. J. (2002): Technische Intermarket-Analyse: Strategien für die globalen Aktien-, Anleihen-, Rohstoff- und Devisenmärkte. Aus dem Engl. von K.-H. Schmidt. Frankfurt a. M.: Campus, 2002.

Murray, H. A. (1938): Explorations in Personality: A Clinical and Experimental Study of Fifty Men in College Age. New York: Oxford University Press, 1938.

Murray, H. A. (1943): Thematic Apperception Test Manual. Cambridge: Harvard University Press, 1943.

Nandi, S. (1999): Asymmetric Information about Volatility: How Does it Affect Implied Volatility, Option Prices and Market Liquidity? Review of Derivatives Research 3, 215-236.

Natenberg, S. (1994): Option Pricing and Volatility: Advanced Trading Strategies and Techniques, 2nd. ed., New York: McGraw-Hill, 1994.

Navatte, P./Villa, C. (2000): The Information Content of Implied Volatility, Skewness and Kurtosis: Empirical Evidence from Long-Term CAC 40 Options. European Financial Management 6, 41-56.

Nelson, D. B. (1991): Conditional Heteroskedasticity in Asset Returns: A New Approach. Econometrica 59, 347-370.

Nemetz, P. L./Christensen, S. L. (1996): The Challenge of Cultural Diversity: Harnessing a Diversity of Views to Understand Multiculturalism. Academy of Management Review 21, 434-463.

Neubauer, W. F. (1976): Selbstkonzept und Identität im Kindes- und Jugendalter. München: Reinhardt, 1976.

Neumann, J. v./Morgenstern, O. (1947): Theory of Games and Economic Behavior. 2nd. ed., Princeton: University Press, 1944.

Neumann, K./Wolfen, D. (2003): Volatility Smile am ODAX-Markt der EUREX. Die Bank 9, 630-634.

Niedenthal, P./Showers, C. (1991): The Perception and Processing of Affective Information and its Influences on Social Judgments. J. P. Forgas (Ed.): Emotion and Social Judgments. Oxford: Pergamon Press, 1991, 125-143.

Niehans, J. (1948): Zur Preisbildung bei ungewissen Erwartungen. Schweizerische Zeitschrift für Volkswirtschaft und Statistik 84, 433-456.

Nofsinger, J. R./Prucyk, B. (2003): Option Volume and Volatility Response to Scheduled Economic News Releases. Journal of Futures Markets 23, 315-345.

Nyholm, K. (2002): Estimating the Probability of Informed Trading. Journal of Financial Research 25, 485-505.

O'Hara, M. (1999): Market Microstructure Theory. Reprint, Malden: Blackwell, 1999.

O'Hara, M./Oldfield, G. S. (1986): The Microeconomics of Market Making. Journal of Financial and Quantitative Analysis 21, 361-376.

Ochsmann, R. (1994): Emotionstheorien. D. Frey/S. Greif (Hrsg.): Sozialpsychologie: ein Handbuch in Schlüsselbegriffen. 3. Aufl., Weinheim: Beltz, 1994, 159-163.

Odean, T. (1998): Volume, Volatility, Price, and Profit When All Traders are above Average. Journal of Finance 53, 1887-1934.

Odean, T. (1999): Do Investors Trade Too Much? American Economic Review 89, 1279-1298.

Oehler, A. (1992): ‚Anomalien', ‚Irrationalitäten' oder ‚Biases' der Erwartungsnutzentheorie und ihre Relevanz für Finanzmärkte. Zeitschrift für Bankrecht und Bankwirtschaft 4, 97-124.

Oehler, A. (1994): Verhaltensmuster Individueller Anleger - eine experimentelle Studie. Zeitschrift für betriebswirtschaftliche Forschung 46, 939-958.

Oehler, A. (1995): Die Erklärung des Verhaltens privater Anleger: theoretischer Ansatz und empirische Analysen. Stuttgart: Schäffer-Poeschel, 1995 (zugl. Habil.-Schrift FernUniversität Hagen 1994).

Officer, R. (1975): Seasonality in Australian Capital Markets: Market Efficiency and Empirical Issues. Journal of Financial Economics 2, 29-51.

Okunev, J./White, D. (2003): Do Momentum Strategies Still Work in Foreign Currency Markets? Journal of Financial and Quantitative Analysis 38, 425-447.

Oldfield, G. S./Rogalski, R. J. (1980): A Theory of Common Stock Returns Over Trading and Non-Trading Periods. Journal of Finance 35, 729-751.

Olejnik, S./Algina, J. (2000): Measures of Effect Size for Comparative Studies: Applications, Interpretations, and Limitations. Contemporary Educational Psychology 25, 241-286.

Olsen, R. A. (1997): Investment Risk: The Experts' Perspective. Financial Analysts Journal 53, 2, 62-66.

Olsen, R. A./Cox, C. (2001): The Influence of Gender on the Perception and Response to Investment. Journal of Psychology and Financial Markets 2, 29-36.

Olsen, R. A./Troughton, G. H. (2000): Are Risk Premium Anomalies Caused by Ambiguity? Financial Analysts Journal 56, 2, 24-31.

Osborne, M. F. M. (1959): Brownian Motion in the Stock Market. Operations Research 7, 145-173. Wieder abgedruckt in P. H. Cootner (Ed.): The Random Character of Stock Market Prices, Cambridge: M.I.T. Press, 1970, 100-128.

Otto, J. H./Euler, H. A./Mandl, H. (2000): Emotionspsychologie: ein Handbuch. Weinheim: Beltz, 2000.

Pagano, M./Röell, A. (1992): Auction and Dealership Markets. What is the Difference? European Economic Review 36, 613-623.

Pagano, M./Röell, A. (1996): Transparency and Liquidity: A Comparison of Auction and Dealer Markets with Informed Trading. Journal of Finance 51, 579-611.

Palm, F. C. (1996): GARCH Models of Volatility. G. S. Maddala/C. R. Rao (Eds.): Handbook of Statistics, Vol. 14: Statistical Methods in Finance. Amsterdam: Elsevier Science, 1996, 219-240.

Pan, J. (2002): The Jump-Risk Premia Implicit in Options: Evidence From an Integrated Time-Series Study. Journal of Financial Economics 63, 3-50.

Panzer, J. D./Schiereck, D./Walter, G. (2002): Renditeerwartungen, Kompetenzeffekte und internationale Portfoliodiversifikation: Erkenntnisse im Lichte der Behavioral Finance. Journal für Betriebswirtschaft 52, 135-149.

Park, H. Y./Sears, R. S. (1985): Changing Volatility and the Pricing of Options on Stock Index Futures. Journal of Financial Research 8, 265-274.

Parkinson, M. (1977): Option Pricing: The American Put. Journal of Business 50, 21-36.

Parkinson, M. (1980): The Extreme Value Method for Estimating the Variance of the Rate of Return. Journal of Business 53, 61-65.

Patell, J./Wolfson, M. (1979): Anticipated Information Release Reflected in Call Option Prices. Journal of Accounting and Economics 1, 117-140.

Payne, J. W. (1997): The Scarecrow's Search: A Cognitive Psychologist's Perspective on Organizational Decision Making. Z. Shapira (Ed.): Organizational Decision Making. Cambridge: Cambridge University Press, 1997, 353-374.

Pease, F. (1963): The Warrant – Its Powers and its Hazards. Financial Analysts Journal 19, 25-32.

Peck, J. (1990): Liquidity without Money: A General Equilibrium Model of Market Microstructure. Journal of Financial Intermediation 1, 80-103.

Penttinen, A. (2001): The Sensitivity of Implied Volatility to Expectations of Jumps in Volatility: An Explanation to the Illusory Bias in Implied Volatility as a Forecast. Working Paper New York University, 2001.

Perrakis, S./Lefoll, J. (2000): Option Pricing and Replication with Transaction Costs and Dividends. Journal of Economic Dynamics and Control 24, 1527-1561.

Perrakis, S./Ryan, P. J. (1984): Option Pricing Bounds in Discrete Time. Journal of Finance 39, 519-525.

Pervin, L. A. (1993): Persönlichkeitstheorien: Freud, Adler, Jung, Rogers, Kelly, Cattell, Eysenck, Skinner, Bandura u. a. München: Reinhardt, 1993.

Peters, S./Bensel, N. (2000) [Hrsg.]: Frauen und Männer im Management. Diversity in Diskurs und Praxis. Wiesbaden: Gabler, 2000.

Petersen, L.-E./Stahlberg, D./Dauenheimer, D. (2000): Selbstkonsistenz und Selbstwerterhöhung: Der Integrative Selbstschemaansatz. W. Greve (Hrsg.): Psychologie des Selbst. Weinheim: Beltz, 2000, 239-254.

Petersen, M./Fialkowski, D. (1994): Posted versus Effective Spreads: Good Prices or Bad Quotes? Journal of Financial Economics 35, 269-292.

Peterson, D. R. (1990): Stock Return Seasonalities and Earnings Information. Journal of Financial and Quantitative Analysis 25, 187-201.

Peterson, R. (2002): „Buy on the Rumor“: Anticipatory Affect and Investor Behavior. Research Paper, zu beziehen über die Website http://www.richard.peterson.net/buyontherumor10.html

Pfingsten, A./Homölle, S./Riesco, S. (2001): Risikomaße. W. Gerke/M. Steiner (Hrsg.): Handwörterbuch des Bank- und Finanzwesens, 3., völlig überarb. und erw. Aufl., Stuttgart: Schäffer-Poeschel, 2001, 1869-1879.

Pfohl, H.-C./Braun, G. E. (1981): Entscheidungstheorie: Normative und deskriptive Grundlagen des Entscheidens. Landsberg a. L.: Moderne Industrie, 1981.

Pinquart, M. (1998): Das Selbstkonzept im Seniorenalter. Weinheim: Beltz, 1998.

Pior, R. (1998): Selbstkonzepte von Vorschulkindern: Empirische Untersuchungen zum Selbstkonzept sozialer Integration. Münster: Waxmann, 1998.

Plapp, T. (2004): Wahrnehmung von Risiken aus Naturkatastrophen. Eine empirische Untersuchung in sechs gefährdeten Gebieten Süd- und Westdeutschlands, Karlsruher Reihe II Risikoforschung und Versicherungsmanagement Bd. 2, Karlsruhe: Verlag für Versicherungswirtschaft, 2004 (zugl. Diss. Univ. Karlsruhe 2003).

Pong, S. P./Shackleton, M. B./Taylor, S. J./Xu, X. (2004): Forecasting Currency Volatility: A Comparison of Implied Volatilities and AR(FI)MA Models. Journal of Banking and Finance 28, 2541-2563.

Poon, S.-H./Granger, C. W. J. (2003): Forecasting Financial Market Volatility – A Review. Journal of Economic Literature 41, 478-539.

Portmann, T. (1999): Lower Partial Moments: Unter besonderer Berücksichtigung ihres Zeithorizontverhaltens. Bern u. a.: Haupt, 1999 (zugl. Diss. Univ. St. Gallen 1999).

Poterba, J. M./Summers, L. (1986): The Persistence of Volatility and Stock Market Fluctuations. American Economic Review 76, 1142-1151.

Poterba, J. M./Summers, L. H. (1988): Mean Reversion in Stock Prices: Evidence and Implications. Journal of Financial Economics 22, 27-59.

Poterba, J. M./Weisbenner, S. J. (2001): Capital Gains Tax Rules, Tax-Loss Trading, and the Turn-of-the-Year Returns. Journal of Finance 56, 353-368.

Poteshman, A. M. (2001): Underreaction, Overreaction, and Increasing Misreaction to Information in the Options Market. Journal of Finance 56, 851-876.

Pouget, S./Biais, B./Hilton, D./Mazurier, K. (2005): Judgmental Overconfidence, Self-Monitoring, and Trading Performance in an Experimental Financial Market. Review of Economic Studies 72, 287-312.

Powell, M./Ansic, D. (1997): Gender Differences in Risk Behaviour in Financial Decision-Making: An Experimental Analysis. Journal of Economic Psychology 18, 605-628.

Pratt, J. W. (1964): Risk Aversion in the Small and in the Large. Econometrica 32, 122-136.

Pratt, J. W./Raiffa, H./Schlaifer, R. (1965): Introduction to Statistical Theory. New York: McGraw-Hill, 1965.

Ramaswamy, K./Sundaresan S. M. (1985): The Valuation of Options on Futures Contracts. Journal of Finance 40, 1319-1340.

Rammstedt, B./Rammsayer, T. H. (2002): Die Erfassung der selbsteingeschätzten Intelligenz: Konstruktion, teststatistische Überprüfung und erste Ergebnisse des Inventars zur selbsteingeschätzten Intelligenz (ISI). Zeitschrift für Differentielle und Diagnostische Psychologie 23, 435-446.

Rapp, H.-W. (1997): Der tägliche Wahnsinn hat Methode. Behavioral Finance: Paradigmenwechsel in der Kapitalmarktforschung. B. Jünemann/D. Schellenberger (Hrsg.): Psychologie für Börsenprofis: die Macht der Gefühle bei der Geldanlage. Stuttgart: Schäffer-Poeschel, 1997, 75-108.

Rappensberger, G. (1998): Berufseinstieg unter geschlechtsspezifischer Perspektive. L. v. Rosenstiel/F. W. Nerdinger/E. Spieß (Hrsg.): Von der Hochschule in den Beruf: Wechsel der Welten in Ost und West. Göttingen: Hogrefe, 1998, 127-143.

Rehkugler, H. (1995): Neuronale Netze. M. G. Zilahi-Szabó (Hrsg.): Kleines Lexikon der Informatik und Wirtschaftsinformatik, München/Wien: Oldenbourg, 1995, 383-386.

Rehkugler, H./Poddig, T. (1990): Statistische Methoden versus Künstliche Neuronale Netzwerke zur Aktienkursprognose. Bamberger betriebswirtschaftliche Beiträge Nr. 73, Otto-Friedrich-Universität Bamberg, 1990.

Rehkugler, H./Zimmermann, H.-G. (1994) [Hrsg.]: Neuronale Netze in der Ökonomie: Grundlagen und finanzwirtschaftliche Anwendungen. München: Vahlen, 1994.

Reinganum, M. C. (1981): Misspecification of Capital Asset Pricing: Empirical Anomalies Based on Earnings', Yields, and Market Values. Journal of Financial Economics 9, 19-46.

Reinganum, M. C. (1983): The Anomalous Stock Market Behavior of Small Firms in January: Empirical Tests for Tax-Loss Selling Effects. Journal of Financial Economics 12, 89-104.

Reiß, W. (1974): Random-Walk Hypothese und deutscher Aktienmarkt: Eine empirische Untersuchung. Neckarsteinach: Mielke, 1974 (zugl. Diss. Technische Univ. Berlin 1974).

Rendleman, R. J. (2002): Applied Derivatives: Options, Futures, and Swaps. Oxford: Blackwell, 2002.

Rendleman, R. J./Bartter, B. J. (1979): Two-State Option Pricing. Journal of Finance 34, 1093-1110.

Rendleman, R. J./Bartter, B. J. (1980): The Pricing of Options on Debt Securities. Journal of Financial and Quantitative Analysis 15, 11-24.

Renn, O. (1989): Risikowahrnehmung – Psychologische Determinanten bei der intuitiven Erfassung und Bewertung von technischen Risiken. G. Hosemann (Hrsg.): Risiko in der Industriegesellschaft: Analysen, Vorsorge und Akzeptanz: sieben Vorträge. Erlanger Forschungen, Reihe B, Bd. 19, Erlangen: Univ.-Bund Erlangen-Nürnberg e. V., 1989, 167-192.

Reuchlin, M. (1998): Psychologie. 13. ed., Paris: Presses Univ. de France, 1998.

Richard, O. C. (2000): Racial Diversity, Business Strategy, and Firm Performance: A Resource-Based View. Academy of Management Journal 42, 164-177.

Ritter, J. R. (1988): The Buying and Selling Behavior of Individual Investors at the Turn of the Year. Journal of Finance 43, 701-717.

Rogalski, R. J. (1984): New Findings Regarding Day-of-the Week Returns over Trading and Non-Trading Periods: A Note. Journal of Finance 39, 1603-1614.

Rogers, C. R. (1991): Die klientenzentrierte Gesprächspsychotherapie. Aus dem Amerikanischen von E. Nosbüsch, Frankfurt a. M.: Fischer-Taschenbuch-Verl., 1991.

Rohrmann, B. (1978): Empirische Studien zur Entwicklung von Antwortskalen für die sozialwissenschaftliche Forschung. Zeitschrift für Sozialpsychologie 9, 222-245.

Rohrmann, B. (1991): Psychologische Risikoforschung. D. Frey/G. Köhnken (Hrsg.): Bericht über den 37. Kongress der Deutschen Gesellschaft für Psychologie in Kiel 1990. Göttingen: Hogrefe, 1991, 393 - 403.

Roll, R. (1977): An Analytic Valuation Formula for Unprotected American Call Options on Stocks with Known Dividends. Journal of Financial Economics 5, 251-258.

Roll, R. (1981): A Possible Explanation of the Small Firm Effect. Journal of Finance 36, 879-888.

Roll, R. (1983a): On Computing Mean Returns and the Small Firm Premium. Journal of Financial Economics 12, 371-386.

Roll, R. (1983b): Vas ist Das? The Turn-of-the-Year Effect and the Return Premia of Small Firms. Journal of Portfolio Management 9, Winter, 18-28.

Roll, R. (1984): A Simple Implicit Measure of the Effective Bid-Ask Spread in an Efficient Market. Journal of Finance 39, 1127-1139.

Roll, R. (1984): Orange Juice and Weather. American Economic Review 74, 861-880.

Roll, R. (1994): What Every CFO Should Know About Scientific Progress in Financial Economics: What is Known and What Remains to be Resolved. Financial Management 23, 2, 69-75.

Rolls, E. (1999): The Brain and Emotion. Oxford: Oxford University Press, 1999.

Roseman, I. (1991): Appraisal Determinants of Discrete Emotions. Cognition and Emotion 5, 161-200.

Rosen, R. v. (2001): Börsen und Börsenhandel. W. Gerke/ M. Steiner (Hrsg.): Handwörterbuch des Bank- und Finanzwesens, 3. Aufl., Stuttgart: Schäffer-Poeschel, 2001, 356-374.

Rosenberg, J. V. (2000): Implied Volatility Functions: A Reprise. Journal of Derivatives 7, No. 3, 51-64.

Rosenstiel, L. v. (1990): Motivationale Aspekte des Verhaltens von Börsenteilnehmern. P. Maas/J. Weibler (Hrsg.): Börse und Psychologie: Plädoyer für eine neue Perspektive. Köln: Deutscher Instituts-Verlag, 1990, 58-71.

Rosenstiel, L. v./Nerdinger, F. W./Spieß, E. (1998) [Hrsg.]: Von der Hochschule in den Beruf: Wechsel der Welten in Ost und West. Göttingen: Hogrefe, 1998.

Ross, S. A. (1976): Options and Efficiency. Quarterly Journal of Economics 90, 75-89.

Roth, G. (2003): Aus Sicht des Gehirns. Frankfurt a. M.: Suhrkamp, 2003.

Rothkopf, B. (2003): Die Persönlichkeit als Erklärungsansatz interindividueller Unterschiede im Anlegerverhalten an der Börse. Aachen: online-Datei der Hochschulbibliothek, 2003 (zugl. Diss. RWTH Aachen 2003).

Rottenstreich, Y./Hsee, C. K. (2001): Money, Kisses, and Electric Shocks: On the Affective Psychology of Risk. Psychological Science 12, 185-190.

Rotter, J. B. (1954): Social Learning and Clinical Psychology. Englewood Cliffs: Prentice Hall, 1954.

Rowe, W. D. (1979): Introduction to Risk Assessment. G. T. Goodman/W. D. Rowe (Eds.): Energy Risk Management. London: Academic Press, 1979, 7-20.

Rozeff, M. S./Kinney, W. R. (1976): Capital Market Seasonality: The Case of Stock Returns. Journal of Financial Economics 3, 379-402.

Rubinstein, M. (1983): Displaced Diffusion Option Pricing. Journal of Finance 38, 213-217.

Rubinstein, M. (1985): Nonparametric Tests of Alternative Option Pricing Models Using All Reported Trades and Quotes on the 30 Most Active CBOE Option Classes from August 23, 1976 Through August 31, 1978. Journal of Finance 40, 455-480.
Rubinstein, M. (1994): Implied Binomial Trees. Journal of Finance 49, 771-818.
Rubinstein, M. (2000): On the Relation Between Binomial and Trinomial Option Pricing Models. Journal of Derivatives 8, No. 2, 47-50.
Rubinstein, M. (2001): Rational Markets: Yes or No? The Affirmative Case. Financial Analysts Journal 57, 3, 15-29.
Ruehlman, L. S./West, S. G./Pasahow, R. J. (1985): Depression and Evaluative Schemata. Journal of Personality 53, 46-92.
Sabanis, S. (2003): Stochastic Volatility and the Mean Reverting Process. Journal of Futures Markets 23, 33-47.
Sahner, H. (2002): Schließende Statistik. Eine Einführung für Sozialwissenschaftler. 5., überarb. Aufl., Wiesbaden: Westdeutscher Verlag, 2002.
Saliger, E. (1998): Betriebswirtschaftliche Entscheidungstheorie: Einführung in die Logik individueller und kollektiver Entscheidungen. 4., durchges. Aufl., München/Wien: Oldenbourg, 1998.
Samuelson, P. A. (1965): Proof That Properly Anticipated Prices Fluctuate Randomly. Industrial Management Review 6, 41-49.
Samuelson, P. A. (1965): Rational Theory of Warrant Pricing. Industrial Management Review 6, 13-31. Wieder abgedruckt in P. H. Cootner (Ed.): The Random Character of Stock Market Prices, Cambridge: M.I.T. Press, 1970, 506-532.
Samuelson, P. A./Merton, R. C. (1969): A Complete Model of Warrant Pricing that Maximizes Utility. Industrial Management Review 10, 17-46.
Sanders, J. L./Brizzolara, M. S. (1982): Relationships between Weather and Mood. Journal of General Psychology 107, 155-156.
Santesmases, M. (1986): An Investigation of the Spanish Stock Market Seasonalities. Journal of Business Finance and Accounting 13, 267-276.
Sarkar, A. (1995): Dual Trading: Winners, Losers, and Market Impact. Journal of Financial Intermediation 4, 77-93.
Sarkar, S. K./Tripathy, N. (2002): An Empirical Analysis of the Impact of Stock Index Futures Trading on Securities Dealers' Inventory Risk in the NASDAQ Market. Review of Financial Economics 11, 1-17.
Saunders, E. M. (1993): Stock Prices and Wall Street Weather. American Economic Review 83, 1337-1345.
Sautter, J. (1996): Messung und Prognose von Volatilitäten am Beispiel des DAX-Index. T. Heidorn/H. Cremers/J. Moormann (Hrsg.): Diskussionsbeiträge zur Bankbetriebslehre, Frankfurt a. M.: Bankakademie-Verlag, 1996.
Savage, L. J. (1951): The Theory of Statistical Decision. Journal of the American Statistical Association 46, 55-67.
Savage, L. J. (1954): The Foundations of Statistics. New York: Wiley, 1954.
Savickas, R. (2002): A Simple Option-Pricing Formula. Financial Review 37, 207-226.
Saxinger, R. (1998): Traditionelle und neuere Risikomaße im Asset-Management. R. Eller (Hrsg.): Handbuch des Risikomanagements: Analyse, Quantifizierung und Steuerung von Marktrisiken in Banken und Sparkassen. Stuttgart: Schäffer-Poeschel, 1998, 335-351.

Schachter, S./Hood, D. C./Andreassen, P. B./Gerin, W. (1986): Aggregate Variables in Psychology and Economics: Dependence and the Stock Market. B. Gilad/S. Kaish (Eds.): Handbook of Behavioral Economics, Vol. B, London: Jai Press, 1986, 237-272.

Schachter, S./Singer, J. E. (1962): Cognitive, Social and Physiological Determinants of Emotional State. Psychological Review 69, 379-399.

Schäfer, B. (1995): Informationsverarbeitung und Preisbildung am Aktien- und Optionsmarkt. Eine empirische Intraday-Untersuchung zur Preisanpassungsgeschwindigkeit an schweizerischen und deutschen Aktien- und Optionsmärkten. Heidelberg: Physica, 1995 (zugl. Diss. Univ. Zürich 1994).

Schäfer, R. E. (1976): Probabilistische Informationsverarbeitung, Theorie, Methoden und ein Experiment. Bern, Stuttgart, Wien: 1976.

Scheele, B. (1981): Selbstkontrolle als kognitive Interventionsstrategie: Manifestationen und Konsequenzen eines Forschungsprogrammwechsels. Weinheim: Chemie, 1981.

Scherer, K. (2002): Emotion. W. Stroebe/K. Jonas/M. Hewstone (Hrsg.): Sozialpsychologie: Eine Einführung. 4., aktual. Aufl., Berlin u. a.: Springer, 2002, 165-214.

Schiereck, D. (1995): Internationale Börsenplatzentscheidungen institutioneller Investoren. Wiesbaden: Gabler, 1995 (zugl. Diss. Univ. Mannheim 1995).

Schiereck, D. (1997): Informationsaggregation und Anonymität in experimentellen Call-Märkten. Zeitschrift für Wirtschafts- und Sozialwissenschaften 117, 365-390.

Schiereck, D./DeBondt, W./Weber, M. (1999): Contrarian and Momentum Strategies in Germany. Financial Analysts Journal 55, 6, 104-116.

Schiereck, D./Weber, M. (1995): Zyklische und antizyklische Handelsstrategien am deutschen Aktienmarkt. Zeitschrift für betriebswirtschaftliche Forschung 47, 3-24.

Schiereck, D./Weber, M. (1999): Aktienhandel und Behavioral Finance. Reichtum durch Momentum und Zyklen. Reihe „Forschung für die Praxis", Band 1. Lehrstuhl für ABWL und Finanzwirtschaft, Universität Mannheim 1999.

Schiereck, D./Weber. M. (1996): Parkett, IBIS oder London - Die Präferenzen institutioneller Investoren. Die Bank 11, 654-658.

Schiff, W. (1980): Perception: An Applied Approach. Boston: Houghton-Mifflin, 1980.

Schiffman, H. R. (2000): Sensation and Perception. An Integrated Approach. 5th. ed., New York: Wiley, 2000.

Schimmack, U. (1997): Das Berliner-Alltagssprachliche-Stimmungs-Inventar (BASTI): Ein Vorschlag zur kontentvaliden Erfassung von Stimmungen. Diagnostica 43, 150-173.

Schmalensee, R./Trippi, R. R. (1978): Common Stock Volatility Expectations Implied by Option Premia. Journal of Finance 33, 129-147.

Schmidt, H./Iversen, P. (1993): Automating German Equity Trading: Bid-Ask Spreads on Competing Systems. Journal of Financial Services Research 6, 373-397.

Schmidt, H./Prigge, S. (2001): Börsenkursbildung. W. Gerke/M. Steiner (Hrsg.): Handwörterbuch des Bank- und Finanzwesens, 3. Aufl., Stuttgart: Schäffer-Poeschel, 2001, 392-402.

Schmidt, H./Treske, K. (1996): Komponenten der Geld-Brief-Spanne am deutschen Aktienmarkt. Zeitschrift für Betriebswirtschaft 66, 1033-1056.

Schmidt, R. H. (1976): Aktienkursprognose: Aspekte positiver Theorien über Aktienkursänderungen. Wiesbaden: Gabler, 1976 (zugl. Diss. Univ. Frankfurt a. M. 1974).

Schmidt-Atzert, L./Hüppe, M. (1996): Emotionsskalen EMO 16. Ein Fragebogen des aktuellen emotionalen Gefühlszustandes. Diagnostica 42, 242-267.

Schneeweiß, H. (1990): Ökonometrie. 4., überarb. Aufl., Heidelberg: Physica, 1990.

Schneider, D. (1995): Informations- und Entscheidungstheorie. München/Wien: Oldenbourg, 1995.

Schneider, H. (1964): Der Einfluß der Steuern auf die unternehmerische Investitionsentscheidung. Tübingen, 1964.

Schneider, M. (1991): Das Risikoverhalten von Kapitalanlegern aus verhaltenswissenschaftlicher Perspektive. Mannheim, 1991 (zugl. Diss. Univ. Mannheim 1991).

Schnell, R./Hill, P. B./Esser, E. (1999): Methoden der empirischen Sozialforschung. 6., völlig überarb. u. erw. Aufl.. München/Wien: Oldenbourg, 1999.

Schnitzlein, C. R. (1996): Call and Continuous Trading Mechanisms und Asymmetric Information: An Experimental Investigation. Journal of Finance 51, 613-636.

Schön, C. (1999): Szenarien betrieblicher Gleichstellungspolitik: Chancengleichheit als Unternehmensleitbild versus Gleichberechtigungsgesetz – eine exemplarische Studie in Banken und Sparkassen. Königstein/Ts.: Helmer, 1999.

Schöneburg, E./Gantert, M./Reinert, M. (1989): Aktienkursprognose mit neuronalen Netzwerken. Computerwoche 40, 121-124.

Schroder, M. (1989): Computing the Constant Elasticity of Variance Option Pricing Model. Journal of Finance 44, 211-219.

Schubert, R. (1996): Finanzielle Entscheidungen und die Risikowahrnehmung von Frauen: Neue Forschungsergebnisse. Working Paper 96/11 Institut für Wirtschaftsforschung ETH Zürich, 1996.

Schultz, P. (1983): Transaction Costs and the Small Firm Effect: A Comment. Journal of Financial Economics 12, 81-88.

Schulz-Hardt, S./Frey, D./Lüthgens, C. (1996): Sorglosigkeit und Risikoakzeptanz. G. Wenninger/C. Graf Hoyos (Hrsg.): Arbeits-, Gesundheits- und Umweltschutz: Handwörterbuch verhaltenswissenschaftlicher Grundbegriffe. Heidelberg: Asanger, 1996, 468-479.

Schwager, J. D. (1997): Fundamentale Analyse. 1. Aufl., München: FinanzBuch, 1997.

Schwarz, N. (1987): Stimmung als Information: Untersuchungen zum Einfluß von Stimmungen auf die Bewertung des eigenen Lebens. Berlin u. a.: Springer, 1987 (zugl. Habil.-Schrift Univ. Heidelberg 1986).

Schwarz, N. (1988): Stimmung als Information: Zum Einfluss von Stimmungen und Emotionen auf evaluative Urteile. Psychologische Rundschau 39, 148-159.

Schwarz, N. (1990): Feeling as Information: Informational and Motivational Functions of Affective States. E. T. Higgins/R. Sorrentino (Eds.): Handbook of Motivation and Cognition: Foundations of Social Behavior Vol. 2. New York: Guilford, 1990, 527-561.

Schwarz, N./Bless, H. (1991): Happy and Mindless, but Sad and Smart? The Impact of Affective States on Analytic Reasoning. J. P. Forgas (Ed.): Emotion and Social Judgments. Oxford: Pergamon Press, 1991, 55-71.

Schwarz, N./Bohner, G. (1990): Stimmungseinflüsse auf Denken und Entscheiden. P. Maas/J. Weibler (Hrsg.): Börse und Psychologie: Plädoyer für eine neue Perspektive. Köln: Deutscher Instituts-Verlag, 1990, 162-189.

Schwarz, N./Clore, G. L. (1983): Mood, Misattribution, and Judgments of Well-Being: Informative and Directive Functions of Affective States. Journal of Personality and Social Psychology 45, 513-523.

Schwarze, J. (1997): Grundlagen der Statistik. 6. Aufl., Herne u. a.: Neue Wirtschaftsbriefe, 1997.
Schwarzer, R. (1986) [Hrsg.]: Skalen zur Befindlichkeit und Persönlichkeit. Univ. Berlin: Institut für Psychologie und Pädagogische Psychologie, 1986.
Schwenkmezger, P. (1977): Risikoverhalten und Risikobereitschaft: korrelationsstatistische und differentialdiagnostische Untersuchungen bei Strafgefangenen. Weinheim: Beltz, 1977 (zugl. Diss. Univ. Tübingen 1977).
Schwert, G. W. (1983): Size and Stock Returns, and Other Empirical Regularities. Journal of Financial Economics 12, 3-12.
Schwert, G. W. (1989): Why Does Stock Market Volatility Change Over Time? Journal of Finance 44, 1115-1153.
Schwert, G. W. (1990): Stock Volatility and the Crash of '87. Review of Financial Studies 3, 77-102.
Scott, L. O. (1987): Option Pricing when Variance Changes Randomly: Theory, Estimation, and Application. Journal of Financial and Quantitative Analysis 22, 419-438.
Seasholes, M. S. (2000): Smart Foreign Traders in Emerging Markets. Working Paper Havard University, 2000.
Sekuler, R./Blake, R. (1990): Perception. 2nd. ed., New York: McGraw-Hill, 1990.
Selby, M. J. P./Hodges, S. D. (1987): On the Evaluation of Compound Options. Management Science 33, 347-355.
Seligman, M. E. P. (1999): Erlernte Hilflosigkeit. Aus dem Amerikanischen von B. Rockstroh. Weinheim: Beltz, 1999.
Seppi, D. J. (1997): Liquidity Provision with Limit Orders and a Strategic Specialist. Review of Financial Studies 10, 103-150.
Seyhun, H. N. (1988): The January Effect and Aggregate Insider Trading. Journal of Finance 43, 129-141.
Shackle, G. L. S. (1952): Expectations in Economics. 2nd ed., Cambridge: Cambridge University Press, 1952.
Shapira, Z. (1997) [Ed.]: Organizational Decision Making. Cambridge: Cambridge University Press, 1997.
Sharpe, W./Alexander, G. J./Bailey, J. V. (1999): Investments. 6th ed., Englewood Cliffs: Prentice Hall, 1999.
Shefrin, H. (2000): Börsenerfolg mit Behavioral Finance. Investmentpsychologie für Profis (Originaltitel: Beyond Greed And Fear – Understanding Behavioral Finance and the Psychology of Investing). Übers. von R. Niel und B. Mues. Stuttgart: Schäffer-Poeschel, 2000.
Shefrin, H./Statman, M. (1994): Behavioral Capital Asset Pricing Theory. Journal of Financial and Quantitative Analysis 29, 323-349.
Sheikh, A. M./Ronn, E. I. (1994): A Characterization of the Daily and Intraday Behavior of Returns on Options. Journal of Finance 49, 557-579.
Shelton, J. P. (1967): The Relation of the Price of a Warrant to the Price of Its Associated Stock. Financial Analysts Journal 23, 3, 143-151 u. 4, 88-99.
Shiller, R. J. (1981): Do Stock Prices Move Too Much to Be Justified by Subsequent Changes in Dividends? American Economic Review 71, 421-436, wieder abgedruckt in R. H. Thaler [Ed.]: Advances in Behavioral Finance, New York: Sage Foundation, 1993, 107-132.
Shiller, R. J. (1989): Market Volatility. Cambridge: M.I.T. Press, 1989.

Shiller, R. J. (2000): Irrationaler Überschwang. Warum eine lange Baisse an der Börse unvermeidlich ist (Originaltitel: Irrational Exuberance). Übers. von Brigitte Kleidt. Frankfurt a. M.: Campus, 2000.

Shiller, R. J. (2000): Measuring Bubble Expectations and Investor Confidence. Journal of Psychology and Financial Markets 1, 49-60.

Shiller, R. J./Kon-Ya, F./Tsutsui, Y. (1996): Why Did the Nikkei Crash? Expanding the Scope of Expectations Data Collection. Review of Economics and Statistics 78, 156-164.

Shleifer, A./Summers, L. H. (1990): The Noise Trader Approach to Finance. Journal of Economic Perspectives 4, 2, 19-33.

Shukla, R. K./van Inwegen, G. B. (1995): Do Locals Perform Better Than Foreigners? An Analysis of UK and US Mutual Fund Managers. Journal of Economics and Business 47, 241-254.

Sias, R. W./Starks, L. T. (1995): The Day-of the-Week Anomaly: The Role of Institutional Investors. Financial Analysts Journal 51, 3, 58-67.

Siebenmorgen, N. (2001): Risk Perception and Diversification Behavior in Investment Decisions. Berlin: Logos-Verlag, 2001 (zugl. Diss. Univ. Mannheim 2001).

Siebenmorgen, N./Weber, E.U./Weber, M. (2000): Communicating Asset Risk: How the Format of Historic Volatility Information Affects Risk Perception and Investment Decisions. Working Paper Universität Mannheim, 2000.

Siebenmorgen, N./Weber, M. (1999): Risikowahrnehmung. Reihe „Forschung für die Praxis", Band 4. Lehrstuhl für ABWL und Finanzwirtschaft, Universität Mannheim 1999.

Siebenthal, W. v. (1992): Aus der Praxis: Ist Risikomessung Kunst oder Wissenschaft? Finanzmarkt und Portfolio Management 6, 442-447.

Sieverding, M./Alfermann, D. (1992): Instrumentelles (maskulines) und expressives (feminines) Selbstkonzept: ihre Bedeutung für die Geschlechtsrollenforschung. Zeitschrift für Sozialpsychologie 23, 6-15.

Silber, W. L. (1984): Marketmaker Behaviour in an Auction Market: An Analysis of Scalpers in Futures Markets. Journal of Finance 39, 937-953.

Silbereisen, R. K./Schmitt-Rodermund, E. (1998): Entwicklung im Jugendalter: Prozesse, Kontexte und Ergebnisse. H. Keller (Hrsg.): Lehrbuch Entwicklungspsychologie. Bern: Huber, 1998, 377-397.

Simon, D. P. (1997): Implied Volatility Asymmetries in Treasury Bond Futures Options. Journal of Futures Markets 17, 873-885.

Simon, D. P. (2002): Implied Volatility Forecasts in the Grains Complex. Journal of Futures Markets 22, 959-981.

Simon, H. A. (1986): Rationality in Psychology and Economics. Journal of Business 59, Part 2, S209-S224.

Sinclair, R. C./Mark, M. M. (1995): The Effects of Mood State on Judgmental Accuracy: Processing Strategy as a Mechanism. Cognition and Emotion 9, 417-438.

Singer, J. A./Salovey, P. (1988): Mood and Memory: Evaluation the Network Theory of Affect. Clinical Psychology Review 8, 211-251.

Sinn, H.-W. (1980): Ökonomische Entscheidungen bei Ungewißheit. Tübingen: Mohr, 1980 (zugl. Diss. Univ. Mannheim 1980).

Sinn, H.-W./Weichenrieder, A. J. (1993): Die biologische Selektion der Risikopräferenz. Bayerische Rück (Hrsg.): Risiko ist ein Konstrukt: Wahrnehmungen zur Risikowahrnehmung. München: Knesebeck, 1993, 71-88.

Sitkin, S./Pablo, A. (1992): Reconceptualizing the Determinants of Risk Behavior. Academy of Management Review 17, 9-38.

Sitkin, S./Weingart, L. (1995): Determinants of Risky Decision-Making Behavior: A Test of the Mediating Role of Risk Perceptions and Propensity. Academy of Management Journal 38, 1573-1592.

Skinner, B. F. (1953): Science and Human Behavior. New York: Macmillan, 1953.

Skinner, D. (1989): Options Markets and Stock Return Volatility. Journal of Financial Economics 23, 61-78.

Slovic, P. (1972): Psychological Study of Human Judgment: Implications for Investment Decision Making. Journal of Finance 27, 779-799.

Slovic, P. (1987): Perception of Risk. Science 236, 280-285.

Slovic, P./Finucane, M. L./Peters, E./MacGregor, D. G. (2002): Rational Actors or Rational Fools: Implications of the Affect Heuristic for Behavioral Economics. Journal of Socio-Economics 31, 329-342.

Slovic, P./Fischhoff, B./Lichtenstein, S. (1980): Facts Versus Fears: Understanding Perceived Risk. R. Schwing/W. A. Albers Jr. (Eds.): Societal Risk Assessment: How Safe Is Safe Enough? New York: Plenum Press, 1980, wieder abgedruckt in D. Kahneman/P. Slovic/A. Tversky (Eds.): Judgment under Uncertainty: Heuristics and Biases. Reprint, Cambridge: Cambridge University Press, 1986, 463-489.

Slovic, P./Fischhoff, B./Lichtenstein, S. (1984): Behavioral Decision Theory Perspectives on Risk and Safety. Acta Psychologica 56, 183-203.

Smith, C. W. (1976): Option Pricing: A Review. Journal of Financial Economics 3, 3-51.

Sonntag, K./Schäfer-Rauser, U. (1993): Selbsteinschätzung beruflicher Kompetenzen bei der Evaluation von Bildungsmaßnahmen. Zeitschrift für Arbeits- und Organisationspsychologie 37, 163-171.

Sortino, F./Forsey, H. (1996): On the Use and Misuse of Downside Risk. Journal of Portfolio Management 22, 35-42.

Sortino, F./van der Meer, R. (1991): Downside Risk. Journal of Portfolio Management 17, 27-37.

Spiegel, M./Subrahmanyam, A. (1992): Informed Speculation and Hedging in a Noncompetitive Securities Market. Review of Financial Studies 5, 307-329.

Spinath, B./Schöne, C. (2002): Skalen zur Erfassung von subjektiven Überzeugungen zu Bedingungen von Erfolg in Lern- und Leistungskontexten. Working Paper Universität Dortmund, 2002.

Sprenkle, C. M. (1961): Warrant Prices as Indicators of Expectations and Preferences. Yale Economic Essays 1, 178-231. Wieder abgedruckt in P. H. Cootner (Ed.): The Random Character of Stock Market Prices, Cambridge: M.I.T. Press, 1970, 412-474.

Statman, M. (1995): Behavioral Finance versus Standard Finance. A. S. Wood (Ed.): Behavioral Finance and Decision Theory in Investment Management. Charlottesville: Association for Investment Management and Research, 1995, 14-21.

Statman, M./Thorley, S./Vorkink, K. (2004): Investor Overconfidence and Trading Volume. Working Paper Santa Clara University, 2004.

Stein, E. M./Stein, J. C. (1991): Stock Price Distributions with Stochastic Volatility: An Analytic Approach. Review of Financial Studies 4, 727-752.

Steiner, M./Bruns, C. (2002): Wertpapiermanagement. 8. Aufl., Stuttgart: Schäffer-Poeschel, 2002.

Stephan, E. (1999): Die Rolle von Urteilsheuristiken bei Finanzentscheidungen. L. Fischer/T. Kutsch/E. Stephan (Hrsg.): Finanzpsychologie. München/Wien: Oldenbourg, 1999, 101-134.

Stevens, S. S. (1975): Psychophysics. Introduction to its Perceptual, Neural, and Social Prospects. Ed. by G. Stevens, New York: Wiley, 1975.

Steyer, R./Schwenkmezger, P./Notz, P./Eid, M. (1997): Der Mehrdimensionale Befindlichkeitsfragebogen (MDBF). Göttingen: Hogrefe, 1997.

Stoimenov, P. A./Wilkens, S. (2005): Are Structured Products 'Fairly' Priced? An Analysis of the German Market for Equity-Linked Instruments. Journal of Banking and Finance forthcoming.

Stoll, H. R. (1969): The Relationship Between Put and Call Option Prices. Journal of Finance 24, 801-824.

Stoll, H. R. (1978): The Supply of Dealer Services in Securities Markets. Journal of Finance 33, 1133-1151.

Stoll, H. R. (1985): Alternative Views of Market Making. Y. Amihud/T. Ho/R. A. Schwartz (Eds.): Market Making and the Changing Structure of the Securities Industry. Lexington, Mass.: Lexington Books, 1985, 67-92.

Stoll, H. R. (1989): Inferring the Components of the Bid-Ask Spread: Theory and Empirical Tests. Journal of Finance 44, 115-134.

Stoll, H. R. (1992): Principles of Trading Market Structure. Journal of Financial Services Research 6, 75-107.

Stoll, H. R./Whaley, R. E. (1983): Transaction Costs and the Small Firm Effect. Journal of Financial Economics 12, 57-79.

Stoll, H. R./Whaley, R. E. (1990): The Dynamics of Stock Index and Stock Index Futures Returns. Journal of Financial and Quantitative Analysis 25, 441-468.

Stone, D. N./Ziebart, D. A. (1995): A Model of Financial Incentive Effects in Decision Making. Organizational Behavior and Human Decision Processes 61, 250-261.

Strack, F./Deutsch, R. (2002): Urteilsheuristiken. D. Frey/M. Irle (Hrsg.): Theorien der Sozialpsychologie. Bd. 3: Motivations-, Selbst- und Informationsverarbeitungstheorien, 2., vollst. überarb. und erw. Aufl., Bern: Huber, 2002, 352-384.

Stroebe, W./Jonas, K./Hewstone, M. (2002) [Hrsg.]: Sozialpsychologie: eine Einführung. Aus dem Englischen übers. von M. Reiss, 4., aktual. Aufl., Berlin u. a.: Springer, 2002.

Strong, N./Xu, X. (2003): Understanding the Equity Home Bias: Evidence from Survey Data. Review of Economics and Statistics 85, 307-312.

Stützel, W. (1976): Wert und Preis. Handwörterbuch der Betriebswirtschaft. E. Grochla/W. Wittmann (Hrsg.): Handwörterbuch der Betriebswirtschaft, 4. Aufl., Stuttgart: Schäffer-Poeschel, 1976, Sp. 4404-4425.

Subrahmanyam, A. (1991): Risk Aversion, Market Liquidity, and Price Efficiency. Review of Financial Studies 4, 417-441.

Subrahmanyam, M. G. (1990): The Early Exercise Feature of American Options. S. Figlewski/ W. L. Silber/ M. G. Subrahmanyam [Eds.] (1990): Financial Options: From Theory to Practice, New York: McGraw-Hill, 1990, 135-183.

Syha, C. (1999): Orderbuchtransparenz und Anlegerverhalten. Wiesbaden: Dt. Univ.-Verlag, 1999 (zugl. Diss. Univ. Nürnberg/Erlangen 1998).

Szakmary, A. C./Kiefer, D. B. (2004): The Disappearing January/Turn of the Year Effect: Evidence From Stock Index Futures and Cash Markets. Journal of Futures Markets 24, 755-784.

Szakmary, A. C./Ors, E./Kim, J. K./Davidson, W. N. (2003): The Predictive Power of Implied Volatility: Evidence from 35 Futures Markets. Journal of Banking and Finance 27, 2151-2175.

Teichmann, H. (1970): Die Investitionsentscheidung bei Unsicherheit. Berlin: Duncker & Humblot, 1970 (zugl. Diss. Univ. Frankfurt a. M. 1968).

Tesar, L./Werner, I. (1995): Home Bias and High Turnover. Journal of International Money and Finance 14, 467-492.

Thaler, R. H. (1987a): Anomalies. Seasonal Movements in Security Prices II: Weekend, Holiday, Turn of the Month, and Intraday Effects. Journal of Economic Perspectives 1, Fall, 169-177.

Thaler, R. H. (1987b): Anomalies. The January Effect. Journal of Economic Perspectives 1, Summer, 197-201.

Thaler, R. H. (1993) [Ed.]: Advances in Behavioral Finance, New York: Sage Foundation, 1993.

Theissen, E. (1998): Organisationsformen des Wertpapierhandels: Gesamtkursermittlung, kontinuierliche Auktion und Market-Maker-System. Wiesbaden: Gabler, 1998 (zugl. Diss. Univ. Frankfurt a. M. 1997).

Theissen, E. (2000): Market Structure, Informational Efficiency and Liquidity: An Experimental Comparison of Auction and Dealer Markets. Journal of Financial Markets 3, 333-363.

Thomae, H. (1965a) [Hrsg.]: Handbuch der Psychologie Bd. 2. 2., unveränd. Aufl., Göttingen: Hogrefe, 1965.

Thomae, H. (1965b): Die Bedeutungen des Motivationsbegriffs. H. Thomae (Hrsg.): Handbuch der Psychologie, Bd. 2: Allgemeine Psychologie, II. Motivation, 2., unveränd. Aufl., Göttingen: Hogrefe, 1965, 3-44.

Thomae, H. (1983a) [Hrsg.]: Theorien und Formen der Motivation. Enzyklopädie der Psychologie C, IV, Bd. 1. Göttingen: Hogrefe, 1983.

Thomae, H. (1983b): Motivationsbegriffe und Motivationstheorien. H. Thomae (Hrsg.): Theorien und Formen der Motivation. Enzyklopädie der Psychologie, C, IV, Bd. 1, Göttingen: Hogrefe, 1983, 1-61.

Thomas, D. A./Ely, R. J. (1996): Making Differences Matter: A New Paradigm in Managing Diversity. Harvard Business Review 74, 79-91.

Thomas, M. (1989): Zentralität und Selbstkonzept. Bern: Huber, 1989.

Thomas, R. R. (2001): Management of Diversity: neue Personalstrategien für Unternehmen. Wiesbaden: Gabler, 2001.

Thorndike, E. L. (1926): Educational Psychology. New York: Teachers College, Columbia University, 1926.

Tinic, S. M./West, R. R. (1972): Competition and the Pricing of Dealer Services in the Over-the-Counter Stock Market. Journal of Financial and Quantitative Analysis 7, 1707-1727.

Tolman, E. C. (1948): Cognitive Maps in Rats and Men. Psychological Review 55, 189-208.

Tompkins, R. G. (2001): Stock Index Futures Markets: Stochastic Volatility Models and Smiles. Journal of Futures Markets 21, 43-78.

Tong, W. (2000): International Evidence on Weekend Anomalies. Journal of Financial Research 23, 495-522.

Trautmann, S. (1986): Finanztitelbewertung bei arbitragefreien Finanzmärkten: theoretische Analyse sowie empirische Überprüfung für den deutschen Markt für Aktienoptionen und Optionsscheine. Karlsruhe, 1986 (zugl. Habil.-Schrift Univ. Karlsruhe 1986).

Trautmann, S. (1990): Aktienoptionspreise an der Frankfurter Optionsbörse im Lichte der Optionsbewertungstheorie. H. Göppl/W. Bühler/R. von Rosen (Hrsg.): Optionen und Futures, Frankfurt a. M.: Knapp, 1990, 79-100.

Treske, K. (1996): Komponenten der Geld-Brief-Spanne am deutschen Aktienmarkt. Wiesbaden: Dt. Univ.-Verlag, 1996 (zugl. Diss. Univ. Hamburg 1996).

Trombley, M. A. (1997): Stock Prices and Wall Street Weather: Additional Evidence. Quarterly Journal of Business and Economics 36, 11-21.

Trost, R. (1989): Entscheidungen unter Risiko: Bernoulli-Prinzip und duale Theorie. Frankfurt a. M.: Lang, 1991 (zugl. Diss. Univ. Augsburg 1989).

Turvey, C. G. (1990): Alternative Estimates of Weighted Implied Volatilities from Soybean and Live Cattle Options. Journal of Futures Markets 10, 353-366.

Tversky, A./Kahneman, D. (1971): Belief in the Law of Small Numbers. Psychological Bulletin 76, 105-110.

Tversky, A./Kahneman, D. (1973): Availability: A Heuristic for Judging Frequency and Probability. Cognitive Psychology 4, 207-232, wieder abgedruckt in gekürzter Fassung in D. Kahneman/P. Slovic/A. Tversky, A. (Eds.): Judgment under Uncertainty: Heuristics and Biases. Reprint, Cambridge: Cambridge University Press, 1986, 163-178.

Tversky, A./Kahneman, D. (1974): Judgment under Uncertainty: Heuristics and Biases. Science 183, 1124-1131, wieder abgedruckt in D. Kahneman/P. Slovic/A. Tversky, A. (Eds.): Judgment under Uncertainty: Heuristics and Biases. Reprint, Cambridge: Cambridge University Press, 1986, 3-20.

Tversky, A./Kahneman, D. (1983): Extensional Versus Intuitive Reasoning: The Conjunction Fallacy in Probability Judgment. Psychological Review 90, 293-315.

Unser, M. (1999): Behavioral Finance am Aktienmarkt. Bad Soden/Ts: Uhlenbruch, 1999 (zugl. Diss. Univ. Bamberg 1998 u.d.T.: Verhaltenswissenschaftliche Elemente in Risikoentscheidungskalkülen am Aktienmarkt).

Unser, M. (2000): Lower Partial Moments as Measures of Perceived Risk: An Experimental Study. Journal of Economic Psychology 21, 253 - 280.

Urquhart, J. (1988): Risk Perception and Measurement. D. Burley/W. H. W. Inman (Eds.): Therapeutic Risk. Perception, Measurement, Management. Chichester: Wiley, 1988, 13-26.

Van Ness, B. F./Van Ness, R. A./Warr, R. S. (2001): How Well Do Adverse Selection Components Measure Adverse Selection? Financial Management 30, 77-98.

Vedder, G. (2004): [Hrsg.]: Diversity-Management und Interkulturalität. München: Hampp, 2004.

Venkatesh, P. C./Chiang, R. (1986): Information Asymmetry and Dealer's Bid-Ask Spread: A Case Study of Earnings and Dividend Announcements. Journal of Finance 41, 1089-1103.

Versteegen, U. (1992): Risikowahrnehmung und Gesundheit. Zeitschrift für klinische Psychologie 21, 28-35.

Vieker, M. (1993): Ökonometrische Untersuchungen zur Aktienindexprognose durch technische Börsenindikatoren. Tübingen, 1993 (zugl. Diss. Univ. Tübingen 1993).

Vijh, A. M. (1990): Liquidity of the CBOE Equity Options. Journal of Finance 45, 1157-1179.

Wächter, H. (2003) [Hrsg.]: Personelle Vielfalt in Organisationen. München: Hampp, 2003.

Wahal, S. (1997): Entry, Exit, Market Makers, and the Bid-Ask Spread. Review of Financial Studies 10, 871-901.

Wald, A. (1945): Statistical Decision Functions which Minimize the Maximum Risk. Annals of Mathematics 46, 265-280.

Wang, C. (2003): The Behavior and Performance of Major Types of Futures Traders. Journal of Futures Markets 23, 1-31.

Wang, F. A. (1998): Strategic Trading, Asymmetric Information and Heterogeneous Prior Beliefs. Journal of Financial Markets 1, 321-352.

Wang, F. A. (2001): Overconfidence, Investor Sentiment, and Evolution. Journal of Financial Intermediation 10, 138-170.

Wang, K./Li, Y./Erickson, J. (1997): A New Look at the Monday Effect. Journal of Finance 52, 2171-2186.

Warren, H. C. (1934) [Ed.]: Dictionary of Psychology. Princeton: Houghton-Mifflin, 1934.

Warzecha, G. (1987): Die Frankfurter Selbstkonzeptskalen (FSKN). Diagnostica 33, 375-376.

Weber, E. U./Hsee, C. K. (1998): Cross-Cultural Differences in Risk Perception, but Cross-Cultural Similarities in Attitudes Towards Perceived Risk. Management Science 44, 1205-1217.

Weber, E. U./Hsee, C. K./Sokolowska, J. (1998): What Folklore Tells Us About Risk and Risk Taking: Cross-Cultural Comparison of American, German and Chinese Proverbs. Organizational Behavior and Human Decision Processes 75, 170-186.

Weber, E. U./Milliman, R. A. (1997): Perceived Risk Attitudes: Relating Risk Perceptions to Risky Choice. Management Science 43, 123-144.

Weber, M. (1990): Risikoentscheidungskalküle in der Finanzierungstheorie. Stuttgart: Poeschel, 1990 (zugl. Habil.-Schrift Univ. Aachen 1988).

Weber, M./Camerer, C. (1987): Recent Developments in Modeling Preferences under Risk. OR-Spektrum 9, 129-151.

Weiss, R. (1991): Kindheit und Jugend: eine Entwicklungspsychologie. Innsbruck: Universitätsverlag Wagner, 1991.

Welcker, J. (1994): Technische Aktienanalyse: die Methoden der technischen Analyse mit Chart-Übungen. 7., überarb. und aktual. Aufl., Zürich: Moderne Industrie, 1994.

Welcker, J./Kloy, J. W. (1988): Professionelles Optionsgeschäft: Alles über Optionen auf Renten, Aktien, Devisen, Waren, Terminkontrakte. Zürich: Moderne Industrie, 1988.

Wenninger, G./Graf Hoyos, C. (1996) [Hrsg.]: Arbeits-, Gesundheits- und Umweltschutz: Handwörterbuch verhaltenswissenschaftlicher Grundbegriffe. Heidelberg: Asanger, 1996.

Werner, E. (1997): Future auf implizite Volatilitäten in DAX-Optionen. Die Bank 6, 342-345.

Wessels, T. (1992): Numerische Verfahren zur Bewertung von Aktienoptionen. Wiesbaden: Dt. Univ.-Verlag, 1992 (zugl. Diss. Univ. Paderborn, 1989).

West, K. D. (1988a): Bubbles, Fads and Stock Price Volatility Tests: A Partial Evaluation. Journal of Finance 43, 639-656.

West, K. D. (1988b): Dividend Innovations and Stock Price Volatility. Econometrica 56, 37-61.

Whaley, R. E. (1981): On the Valuation of American Call Options on Stocks with Known Dividends. Journal of Financial Economics 9, 207-211.

Whaley, R. E. (1982): Valuation of American Call Options in Dividend-Paying Stocks: Empirical Tests. Journal of Financial Economics 10, 29-58.

Whaley, R. E. (1993): Derivatives on Market Volatility: Hedging Tools Long Overdue. Journal of Derivatives 1, No.1, 71-85.

Whitcomb, D. (1985): An International Comparison of Stock Exchange Trading Structures. Y. Amihud/T. Ho/R. A. Schwartz (Eds.): Market Making and the Changing Structure of the Securities Industry. Lexington, Mass.: Lexington Books, 1985, 237-255.

Wiedemann, A. (2004): Financial Engineering: Bewertung von Finanzinnovationen. 2., überarb. und erw. Aufl., Frankfurt a. M.: Bankakademie-Verlag, 2004.

Wiggins, J. B. (1987): Option Values under Stochastic Volatility: Theory and Empirical Estimates. Journal of Financial Economics 19, 351-372.

Wildavsky, A. (1993): Vergleichende Untersuchung zur Risikowahrnehmung: Ein Anfang. Bayerische Rück (Hrsg.): Risiko ist ein Konstrukt: Wahrnehmungen zur Risikowahrnehmung. München: Knesebeck, 1993, 191 -211.

Wilkens, M. (2000): Wertpapiermanagement. 4., überarb. u. erw. Aufl., Göttingen: Institut für Betriebswirtschaftliche Geldwirtschaft (IFBG), 2000.

Williams, K./O'Reilly, C. (1998): Demography and Diversity in Organizations: A Review of 40 Years of Research. Research in Organizational Behavior 20, 77-140.

Wilmott, P. (1998): Derivatives. The Theory and Practice of Financial Engineering. Chichester: John Wiley & Sons, 1998.

Winstone, D. (1995): Financial Derivatives: Hedging with Futures, Forwards, Options and Swaps. London: Chapman and Hall, 1995.

Wiswede, G. (2000): Einführung in die Wirtschaftspsychologie. 3., überarb. und erw. Aufl., München, Basel: Reinhardt, 2000.

Wood, A. S. (1995) [Ed.]: Behavioral Finance and Decision Theory in Investment Management. Charlottesville: Association for Investment Management and Research, 1995.

Wyer, R. S. (1980): The Acquisition and Use of Social Knowledge: Basic Postulates and Representative Research. Personality and Social Psychology Bulletin 6, 558-573.

Wyer, R. S./Srull, T. S. (1993) [Eds.]: Advances in Social Cognition. Vol. 6, Hillsdale: Erlbaum, 1993.

Wyer, R. S./Srull, T. S. (1994) [Eds.]: Handbook of Social Cognition. 2nd. ed., Hillsdale: Erlbaum, 1994.

Xu, X./Taylor, S. J. (1994): The Term Structure of Volatility Implied by Foreign Exchange Options. Journal of Financial and Quantitative Analysis 29, 57-74.

Yates, J. F. (1992) [Ed.]: Risk-Taking Behavior, New York: Wiley, 1992.

Yates, J. F./Lee, J.-W./Shinotsuka, H. (1996): Beliefs about Overconfidence Including Its Cross-National Variation. Organizational Behavior and Human Decision Processes 65, 138-147.

Yates, J. F./Stone, E. R. (1992): The Risk Construct. J. F. Yates (Ed.): Risk-Taking Behavior, New York: Wiley, 1992, 1-25.

Yuan, K./Zheng, L./Zhu, Q. (2001): Are Investors Moonstruck? Lunar Phases and Stock Returns. Working Paper University of Michigan, Ann Arbor 2001.

Zanna, M. (1992) [Ed.]: Advances in Experimental Social Psychology. Vol. 25, San Diego: Academic Press, 1992.

Zenger, C. (1992): Zeithorizont, Ausfallwahrscheinlichkeit und Risiko: Einige Bemerkungen aus der Sicht des Praktikers. Finanzmarkt und Portfolio Management 6, 104-113.

Ziemba, W. T. (1988): Discussion. Journal of Finance 43, 717-719.

Zilahi-Szabó, M. G. (1995) [Hrsg.]: Kleines Lexikon der Informatik und Wirtschaftsinformatik. München/Wien: Oldenbourg, 1995.

Zimbardo, P. G. (1995): Psychologie. Bearb. und hrsg. von S. Hoppe-Graf/B. Keller/I. Engel, übers. von B. Keller, 6., neu bearb. und erw. Aufl., Berlin u. a.: Springer, 1995.

Zimmermann, E. (1972): Das Experiment in den Sozialwissenschaften. Stuttgart: Teubner, 1972.

Zimmermann, H. (1991): Zeithorizont, Risiko und Performance: Eine Übersicht. Finanzmarkt und Portfolio Management 5, 164-181.

Zimmermann, H.-G. (1994): Neuronale Netze als Entscheidungskalkül. H. Rehkugler/H.-G. Zimmermann (Hrsg.): Neuronale Netze in der Ökonomie: Grundlagen und finanzwirtschaftliche Anwendungen. München: Vahlen, 1994, 1-88.

Zöfel, P. (2003): Statistik für Psychologen. München: Pearson Studium, 2003.

Zuchel, H./Weber, M. (1999): Momentum-Investment. Erträge aus dem Kauf von Gewinnern und dem Verkauf von Verlierern. Reihe „Forschung für die Praxis“, Band 8. Lehrstuhl für ABWL und Finanzwirtschaft, Universität Mannheim 1999.

Zuckerman, M. (1991): Psychobiology of Personality. Cambridge: Cambridge University Press, 1991.

Stichwortverzeichnis